VA - 665

Methoden und Instrumente
räumlicher Planung

Die Deutsche Bibliothek - CIP-Einheitsaufnahme

Methoden und Instrumente räumlicher Planung /
Akademie für Raumforschung und Landesplanung. -
Hannover: ARL, 1998
   ISBN 3-88838-525-3

Best.-Nr. 525
ISBN 3-88838-525-3
ISSN 0935-0780
Alle Rechte vorbehalten • Verlag der ARL • Hannover 1998
© Akademie für Raumforschung und Landesplanung
Druck: poppdruck, 30851 Langenhagen
Auslieferung
VSB-Verlagsservice Braunschweig
Postfach 47 38
38037 Braunschweig
Tel. 0531/70 86 45-648
Telex 952841 wbuch d; Fax 0531/70 86 19

AKADEMIE FÜR RAUMFORSCHUNG
UND LANDESPLANUNG

Methoden und Instrumente räumlicher Planung
Handbuch

Konzeption und Koordination

Ernst-Hasso Ritter
Klaus Wolf

Autoren

Arthur Benz
Fabian Dosch
Dietrich Fürst
Ekkehard Hein
Ulrich Höhnberg
Christian Jacoby
Hans Kistenmacher
Martin Lendi
Franz-Joseph Peine
Jürgen Pohl
Axel Priebs
Ernst-Hasso Ritter
Hartwig Spitzer
Wilhelm Steingrube
Gerhard Stiens
Bernd Streich
Ulrike Winkelmann
Klaus Wolf

Geschäftsführung

Volker Wille

Autoren

Arthur Benz, Prof. Dr., Institut für Kulturgeographie, Stadt- und Regionalforschung der J.W. Goethe-Universität, Frankfurt, Ordentliches Mitglied der Akademie für Raumforschung und Landesplanung

Fabian Dosch, Dr., Bundesamt für Bauwesen und Raumordnung, Bonn

Dietrich Fürst, Prof. Dr., Institut für Landesplanung und Raumforschung der Universität Hannover, Ordentliches Mitglied der Akademie für Raumforschung und Landesplanung

Ekkehard Hein, Verbandsdirektor, Dr., Regionalverband Franken, Heilbronn, Ordentliches Mitglied der Akademie für Raumforschung und Landesplanung

Ulrich Höhnberg, Ministerialrat, Dr., Bayerisches Staatsministerium für Landesentwicklung und Umweltfragen, Abt. Raumordnung, Landes- und Regionalplanung, München, Ordentliches Mitglied der Akademie für Raumforschung und Landesplanung

Christian Jacoby, Dipl.-Ing., Lehr- und Forschungsgebiet Regional- und Landesplanung der Universität Kaiserslautern

Hans Kistenmacher, Prof. Dr., Leiter des Lehr- und Forschungsgebietes Regional- und Landesplanung der Universität Kaiserslautern, Ordentliches Mitglied der Akademie für Raumforschung und Landesplanung

Martin Lendi, Prof. Dr., ETH Zürich, Ordentliches Mitglied und Mitglied des Wissenschaftlichen Rates der Akademie für Raumforschung und Landesplanung

Franz-Joseph Peine, Prof. Dr., Juristisches Seminar der Universität Göttingen

Jürgen Pohl, Prof. Dr., Geographische Institute der Universität Bonn

Axel Priebs, Dr., Leiter des Fachbereiches Planung und Naherholung des Kommunalverbandes Großraum Hannover, Ordentliches Mitglied der Akademie für Raumforschung und Landesplanung

Ernst-Hasso Ritter, Staatssekretär, Dr., Justizministerium des Landes Nordrhein-Westfalen, Düsseldorf, Ordentliches Mitglied der Akademie für Raumforschung und Landesplanung

Hartwig Spitzer, Univ.-Prof. i.R., Dr., Potsdam, Ordentliches Mitglied der Akademie für Raumforschung und Landesplanung

Wilhelm Steingrube, Prof. Dr., Institut für Kulturgeographie, Stadt- und Regionalforschung der J.W. Goethe-Universität, Frankfurt am Main

Gerhard Stiens, Wiss. Direktor, Dr., Leiter des Referates Raumentwicklung (B), Bundesamt für Bauwesen und Raumordnung, Bonn

Bernd Streich, Prof. Dr.-Ing., Institut für Städtebau, Bodenordnung und Kulturtechnik, Bonn

Ulrike Winkelmann, Dr.-Ing., Institut für Raumordnung und Entwicklungsplanung der Universität Stuttgart

Klaus Wolf, Prof. Dr., Institut für Kulturgeographie, Stadt- und Regionalforschung der J.W. Goethe-Universität, Frankfurt am Main, Ordentliches Mitglied der Akademie für Raumforschung und Landesplanung, Präsident und Vorsitzender des Wissenschaftlichen Rates der Akademie

INHALT

Ernst-Hasso Ritter und Klaus Wolf
Warum ein Handbuch zu Methoden und Instrumenten der räumlichen Planung? ... 1

I. RAHMENBEDINGUNGEN RÄUMLICHER PLANUNG ... 6

Ernst-Hasso Ritter
I.1 Stellenwert der Planung in Staat und Gesellschaft ... 6
1. Gescheiterte Planungssysteme und ihre Folgen ... 7
1.1 Das Experiment der politischen Planung in der alten Bundesrepublik Deutschland ... 7
1.2 Das Planungsexperiment der sozialistischen Staaten ... 9
2. Das Weltbild der umfassenden Planung ... 10
3. Veränderte Prämissen für die staatliche Planung ... 12
4. Zur Entwicklung der räumlichen Planung ... 14
5. Das Bild der räumlichen Planung an der Jahrtausendwende ... 17

Martin Lendi
I.2 Rechtliche Grundlagen ... 23
1. Einleitung ... 23
2. Politische und wissenschaftliche Vorgaben ... 23
3. Raumplanung als rechtlich fundierte öffentliche Aufgabe ... 25
4. Planung und Recht ... 26
5. Inhaltliche Ausrichtung der Raumplanung ... 28
6. Methodenfreiheit ... 30
7. Zur Struktur des Raumplanungsrechts ... 31
8. Planungsinstrumente ... 33
9. Grundrechtsbezug, Verbot der Planungswillkür ... 35
10. Planer- und Planungsqualität ... 36

Klaus Wolf
I.3 Theoretische Aspekte der räumlichen Planung ... 39
1. Wozu Theorie? ... 39
2. Anforderungen der Planung an die Theorie ... 40
3. Rahmenbedingungen jeder Planungstheorie ... 41
3.1 Gesellschaftliche Werte und Leitbilder, Ethik der räumlichen Planung ... 41
3.2 Raum als gesellschaftliches Konstrukt ... 42
3.3 Akteure und „Adressaten" räumlicher Planung ... 43
3.3.1 Akteure und ihr Instrumentarium ... 43
3.3.2 Adressaten räumlicher Planung ... 44
3.4 Zeit als gesellschaftliche Ressource der Raumverwendung ... 45

3.4.1	Zeit als technisch/instrumentelle Ressource	45
3.4.2	Zeit als mentale Ressource	46
4.	Planungsrelevante theoretische Ansätze	47
4.1	Beschreibende und erklärende (analytische) theoretische Ansätze	47
4.2	Normative theoretische Ansätze	48
4.3	Modelle als räumliche Verifikation theoretischer Aussagen	48
II.	ANALYSE UND PROGNOSE	51

Ulrike Winkelmann

II.1 Modelle als Instrument der räumlichen Planung — 51

1.	Einführung	51
1.1	Begriff	51
1.2	Einsatzmöglichkeiten von Modellen für die räumliche Planung	53
2.	Zur theoretischen Fundierung von Modellen für die räumliche Planung	55
2.1	Neoklassische Ansätze	55
2.2	Probabilistische Ansätze der Theorie diskreter Entscheidungen	55
2.3	Systemtheoretische Ansätze	57
3.	„Bestandsaufnahme": Beispiele operationaler Modelle für die räumliche Planung	58
3.1	Modelle des regionalen Wachstums	58
3.2	Multiregionale Modelle zur Fortrechnung der Bevölkerungsentwicklung	59
3.3	Gesamtmodelle der regionalen Allokation von Aktivitäten und Beständen	61
4.	Probleme der Anwendung von Raumplanungsmodellen	62
4.1	Probleme der Datenverfügbarkeit und Kalibration	62
4.2	Probleme der „Gültigkeit" eines Modells in der Zukunft	63
4.3	Die Berücksichtigung der Umwelt	63
4.4	Transparenz und Akzeptanz von Modellen	63
5.	Aspekte der zukünftigen Anwendung von Raumplanungsmodellen	64

Wilhelm Steingrube

II.2 Quantitative Erfassung, Analyse und Darstellung des Ist-Zustandes — 67

1.	Einführung	68
2.	Informationsquellen	68
2.1	Allgemeiner Überblick	68
2.2	Die Amtliche Statistik	69
2.2.1	Institutionen	69
2.2.2	Großzählungen	71
2.2.3	Der Mikrozensus	72
2.2.4	Die Fortschreibungen in den Verwaltungen	72
2.3	Fachplanungen	72
2.4	Das Raumordnungskataster (ROK)	73
2.5	Umfragen	74
2.6	Karten	74

3.	Datenaufbereitung und -analyse	75
3.1	Indikatoren	76
3.2	Verfahren der deskriptiven Statistik	78
3.3	Multivariate Verfahren	80
3.4	Kartographie	82
4.	Verfahrenstechnische „Detail-Festlegungen"	83
4.1	Der „natürliche Größeneffekt" quantitativer Daten	83
4.2	Raumbezogenheit der Daten	84
4.3	Flächenbezug	85
4.4	Distanzmaß	85
4.5	Problembereich „Bezugseinheit, Aggregatstufe"	86
4.6	Gruppenbildung	88
4.6.1	Anzahl der Klassen	88
4.6.2	Festlegung der Schwellenwerte	89
4.7	Zeitreihen	92

Jürgen Pohl

II.3	**Qualitative Verfahren**	**95**
1.	Der Trend zum Qualitativen	95
2.	Qualitative Verfahren im "interpretativen Paradigma"	96
2.1	Grundlagen qualitativer Verfahren	96
2.2	Prinzipien des qualitativen Vorgehens	97
3.	Raumforschungsrelevante Methoden	99
3.1	Das Spektrum qualitativer Methoden	99
3.2	Die Phänomenologie	100
3.3	Das offene Interview	102
3.4	Das Experteninterview	104
3.5	Die Delphi-Methode	107
3.6	Hermeneutische Text- und Bildinterpretation	108

Gerhard Stiens

II.4	**Prognosen und Szenarien in der räumlichen Planung**	**113**
1.	Einleitung	113
2.	Quantitative Prognosen in der räumlichen Planung	116
2.1	Methoden/Techniken der quantifizierenden raumbezogenen Prognostik: Überblick	116
2.2	Räumlich differenzierende Prognosen und Trendextrapolationen	117
2.3	Systeme räumlich differenzierender Prognosen	123
2.4	Räumlich differenzierende Sektoralprognosen: klassische und neueste Beispiele	125
2.5	Anderweitige quantifizierende Verfahren	126
3.	Techniken primär qualitativer Zukunftsforschung in räumlich differenzierender Anwendung	128
3.1	Veränderte Rahmenbedingungen	128

3.2	Das Feld einschlägiger Methoden/Techniken des "Szenario-Paradigmas"	129
3.3	Zum Einsatz der Szenario-Methodik in räumlich differenzierenden Projekten	130
3.4	Szenarien als Mittel in der partizipativen Raumforschung und Raumplanung	137
3.5	Zur Verkopplung verschiedener Methoden und Explorationstechniken	137
3.6	Die neue raumplanerische Szenariokartographie	138
3.7	Weitere Techniken "heuristischer Zukunftsexploration" als Hilfsmittel in Szenarioprojekten	138
4.	Ausblick	140
III.	PLANUNGSPROZESS UND ENTSCHEIDUNG	146

Christian Jacoby und Hans Kistenmacher

III.1 Bewertungs- und Entscheidungsmethoden 146

1.	Einordnung und Stellenwert von Bewertungs- und Entscheidungsmethoden in der räumlichen Planung	146
2.	Einfache, eindimensionale Methoden	150
3.	Monetäre Methoden	151
3.1	Kosten-Nutzen-Analyse	151
3.2	Kosten-Wirksamkeits-Analyse	152
4.	Multidimensionale, nutzwertanalytische Methoden	153
4.1	Nutzwertanalyse in der Standardversion	154
4.2	Nutzwertanalyse der II. Generation	156
4.3	Vereinfachte nutzwertanalytische Ansätze	158
4.4	Analytisch-hierarchischer Prozeß	158
5.	Ökologische Wirkungs- und Risikoanalysen	160
6.	Verbal-argumentative Vorgehensweisen	161
7.	Kombinierte, sequentielle und interaktive Methoden	163
8.	Sensitivitätsanalysen	164
9.	Ausblick auf die weitere Methodenentwicklung	165

Franz-Joseph Peine

III.2 Interessenermittlung und Interessenberücksichtigung im Planungsprozeß 169

1.	Einführung	169
1.1	Grundsätzliche Fragestellungen; Begriffsklärungen	169
1.2	Der rechtliche Ort der Interessenermittlung und Interessenberücksichtigung; die Abwägung	170
1.3	Rechtliche Vorgaben für die Beteiligung von "Interessenten"; Überblick	172
2.	Die Interessenermittlung	173
2.1	Die Landesplanung; der Umfang der Rechtspflicht zur Interessenermittlung	173

2.2	Die Regionalplanung; der Umfang der Rechtspflicht zur Interessenermittlung	176
2.3	Beteiligungsmöglichkeiten jenseits von Rechtspflichten; die Bürgerbeteiligung	176
3.	Die Interessenberücksichtigung	178
3.1	Erwägungen zur Abwägungsdogmatik; fehlender Rechtsanspruch auf Berücksichtigung vorgetragener Interessen	178
3.2	Aushandlung von Plan-/Programminhalten; der Einsatz von Konfliktmittlern	181
3.3	Folgen für Programme und Pläne bei Fehlern; Rechtsschutz bei Nichtberücksichtigung von Interessen	183

Ekkehard Hein

III.3	**Planungsformen und Planungsinhalte**	186
1.	Programme und Pläne	187
1.1	Bundesraumordnungsprogramm (BROP)	188
1.2	Landesentwicklungsprogramme und -pläne	189
1.3	Regionale Raumordnungspläne / Regionalpläne	192
1.4	Steinkohle- und Braunkohleplanung	195
2.	Leitbilder und Regionale Entwicklungskonzepte	196
2.1	Leitbild	196
2.2	Teilraumgutachten	199
2.3	Regionale Entwicklungskonzepte	199

IV.	INSTRUMENTE DER PLANSICHERHEIT UND PLANUMSETZUNG	205

Axel Priebs

IV.1	**Instrumente der Planung und Umsetzung**	205
1.	Einführung	206
2.	Formelle Instrumente zur Planumsetzung	206
2.1	Bindungswirkung der Ziele der Raumordnung	206
2.2	Abstimmung zwischen Raumordnung und Fachplanung	207
2.3	Anpassungspflicht der kommunalen Bauleitplanung	208
2.4	Untersagung raumordnungswidriger Planungen und Maßnahmen	209
2.5	Planungsgebot	209
3.	Raumordnung und raumwirksame Finanzmittel	210
3.1	Mangelhafte Finanzausstattung der Raumordnung	210
3.2	Raumordnung und regionale Strukturpolitik	210
3.3	Raumordnung und kommunaler Finanzausgleich	211
3.4	Weitere finanzielle Dotationsmöglichkeiten der Raumordnung	211
4.	Kooperations- und Konsensstrategien der Raumordnung	212
4.1	Die „Entdeckung" der informellen Instrumente	212
4.2	Beratung, Information und Moderation	214

4.3	Regionale Entwicklungskonzepte	216
4.4	Modellprojekte der Raumordnung	217
5.	Bilanz und Ausblick	218
5.1	Kombination formeller und informeller Instrumente	218
5.2	Plädoyer für eine verstärkte Konsensorientierung	219
5.3	Abschließende Thesen	219

Ulrich Höhnberg

IV.2 Raumordnungsverfahren — 222

1.	Einführung	223
2.	Zweck und Aufgabe des Raumordnungsverfahrens	223
2.1	Rechtliche Grundlagen	223
2.2	Beurteilung der Raumverträglichkeit von raumbedeutsamen Einzelvorhaben (Raumverträglichkeitsprüfung)	224
3.	Gegenstand des Raumordnungsverfahrens	224
3.1	Raumbedeutsame Einzelvorhaben von überörtlicher Bedeutung	224
3.2	Prüfung von Standort- oder Trassenalternativen	225
4.	Durchführung des Raumordnungsverfahrens (Verfahrensablauf)	226
4.1	Vorbereitung der Projektunterlagen	226
4.2	Einleitung des Raumordnungsverfahrens	227
4.3	Anhörung der beteiligten Stellen und Einbeziehung der Öffentlichkeit	227
5.	Abschluß des Raumordnungsverfahrens	228
5.1	Die landesplanerische Beurteilung des Vorhabens	228
5.2	Wirkung der landesplanerischen Beurteilung	229
6.	Raumordnungsverfahren und Umweltverträglichkeitsprüfung (UVP)	230
6.1	Raumordnerische UVP	230
6.2	Formelle Elemente der UVP im Raumordnungsverfahren	231
7.	Verhältnis des Raumordnungsverfahrens zu planerischen Festlegungen und zu anderen Verfahren	232
8.	Ausblick: Das Raumordnungsverfahren als moderne Form des Verwaltungshandelns	233
Anhang: Rechtsgrundlagen des Raumordnungsverfahrens		235

Dietrich Fürst

IV.3 Projekt- und Regionalmanagement — 237

1.	Management - Projektmanagement - Regionalmanagement	237
2.	Das Projektmanagement	238
3.	Das Regionalmanagement	240
4.	Managementansätze im Kontext der Fortentwicklung der Regionalplanung	243
5.	Praktische Beispiele	245
5.1	Projektmanagement	245
5.2	Regionalmanagement	247
6.	Schlußfolgerungen für die Rolle der Regionalplaner	250

V. KONTROLLE UND EVALUATION

Arthur Benz

V.1 Zur Theorie der Planungskontrolle — 254

1.	Grundlagen einer Theorie der Planungskontrolle	255
1.1	Kontrolle und institutionalisierte Verantwortung	255
1.2	Theorien staatlicher Steuerung und Kontrolle	256
2.	Ansatzpunkte der Kontrolle	258
2.1	Gegenstände der Kontrolle	258
2.2	Begleitende und nachträgliche Kontrolle	260
3.	Kontrollprobleme	261
3.1	Probleme der Informationsbeschaffung und -verarbeitung	261
3.2	Probleme der Durchsetzung	263
4.	Formen der Planungskontrolle	264
4.1	Interaktionsformen	264
4.2	Organisationsformen	266
5.	Zur Integration von Planung und Kontrolle (Plancontrolling)	269

Hartwig Spitzer

V.2 Planungsfälle im Vergleich — 274

1.	Orientierung in der Planungswirklichkeit	274
1.1	Rahmen und Ziele des Vergleichs praktischer Planungen	274
1.2	Die Fallstudie als Informationsquelle und Kontrollmittel	275
1.3	Institutionelle Einordnung, Vergleichsebenen	277
2.	Ansätze und Formen des Vergleichs	278
2.1	Hauptsächliche Vergleichsgegenstände	278
2.2	Vergleich der Planungsarten untereinander	280
3.	Diskussion von Tendenzen bei Organisation und Inhalten	281
3.1	Zur Struktur und Organisation	281
3.2	Planungsbedeutsame Inhalte	282
3.3	Akzeptanz, ökologische und ökonomische Verträglichkeit	283
3.4	Wirkung neuer Techniken und Medien	285
4.	Fortschreibung, Dokumentation und Fortbildung	286

VI. COMPUTEREINSATZ UND PLANUNG

Bernd Streich

VI.1 Methoden zur Unterstützung von Planungsprozessen durch Computersysteme — 289

1.	Planung und Prozeß	289
2.	Computergestützte Methoden im System des Planungsablaufs	291
2.1	Zustandsbeobachtung, Informationsgewinnung und -verdichtung	292

2.2	Ziel- und Problemstrukturierung	293
2.3	Prognosen	294
2.4	Planentwicklung und Entwurf von Planungsalternativen	295
2.5	Alternativenbewertung und Entscheidung	296
2.6	Planverwirklichung und Erfolgskontrolle	300
3.	Beispiel für ein intelligentes Assistenzsystem zur Unterstützung von Kommunikationsvorgängen, Arbeitsabläufen und Planungsprozessen	300

Fabian Dosch

VI.2	**Geo-Informationssysteme in der räumlichen Planung**	**305**
1.	GIS: Entwicklung, Technik und methodische Anforderungen	305
1.1	Historische Entwicklung	305
1.2	Technik, Anwendung und Funktionalitäten für die räumliche Planung	307
1.3	Spezifische Anforderungen an Planungs-GIS	311
2.	Raumbeobachtung mit GIS in der BfLR	315
2.1	Die „Laufende Raumbeobachtung" der BfLR	315
2.2	Ausgewählte GIS-Anwendungen in der BfLR	316
2.3	Kartographische Produkte mit GIS der BfLR	317
3.	GIS-Anwendungsbeispiele auf den verschiedenen Ebenen räumlicher Planung	327
3.1	Anwendungsbeispiele auf überregionaler Ebene	327
3.2	Anwendungsbeispiele auf regionaler und kommunaler Ebene	329
3.3	GIS-Einsatz in sektoralen Planungskonzepten und Umsetzung	330
4.	Perspektiven von räumlicher Planung mit GIS	331
4.1	Informationszugang und Datenstrukturen	331
4.2	Neue Anwendungen: 3-D-GIS, Simulationen und Hypermedia	336

Englische Zusammenfassungen - Summeries	340
Abkürzungsverzeichnis	351
Register	353

Warum ein Handbuch zu Methoden und Instrumenten der räumlichen Planung?

Ernst-Hasso Ritter und Klaus Wolf

Jede Wissenschaft und jede gute Praxis bedienen sich bestimmter Methoden, d.h. Arten des Vorgehens, um Antworten auf die von ihnen gestellten oder auf die ihnen aufgegebenen Fragen zu erhalten. Jede Wissenschaft und jede gute Praxis entwickeln bestimmte Instrumente und setzen sie ein, um die von ihnen formulierten und die ihnen vorgegebenen Ziele zu erreichen. Methoden und Instrumente werden also gebraucht, um die notwendigen Grundlagen und Voraussetzungen für die Zielfindung und für die Zielumsetzung zu schaffen. Sie bilden das Rüstzeug aber nicht nur für die Gewinnung und Verwirklichung der Planungsinhalte, sondern ebenso für Organisation und Ablauf (Verfahren) der räumlichen Planung.

Planung ohne Methode wäre schon ein Widerspruch in sich. Daher verwundert es nicht, wenn die Begriffe "planmäßiges" Vorgehen und "methodisches" Vorgehen oftmals synonym gebraucht werden (z.B. Brockhaus Enzyklopädie 1991, Stichwort: Methode). Zugleich ist methodisches Vorgehen ein Charakteristikum für wissenschaftliches Vorgehen, was von Bedeutung ist, wenn man Planung als ein wissenschaftsbasiertes Politik- und Handlungsfeld versteht. In der Tat gestalten sich die Beziehungen zwischen der politischen und der administrativen Planungspraxis einerseits und der Planungswissenschaft andererseits gerade in methodischen Fragen besonders eng. Die Planungswissenschaft hat der Planungspraxis geeignete Methoden (man könnte auch sagen: geeignete Technologien) zur Verfügung zu stellen, deren Kenntnis und Handhabung in der Planerausbildung zu vermitteln sowie deren Anwendung in der Praxis helfend und gegebenenfalls kritisch zu begleiten sind. Diese Beziehung zwischen Planungswissenschaft und Planungspraxis zu pflegen und auszubauen, ist nicht zuletzt deshalb wichtig, weil in der Planungspraxis durchaus ein nonchalanter Methodensynkretismus und eine gewisse Methodenmüdigkeit zu beobachten sind, die auf die Transparenz und Überzeugungskraft der Planungen zurückwirken und dadurch letztlich den Erfolg von Planung gefährden können.

Zugegebenermaßen läßt sich die Anwendung verschiedener Methoden nebeneinander in der Praxis kaum vermeiden, weil räumliche Planung als Gesamtplanung immer eine Vielzahl von Materien erfaßt, deren Bearbeitung die dafür jeweils gemäßen Methoden erfordert. Freilich sollte der auf diese Weise sich einstellende Methodenmix bewußt und in sich konsistent gestaltet werden, damit letztlich die Folgerichtigkeit und Stimmigkeit der Planungsinhalte nicht durch eine unabgestimmte Methodenwahl Schaden leiden. Die Methodenmüdigkeit dürfte ihre Ursache zum einen im gesunkenen gesellschaftlichen Stellenwert von Planung haben, der es in den letzten drei Jahrzehnten unattraktiv erscheinen ließ, sich intensiv mit Methodenfragen zu beschäftigen. Darüber hinaus ist ganz allgemein mit den um sich greifenden Gewißheitsverlusten im sozialen und politischen Leben auch die Zuverlässigkeit von Planungsmethoden in Zweifel geraten. Schon das macht es notwendig, die Frage nach den Planungsmethoden neu zu stellen.

Einleitung

Diese Frage läßt sich nur beantworten, wenn man vom Umfeld ausgeht, in dem räumliche Planung heute agieren muß. Hier haben sich die Bedingungen in den letzten Jahren fast dramatisch verändert (zum ganzen RITTER in diesem Band). Stichworte dazu sind: die Globalisierung der Finanz- und Güterströme und des Informationsaustausches, die Europäisierung von Politik und Recht, der Strukturwandel von Staat und Gesellschaft, der etwa im Souveränitätsverlust des Staates, in einer zunehmenden Privatisierung seiner Aufgabenfelder sowie in der immer enger werdenden Verflechtung zwischen staatlichen und gesellschaftlichen Sphären zum Ausdruck kommt. Daraus ergeben sich Konsequenzen auch für die räumliche Planung. Ihre traditionellen Vorgehensweisen werden unzweckmäßig, ihre bisher benutzten Instrumente büßen an Wirkungskraft ein, ihre gewohnten Denkmuster taugen für die Zukunft nicht mehr. Altes funktioniert immer weniger, Neues ist zu entwickeln und zu erproben. Räumliche Planung befindet sich im Umbruch; sie sucht nach einem neuen Planungsverständnis; sie sucht nach angemessenen Methoden für offene Situationen und nach flexiblen Instrumenten.

An der Stelle wird bereits deutlich, daß Methodendiskussion und Instrumentendiskussion in einem engen Zusammenhang stehen. Mehr noch, man muß anerkennen, daß sich Methoden und Instrumente weder theoretisch noch praktisch immer sauber trennen lassen. So nennt das im Auftrag der Akademie herausgegebene "Handwörterbuch der Raumordnung" (1995) in seinem Stichwort "Instrumente" (BRÖSSE) drei Kategorien: die methodischen Instrumente (z.B. Kosten-Nutzen-Analysen), die inhaltlichen Instrumente zur Raumstrukturierung (z.B. zentrale Orte, Entwicklungsachsen) und die formalen Instrumente, womit namentlich die rechtlichen Mittel zur Entscheidungsvorbereitung, zur Entscheidung, zur Sicherung und zur Umsetzung der Planung gemeint sind. Eine scharfe Abgrenzung zwischen Methoden und Instrumenten ist für die Zwecke dieses Handbuchs jedoch entbehrlich. Hier geht es nicht um eine lehrbuchmäßige systematische Darstellung, sondern vor allem darum, einen Überblick zu geben über das methodische und instrumentelle Handwerkszeug des Planers. Es geht darum, dem Planer den bewußten Einsatz von Methoden und Instrumenten zu ermöglichen, auf Vorzüge und Risiken jeweils aufmerksam zu machen und ihm dadurch die Auswahl zu erleichtern. Gleichwohl darf man das Bemühen nicht aufgeben, im Ansatz zwischen Methoden und Instrumenten zu unterscheiden, da der Planer im Prinzip nur in der Wahl seiner Methoden frei ist. Die "richtige" Methode wird durch den Planungsgegenstand bestimmt, d.h. Methoden müssen sachangemessen sein. In diesem Sinne ist Methodenfreiheit ein Grundbestandteil der planerischen Gestaltungsfreiheit, die ebenfalls ihre immanenten Grenzen aus der Natur der (zu planenden) Sache findet. In der Wahl seiner Instrumente unterliegt der Planer demgegenüber zumindest rechtlichen Schranken. Denn nicht jedes Mittel wird durch das Ziel gerechtfertigt, vielmehr steht dem Planer in der Regel nur ein bestimmter Instrumentenkanon zur Verfügung; Planungsrecht und Planungsethik limitieren insoweit seine Gestaltungsfreiheit (dazu auch LENDI in diesem Band).

Der Begriff der Planungsinstrumente wird für die Zwecke dieses Handbuchs im engeren Sinne der formalen und informalen Werkzeuge verstanden, bezieht also die Kategorie der inhaltlichen Instrumente zur Raumstrukturierung – so wie sie im "Handwörterbuch der Raumordnung" definiert ist – nicht mit ein. Das hat zunächst einen rein technisch-redaktionellen Grund: Die Auseinandersetzung mit den verschiedenen raumstrukturellen Modellvorstellungen würde größere, auch raumtheoretische Ausarbeitungen voraussetzen und schon dadurch den Umfang des Handbuches sprengen. Darüber hinaus unterliegen gerade die raumstrukturellen Planungsvorstellungen im Gefolge des Wertewandels und der Globalisierungstendenzen starken Veränderungen, so daß hier eine kritische und weiterführende Aufarbeitung unerläßlich ist, die ein eigenständiges Gewicht hat und gesondert geleistet werden sollte.

Die Darstellung von Methoden und Instrumenten in diesem Handbuch soll zwar in erster Linie der Praxis dienen; die Darstellung soll die Wahl der den Sachlösungen jeweils angemessenen Methoden und Instrumente erleichtern; sie soll die Planungspraxis anregen, sich bewußt mit Methoden- und Instrumentenfragen auseinanderzusetzen; sie soll durch Schärfung des Methoden- und Instrumentenbewußtseins die Planungen in dieser Hinsicht in sich schlüssiger und transparenter machen, um so deren Glaubwürdigkeit und Akzeptanz zu erhöhen. Gleichwohl will das Handbuch mehr sein als nur eine praxisfreundliche „Rezeptsammlung". Das Handbuch hat den Anspruch, ausgehend von den einzelnen Segmenten des Planungsprozesses den Stand von Wissenschaft und Forschung in seinen Grundzügen zusammenzufassen und für die praktische Anwendung aufzubereiten.

Mit diesem Handbuch nimmt die Akademie für Raumforschung und Landesplanung ihre Transferfunktion zwischen Wissenschaft und Praxis wahr. Das bedeutet, daß die Beiträge des Handbuchs auch jeweils auf planungstheoretischem Hintergrund geschrieben sind, wiewohl das Handbuch selbst keine Planungstheorien bietet und bieten kann; das schon deshalb nicht, weil eine raumwissenschaftliche Theorie, die den gegenwärtigen und zukünftigen Anforderungen an die räumliche Planung gerecht werden könnte, derzeit allenfalls in Ansätzen existiert (dazu WOLF in diesem Band). Um dieses Defizit aufzuarbeiten, hat die Akademie einen Arbeitskreis "Theoretische Grundlagen der Raumentwicklung" ins Leben gerufen.

Das Handbuch geht in seiner Gliederung von den idealtypischen Stationen des Planungsprozesses aus und versucht, die jeweils wichtigsten Methoden und Instrumente in Grundzügen und Entwicklungstrends darzustellen, wobei die Hinweise auf weiterführende Literatur ein vertieftes, spezialisiertes Eindringen in die Materie ermöglichen sollen. Im ersten Kapitel werden einige für das Gesamtverständnis konstitutive Aussagen zum Stellenwert der Planung (RITTER), zu den rechtlichen Rahmenbedingungen (LENDI) und zu theoretischen Aspekten der räumlichen Planung (WOLF) getroffen. Das zweite Kapitel "Analyse und Prognose" ist im wesentlichen Methodenfragen gewidmet. Es beschäftigt sich mit den grundlegenden Funktionen der Modellbildung (WINKELMANN), mit der quantitativen Erfassung, Analyse und Darstellung des Ist-Zustandes (STEINGRUBE), mit qualitativen Verfahren zur Zustandsanalyse (POHL) und mit Prognosen und Szenarien für die Erfassung künftiger Entwicklungen (STIENS). Das dritte Kapitel "Planungsprozeß und Entscheidung" handelt von den Bewertungs- und Entscheidungsmethoden (KISTENMACHER/JACOBY), von der Interessenermittlung und Interessenberücksichtigung im Planungsprozeß im Zusammenhang mit den für die Planung wichtigen Abwägungsvorgängen (PEINE) sowie von dem Einfluß der Planungsformen und Planungsinhalte auf Methoden und Instrumente (HEIN). Hier verquicken sich Methodenfragen stark mit formalen und informalen Aspekten von Planungsverfahren und Planungsorganisation. Das vierte Kapitel "Instrumente der Plansicherung und Planumsetzung" beschreibt zunächst ganz allgemein die instrumentelle Seite der Umsetzungsphase (PRIEBS), um sich dann (beispielhaft) zwei wichtigen Einsatzfeldern zuzuwenden: dem Raumordnungsverfahren (HÖHNBERG) sowie dem Projekt- und Regionalmanagement (FÜRST). Auch hier zeigt sich, daß die methodische und instrumentelle Seite der Planung eng mit der Verfahrensseite verknüpft ist und daß mit dem modernen prozessualen Verständnis von Planung auch eine grundlegende Neuorientierung des planerischen Handwerkszeugs einhergeht. Im fünften Kapitel "Kontrolle und Evaluation" ist der Bezug zwischen Planungswissenschaft und Planungspraxis besonders stark, weil Fragen der Planungsevaluation nicht zuletzt der Forschung gestellt sind; hier werden Anmerkungen zu einer Theorie der Planungskontrolle gemacht (BENZ) und Fragen eines wissenschaftsgeleiteten Planungsvergleichs abgehandelt (SPITZER). Das sechste Kapitel "Computereinsatz und Planung" wendet sich in zwei Beiträgen den Methoden zur Unterstützung von Planungsprozessen durch Computersysteme (STREICH) sowie – gerade für die räumliche Planung besonders relevant – der Rolle von Geo-Informationssystemen (DOSCH) zu. Dieses Kapitel hat eine gewisse Sonderstellung schon durch seinen Querschnittscharakter, denn Computer werden heute in allen Stationen des Planungsprozesses eingesetzt – von der Bestandsanalyse über die Prognose bis zur Evaluation. Der Computereinsatz ist aber mehr als bloß eine Verwendung elektronischer Hilfsmittel, er führt vielmehr zu einer qualitativen Veränderung von Planung selbst, weil er mittels der neuen Möglichkeiten von Datenspeicherung, Informationsbearbeitung und -verarbeitung einen Qualitätssprung der Planungskommunikation und der Planungsinhalte erzeugen kann.

Der Titel des Handbuches bezieht sich auf die "räumliche Planung". Dieser gegenüber dem traditionellen Begriff "Raumplanung" weiter gefaßte Begriff ist bewußt gewählt worden, weil er neben Bundesraumordnung, Landesplanung und Regionalplanung auch die kommunale Planung (Bauleitplanung) sowie die raumbedeutsamen fachlichen Planungen einschließt. Damit soll erreicht werden, daß über die Raumplanung im engeren Sinne (raumordnerische Planung) – die das Kernanliegen dieses Buches ausmacht – sowohl die Ideenphase für die Planaufstellung wie die Planumsetzungsphase nicht aus dem Blick geraten, die beide wesentlich von der kommunalen Ebene und von fachlichen Institutionen bestimmt werden. Des weiteren zeigen sich gerade bei der Fortentwicklung von Planungsmethoden im kommunalen Bereich Ansätze und Erfahrungen, von denen die raumordnerische Planung lernen kann und sollte. Insgesamt muß man ohnehin feststellen, daß sich die Grenzen zwischen (großräumiger) kommunaler Planung und regionaler Planung zu verwischen beginnen, was jetzt auch das Raumordnungsgesetz 1998 mit dem Institut des "regionalen Flächennutzungsplans" deutlich macht.

Das Handbuch ist geschrieben worden aus einem dringenden Bedürfnis der Praxis und der Ausbildung; es wendet sich an alle, die mit räumlichen Planungen zu tun haben oder daran interessiert sind – sei es im staatlichen und kommunalen Bereich oder im Bereich gesellschaftlicher Organisationen und privater Unternehmen. Das Handbuch in seiner umfassenden Konzeption hat freilich bisher keine Vorbilder. Zwar hat gerade auch die Akademie für Raumforschung und Landesplanung sich schon in der Vergangenheit bemüht, Methoden- und Instrumentenfragen aufzugreifen, dies beschränkte sich jedoch auf Einzeldarstellungen. Erinnert sei etwa an die "Methoden der empirischen Regionalforschung" Teil I (Forschungs- und Sitzungsberichte Bd. 87, 1973) und Teil II (Forschungs-

und Sitzungsberichte Bd. 105, 1975) sowie an J. EECKHOFF "Zu den Grundlagen der Entwicklungsplanung" (Abhandlungen Bd. 83, 1981). Das Handbuch unternimmt es nun erstmals, einen zusammenfassenden Überblick zu geben. Nach Auffassung des Autorenteams, aber ebenso der befaßten Gremien der Akademie ist die Form eines Handbuchs in der gegebenen Situation die geeignetste Form der Vermittlung.

Das interdisziplinäre Autorenteam war bemüht, aus den jeweiligen Fachkenntnissen heraus die grundlegenden Aspekte darzustellen. Dennoch haben Akademie und Autorenteam versucht, durch zwei Klausurtagungen die einzelnen Beiträge nicht als jeweils isolierte fachwissenschaftliche Ausrisse zu bringen, sondern durch intensive Diskussion inhaltlich aufeinander zu beziehen. Diese Diskussionen hatten dabei nicht nur die Aufgabe der Qualitätsverbesserung und der Vervollständigung der einzelnen Artikel; sie dienten darüber hinaus auch der Qualitätskontrolle des Bandes ingesamt. Akademie und Autoren sind sich indessen der Unzulänglichkeiten dieses ohne Vorbilder konzipierten Handbuchs bewußt. Gleichwohl hoffen sie, daß das Werk hilfreich sein kann und dazu beiträgt, die Lücken und Unsicherheiten in methodischen und instrumentellen Fragen zu verkleinern. Akademie und Autoren sind daher gleichermaßen für Hinweise, Anregungen und weiterführende Kritik dankbar, damit später gegebenenfalls durch eine Neuauflage der Wert des Handbuchs für die Benutzer noch gesteigert werden kann.

I.1 Stellenwert der Planung in Staat und Gesellschaft

Ernst-Hasso Ritter

Inhalt

1. Gescheiterte Planungssysteme und ihre Folgen
1.1 Das Experiment der politischen Planung in der alten Bundesrepublik Deutschland
1.2 Das Planungsexperiment der sozialistischen Staaten
2. Das Weltbild der umfassenden Planung
3. Veränderte Prämissen für die staatliche Planung
4. Zur Entwicklung der räumlichen Planung
5. Das Bild der räumlichen Planung an der Jahrtausendwende

Einleitung

Das Wort "Planung" löst immer noch Emotionen aus. Zumal in Deutschland schwankt ihre Einschätzung zwischen einer idealistischen Überhöhung zum Königsweg der Politik einerseits und der Verteufelung als Instrument auf dem "Wege in die Knechtschaft" auf der anderen Seite, um einen Titel des Ökonomen F. A. von Hayek (1945) zu zitieren. Planung ist eingebettet in die Entscheidungskultur einer Gesellschaft und in die Steuerungskultur eines Staatswesens; auch Stellenwert und Wirkungspotential der räumlichen Planung ergeben sich daraus. Sieht sich der Staat "überfordert" (Ellwein/Hesse 1994), gerät er über seine Steuerungsmöglichkeiten in Selbstzweifel, muß also das Verhältnis von Staat und Gesellschaft neu bestimmt werden, ist die Rolle der Planung im allgemeinen und der räumlichen Planung im besonderen ebenfalls zu überdenken. In einer solchen Phase der Neubesinnung befinden wir uns. Sie ist ausgelöst durch die Finanzierungskrise der öffentlichen Hände, durch die Glaubwürdigkeitskrise der politischen Institutionen, durch den Souveränitätsverlust des Staates nach innen (infolge der Vergesellschaftung öffentlicher Aufgaben) wie nach außen (infolge der Kompetenzübertragungen auf supranationale Einrichtungen und der Globalisierung des ökonomischen Geschehens). Die räumliche Planung steht nun vor der Alternative, entweder in den tradierten Bahnen weiterzufahren, damit zunehmend an Wirkungskraft einzubüßen und sich letztlich überflüssig zu machen, oder aber sich auf die neuen Entwicklungen einzustellen und ihre Methoden und Instrumente danach auszurichten.

I. Rahmenbedingungen räumlicher Planung

1. Gescheiterte Planungssysteme und ihre Folgen

Um den derzeitigen Zustand von Planung zu verstehen, muß man sich vergegenwärtigen, daß auf dem Boden der heutigen Bundesrepublik zwei umfassende Planungsexperimente stattgefunden haben, die beide gescheitert sind. Die Folgen dieses Scheiterns spüren wir noch heute.

1.1 Das Experiment der politischen Planung in der alten Bundesrepublik Deutschland

Mitte der 60er Jahre brach in der Bundesrepublik eine Planungsdiskussion und Planungseuphorie aus, Planung schien "der große Zug unserer Zeit" (KAISER 1965). Die Ursachen dafür sind zunächst in den ökonomischen Rahmenbedingungen zu suchen. Anfang der 60er Jahre war der erste Nachholbedarf an Gütern und Dienstleistungen befriedigt. Eine Periode allgemeinen Wohlstands schien sich anzukündigen. Wirtschaftswachstum und Einkommensteigerungen erreichten Größenordnungen, die es möglich machten, eine neue Verteilungspolitik aus den Zuwächsen ohne gravierende Eingriffe in Besitzstände einzuleiten. Und als 1966/1967 eine kurzzeitige Rezession die Wachstumskurven vorübergehend abflachte, schien es um so dringlicher, den Zuwachs des Sozialprodukts zu verstetigen, um die soziale Befriedung auf Dauer zu sichern (zum ganzen RITTER 1987).

Auf der anderen Seite hinterließ die steigende Wohlstandskurve ein Unbehagen sowohl an der einseitigen materiellen Ausrichtung der Gesellschaft wie an den bleibenden sozialen Ungleichgewichten. Studenten und breite Schichten der Intelligenz forderten, die gesellschaftlichen Verkrustungen aufzubrechen; sie forderten Teilnahme und Mitgestaltung. Die Unruhen, die 1968 von den Universitäten ausgingen, waren das äußere Zeichen einer tiefen Unzufriedenheit mit den bestehenden Zuständen und des Wunsches nach einer grundlegenden Neuorientierung. Ganz allgemein suchten die Menschen mehr Selbstverwirklichung, mehr Emanzipation und mehr Mitbestimmung.

Diese Unruhe wurde reflektiert und systematisiert von den aufkommenden Sozialwissenschaften. Die Sozialwissenschaften reflektierten jedoch nicht nur, sie bemächtigten sich zudem des Gegenstandes ihres wissenschaftlichen Interesses. Sie verließen die Rolle des außenstehenden Analytikers und Interpreten, um selbst in die Rolle des Handelnden und Gestaltenden hineinzuschlüpfen; es war die Geburtsstunde der aktiven wissenschaftlichen Politikberatung. Ohne diese veränderte Rolle der Sozialwissenschaften wäre der Aufbau der politischen Planung in der Bundesrepublik nicht möglich gewesen.

Das Ganze wurde befördert durch eine neue politische Konstellation. Mit der Bildung der großen Koalition von CDU und SPD im Jahre 1966 begann auch eine neue politische Ära. Die Sozialdemokratie erhob den Anspruch, die gesellschaftlichen Verhältnisse zwar nicht auf einem revolutionären Weg, aber doch grundlegend zu ändern. Sie gedachte, dies über den Staatsapparat zu tun; mit Hilfe des Rechts und mittels sozialstaatlicher Umverteilung von Einkommens- und Finanzströmen sollte ein gerechterer gesellschaftlicher Zustand erreicht werden. Aber auch eher konservativ gesinnte Politiker und Verwaltungsleute zeigten sich für Planung aufgeschlossen, wobei ausländische Vorbilder keine geringe Rolle gespielt haben dürften. Das gilt namentlich für die französische Planification, mit deren Hilfe es de Gaulle in den 60er Jahren gelungen zu sein schien, Prosperität und Glorie zu verbinden. Planmäßigkeit wurde nunmehr allgemein als ein wesentliches Merkmal moderner Staatlichkeit angesehen (KRÜGER 1964, S. 132 f.).

Um das Neue zu verstehen, muß man sich den Anspruch vergegenwärtigen, mit dem die politische Planung seinerzeit angetreten war. Planung im Sinne gedanklicher Vorwegnahme künftigen Handelns hat es zwar immer gegeben. Neu war jedoch der das ganze Staatswesen erfassende generelle Schwenk von der Vergangenheitsorientierung zur Zukunftsorientierung. Das staatliche Handeln bezog nunmehr bewußt die Zeit mit ein, stellte sich unter eine Ordnung des Messens und Bewertens, strebte nach der optimalen Verbindung aller Ziele auf der Ebene der Staatsleitung (Regierungsplanung). Politische Planung verstand sich als integrierte und integrierende Steuerung allen staatlichen Handelns und folgte damit einem synoptischen Idealbild.

Wenn man den Beginn der Regierungsplanung auf die Bildung der großen Koalition 1966 datiert, dann hat die Planungseuphorie freilich nicht einmal zehn Jahre gedauert. Denn schon nach dem Ölpreisschock Mitte der siebziger Jahre trat ein merkbarer Stimmungsumschwung ein. Der wesentliche Grund dafür lag in einem veränderten Bewußtsein von der Lage und in einer veränderten Einschätzung der Möglichkeiten staatlicher Steuerung. Denn Mitte der 70er Jahre wurde allenthalben deutlich, daß die bisherigen Annahmen über die Ressourcen obsolet geworden waren. Das Wirtschaftswachstum stagnierte und die staatlichen Einnahmeerwartungen mußten kräftig zurückgeschraubt werden. Zugleich setzte sich die Erkenntnis durch, daß die Industriegesellschaft einen nicht länger zu verantwortenden Raubbau an den Lebensgrundlagen getrieben hatte. Und letztlich überholte in fast allen hochzivilisierten Staaten die Sterberate der Bevölkerung die Geburtenrate. Die "Grenzen des Wachstums" zeigten sich allenthalben und damit war auch das "rien ne va plus" jener großzügigen Entwicklungsplanungen angesagt, die auf einen ständigen Zuwachs von Geld, Gütern und Dienstleistungen gebaut hatten. Das Vertrauen in die zukunftsgestaltenden Fähigkeiten der Politik war erschüttert; der gesellschaftliche Konsens über langfristige Ziele zerbrochen.

So plötzlich, wie die politische Planung gekommen war, so plötzlich brach sie nun ab. Als Regierungsplanung jedenfalls war sie gescheitert; Inkrementalismus, Stückwerkstechnik, Konzentration auf die Tagesnotwendigkeiten und das Aussitzen von Problemen traten an ihre Stelle. Insgesamt folgte eine Phase der Planungsernüchterung, die bis in die jüngste Zeit nachwirkt. Integrierte und integrierende Regierungsplanung mit synoptischem Anspruch findet bis heute, wie Berichte aus dem Bundeskanzleramt (KÖNIG 1995) oder aus Länder-Staatskanzleien (GEBAUER 1994) belegen, nicht mehr statt. Erst allmählich gewinnen Ansätze politisch-administrativer Planung wieder stärkere Aufmerksamkeit, so zum einen in der internationalen Diskussion über die Bedeutung strategischer Planung angesichts der zunehmenden Gewißheitsverluste in der Lebenswelt und der zunehmenden Segmentierung staatlichen Handelns (Überblick bei BERRY/WECHSLER 1995) oder zum anderen – überraschenderweise – im Gefolge der sonst mehr von Verschlankungs-, Beschleunigungs- und Privatisierungsgedanken geprägten Modernisierungsbestrebungen der öffentlichen Hand unter dem Aspekt des Controlling (s. unten Abschnitt 5).

Die hier geschilderte Entwicklung war keineswegs auf die Bundesrepublik beschränkt. Ein ähnliches Bild, wenngleich teilweise zeitverzögert, läßt sich in fast allen westlichen Industriestaaten beobachten. Das gilt etwa für das planning-programming-budgeting-system der US-amerikanischen Bundesverwaltung, wiewohl das amerikanische Planungssystem den umfassenden gesellschaftlichen Gestaltungsanspruch ohnehin nicht erhoben, sondern sich auf die administrative Binnenrationalisierung konzentriert hatte. Die planerischen Ansätze und Institutionen in Großbritannien wurden spätestens in der Ära des Thatcherismus, die auf den neoliberalen Gedanken der Selbstregulierung der Marktkräfte setzte, zerschlagen (vgl. auch RÖMER 1993). Auch in Frankreich büßte die nationale Wirtschaftsplanung seit den 80er Jahren zusehends an Bedeutung ein (FROMONT 1987), wenngleich Instrumente der Planification (insbesondere die Verträge zwischen Staat und Regionen) neuerdings durch die Raumordnungspolitik eine Aufwertung zu erfahren scheinen (s. unten Abschnitt 4). Lediglich unter dem konsensdemokratischen Politiksystem der Schweiz hat sich eine spezielle Form der Legislaturperiodenplanung erhalten (vgl. Bericht über die Legislaturperiodenplanung 1995 – 1999 des Schweizerischen Bundesrates).

1.2 Das Planungsexperiment der sozialistischen Staaten

Das große Experiment gesellschaftlicher und staatlicher Planung, das mit dem Namen des Sozialismus verbunden ist und dem auch die Deutsche Demokratische Republik zugehörte, hat ungefähr 70 Jahre gedauert. Sein Zusammenbruch war die Konsequenz des Zerfalls der Sowjetunion und des östlichen Paktsystems; er kam kaum weniger abrupt und weniger überraschend als das Ende der politischen Planung in der alten Bundesrepublik.

Die planmäßige (proportionale) Entwicklung der Volkswirtschaft galt als das ökonomische Gesetz des Sozialismus. Bereits Lenin hatte die Notwendigkeit einer planmäßigen Entwicklung der sozialistischen Wirtschaft begründet und darauf hingewiesen, daß man Wirtschaft nicht ohne einen für längere Zeit ausgearbeiteten Plan führen könne. Die gigantische Aufgabe der sozialistischen Revolution bestand nach seinen Worten in der "Umwandlung des ganzen staatlichen Wirtschaftsmechanismus in eine einzige große Maschine, in einen Wirtschaftsorganismus, der so arbeitet, daß sich Hunderte Millionen Menschen von einem einzigen Plan leiten lassen" (Politische Ökonomie 1955, S. 473).

Die sozialistische Planung beruhte auf der Verbindung der Perspektivpläne, die die Hauptlinien der wirtschaftlichen Entwicklung für eine Reihe von Jahren zum Ausdruck bringen sollten, mit den laufenden Plänen, die das konkrete Arbeitsprogramm für kürzere Fristen darstellten. Die Planung erhob einen sehr rigiden Anspruch: "Alle Pläne der einzelnen Wirtschaftszweige", so Lenin, "müssen streng koordiniert, miteinander verbunden sein und in ihrer Gesamtheit den einheitlichen Wirtschaftsplan bilden, den wir so dringend benötigen" (Politische Ökonomie 1955, S. 481).

Die Gründe für das Scheitern des sozialistischen Experiments liegen zum einen in seiner offensichtlichen ökonomischen Erfolglosigkeit. Obschon in einzelnen Bereichen auch das sozialistische System Spitzenleistungen erzielte (z.B. in der Weltraumforschung), blieb der allgemeine Lebensstandard im direkten Vergleich mit den westlichen Industrienationen deutlich zurück. Auf deutschem Boden konnte die sich aus dem eklatanten Wohlstandsgefälle ergebende Abstimmung mit den Füßen von Ost nach West nur durch den Bau martialischer Grenzbefestigungen gebrochen werden. Der zweite Grund liegt in der harten Durchsetzung des Planungssystems mit den Mitteln des Befehls und des Zwangs.

Trotz eines riesigen Repressionsapparates fehlte es an Problemlösungskapazität, weil das System uniformes und schablonenhaftes Verhalten begünstigte, Kreativität und Vielfalt der Initiativen dagegen benachteiligte oder unterdrückte. Und schließlich ist das System an seinen inneren Widersprüchen zugrunde gegangen, die sich etwa in den Diskrepanzen zwischen dem moralischen Anspruch und der realen Wirklichkeit oder in den Nationalitätenkonflikten manifestierten.

Das sozialistische Planungssystem hat sich freilich nicht überall spurlos aufgelöst. Zwar ist es vom Boden der ehemaligen DDR verschwunden und in Rußland nur noch in institutionellen Rudimenten, vor allem in den industriellen und industriell-agrarischen Komplexen wirksam (HÖHMANN 1996). Doch haben sich in einer Reihe von Ostblockstaaten, nämlich soweit sie von reformkommunistischen Nachfolgeparteien beherrscht werden, modifizierte Planungssysteme bei (unterschiedlich) weitgehender staatlicher Einflußnahme erhalten. So wurde gerade für Polen versucht, den Transformationsprozeß der gesellschaftlichen Umorientierung auch über Planung zu steuern (JUCHLER 1995). Dieses Fortwirken einer umfassenden Planungstradition mag vielleicht ein Grund sein für den erstaunlichen Optimismus, mit dem polnische Raumplaner die Zukunft der Planung beurteilen (KUKLINSKI 1997, S. 477 ff.).

2. Das Weltbild der umfassenden Planung

Beide Planungssysteme hatten einen weitgreifenden Gestaltungsanspruch postuliert. Die westliche Planung sah sich in der Folge des - von dem Soziologen Max Weber beschriebenen - abendländischen Rationalisierungsprozesses in Staat und Gesellschaft. Für sie war die rationale Durchdringung der gesamten Wirklichkeit und ihre Indienstnahme zugunsten menschlicher Zwecke das Gesetz der Entwicklung. Auch Politik war danach Planung, und Planung sollte nichts weniger sein als der "systematische Entwurf einer rationalen Ordnung auf der Grundlage allen verfügbaren Wissens" (KAISER 1965, S. 7). Fortschrittsvertrauen, Veränderungswille und soziales Verantwortungsgefühl verbunden mit einem rationalen Ziel-Mittel-Denken und einem generellen Glauben an die Machbarkeit mischten sich zu einem Treibsatz, der die traditionellen Steuerungsformen des Staates sprengen und die bewußte Gestaltung der Zukunft unter den Postulaten von Gerechtigkeit und Berechenbarkeit voranbringen wollte.

Einem ebensolchen Rationalitätsglauben - wenn auch auf ganz anderem theoretischen Fundament - huldigte der Sozialismus. Für ihn waren die gesellschaftlichen Gesetzmäßigkeiten objektive Gesetze; es kam allein darauf an, sie zu erkennen und danach zu handeln. Die marxistische Dialektik verstand sich als die Wissenschaft von den allgemeinen Erkenntnisgesetzen der Natur, der menschlichen Gesellschaft und des Denkens. Infolgedessen sah sie sich als eine Methode der Behandlung sowohl der Erscheinungen der Natur wie des gesellschaftlichen Lebens; sie sah sich als Werkzeug der wissenschaftlichen Erkenntnis. In dieser objektiven Welt herrschte der kausale Zusammenhang der Dinge und Geschehnisse, dessen Aufdeckung unmittelbare Aufgabe der Wissenschaft sein sollte (ROSENTAL 1955, S. 60 ff.).

Beide Planungssysteme stehen so in der Tradition der Aufklärung. Die Aufklärung betrachtete ihre Zeit als pädagogisches Jahrhundert, das den Anspruch erhob, die Verstandeserkenntnisse praktisch anzuwenden, das Leben nach den objektiven Gesetzen der Vernunft zu ordnen und zu gestalten. Und diese objektiven Gesetzmäßigkeiten waren im Grunde erkennbar und beherrschbar, womit zugleich die Gestaltbarkeit aller Naturvorgänge und gesellschaftlichen Prozesse als grundsätzlich möglich gelten mußte.

Die "überlegene Rationalität", die man danach gerade Planung und Plänen zugemessen hat, ist durch die historischen Umwälzungen unserer Zeit, durch den Paradigmenwechsel der wissenschaftlichen Weltsicht ebenso in Frage gestellt wie die Legitimität regierungsamtlicher Festlegungen gesellschaftlicher Entwicklungen. Dieses Planungsverständnis war nämlich historisch eingebettet in den Kontext eines naturwissenschaftlich-technischen Weltbildes,

- welches in strengen linearen Kausalketten dachte,
- welches von der prinzipiellen Erkennbarkeit, von der Eindeutigkeit und von der Vorhersagbarkeit aller Prozesse überzeugt war,
- welches von der Zerlegbarkeit der Naturvorgänge in einzelne beherrschbare Faktoren ausging,
- welches gegebenen Zwecken bestimmte Mittel zuordnen konnte und
- in welchem die Zeit nicht mehr als eine Rechengröße war, weil alle Abläufe grundsätzlich als wiederholbar galten.

Einem derartigen Weltbild entsprach es durchaus, auch den Staat, sein Recht und seine Wirkungsweisen "mechanistisch" aufzufassen; die in dem Zusammenhang verschiedentlich verwendete Maschinen-Metapher (SMID 1988) drückt die maßgeblichen Eigenschaften der Regelhaftigkeit, der Gleichmäßigkeit und der Berechenbarkeit gut aus.

Das mechanistisch-deterministische Weltbild, für das die Namen des Philosophen Descartes und des Physikers Newton standen, ist in den letzten Jahrzehnten durch die neuen Erkenntnisse und Sichtweisen in Physik, in Chemie und Biologie aus den Angeln gehoben worden (Quantentheorie, fraktale Mathematik, Chaostheorie, Theorie der Selbststeuerung). Man muß heute zur Kenntnis nehmen, daß Naturvorgänge sich in hochkomplexen, dynamischen Systemen vollziehen, die nur in einer Gesamtbetrachtung überhaupt adäquat erfaßbar sind. Man muß zur Kenntnis nehmen, daß in den hochkomplexen Systemen keine einfachen Gesetzmäßigkeiten herrschen, sondern Chaos und Ordnung einander ablösen. Man muß anerkennen, daß zwischen Ursachen und Wirkungen keine proportionalen Beziehungen bestehen müssen, daß folglich dem Anspruch auf universelle Berechenbarkeit und Vorhersage unaufhebbare Grenzen gesteckt sind. Begriffe wie: Komplexität, Nichtlinearität, Unsicherheit, Instabilität und Selbstorganisation prägen das neue naturwissenschaftliche Denken (Überblick bei CAPRA 1996) und verändern damit auch die Grundlagen des gesellschaftlichen und staatlichen Handelns. Die Gesellschaftswissenschaften haben inzwischen den Dialog mit den Naturwissenschaften über die Frage aufgenommen, inwieweit die neuen ökologisch-naturwissenschaftlichen Ansätze auch auf soziale Problemstellungen oder Lösungen übertragen werden können (vgl. z.B. Loccumer Protokolle 75/92). Verwaltungswissenschaften (BÖHRET 1990), Politikwissenschaften (MAYNTZ 1991) oder Managementlehre (WHEATLEY 1997) bemühen sich, diese Ansätze für politische und staatlich-initiierte Steuerungsmodelle fruchtbar zu machen.

3. Veränderte Prämissen für die staatliche Planung

Nun ist es nicht so, daß in den 50er und 60er Jahren noch exakt dieselben Modelle und dieselben Vorstellungen wie zu Zeiten Descartes oder Newtons geherrscht hätten. In der Mitte dieses Jahrhunderts waren die Disziplinen der Kybernetik und der Informationstheorie, der Spieltheorie und der klassischen Systemtheorie entstanden und hatten auch Einfluß auf die staatlichen Steuerungsinstrumente genommen. Insbesondere Kybernetik (ADERHOLD 1973) und Systemanalyse (NAGEL 1971) wurden für die Planung fruchtbar gemacht. Gleichwohl war damit noch keine grundlegende Abkehr von den klassischen, sozialtechnologischen Vorstellungen von Planung verbunden, die ihrerseits wieder auf dem überkommenen mechanistisch-deterministischen Weltbild aufbauten. Dieses Weltbild prägte letztlich immer noch das Bild vom Staat, von seinen Kenntnissen und seinen Handlungsfähigkeiten. Es beruhte auf einer idealistischen Überhöhung des Staates und auf den Annahmen, daß der Staat einem verhältnismäßig einfach strukturierten Umfeld gegenüberstehe, daß in diesem Umfeld konstante Verhältnisse herrschten, daß die vom Staat beabsichtigten Steuerungseffekte im wesentlichen über geradlinige und einfach gebaute Wirkungsketten liefen und daß der Staat für seine Steuerung über alle erheblichen Informationen verfüge. Solche sehr einfach konstruierten Beziehungen zwischen dem Staat und seinem gesellschaftlichen Umfeld sind von der Realität global agierender Informationsgesellschaften schon längst überholt. Und doch fordern in dieser spannungsgeladenen, zunehmend komplizierter und undurchschaubarer werdenden Welt die Menschen ein Mehr an Stabilisierung und Perspektiven. Daraus ergeben sich steigende Anforderungen an gemeinschaftliche Problemlösungskapazitäten oder anders gewendet: neue Anforderungen an die Gesellschaft, an die staatliche Steuerung und Planung.

Die erhöhten Steuerungsanforderungen ihrerseits treffen - wie gezeigt - auf ein immer komplexer werdendes Umfeld. In diesem gesellschaftlichen Umfeld herrschen keine konstanten Verhältnisse, sondern unterschiedliche, zum Teil sich exponentiell beschleunigende Entwicklungsgeschwindigkeiten; Strukturbrüche mit tiefreichenden sozialen und kulturellen Folgen verunsichern die Menschen; begrenzte Informationen und fehlende Einsichtsfähigkeit bilden unübersteigbare Schranken für allumfassende Planungen. Das idealisierte Modell vollständiger Rationalität, von dem die Systeme integrierter Planung glaubten, ausgehen zu können, hat sich als Illusion erwiesen (RITTER 1987, S. 333 ff.) – eine Erkenntnis, die mit Modellen "begrenzter Rationalität" in anderen Wissenschaften schon längst heimisch ist (vgl. z.B. SELTEN 1990 für die Wirtschaftswissenschaften).

Das rasante Entwicklungstempo und die labil gewordenen, sich ebenfalls rasch verändernden Wertvorstellungen in unserer Gesellschaft machen es zunehmend schwerer, durch abstrakt-allgemeine Tatbestandsbeschreibungen die Vielfalt der Lebensvorgänge zu erfassen. Auch darauf muß sich die Planung einstellen. Sie muß flexibel und situationsbezogen reagieren können. Sie wird im Prinzip "situativ".

In solchen hochkomplexen Handlungsfeldern lassen sich aus steuerungspolitischer Sicht des Staates lineare und einfach gebaute Wirkungsketten kaum noch ausmachen. Damit kann die staatliche Steuerung nicht mehr auf den direkt-kausalen Zugriff bauen; sie muß vielmehr differenzierte Strategien wählen, muß Umwege machen, dritte Akteure einschalten und somit insgesamt vernetzte Ansätze berücksichtigen. Planung arbeitet auf die Weise zunehmend durch "mittelbares Einwirken".

Im unübersichtlichen Regelungsumfeld sind dementsprechend auch stringente Folgeabschätzungen nur noch beschränkt möglich. Das gilt sowohl für die Vorausrechnung von Folgen im Sinne einer zielgerichteten Beherrschbarkeit wie für die Rückrechnung von Folgen im Sinne der Zuteilung von Verantwortung. Die staatliche Steuerung kann sich daher auf klare Ziel-Mittel-Relationen nicht mehr verlassen; sie muß mit Zufall, Spontanität und Unberechenbarkeit umgehen und muß akzeptieren, daß Entscheidungen in Unkenntnis möglicher Folgen getroffen werden. Sie muß verstehen, daß sich Zukunft nicht beherrschen läßt.

Planung kann nicht mehr davon ausgehen, daß ihre Zielsetzungen wie ihre Anwendungen auf der Basis allen relevanten Wissens erfolgen. Der staatliche Apparat verfügt nur über den kleinsten Teil des relevanten Wissens. Das vorhandene Wissen ist vielmehr über viele Expertensysteme verstreut, und aus diesen Expertensystemen ist es zum Teil nicht oder nur unter Werteinbußen herauszuholen. Je tiefer die Planung in den Bereich wissenschaftlich-technischer Entwicklung vordringen will, desto eher ist sie mit Unkenntnis und Ungewißheit konfrontiert – und damit auf die Nutzbarmachung "außenstehenden" Wissens angewiesen.

Legitimität und Umsetzung von Planungen ergeben sich nicht länger wie von selbst aus einem Über- und Unterordnungsverhältnis von Planungsinstanzen und Durchführungsinstanzen bzw. Planadressaten. Planinhalte und Planakzeptanz sind über die Zusammenarbeit der Akteure im Planungsprozeß miteinander verwoben; Ziele werden vielfach erst auf dem Weg zur Umsetzung über die Zusammenarbeit der Beteiligten konkret und bindend.

Demgemäß werden Information, Überzeugung, Akzeptanz und Mitarbeitsbereitschaft zu immer wichtigeren Ressourcen der Planung. Planung kann nur unter engen Randbedingungen noch mittels einseitiger rechtlicher Gebote oder Verbote wirken; überwiegend wird sie zur kooperativen Planung. Sie bedient sich dabei auch "weicher", informaler Instrumente. Hohe Moderations- und Managementleistungen werden zur Voraussetzung, um die der Planung angesonnenen Regulations- und Verteilungsfunktionen überhaupt ausfüllen zu können.

Die Komplexität des Umfeldes wirkt im übrigen auf die Staatsorganisation selbst zurück. Einheit der Staatswillensbildung und Einheit der Verwaltung erweisen sich zunehmend als Fiktionen; damit wird zugleich eine einheitliche Planung unmöglich. Der Prozeß der Ausdifferenzierung der staatlichen Organe und der Aufsplitterung der staatlichen Gewalt schreitet fort. Wir beobachten eine zunehmende Verselbständigung von Verwaltungseinheiten oder von Handlungsträgern im öffentlichen Auftrag ebenso wie das Entstehen gemischt öffentlich-privater ("hybrider") Organisationen. Insgesamt bildet sich ein polyzentrisches System der Steuerung. Dieses polyzentrische System greift weit über den engeren staatlichen Bereich hinaus, indem es die eigentlichen Planungsadressaten - nämlich Bürger, Unternehmen oder gesellschaftliche Organisationen - in seine Dienste stellt. Scharfe Trennungslinien zwischen Staatsorganisation einerseits und gesellschaftlichen Organisationen andererseits lassen sich inhaltlich immer schwerer ausmachen; es ist ein System der Verflechtung und gegenseitigen Durchdringung von Staat und Gesellschaft entstanden.

Auf diese veränderten Rahmenbedingungen muß sich jede Planung, die effektiv sein will, einlassen. Auch die räumliche Planung wird vor diesem Hintergrund ihr Selbstverständnis neu zu formulieren, ihre Methoden und Instrumente neu zu konstruieren haben.

4. Zur Entwicklung der räumlichen Planung

Die Geschichte der räumlichen Planung in der Bundesrepublik Deutschland spiegelt das Auf und Ab der Planung insgesamt wider (FÜRST/RITTER 1993). Zunächst war es die räumliche Planung auf kommunaler Ebene (Bauleitplanung), die für einen geordneten Wiederaufbau der deutschen Städte sorgen sollte. Ihre grundlegende rechtliche Verfassung fand sie nach den Aufbaugesetzen der Länder im Bundesbaugesetz des Jahres 1960. Sehr bald setzte sich aber auch die Einsicht durch, daß eine übergeordnete und überlokale Steuerung als allgemeine Vorgabe für die städtebauliche Planung zwingend erforderlich war. Alle (Flächen-)Länder der alten Bundesrepublik schufen hierzu Landesplanungs- und in den größeren Ländern auch Regionalplanungssysteme. Die von den Ländern jeweils eingeschlagenen Wege waren sehr unterschiedlich. Der allgemeine Zug zur Vereinheitlichung der Lebensverhältnisse in der Bundesrepublik führte deshalb zu der Frage einheitlicher Rahmenvorgaben auch für die Landesplanung. Nach langjährigen Vorbereitungen und Kompetenzstreitigkeiten - schon der Begriff Landesplanung drückt aus, daß die Länder die räumliche Planung als ihr Hausgut ansahen - kam endlich 1965 das Bundesraumordnungsgesetz zustande. Insgesamt war damit für die Bundesrepublik ein zwar in sich differenziertes, aber rechtlich doch stringentes Raumplanungssystem entstanden.

Ihrem inhaltlichen Anspruch nach konzentrierte sich die räumliche Planung in den ersten Jahren vor allem auf die Abwehr von Gefahren, die sich aus der wildwüchsigen Entwicklung der Märkte in den expandierenden Städten ergaben, und ergänzte die Siedlungsentwicklung in den "unrentierlichen" Marktfunktionen durch Infrastruktur oder durch Sicherung städtischer Grünflächen. Später dann gewann die räumliche Planung immer mehr Selbständigkeit und versuchte als "Auffangplanung" dem Marktgeschehen mit eigenen Ordnungsvorstellungen entgegenzutreten, indem sie Markttendenzen antizipierte und dem Siedlungsgeschehen Zielrichtungen vorgab. Mit dem Aufkommen der integrierten Planungen im Sinne der politischen Planung erhöhte auch die räumliche Planung ihren Geltungsanspruch nochmals. Sie wandelte sich zur "Entwicklungsplanung", indem sie die Dynamik des gesellschaftlichen Fortschritts zu ihrer Sache machte (WAGENER 1970). Sie gewann teilweise sogar den Anspruch, die gesamte raumwirksame Investitionstätigkeit des Staates zu steuern und wurde damit zu einem tragenden Pfeiler der integrierten Regierungsplanung schlechthin. Dies galt vor allem für die Länder Hessen, Nordrhein-Westfalen und Niedersachsen, während für den Bund der Versuch eines Bundesraumordnungsprogramms 1974 erfolglos endete.

Der unvermittelte Niedergang der politischen Planung betraf zwar in erster Linie den Bund, wirkte sich aber nach und nach ebenso auf Länder wie auf Gemeinden aus und führte dort ebenfalls zu einem allmählichen Rückgang der Planungsintensität. Gesamtgestalterische, konzeptionelle Politikansätze waren kaum noch gefragt. In den Kommunen wurde die integrierte Stadtentwicklungsplanung zusehends blutleer oder sogar organisatorisch zerschlagen (GÖB 1989). Die Raumordnung büßte ihren ressortübergreifenden Einfluß ein und wurde im wesentlichen auf ihren engeren Kern (im Sinne der Mindestinhalte nach dem Bundesraumordnungsgesetz) zurückgeworfen. Zugleich überwucherte die Bedeutung einzelner Fachpolitiken mit ihren Fachplanungen die Bedeutung der zusammenfassenden Raumordnungspolitik. Denn die sektoralen Planungen, die von vornherein einen reduzierten Steuerungsanspruch hatten, schienen handfester und waren im übrigen dank ihres Zugriffs auf finanzielle Ressourcen durchsetzungsstärker als die raumordnerischen Planungen. Es erwies sich jetzt als großer Nachteil, daß Raumordnung und Landesplanung nie einen nennenswerten finanzpolitischen Einfluß hatten gewinnen können.

Institutionell geriet die Landesplanung insbesondere unter den Druck der in den Landesparlamenten einflußreichen Kommunalpolitik. Die tiefreichenden Regelungsansprüche der Landesplanung wurden von den Kommunen mit ständigem Argwohn betrachtet und zum Schuldigen für viele Unzulänglichkeiten kommunaler Politik erklärt. Diese Einschätzung mischte sich mit den allgemeinen Strömungen der Entstaatlichungsdebatte, die Deregulierung und Entbürokratisierung auf ihre Fahnen geschrieben hatte. Mit der Schaffung des Baugesetzbuches 1983 wurde namentlich die städtebauliche Planung auch juristisch der auf umfassende Entwicklung ausgerichteten Instrumente entkleidet, wenngleich ihr das Schicksal der Planung in England erspart blieb. Die raumordnerische Planung überlebte vor allem aufgrund ihrer - so paradox es klingen mag - starken rechtlichen Verfaßtheit, reduzierte aber ihr inhaltliches Niveau erkennbar.

Ein gewisser inhaltlicher Wiederaufschwung setzte erst ein, als die Raumordnung den Umweltschutz für sich entdeckte und die übergeordneten, flächenhaften Schutzaussagen zu ihrer Sache machte (Freiraumplanung, übergeordnete Landschaftsplanung im "Huckepack" der Landesplanung). Diese raumordnerischen Planungen waren allerdings sogenannte Freihalteplanungen und damit Negativ-Planungen. Formal drückt sich der Bedeutungsgewinn der Raumordnung in der Novelle des Raumordnungsgesetzes von 1989 aus, durch die die raumordnerischen Grundsätze um ökologische Anforderungen erweitert und das Raumordnungsverfahren mit Umweltverträglichkeitsprüfung für alle Länder verbindlich eingeführt wurden. Auch die kommunale Planung erfuhr unter dem Vorzeichen der ökologischen Stadterneuerung mit gemeindeweiten Rahmenkonzeptionen und sektoralen bzw. stadtteilbezogenen Handlungsprogrammen eine Aufwertung (RITTER 1995 b). Insbesondere die Wiederentdeckung des Flächennutzungsplanes als strategisches Instrument der Stadtentwicklungspolitik (BUNZEL/MEYER 1996) und zur nachhaltigen Flächenwirtschaft (JACOBY 1996) ist in dem Zusammenhang zu nennen.

Obschon die Deregulierungswelle inzwischen die räumliche Planung erreicht hat (Investitionsbeschleunigungsgesetz 1993, in Teilen auch das Bau- und Raumordnungsgesetz 1998), so bescherte doch die deutsche Vereinigung der Raumplanung eine Renaissance ihrer inhaltlichen Bedeutung. Der Regelungsdruck durch den strukturellen Nachholbedarf in den neuen Ländern und die Eins-Zu-Eins-Übertragung der bundesrepublikanischen Planungssysteme überspielten zunächst die methodischen Schwierigkeiten, mit denen die Raumplanung inzwischen zu kämpfen hatte. Mit den Notwendigkeiten des ökonomischen Neuaufbaus in den neuen Ländern und mit den Notwendigkeiten, der wirtschaftlichen Krise und dem rapiden Strukturwandel in den alten Ländern zu begegnen, erhielt die räumliche Planung inhaltlich wieder mehr den Charakter einer auf positive Ziele verpflichteten Entwicklungsplanung. Darüber hinaus trat eine Bedeutungsverschiebung in der räumlichen Planung zugunsten des Bundes ein. Mit dem Raumordnerischen Orientierungsrahmen von 1992 und dem darauf beruhenden Aktionsprogramm von 1995 gewann der Bund erstmals auch einen gewissen materiellen Einfluß auf die räumlichePlanung.

Das Einflußpotential dürfte sich noch erhöhen durch die Erfordernisse und Handlungsnotwendigkeiten europäischer Politik. Auch hier kommt dem Bund, der schon aufgrund der Verfassung die außenpolitische Prärogative hat, eine besondere Funktion zu. Die Aufgabe, die heimischen Regionen in der internationalen Standortkonkurrenz zu stärken und an der regionalen Strukturförderung der Europäischen Union teilhaben zu lassen, sowie die Aufgabe, europaweite transnationale Infrastrukturnetze zu knüpfen, erweitern den politischen Gehalt räumlicher Planung. Da zudem die Metropolen und großen Städte sich zunehmend als Motoren der europäischen Entwicklung betrachten, wird vor allem der räumliche Vernetzungsgedanke befördert und zu einer neuen Herausforderung auch für die Raumplanung (RITTER 1995 a).

Die Förder- und Infrastrukturpolitik der Europäischen Union ist von tiefreichenden Auswirkungen auf die räumliche Entwicklung in den Mitgliedsstaaten. Allerdings vollzieht sich der Einfluß der Europäischen Union auf die Raumstruktur der Mitgliedsstaaten weitgehend im Halbdunkel des faktischen Geschehens, ohne erkennbare raumpolitische Konzeption und ohne bewußte raumordnungspolitisch motivierte Koordination. Von einer übergreifenden und in sich konsistenten Raumordnungspolitik auf der Ebene der Europäischen Union kann derzeit noch keine Rede sein; vielleicht wird das in Arbeit befindliche Europäische Raumordnungskonzept dafür eine geeignete Grundlage bieten können. Die institutionellen und verfahrensmäßigen Bedingungen einer europäischen Raumordnungspolitik sind ebenfalls noch unklar (vgl. FÜRST/RITTER 1993, S. 102 ff.). Folglich sind auch die Anforderungen, die von der europäischen Ebene auf die deutsche Raumordnungspolitik und auf das deutsche Raumordnungsrecht ausgehen, noch offen - aber auch noch gestaltbar. Zu einem ersten, maßgeblichen Anstoß europäischen Rechts auf die Methoden und Instrumente der deutschen Raumordnung dürfte es kommen, wenn der Richtlinienvorschlag des Rates über die "Prüfung der Umweltauswirkungen bestimmter Pläne und Programme" (Ratsdok. 7093/97), der vor allem auf raumordnerische Pläne gemünzt ist, in Kraft treten sollte.

Das Zusammenwachsen der Staaten Europas wird die jeweiligen Verwaltungs- und Planungssysteme nicht unberührt lassen; es wird zu Konkurrenz- ebenso wie zu Assimilationseffekten kommen. Deshalb sollte z.B. gerade die mit dem Raumplanungsrahmengesetz 1995 sich in Frankreich abzeichnende Symbiose der Planification économique mit der Raumplanung auch in Deutschland Beachtung finden. Die neue französische Konzeption sieht einen Nationalen Raumordnungsplan für die grundlegenden, langfristigen Orientierungen, ein fünfjähriges Finanzplanungsgesetz für die im Nationalen Raumordnungsplan enthaltenen Maßnahmen, von den Regionalräten aufzustellende Regionale Entwicklungspläne (regionale Pendants des Nationalen Fünfjahresplanes) sowie Planverträge zwischen Staat und Regionen vor. Diese Vorgaben führen zu einer Umorientierung der bisherigen Entwicklungsplanung, die nicht mehr dem Nationalen Fünfjahresplan, sondern der Raumordnungspolitik zugeordnet wird. Dabei handelt es sich nicht um einen Abschied von der gaullistischen Idee der Planification, sondern mehr um den Versuch einer bisher noch nicht dagewesenen Verbindung von räumlicher und maßnahmen- bzw. wirtschaftsbezogener Planung (ARL 1996).

5. Das Bild der räumlichen Planung an der Jahrtausendwende

In einem pluralistischen und unübersichtlichen Lebensumfeld, angesichts ökonomischer und gesellschaftlicher Strukturbrüche suchen die Menschen nach Verläßlichkeit und Orientierung. Sie fordern eine konzeptionelle Politik. In diesem Sinne ist Planung ein unverzichtbares Instrument zur Gestaltung der öffentlichen Aufgaben auch nach der Jahrtausendwende. Für die räumliche Planung kommt hinzu, daß Grund und Boden ein öffentliches Gut sind, dessen Gebrauch keineswegs allein dem Markt überlassen werden kann, sondern gerade unter dem Gebot der "Nachhaltigkeit" übergreifenden Nutzungskonzeptionen unterliegen muß.

Wenngleich also die Notwendigkeit der räumlichen Planung nicht bestritten werden kann, so muß sie sich doch auf die veränderten Gegebenheiten einstellen und zu einem neuen Selbstverständnis finden. Dieses Selbstverständnis wird nicht zuletzt durch die, im Gegensatz zur klassischen Planung, neue Weltsicht bestimmt. Das ist ein diffiziler und differenzierter Vorgang. Naturwissenschaftliche Konzepte können nicht direkt auf die Sozialwissenschaften übertragen werden. Zudem haben die neuen naturwissenschaftlichen Erkenntnisse die Newtonschen Gesetze ja nicht aufgehoben: der Apfel fällt immer noch senkrecht vom Stamm. Die meisten Lebensvorgänge des Alltags richten sich nach diesen klassischen Erkenntnissen und können sich danach richten. So gesehen findet auch in der räumlichen Planung kein völliger Paradigmenaustausch statt. Vielmehr arbeitet das neue System der räumlichen Planung in zwei Schichten:

- als physische Planung auf der Ebene der gegenständlichen Ressourcenzuteilung (Boden, Gebäude, Infrastruktur); sie ist dabei immer noch stark formal bestimmt (rechtlich vorgegebene Verfahrensschritte, Planzeichenverordnung) und sie manifestiert sich im wesentlichen zeichnerisch-darstellend;
- als "virtuelle" Planung auf der Ebene des Ingangsetzens sozialer Prozesse der Selbstorganisation und der Konsensfindung; hier bewegt sie sich häufig in informellen (rechtlich nicht fixierten) Organisationsformen (zum Beispiel Regionalkonferenzen) und nimmt im großen Umfang Management- und Moderationsaufgaben wahr.

Beide Schichten beeinflussen sich wechselseitig. Sie sind gleichsam über administrative Synapsen verbunden, so daß der Gesamteinfluß räumlicher Planung sich aus den Wirkungen zusammensetzt, die aus beiden Schichten kommen. Über beide Schichten wölbt sich ein neues Planungsverständnis. Die Raumplanung hat begonnen, sich von ihren straffen, streng hierarchisch geordneten Ziel- und Instrumentensystemen zu lösen. Sie verfolgt nicht länger einen integrierten, alle Raumfunktionen in Gänze erfassenden Ansatz. Sie konzentriert sich nicht darauf, durchgängig Entscheidungen auf Vorrat zu treffen und somit heute schon alle Konflikte lösen zu wollen, die morgen erst eintreten könnten. Sie bemüht sich um einen realistischen Ansatz. Und sie kann ihre Bearbeitungskapazität und –intensität in eine neue Dimension erweitern, wenn sie die modernen Möglichkeiten der elektronischen Informationsverarbeitung und der vernetzten elektronischen Kommunikation einsetzt.

Im einzelnen ist das neue Planungsverständnis gekennzeichnet durch (zum ganzen auch FÜRST/RITTER 1993, S. 191 f.; SELLE 1993):

a) Prozeßhaftes Vorgehen. Im Vordergrund steht die Planung als interaktiver und iterativer Erarbeitungsprozeß, der Mitarbeit durch Beteiligung erlaubt. Die Förmlichmachung des Plans (Abschlußdokument) ist hierbei nicht mehr und nicht weniger als eine Etappe, die anzeigt, wann und mit welchem Ergebnis der Willensbildungsprozeß zu einem bestimmten Zeitpunkt und für eine bestimmte Zeit beendet ist. Förmlichmachung ist zugleich eine Voraussetzung dafür, daß (notwendige) stringent formulierte Rechtswirkungen überhaupt eintreten können.

b) Aktive Konsensbildung. Planung ist Steuerungs-, Kommunikations- und Konsensbildungsprozeß zugleich. Um dies zu sein, muß räumliche Planung nicht nur politikfähig sein, sie muß sich selbst als (Teil der) Raumpolitik begreifen. Sie hat das Einbringen der Inhalte anzuregen, die dafür erforderlichen Konsensbildungsprozesse zu moderieren und gegebenenfalls fehlende Selbstorganisationsprozesse zu stimulieren; räumliche Planung wird dadurch - mehr noch als zuvor (Gegenstromprinzip) – zur kooperativen Planung. Vertrauen und Glaubwürdigkeit sind die wichtigsten Ressourcen erfolgreicher Planung. Da eine (individuelle) Bürgerbeteiligung nur auf der konkreten Ebene der Bauleitplanung sinnvoll ist, muß die Raumordnungsplanung darauf bauen können, daß eine aggregierte Gesellschaft die pluralen Werte und Interessen angemessen abzubilden und einzubringen vermag. Dies notfalls selbst zu organisieren ist ebenfalls Aufgabe der Planung.

c) Strategische Orientierung. Raumplanung muß eine leitbildhafte Vorstellung vom gesellschaftlichen Zustand, von der räumlichen Entwicklung und von den sich daraus ergebenden Entscheidungsnotwendigkeiten erarbeiten. Sie braucht eine in die Zukunft gerichtete Strategie, die Entwicklungsmöglichkeiten abbildet und diskutierbar macht, die gegebenenfalls Alternativen aufzeigt und die Optionen offen läßt; gleichzeitig muß sie flexibel genug sein, unbeabsichtigte Folgen absichtsvollen Handelns aufzufangen. Räumliche Planung ist konzeptionelle Politik.

d) "Verkraftbare" Zielsetzungen. Räumliche Planung darf sich nicht anmaßen, die Zukunft unter Kontrolle bringen zu wollen. Sie muß zwar visionäre Stärke entfalten, aber sie darf nicht in "Zwangsbeglückung" enden. Sie muß statt dessen ihre Ziele als Entwicklungsrahmen darstellen (Rahmenplanung) sowie die Kriterien, Grenzen und Modalitäten aufzeigen, unter denen die konkreten Entscheidungen bei Bedarf getroffen werden können.

e) Konzentration auf Schwerpunkte. Um eine Überlastung der Steuerungskapazitäten und des knappen Konsensfindungspotentials zu vermeiden, wird die räumliche Planung im Rahmen ihrer Gesamtstrategie abzuwägen haben, auf welche Aufgabenfelder sie ihre begrenzten Ressourcen konzentrieren will. Deshalb hat sie Abschied zu nehmen von der (teilweise immer noch vorhandenen) Idealvorstellung eines übergreifenden, umfassenden Ziel-Mittel-Kontinuums.

f) Flexible Instrumente und angemessene Methoden. Die räumliche Planung muß auf Veränderungen ihrer Ausgangsbedingungen schnell und situationsgerecht reagieren können. Dazu tragen differenzierte rechtliche Verfahren ebenso bei wie der Einsatz informaler Instrumente und die Kooperation mit öffentlichen und privaten Planungsträgern. Sie darf in der Art und Weise ihres Vorgehens nicht doktrinär sein, sondern muß der jeweiligen Logik der Sache folgen.

g) Umsetzungsorientierung. Planung ist mehr als ein Entwurf; sie ist auf Verwirklichung angelegt und muß sich die Verwirklichung angelegen sein lassen. Räumliche Planung kann dabei aber nicht als perfektionierter Vollzug vorgegebener Zielvorstellungen exekutiert werden. In der Planverwirklichung steckt immer ein Stück Zielfindung. Das verlangt Einsicht, Motivation und eine aktive Rolle der mit der Verwirklichung betrauten Akteure. Deshalb ist es wichtig, daß die planenden Instanzen durch Überzeugung und Werbung ihre "Planungsphilosophie" in die Umsetzungsphase hineintragen, daß sie ein alle Planungsphasen ergreifendes Prozeßmanagement betreiben und daß sie in besonderen Fällen zur Umsetzung selbst aktiv werden (Projektmanagement). Daß Umsetzung auch ihre Aufgabe ist, muß räumliche Planung weitgehend noch lernen, bis hin zur Einflußnahme auf Finanzierungsmittel.

Dieses neue Planungsverständnis wird im wesentlichen entwickelt und getragen von der Regionalplanung; die Regionalplanung ist in weiten Teilen das Zukunftslabor der räumlichen Planung schlechthin (ARL 1995). Gerade an ihr wird deutlich, daß es sich bei der Raumplanung nicht mehr um eine einseitige "staatliche Steuerung" gleichsam von oben nach unten oder von innen nach außen handelt. Vielmehr geht es um eine "Steuerung im Staat", die getragen wird von einem Netzwerk unterschiedlicher Akteure. Eine solche Planung ist Organisation und Moderation von Konsensbildungsprozessen, ist Rahmensetzung und inhaltliche Impulsgebung für Konsensbildungsprozesse im Zusammenwirken der verschiedenen Akteure und Subsysteme, die je in ihren Rationalitätsbezügen handeln. Sie entspricht damit den Aktionsbedingungen einer offenen Gesellschaft, die sich im Hinblick auf die Gemeinwohlbildung demokratisch organisiert hat und die ihren Informations- und Leistungsaustausch dezentral über den Markt abwickelt (FÜRST/RITTER 1993, S. 192).

Auf diese Aktionsbedingungen muß die Raumplanung sich insgesamt und besser als bisher einstellen. Obwohl die Raumplanung als solche von der Deregulierungswelle bislang bloß in Ausläufern erfaßt wurde, treffen Hinweise auf die Schwerfälligkeit der Verfahren und die Inflexibilität der Instrumente auch sie. Deshalb kann sie sich aus der Diskussion über die Modernisierung des Staatswesens nicht ausklinken; sie muß sich im Gegenteil intensiv und kreativ daran beteiligen. Freilich darf die Diskussion nicht vordergründig und formal nur unter den Kriterien des Zeitaufwandes und des (kameralistisch bemessenen) Finanzaufwandes geführt werden. Überhaupt ist die Modernisierungsdebatte ja keineswegs von vornherein planungsfeindlich angelegt, sondern sieht die Gefahren einer "Untersteuerung" durch Politik und Verwaltung und greift bei der Entwicklung von strategischen und operativen Controllingsystemen durchaus auf die Planungserfahrungen früherer Jahre zurück (Überblick bei BRÜGGEMEIER 1997). Der Stellenwert und die Ausgestaltung der Raumplanung sind vielmehr inhaltlich zu bestimmen und entscheiden sich an der Frage, was müssen unter welchen Wirksamkeitsvoraussetzungen auch künftig staatliche Aufgaben sein?

I. Rahmenbedingungen räumlicher Planung

Raumplanung bleibt eine staatliche Kernaufgabe. Die Ablösung legalistisch-hierarchischer Steuerungsweisen durch ein diskursiv-prozeßhaftes Vorgehen bedeutet nicht zwangsläufig, daß damit Raumplanung "entsolidarisiert" und daß die Verantwortung auf einzelne gesellschaftliche Akteure zurückverlagert würde. Vielmehr geht es gerade bei der Raumplanung um die Findung und Durchsetzung allgemeiner Werte und übergreifender Entwicklungsvorstellungen. Dafür bleibt der Staat in der Verantwortung. Das gilt auch angesichts der Globalisierung des ökonomischen Geschehens und der zunehmenden internationalen Vernetzungen: der Staat hat seine Rolle noch nicht ausgespielt. Staaten sind unverzichtbare Völkerrechtssubjekte; ohne ihre Transmissionsfunktionen könnten die notwendigen internationalen/übernationalen Regimes überhaupt nicht errichtet werden und nicht existieren. Staaten sind unverzichtbar als Mittler ("pouvoir intermédiaire") zwischen "unteren" (regionalen oder sektoralen) Gemeinschaften und "oberen" (transnationalen) Gemeinschaften (SALADIN 1995, S. 248). Zwischen der Globalisierung der Wirtschaftswelt und der Regionalisierung der Lebenswelt hat der Staat seine Rolle neu zu bestimmen als Garant von Befriedungs- und Schutzfunktionen und als Impulsgeber für Entwicklungsfunktionen.

Von daher gesehen büßt auch die Raumplanung nicht zwangsläufig an Bedeutung und Wirkungsfähigkeit ein. Sie bleibt eine staatliche Kernaufgabe, wenngleich sie immer stärker übergreifen muß in den breiten Verflechtungsbereich des Öffentlichen, wo im "Public-private-partnership" sich staatliche und gesellschaftliche Institutionen vermengen. Ihre Bedeutung und ihre Wirksamkeit hängen ganz konkret davon ab, ob und wie es ihr gelingt, sich in Formen, Methoden und Instrumenten auf die neuen Herausforderungen einzustellen. Dabei muß sie auch über den Wandel ihrer Inhalte nachdenken. Denn gewiß sind die "harten" Standortelemente (Flächen, Infrastruktur) heute ubiquitär, weil sie vielerorten angeboten werden; andererseits ist derjenige, der sie nicht mehr vorhält, damit schon aus dem internationalen Wettbewerb ausgeschieden. Um so dringender ist es, daß die Raumplanung sich daneben den "weichen" Standortfaktoren (Umweltbedingungen, Qualifikation des Humankapitals, soziales Klima, Kultur) zuwendet, ihre Instrumente (soweit der Raumbezug gewahrt bleibt) erweitert, selbst Management- und Marketingaufgaben wahrnimmt sowie in transnationalen Vernetzungen denkt und handelt. Raumplanung hat eine Zukunft, wenn sie es denn will und wenn sie innovatorische Kraft entwickelt.

Zusammenfassung

Die Bedeutung der Planung in Staat und Gesellschaft hat eine wechselvolle Geschichte. Das Auf und Ab der politischen und administrativen Planung hat jeweils auch die räumliche Planung nicht unberührt gelassen. Ganz allgemein kann man sagen, daß Planung in der Bundesrepublik Deutschland zur Zeit keine Konjunktur hat, daß sie andererseits aber schon deshalb unverzichtbar ist, weil die Menschen von der Politik Konzeption und Verläßlichkeit erwarten. Planung war nicht zuletzt deshalb fragwürdig geworden, weil sie einmal im traditionellen Verständnis immer noch auf einem einfachen kausalmechanistischen Weltbild beruht, das durch die moderne Naturwissenschaft inzwischen längst überholt ist. Zum zweiten lebte die Planung von einer idealisierten Vorstellung der sozial-technologischen Handlungskompetenz des Staates. Und vor allem für die Raumplanung kommt drittens hinzu, daß sie von einem relativ engen und unflexiblen Vorschriftenkorsett umgeben wird. Planung muß daher, wenn sie die notwendige und ihr angemessene Bedeutung erlangen will, sich an den veränderten Rahmenbedingungen in Staat und Gesellschaft orientieren und zu realistischeren Organisations- und Verfahrensformen finden. Gerade die Raumplanung muß ein neues Planungsverständnis entwickeln. Dazu gehört, daß sie sich als schrittweisen Prozeß begreift, daß sie eine aktive Konsensbildung betreibt, daß sie strategische Orientierungen vermittelt, daß sie sich auf leistbare Zielsetzungen und auf Schwerpunkte konzentriert, daß sie flexible Instrumente und angemessene Methoden bildet und daß sie sich selbst um die Umsetzung ihrer Ziele bemüht. Eine solche Raumplanung, die von vielen unterschiedlichen Akteuren in Staat und Gesellschaft getragen wird, kann wieder Zukunft gewinnen.

Literatur

ADERHOLD, D. (1973): Kybernetische Regierungstechnik in der Demokratie – Planung und Erfolgskontrolle. München.

AKADEMIE FÜR RAUMFORSCHUNG UND LANDESPLANUNG (ARL) (1995): Zukunftsaufgabe Regionalplanung. ARL-FuS, Bd. 200, Hannover.

AKADEMIE FÜR RAUMFORSCHUNG UND LANDESPLANUNG (ARL) (1996): Neues Raumordnungsgesetz in Frankreich – Das französische Raumplanungssystem zwischen tiefgreifenden Reformen und Kontinuität. ARL-Arbeitsmaterial, H. 225, Hannover.

BERRY, F.St.; WECHSLER, B. (1995): State Agencies' Experience with Strategic Planning. Public Administration Review (Washington) 55, S. 159 ff.

BÖHRET, C. (1990): Folgen - Entwurf für eine aktive Politik gegen schleichende Katastrophen. Opladen.

BRÜGGEMEIER, M. (1997): Controlling in der Öffentlichen Verwaltung. 2. Aufl. München.

BUNZEL, A.; MEYER, U. (1996): Die Flächennutzungsplanung – Bestandsaufnahme und Perspektiven für die kommunale Praxis. DIFU-Beiträge zur Stadtforschung, H. 20, Berlin.

CAPRA, F. (1996): Lebensnetz – Ein neues Verständnis der lebendigen Welt. 2. Aufl. Bern et al.

ELLWEIN, TH.; HESSE, J.J. (1994): Der überforderte Staat. Baden-Baden.

FROMONT, M. (1987): De la France. Revue Internationale des Sciences Administratives (Brüssel) mit Länderstudien zum Thema "Wirtschaftliche Entwicklung und Verwaltungsreformen", S. 31 ff.

FÜRST, D.; RITTER E.-H. (1993): Landesentwicklungsplanung und Regionalplanung – Ein verwaltungswissenschaftlicher Grundriß. 2. Aufl. Düsseldorf.

GEBAUER, K. (1994): Zur Optimierung von Koordination und Planung in einer Regierungszentrale. Verw.Archiv 85, S. 486 ff.

GÖB, R. (1989): Abschied von der Stadtentwicklungsplanung? RuR, S. 289 ff.

HÖHMAN, H.-H. (1996): Ökonomische Rahmenbedingungen der Systemtransformation in Rußland. In: WELGE, M. K.; HOLTBRÜGGE, D. (Hrsg.): Wirtschaftspartner Rußland, Wiesbaden, S. 75 ff.

JACOBY, CH. (Hrsg.) (1996): Strategische Umweltvorsorge in der Flächennutzungsplanung. Sonderheft 7 der Zeitschrift für Angewandte Umweltforschung, Berlin.

Juchler, J. (1995): Big Bang mit schrillen Tönen – Widersprüche und Widerstände bei der Implementierung des Balcerowicz-Planes in Polen. In: Rudolph, H. (Hrsg.): Geplanter Wandel, ungeahnte Wirkungen, WZB-Jahrbuch 1995, Berlin, S. 79 ff.

Kaiser, J. (1965): Planung I. Baden-Baden, Vorwort.

König, K. (1995): Prozedurale Rationalität – Zur kontraktiven Aufgabenpolitik der achtziger Jahre. Verw.Archiv 86, S. 1 ff.

Krüger, H. (1964): Allgemeine Staatslehre. Stuttgart.

Kuklinski, A. (1997): World Society of Planology – WOSOPLAN. In: Kuklinski (Hrsg.): European Space – Baltic Space – Polish Space, Part II, Warzaw, S. 477 ff.

Loccumer Protokolle 75/92: Zurück zur Natur!? Zur Problematik ökologisch-naturwissenschaftlicher Ansätze in den Gesellschaftswissenschaften, Evangelische Akademie Loccum 1993.

Mayntz, R. (1991): Naturwissenschaftliche Methode, soziologische Theorie und das Mikro-Makro-Problem. In: Zapf, W.: Die Modernisierung moderner Gesellschaften, Frankfurt/M., S. 55 ff.

Nagel, A. (1971): Leistungsfähige Entscheidungen in Politik und Verwaltung durch Systemanalyse. Berlin.

Politische Ökonomie, 1955, hrsg. von der Akademie der Wissenschaften der UDSSR, Institut für Ökonomie, Berlin Ost (dt. Übersetzung).

Ritter, E.-H. (1987): Staatliche Steuerung bei vermindertem Rationalitätsanspruch? Zur Praxis der politischen Planung in der Bundesrepublik Deutschland. Jahrbuch zur Staats- und Verwaltungswissenschaft 1, S. 321 ff.

Ritter, E.-H. (1995 a): Raumpolitik mit "Städtenetzen" oder: Regionale Politik der verschiedenen Ebenen. Die Öffentliche Verwaltung, S. 393 ff.

Ritter, E.-H. (Hrsg.) (1995 b): Stadtökologie, Sonderheft 6 der Zeitschrift für Angewandte Umweltforschung, Berlin.

Römmer, C. (1993): Die räumliche Planung auf regionaler Ebene in England. RuR, S. 377 ff.

Rosental, M.M. (1995): Die marxistische dialektische Methode. 3. Auflage Berlin/Ost (dt. Übersetzung aus dem Russischen).

Saladin, P. (1995): Zu den Funktionen eines modernen demokratischen Rechtsstaates in einer zunehmend überstaatlichen Welt. Bern et al.

Selle, K. (1993): Neue Bilder vom Planen? Offener Prozeß, kooperative Problemlösung, intermediäre Akteure. In: Brech, J. (Hrsg.): Neue Wege der Planungskultur, Darmstadt, S. 274 ff.

Selten, R. (1990): Bounded Rationality. Journal of Institutional and Theoretical Economics 146, S. 649 ff.

Smid, S. (1988): Recht und Staat als "Maschine", Der Staat 27, S. 325 ff.

Wagener, F. (1970): Von der Raumplanung zur Entwicklungsplanung. Deutsches Verwaltungsblatt, S. 93ff.

Wheatley, M. (1997): Quantensprung der Führungskunst – Leadership and the New Science. Reinbek.

I.2 Rechtliche Grundlagen

Martin Lendi

Inhalt

1. Einleitung
2. Politische und wissenschaftliche Vorgaben
3. Raumplanung als rechtlich fundierte öffentliche Aufgabe
4. Planung und Recht
5. Inhaltliche Ausrichtung der Raumplanung
6. Methodenfreiheit
7. Zur Struktur des Raumplanungsrechts
8. Planungsinstrumente
9. Grundrechtsbezug, Verbot der Planungswillkür
10. Planer- und Planungsqualität

1. Einleitung

Die Raumplanung wird als öffentliche Aufgabe durch das Recht geprägt und von ihm getragen.

Seit den Jahren nach dem Zweiten Weltkrieg ist es gelungen, die für das Leben im Raum und den Lebensraum bedeutsame Funktion des sorgfältigen, haushälterischen Umganges mit der räumlichen Entwicklung in den liberalen, demokratischen, föderativen und sozialen Rechtsstaat zu integrieren. Die Spannweite des skizzierten Staatsverständnisses und die Spannungsfelder zwischen Planung – eher dynamisch – und Recht – eher statisch, auf Rechtssicherheit bedacht – deuten die Probleme an, die sich von der theoretischen Seite her auftun. Für die aktuelle und morgige Praxis steht fest: Trotz rechtlicher Sonderprobleme, welche die Raumplanung mit sich bringt, kann rechtsstaatliche Raumplanung erfolgreich betrieben werden. Die Rechtswissenschaft verstand es nämlich, die „Irregularitäten" zu durchdringen und insbesondere die für die Raumplanung nötigen Zielansprachen (Grundsätze der Raumordnung etc.) und Instrumente (Pläne etc.) in die Rechtsordnung einzugliedern.

2. Politische und wissenschaftliche Vorgaben

Was *Raumplanung* ist, das kann in der Lehre und Forschung immer wieder von neuem erdacht und bedacht werden. Die in ihrem Rahmen verwendeten Begriffe, die dort kreierten Ziele, Instrumente usw. sind - so besehen - nicht allgemeingültig. Das gilt auch für die Rechtswissenschaft. Was sie zur Planung, zur Raumplanung und zum Planungsrecht zu sagen hat, das unterliegt dem Wandel des wissenschaftlichen Erkennens. Es kommt

I. Rahmenbedingungen räumlicher Planung

deshalb nicht von ungefähr, daß der Sprachgebrauch und die Begriffswelt rund um die Raumplanung in den einzelnen Staaten, in Lehre und Forschung wie auch in den Gesetzen divergieren. (Im vorliegenden Text wird der Begriff der Raumplanung in der Regel im Sinne eines Oberbegriffs für das zukunftsverantwortliche Angehen räumlicher Probleme verwendet.)

Ein Blick auf das *geltende Recht* der Raumplanung verrät, daß sie hinsichtlich Ziele, Träger, Instrumente, Maßnahmen und Verfahren positivrechtlich in mancher Hinsicht, unter Vorbehalt des „ungebundenen" Planungsermessens, festgeschrieben ist. Es gibt also in den einzelnen Staaten eine rechtlich geprägte Sicht und ein *rechtlich festgeschriebenes Verständnis der Planung und der Raumplanung*. Im deutschen Recht erfährt die Raumplanung durch das Recht der Bundesraumordnung, des Bundesbaugesetzes und der Ländergesetzgebung eine hohe gesetzliche Durchdringung, ohne jedoch die Raumordnung und die Raumplanung legaliter abschließend zu definieren. Immerhin kann für den deutschen Raum ausgeführt werden, daß – nach der gesetzlichen Zweckvorgabe – die „Raumplanung" auf die Bodennutzung zielt, während die „Raumordnung" alle raumwirksamen Tätigkeiten anvisiert. Nach dem schweizerischen Verfassungsrecht ist die Raumplanung sogar ein Rechtsbegriff der höchsten Rechtsstufe, nämlich der Verfassungsebene. Da das Recht änderbar ist, sind auch die rechtlichen Aussagen über die Raumordnung und Raumplanung Änderungsmöglichkeiten unterworfen.

Zumal Gesetze erfahrungsgemäß nicht kurzfristig geändert werden, entsteht in der Lehre von der Raumplanung und bei den Rechtsadressaten oft die Neigung, das rechtliche Raumplanungsverständnis, die rechtsatzmäßig festgeschriebenen Ziele sowie die rechtlich verfügbar gehaltenen Instrumente als gültigen Ausdruck des sachgerechten Raumplanungsverständnisses zu deuten. Dies ist jedoch nicht vertretbar, weil der Gesetzgeber nicht „Dogmatiker" der Planung ist und sein kann. Sodann weist das geltende Raumplanungsrecht entstehungszeitliche Spuren auf, wurde es doch vom politischen Umfeld und vom damaligen Stand des Wissens erheblich mitbeeinflußt. Das positive Raumplanungsrecht darf auch deshalb nicht als bleibende Sinndeutung und Instrumentenvorgabe dogmatisiert werden, weil sein Verständnis unabhängig von der Novellierung durch den Gesetzgeber aufgrund seiner relativen Abstraktheit auf dem Weg der Interpretation laufend weiterentwickelt und schöpferisch angewandt wird.

Das geltende Raumplanungsrecht ist als rechtsverbindlich vorbehaltlos anzuwenden; dennoch wäre es ein erheblicher Irrtum, von ihm auf das vor- und außerrechtliche oder gar ein gültiges Raumplanungsverständnis zu schließen. *Der rechtlich verbindliche Sinn der Raumplanung resp. der Raumordnung ist* also *nicht deckungsgleich mit dem wissenschaftstheoretischen Verständnis der Raumplanung in den relevanten Wissenschaften*, und zwar von der Ökonomie bis zur Ökologie und zur Politikwissenschaft, sogar in der Rechtswissenschaft.

Jenseits des geltenden Rechts finden sich in der wissenschaftlichen Literatur sowie praxisgeformt *grundlegende Erkenntnisse zur Funktion und Struktur der Planung, wie auch zur Funktion und zur Struktur des Rechts*, unter Einschluß ihres gegenseitigen Verhältnisses, die für jede Art von Planung und Planungsrecht, insbesondere für jede Art positivrechtlicher Ausformung des Raumplanungsrechts, prägend sind. Sie sind ihrerseits nicht "gültig", wohl aber, soweit sie den Stand von Lehre, Forschung und Praxis spiegeln, beachtenswert, es sei denn, sie ließen sich argumentativ widerlegen.

3. Raumplanung als rechtlich fundierte öffentliche Aufgabe

Der politische Stellenwert der Raumplanung aller Staatsebenen schwankt. Mal ist sie hoch anerkannt, mal wird sie zurückgestuft. Im internationalen Bereich, so im Recht der EU/EG, beginnt sie - dem Wortlaut der Verträge nach - sogar erst Fuß zu fassen. Unabhängig vom politischen Auf und Ab steht die Raumplanung in einem anhaltend *direkten Bezug zu allen raumwirksamen staatlichen, zwischenstaatlichen und supranationalen Aufgaben, von der Landwirtschafts- bis zur Verkehrs- und Umweltpolitik*, die ihrerseits zur räumlichen Entwicklung beitragen. Deren Stellenwert ist deshalb für das räumliche Geschehen nicht minder wichtig.

Nach einer ersten Phase der gefahrenabwehrenden Planung - der sog. Negativplanung - gab es die hohen Zeiten, in denen die Raumplanung Funktionen der staatlichen Entwicklungspolitik mittrug und deshalb einen wichtigen Bereich der politischen Verantwortung für die Zukunft darstellte. Sie wurde dabei sogar zu einem zentralen Teil der politischen Planung. In der späteren Phase der Internationalisierung und teilweise sogar Globalisierung sowie der Deregulierung und Privatisierung des wirtschaftlichen und öffentlichen Geschehens sanken die Erwartungen an die staatliche planerische Einflußnahme und damit auch an die Raumplanung. Auf der anderen Seite deutet die seit Jahren erkennbar gewordene, wachsende Verantwortung für „Leben-Raum-Umwelt" in der Zeit und über die Zeiten an, daß die Raumplanung unter dem Titel der „nachhaltigen räumlichen Entwicklung" neu gefordert ist (zum Ganzen auch RITTER in diesem Band).

Allen Phasen, von der negativ abwehrenden Raumplanung über die Entwicklungsplanung bis hin zur Zielsetzung der nachhaltigen räumlichen Entwicklung, ist das Verständnis der Raumplanung als einer *öffentlichen Aufgabe* eigen. Diese wurde und wird in allen Perioden *durch das Recht begründet und vom Recht getragen*. Die Raumplanung ist also mit dem geltenden Recht verknüpft.

Der von der Erfahrung losgelöste, rechtlich erhebliche Grund der Verbindung von Raumplanung und Recht ist zweifach. Die Übertragung einer Aufgabe an das Gemeinwesen bedarf - im Rechtsstaat - notwendigerweise der rechtlichen Grundlegung. Zudem kann eine öffentliche Aufgabe nur dann mit verbindlicher, rechtsverbindlicher und also durchsetzbarer Wirkung wahrgenommen werden, wenn ihre Organisation und die Verfahren rechtlich konstituiert sowie die anvisierten Maßnahmen - materiell und formell - rechtlich indiziert sowie rechtgemäß und in der Konsequenz rechtmäßig sind.

In einzelnen *Staaten* wird die Aufgabe der Raumplanung nicht nur durch die Stufe der Gesetzgebung rechtlich erfaßt, sondern sogar auf der Ebene der *Verfassung* als öffentliche Aufgabe festgeschrieben und mit materiellen Zielvorgaben ausgerüstet. Dies trifft insbesondere auf die Schweizerische Bundesverfassung zu. In Bundesstaaten ist es sodann unabdingbar, die Kompetenzen des *Bundes* und der *Gliedstaaten* (Länder) auseinanderzuhalten und/oder zu vernetzen. In jenen Staaten, in welchen die *Gemeinden* über ein erhebliches Maß an Autonomie verfügen, muß durch die Gesetzgebung zusätzlich geklärt werden, ob und in welchem Maße die örtlichen Planungsbelange zum übertragenen oder eigenen Wirkungskreis gehören.

Auf *internationaler Ebene*, beispielsweise im Rahmen der EU/EG und des Europarates, ist die Raumplanung Gegenstand rechtlich verbindlicher zwischenstaatlicher Vereinbarungen einerseits und andererseits des sog. soft law (juristisch unverbindlicher, aber politisch bindender Erklärungen und Abhandlungen). Als Beispiel für das soft law ist die Europäische Raumordnungscharta vom 20. Mai 1983 zu erwähnen. Selbst dort, wo die „Raumplanung" auf internationaler Stufe nicht ausdrücklich unter diesem Begriff erwähnt wird, spielt sie eine bedeutende Rolle, sei es unter dem Titel der Regional-, der Umwelt- oder der Verkehrspolitik, also faktisch im Rahmen aller raumwirksamen Sachpolitiken, bis hin zur Agrarpolitik.

Eng verbunden mit dem Raumplanungsrecht ist das *Bauplanungs-, Stadtplanungs- oder Städtebaurecht*. Wird „Raumplanung" als Oberbegriff für jedwelche Art von räumlicher Planung, somit als Planung des Lebensraumes, verstanden, so erfaßt sie auch diese besonderen Planungsarten samt den zugehörigen Rechtsgebieten. Die positivrechtliche oder dogmatische Sonderstellung des Bauplanungs- und Stadtplanungsrechts läßt sich sachlich und rechtlich begründen; funktional gehören sie aber zur Raumplanung und damit zum Raumplanungsrecht. Ähnliches gilt für die *Raumordnung*, die de lege lata als der Bundesebene zugeordnet oder als Fachbegriff des „Ordnens des Raumes" resp. als gegebener oder anzustrebender „räumlicher Zustand" verstanden werden kann. So oder so sind Raumordnung sowie Bau- und Stadtplanung Teil der öffentlichen Aufgabe „Raumplanung", verstanden als räumliche Planung auf allen Staatsebenen und Sachgebieten. Nicht in der gleichen Art trifft die Aussage auf das Erschließungsrecht, das Recht der Baulandumlegung und das Baupolizeirecht zu. Sie stehen aber in einem sachlichen Konnex mit der Raumplanung und sind deshalb hinzuzuziehen.

Da das geltende Recht aller Stufen – vom Völkerrecht bis zum kommunalen Recht – Änderungen unterworfen ist und mit Rücksicht auf die tatsächlichen Veränderungen in Politik, Wirtschaft und Gesellschaft sowie aufgrund neu akzentuierter Wertungen und Ansprüche wiederkehrend novelliert werden muß, geht es für die Raumplanung nicht nur um die Beachtung des *positiven, geltenden (nominalen und funktionalen) Raumplanungsrechts*. Für sie steht vielmehr zusätzlich die Aufgabe an, auf die *Fortentwicklung des gesamten raumwirksamen Rechts* Einfluß zu nehmen. Insofern ist für die Raumplanung auch das zu schaffende, das neu zu erlassende raumrelevante Recht Gegenstand ihrer Bemühungen. Die Raumplanung befaßt sich also mit *Fragen de lege lata und de lege ferenda*.

4. Planung und Recht

Zwischen der Raumplanung, verstanden als räumliche Planung aller staatlichen, zwischenstaatlichen und überstaatlichen Ebenen, und dem Recht besteht ein *Spannungsverhältnis*. Dieses geht auf das Auseinanderdriften von Planung und Recht zurück.

Die *Planung*, die in ihrem Kern einen Zugriff auf die Zukunft zum Gegenstand hat und anstrebt, aktuelle Maßnahmen steuernd und lenkend hin auf Ziele zu richten, die sich aus Zukunftsanforderungen ergeben, muß ihrem Wesen nach *dynamisch* sein. Sie kann die anfallenden Probleme nicht als Zustände behandeln, sondern muß sie in ihren laufend sich verändernden Dimensionen und unter den sich rasch entwickelnden Veränderungsgeschwindigkeiten sehen und angehen. Sie fragt von da her nicht in erster Linie nach

Werten und kann sich also - beispielsweise - nicht festschreibend auf Gerechtigkeit und Gleichheit verpflichten. Sie sucht vielmehr *problembezogene, zweckrationale Ausrichtungen*, die sie unter Beachtung der einwirkenden Kräfte nötigenfalls laufend modifiziert: Die Planung ist prozeßorientiert.

Demgegenüber neigt das *Recht* zu einer eher *statischen* Grundeinstellung, zumal es, ausgerichtet auf prädominante Werte der Gerechtigkeit, der Gleichheit, der Freiheit, der Würde der Person und ganz allgemein der Kreatur usw., vorweg und vor allem *Rechtssicherheit* verbreiten will, um Berechenbarkeit staatlichen Handelns und also *Vertrauen* in die Beziehungsfelder von Staat und Bürger sowie zwischen Rechtsadressaten zu begründen.

Das abstrakt angelegte Spannungsfeld zwischen Planung und Recht wird *im konkreten Staat* nicht kleiner, sondern sogar *größer*. Dies gilt vor allem für den Staat in der Ausprägung des liberalen, sozialen, föderativen und demokratischen Rechtsstaates. Das Konfliktpotential betrifft hier unter anderem das Verhältnis zu den Grundrechten - von der persönlichen Freiheit bis zur Freiheit der Teilhabe am wirtschaftlichen Geschehen und der Niederlassung -, die der Planung – zu Recht – erhebliche Schranken auferlegen. Die Planung tendiert sodann dazu, zentralistische Lösungen föderativen vorzuziehen, was ihre Integrierbarkeit in *Bundesstaaten* erschwert. Auch organisiert sie sich unter administrativ-bürokratischen Bedingungen leichter als unter den *gesellschaftlich demokratischen* einer offenen Gesellschaft resp. der bürgernahen *Staatsform der Demokratie*. Die Einbindung der Planung in Rechtsstaat und Demokratie wird damit zu einer rechtlichen und politischen Herausforderung, die angenommen werden muß.

Das Spannungsverhältnis zwischen Planung und Recht - in abstracto et in concreto - ist letztlich sowohl für die Planung als auch für das Recht eine *Bereicherung*. Weder die Planung noch das Recht dürfen sich nämlich herausnehmen, sich selbst zu genügen. Es geht in der menschlichen, humanen Gesellschaft nicht um Prinzipien, sondern um das Dienen. Die Planung nimmt also nicht dann optimal ihre Funktion wahr, wenn sie alles ihrem Dynamikanspruch unterordnet, und das Recht optimiert sich nicht durch Verrechtlichung des Lebens, sondern sie beide, Planung und Recht, haben sich auf die Menschen auszurichten. Diese ethische Dimension geht Planung und Recht vor und bringt sie beide in eine *schöpferische Beziehung: Planung und Recht, je für sich und gegenseitig als Ausdruck problemlösender, zukunftbezogener Verantwortung gegenüber dem menschlichen Da- und Sosein in Respekt vor der Würde der Menschen und der Kreatur.*

Das Spannungsverhältnis zwischen Planung und Recht ist auch aus anderen als ethischen Gründen zu überwinden und überwindbar. Die Planung teilt mit dem Recht den *Rationalitätsanspruch*. Beide zielen darauf, ihre Intentionen nachvollziehbar an die Adressaten heranzutragen. Sodann versuchen Recht und Planung, *zukünftiges Handeln* zu erfassen. Das Recht wählt den Weg über den generell-abstrakten Rechtssatz, die Planung über den konzeptionellen, programmatischen und/oder festsetzenden konkret-werdenden Plan. In jedem Fall gilt die rechtssatzmäßige resp. die planbezogene Ordnung für „künftig" aufkommende räumliche Probleme. Nicht minder wichtig ist, daß dem Recht und der Planung *Normativität* eigen ist. Beide wagen Aussagen zur Frage, was getan werden soll. Diese Beispiele der Gemeinsamkeiten resp. der gegenseitigen Berührungspunkte deuten an, daß es *hinreichende Potentiale* zwischen Recht und Planung *für eine abgestimmte Ordnung* gibt.

Zwei widersprüchliche Kräftepole betreffen die *„Verrechtlichung"* und die *„Entrechtlichung".* Das Recht neigt, gestoßen von den Erwartungshaltungen der Politik, tendenzmäßig dazu, planerisches Handeln dem Recht zu unterwerfen und darüber eine deterministische Ordnung aufzustellen, möglichst umfassend. Demgegenüber möchte sich die eigenständige Planung dem Recht entziehen und im rechtsleeren Raum souverän agieren, ohne durch das Recht beschränkt zu sein. Weder die Verrechtlichung noch die Entrechtlichung sind sinnvoll, da sie Extreme darstellen und das kreative Spannungsverhältnis drosseln. Die Gefahr der Verrechtlichung droht beim Überhang an gesetzlichen und planmäßigen Konditionalprogrammen; die Entrechtlichung ist eine Reaktion und wird dort propagiert, wo das Recht das Angehen komplexer Sachverhalte unverhältnismäßig erschwert oder unmöglich macht. Es können und müssen Mittelwege gefunden werden, welche die Ansprüche des Rechts und der Planung in ihrer Zuordnung und in ihren zentrifugalen Kräften sachgerecht meistern. Das moderne Planungsrecht mit seiner Betonung des finalen, also des zielorientierten Rechts (neben dem konditionalen, das als Wenn/Dann-Recht das Verwaltungsrecht prägt) und der relativ großzügigen Einräumung von Planungsermessen setzt gleichzeitig der Verrechtlichung wie auch der Entrechtlichung Grenzen.

5. Inhaltliche Ausrichtung der Raumplanung

Hinter der Raumplanung als einer öffentlichen Aufgabe macht sich zunächst eine Erfahrung bemerkbar, nämlich diejenige von *Knappheiten und Engpässen*. Im Vordergrund stehen dabei die *knappen Güter*. Zu diesen zählen u.a. die natürlichen Ressourcen, die Böden in ihren unterschiedlichsten Funktionen, die Siedlungs- und Freiraumflächen, der Lebensraum als solcher. Dazu kommen die *Problemlösungskapazitäten* in Staat, Wirtschaft und Gesellschaft, das verfügbare Wissen und die Konsensfähigkeit, dann aber auch die Knappheit der öffentlichen Finanzen. Den wohl größten Engpaß bildet die Umsetzung der Verantwortung gegenüber den kommenden Generationen, vor allem, weil das *Wissen über deren Bedürfnisse* schmal und die *Verzichtsbereitschaft* der lebenden Bevölkerung klein ist. Zu diesen tatsächlichen Knappheiten kommen die ethischen Engpässe einer Gesellschaft, die sich – leider – in steigendem Maß nicht ausreichend dem Gemeinwohl verpflichtet sieht.

Aus der genannten Erfahrung hat die *Gesellschaft* die Notwendigkeit abgeleitet, in die Verantwortung für den Lebensraum den Einzelnen, die Gruppierungen der Wirtschaft und der Gesellschaft, vor allem aber *den Staat mit Nachdruck in die Mitverantwortung einzubeziehen* und ihm dafür die rechtlichen Instrumente zur Verfügung zu stellen. Daraus entstand die Raumplanung als öffentliche Aufgabe. Ihre Kernverantwortung gilt dem Lebensraum, bewahrend und gestaltend. Sie bezieht die Wirtschaft, die Gesellschaft und auch den Einzelnen ein.

Die Geschichte und Rechtsvergleichung zeigen, daß die *inhaltliche Umschreibung der öffentlichen Aufgabe der Raumplanung* durch das Gemeinwesen – im Rahmen des Rechts – in der Sache und über die Jahre hinweg differiert. Sie folgt den fachlich-politischen Akzentsetzungen, wie sie im Zeitpunkt der Rechtsetzung aktuell sind, beispielsweise

I. Rahmenbedingungen räumlicher Planung

„Abbau von Disparitäten", „gleichwertige Lebensbedingungen", „nachhaltige räumliche Entwicklung", „zweckmäßige Nutzung des Bodens und geordnete Besiedlung des Landes" usw. Sie nimmt sodann auf die Staatsorganisation mit Bund, Ländern und Kommunen (Raumordnung, Landesplanung, Kommunalplanung) sowie auf die politische Gewichtsverteilung auf Legislative, Exekutive und Justiz genauso Rücksicht wie auf den Aufbau der Rechtsordnung (Verfassungs-, Gesetzes-, Verordnungsstufe). Diese relative Zeit- und Politikgebundenheit des Verständnisses der Raumplanung ist nicht von vornherein ein Nachteil, weil es zu den Grundaufgaben der Raumplanung gehört, die aktuellen und absehbaren Probleme aufgrund des Kenntnisstandes und vor dem Hintergrund der politischen Gegebenheiten aufzunehmen; wissend, daß sich im Lebensraum, der immer knapp ist, die „Dinge stoßen" und daß sich deshalb die Aufgabe der Raumplanung in unterschiedlichen Akzentsetzungen wiederkehrend neu stellt, auch wenn sich die prinzipale Verantwortung für das Leben, den Raum und die Umwelt grundsätzlich nicht ändert.

Mit der Formulierung „Leben-Raum-Umwelt" ist angedeutet, daß Gegenstand der Raumplanung der *Lebensraum* mit seinen physischen Gegebenheiten, den ökologischen Lebensbedingungen und dem menschlichen, wertbezogenen Verhalten mit seinen Auswirkungen ist. Ein künstlicher Trennstrich insbesondere hin zum Umweltschutz und zur Umweltplanung ist sachlich nicht vertretbar, denn: *Der Lebensraum ist eine Einheit.* Die Teilelemente lassen sich letztlich nicht trennen.

Abgrenzungs- und - vor der Einheit des Lebensraumes - gleichzeitig notwendige sachpolitische *Koordinationsprobleme* ergeben sich für die Raumplanung im Kontext der Vielzahl der öffentlichen Aufgaben wie Umweltschutz, Regionalwirtschaft, Verkehrspolitik usw.; es geht, mit anderen Worten, für die Raumplanung immer auch um die Koordination mit allen anderen Sachaufgaben, die räumliche Wirkungen zeitigen und in diesem Sinne raumrelevant resp. raumwirksam sind.

Planungsmethodisch handelt es sich dabei um die so wichtige Abstimmung der *Sachplanungen*. Die Raumplanung versieht in diesem Zusammenhang die Funktionen sowohl einer *Sachplanung* als gleichzeitig auch einer prägenden *Querschnittsplanung*. In der Funktion der Sachplanung befaßt sich die Raumplanung mit einer Gesamtsicht der räumlichen Probleme und unmittelbar mit der Steuerung der räumlichen Entwicklung. Als Querschnittsplanung nimmt sie erheblichen Einfluß auf andere Sachplanungen und beeinflußt von da her die räumlichen Prozesse. Der Querschnittscharakter der Raumplanung folgt aus der Tatsache, daß jede staatliche Aufgabenerfüllung Raumaspekte berührt, ähnlich wie jede Finanzen und Zeit tangiert. Daraus resultiert als erstrangige Querschnittsplanung neben der Finanz- und der Zeitplanung die Raumplanung. Die Sach- und Querschnittsplanungen werden rechtlich durch Klauseln verknüpft, oder sie werden aus dem Sachzusammenhang heraus als gegenseitig zugeordnet betrachtet.

Unter rechtlichen Gesichtspunkten bedeutsam ist, daß für das (nominale) Raumplanungsrecht in seinem Verhältnis zum lebensraumrelevanten Recht (funktionales Raumplanungsrecht) vorweg und vor allem eine *materielle Koordinationsaufgabe im Sinne der abgestimmten Rechtsanwendung* (materiell koordinierte Rechtsanwendung) ansteht, nicht nur eine formelle, allerdings auch eine formelle (Koordination der Verfahren). Auf ein komplexes Bauvorhaben wie eine Sondermülldeponie oder ein Shopping-Center sind Raumplanungs-,

Umweltschutz-, Gewässerschutz-, Erschließungs-, Bau-, allenfalls sogar Waldrecht usw. sachabgestimmt, harmonisiert anzuwenden, und zwar bezüglich der materiellen Ziele und der formellen Verfahren. Weder dürfen die aus der sektoralen Gesetzgebung hervorgehenden Zielkonflikte ohne *materielles Abwägen* (Interessenabwägung zwischen konkurrierenden öffentlichen Interessen oder zwischen öffentlichen und privaten) stehen bleiben, noch darf es über die in den einzelnen Gesetzen vorgesehenen sektoralen Verfahren inhaltlich zu widersprüchlichen Ergebnissen kommen. Die *Verfahrenskoordination*, die auf das Zusammenführen der zahlreichen Verfahren zielt, geschieht am besten durch die Hervorhebung eines Leitverfahrens resp. eines maßgebenden Verfahrens.

Die Aufgabe der Raumplanung und die von ihr anvisierte Problemlösung darf vor diesem Hintergrund nicht einseitig vom nominalen Raumplanungsrecht, also von jenem Recht her, das als Raumplanungsrecht bezeichnet ist, bestimmt werden, sondern muß gleichzeitig auch vom funktionalen her, das sich in der Anwendung auf Leben-Raum-Umwelt, also auf den Lebensraum auswirkt, verstanden werden. Hinter diesen Überlegungen steht die Sorge um die Einheit des Lebensraumes. Denn: *Die der Raumplanung anvertraute tatsächliche Einheit des Lebensraumes verlangt nach einer rechtlichen Entsprechung, welche die Rechtsordnung bezüglich des Lebensraumes als materielle und formelle Einheit sieht.*

Die Hauptverantwortung für die Beachtung der Einheit des Lebensraumes und der darauf antwortenden Rechtsordnung liegt beim *Gesetzgeber*. Soweit er dies nicht schafft, haben sich die *rechtsanwendenden Organe* durch materiell und formell koordinierte Rechtsanwendung dieser Aufgabe anzunehmen.

6. Methodenfreiheit

Die inhaltliche Ausrichtung sowie die Integration der Raumplanung in die Rechtsordnung belasten zwar die Raumplanung in nicht unerheblichem Ausmaß mit der Bindung an das Recht, doch gilt es zu beachten, daß das großzügig und dem Raumplanungsrecht Struktur gebende *Planungsermessen* genauso zur Rechtswirklichkeit gehört wie die Bindung an materielle und formelle Vorschriften.

Dieses Planungsermessen betrifft in der Sache unter anderem die Methodenwahl, also die Auswahl der Methoden der vorausschauenden Planung (beispielsweise Prognosearten), wie auch diejenige der Methoden der Planumsetzung (beispielsweise Wirkungsanalysen) - immer unter Vorbehalt einzelner gesetzlicher Vorschriften. Entscheidend aber ist, daß das geltende Raumplanungsrecht vom Ansatz her die *Methodenfreiheit* der Raumplanung anerkennt, in der Regel allerdings nicht explizit, aber doch dadurch, daß es von Vorschriften über zu verwendende Methoden absieht und damit Methodenfragen dem Planungsermessen unterstellt. Würde das positive Recht Methoden festschreiben, so wäre dies ein gesetzestechnischer Fehler, zumal sie nicht rechtserheblich sind. Sie sind lediglich (bedeutsame) Hilfsmittel für das Ermitteln von Zielen und Planinhalten, betreffen also Vorfragen der Planung der räumlichen Entwicklung. De lege lata und de lege ferenda sind nicht die Methoden, sondern vorweg und vor allem die Ziele sowie die Instrumente Gegenstände der Gesetzgebung.

Die Methodenfreiheit muß mit einer fundamentalen Grenze leben. Die Planung darf - angesichts der offenen Zukunft und des Eingeständnisses des Nichtwissens - nicht dem

Fehler der Endzustandsplanung verfallen. Die Neigung dazu besteht, da die Planung im Bereich der Objektplanung und von Bebauungsplanungen eine konkrete definitive Ordnung anstrebt. Diese finalisierte Ausrichtung darf aber nicht auf übergeordnete Pläne der räumlichen Entwicklung, die – letztlich im Interesse der Freiheit der kommenden Generationen – in Teilen offen bleiben muß, übertragen werden.

7. Zur Struktur des Raumplanungsrechts

Vor dem Hintergrund des Spannungsverhältnisses von Planung und Recht stellt die Planung an das Planungsrecht besondere Anforderungen. Sie betreffen in erster Linie das Einbringen von *Zielen* und den Grad des zu eröffnenden *Ermessensspielraums*. Während – beispielsweise – im Steuerrecht die Berechenbarkeit und Rechtssicherheit für die Rechtsadressaten von ausschlaggebender Bedeutung sind, was relativ kompromißlos ein sog. Konditionalprogramm nach dem Wenn-Dann-Schema mit geringen Ermessensspielräumen bedingt, untersteht das Planungsrecht einer Antinomie. Es muß im Interesse der Dynamik der Planung schöpferische Zielorientierung und Ermessensfreiheit für die Planenden ermöglichen, gleichzeitig aber Rechtssicherheit für die Planungsadressaten gewährleisten, das heißt, *das Planungsrecht muß beides meistern: Dynamik und Rechtssicherheit.*

Diese allgemeinen Aussagen gelten für jedwelches Planungsrecht, also auch für das Raumplanungsrecht. Allerdings wächst die Bedeutung der Rechtssicherheit in diesem Rechtsbereich dort erheblich an, wo die Raumplanung die Rechtsstellung der Grundeigentümer, die auf die Rechtsbeständigkeit vertrauen, unmittelbar berührt. Umgekehrt kann der relativen Freiheit der Planung dort mehr Raum gewährt werden, wo sich das Planungsrecht betont an die Planenden selbst wendet.

Der Gratwanderung zwischen Dynamik und Rechtssicherheit kommt das Raumplanungsrecht dadurch nach, daß es sich vorweg als *formelles Recht* versteht, das die Träger der Raumplanung einsetzt, die Instrumente (Pläne und Rechtssätze) zur Verfügung stellt sowie die Planverfahren festschreibt. Mit diesem Akzent als Ausgangspunkt ist gleichzeitig signalisiert, daß das Raumplanungsrecht dem rechtlich eingebundenen *Planungsermessen* erhebliche Bedeutung zumißt. Die Lage und Dimensionierung von Anlagen und Bauten wie auch von Flächenausscheidungen mit entsprechenden Flächenwidmungen – zum Beispiel im Flächenwidmungsplan resp. im Bebauungsplan – lassen sich ihrer konkreten Ausrichtung wegen nicht – generell-abstrakt – allgemeingültig festschreiben. Zudem hat es die Raumplanung in der Regel mit komplexen Problemen zu tun, die sich nicht gesetzlich determiniert erfassen lassen. Das Raumplanungsrecht muß deshalb dem planenden Ermessen in zentralen Fragen des Planens Raum gewähren, was nicht heißt, es sei in jeder Hinsicht ungebunden. Das Planungsermessen kann sehr wohl mit Zielvorgaben – beispielsweise Planungsgrundsätze – bedacht sein. Der Gesetzgeber kann sodann mit konditionalen Rechtssätzen den Ermessensbereich einschränken.

Materiell verwendet das Raumplanungsrecht bei seiner Gratwanderung zwischen Recht und Planung resp. dynamisierter Rechtssicherheit für die Zielfestschreibung den sog. *finalen Rechtssatz*, der Ziele vorgibt, ohne das Handeln festzuschreiben. Die finalen Rechtssätze, oft als Planungsgrundsätze angesprochen, können und müssen vor ihrer Anwendung untereinander und gegeneinander abgewogen werden, da bei Zielansprachen Zielkonfliktgeladenheit zu akzeptieren ist. Konditionale Rechtssätze werden in der Regel nur dort verwendet, wo dies Sachgegenstände betrifft, die als Eckpunkte durchgesetzt werden müssen. Des weiteren sorgt der Gesetzgeber dafür, daß *Raumpläne nicht in materielle Rechtskraft* erwachsen. Sie können von Gesetzes wegen relativ leicht geändert werden, wobei es allerdings unter dem Gesichtspunkt der Planbeständigkeit zwischen den Erfordernissen der *Plandynamik* und der *Plangewährleistung* sorgfältig abzuwägen gilt. Ferner achtet das Raumplanungsrecht darauf, daß Pläne, vor allem der verschiedenen Staatsebenen, aufeinander abgestimmt und nicht nach dem Prinzip der Derogation abgehandelt werden. Dafür stellt es im Interesse der durchgehenden Planung von oben nach unten und von unten nach oben besondere – durchgehende – Verfahren, getragen vom sog. *Gegenstromprinzip,* zur Verfügung.

Das Raumplanungsrecht bliebe unvollständig, wenn es nicht gelänge, die *Raumverträglichkeit* von Bauten und Anlagen raumwirksamer Art zu überprüfen. Diesem Schritt dient vorweg das sog. *Raumordnungsverfahren* (dazu HÖHNBERG in diesem Band). Dort, wo dieses Verfahren durch den Gesetzgeber nicht explizit vorgesehen wurde, erfolgt die Überprüfung in der Regel im Rahmen des Plangenehmigungs- resp. des Baubewilligungsverfahrens. Eng verbunden mit der Prüfung der *Raumverträglichkeit* ist diejenige der *Umweltverträglichkeit*. Letztlich sind die Fragen nach der Raum- und Umweltverträglichkeit nicht trennbar, weil sie beide an der Einheit des Lebensraumes anknüpfen. Erwägenswert ist der Einbezug von raum- und umweltwirksamen Gesetzen, von Plänen und Programmen, Subventionierungen usw., doch muß bedacht werden, daß eine zu weitgehende Einflußnahme der Raumplanung resp. des Umweltschutzes den Widerspruch anderer prioritärer Staatsaufgaben weckt, was kontraproduktiv sein könnte. Die Querschnittsfunktion der Raumplanung ist im übrigen weniger hoheitlich als vielmehr diskursiv anzugehen.

Qualifizierte Aufmerksamkeit widmet das Raumplanungsrecht der *Mitwirkung der von der Planung Berührten* (dazu PEINE in diesem Band). Diese sind nicht oder nicht nur „Objekte" der Planung, sondern immer auch „Subjekte". Die Sicht, gleichsam die hoheitliche Planungsbehörde sei einziges Subjekt der Planung, wird der Problemlage nicht gerecht. Eine gewisse Gewähr für den Einbezug der Berührten bietet die Demokratie der Planfestsetzung, doch ist diese nicht auf allen Staatsebenen realisierbar.

Für Theorie und Praxis entsteht im Zusammenhang der Mitwirkungsfrage die dreifache Aufgabe, die *Planungspartizipation,* die demokratische *Planfestsetzung* und den *Rechtsschutz* als besondere Funktionen zu verstehen und abgestimmt in geordnete Bahnen zu lenken. Neben diesen formell faßbaren Verfahren sind auch die informellen der Mediation und des Diskurses zu bedenken. Sie entbinden aber nicht vom Entscheid darüber, wer an der Planung partizipieren, wer den Plan festlegen und wer ihn anfechten darf. Beinahe unlösbar ist der Einbezug der erst künftig akut Betroffenen, mindestens dort, wo es um langfristige Planungen geht. Dieser Mangel muß durch die ethische Ausrichtung der Planung sowie durch ausholende Zielvorgaben wettgemacht werden.

8. Planungsinstrumente

Als Instrument der Raumplanung erfordern *Gesetze* und *Pläne* Aufmerksamkeit. Üblicherweise wird prioritär auf den Plan verwiesen. Allerdings muß bedacht werden, daß das räumliche Geschehen nicht allein durch Pläne hin auf eine räumliche Ordnung gesteuert und gelenkt wird, sondern auch durch Gesetze.

Das *Gesetz* als Planungsinstrument wird, sieht man von der Institutionalisierung der Raumplanung ab, in dreifacher Art verwendet. In erster Linie dient es dem *unmittelbaren Eingriff* in das räumliche Geschehen, vor allem durch Unterschutzstellungen. Dies kann den Wald, Gewässer, Landschaftsteile, Landschaften oder auch Objekte wie Denkmale, Bauten, Straßenzüge usw. betreffen. Sodann wird es für das Festschreiben von Zielen oder *Planungsgrundsätzen* verwendet. Dabei greift das Gesetz nicht unmittelbar in das räumliche Geschehen ein, sondern hält die planenden Behörden ex lege an, die materiellen Ziele zu erwägen, untereinander und gegeneinander abzuwägen und auf diesem Weg die Ziele der räumlichen Entwicklung in die Planung einfließen zu lassen. In einer dritten Art wird das "Kleid des formellen Gesetzes" für den *Erlaß von Planungsakten*, unter Umständen sogar von Plänen, verwendet, sofern kein besonderes Verfahren zur Verfügung steht. Die Gesetzesform ist für die Planfestsetzung dort am ehesten angezeigt, wo der Rechtssicherheit in der Planung erhöhte Bedeutung beigemessen wird.

Der *Plan* dient – entsprechend dem Wesen und der Funktion der Planung – der *Steuerung und Lenkung von Vorgängen* (Prozessen) resp. der *Anwendung von Maßnahmen*. Er ist ein Lenkungs- und Steuerungsinstrument, das vorwegnehmend – auf Ziele gerichtet – Maßnahmen bündelt resp. koordiniert, und zwar über längere Zeit. Seine Rechtsnatur ist nicht in allen Teilen geklärt, doch ist der Unterschied zwischen Rechtssatz und Plan markant. Der Rechtssatz ist generell-abstrakt, während der Plan, Problemlagen und Prozesse steuernd, immer eine konkrete Komponente in sich trägt und deshalb, mindestens was die Pläne der Bodennutzung anbetrifft, als generell-konkret verstanden werden kann. Jedenfalls ist es nicht falsch, den Plan als ein „Rechtsinstitut sui generis" zu deuten. Die Rechtswissenschaft hat diese wie auch andere „Irregularitäten" akzeptiert und daraus kein Problem für die praktisch tätige Raumplanung gemacht.

Die Pläne lassen sich nach verschiedenen *Einteilungskriterien* gliedern (in der Klammer jeweils ein Beispiel): Territorialer Geltungsbereich (Regionalplan), Thematik (Siedlungsplan), zeitlich (mittelfristiger Plan), Erlaßstufe (Landesplan), Weisungsart (Gebotsplan), Verbindlichkeit (behördenverbindlicher Plan), Genauigkeit (Übersichtsplan), Phase im Planungsablauf (Etappenplan) usw.

Die Vielzahl der Planarten verschleiert die im geltenden Planungsrecht oft anzutreffende Fixierung resp. Reduktion auf den gebietsbezogenen, kartographisch unterlegten Plan. Für die Raumplanung liegt diese gebietsbezogene Verkürzung nahe. Allerdings darf der Plan, auch der Raumplan, nicht einseitig vom Gebiet her definiert werden, da vorweg entscheidend ist, ob er auf einen Steuerungs- und Lenkungseffekt gerichtet ist. Ausdrucksart und -form wie auch Bezugsgebiet sind nicht begriffswesentlich. *Der Plan definiert sich also von seiner Funktion der Steuerung und Lenkung her.* In diesem Sinne ist es durchaus denkbar, verbale Pläne zu verfassen oder Pläne mit zahlenmäßig ausgedrückten Werten zu erlassen. Dies gilt auch für die Raumplanung. Sie muß dem Plan nicht zwingend eine

Karte unterlegen, auch wenn sie sich mit dem Mittel der Karte - vermeintlich? - leichter ausdrückt. Sie übersieht dabei aber die Tatsache, daß Raum und Gebiet, vor allem aber Raum und Flächen, nicht identisch sind und daß eine Karte einen Zustand spiegelt, während der Raum in Bewegung, in Veränderung ist. Deshalb darf eine Planung ihre Aussagen nicht auf Lokalisierung und Dimensionierung in der Fläche reduzieren, es sei denn, es handle sich um einen eng definierten Flächenwidmungsplan.

Im Vordergrund der modernen Raumplanungsgesetzgebung stehen *unverbindliche Pläne, behördenverbindliche Pläne* und *grundeigentümerverbindliche Pläne*. Für die ersteren kann auf die oft diskutierten Masterpläne, für die zweiten auf den schweizerischen (behördenverbindlichen) Richtplan und für die dritten auf den (grundeigentümerverbindlichen) Bebauungsplan nach deutschem Recht verwiesen werden. Nicht unwichtig ist, daß von den sog. *unverbindlichen (indikativen) Plänen* eine erhebliche Wirkung ausgehen kann, sofern sie sachlich überzeugen und die Behörden zu erkennen geben, daß sie von ihrem – rechtlich zuerkannten – Ermessen im Sinne des unverbindlichen Plans als Ausdruck sachlicher Überlegungen Gebrauch machen werden.

Zu den ergänzenden Instrumenten der Raumplanung zählt der *Vertrag*, in der Regel ein öffentlichrechtlicher Vertrag. Er gewinnt vor allem im Bereich der Flächenwidmungs- und der Bebauungsplanung eine gewisse Beachtung. Auf diesem Weg soll in Kooperation mit den Grundeigentümern resp. den potentiellen Bauherren konsensual eine planerische Lösung erreicht werden, die sowohl den öffentlichen als auch den privaten Interessen gerecht wird. Voraussetzungen bilden ausreichende gesetzliche Grundlagen und die Gesamtordnung wahrende öffentliche Planungsintentionen. Die Bedeutung des Vertrages als Planungsinstrument wächst neuerdings mit dem faktischen Zwang zur Kooperation zwischen Verwaltung und öffentlichen resp. privaten Unternehmungen des service public, aber auch mit privaten Investoren und Grundeigentümern, soweit sie erhebliche räumliche Interessen berühren. Die „vertragliche Raumplanung" wird ferner unter dem Titel des New Public Management eine Aufwertung erfahren, doch bleibt ungewiß, ob sich diese Verwaltungslehre langfristig durchsetzen wird.

Theoretisch denkbar wäre - in die Zukunft hinein - eine Steuerung der räumlichen Entwicklung über *marktwirtschaftliche Instrumente*, insbesondere über *Lenkungsabgaben*, die beispielsweise an die besondere Art der Bodennutzung anknüpfen. Es wäre für die Politik entlastend, wenn nicht der Staat, sondern der Markt bei voller Kostenwahrheit, Preistransparenz und Wettbewerb nach seinen „Gesetzen" die räumliche Entwicklung optimal steuern würde. Minimale Voraussetzung ist allerdings die vollumfängliche Internalisierung externer Kosten. Die wissenschaftlichen Grundlagen für eine Marktsteuerung der räumlichen Prozesse fehlen (noch) weitgehend; auch ist unklar, welche gesetzlichen Regelungen notwendig blieben. Auf alle Fälle steht fest, daß aktuell die Steuerung über den Markt wenig Rücksicht auf das öffentliche Gut „Lebensraum" nimmt.

Seit der zunehmend dichter werdenden rechtlichen Festschreibung der Raumplanung und des Baurechts zeichnet sich in Planerkreisen, nachdem sie früher die fehlenden Rechtsgrundlagen reklamiert hatten, das Bedürfnis ab, Wege der *informellen Planung und Raumplanung* zu erkunden (dazu HEIN in diesem Band). Diese haben sehr viel zu tun mit der kommunikationsorientierten Planung, die sich möglichst direkt mit den Planungsberührten und -betroffen auseinandersetzt. Sie kann auch im zwischenbehördlichen Bereich eingesetzt werden. Ihr Vorteil liegt in der sachintensiven und überzeugungsnotwendigen Planungsarbeit, die zu qualitativ hochstehenden Planungsergebnissen oder wenigstens – bei inhaltlichen Kompromissen – zu einer akzeptierbaren Lösung beitragen kann. Die Problematik liegt in der fehlenden Verbindlichkeit und damit bei der mangelnden Durchsetzbarkeit im Falle des Scheiterns. Ein weiteres Defizit kann unter Umständen im unzureichenden Öffentlichkeitsbezug ausgemacht werden, was den Argwohn Dritter wecken und allenfalls sogar deren Rechtsschutz schmälern könnte. Informelle Verfahren werden optimal für die vorbereitenden Planungen eingesetzt, vor allem dann, wenn sie von formellen gefolgt werden.

9. Grundrechtsbezug, Verbot der Planungswillkür

Die Raumplanung als öffentliche Aufgabe muß sich mit den rechtsstaatlichen Anliegen des modernen Verfassungsstaates auseinandersetzen, nämlich u.a. mit den *Grundrechten*, dem *Legalitätsprinzip* und dem *Rechtsschutz*.

Was die *Grundrechte* anbetrifft, insbesondere die persönliche Freiheit, die Gewährleistung des Eigentums, die Niederlassungsfreiheit usw., so ist vorweg festzuhalten, daß sie die Raumplanung – bezüglich ihrer Auswirkungen auf den Menschen, auf die Wirtschaft wie auch auf Grund und Boden – an der Erfüllung ihrer Aufgabe nicht hindern, da sie – auf gesetzlicher Grundlage, im öffentlichen Interesse und unter Wahrung der Verhältnismäßigkeit – eingeschränkt werden können und da unbestritten ist, daß die Raumplanung als öffentliche Aufgabe öffentliche Interessen auf gesetzlicher Grundlage verfolgt. Sorgfältig beachten muß sie in jedem Fall das Erfordernis der Verhältnismäßigkeit. Die formelle und materielle Enteignung von Eigentum ist ebenfalls möglich, darf aber nur gegen Entschädigung erfolgen.

Die Raumplanung hat im Rechtsstaat die Dimension der Grundrechte in ihre Denkansätze und Planungsinhalte antizipierend einzubeziehen, d.h. sie hat Planungen zu entwerfen, die von der Menschenwürde, der Eigentumsfreiheit usw. geprägt sind. Dazu gehört auch die Baufreiheit.

Eine gewisse Problematik liegt für die Raumplanung in der *Rechtsgleichheit*. Die planerischen Intentionen zielen bekanntlich nicht auf sie, sondern auf zweckrationale Zieladäquanz. Die räumliche Dimensionierung einer Flächenwidmung - beispielsweise - folgt nicht den Grundsätzen der Gleichheit und Gerechtigkeit, sondern den Bedürfnissen und der Zweckmäßigkeit. In Lehre und Rechtsprechung ist deshalb unbestritten, daß der Rechtsgleichheit in der Raumplanung nur eine abgeschwächte Bedeutung zukommen kann. Allerdings entbindet dies die Planung nicht von einer hohen Sachlichkeit. Im Bereich des im Raumplanungsrechts großzügig eingeräumten Planungsermessens gilt ganz allgemein das *Willkürverbot*, was nichts anderes bedeutet, als daß Planung und Raumplanung im Bereich des Ermessens der *Sachlichkeit* verpflichtet sein müssen. Diese gewinnt der Planer durch Sorgfalt bei der Sachverhaltsermittlung, durch eine ausreichende Begründung der Planungsarbeiten und durch Mitnahme des anerkannten Standes von Lehre und Forschung.

An staatlichen raumwirksamen Maßnahmen stehen - dem *Legalitätsprinzip* folgend - nur jene zur Verfügung, welche das geltende Recht bereitstellt. Es liegt also nicht im Belieben der Planung, ohne gesetzliche Grundlagen irgendwelche Maßnahmen zu erfinden, beispielsweise Straßenzölle an der Einfahrt zu einer Stadt. Sie kann sich aber, wenn ihr notwendige und sachlich vertretbare Maßnahmen fehlen, an den Gesetzgeber wenden und diesen einladen, ein allenfalls unzureichendes Maßnahmenpaket auf dem Wege der Gesetzgebung zu ergänzen. Es gehört mit zu den Aufgaben einer aktiven Raumplanung, den Erlaß oder die Ergänzung resp. Änderung von Gesetzen zu beantragen.

Der *Rechtsschutz* in Fragen der Raumplanung ist – hinsichtlich der Auswirkungen der räumlichen Planung auf die Bauherren und die Grundeigentümer – hoch entwickelt. Die Bestimmung des zweckmäßigen Umfanges der richterlichen Zuständigkeit und der Intensität der Kognition der Rechtsprechung ist nicht einfach. Im besonderen muß genau überlegt werden, welche Planungsaufgaben der Regierung und Verwaltung vorbehalten sind und wie weit die Überprüfung durch die Gerichte reicht. Auf alle Fälle darf der *Richter nicht zum Planer werden*. Dennoch muß damit gerechnet werden, daß der Rechtsschutz in Teilen in die Zukunft hinein noch vermehrt ausgebaut wird, zumal die Rechtsprechung zu Art. 6 Ziff. 1 EMRK interpretiert, daß die Raumplanung direkt oder indirekt in die sog. civil rights/droits et obligations de caractère civil, in die privaten Rechte eingreife, was aufgrund der Europäischen Menschenrechtskonvention nach dem unabhängigen Richter ruft. Ein besonderes Problem stellt die Beschwerdelegitimation von Verbänden und Bürgerinitiativkomitees dar. Die sog. Verbandsbeschwerde findet ihre Grenzen an der unstatthaften Popularbeschwerde.

10. Planer- und Planungsqualität

Die relativ offene Art des Raumplanungsrechts – Bedeutung des formellen Rechts, finale Rechtssätze, Planungsermessen – mag im Vergleich zu anderen Staatstätigkeiten als Erleichterung für die planenden Instanzen verstanden werden. Sie gibt ihnen, sofern sie nicht grundsätzlich gegen die Unterstellung der Planung unter das Recht opponieren, das Gefühl und bei genauerem Hinsehen sogar die Gewißheit, auf gesetzlicher Grundlage planen zu können und doch rechtlich nicht übermäßig eingeengt zu sein. Objektiv verbindet sich damit die Herausforderung, die persönliche und behördliche Fachkompetenz durch Aus- und Weiterbildung zu mehren, die Sensibilität und die Wahrnehmungsfähigkeit gegenüber den tatsächlichen Problemlagen zu stärken und sodann den planungsethischen Rückhalt zu vertiefen. Das Recht kann dazu nur die Grundlagen schaffen, Hinweise vermitteln und organisatorische wie finanzielle Hilfeleistungen bieten. *Die Planer selbst tragen letztlich die Verantwortung für die Planer- und Planungsqualität.*

Zusammenfassung

Die Raumplanung als öffentliche Aufgabe bedarf im Rechtsstaat der rechtlichen Grundlegung und Durchdringung. Das positive Recht bestimmt die Funktionen, die Träger, die Ziele, die Instrumente und die Maßnahmen sowie die Verfahren der Raumplanung. Das rechtliche Verständnis der Raumplanung, das aus den Gesetzestexten und deren Interpretation hervorgeht, ist dabei nicht deckungsgleich mit dem wissenschaftlichen. Sub specie der Wissenschaft geht es um die öffentliche Verantwortung für den qualitativen und prozeßhaften Zusammenhang von „Leben-Raum-Umwelt" resp. um die Bewahrung und Gestaltung des Lebensraumes, in dem sich das menschliche Leben entfaltet.

I. Rahmenbedingungen räumlicher Planung

Zwischen Recht und Planung und damit auch zwischen Recht und Raumplanung bestehen Spannungsverhältnisse, die durch die Gesetzgebung zu klären sind. Im besonderen verwendet das moderne Raumplanungsrecht zur Überbrückung des Gegensatzes von Rechtssicherheit und Planungsdynamik neben traditionellen Elementen (klassische Rechtssätze) Planungsgrundsätze resp. Grundsätze der Raumordnung – verstanden als nicht konfliktfreie Zielvorgaben – in der Form sog. finaler Rechtssätze sowie den Plan als Steuerungs- und Lenkungsinstrument. Sodann räumt es Planungsermessen ein, um auf komplexe Probleme zugehen zu können. Im besonderen gewährt es Methodenfreiheit für die Auseinandersetzung mit der Zukunftsdimension und dem begrenzten Wissen. Für die Qualität der Planungen zeichnen letztlich die Planer selbst verantwortlich, weil das geltende Recht lediglich die Grundlagen für die Raumplanung schaffen kann.

Literatur

Akademie für Raumforschung und Landesplanung (ARL) (1995): Handwörterbuch der Raumordnung. Hannover (und die dort zit. Literatur).

Bielenberg, W.; Erbguth, W.; Söfker, W. (1979): Raumordnungs- und Landesplanungsrecht des Bundes und der Länder. Bielefeld.

Brenken, G. (1980): Weiterentwicklung des Raumordnungsverfahrens? In: Raumplanung und Eigentumsordnung, Festschrift für W. Ernst. München, S. 47-57.

Brohm, W. (1997): Öffentliches Baurecht. München.

Bundesministerium für Raumordnung, Bauwesen und Städtebau (1993): Raumordnungspolitischer Orientierungsrahmen. Bonn.

Bundesministerium für Raumordnung, Bauwesen und Städtebau (1995): Raumordnungspolitischer Handlungsrahmen. Bonn.

Cholewa, W.; Dyong, H.; v.d. Heide, H.-J.; Arenz, W. (1995): Raumordnung in Bund und Ländern. 3. Aufl., Stuttgart.

David, C.-H. (1996): Grundlagen des Raumordnungsrechts. In: Jenkins (Hrsg.): Raumordnung und Raumordnungspolitik. München/Wien, S. 75ff.

Erbguth, W.; Schoenenberg, J. (1992): Raumordnungs- und Landesplanungsrecht. Köln.

Ernst, W. (1995): Raumordnung. In: ARL (Hrsg.): Handwörterbuch der Raumordnung. Hannover, S. 752ff.

Ernst, W.; Hoppe, W. (1981): Das öffentliche Bau- und Bodenrecht, Raumplanungsrecht. 2. Aufl., München.

Europäische Raumordnungscharta (Torremolinos charta) vom 20. Mai 1983.

Fröhler, L.; Oberndorfer, P. (1975/1986): Österreichisches Raumordnungsrecht. Linz.

Fürst, D.; Ritter E.-H. (1993): Landesentwicklungsplanung und Regionalplanung - Ein verwaltungswissenschaftlicher Grundriß. 2. neu bearbeitete Aufl., Düsseldorf.

Haller, W.; Karlen, P. (1992): Raumplanungs- und Baurecht. 2. Aufl., Zürich.

Hoppe, W.; Grotefels, S. (1995): Öffentliches Baurecht. München.

Hoppe, W. (1987): Planung. In: Isensee/Kirchhof (Hrsg.): Handbuch des Staatsrechts. Heidelberg.

Kaiser, J.H. (Hrsg.): Planung I-VI, 1965-1972.

KLOEPFER, M. (1989): Umweltrecht. München.

KONVENTION ZUM SCHUTZE DER MENSCHENRECHTE UND GRUNDFREIHEITEN (EMRK) vom 4. November 1950.

KOMMISSION DER EUROPÄISCHEN GEMEINSCHAFTEN (1991): EUROPA 2000, Perspektiven der künftigen Raumordnung der Gemeinschaft. Luxemburg.

KOMMISSION DER EUROPÄISCHEN GEMEINSCHAFTEN (EUROPÄISCHE KOMMISSION) (1995): Europa 2000+, Europäische Zusammenarbeit bei der Raumentwicklung. Luxemburg.

KRAUTZBERGER, M. (1992): Die Berücksichtigung der Forderungen nach UVP im Raumordnungs- und Städtebaurecht. In: Umwelt- und Planungsrecht, S. 1-5.

KRAUTZBERGER, M.; SELKE, W. (1996): Perspektiven der bundesstaatlichen Raumplanungspolitik in der Europäischen Union. Wien.

LENDI, M. (1996): Grundriß einer Theorie der Raumplanung. 3. Aufl., Zürich.

LENDI, M. (1997): Recht und Politik der Raumplanung. 2. Aufl., Zürich.

LENDI, M. (1997): Lebensraum-Technik-Recht. 2. Aufl. Zürich.

LENDI, M. (1992): Bewährung des Rechts. Zürich.

LENDI, M.; ELSASSER, H. (1991): Raumplanung in der Schweiz. 3. Aufl., Zürich.

LINDER, W.; WERDER, H.; HOTZ, B. (1979): Planung in der schweizerischen Demokratie. Bern.

OSSENBÜHL, F. (1973): Welche normativen Anforderungen stellt der Verfassungsgrundsatz des demokratischen Rechtsstaates an die planende staatliche Tätigkeit, dargestellt am Beispiel der Entwicklungsplanung? Gutachten B zum 50. DJT, 1974, Regierungsprogramme und Regierungspläne.

PEINE, F.J. (1993): Öffentliches Baurecht. 2. Aufl.

PERNTHALER, P.; PRANTL, B. (1994): Raumordnung in der europäischen Integration. Wien.

PERNTHALER, P. (1990): Raumordnung und Verfassung. Wien.

RITTER, E.H. (1980): Theorie und Praxis parlamentarischer Planungsbeteiligung. In: Der Staat 19, S. 413 ff.

SCHMIDT-AßMANN, E. (1974): Planung unter dem Grundgesetz. In: Die Öffentliche Verwaltung, S. 541 ff.

SCHMIDT-AßMANN, E. (1984): Bundeskompetenzen zur Raumordnung unter veränderten Rahmenbedingungen. In: Festschrift Weyreuther. Köln u.a., S. 73 ff.

SCHMIDT-AßMANN, E.; KREBS, W. (1992): Rechtsfragen städtebaulicher Verträge, Vertragstypen und Vertragsrechtslehren. Köln.

SCHWEIZERISCHER BUNDESRAT: Bericht über den Stand und die Entwicklung der Bodennutzung und Besiedlung in der Schweiz (Raumplanungsbericht 1987). Bern 1987 (BBl 1988 I 871).

SCHWEIZERISCHER BUNDESRAT: Grundzüge der Raumordnung Schweiz. Bern 1996 (BBl 1996 III 556).

SCHWEIZERISCHER BUNDESRAT: Bericht über die Maßnahmen zur Raumordnungspolitik, Realisierungsprogramm 1966-1999. Bern 1996 (BBl 1996 III 627).

Vertrag über die Europäische Union vom 7. Februar 1992 (EU) samt Vertrag über die Gründung der Europäischen Gemeinschaft vom 7. Februar 1992 (EGV). Konsolidierte Fassungen gemäß Amsterdamer Vertrag vom 17.6.1997.

WAHL, R. (1978): Rechtsfragen der Landesplanung und Landesentwicklung. Berlin.

WICKRATH, S. (1992): Bürgerbeteiligung im Recht der Raumordnung und Landesplanung. Münster.

ZINKAHN, W.; BIELENBERG, W. (1965): Kommentar zum Raumordnungsgesetz des Bundes. Berlin.

I.3 Theoretische Aspekte der räumlichen Planung

Klaus Wolf

Inhalt

1. Wozu Theorie?
2. Anforderungen der Planung an die Theorie
3. Rahmenbedingungen jeder Planungstheorie
3.1 Gesellschaftliche Werte und Leitbilder, Ethik der räumlichen Planung
3.2 Raum als gesellschaftliches Konstrukt
3.3 Akteure und „Adressaten" räumlicher Planung
3.3.1 Akteure und ihr Instrumentarium
3.3.2 Adressaten räumlicher Planung
3.4 Zeit als gesellschaftliche Ressource der Raumverwendung
3.4.1 Zeit als technisch/instrumentelle Ressource
3.4.2 Zeit als mentale Ressource
4. Planungsrelevante theoretische Ansätze
4.1 Beschreibende und erklärende (analytische) theoretische Ansätze
4.2 Normative theoretische Ansätze
4.3 Modelle als räumliche Verifikation theoretischer Aussagen

1. Wozu Theorie?

In einem Handbuch "Methoden und Instrumente räumlicher Planung" werden weniger die ausdifferenzierten Unterschiede theoretischer und meta-(wissenschafts-)theoretischer Schulen ausgebreitet, sondern wird Theorie verstanden als der Versuch, die die Planung konstituierenden Elemente wissenschaftlich zu erforschen, d.h. auf die Begründungen, ihre Inkonsistenzen und ihre Folgen hin zu erklären, zu überprüfen und planungsbezogen abzuschätzen (vgl. Fürst 1995, S. 708). Schon der Theoriebegriff ist nicht einheitlich definiert. Man unterscheidet beim analytischen Gebrauch zwischen Theorie, Metatheorie und theoretischem Modell. In dieser Unterscheidung bedeutet der - relativ enge - Theoriebegriff ein System logisch widerspruchsfreier und empirisch gehaltvoller Aussagen. Theorie in diesem Sinn soll Erklärung, Prognose und Technologie (Methode) ermöglichen.

Unter Metatheorie kann man Postulate, Strategien verstehen, um das gesteckte Ziel zu erreichen (z.B. logischer Empirismus, kritischer Rationalismus, Hermeneutik).

Theoretische Modelle können als Wissenschaftsprogramm in dem Sinn verstanden werden, daß durch sie programmatische Seinsaussagen ohne Überprüfung gemacht werden, die Theorien produzieren (kritische Theorie, strukturell-funktionale Theorie, strukturell-individualistische Theorie) (vgl. SAHNER 1989, S. 741ff.).

Es zeigt sich, daß es also keine allgemeine sozialwissenschaftliche Theorie gibt, sondern „nur" unterschiedliche theoretische Ansätze „mittlerer Reichweite", deren sich fortentwickelnde Grundlagen auch als Basis für die Erklärung der Planung herangezogen werden können. Insoweit gibt es auch keine geschlossene Planungstheorie, aus der heraus alle Komponenten der Planung erklärt werden könnten und die als Grundlage für anwendbare Prognosen dienen könnte. Die Theorie der (Raum-)Planung geht unter den genannten Prämissen einzig und allein davon aus, daß die (Raum-)Planung eine Antwort auf räumliche Probleme sucht und es daher auch theoretischer Ansätze zur Lösung dieser Probleme bedarf; sie setzt sich also mit dem Wesen der Planung zur Lösung räumlicher Probleme auseinander (vgl. LENDI 1995^2, 1ff.).

Theorie in diesem Zusammenhang hat demnach nicht allein die Aufgabe, möglichst widerspruchsfreie generelle Aussagen zu liefern, sondern hat darüber hinaus konzeptionell-wertenden Charakter, ausgerichtet etwa an der Moral und der Ethik einer menschlichen Gesellschaft (vgl. ESSER 1993, S. 323ff.).

2. Anforderungen der Planung an die Theorie

Die theoretische Auseinandersetzung mit der Planung, die das Wesen der Planung plausibel machen will, muß sich analytisch auseinandersetzen mit:

- der Struktur von Planungssystemen,
- der Organisation der Planung,
- den Methoden und Instrumenten der Planung,
- dem Vollzug der Planung,
- der politischen Umsetzung der Planung (vgl. FÜRST 1995, S. 709).

Während das Handwörterbuch der Raumordnung (1995) Planungssysteme, Planungsprozeß, Vollzug und politische Willensbildung behandelt, werden in diesem Band besonders die Methoden und Instrumente räumlicher Planung dargestellt und damit als Teil der Theorie räumlicher Planung aufgefaßt. Dabei zeigt sich, daß die theoretische Auseinandersetzung mit dem genannten Kanon und vor allem mit den Methoden und Instrumenten räumlicher Planung nicht allein analytisch, sondern in weiten Teilen normativ geschehen muß, soweit normativ bedeutet, daß Aussagen eine auf ein bestimmtes Ziel gerichtete Bewertung beinhalten. Jede Methode und jedes Instrumentarium, das auf räumliche Planung ausgerichtet ist (das impliziert schon der auf Handlungsziele angelegte Begriff Planung), bewertet auf Grund bestimmter Rahmenbedingungen, Normen, Werte, einen Sachverhalt hin auf ein bestimmtes Planungsziel.

Das methodische Vorgehen in diesem Sinne ist dabei zu verstehen als der geeignete Weg, gesellschaftliche Probleme anhand einer (wertorientierten) theoretischen Analyse plausibel zu machen und in leitbildorientierte Handlungskonzepte zu überführen. Als wesentlich für diesen Prozeß haben sich je unterschiedliche Ansätze erwiesen; während für bestimmte Problemlösungen komparative methodische Ansätze, die auf die Analyse von Unterschieden oder Ähnlichkeiten zwischen Untersuchungsobjekten abzielen, in Betracht zu ziehen sind, werden in jüngerer Zeit mehr und mehr der Hermeneutik zuzurechnende, verstehende methodische Verfahren angewandt, gerade um etwa den Sinn von Handlungen von Institutionen und Individuen in ihrer raumprägenden Wirkung zu verstehen, um sie zumindest heuristisch dem politischen Handlungsprozeß anheimzugeben. Der Streit zwischen positivistischer und kritischer Methode ist zwar weitgehend als historisch zu bezeichnen, die dem Positivismus zugerechnete Methode der Verifizierung oder Falsifizierung zur Akzeptanz empirischer Aussagen einerseits, die Suche nach logischen Widersprüchen etwa zwischen der (kritisierten) Theorie und den gemachten Beobachtungen der kritischen Methode andererseits können aber dennoch zur Erklärung und zum Vorschlag von Lösungsansätzen beitragen. Insgesamt können sowohl erprobte methodische Ansätze und daraus abgeleitete Instrumentarien unterschiedlichster Form je nach ihrer Aussagevalidität für die Analyse herangezogen werden, als auch neue Ansätze in freier Entscheidung erprobt werden.

3. Rahmenbedingungen jeder Planungstheorie

Planungstheorie ist der sozialwissenschaftlichen Theoriebildung zuzurechnen und insoweit eingebunden in den jeweils gesellschaftlichen Kontext.

3.1 Gesellschaftliche Werte und Leitbilder, Ethik der räumlichen Planung

Jede räumliche Planung ist implizit oder explizit bestimmten Normen, Werten, Leitbildern unterworfen.

„Der Terminus „Leitbild" wird mit einer gewissen Präferenz überall dort verwendet, wo es darum geht, einen erwünschten künftigen Zustand als anzustrebendes Ziel vorzugeben. Kennzeichnende Elemente eines Leitbildes sind mithin: vom Ist-Zustand und vom Trend sich abhebender Soll-Zustand, der durch ein abgestimmtes koordiniertes Verhalten erreichbar ist und erreicht werden soll" (LENDI 1995³, S. 624). Alle genannten theoretischen planungsbezogenen Analysen richten sich verdeckt oder offen an Leitbildern, Soll-Vorstellungen aus. Diese Soll-Vorstellungen werden abgeleitet von gesellschaftlichen Normen und Werten. Sie lassen sich zusammenfassen unter dem Begriff der Ethik der Raumplanung. Es muß deutlich werden, nach welchen ethischen Kriterien räumliche Planung betrieben werden soll. Dies ist auch in der theoretischen Behandlung planungsrelevanter Materie notwendig. Die Ethik der Raumplanung ist gekennzeichnet durch ihre Verantwortung gegenüber dem Lebensraum, der Potentiale für Leben bereithält und Lebensqualität für die jetzige und für zukünftige Generationen schafft. Die Ethik der Raumplanung ist immer eine „Ethik der Ehrfurcht vor dem Leben" (LENDI 1995, S. 235 nach A. SCHWEITZER). Darin impliziert sind das menschliche Verhalten zur Natur, die Verantwortung für zukünftige Generationen und das Handeln des Menschen als sozialpolitisch handelndes Wesen in seiner Verantwortung für die Gemeinschaft.

Nach LENDI (1995, S. 236) umfaßt die Ethik der Raumplanung neben der Ehrfurcht vor dem Leben weitere grundlegende Normen und Werte, besonders:

- nicht schaden,
- Gleiches ist gleich,
- Ungleiches ist ungleich zu behandeln,
- ehrbar leben,
- die Beachtung fairer Verfahren, einschließlich der Möglichkeit ihrer Überprüfung, dem Gebot der Begründung und dem Grundsatz der Verhältnismäßigkeit.

Sowohl die theoretische Grundlegung jeder Planung als auch ihre Umsetzung erhalten dadurch eine neue, verantwortungsvolle Qualität, als sie eine an Normen und Werten ausgerichtete Beratungs- und Gestaltungsfunktion für die politisch Handelnden übernehmen müssen.

3.2 Raum als gesellschaftliches Konstrukt

Raum ist für die räumliche Planung das konstitutive Element. Dabei ist der Bedeutungsinhalt des Wortes vielschichtig und eine planungsbezogene, disziplinübergreifende Auseinandersetzung mit dem Phänomen Raum noch weitgehend zu leisten. BLOTEVOGEL (1995, S. 733ff.) folgend, gibt es sieben Raumkategorien, jeweils mit Unterkategorien, die planungsrelevant sind:

1. den gegenständlichen Raum (als Ausgedehntheit von materiellen Dingen);
2. den Raum als Ausdehnungsform, ebenso wie die Zeit eine „a priori" gegebene und notwendige Voraussetzung zur Sinneswahrnehmung, eine „Anschauungsform (KANT) des erkennenden Subjekts, die zur Ordnung der Wahrnehmungsinhalte dient";
3. den absoluten Raum, den „Behälter-Raum", dem, zurückgehend auf NEWTON, die Vorstellung eines „Behälters" zugrunde liegt und der unabhängig von seiner dinglichen Erklärung als „leerer" Raum existiert;
4. den relationalen Raum als zwei- oder dreidimensionaler metrischer Ordnungsrahmen erdoberflächlich lokalisierbarer Objekte, der besonders in die räumliche Theoriebildung der Ökonomie, Geographie und der Sozialwissenschaften Eingang fand (Standorttheorien VON V. THÜNEN, A. WEBER, CHRISTALLER, LÖSCH);
5. den Raum als natürliche Umwelt des Menschen, verstanden als „Wirkungsgefüge natürlicher und anthropogener Faktoren" (landschaftsökologischer Ansatz), als Ergebnis „historischer landschaftsgestaltender Prozesse" (kulturlandschaftsgenetischer Ansatz) oder als „Prozeßfeld menschlicher Tätigkeiten" (strukturfunktionaler bzw. sozialgeographischer Ansatz);
6. den Raum als „gelebten Raum", was bedeutet, daß die subjektive Wahrnehmung des Raumes durch den Menschen und seine Bedeutung für das menschliche Handeln in den Mittelpunkt rückt. Dabei ist der Wahrnehmungsraum inhomogen, qualitativ strukturiert, der Handlungsraum wird bestimmt von den Handlungsintentionen des Entscheidenden;
7. den sozialen, ökonomischen Raum. Sozial ist ein Raum durch seine Bedeutung für die soziale Welt, etwa als politisches Territorium, als Wirtschafts- oder Kulturraum, auch als Raum sozialer oder kultureller Identität.

Der ökonomische Raum kann zum einen als natürliche Ressource verstanden werden, aber auch als ökonomisches Kräftefeld (Wachstumspole, Disparitäten) und als soziales Interaktionsfeld, in dem personale Synergien und kollektives Handeln zu Innovationen führen, „innovative Milieus" entstehen. Wenn soziale, ökonomische und kulturelle Aspekte eingeschlossen werden, spricht LÄPPLE (1991, S. 157ff.) vom „Matrixraum", ihm wird zugebilligt, nicht nur passives Ergebnis gesellschaftlichen Handelns, sondern viel mehr selbst ein konstitutives Element gesellschaftlicher Strukturen zu sein.

Damit sind die kategorialen Überlegungen zum schwer faßbaren Begriff des Raumes nicht abgeschlossen. Es sei nur daran erinnert, daß durch die elektronische Kommunikation (Telematik) Raum seine bisherige Bedeutung verliert: interkontinentale Vernetzungen erzeugen völlig neue Bewußtseins- und Handlungsräume, die computergestützte Erschaffung künstlicher (virtueller) Räume hebt das bisher noch weitgehend materielle Raumverständnis auf, ebenso wie der noch zu behandelnde Faktor Zeit in seinen raumbezogenen Konsequenzen. Damit einher geht eine zunehmende Verunsicherung jeglicher raumbezogener Planung, da es für sie zusehends schwieriger wird, struktural oder funktional definierbare Räume zu bestimmen, für die ihre konzeptionellen Aussagen bestimmt sind. Das (noch) jede staatliche und kommunale Planung tragende Territorialitätsprinzip als „räumliche Grenzziehung der staatlichen Einflußnahme auf Personen und Sachen" (KLATT 1995, S. 962ff.) wird durch diese „Auflösung" des Raumes durch Virtualität und Zeitregime immer stärker zum Gegenstand der Verunsicherung staatlichen Handelns. Die virtuelle Vernetzungen im weltweiten Maßstab ermöglichende technisch-soziale „Revolution" stellt die bisherige territorial gebundene Raumplanung damit vor ganz neue, noch ungelöste Aufgaben.

Jede theoretische und methodische Befassung mit der räumlichen Planung muß sich daher mehr denn je damit auseinandersetzen, welche gesellschaftsbezogene Raumkategorie für welches Handlungsziel unter welchen Leitbildern Gegenstand der Befassung ist und ob daraus adäquate Lösungsvorschläge ableitbar sind.

3.3 Akteure und „Adressaten" räumlicher Planung

3.3.1 Akteure und ihr Instrumentarium

Zunächst ist nach TUROWSKI (1995, S. 774) „Raumplanung (räumliche Planung) die Gesamtheit der Maßnahmen, um Leitbilder eines anzustrebenden, idealen Zustandes des Raumes zu entwickeln und die Voraussetzungen für ihre Verwirklichung zu schaffen". Das praktische Handeln der dafür sich zuständig fühlenden (Planungs-)Akteure ist in der Bundesrepublik Deutschland in einem politischen Mehrebenen-Handlungssystem festgelegt, das in vielfältigen Vernetzungen durch Anhörung, Beteiligung, Mitwirkung im Gegen- oder Gleichstromprinzip miteinander verbunden ist. Die differenzierte Ausgestaltung gibt Tab. 1 wieder.

Neben die spezifischen, in der räumlichen Planung tätigen Akteure treten, ebenfalls auf den verschiedenen staatlichen oder kommunalen Handlungsebenen, eine große Zahl in der raumbezogenen Fachplanung wirkende Akteure. Die wichtigsten Fachplanungen mit Raumbezug stellen etwa Landschaftsplanung, forstliche Planung, Agrarstrukturplanung, wasserwirtschaftliche Planung, Abfallplanung, Wiederherstellungs-(Rekultivierungs-)planung oder

Tab. 1: Das System der deutschen Raumplanung

Staatsaufbau	Planungsebenen	Rechtliche Grundlagen	Planungsinstrumente		Materielle Inhalte
Bund	Bundesraumordnung	Raumordnungsgesetz von 1991 (ROG)			Grundsätze der Raumordnung
Länder	Landesplanung (Raumordnung der Länder)	Raumordnungsgesetz und Landesplanungsgesetze	Übergeordnete und zusammenfassende Programme und Pläne		Ziele der Raumordnung und Landesplanung
	Regionalplanung		Räumliche Teilprogramme (Regionalprogramme und -pläne)		
Gemeinden	Bauleitplanung	Baugesetzbuch von 1987 (Bau GB)	Bauleitpläne	Flächennutzungsplan	Darstellung der Art der Bodennutzung
				Bebauungsplan	Festsetzungen für die städtebauliche Ordnung

nach: TUROWSKI 1995, S. 775

Verkehrsplanung dar (vgl. SPITZER 1995, S. 69ff.). Während die räumliche Planung im eigentlichen Sinne immer eine Querschnittsaufgabe darstellt, ist die Fachplanung, auch wenn sie spezifische raumbezogene Belange tangiert, häufig primär auf ihren abgegrenzten Sachbereich bezogen. Dadurch sind Konflikte zwischen Sachbezogenheit und Raumbezogenheit vorprogrammiert. Würde die querschnittsaufgabenorientierte mediative Funktion der für die räumliche Planung zuständigen Akteure auch von der Fachplanung stärker angenommen, würden sich dadurch vermutlich noch stärker raumverträgliche Lösungen für Fachplanungsmaßnahmen ergeben.

3.3.2 Adressaten räumlicher Planung

In der Regel beschäftigen sich bisher alle Veröffentlichungen in Theorie und Praxis der räumlichen Planung mit den institutionellen Akteuren der Raumplanung im staatlichen und kommunalen Handlungsfeld; nur allmählich kommen auch die „Adressaten" der Planung stärker ins Blickfeld. Unter Adressaten in diesem Zusammenhang wollen wir alle nichtstaatlichen und nichtkommunalen Einrichtungen und Privatpersonen verstehen; denn sie sind ja weitestgehend die „Betroffenen" - von den privaten Unternehmungen der Wirtschaft bis zu dem als Individuum handelnden Menschen. Im Zeitalter des Postfordismus, der Postmoderne ist theoretisch und methodisch darauf einzugehen, ob und wie raumbezogene Handlungen unter der oben aufgestellten Prämisse ethisch orientierter Leitbilder von privaten und öffentlichen Akteuren, sich daran orientierend, verschränken, d.h. ob auch private Entscheidungsträger nach diesen Prinzipien handeln, ob sie im Falle des Eindrucks, daß die öffentlich handelnden Akteure diese Prinzipien außer acht lassen, auf die Einhaltung hinwirken, bzw. umgekehrt, ob und wie weit öffentliche Akteure Instrumente haben bzw. sie in genügendem Maße anwenden, um auch private Handelnde daran zu messen und in die Entscheidungen einzubinden. Es geht um die Frage, ist Planung beim Vorherrschen postmoderner Pluralisierung der Lebensstile einerseits und Globalisierung ökonomischer raumbezogener Entscheidungen andererseits im gegenwärtigen Planungssystem noch leistbar oder müssen nicht andere, die beschriebenen Partner zusammenbringende Aushandlungsstrategien gefunden werden.

Während sich die Betroffenen zu Beginn der „Demokratisierungs-Bewegung" in Bürgerinitiativen artikulierten, um z. T. individual-interessengeleitete Ziele gegen die verfaßte Planung durchzusetzen, ist derzeit eher zu befürchten, daß ökonomisch gesteuerte Globalinteressen weltweit vernetzter Unternehmungen die verfaßte Planung nationaler oder regionaler Ausprägung konterkarieren. Hier können nur auf Regulation zwischen staatlichen und privaten Akteuren ausgerichtete Konzepte mediativer Struktur zu einer verträglichen Ausgestaltung der Raumnutzung führen.

3.4 Zeit als gesellschaftliche Ressource der Raumverwendung

Im Gegensatz zu vielen bisherigen Auffassungen ist Zeit heute einer der wichtigsten Faktoren der räumlichen Entwicklung und Planung. Zeit ist ein vielschichtiges objektiv meßbares und subjektiv empfundenes Konstrukt menschlichen Handelns. Insoweit ist Handeln im Raum ohne die Komponente Zeit schlicht nicht möglich, auch wenn - merkwürdigerweise - im gesellschaftlichen Leben beide Komponenten bei fast allen Handelnden (noch) nicht genügend rationalisierte Komponenten ihres Handelns (geworden) sind.

3.4.1 Zeit als technisch/instrumentelle Ressource

Die technisch/instrumentelle Ressource Zeit umfaßt alle Komponenten, die meßbar und allgemein verständlich definierbar sind. Dazu zählt die Lebenszeit des Menschen nach seinen verschiedenen generativen Abschnitten von der Jugend bis zum Alter und Tod und den daraus folgenden je unterschiedlichen „Raumbedürfnissen".

Es gehört dazu die Jahres-, Monats-, Tages-, Wochenend-Zeit, die meßbar, einteilbar und angebbar ist und die je unterschiedliche Bedürfnisse hinsichtlich der Raumbeanspruchung etwa im Bereich der Arbeits- und Freizeit-Welt hervorruft und erhebliche räumliche Beanspruchungen verursacht (Raumüberwindung zum Arbeitsplatz, zur Freizeitverwendung, zur Versorgung u.ä.).

Zeit ist auch in erheblichem Maß insoweit eine ökonomische Ressource, als daraus etwa im Sinne der Distanzüberwindung je unterschiedliche Standort- und Gelegenheitenpotentiale wahrgenommen werden können (vgl. WOLF/SCHOLZ 1997).

Gab es in unserem Kulturkreis, auf der christlichen Tradition aufbauend, über lange Zeiten einen festgelegten Zeitkanon der Woche mit Werktagen und einem arbeitsfreien Sonntag, so wird dieses Zeitmuster mehr und mehr aufgelöst. „Zeitflexibilisierung" für u.a. den Sonntag in seiner ursprünglichen Bedeutung aufhebender Zeitzäsur zwischen Arbeits- und Nichtarbeitszeit bedeutet die Einführung rotierender Systeme im Wechsel von unterschiedlich dimensionierten Arbeits- und Nichtarbeitstagen, die wiederum gravierende Auswirkungen auf die Raumnutzung haben. „Zeitkonten", auf die pro Jahr oder über mehrere Jahre in der Arbeitszeit Nichtarbeitszeit „angespart" werden und dann „am Stück" abgehoben werden kann, induzieren neue oder nicht gänzlich bekannte Raumnutzungsmuster.

Zeit im technisch/instrumentellen Sinn hat in der und für die räumliche Planung aber auch noch einen anderen Inhalt. Jede räumliche Planung ist mit Bezug auf die Zeit von zwei wesentlichen Komponenten geprägt:

- dem Zeithorizont, für den die räumliche Planung entwickelt und gegebenenfalls fortgeschrieben wird, und
- der Zeit, in der der Planungsprozeß, d.h. die Erarbeitung und - zumindest der staatlichen und kommunalen Planung - die politische Festschreibung der Planung, durchgeführt wird.

Diese Komponenten müssen in Zukunft bei jeder räumlichen Planung wesentlich stärker berücksichtigt werden, als sie die sich daraus ergebenden Zeiträume in ihre planenden Überlegungen in mehrfacher Hinsicht einbeziehen. Für die mittelfristige Zeitdimension von 5-10 Jahren zur Entwicklung räumlicher Planungsvorstellungen müssen nicht nur potentielle Veränderungen auf Grund der möglichen Verursacherprinzipien vorausschauend mitgedacht werden, abgesehen von der Festlegung zielorientierter Entwicklungsstrategien und -maßnahmen, sondern es ist auch dadurch flexibler auf mögliche gesellschaftliche Veränderungen zu reagieren, daß räumliche Planung unter Beachtung des Faktors Zeit als Prozeß in dem Sinn aufgefaßt wird, daß eine den Planungszeitraum begleitende, moderierende Planung Platz greift.

Eine weitere, die räumliche Entwicklung ungemein beeinflussende Zeitdimension ist die „virtuelle" Zeit- und Raumdimension.

Seitdem Informationen nichtmateriell distanz(raum-)überwindend dank virtueller Vermittlungstechniken in kürzesten Zeitabschnitten, die im Sekundenbereich und darunter liegen, vermittelt werden können, gleichzeitig an und von und zu beliebigen Orten weltweit erzeugt, „gestapelt", bearbeitet, weiterverarbeitet, abgerufen, weitervermittelt und ebenso auch wieder „materialisiert" werden können, verschiebt sich durch diese neuen Informations- und Kommunikationstechniken die Zeit-Raum-Balance weltweit immer mehr zu einer Zeit-Dominanz, die noch nicht voll absehbare räumliche Auswirkungen auf Standort- und Raumnutzungsentwicklungen hat und mit denen sich die die räumliche Planung anregende Raumforschung intensiv auseinanderzusetzen hat.

3.4.2 Zeit als mentale Ressource

Die technisch/instrumentelle Ressource Zeit unterliegt bei den Handelnden je unterschiedlicher Bewertung. Wie die räumliche Distanz, das räumliche Setting in der selektiven Wahrnehmung zu ganz unterschiedlichen Bewertungen und daraus abgeleiteten Handlungen führt, so gilt dies auch für die mentale „Verwertung" der Zeit.

Dabei ist immer bei der Einschaltung der Zeit die Kombination mit einer bestimmten (z.B. „ökonomischen") Ressource mitgedacht. Nicht nur die Entfernung Arbeitsplatz-Wohnstandort in der metrischen Dimension wird bewertet, sondern auch in der zu wählenden Ressource zur Distanz- und damit auch „Zeit"-Überwindung (zu Fuß, Fahrrad,

ÖPNV, Auto). Dabei bekommt z.B. die Verkehrsmittelwahl noch einen überhaupt nicht meßbaren zusätzlichen Faktor, den man als „Lebensqualitätsfaktor" bezeichnen könnte (Das Auto als „mobiles Heim" trotz höherem metrischem Zeitaufwand zur Distanzüberwindung).

Diese mentale Zeitkomponente schlägt sich in der postmodernen individuellen Lebens(stil)philosophie besonders rasch nieder und hat ihrerseits wieder erhebliche Auswirkungen auf die Machbarkeit räumlicher Planung. Die in unterschiedliche Zeitbudgets eingeteilte Gesamtzeit (Tag/Nacht, Woche, Monat, Jahr) wird z. B. unterschiedlich hinsichtlich ihrer Verwendung für Arbeit, Nichtarbeit bewertet und in Handlung umgesetzt. Zur Freizeitverbringung werden je nach Sozialisation ganz unterschiedliche ressourcenabhängige Zeit-Distanz-Kriterien angelegt wie etwa im Arbeitsleben, so wird der Zeitaufwand zur Erreichung von „Freizeitverbringungsorten und -regionen" mental völlig unterschiedlich im Vergleich zum Zeit-Distanz-Aufwand für die Erreichung des Arbeitsplatzes eingeschätzt. Dies gilt auch für die mit Freizeit-Aktivitäten verbrachten Zeiten. Andererseits werden Unternehmensentscheidungen hinsichtlich der Festlegung von Standorten häufig noch nach den „klassischen" Standortfaktoren getroffen, etwa nach Komponenten ökonomischer Wertschöpfung oder nach „Fühlungsvorteilen" festgelegt, die etwaige Zeit-Raum/Distanzbewertungen der Beschäftigten häufig noch übersehen.

Eine theoretische Aufarbeitung dieses Zeit-Raum-Verhältnisses und seiner Auswirkungen für die räumliche Planung steht noch weitgehend aus.

4. Planungsrelevante theoretische Ansätze

An dieser Stelle können nicht alle theoretischen Ansätze und Modelle disziplinübergreifend abgehandelt werden, die als Grundlagen für die räumliche Planung herangezogen werden können. Ebensowenig kann es hier darum gehen, alle Schritte der Raumplanung theoretisch nachzuvollziehen, vielmehr sollten die grundsätzlichen, rahmengebenden Aspekte jeder räumlichen Planung angesprochen werden. Insoweit soll hier noch auf die Hauptrichtungen der für die räumliche Planung relevanten Disziplinen und deren raumbezogene theoretische Konzepte verwiesen werden.

4.1 Beschreibende und erklärende (analytische) theoretische Ansätze

Zu den beschreibenden und erklärenden theoretischen Ansätzen gehören ein großer Teil der in den Sozialwissenschaften entstandenen raumbezogenen Theorien, vor allem die ökonomischen Standorttheorien von v. THÜNEN, A. WEBER, CHRISTALLER, LÖSCH, ISARD, V. BÖVENTER. Dazu zählen auch alle Wachstums- und Entwicklungstheorien, die Exportbasis-Theorie, polarisations-theoretische Ansätze, um nur die wichtigsten zu nennen (SCHÄTZL 1996, Bd. 1). Aber auch andere theoretische Ansätze wie etwa die Innovationstheorie oder die Systemtheorie (vgl. WINDHORST 1983, WIRTH 1979 oder HABER 1995, S. 689ff.) können als grundlegende Erklärungsmuster für die räumliche Planung herangezogen werden. In diesen Kontext gehören ferner die neueren theoretischen Ansätze des Postfordismus oder Postmodernismus (ESSER/HIRSCH 1987, HAMM/NEUMANN 1996 und BECKER 1996), die sich mit Globalisierung und Internationalisierung einerseits sowie mit Individualisierung andererseits auseinandersetzen. All diese theoretischen Ansätze sind zwar deskriptiv, erklärend-analytisch und doch werden und wurden sie häufig in der räumlichen Planung in normativer Funktion herangezogen. Evidentestes Beispiel dafür ist die Theorie des Systems zentraler Orte von W. CHRISTALLER.

4.2 Normative theoretische Ansätze

Wenn die Annahme BECKERS (1996, S. 133) zutrifft, daß „Wissenschaft nicht mehr nur Wissen produzieren will, sich an Sinnsuche beteiligt", dann stellt sich die Frage, „welche gesellschaftlichen Bedürfnisse mit dieser Art Wissenschaft befriedigt werden sollen?"

Raumplanungsrelevante theoretische Erkenntnisse können nicht mehr nur analytisch, sie müssen auch normativ sein, sich an Normen, Werten, ethischen Kategorien orientieren und konzeptionell verfaßt sein.

In diese Richtung weisen Ansätze wie das Konzept der nachhaltigen (Regional-)Entwicklung (vgl. SPEHL 1993), assoziatives Wirtschaften, Regionalmarketing, Netzwerke (vgl. HAMM/NEUMANN 1996, MAIER 1990 u. 1992/93, FÜRST 1994). Diesen Ansätzen ist gemein, daß sie auf die Zukunft bezogen sind und sich an bestimmten, artikulierten, zumeist ökonomisch ausgerichteten Werten orientieren.

4.3 Modelle als räumliche Verifikation theoretischer Aussagen

Während Theorien als System logischer, widerspruchsfreier und empirisch gehaltvoller Aussagen bezeichnet werden, auch wenn sie mehr und mehr Leitbildorientierungen aufweisen, werden Modelle in der sozialwissenschaftlichen Diskussion häufig als Wissenschaftsprogramm aufgefaßt, das programmatische Seinsaussagen zur Produktion von Theorien macht (s.o.). Wenn dem hier auch nicht widersprochen werden soll, haben Modelle doch im Kontext der räumlichen Planung zugleich noch die Aufgabe, eine Abbildung, d.h. Repräsentationen von Originalen zu sein, dabei eine Vereinfachung, Verkürzung der Realität zu enthalten und von subjektiver Pragmatik gekennzeichnet zu sein, d.h. für einen bestimmten Zeithorizont und zu einem bestimmten Zweck entworfen zu sein (STACHOWIAK in WIRTH 1979, S. 129ff.). Dies gilt für das einfache, zeichnerisch dargestellte Modell ebenso wie für das hochkomplexe rechnerische Modell (Sechseckschema CHRISTALLERS oder Allokations- und Stadtentwicklungsmodelle). Insoweit sind Modelle symbolische Abbilder des Verknüpfungszusammenhangs einerseits zwischen den Sachverhalten, welche die Theorie erklären will (WIRTH 1979, S. 130), und andererseits den zielorientierten Programmen, die auf ein bestimmtes Ziel gerichtet sind (zum Begriff und zu den Einsatzmöglichkeiten von Raumplanungsmodellen s. WINKELMANN in diesem Band).

Die theoretische Auseinandersetzung mit der räumlichen Planung ist damit in Zukunft im wesentlichen von folgenden Komponenten bestimmt:
- an ethischen Normen ausgerichtete Analyse und Bewertung raumrelevanter gesellschaftlicher Strukturen,
- methodisch innovative Neubewertung des Zeit-Raum-Paradigmas vor dem Hintergrund revolutionären technisch-sozialen Wandels („Virtualität" und „Lebensstil-Individualität") und
- Ausarbeitung handlungsorientierter Konzepte, die die theoretisch erarbeiteten Erkenntnisse planungsrelevant instrumentalisieren.

Zusammenfassung

Theorie wird in diesem Beitrag verstanden als Vehikel, die die Planung konstituierenden Elemente wissenschaftlich zu erforschen und sich mit dem Wesen der Planung zur Lösung räumlicher Probleme auseinanderzusetzen. Die Planungstheorie ist der sozialwissenschaftlichen Theoriebildung zuzurechnen. Raumplanung ist in ihrer theoretischen Durchdringung an ethischen Werten auszurichten.

Raum ist in der Planung ein vielschichtiger Begriff, von seiner ökonomischen bis zur virtuellen Bedeutung. Die territorial gebundene Raumplanung steht damit vor ganz neuen Aufgaben. Planung ist nicht mehr nur auf die institutionelle Verankerung beschränkt, sie muß sich um Aushandlungsstrategien zwischen den verschiedenen Partnern bemühen. Die Zeit sowohl als technisch/instrumentelle als auch als mental subjektiv wahrnehmbare Ressource wird ebenfalls mehr und mehr in der räumlichen Planung zu berücksichtigen sein.

Sowohl beschreibende und erklärende theoretische Ansätze verschiedener Wissenschaftsdisziplinen als auch vermehrt zukunftsorientierte, normative theoretische Ansätze müssen für die Planung herangezogen werden, die die Erarbeitung handlungsorientierter Konzepte ermöglichen.

Literatur

BECKER, J. (1996): Geographie in der Postmoderne? Zur Kritik postmodernen Denkens in Stadtforschung und Geographie. Potsdamer Geographische Forschungen, Bd. 12. Potsdam.

BLOTEVOGEL, H.H. (1995): Raum. In: ARL (Hrsg.): Handwörterbuch der Raumordnung, S. 733-740. Hannover.

ESSER, H. (1993): Soziologie. Allgemeine Grundlagen. Frankfurt a.M./New York.

ESSER, J.; HIRSCH, J. (1987): Stadtsoziologie und Gesellschaftstheorie von der Fordismus-Krise zur "postfordistischen" Regional- und Stadtstruktur. In: W. PRIGGE (Hrsg.) (1987): Die Materialität des Städtischen. Stadtentwicklung und Urbanität im gesellschaftlichen Umbruch. S. 31-56. Basel/Boston.

FÜRST, D. (1994): Regionalkonferenzen zwischen offenen Netzwerken und fester Institutionalisierung. In: Raumforschung u. Raumordnung, H. 3, S. 184-192. Hannover.

FÜRST, D. (1995): Planung. In: ARL (Hrsg.): Handwörterbuch der Raumordnung, S. 708-711. Hannover.

HABER, W. (1995): Ökologie. In: ARL (Hrsg.): Handwörterbuch der Raumordnung, S. 689-694. Hannover.

HAMM, B.; NEUMANN, I. (1996): Siedlungs-, Umwelt- und Planungssoziologie. Ökologische Soziologie, Bd. 2. Opladen.

KLATT, S. (1995): Territorialitätsprinzip. In: ARL (Hrsg.): Handwörterbuch der Raumordnung, S. 962-966. Hannover.

LÄPPLE, D. (1991): Essay über den Raum. In: HÄUSSERMANN et al.: Stadt und Raum, S. 157-207. Pfaffenweiler.

LENDI, M. (1995): Ethik der Raumplanung. In: ARL (Hrsg.): Handwörterbuch der Raumordnung, S. 232-237. Hannover.

LENDI, M. (1995[2]): Grundriß einer Theorie der Raumplanung. Einleitung in die raumplanerische Problematik. Zürich.

LENDI, M. (1995[3]): Leitbild der räumlichen Entwicklung. In: ARL (Hrsg.): Handwörterbuch der Raumordnung, S. 624-629. Hannover.

MAIER, J. (1990): Marketing in der räumlichen Planung. Ansätze und Wege zu einer marktorientierten Regional- und Kommunalplanung. ARL-Beitr. Bd. 117. Hannover.

MAIER, J. (1992/93): Regionales Marketing. Eine empirische Grundlagenuntersuchung zum Selbst- und Fremdimage der Region Oberfranken. Bayer. Staatsmin. f. Landesentw. u. Umweltfragen; Industrie u. Handelskammer Oberfranken (Hrsg.). Bamberg, Bayreuth.

SAHNER, H. (1989): Theorie. In: Wörterbuch der Soziologie, Bd. 3, S. 741-743. Stuttgart.

SCHÄTZL, L. (1996): Wirtschaftsgeographie, Bd. 1: Theorie. Paderborn.

SPEHL, H. (1993): Eigenverantwortliche Regionalentwicklung, selbstverwaltete Wirtschaft - ein anderes Paradigma. Seminarbericht Gesellschaft f. Regionalforschung, 33, S. 159-176. Heidelberg.

SPITZER, H. (1995): Einführung in die räumliche Planung. Stuttgart.

TUROWSKI, G. (1995): Raumplanung. In: ARL (Hrsg.): Handwörterbuch der Raumordnung, S. 774-776. Hannover.

WINDHORST, H.W. (1983): Geographische Innovations- und Diffusionstheorie, Erträge der Forschung. Darmstadt.

WIRTH, E. (1979): Theoretische Geographie. Stuttgart.

WOLF, K.; SCHOLZ, C. M. (1997): Neue Zeitmuster/Verwendungsstrukturen und ihre Konsequenzen für die Raumordnung. Unveröffentl. Manuskript, erscheint in Akademie für Raumforschung und Landesplanung. Hannover.

II.1 Modelle als Instrument der räumlichen Planung

ULRIKE WINKELMANN

Inhalt

1. Einführung
1.1 Begriff
1.2 Einsatzmöglichkeiten von Modellen für die räumliche Planung
2. Zur theoretischen Fundierung von Modellen für die räumliche Planung
2.1 Neoklassische Ansätze
2.2 Probabilistische Ansätze der Theorie diskreter Entscheidungen
2.3 Systemtheoretische Ansätze
3. „Bestandsaufnahme": Beispiele operationaler Modelle für die räumliche Planung
3.1 Modelle des regionalen Wachstums
3.2 Multiregionale Modelle zur Fortrechnung der Bevölkerungsentwicklung
3.3 Gesamtmodelle der regionalen Allokation von Aktivitäten und Beständen
4. Probleme der Anwendung von Raumplanungsmodellen
4.1 Probleme der Datenverfügbarkeit und Kalibration
4.2 Probleme der „Gültigkeit" eines Modells in der Zukunft
4.3 Die Berücksichtigung der Umwelt
4.4 Transparenz und Akzeptanz von Modellen
5. Aspekte der zukünftigen Anwendung von Raumplanungsmodellen

1. Einführung

1.1 Begriff

Eine wesentliche Grundvoraussetzung der räumlichen Planung besteht darin, daß ihr Gegenstand - ein räumlich definierter Ausschnitt aus der „Wirklichkeit" - beschrieben, seine Beeinflußbarkeit erklärt und seine wahrscheinliche zukünftige Entwicklung abgeschätzt wird. Die Vielzahl der Faktoren, die die Phänomene der „Wirklichkeit", z.B. die Beschäftigung in einem Raum, bestimmen, die Zahl der Wechselwirkungen zwischen diesen Bestimmungsfaktoren und die Länge der Wirkungsketten, d.h. die Zahl der indirekten Wirkungen, ist jedoch so groß, daß ihre vollständige Beschreibung scheitern muß.

Um räumliche Phänomene dennoch abbilden zu können, müssen, in Abhängigkeit vom jeweiligen Zweck der Abbildung, Vereinfachungen getroffen werden. Mit Hilfe dieser Vereinfachungen wird ein Modell der „Wirklichkeit" erzeugt, das nur eine endliche

II. Analyse und Prognose

Zahl zweckgebunden als bedeutsam betrachteter Faktoren und Wirkungsbeziehungen abbildet. Die Darstellung eines Modells kann bildlich, wie z.B. in der Architektur, verbal beschreibend oder quantitativ, d.h. mathematisch, erfolgen. Dieser Beitrag konzentriert sich auf quantitative Modelle als Instrument der räumlichen Planung. Dem erweiterten Modellbegriff der Soziologie (s. WOLF in diesem Band) wird hier nicht gefolgt.

Als quantitative Modelle werden im folgenden vereinfachte, formalisierte und quantifizierende Abbildungen eines räumlich, sachlich und zeitlich definierten Ausschnitts aus der „Wirklichkeit" verstanden. Diese Abbildung besteht erstens darin, daß bestimmte Elemente der Wirklichkeit, wie Arbeitskräfte, Güter, Flächen usw., die für den Zweck des Modells von Bedeutung sind, ausgewählt und durch quantitative Variable (z.B. Anzahl, Größe, monetärer Wert) dargestellt werden. Die Verhaltensweisen der Elemente, die die Beziehungen zwischen den Elementen herstellen, heißen im Modell Relationen. Sie werden durch statische oder dynamische, lineare oder nicht lineare Gleichungen, die z.B. Verhaltensgleichungen oder technische Relationen sein können, dargestellt (vgl. KLATT 1973, S. 186). Ein „räumliches" Modell ist dadurch gekennzeichnet, daß es (auch) räumliche Variablen enthält und die Relationen unterschiedlichen räumlichen Bedingungen Rechnung tragen (vgl. PAELINCK/TREUNER 1995).

Um als Instrument für die räumliche Planung dienen zu können, muß ein Modell operational sein, d.h. für mindestens einen realen Fall rechenbar sein. Die theoretische Rechenbarkeit ist dann gegeben, wenn sich ein Modell mathematisch - explizit oder durch Simulation - lösen und kalibrieren läßt, d.h. daß sich die numerischen Ausprägungen der Parameter des Modells für einen realen Fall mittels statistischer Verfahren schätzen lassen. Die für die Anwendung in der Planung in der Regel bedeutsamere Restriktion besteht jedoch in der Forderung der praktischen Rechenbarkeit eines Modells. Sie beinhaltet die Verfügbarkeit der für das Modell benötigten Daten sowie die technische und wirtschaftliche Lösbarkeit des Modells durch Computer. Räumliche Modelle, die sowohl das Kriterium der theoretischen als auch der praktischen Rechenbarkeit erfüllen, werden hier als Raumplanungsmodelle bezeichnet.

Ausgangspunkt für die Darlegung der Bedeutung von Modellen für räumliche Planungen ist die Notwendigkeit, beim Aufstellen von Plänen konkrete - quantitative - Vorstellungen über die Wechselwirkungen zwischen den Elementen des Raumes, über die erreichbaren Ziele und die Dosierung der hierzu notwendigen Instrumente zu haben. Die Quantifizierung beinhaltet einerseits, daß Annahmen im Modell explizit mathematisch formuliert und damit für die Beteiligten des Planungsprozesses nachprüfbar, kritisierbar und auch veränderbar werden. Andererseits ergibt sich die Quantifizierung als technische Notwendigkeit, denn bei der Berücksichtigung räumlicher, zeitlicher und sektoraler Wechselwirkungen entsteht selbst aus einer „einfachen" Anfangssituation durch die Kombinatorik eine so hohe Zahl interdependenter Variablen, daß eine Abschätzung ihrer Entwicklung nur mit Hilfe formalisierter, mathematischer Verfahren möglich ist. Als Beispiel sei hier das FLEUR-Modell genannt (vgl. MOLLE 1983, S. 67), das u.a. der sektoral und regional differenzierten Schätzung der Beschäftigung dient. Aus 76 räumlichen Einheiten, 53 Branchen und drei Zeitpunkten der Betrachtung ergeben sich allein 12084 zu berechnende Beschäftigtenzahlen.

Die hier angedeuteten und später weiter ausgeführten Möglichkeiten der differenzierten quantitativen Abschätzung zukünftiger räumlicher Entwicklungen bergen jedoch auch die Gefahr der Überinterpretation in sich, indem angesichts der komplexen Ergebnisse die vereinfachenden Annahmen in Vergessenheit geraten, die notwendig sind, um räumliche (sozioökonomische und ökologische) Systeme modellhaft quantitativ darstellen zu können. Die Annahme, die gesellschaftliche Realität sei grundsätzlich quantifizierbar, wird unter dem Stichwort des „interpretativen Paradigma" (vgl. POHL in diesem Band) kritisiert.

Solange quantitative Modelle im Bewußtsein der in ihnen enthaltenen Vereinfachungen eingesetzt werden, können sie jedoch als Instrumente der räumlichen Planung wertvolle Hilfen sein. Die Möglichkeiten und Grenzen dieses Einsatzes sollen in den folgenden Abschnitten deutlich werden.

1.2 Einsatzmöglichkeiten von Modellen für die räumliche Planung

Raumplanungsmodelle können innerhalb des Planungsprozesses grundsätzlich für drei verschiedene Arten der Hilfestellung eingesetzt werden. Entsprechend lassen sie sich unterscheiden in

- Modelle zur Beschreibung und Erklärung einer bestehenden Situation (deskriptive und analytische Modelle),
- Modelle zur Berechnung alternativer Entwicklungspfade und/oder zukünftiger Situationen (Simulationsmodelle) und
- Modelle zur Optimierung quantifizierter Planungsziele unter Nebenbedingungen (Optimierungsmodelle).

Modelle zur Beschreibung und Erklärung einer bestehenden Situation dienen als Grundlage für ein besseres Verständnis quantitativer Zusammenhänge in dem gewählten Ausschnitt der Realität. Sie können induktiv durch Verallgemeinerung empirischer Beobachtungen konstruiert werden. In diesem Fall spricht man von deskriptiven Modellen, da auch die statistische Überprüfung der Hypothesen des Modells nur einen auf Wahrscheinlichkeiten basierenden Zusammenhang, nicht jedoch eine Kausalität bestätigen kann. Analytische Modelle bilden die bestehende Situation eines Raumes auf der Basis einer Theorie bzw. (häufiger) eines Satzes von Theoremen ab, da die Raumwissenschaften (bisher) nicht über eine geschlossene Theorie des räumlichen Verhaltens verfügen (s. dazu auch WOLF in diesem Band). Die Annahmen über das Verhalten der Elemente (der Realität und des Modells) beziehen sich im Gegensatz zu den deskriptiven Modellen auf die theoretisch postulierten, kausalen Zusammenhänge.

Ein entscheidender Vorteil von Modellen besteht darin, daß in ihnen mit Objekten, die eine Abbildung der Realität sind, experimentiert werden kann. Diese Experimente wären am „Originalobjekt" nicht oder nur sehr schwer durchzuführen (vgl. hierzu KLATT/KOPF/KULLA 1974, S. 13). Simulationsmodelle werden in der räumlichen Planung in vielfältiger Weise eingesetzt, um den Handlungsspielraum der Planung (Welche wahrscheinliche Entwicklung steht einem Ziel gegenüber? Welche Parameter bestimmen die Entwicklung?) „experimentell" auszuloten. Hierbei ist grundsätzlich zwischen statischer und dynamischer Simulation zu unterscheiden.

II. Analyse und Prognose

Die statische Simulation - man kann sie auch als statische Szenariotechnik bezeichnen - basiert auf deskriptiven oder analytischen, statischen Raumplanungsmodellen. Ein statisches Modell beinhaltet keine zeitabhängigen Variablen und kann daher nur Zustände, nicht aber deren zeitliche Veränderung beschreiben bzw. erklären. Formuliert man jedoch außerhalb des Modells unterschiedliche Annahmen in bezug auf die Entwicklung der exogenen Parameter, seien es alternative entwicklungspolitische Maßnahmen oder im voraus nicht bekannte exogene Einflüsse, so lassen sich mit dem statischen Modell den Annahmen entsprechende, alternative Zustände errechnen. Diese Berechnungen können der Überprüfung der Konsistenz normativer Festlegungen einzelner Modellgrößen dienen - und damit auch der Überprüfung der Konsistenz planerischer Zielvorgaben -, oder sie werden zur Bestimmung der Bandbreite möglicher zukünftiger Zustände eingesetzt. Eine statische Simulation erlaubt keine Aussagen über die Entwicklungspfade, die zwischen der Ausgangssituation und den simulierten Zukunftssituationen liegen.

In dynamischen Modellen bestehen zwischen den Variablen des Modells zeitlich definierte Abhängigkeiten. (Der Wert der Variablen „X" zum Zeitpunkt t beeinflußt z.B. den Wert der Variablen „Y" zum Zeitpunkt t+1.) Mit einem dynamischen Modell können daher neben alternativen zukünftigen Situationen auch die entsprechenden Entwicklungspfade berechnet werden. Dynamische Simulationsmodelle finden ihren Einsatz beispielsweise auf allen räumlichen Ebenen der Bevölkerungsfortrechnung. Räumliche Planung von der Bundesraumordnung bis zur Stadtplanung ist ohne eine Vorstellung über Größenordnung und Struktur der zukünftigen Bevölkerung eines Raumes nicht sinnvoll. Die sogenannte Status-quo-Prognose (näheres bei STIENS in diesem Band) stellt dabei i.d.R. nur einen von mehreren wahrscheinlichen Zukunftsverläufen dar, die Ergebnis einer dynamischen Simulation sind und als Planungseckwerte verwendet werden.

Einen eigenen Bereich der dynamischen Simulation bilden Raumplanungsmodelle, die auf der Übertragung der Theorie kybernetischer Systeme auf das sozioökonomische System eines Raumes beruhen. Aufgrund der teilweise stochastisch formulierten Relationen dieser Modelle können hier auch endogen alternative Entwicklungspfade erzeugt werden (vgl. hierzu Abschnitt 2.3).

Mit Hilfe der bisher beschriebenen Planungsmodelle kann die Konsistenz von Planungszielen untereinander und mit den verschiedenen Randbedingungen des räumlichen Systems überprüft werden. Diese Betrachtungsweise wird in den Optimierungsmodellen weiter verfeinert, indem eine quantifizierte Zielvorstellung, die auch aus der Kombination mehrerer untereinander gewichteter Teilziele bestehen kann, unter Nebenbedingungen, wie zum Beispiel der Einhaltung eines bestimmten Budgets, optimiert wird. Damit wird die Evaluation alternativer zukünftiger Situationen, die auch das Ergebnis von Simulationsmodellen sein könnten, formalisiert und in das Modell integriert. Diese Integration erfordert neben der Quantifizierung von Politikzielen (z.B. in Form von Höchst- oder Mindestwerten) über die Aggregation und Gewichtung der Teilziele auch eine Offenlegung des zugrundeliegenden Wertesystems und stellt damit hohe Anforderungen an die Transparenz der Prioritäten des politischen Entscheidungsträgers.

2. Zur theoretischen Fundierung von Modellen für die räumliche Planung

Nicht jedes Modell basiert auf theoretischen Annahmen über das Verhalten seiner Elemente. Ein deskriptives Modell kann auch Grundlage einer „Theorie" sein. Viele Modelle basieren aber vor allem auf Theoremen der räumlichen Entwicklung oder der Standortwahl (vgl. Abschnitt 1.2). Zum Verständnis der impliziten Annahmen über die Abbildbarkeit der „Wirklichkeit", der Möglichkeiten und Grenzen dieser Modelle ist zumindest ein Überblick über die wichtigsten theoretischen Ansätze, die in Raumplanungsmodellen Verwendung finden, erforderlich. Pragmatische Ansätze aus dem Bereich der Verkehrsplanung, wie der Gravitations- und Potentialansatz, werden im folgenden nicht berücksichtigt.

2.1 Neoklassische Ansätze

Ausgehend von den Annahmen des freien Wettbewerbs und Marktzutritts, der vollständigen Information aller Marktteilnehmer, der Vollbeschäftigung und vollständigen Mobilität der Produktionsfaktoren werden in den neoklassischen Ansätzen funktional definierte Gruppen (Aggregate) von Individuen (private Haushalte, Beschäftigte, ...) beschrieben. Diese Vorgehensweise basiert auf der Annahme, daß sich ein Angehöriger eines Aggregats im Durchschnitt unter gleichen Bedingungen immer gleich (rational) verhalten wird. Entsprechend verhält sich auch eine Gruppe gleicher Individuen. Modelle, die diese theoretischen Ansätze verwenden, nehmen die exakte Vorhersagbarkeit des Verhaltens - „konstantes Durchschnittsverhalten" - unter den im Modell formulierten Annahmen über kausale Zusammenhänge an. Sie werden daher auch als deterministisch charakterisiert. Zu diesen deterministischen neoklassischen Ansätzen zählen der Export-Basis-Ansatz, Theorien der Standortwahl, in denen Unternehmen ihre Standorte in Abhängigkeit von Faktoren wie Preise für Energie und Rohstoffe, Transportkosten, Verfügbarkeit von Produktionsfaktoren, Nähe von Absatzmärkten oder Agglomerationseffekte als Ergebnis eines Optimierungsprozesses wählen (vgl. hierzu MOLLE 1983, S. 34 ff.) und, aus dem Bereich der „urban economics", Ansätze zur Erklärung der Struktur der städtischen Flächennutzung und des Wohnungsmarktes als Ergebnis eines Marktprozesses zwischen nutzenmaximierenden privaten Haushalten und gewinnmaximierenden Grundstücksbesitzern unter Einbeziehung der Transportkosten für das Pendeln zwischen Wohnort und Arbeitsplatz (vgl. ANAS 1982, S. 17 ff.).

2.2 Probabilistische Ansätze der Theorie diskreter Entscheidungen

Aus der Kritik an der Annahme des deterministisch festgelegten Durchschnittsverhaltens, das nach der empirischen Erfahrung um so unwahrscheinlicher wird, je kleiner der betrachtete Raum bzw. die betrachtete Gruppe von Akteuren ist, entstanden - insbesondere zur Untersuchung der Nachfrage nach Transportleistungen und Wohnungen - neue theoretische Ansätze auf der Basis der Theorie diskreter Entscheidungen (vgl. McFADDEN 1978).

Der Begriff der „diskreten Entscheidung" signalisiert eine Abgrenzung zur neoklassischen Konsumtheorie. Die Annahme der neoklassischen Konsumtheorie, daß die zur Wahl stehenden Güter beliebig teilbar sind, macht die Konsumentscheidung eines Wirtschaftssubjektes zu einer Entscheidung aus einer stetigen Menge von Wahlmöglichkeiten mit unendlich vielen Kombinationsmöglichkeiten. Außerdem wird innerhalb einer Güterart Homogenität angenommen, so daß die Entscheidung, das Gut eines bestimmten Anbieters zu erwerben, nur von dem Preis des Gutes, nicht aber von seinen besonderen Eigenschaften abhängt. In der Theorie diskreter Entscheidungen wird die Annahme der beliebigen Teilbarkeit von Gütern aufgehoben, und neben dem Preis können zusätzliche Charakteristika der Güter als Kriterium der Entscheidung berücksichtigt werden. Die Entscheidung eines Wirtschaftssubjektes richtet sich dadurch auf eine endliche Menge deutlich zu unterscheidender - diskreter - Wahlmöglichkeiten (vgl. MAIER/WEISS 1990, S. 15 ff.).

Theoretische Ansätze der Stadt- und Regionalökonomie, die auf der Theorie diskreter Entscheidungen aufbauen, gehen wie die neoklassische Theorie von dem gewinn- und nutzenmaximierenden Verhalten funktional definierter Angehöriger eines Aggregats aus. Diese Annahme wird jedoch ergänzt durch die explizite Berücksichtigung der Inhomogenität sozio-ökonomischer Kennzeichen innerhalb von Bevölkerungsaggregaten, durch die Berücksichtigung inhomogener Präferenzen dieser Aggregate und durch die Berücksichtigung von Inhomogenitäten des „Choice Set", d.h. der Güter eines Marktsegments, auf das sich das Interesse einer Gruppe von Nachfragern richtet (vgl. ANAS 1982, S. 49). Diese Berücksichtigung erfolgt durch die Aufnahme stochastischer Elemente in die Beschreibung der Verhaltensweisen der Individuen. Damit verschwindet der deterministische Charakter der Beschreibung des Verhaltens des Einzelnen. Sein Verhalten kann nur als Wahrscheinlichkeit, eine bestimmte Entscheidung zu treffen, formuliert werden. Das Verhalten des Aggregats wird in Form einer Wahrscheinlichkeitsverteilung angegeben.

Wichtiges Kennzeichen dieser theoretischen Ansätze ist die „Random Utility Function", eine Nutzenfunktion, die zusätzlich zu den Elementen, die auch in der neoklassischen Theorie Argumente der Nutzenfunktion sind, eine Zufallsvariable enthält. Diese Zufallsvariable kann aus drei verschiedenen Blickwinkeln interpretiert werden (vgl. ANAS 1982, S. 55 f.):

Die erste Interpretation geht davon aus, daß das Verhalten des Einzelnen zwar im Prinzip deterministisch bestimmbar ist, die Determinanten der Entscheidung aber nicht vollständig empirisch erfaßbar sind („deterministic variation"). Daneben kann die Zufallsvariable als Abbildung der stochastischen Instabilität der Nutzenfunktion des Einzelnen betrachtet werden, der unter den gleichen Bedingungen nicht immer die gleiche Entscheidung trifft. Die dritte Interpretation gibt die Annahme der vollständigen Information auf und sieht die Zufallsvariable als Abbildung des Unterschieds zwischen erwartetem und eingetretenem Nutzen. Da alle drei Interpretationen zu dem gleichen empirischen Erscheinungsbild einer Wahrscheinlichkeitsverteilung führen, kann nicht überprüft werden, welche der Interpretationen zutrifft bzw. in welcher Kombination sie auftreten.

Indem der deterministische und der stochastische Teil der Nutzenfunktion näher definiert werden, lassen sich aus der Theorie rechenbare Modelle ableiten. In Abhängigkeit von der Spezifikation der Zufallsgröße, die inhaltliche Implikationen über die Abhängigkeit oder Unabhängigkeit von Entscheidungen hat, werden Typen von Modellen unterschieden. Einen der am häufigsten verwendeten Modelltypen stellen die sogenannten „Logit Modelle" dar, die von der Annahme der Unabhängigkeit der Entscheidungen der Akteure des Modells ausgehen (vgl. hierzu MAIER/WEISS 1990, S. 129 ff.).

2.3 Systemtheoretische Ansätze

Neuere systemtheoretische Ansätze geben ebenfalls die Annahme des konstanten Durchschnittsverhaltens auf und verwenden probabilistische Konzepte zur Beschreibung des Verhaltens von Aggregaten sogenannter „verhaltenshomogener" Akteure. Durch die Verwendung positiver und negativer Rückkoppelungsprozesse zwischen dem Verhalten der Aggregate und dem Zustand des Gesamtraums wird die Entwicklung des räumlichen Systems abgebildet.

Basis für diese Vorgehensweise waren Fortschritte in der Analytik dynamischer Systeme Anfang der 60er Jahre. Es konnte gezeigt werden, daß viele Systeme, die man auf der Basis der Betrachtung des aggregierten Durchschnittsverhaltens in einem stabilen Gleichgewicht glaubte, diesen Zustand bei Berücksichtigung der Wahrscheinlichkeitsverteilung des Verhaltens nicht eindeutig erreichten (vgl. BATTY 1994, S. 12).

Parallel hierzu formierte sich die Kritik an den deterministischen Modellen, die das sozioökonomische System eines Raumes „mechanistisch", d.h. unter der Annahme einer im Zeitablauf konstanten Struktur des Systems, abbilden: Modelle, in denen bestimmte Komponenten eines räumlichen Systems und die Interaktionen zwischen diesen Komponenten definiert und anhand einer Momentaufnahme quantifiziert sind, können Entwicklungen des Systems nur solange richtig abbilden, wie die qualitative Struktur des Systems gleich bleibt. Die Quantifizierung dieser Modelle beruht auf der Annahme eines konstanten Durchschnittsverhaltens der Komponenten, von dem nicht abgewichen wird. Auf längere Sicht (20-30 Jahre) bedeutet Entwicklung jedoch insbesondere auch das Entstehen neuer räumlicher Strukturen, neuer Verhaltensweisen und Aktivitäten (vgl. ALLEN 1982, S. 95).

Inspiriert von PRIGOGINE (GLANSDORFF/PRIGOGINE 1971), entstand ein systemtheoretischer Ansatz, der die Ideen der Selbstorganisation von Systemen aufnahm. Unter Selbstorganisation versteht man die Fähigkeit eines Systems, bei Störungen die eigene Funktionsfähigkeit aufrecht zu erhalten, was nicht die Rückkehr zum alten Gleichgewicht bedeuten muß. Diese Fähigkeit ergibt sich aus der Struktur des Systems, in dem zwischen der mikroskopischen Ebene der Akteure und den darüberliegenden Ebenen der räumlichen Strukturen nichtlineare Beziehungen bestehen, die unter bestimmten Umständen zu Verhaltensänderungen auf der mikroskopischen Ebene führen können.

Bedeutung erlangte dieser Ansatz als Grundlage der Modelle urbaner Systeme von ALLEN (1982) in Verbindung mit seiner Theorie der Bifurkation. Gemäß dieser Theorie ist die Evolution eines räumlichen Systems weder als deterministischer Pfad noch als völlige Freiheit zukünftiger Ereignisse zu betrachten. ALLEN bezeichnet sie als einen sich verzweigenden Baum von Möglichkeiten (ALLEN 1985, S. 68) und meint damit die Kombination deterministischer und stochastischer Elemente. An den Bifurkationspunkten besteht die Möglichkeit, daß die Fluktuationen der mikroskopischen Ebene - das Verhalten der einzelnen Individuen wird als stochastische Schwankung um ein ökonomisch definiertes Durchschnittsverhalten definiert - das Einschlagen des einen oder anderen Entwicklungspfades hervorrufen. Nach einem solchen Richtungswechsel verändert sich die qualitative Organisation des Systems und das entsprechend zu definierende Durchschnittsverhalten.

Die gegenwärtige Gestalt eines räumlichen Systems ergibt sich damit aus der Reihenfolge zufälliger Mikroereignisse (Fluktuationen) und den exogenen „historischen" Einflüssen als ein „Ast" des Ereignisbaums. Die zukünftige Entwicklung kann nur in Form einer Wahrscheinlichkeit, den einen oder anderen möglichen Entwicklungspfad einzuschlagen, ausgedrückt werden.

3 .„Bestandsaufnahme": Beispiele operationaler Modelle für die räumliche Planung

Die Gruppierung der Modelle in diesem Abschnitt erfolgt rein pragmatisch. Ansätze einer Klassifikation würden sich zwar aus formalen Kriterien ergeben (z.B. Zeitbezug), aus der Betrachtung des theoretischen Hintergrunds oder aus der Frage des Zwecks des Modells. Eine Betrachtung aus rein formaler oder theoretischer Sicht würde dem hier vorgegebenen Rahmen eines Handbuchs jedoch nicht gerecht. Versuchte man eine Klassifizierung nach dem Zweck des Modells, so stellte man fest, daß sowohl in bezug auf das Kriterium „was wird modelliert?" (Verkehrsströme, Bevölkerungsentwicklung, Flächennutzung,...) als auch in bezug auf die räumliche Ebene der Betrachtung die Grenzen fließend sind. Zudem sind beide Kriterien voneinander nicht unabhängig. In der Regel wird ein Modell zur Bevölkerungsentwicklung auch den Einfluß unterschiedlicher Standortattraktivitäten berücksichtigen, und ein Modell, das die Standortwahl von Unternehmen formuliert, berücksichtigt die räumliche Verteilung der Bevölkerung als potentielle Arbeitskräfte und Nachfrager. Der Unterschied liegt in der unterschiedlich differenzierten Betrachtung und Modellierung von Teilmodellen der einzelnen Sektoren. Diese Differenziertheit hängt aber auch davon ab, ob auf nationaler Ebene oder für eine Stadtregion modelliert wird.

Die folgende Vorstellung operationaler Modelle orientiert sich im wesentlichen an den unterschiedlichen räumlichen Ebenen, für die modelliert wird, und stellt Modelle vor, die für diese räumliche Ebene typische Fragestellungen untersuchen.

3.1 Modelle des regionalen Wachstums

Modelle des regionalen Wachstums dienen der sektoral differenzierten Erklärung und/oder Vorhersage unterschiedlicher regionaler Wachstumsraten (meist) der Beschäftigung. Dabei wird das Wachstum des Gesamtraums sektorspezifisch exogen vorgegeben. Anhand verschiedener Theoreme über die Bestimmungsfaktoren der Standortwahl von Unternehmen wird das Wachstum der Sektoren im Modell auf die Teilräume verteilt. Ein Beispiel ist das für die Europäische Gemeinschaft konstruierte FLEUR (Factors of Location in Europe)-Modell (vgl. MOLLE 1983).

Ein anderes Beispiel, auf das hier näher eingegangen werden soll, ist das für die Niederlande entwickelte RESPONS-Modell (vgl. MOLLE/BOECKHOUT/VOLLERING 1985). RESPONS steht für „Regional Economic and Social Planning in the Netherlands" mit dem Annex „Sectoral Changes". RESPONS wurde zunächst als erklärendes Modell regionaler Wachstumsunterschiede konzipiert. Es basiert auf der Annahme, daß jede Veränderung der ökonomischen Aktivität durch sektorspezifische Standortbedingungen (oder deren Veränderung) hervorgerufen wird. Um die Signifikanz der erklärenden Variablen zu verbessern, wurde das Modell zweistufig angelegt. Auf einer ersten Ebene werden für sieben Zonen der Niederlande differenziert nach 23 Branchen Abweichungen der Beschäftigtenentwicklung vom nationalen Durchschnitt in linearer Abhängigkeit von branchenspezifischen Standortfaktoren erklärt. Im zweiten, regionalen Teilmodell wird die zuvor ermittelte Beschäftigtenentwicklung auf die Regionen einer Zone weiterverteilt. Hierbei wird für die insgesamt 80 Regionen nur noch zwischen fünf Sektoren unterschieden. Die Weiterverteilung erfolgt auf der Basis eines Shift-Share-Ansatzes. Diese Vorgehensweise beruht auf der Annahme, daß ein Teil der regionalen Wachstumsunterschiede auf die (bekannte) unterschiedliche Sektorstruktur der Regionen zurückgeht. Der andere Teil der Wachstumsdifferenz wird durch die lineare Beziehung zu bestimmten Standortfaktoren modellendogen erklärt. Als Standortfaktoren werden im RESPONS-Modell beispielsweise der Absatzmarkt, der Markt für Arbeitskräfte, die Flächenverfügbarkeit oder die Bevölkerungsdichte verwendet.

Das RESPONS-Modell wurde zu einem Projektionsmodell weiterentwickelt und auf der Basis zweier makroökonomischer Szenarios für die Niederlande zu einer sektoral und regional differenzierten Vorausschätzung der Entwicklung der Zahl der Beschäftigten über 15 Jahre bis zum Jahr 2000 eingesetzt. Hierzu wurden die erklärenden Variablen der Standortqualität modellexogen vorausgeschätzt.

Modelle des regionalen Wachstums wie das FLEUR-Modell oder das RESPONS-Modell dienen in der räumlichen Planung bei prospektiver Anwendung u.a. dem frühzeitigen Erkennen von Teilräumen, die aufgrund spezifischer Standortbedingungen in ihrer wirtschaftlichen Entwicklung hinter der Entwicklung des Gesamtraumes zurückzubleiben drohen.

3.2 Multiregionale Modelle zur Fortrechnung der Bevölkerungsentwicklung

Eine wesentliche Voraussetzung für eine sinnvolle räumliche Planung ist die Kenntnis der zukünftig wahrscheinlichen Zahl und Altersstruktur der Bevölkerung nicht nur für einen Gesamtraum, sondern auch für kleinere Teilräume. Neben der natürlichen Bevölkerungsentwicklung ist dabei zu berücksichtigen, daß zwischen den Teilräumen Wanderungen stattfinden und die Entwicklung des einzelnen Teilraums an die Entwicklung der übrigen Teilräume gebunden ist. Die Verrechnung dieser wechselseitigen Einflüsse ist der Anwendungsbereich multiregionaler Bevölkerungsmodelle (vgl. GATZWEILER 1997).

Je nach der Art der Modellierung der Wanderungen werden demographische und kausale Ansätze unterschieden (vgl. STERN 1997). Rein demographische Modelle arbeiten bei der Abbildung der Wanderungen mit festgelegten Verhaltensparametern, z.B. alters- und geschlechtsspezifischen Zuzugsraten. Bei der Simulation zukünftiger Entwicklungen werden die Verhaltensparameter, die sich in der Regel auf fundiertes statistisches Zahlenmaterial stützen, extrapoliert. Dies impliziert die Annahme, daß die Bedeutung der Einflußfaktoren, die in ihrer Summe die Verhaltensparameter erzeugen, im Zeitablauf gleich bleibt.

In kausalen Bevölkerungsmodellen wird versucht, die zukünftige Entwicklung von Wanderungsströmen zwischen den räumlichen Einheiten durch die Quantifizierung von Einflußgrößen abzubilden. Dies erfordert die Aufstellung von Hypothesen über den Zusammenhang von Wanderungen und Einflußgrößen, z.B. dem Arbeitsplatz- oder Wohnungsangebot oder anderen Faktoren, die die Attraktivität eines Raumes bestimmen. Die

Entwicklung der Einflußgrößen kann dem Modell dabei exogen vorgegeben oder modellendogen bestimmt werden.

Als Beispiel eines ökonomisch orientierten multiregionalen Bevölkerungsmodells wird hier das „Modell zur interregionalen demographischen und arbeitsplatzorientierten Simulation" (MIDAS II) kurz vorgestellt (vgl. KOCH 1988). MIDAS II wurde für die bayrische Landesplanung entwickelt und dort u.a. für Status-quo-Prognosen eingesetzt. Das Modell unterscheidet neben dem Bundesgebiet und dem Ausland 18 Regionen innerhalb Bayerns und besteht aus drei Teilmodellen. Das erste Teilmodell rechnet in einem demographischen Ansatz den Bevölkerungsbestand des Ausgangsjahrs mit Hilfe alters- und regionsspezifischer Fruchtbarkeits-, Sterbe- und Wanderungsziffern fort und errechnet hieraus das Arbeitskräfteangebot der Regionen. Das zweite Modell leitet, getrennt für acht Wirtschaftsbereiche, das Arbeitsplatzangebot für Bayern und seine Regionen aus aktuellen Prognosen für das Bundesgebiet anhand empirisch ermittelter Regionalfaktoren ab. Die Ergebnisse dieser beiden deskriptiven Teilmodelle werden im dritten Teilmodell zur Arbeitsmarktentwicklung einander gegenübergestellt. In diesem Modell werden, im Falle eines Arbeitsmarktungleichgewichts, Anpassungsreaktionen wie die Änderung der Erwerbsbeteiligung oder Änderungen des Wanderungsverhaltens simuliert. Der zunächst rein demographische Ansatz der Bevölkerungsfortrechnung im ersten Teilmodell wird so durch endogen erzeugte kausale Komponenten modifiziert.

Ein weiteres für die Planungspraxis bedeutsames regionales Bevölkerungsmodell wurde von der Bundesforschungsanstalt für Landeskunde und Raumordnung als Teilmodell der Raumordnungsprognose 2010 erarbeitet (vgl. BUCHER/GATZWEILER 1992). Dieses Modell dient der Fortrechnung der Bevölkerung in den 97 Raumordnungsregionen der Bundesrepublik Deutschland über einen Prognosezeitraum von 10-20 Jahren in einjährigen Fortrechnungsschritten. Neben einem demographischen Teilmodell zur Abbildung der natürlichen Bevölkerungsentwicklung wurden zur Darstellung der Binnenwanderungen, differenziert nach vier Wanderungsmotivgruppen (Bildung, Arbeitsplätze, Wohnung, Altersruhesitz), kausale Teilmodelle zum Binnenwanderungsaufkommen und zur Binnenwanderungsverteilung aufgestellt. Der kausale Ansatz wird hier damit begründet, daß aufgrund der Entwicklung seit 1989 die für einen deskriptiven Ansatz notwendigen Vergangenheitsdaten nicht verfügbar bzw. nicht verwendbar waren.

Als „kleinräumig" werden Bevölkerungsmodelle dann bezeichnet, wenn die Teilräume des Untersuchungsraumes nicht groß genug sind, um Annahmen massenstatistisch abzusichern (vgl. GATZWEILER 1997). Teilweise wird in diesen Modellen durch die Bildung von Typen verhaltenshomogener Räume versucht, zu größeren Grundgesamtheiten zu gelangen. Ein Beispiel hierfür ist das Prognosemodell SIKURS (vgl. z.B. WALLA 1997), das vom Statistischen Landesamt Baden-Württemberg für Fortrechnungen der Bevölkerung Baden-Württembergs auf Gemeindeebene bis zum Jahr 2005 eingesetzt wurde. In anderen Modellen werden kausale Ansätze verwendet, die Hypothesen, z.B. über den Zusammenhang zwischen der Zuwanderung und der relativen Attraktivität eines Teilraumes, aufstellen (vgl. z.B. JUNESCH 1997).

Der Landesentwicklungsbericht Baden-Württemberg (1994, S. 97) stellt auf der Basis zweier kleinräumiger Modelle alternative Szenarien der räumlichen Entwicklung dar. Anhand der Szenarien wird untersucht, unter welchen Bedingungen die Bevölkerungsentwicklung in den verschiedenen Raumkategorien zu landesentwicklungspolitischen Konflikten führen könnte. Multiregionale Bevölkerungsmodelle werden in der Landes- und Regionalplanung außerdem als Grundlage der Dimensionierung von Infrastruktureinrichtungen und der Abschätzung des zukünftigen Wohnungsbedarfs eingesetzt.

3.3 Gesamtmodelle der regionalen Allokation von Aktivitäten und Beständen

Die bisher beschriebenen Modelle bilden räumliche Strukturen ab, die aufgrund sich langfristig vollziehender Prozesse wie dem Investieren von privaten Unternehmen und öffentlicher Hand oder der Migration von Haushalten entstehen. Kurzfristige Aktivitäten, wie das Pendeln zur Arbeit oder der Transport von Gütern, werden nicht explizit berücksichtigt. Die Flächennutzung eines Raumes wird lediglich implizit, beispielsweise in Form von Dichtekennzahlen, die die Attraktivität eines Teilraumes beeinflussen können, berücksichtigt. Diese Faktoren gewinnen jedoch spätestens dann an Bedeutung, wenn nicht mehr das Beziehungsgefüge verschiedener Regionen untereinander, sondern, auf einer niedrigeren räumlichen Ebene, das Funktionieren einer in der Regel städtischen, Region mit ihren Teilräumen darzustellen ist.

Stadtentwicklungsmodelle (urban models) erheben den Anspruch, die wesentlichen Prozesse der städtischen Entwicklung abzubilden. Diese „wesentlichen Prozesse" spielen sich in den folgenden Bereichen ab (vgl. WEGENER 1994): physische Netze der Infrastruktur (insbesondere Transport und Kommunikation), Arbeitsplatzangebot, Wohnungsangebot, Beschäftigung, Bevölkerung, Transporte von Gütern, Transporte von Personen und Umwelt. Tatsächlich stellt WEGENER (S. 22) jedoch bei einer Gegenüberstellung dieser Idealvorstellung mit einem Dutzend operationaler Stadtentwicklungsmodelle fest, daß der Bereich Umwelt in keinem der bekannten Modelle enthalten ist und auch die übrigen Bereiche nur selten vollständig abgedeckt werden.

Die tiefe inhaltliche und räumliche Gliederung der Stadtentwicklungsmodelle und ihr Anspruch, die Abhängigkeiten zwischen den o.g. Bereichen abzubilden, läßt nur kausale Ansätze zu. Als „State of the Art" ist derzeit die „random utility function" - einer aus der Theorie diskreter Entscheidungen abgeleiteten Nutzenfunktion - zu betrachten (vgl. WEGENER 1994).

Stadtentwicklungsmodelle sind (zeitrekursiv) dynamische Simulationsmodelle. Ihr Anwendungsbereich erstreckt sich auf die Simulation der Wirkungen von Maßnahmen der Stadt- oder Regionalentwicklung wie z.B. Regelungen der Flächennutzung, Wohnungsbauprogramme, Änderungen des Transportsystems oder der Transportkosten. Diese Maßnahmen können „experimentell" daraufhin untersucht werden, ob sie, bei Berücksichtigung aller Wechselwirkungen, im räumlichen System den beabsichtigten Effekt haben und wie stark sie zur Erreichung eines gesetzten Zieles zu dosieren sind. Stadtentwicklungsmodelle werden außerdem zur Vorausrechnung möglicher zukünftiger Entwicklungen im Bereich des Verkehrs und der Struktur der Flächennutzung über Zeiträume von zehn bis zwanzig Jahren eingesetzt.

Als ein Vertreter der Stadtentwicklungsmodelle soll hier das „Leeds Integrated Land-Use Transport Model (LILT)" erwähnt werden (vgl. MACKETT 1983). LILT bildet die wechselseitige Abhängigkeit zwischen dem Verkehrsbereich und der Standortwahl für Aktivitäten (Wohnen, Einkaufen, Produktion) und physische Infrastruktur ab. Die Flächennutzung beeinflußt das räumliche Muster und die Anzahl der Fahrten, an deren Endpunkten die o.g. Aktivitäten stattfinden. Der Einfluß des Verkehrsbereichs auf die Flächennutzung wird durch die Veränderung der Erreichbarkeiten, die die Wohnortwahl der Bevölkerung sowie das räumliche Muster der Entstehung von Wohnungen und Arbeitsplätzen beeinflussen, dargestellt.

Zu den Modellen, die kurzfristige Prozesse im Raum berücksichtigen und einen Anspruch auf die umfassende Darstellung des räumlichen Systems erheben, gehören auch systemtheoretische dynamische Modelle, die auf der Theorie der Selbstorganisation aufbauen. Ein wesentliches Kennzeichen dieser Modelle ist die Formulierung der Wechselwirkungen zwischen mikroskopischer Ebene, d.h. dem kurzfristigen Verhalten der Aggregate von Akteuren (Gruppen der Bevölkerung und Unternehmen), und den sich daraus mittel- und langfristig ergebenden räumlichen Strukturen, die wiederum Rückwirkungen auf die Verhaltensmuster der mikroskopischen Ebene haben. Aufgrund dieser engen Verflechtung der Ebenen finden sich Modelle der Selbstorganisation sowohl als Modelle der Entwicklung einer städtischen Region als auch als Modelle der Entwicklung eines Systems von Regionen. Wie die oben genannten Stadtentwicklungsmodelle basieren die Modelle der Selbstorganisation auf probabilistischen Konzepten der Theorie diskreter Entscheidungen. Sie sind jedoch, z.B. in bezug auf die Unterscheidung von Wirtschaftssektoren oder die soziale Differenzierung der Bevölkerung, weniger differenziert und sollen eher der Darstellung qualitativ unterschiedlicher Entwicklungspfade (vgl. Abschnitt 2.3) über lange Zeiträume (30 Jahre) als der Feinabstimmung politischer Maßnahmen dienen (ALLEN 1994, S. 220). Als Beispiel für ein Modell der Selbstorganisation zur Darstellung der Entwicklung einer Stadtregion sei hier Allens Modell der Stadt Brüssel genannt (vgl. ALLEN 1994, S. 195 ff.), in dem für sieben Typen städtischer Akteure anhand von Attraktivitätskriterien die Wahrscheinlichkeit modelliert wird, in bezug auf den Standort des Wohnens, Arbeitens, Nachfragens von Gütern und Dienstleistungen oder Produzierens eine bestimmte Entscheidung zu treffen. Das Modell simuliert Prozesse der Kumulation von Wohnungen und Arbeitsplätzen sowie deren Auflösung und zeigt, wie stochastische Abweichungen vom Durchschnittsverhalten der Akteure zu alternativen Entwicklungspfaden führen können.

4. Probleme der Anwendung von Raumplanungsmodellen

4.1 Probleme der Datenverfügbarkeit und Kalibration

Die Anwendung eines Modells in der räumlichen Planung steht zunächst vor dem Problem der Verfügbarkeit von Daten des Anwendungsfalls zum „Füllen" des Modells. Hierbei sieht man sich in der Praxis in einem Zielkonflikt zwischen räumlich tiefer Gliederung und inhaltlicher, sektoraler Differenzierung der verfügbaren Informationen. Inhaltlich differenzierte Daten auf kleinräumiger Ebene sind oft nicht verfügbar oder unterliegen der statistischen Geheimhaltung.

Mit den für eine oder mehrere Referenzperioden gesammelten Daten wird das Modell kalibriert: Bestimmten Parametern des Modells werden numerische Werte zugeordnet, die die Abweichung des Modelloutputs von den zu einem entsprechenden Zeitpunkt gemessenen Werten so klein wie möglich machen. Die quantitative Spezifizierung der Wirkungsbeziehungen eines Modells erfolgt damit in Abhängigkeit der für eine bestimmte, räumlich und zeitlich definierte Situation gegebenen Daten. Inwieweit eine bestimmte Situation als Referenzsituation geeignet und das kalibrierte Modell auf andere Situationen anwendbar ist, muß für jeden Einzelfall geprüft werden.

4.2 Probleme der „Gültigkeit" eines Modells in der Zukunft

Die Frage der Aussagefähigkeit eines anhand von Daten aus der Vergangenheit kalibrierten Modells für die Zukunft läßt sich aus den oben genannten Gründen nicht eindeutig beantworten. Es ist Aufgabe der Anwender und Nutzer eines Modells einzuschätzen, ob ein in der Vergangenheit beobachteter funktionaler Zusammenhang in dem vom Modell vorauszurechnenden Zeitraum in gleicher Weise gelten wird. Diese Einschätzung sollte in genauer Kenntnis des Modells und unter Einbeziehung eines umfangreichen Wissens über die Determinanten der zukünftigen Entwicklung getroffen werden.

Die Konstrukteure und Anwender systemtheoretischer Modelle, die in ihren Modellen versuchen, die „Gesetzmäßigkeit" der Entwicklung eines sozioökonomischen Systems abzubilden, sind in der Frage der Gültigkeit ihrer auf der Basis von Daten aus der Vergangenheit kalibrierten Modelle für die Zukunft im Gegensatz zu den Vertretern des „interpretativen Paradigmas" (vgl. POHL in diesem Band) sehr optimistisch. Sie gehen davon aus, daß ein dynamisches Modell, wenn es die Entwicklung eines Raumes in der Vergangenheit richtig abbilden konnte, diese Fähigkeit auch für die zukünftige Entwicklung besitzt (vgl. hierzu auch WEGENER 1994, S. 25).

Eine Vielzahl der in diesem Artikel genannten Modelle arbeitet mit exogenen Variablen, wie zum Beispiel der Zahl der Beschäftigten des Gesamtraumes. Für die Simulation zukünftiger Entwicklungen müssen diese Variablen außerhalb des Modells vorausgeschätzt werden. Die Qualität des Modelloutputs ist von diesen Vorausschätzungen genauso abhängig wie von der Schätzung der Parameter des Modells.

4.3 Die Berücksichtigung der Umwelt

Das hier angesprochene Problem betrifft alle Raumplanungsmodelle gleichermaßen, wenn auch mit unterschiedlicher Schärfe. Keines der bekannten Modelle beinhaltet die Umweltqualität eines Raumes und seine Belastbarkeit unter dem Aspekt des Erhalts der Funktionsfähigkeit des Naturhaushalts in einer Weise, die den funktionalen Beziehungen eines Ökosystems gerecht wird. In wenigen Modellen wird die Begrenztheit natürlicher Ressourcen als exogen festgelegte Restriktion gesetzt (vgl. z.B. das „Senegal-Modell" in ALLEN 1994). Der hier bestehende dringende Bedarf der Ergänzung von Raumplanungsmodellen trifft im Bereich der Quantifizierung ökologischer Zusammenhänge (vgl. z.B. LESER 1978) derzeit noch nicht auf Modelle, die die eingangs formulierten Kriterien der Operationalität erfüllen.

4.4 Transparenz und Akzeptanz von Modellen

Die erfolgreiche Anwendung von Modellen für die räumliche Planung setzt die intensive Zusammenarbeit zwischen den Konstrukteuren und Anwendern eines Modells einerseits und den Planern und politischen Entscheidungsträgern (Nutzer) andererseits voraus. Nur wenn ein Modell auf das konkrete Planungsproblem tatsächlich zugeschnitten ist und wenn es für den Nutzer so transparent ist, daß er die Verfahrensschritte des Modells nachvollziehen und die Bedeutung einzelner Parameter für das Modellergebnis erkennen kann, ist damit zu rechnen, daß ein Raumplanungsmodell zur Entscheidungsvorbereitung in der räumlichen Planung akzeptiert wird.

5. Aspekte der zukünftigen Anwendung von Raumplanungsmodellen

Raumplanungsmodelle wurden hier als Instrumente der räumlichen Planung, mit denen komplexe Zusammenhänge beschrieben, erklärt und zukünftige Entwicklungen abgeschätzt werden können, vorgestellt. Die Reduktion der „Wirklichkeit" auf wenige quantitative Faktoren darf bei der Interpretation der Ergebnisse von Modellen nicht in Vergessenheit geraten. Bei aller Kritik an Raumplanungsmodellen und dem reduzierten Bild der „Wirklichkeit", das sie erzeugen, gibt es allerdings bis heute keine alternativen Verfahren, mit denen vergleichbare Mengen an Informationen über komplexe Zusammenhänge konsistent verarbeitet werden können.

Grenzen sind der Entwicklung und Anwendung von Modellen heute weniger durch die Kapazitäten elektronischer Rechner als durch den Zeitaufwand und die Kosten der Entwicklung von Modellen und der Erhebung der benötigten Daten gesetzt. Daneben ist die Akzeptanz von Modellen durch ihre potentiellen Nutzer, die auf der Nachvollziehbarkeit der Annahmen und Funktionsweisen von Modellen beruht, als Grenze weiterer Verfeinerungen zu akzeptieren. Wird bei der Entwicklung eines Modells die Fähigkeit des Nutzers, die mathematische Sprache des Modells zu verstehen, ignoriert, so geht der eingangs beschriebene Vorteil quantitativer Modelle (die Nachprüfbarkeit, Kritisierbarkeit und Veränderbarkeit der Annahmen des Modells) verloren.

In einigen Bereichen, wie der Verkehrsplanung und der Bevölkerungsfortrechnung, gelten räumliche Modelle als gängige Instrumente der Planung. Während bei Bevölkerungsfortrechnungen heute noch deterministische Ansätze vorherrschen, ist in der Verkehrsplanung die Anwendung von Modellen auf der Basis der Theorie diskreter Entscheidungen Stand der Technik.

Die Frage, ob sich Modelle auf der Basis der Theorie diskreter Entscheidungen oder Modelle der Selbstorganisation in der räumlichen Planung weiter durchsetzen können, hängt, wie bereits angedeutet, auch davon ab, inwieweit es gelingt, ihre Funktionsweise transparent und verständlich zu machen. Die Diskussion zwischen den Entwicklern und Anwendern eines Modells einerseits und den Planern andererseits als naheliegendstes Mittel, diese Transparenz zu erreichen, ist oft sehr langwierig und mühsam. Eine andere Möglichkeit wird in der Entwicklung von Modellversionen gesehen, bei denen die Nutzer selbst am PC an einer graphischen Benutzeroberfläche Modellinputs verändern können und so ein Gefühl für den Einfluß unterschiedlicher Parameter auf den Modelloutput bekommen sollen, ohne aber wissen zu können, was das Modell im einzelnen macht. Daneben gibt es Versuche, gleichzeitig mit der formalen Entwicklung eines Modell die Mediation des Modells, d.h. seine Vermittlung an verschiedene Adressaten, durch Spezialisten zu beginnen.

Zusammenfassung

Modelle werden in diesem Beitrag, in Kenntnis auch anderer Begriffe, definiert als vereinfachte, formalisierte und quantifizierte Abbildungen eines Ausschnitts aus der „Wirklichkeit". Ein Raumplanungsmodell besteht aus - teilweise räumlich spezifizierten - Variablen und aus Relationen, die unterschiedlichen räumlichen Bedingungen Rechnung tragen. Ein Raumplanungsmodell erfüllt außerdem mehrere Kriterien der Operationalität, die seine formale und wirtschaftliche Anwendbarkeit für die räumliche Planung gewährleisten.

Die Bedeutung von Modellen als Instrument der räumlichen Planung wird auf zwei Faktoren zurückgeführt. Erstens sind Raumplanungsmodelle ein *Instrument zur Verarbeitung zeitlich, räumlich und sektoral differenzierter Informationen*, die aufgrund ihrer Vielzahl und Komplexität nur mit Hilfe quantitativer Modelle verarbeitet werden können. Zweitens gewährleistet das Quantifizieren die *Kritisierbarkeit und Veränderbarkeit der ein Modell eingehenden Annahmen* durch die Nutzer.

Raumplanungsmodelle dienen als *deskriptive oder analytische Modelle* der Beschreibung oder Erklärung einer bestehenden Situation, als *Simulationsmodelle* der Berechnung alternativer Entwicklungspfade oder wahrscheinlicher zukünftiger Situationen und als *Optimierungsmodelle* der experimentellen Optimierung quantifizierter Planungsziele unter Nebenbedingungen.

Zum Verständnis der impliziten Annahmen über die Abbildbarkeit der „Wirklichkeit" in einem Modell wird ein Überblick über die wichtigsten theoretischen Ansätze, die in Raumplanungsmodellen verwendet werden, gegeben. Zu diesen theoretischen Ansätzen zählen *deterministische neoklassische Ansätze*, Ansätze auf der Basis der *Theorie diskreter Entscheidungen*, die auch stochastische Elemente enthalten, und *dynamische systemtheoretische Ansätze*, in denen der Raum als System verstanden wird, daß sich unter bestimmten Umständen selbst eine neue Struktur gibt, so daß im Modell kein eindeutiger Entwicklungspfad bestimmt werden kann.

Welche Elemente der „Wirklichkeit" auf den unterschiedlichen räumlichen Ebenen typischerweise in Modellen abgebildet werden und welche theoretischen Ansätze hierfür herangezogen werden, wird anhand von Raumplanungsmodellen zur Erklärung und Vorhersage des regionalen Wirtschaftswachstums, zur räumlich differenzierten Fortrechnung der Bevölkerungsentwicklung und Stadtentwicklungsmodelle dargestellt.

Als Probleme, die sich bei der Anwendung von Raumplanungsmodellen ergeben können, werden u.a. die *Verfügbarkeit von Daten* zur Kalibration und die *Frage der Übertragbarkeit* eines für eine bestimmte Situation kalibrierten Modells auf andere (zukünftige) Situationen diskutiert. Die zukünftige Anwendung quantitativer Modelle in der räumlichen Planung wird wesentlich davon abhängen, inwieweit es gelingt, den Nutzern die Annahmen und Funktionsweisen neu entwickelter Modelle transparent zu machen und so die Akzeptanz von Modellen als Instrument der räumlichen Planung zu sichern.

Literatur

ALLEN, P. M. (1981): Urban Evolution, Self-Organization and Decision-making. In: Environment and Planning A, Vol. 13, S. 167-183.

ALLEN, P. M. (1982): Evolution, modelling, and design in a complex world. In: Environment and Planning B, 1982, vol. 9, S. 95-111.

ALLEN, P. M. (1985): Towards a new Synthesis in the Modelling of Evolving Complex Systems. In: Environment and Planning B, Planning and Design, special Issue.

ALLEN, P. M. (1994): Cities and Regions as self-organizing Systems: Models of Complexity. Cranfield University.

ANAS, A. (1982): Residential Location Markets and Urban Transportation. New York.

ANAS, A. (1984): Discrete Choice Theory and the General Equilibrium of employment, housing, and travel networks in a Lowry-type model of the urban economy. In: Environment and Planning A, Vol. 16, S. 1489-1502.

BATTY, M. (1994): A Chronicle of Scientific Planning. In: Journal of the American Planning Association, Vol. 60, No. 1, 1994, S. 7-16.

BUCHER, H.; GATZWEILER, H.-P. (1992): Das neue regionale Bevölkerungsprognosemodell der Bundesforschungsanstalt für Landeskunde und Raumordnung. In: Informationen zur Raumentwicklung, S. 809-826.

GATZWEILER, H.-P. (1997): Ziele und Wege kleinräumiger Bevölkerungsprognosen. In: Methodische Ansätze kleinräumig differenzierender Bevölkerungsfortrechnungen. ARL-Beitr., Bd. 132, Hannover, S. 4-13.

GLANSDORFF, P.; PRIGOGINE, I. (1971): Structure, Stability and Fluctuations. New York.

JUNESCH, R. (1997): Landesplanungsorientierte kleinräumige Bevölkerungsfortrechnung für Baden-Württemberg bis zum Jahr 2010. In: Methodische Ansätze kleinräumig differenzierender Bevölkerungsfortrechnungen. ARL-Beitr., Bd. 132, Hannover, S. 106-124.

KLATT, S. (1973): Simulationsverfahren als Instrument der empirischen Regionalforschung. In: Methoden der empirischen Regionalforschung (1. Teil). ARL-FuS, Bd. 87, Hannover.

KLATT, S.; KOPF, J.; KULLA, B. (1974): Systemsimulation in der Raumplanung. ARL-Abh., Bd. 71, Hannover, S. 183-213.

KOCH, R. (1988): Bayern Regional 2000. Eine Status-quo-Prognose mit MIDAS II. In: Regionalprognosen, Methoden und ihre Anwendung. ARL-FuS, Bd. 175, Hannover, S. 105-129.

Landesentwicklungsbericht Baden-Württemberg 1994. Wirtschaftsministerium Baden-Württemberg (Hrsg.). Stuttgart 1995.

LESER, H. (1978): Quantifizierungsprobleme der Landschaft und der landschaftlichen Ökosysteme. In: Landschaft und Stadt 10/1978, S. 107-113.

MACKETT, R. L. (1983): The Leeds integrated Land-Use Transport Model (LILT). Supplementary Report SR 805. Crowthorne: Transport and Road research Laboratory.

MACKETT, R. L. (1990): The systematic application of the LILT model to Dortmund, Leeds and Tokyo. In: Transport Reviews, Vol. 10, No. 4, S. 323-338.

MAIER, G.; WEISS, P. (1990): Modelle diskreter Entscheidungen. Wien.

McFADDEN, D. (1978): Modeling the Choice of Residential Location. In: KARLQUIST, A. et al. (Hrsg.): Spatial Interaction Theory and Planning Models. Amsterdam, S. 105-142.

MOLLE, W. (1983): Industrial Location and Regional Development in the European Community: The FLEUR Model. Aldershot.

MOLLE, W.; BOECKHOUT, S.; VOLLERING, A. (1985): The Respons Model. Netherlands Economic Institute, Rotterdam.

PAELINCK, J. H. P.; TREUNER, P. (1995): Modelle für die räumliche Planung. In: ARL (Hrsg.): Handwörterbuch der Raumordnung, Hannover, S. 651-656.

STERN, M. (1997): Zur Notwendigkeit und Problematik kleinräumig differenzierender Bevölkerungsfortrechnungen. In: Methodische Ansätze kleinräumig differenzierender Bevölkerungsfortrechnungen. ARL-Beitr., Bd. 132, Hannover, S. 14-49.

WALLA, W. (1997): Die kleinräumige Bevölkerungsprognose des Statistischen Landesamtes Baden-Württemberg. In: Methodische Ansätze kleinräumig differenzierender Bevölkerungsfortrechnungen. ARL-Beitr., Bd. 132, Hannover, S. 50-68.

WEGENER, M. (1994): Operational Urban Models. In: Journal of the American Planning Association, Vol. 60, No. 2, S. 17-26.

II.2 Quantitative Erfassung, Analyse und Darstellung des Ist-Zustandes

Wilhelm Steingrube

Inhalt

1. Einführung
2. Informationsquellen
2.1 Allgemeiner Überblick
2.2 Die Amtliche Statistik
2.2.1 Institutionen
2.2.2 Großzählungen
2.2.3 Der Mikrozensus
2.2.4 Die Fortschreibungen in den Verwaltungen
2.3 Fachplanungen
2.4 Das Raumordnungskataster (ROK)
2.5 Umfragen
2.6 Karten
3. Datenaufbereitung und -analyse
3.1 Indikatoren
3.2 Verfahren der deskriptiven Statistik
3.3 Multivariate Verfahren
3.4 Kartographie
4. Verfahrenstechnische „Detail-Festlegungen"
4.1 Der „natürliche Größeneffekt" quantitativer Daten
4.2 Raumbezogenheit der Daten
4.3 Flächenbezug
4.4 Distanzmaß
4.5 Problembereich „Bezugseinheit, Aggregatstufe"
4.6 Gruppenbildung
4.6.1 Anzahl der Klassen
4.6.2 Festlegung der Schwellenwerte
4.7 Zeitreihen

II. Analyse und Prognose

1. Einführung

Jegliche räumliche Planung bedarf einer möglichst umfassenden Informationsgrundlage. Nur auf der Basis einer Analyse der bisherigen Entwicklung sowie der Erfassung und Untersuchung der aktuellen Gegebenheiten können konkrete Planungsmaßnahmen erarbeitet werden.

Bislang basiert die räumliche Planung nahezu ausschließlich auf Informationen, die zähl- und meßbar, in jedem Fall aber „beobachtbar" sind. Damit bleibt der gesamte Bereich der subjektiven Befindlichkeit unberücksichtigt. Doch Meinungen und Bewertungen der Betroffenen vermögen wertvolle Hinweise auf Motive für Verhaltensweisen zu liefern, die wiederum als Erklärungen abgelaufener Prozesse ebenso wie für die Voraussage zukünftiger Entwicklungen genutzt werden können (s. POHL in diesem Band). Die systematische Erfassung dieses qualitativen Bereiches und seine Aufbereitung für die räumliche Planung stecken jedoch noch in den Anfängen. In diesem Beitrag wird deshalb vorrangig auf die Verarbeitung quantitativer Informationen Bezug genommen.

In einem kursorischen Überblick werden zunächst die Informationsquellen abgehandelt und dann darauf aufbauend die wichtigsten Verfahren zur Datenaufbereitung und -analyse mit Schwerpunkt im statistischen und kartographischen Bereich skizziert. Das abschließende Kapitel soll aufzeigen, daß der Planer im Verlauf der scheinbar bloßen technokratischen Bearbeitung des Datenmaterials ein Fülle von Festlegungen zu treffen hat, die einen nicht zu unterschätzenden Einfluß auf die Ergebnisse ausüben. Demzufolge sollte sich jeder Bearbeiter zum einen der Tragweite seiner „kleinen Entscheidungen" und zum anderen aber auch der Tücken einzelner Verfahren bewußt sein.

2. Informationsquellen

2.1 Allgemeiner Überblick

Vordergründig scheint es in der Bundesrepublik eine schier unüberschaubare Menge von Informationsquellen auch für die räumliche Planung zu geben. Doch vor dem Hintergrund, daß

- die Notwendigkeit der Flächendeckung besteht und daß
- für die Raumordnung nur „seriöse" Quellen in Betracht kommen,

schrumpft bei eingehenderer Prüfung das vermeintliche Informationsüberangebot auf eine begrenzte Anzahl.

Die statistischen Ämter des Bundes und der Länder verstehen sich als Lieferanten von Basisinformationen. Kommunen, Fachplanungen, Forschungsinstitute und sonstige Einrichtungen liefern ergänzende, teilweise sehr spezielle Informationen, die jedoch meistens nur eingeschränkt überregional vergleichbar sind.

Es gibt mittlerweile eine große, zur Zeit wachsende Anzahl kommerzieller Datenanbieter. Diese scheiden - bislang jedenfalls noch - als Informationspool für die räumliche Planung weitestgehend aus. Deren seriöse Datenquellen können auch direkt von der

Planung genutzt werden, und der andere Fundus dieser Anbieter, Kundendateien von Firmen, liefert keine flächendeckenden Angaben. Die Qualität der Daten kommerzieller Anbieter ist außerdem nur schwer einzuschätzen, die Menge der interpolierten Werte bleibt unbekannt.

Die sich in diesem Kontext abzeichnende Entwicklung sollte aufmerksam beobachtet werden: Es werden immer mehr Informationen angeboten, die sich verorten lassen (Stichwort „Geomarketing"). Telefon-CDs, die u.a. sozio-ökonomische und baustrukturelle Angaben für einzelne Straßenzüge ausweisen, bilden nur die öffentlich sichtbare Spitze des Eisberges. Aus der derzeit noch erschreckenden Fehlerhaftigkeit dieser Informationsquelle sollte jedoch nicht leichtfertig auf die gesamte Branche geschlossen werden. Zum einen gibt es durchaus auch seriöse Anbieter, die in der Tat über eine baustrukturelle und sozioökonomische Typisierung des gesamten Bundesgebietes - gebäudescharf !!! - verfügen und zum anderen muß sich diese Branche auch immer wieder neue Märkte erschließen. Es ist absehbar, daß auch die räumliche Planung um- und beworben werden wird. Die Nichtnachvollziehbarkeit der Datenerhebung und -bewertung - wie sie gegenwärtig besteht - ist jedoch eine Unsicherheit, auf die sich die räumliche Planung nicht einlassen darf.

2.2 Die Amtliche Statistik

Die wichtigste Datenquelle stellt zweifellos die Amtliche Statistik dar. Sie bildet aufgrund ihrer Grundprinzipien von Objektivität, Neutralität und wissenschaftlicher Unabhängigkeit ein unverzichtbares Gegengewicht zu allen anderen einseitig und interessengeleiteten Informationszusammenstellungen.

Institutionell repräsentieren das Statistische Bundesamt und die Statistischen Landesämter sowie zunehmend auch EUROSTAT die Amtliche Statistik. Statistische Ämter auf kommunaler Ebene sind eine freiwillige Einrichtung der Gemeinden, was zur Folge hat, daß sie in ihrem Datenangebot keinerlei Gewährleistung auf zeitliche, räumliche und inhaltliche Kontinuität und damit selten Vergleichsmöglichkeiten bieten.

2.2.1 Institutionen

Das Statistische Bundesamt (StBA)

Das StBA ist eine zentrale Fachbehörde im Geschäftsbereich des Bundesinnenministeriums, die seit 1953 in Wiesbaden im Auftrag aller Bundesressorts tätig ist. Damit erstreckt sich seine Servicefunktion auf das gesamte Aufgabengebiet der öffentlichen Verwaltung. Das StBA bereitet alle Bundesstatistiken vor, faßt ihre Ergebnisse für den Bund zusammen und stellt sie in einer allgemein verwendbaren Form dar.

Flächendeckend erhält man hier die Daten nur bis auf Kreisebene disaggregiert. Für kleinräumigere Darstellungen sind die Landesämter zuständig.

Die Weiterentwicklung der methodischen und technischen Grundlagen zählt ebenfalls zum Aufgabengebiet des StBA. In Form von Pilotprojekten evaluiert man dort durchaus auch grundsätzlich neue Wege.

Eines der für die räumliche Planung interessantesten Projekte lief seit 1992 unter dem Kürzel STABIS. Hierbei handelt es sich um ein Statistisches Boden-Informationssystem, das aus Luftbildern die Bodennutzung (korrekter: Bodenbedeckung) erhebt und nach fast 70 Nutzungsarten differenziert. Doch aus Kostengründen ist dieses zukunftsweisende Projekt mittlerweile eingestellt worden.

Die Statistischen Landesämter (StLA)

In allen Bundesländern ist ein Statistisches Landesamt (unter leicht variierenden Namen) eingerichtet worden. Diese besorgen im Regelfall die Erhebung und Aufbereitung der Daten bis zum Landesergebnis. Auf Landesebene werden die Daten kleinräumig bis hinunter zur Gemeinde ausgewiesen.

Um das Informationspotential der Amtlichen Statistik besser nutzen zu können, wurde ein verbindliches *regionalstatistisches Mindestprogramm* ausgearbeitet, das flächendeckend für das gesamte Bundesgebiet Ergebnisse auf Gemeinde- bzw. Kreisebene aus allen Bereichen der Amtlichen Statistik enthält. Dieses Mindestprogramm wird laufend fortgeschrieben und von den StLA in Listenform und auf Datenträger zur Verfügung gestellt. Insgesamt enthält der Datenkatalog aus 38 statistischen Erhebungen 966 Merkmale, davon 149 auf Gemeindeebene und 817 auf Kreisebene.

EUROSTAT

Für eine über die Grenzen der Bundesrepublik hinausgehende räumliche Planung kommt als Quelle amtlicher Daten nur das „Statistische Amt der Europäischen Gemeinschaften" in Betracht. Diese Einrichtung der EU hat ihren Amtssitz in Luxemburg und wird - in allen Sprachen - als EUROSTAT bezeichnet.

EUROSTAT verbreitet seine aufbereiteten, d.h. harmonisierten Informationen in Form gedruckter Veröffentlichungen sowie auch auf Datenträgern. Daneben stehen zahlreiche Datenbanken zur Verfügung.

EUROSTAT hat eine eigene sog. „Systematik der Gebietseinheiten für die Statistik" mit der Kurzbezeichnung NUTS (aus dem Französischen abgeleitet: nomenclature des unites territoriales statistiques) entwickelt, um eine einheitliche territoriale Disaggregation des EU-Gebietes zur Verfügung zu stellen. Seit 1988 wird diese Systematik nicht mehr nur für statistische Analysen genutzt, sondern findet auch in der Regionalpolitik der EU Anwendung. Sie hat damit erheblich an Gewicht gewonnen.

NUTS ist eine hierarchische Systematik mit mittlerweile sechs räumlichen Aggregatstufen, die jeweils mit der entsprechenden Ebenen-Nummer bezeichnet werden (Tab. 1):

- NUTS 0 bildet die nationalstaatliche Ebene;
- NUTS 1 umfaßt die Regionen der Gemeinschaft;
- NUTS 2 gelten als die Grundverwaltungseinheiten;
- NUTS 3 stellt als Unterteilung der Grundverwaltungseinheiten die derzeit noch kleinräumigste, flächendeckende Gliederung der EU dar;

- NUTS 4 ist die obere kommunale Ebene; über die Nutzung bzw. Belegung dieser Ebene wird in der Bundesrepublik noch diskutiert;
- NUTS 5 soll mit insgesamt fast 100.000 Raumeinheiten die kleinstmögliche räumliche Differenzierung in der EU bilden.

Da viele Mitgliedsländer nur zwei administrative Ebenen aufweisen, wurde z.T. durch Aggregation vorhandener Einheiten ein zusätzlicher Level gebildet (z.B. NUTS-1 in Italien und Griechenland sowie NUTS-2 in Großbritannien). Es sind jedoch nicht alle Ebenen in allen Ländern realisiert bzw. vorgesehen.

Das Kernproblem für die räumliche Planung auf europäischer Ebene liegt allerdings in der Parallelisierung nationaler Verwaltungseinheiten. So stellen beispielsweise die deutschen Kreise auf der NUTS-3-Ebene schon fast die Hälfte aller Gebietseinheiten. Die grenzüberschreitende Vergleichbarkeit der Regionen beruht somit einzig und allein auf der gemeinsamen Einordnung und Benennung in eine bestimmte Stufe.

Tab.1: NUTS - die statistische Gliederung der EU

Gebietseinheit in EU-Gliederung	entspricht in Deutschland der Ebene	Anzahl der Gebietseinheiten in Deutschland	Anzahl der Gebietseinheiten in der Europäischen Union (EU)
NUTS 0	des Staates	1	15
NUTS 1	der Bundesländer	16	77
NUTS 2	der Regierungsbezirke	40	206
NUTS 3	der Kreise	439	1031
NUTS 4	-	-	1074
NUTS 5	der Gemeinden	14627	98433

2.2.2 Großzählungen

Für Staat und Gesellschaft gilt dieselbe Aussage wie für jedes Einzelhandelsgeschäft: Die zuverlässigsten Bestandsangaben erhält man mittels einer Inventur. Die bekannteste staatliche Totalinventur, die sog. *Volkszählung (VZ)*, liefert Informationen über Größe und Struktur der Bevölkerung. Für andere Bereiche wurden in Deutschland - meistens zeitgleich - ebenfalls Vollerhebungen durchgeführt, und zwar die Berufs-, die Arbeitsstätten- und Betriebs- sowie auch die Gebäude- und Wohnungszählungen.

Diese sog. Großzählungen stellen Momentaufnahmen dar, die wegen des hohen personellen und finanziellen Aufwandes lediglich in größeren zeitlichen Abständen vorgenommen werden. Auf internationaler Ebene gilt ein 10-Jahres-Rhythmus als angemessen. Diesen Takt haben wir in Deutschland nur bis 1970 annähernd eingehalten, die jüngsten Vollerhebungen sind 1987 durchgeführt worden. Aufgrund des starken politischen und gesellschaftlichen Widerstandes im Vorfeld der '87er-VZ ist nicht zu erwarten, daß in absehbarer Zeit in Deutschland eine neue Volkszählung durchgeführt wird.

Die langen Perioden zwischen den Erhebungen werden durch zwei Verfahren überbrückt: Die Verwaltungen führen die Bestandsdaten der VZs in sog. Fortschreibungen laufend weiter und daneben werden jährlich Mikrozensuserhebungen als „kleine VZs" durchgeführt.

2.2.3 Der Mikrozensus

Seit 1957 - mit Ausnahme der Jahre 1983 und 1984 - wird jährlich eine 1%-Haushaltsstichprobe erhoben. Dieser sog. Mikrozensus liefert wichtige und vielfältige Informationen über die Lebens-, Arbeits- und Wohnbedingungen der Bevölkerung.

Der Mikrozensus gilt als ein modernes, bedarfsorientiertes Instrument der Datengewinnung. Den Kernbereich bilden erwerbsstatistische und sozio-demographische Merkmale. Doch mit der Einführung einer neuen Rechtsgrundlage 1991 wurde der Mikrozensus „schlanker": Einige frühere Erhebungsteile sind gestrichen und das Prinzip der freiwilligen Beantwortung ist auf mehr Fragen ausgeweitet worden.

Bislang waren die Ergebnisse der Mikrozensuserhebungen für die Regionalplanung aufgrund des Stichprobenprinzips nur eingeschränkt verwendungsfähig; bis zur Ebene der Regierungsbezirke galten die Daten als verwertbar. Auf der Basis der 87-Volkszählungsdaten ist nun ein neuer Stichprobenplan erarbeitet worden, der eine tiefere regionale Schichtung vorsieht.

2.2.4 Die Fortschreibungen in den Verwaltungen

Die Zeiten zwischen den einzelnen Erhebungen werden mittels Fortschreibungen in den Verwaltungen überbrückt. Da sich dort jedoch im Laufe der Zeit immer mehr „Fehler" einschleichen, muß von Zeit zu Zeit eine neue Bestandsaufnahme gemacht werden.

Zur allgemeinen Beruhigung hat im Gefolge der letzten VZ allerdings die offizielle Mitteilung beigetragen, daß die Differenz zwischen den Fortschreibungsdaten zum Bevölkerungsbestand und den Ergebnissen der VZ auf Bundesebene lediglich 0,1% betragen habe. Auf regionaler Ebene lag dieser Fehler allerdings höher, in einigen Regierungsbezirken waren Abweichungen von über 1% zu verzeichnen.

Es ist zu beachten, daß nicht alle von den Großzählungen erfaßten Merkmale auch von den Verwaltungen fortgeschrieben werden. Hierzu zählt insbesondere das gesamte Pendlerwesen, dem in regionalökonomischen Studien eine zentrale Bedeutung zukommt.

2.3 Fachplanungen

In zahlreichen (Bundes-)Behörden, Fachplanungen und Forschungseinrichtungen werden raumrelevante Informationen zusammengetragen. Darüber hinaus leisten diese Einrichtungen vielfach organisatorische und verfahrenstechnische Hilfestellung. Hier sind besonders herauszuheben:

- die *Bundesforschungsanstalt für Landeskunde und Raumordnung* (BfLR), Bad Godesberg, hat das System der sog. *Laufenden Raumbeobachtung* entwickelt und dafür ein eigenes Geographisches Informationssystem aufgebaut. Sie bietet als zentrale Sammelstelle aller raumrelevanten Informationen einen umfangreichen, flächendeckenden Datenbestand, der zunehmend auch auf die Gemeindeebene ausgedehnt wird (zum Ganzen DOSCH in diesem Band).

Die kartographischen Darstellungen der BfLR repräsentieren den Stand der Technik in der Raumordnung, sie sollten allen als Mustervorlage dienen.

- Die Statistiken der *Arbeitsverwaltung* bieten ergänzendes Datenmaterial, das zunehmend bei der Indikatorenbildung in wirtschaftsstrukturellen und sozioökonomischen Themenfeldern berücksichtigt werden muß. Hier ist allerdings zu beachten, daß deren Gebietseinteilung nicht überall deckungsgleich mit der Verwaltungsgliederung verläuft.
- Das *Bundesamt für Naturschutz* (BFN), Bad Godesberg, erarbeitet selbst wissenschaftliche Grundlagen und koordiniert Forschungsprojekte auf den Gebieten Naturschutz und Landschaftspflege. Insbesondere ihr Landschafts-Informationssystem (LANIS) besitzt Vorbildcharakter.
- Das *Kraftfahrzeugbundesamt*, Flensburg, verfügt über kleinräumig differenzierte Daten zum Kfz-Bestand. Diese können zur Raumtypisierung und - allerdings mit nur beschränkter Aussagekraft - auch als sozio-ökonomische Indikatoren verwendet werden.

2.4 Das Raumordnungskataster (ROK)

In allen Flächenländern ist das Raumordnungskataster von den Landesplanungsbehörden als Grundlageninstrument eingeführt. Im Sinne des herkömmlichen Katasters wird es als thematisches Kartenwerk meist im Maßstab 1:25.000 geführt (vgl. REINERS 1991).

Das ROK umfaßt alle raumbedeutsamen Planungen und Maßnahmen (Bauleitplanungen, Schutzgebiete, Vorhaben der Punkt- oder Bandinfrastruktur) als Bestand oder als Planung. Es stellt somit eine zentrale Informationsstelle dar, die planungsrelevante Maßnahmen aus den Fachplanungen synoptisch zusammenführt. Es vermag dennoch „nur" eine Teilmenge aller Planungen aufzunehmen; die stark fachlich orientierten Kataster (Altlasten-, Biotop-, Lärmkataster) bilden weiterhin eine sinnvolle, zweckmäßige und unverzichtbare Ergänzung.

Es gibt in Deutschland derzeit eine symptomatische Vielfalt der mit der Führung eines ROK beauftragten Behörden. Sinnvoll scheinen durchgängig die Regierungspräsidien zu sein.

Im Zeichen wachsender Anforderungen an die Informationsgrundlagen bemühen sich zahlreiche Länder um eine EDV-gestützte Führung ihrer ROK. Die Vorteile der EDV sind unbestritten, und es ist naheliegend, das ROK als ein Grundbaustein für ein raumbezogenes Informationssystem der Landes- und Regionalplanung auszubauen.

Auf regionaler Ebene vergleichsweise fortgeschritten sind:

- das Raumordnungs- und Raumplanungskataster des Raumordnungsverbandes Rhein-Neckar,
- das Automatisierte Raumordnungs- und Raumplanungskataster Rheinland-Pfalz,
- das Pilotprojekt der Regierung in Unterfranken.

Die kommunale Ebene ist bereits weiterentwickelt, besonders herauszuheben sind u.a.:

- der Umlandverband Frankfurt a.M. mit seinem Informations- und Planungssystem,
- das Kommunale Planungsinformations- und Analysesystem (KOMPAS) in München und
- das Kommunale Informationssystem (KIS) in Würzburg.

Das Kernstück eines jeden EDV-gestützten ROK bildet stets ein Geographisches Informationssystem (vgl. Dosch in diesem Band). Damit wird leider auch die „Tauglichkeit" des ROK stark abhängig von der Funktionalität und Benutzerfreundlichkeit des zugrundeliegenden Softwaresystems.

2.5 Umfragen

Obwohl selten eine Regionalaufbereitung möglich ist, gewinnen Umfragedaten auch für die räumliche Planung an Bedeutung. Sie bieten die Möglichkeit, Einblicke in alltägliche Wohn- und Lebensformen der Bevölkerung zu nehmen und diese Alltagsbedingungen mit den Bewertungen und Verhaltensweisen der Betroffenen zu verknüpfen. Daraus wiederum lassen sich für die raumbezogene Politik Hinweise auf wahrscheinliche Entwicklungstendenzen ableiten.

Der Mikrozensus zählt formal bereits zu dieser Informationskategorie. Darüber hinaus werden aber auch von anderen Institutionen - allerdings mit einem deutlich geringeren Stichprobenumfang - regelmäßig Erhebungen durchgeführt. Die bekanntesten sind:

- Die „BfLR-Umfrage"; sie wird seit 1985 betrieben und organisatorisch in die jeweils im Herbst stattfindende „Mehrthemenumfrage der Sozialwissenschaften" eingebunden; dabei wird die wahlberechtigte Bevölkerung befragt; Betreuung durch ZUMA (Zentrum für Umfragen, Methoden und Analysen in Mannheim) und Durchführung durch GETAS.
- Die „Allgemeine Bevölkerungsumfrage der Sozialwissenschaften" (ALLBUS); sie wird seit 1980 in 2-jährigem Rhythmus durchgeführt und stellt eine inhaltlich und methodisch hochwertige Datenbasis für ein weites Feld sozialwissenschaftlicher Problembereiche allgemein zugänglich bereit; für die Konzeption und Durchführung der Umfrage ist die Abteilung ALLBUS beim ZUMA zuständig. Die Archivierung und Weitergabe der Daten betreut das Zentralarchiv für empirische Sozialforschung (ZA) in Köln.
- Der sog. „Wohlfahrtssurvey"; wird von ZUMA betreut; seit 1978 durchgeführt.
- Das „Sozioökonomische Panel" des Deutschen Instituts für Wirtschaftsforschung; jährlich seit 1984 mit immer denselben Personen.

Eine über den problem- oder themenbezogenen Informationsgehalt hinausgehende Bedeutung gewinnen repräsentative Umfragen für die räumliche Planung besonders dann, wenn sie eine Regions-, Orts- oder Quartierstypenbildung zulassen.

2.6 Karten

Unter einer Karte versteht man ein verebnetes, verkleinertes, maßstabsgerechtes und erläutertes Grundrißbild der Erdoberfläche in zeichnerischer Darstellung auf dem Papier oder - zunehmend - auf dem Bildschirm.

Nachfolgend werden nicht nur topographische und thematische Karten, sondern auch Pläne sowie Luft- und Satellitenbilder als Karten bezeichnet. Dem Kriterium der Lagegenauigkeit der Darstellungsinhalte kommt dabei je nach Kartenart und Verwendungszweck eine unterschiedliche Bedeutung zu.

Bereits im Stadium der Bestandsaufnahme und -analyse stellen die Karten für die räumliche Planung eine unerläßliche Informationsquelle dar. Die Kartengrundlage bilden fast immer amtliche topographische Karten der Landesvermessungsämter oder - bei sehr kleinräumigen Projekten - die Karten des amtlichen Liegenschaftskatasters.

Außer den amtlichen Kartenwerken gibt es eine Vielzahl verschiedenster Kartenprodukte (Auto-, Wander-, Stadtkarten usw.), deren Herausgeber oftmals Verlage mit eigenen kartographischen Anstalten sind. Für die räumliche Planung besitzen diese nichtamtlichen Kartenwerke lediglich Ergänzungscharakter. Ihnen können ggf. in Bereichen, die die amtliche Statistik sehr schlecht abdeckt, Hinweise auf Einrichtungen entnommen werden. So sind insbesondere im Bereich des Freizeit- und Erholungswesens die kommerziellen Kartenwerke sehr viel besser informiert und aktueller als die amtlichen.

Hinsichtlich ihres Einsatzes im Planungsablauf lassen sich drei Kartentypen unterscheiden: Grundlagen-, Beteiligungs- und Festlegungskarten (vgl. MOLL 1991).

Tab. 2: Die wichtigsten amtlichen Kartenwerke (in Anlehnung an MOLL 1995)

Kurzbezeichnung (nicht einheitlich in der Verwendung)	Maßstab	Bemerkungen
Deutsche Grundkarte (DGK 5)	1:5000	nicht in allen Bundesländern
Meßtischblatt (TK 25)	1:25000	
Umgebungskarte (TK 50)	1:50000	
Regionalkarte (TK 100)	1:100000	
Topographische Übersichtskarte (TK 200)	1:200000	IfAG
Übersichtskarte (Europakarte)	1:500000	IfAG
Internationale Weltkarte	1:1000000	IfAG
		Zuständigkeit:
Bebauungsplan	1:500 bis 1000	Gemeinde
Flächennutzungsplan (FNP)	1:5000 bis 10000	Gemeinde
Regionalplan	1:50.000 bis 100.000	Regionale Planungsgemeinschaft
Landesentwicklungsplan	1:100.000 bis 500.000	Oberste Landesplanungsbehörde

3. Datenaufbereitung und -analyse

Wenn auch die Erhebung aller für relevant erachteten Informationen einen erheblichen Zeitaufwand beansprucht, so besteht die eigentliche Aufgabe doch in der Datenanalyse. Aber auch hier erfordern die vorbereitenden und begleitenden organisatorischen Arbeiten wieder einen großen Zeitanteil.

Die EDV-technische Unterstützung ist mittlerweile auch in der räumlichen Planung eine Selbstverständlichkeit (dazu näher STREICH in diesem Band). Der PC erleichtert viele Arbeiten, bietet teilweise vollkommen neue Darstellungs- und Analysemöglichkeiten und kann damit durchaus zu einer erheblichen Qualitätssteigerung beitragen.

Doch eine Begleiterscheinung muß bewußt wahrgenommen und berücksichtigt werden: Der EDV-Einsatz beschleunigt keinesfalls die Arbeiten, sondern im Gegenteil, es muß noch mehr Aufmerksamkeit und vor allen Dingen Sorgfalt auf die Datenorganisation und -pflege verwandt werden. Gegenüber manuellen Aufbereitungen und Auswertungen, in denen sich Fehler eindeutig zurückverfolgen lassen, suggeriert der stets saubere, aktuelle EDV-Ergebnisausdruck auch eine ebenso große „Korrektheit", die jedoch nicht immer gegeben sein muß. Einfache, alltägliche Arbeitsfehler - sei es beispielsweise das irrtümliche Wiederverwenden einer alten, noch nicht geprüften Datei oder sei es das Einspeisen einer falschen Variablen in die Auswertungen - werden durch die EDV perfekt versteckt. Eine Fehlerrückverfolgung ist nur selten möglich. Deshalb müssen hier sehr viel häufiger Plausibilitätsprüfungen vorgenommen und sollten zentrale Analysen doppelt - von verschiedenen Personen - durchgeführt werden.

Eine allzu große Technikgläubigkeit kann auch in der räumlichen Planung nicht nur peinliche, sondern verheerende Folgen haben.

Neben einem hohen Maß an Sorgfalt erfordert die räumliche Planung ein solides statistisches Grundwissen, Kenntnisse der gängigen Darstellungstechniken sowie insbesondere Erfahrungen im Umgang mit Thematischen Karten.

3.1 Indikatoren

Ausgehend vom politischen Auftrag („Gleichwertigkeit der Lebensbedingungen ...") operiert die Raumordnung auf nahezu allen Ebenen mit komplexen, oft wenig faßbaren Begriffen und teilweise wohlfeilen Formulierungen. Solche diffusen Worthülsen werden zwar stufenweise konkretisiert, doch letztendlich bekommen jene Planer den „Schwarzen Peter" der Operationalisierung zugeschoben, die die Bestandserhebungen, -analysen und Prognosen erarbeiten müssen.

Nur selten liegen Rohdaten vor, die genau den zu bearbeitenden Sachverhalt belegen. In aller Regel muß mit „Ersatzlösungen" operiert werden, indem sog. Indikatoren herangezogen werden. Indikatoren sind direkt sicht- und meßbare oder mit den Methoden der empirischen Sozialforschung ermittelbare Merkmale, mit deren Hilfe man auf indirektem Wege nicht unmittelbar erfaßbare Aspekte der Raumstruktur und raumprägende Prozesse ermitteln und analysieren kann.

Die gesammelten Rohdaten (Merkmale, Variablen) sind somit zunächst Hilfsgrößen, die aufgrund theoretischer Überlegungen eine Indikatorfunktion zugewiesen bekommen. Ein und dieselbe Variable mutiert auf diesem Wege zum Indikator.

Indikatoren sind nicht Selbstzweck, sondern zu jedem Indikator gehört immer ein Indikandum. Es geht nicht um den Inhalt der Indikatoren selbst, sondern um das, was sie belegen sollen. Indikatoren werden damit im Gegensatz zu den Variablen stets ziel- und zweckgerichtet in Abhängigkeit von der jeweiligen Aufgabenstellung verwendet.

Zwei Begriffe aus der Statistik müssen hier nicht nur zur Kenntnis genommen, sondern stets behandelt werden:

- Die Suche nach geeigneten Indikatoren erweist sich immer auch als ein Identitätsproblem: die Frage, wie weit oder wie gut der Indikator das Indikandum repräsentiert. Dieses wird als das Problem der Gültigkeit (*Validitätsproblem*) diskutiert. Gültigkeit meint, daß ein Indikator auch tatsächlich das mißt, was er messen soll, nämlich die komplexe, theoretische Größe.

- Neben der Validität ist auch die Zuverlässigkeit, die *Reliabilität* der Indikatoren von Bedeutung.

Letztendlich basiert die gesamte räumliche Planung auf diesem Indikatorenkonzept. Mit joker-ähnlichen Eigenschaften müssen Indikatoren für nahezu alle Aufgaben herhalten: Von der Erfassung und Beschreibung eines Ist-Zustandes von Regionen über die Mithilfe bei der Aufdeckung räumlicher Disparitäten und Bereitstellung von Skalen zur Rangfolgenbildung im Zuge von Fördermaßnahmen bis hin zur Erfolgskontrolle reicht ihr Einsatzbereich.

Es gibt eine ganze Reihe von Möglichkeiten, die Vielzahl möglicher Indikatoren in Gruppen (Typen) einzuteilen. Besonders weit verbreitet sind folgende Kategorisierungen:

■ *Input- und Output-Indikatoren*

Durch die Unterscheidung in In- und Output-Indikatoren versucht man, jenen Aufwand (an Zeit, Geld, Personal oder sonstigen Einheiten) zu erfassen, der in eine Aufgabe (Bereich) investiert wird, um ihm jenen „Ertrag" gegenüberzustellen, den man durch die geleisteten Investitionen erzielt. Von der Idee her ist diese Unterscheidung durchaus überzeugend, in der praktischen Durchführung jedoch höchst selten zu leisten: Zum einen fehlen schlicht und einfach Daten, die als Output-Indikatoren eingesetzt werden können, und zum anderen wird man nur selten ursächlich belegen können, worauf ein bestimmter Output wirklich zurückzuführen ist. Die bloße Gegenüberstellung von Investitionen und Erträgen ist kein Beweis.

Für Thematiken der gesellschaftlichen/sozialen Bereiche liegen fast immer nur Input-Indikatoren vor. Die wenigen Output-Indikatoren sind selten eindeutig zu bewerten oder zu interpretieren.

Bildungssektor:	Input	= Kosten, Schüler je Lehrer, durchschn. Klassengröße u.ä.
	Output	= Abiturientenquote, Hilfsschüler ...
Gesundheitswesen:	Input	= Kosten, Einwohner je Arzt Distanz zum nächsten Arzt ...
	Output	= Säuglingssterblichkeit, Lebenserwartung ...

■ *Indikatoren zur Angebots- und Nachfrageseite*

Analog zu den In- und Output-Indikatoren lassen sich Angebot und Nachfrage unterscheiden. Jegliches infrastrukturelles Angebot ist leicht zu erfassen, deren Nutzung hingegen viel schwerer. Noch schwieriger gestaltet sich der Sachverhalt, wenn die Akzeptanz (das Nutzungsinteresse) potentieller Angebote ausgelotet werden soll. Der gesamte Freizeitsektor, der Erholungsbereich und der Tourismus verwenden diese Begrifflichkeit.

■ *Indikatoren für die Bereiche Wirtschaft-Gesellschaft-Umwelt*

Während die amtliche *Wirtschaftsstatistik* vergleichsweise umfangreich und detailliert das Wirtschaftsgeschehen abzudecken vermag, stehen für den Bereich *Gesellschaft* nur wenig Daten zur Verfügung. Deshalb ist mit viel Engagement in den 70er Jahren begonnen worden, Grundlagenforschung zur Etablierung eines Systems sog. *Sozialer Indikatoren* zu betreiben. Doch die ambitionierten Erwartungen haben sich größtenteils nicht erfüllt und teilweise im nachhinein als unrealistisch erwiesen (vgl. hierzu HABICH/NOLL 1994). Übrig geblieben ist die Sozialberichterstattung, deren sichtbares Produkt der von der Bundeszentrale für politische Bildung herausgegebene Datenreport ist.

Derzeit wird viel über sog. subjektive Indikatoren diskutiert, die die gesellschaftliche Wohlfahrt widerspiegeln sollen. Sie sind theoretisch auch wunderbar herleitbar, aber empirisch nicht zu ermitteln.

Die „Datenlücke" zur Erfassung und Analyse der *Umweltsituation* wird seit langem beklagt, und mittlerweile hat sich ein weitverzweigter, vielfach eigenständiger Verwaltungszweig entwickelt. Aufgrund seines Querschnittcharakters liegt hier ein sehr hoher und vor allen Dingen breit angelegter Informationsbedarf vor. Die Datenlage hat sich mosaiksteinartig sehr verbessert, aber hinsichtlich einer konsequenten Flächendeckung sowie der Möglichkeiten von Zeitreihenanalysen bestehen weiterhin große Probleme. Im Gefolge der Diskussion um „sustainable development", die in ihrem Anspruch durchaus nicht nur auf die Umwelt beschränkt bleibt, dort aber am ehesten faßbar wird, gewinnt die Suche nach geeigneten Umweltindikatoren wieder an Bedeutung.

3.2 Verfahren der deskriptiven Statistik

Die statistische Aufbereitung beschränkt sich im wesentlichen auf die Berechnung der einfachen *Lageparameter* und *Streuungsmaße* zur Charakterisierung metrischer Datenreihen. Darüber hinausgehend kommen *Gliederungszahlen* und *Indexbildungen* aller Art zum Einsatz. Die Begrifflichkeit variiert dabei stark (Gliederungszahlen, Besatzziffern, Quotienten, Koeffizienten usw.), ohne daß rechentechnisch mehr als einfache Produkt- und Quotientenbildung erforderlich ist. Im Zweifelsfall kann hier nahezu jedes einführende Statistiklehrbuch zu Rate gezogen werden und darüber hinausgehend bietet das zwar scheinbar alte, aber immer noch gültige Standardwerk von MÜLLER (1973) zur Regionalanalyse eine Fülle von Anregungen.

Zur Bestimmung von regionalen, strukturellen Unterschieden im wirtschaftlichen Bereich gibt es etliche Kennziffern. Ihr Informationsgehalt steigt in aller Regel mit dem Komplexitätsgrad der Maßzahlen, dennoch sollten die einfachen, scheinbar banalen Kennziffern nicht übergangen werden; nicht zuletzt auch deshalb, weil sie als „Bausteine" für die komplexeren benötigt werden.

Immer dann, wenn es für die zu untersuchende(n) Region(en) eine Bezugsregion gibt, sollten zur Einschätzung der wirtschaftlichen Leistungsfähigkeit der Spezialisierungs- und der Standortkoeffizient berechnet werden. Als Bezugsregion wird in aller Regel eine übergeordnete räumliche Aggregatstufe herangezogen.

- Der *Spezialisierungskoeffizient* liefert für Teilregionen einen ersten Hinweis darauf, ob Abweichungen (Spezialisierungen) im Vergleich mit der Gesamtregion hinsichtlich der Anteile einzelner Wirtschaftsbereiche bestehen.

Wenn man die positiven prozentualen Abweichungen zwischen der Teilregion und dem Gesamtraum, die sich in den einzelnen Wirtschaftsbereichen (-zweige, -abteilungen o.ä.) ergeben, aufsummiert und diese Summe durch 100 dividiert, so erhält man einen Wert zwischen 0 und 1, der anzeigt, ob und wie stark die Teilregion gegenüber dem Gesamtraum als spezialisiert zu betrachten ist.

Allerdings macht dieser Koeffizient keinerlei nähere Angaben über die Art der Spezialisierung.

- Der *Standortquotient* vergleicht die Konzentration eines bestimmten Wirtschaftsbereiches in einer Teilregion mit der in der gesamten Region. Regionale, branchenspezifische Besonderheiten lassen sich hiermit einfach aufdecken.

Bewußt machen muß man sich aber immer wieder, daß beide Kennziffern wirklich nur einen ersten Hinweis liefern und noch keinerlei Erklärungsgehalt aufweisen!

Rechentechnisch aufwendiger, dafür aber mit einem hohen positiven Image besetzt ist die sog. *Shift-Analyse*. Sie liefert einen kombinierten Längs- und Querschnittsvergleich: Zum einen wird die Entwicklung einer Teilregion mit der gesamtwirtschaftlichen Entwicklung verglichen, zum anderen wird dieser Vergleich für zwei Zeitpunkte vorgenommen. Als Meßgrößen verwendet man in aller Regel die Beschäftigtenzahlen.

Die im Rahmen der Shift-Analyse berechnete zentrale Kennziffer ist der sog. *Regionalfaktor*, der sich wiederum in zwei Komponenten, den *Struktureffekt* und den *Standorteffekt*, zerlegen läßt.

Zur Veranschaulichung der Ergebnisse sollte immer ein Koordinatensystem aus den Komponenten Struktur- und Standorteffekt aufgespannt werden. Hierin können dann sowohl Typisierungen vorgenommen als auch Entwicklungslinien für einzelne Regionen aufgezeigt werden.

Über diese univariaten Techniken hinausgehend sollten im Zuge der Analyse des Ist-Zustandes auch bivariate Untersuchungen durchgeführt werden. Dabei bietet das *Steuerungsdiagramm* eine anschauliche und leicht lesbare Darstellung der Beziehungen zwischen jeweils zwei Indikatoren, für die dann die entsprechenden Kennziffern der einfachen, linearen *Korrelations- und Regressionsberechnungen* ausgewiesen werden.

Die Entscheidung über die Sinnhaftigkeit des Zusammenhangs zweier Variablen (Stichwort „Scheinkorrelationen") liegt allerdings immer als Problem beim Bearbeiter.

Als weitere, besonders informative Techniken für die Raumanalyse sollen hier die folgenden vier Verfahren herausgehoben und empfohlen werden:

- Das Strukturdreieck (*Dreiecksdiagramm*)
Für alle Indikatoren, die sich in drei Teilmengen zerlegen lassen (Wirtschaft nach Sektoren, Bevölkerung nach Altersklassen, Flächen nach Nutzungsgruppen usw.), bietet das Dreiecksdiagramm nicht nur eine ausgezeichnete Anschauungshilfe, sondern kann

darüber hinaus auch zur Typisierung (Gruppenbildung) von Raumeinheiten eingesetzt werden.

- Das *Konzentrationsdiagramm* (Lorenzkurve) und der Gini-Koeffizient
  Als Maßzahl und Diagramm zur Darstellung von Konzentrationen (nicht nur räumlicher Art) eignet sich die Lorenz-Kurve mit dem dazugehörenden Gini-Koeffizienten. Das Diagramm ermöglicht einen optischen Vergleich der empirischen Verteilung mit der maximalen Dispersion (Gleichverteilung), und der Gini-Koeffizient liefert die entsprechende numerische Maßzahl.

- Der *Bevölkerungsschwerpunkt*
  Die Berechnung der Bevölkerungsschwerpunkte für verschiedene Zeitpunkte - bei gleichem zugrunde gelegten Gebietsstand - liefert eine sehr schöne Anschauungshilfe sowie einen numerischen Beleg für mögliche räumliche „Verlagerungstendenzen".

- Die *Nächst-Nachbar-Analyse* (NNA) (vgl. Hantschel/Tharun 1980, S. 188-190, oder Bahrenberg/Giese 1975, S. 86-89)
  Die NNA bietet eine Maßzahl zur Einschätzung räumlicher Konzentrationen; die Kennziffer ist ein absolutes Maß im Spektrum von gleichmäßigen, zufälligen und in Klumpen konzentrierten Standortverteilungen. Sowohl der gedankliche als auch der rechentechnische Verfahrensablauf sind relativ einfach nachzuvollziehen: Die Maßzahl R berechnet sich einfach aus dem Quotienten einer empirischen (beobachteten, tatsächlichen) Punkteverteilung (Dichte) und einer theoretischen (zufälligen) Punktdichte.

3.3 Multivariate Verfahren

Aufgrund der allgemeinen PC-Verfügbarkeit besteht mittlerweile überall die Möglichkeit, komplexe Analysetechniken einzusetzen. Hierfür sind allerdings fundierte statistische Kenntnisse erforderlich.

Multivariate Verfahren werden in erster Linie zur Raumanalyse „im Hintergrund" eingesetzt. Hier vermögen sie sehr hilfreich zu sein, sei es als Ideengeber oder einfach zur statistischen Absicherung. Inwieweit sie dann an die (Fach-)Öffentlichkeit gelangen, muß im Einzelfall entschieden werden; denn die multivariaten Verfahren leiden darunter,

- daß ihnen grundsätzlich ein allgemeiner, diffuser Vorbehalt entgegengebracht wird, weil das notwendige methodische Vorwissen bei den Abnehmern der Untersuchungen vielfach nicht vorhanden ist;
- daß einige Verfahren dem Bearbeiter in der Tat ziemlich viel Entscheidungsspielraum lassen und somit die möglichen Ergebnisse eine sehr große Bandbreite aufweisen können;
- daß die Ergebnisse nicht immer anschaulich und transparent wirken; diesen Punkt vermag aber der Bearbeiter zu beeinflussen.

Die Menge der multivariaten Verfahren ist zwar recht umfangreich, doch unter Berücksichtigung des Bekanntheitsgrades der einzelnen Methoden und der primären Anliegen in der räumlichen Planung reduziert sich die multivariate Palette auf eine überschaubare Anzahl:

- *Die Regressions- und Korrelationsanalyse* (vgl. BAHRENBERG/GIESE/NIPPER 1992)
  Die Regressionsanalyse ist ein außerordentlich flexibles Verfahren, das sowohl für die Erklärung von Zusammenhängen als auch für die Durchführung von Prognosen große Bedeutung besitzt. Es gilt allgemein als das wichtigste und am häufigsten eingesetzte multivariate Analyseverfahren. Die Regressionsanalyse unterscheidet zwischen einer abhängigen und einer oder mehreren unabhängigen Variablen, die unterstellten Beziehungen können überprüft und quantitativ abgeschätzt werden.
  Damit eng verbunden ist die Korrelationsanalyse. Sie setzt keinerlei Kenntnis über die Richtung der internen Abhängigkeiten voraus, sie erfordert somit keine Unterscheidung in abhängige und unabhängige Merkmale. Ergänzend zur Regressionsanalyse, die sich mit der Art der Beziehungen zwischen den Variablen befaßt, faßt die Korrelationsanalyse das Ausmaß, die Stärke der Zusammenhänge in einem Koeffizienten zusammen.

- *Die Faktorenanalyse* (vgl. BORTZ 1993)
  Die Faktorenanalyse leidet besonders stark unter einem eigentlich schon verjährten „Rufmord". Sie bildete die „Speerspitze", als das Quantifizieren in den 60/70er Jahren Einzug in die deutsche räumliche Planung hielt. Aufgrund der stark überzogenen Erwartungshaltung sowie des umfangreichen „groben Unfugs", der mit faktoranalytischen Untersuchungen betrieben worden ist, ist die Faktorenanalyse in Verruf geraten. Doch richtig eingesetzt, vermag sie durchaus sehr hilfreich zu sein.

  In vielen Fällen ist es eine relativ große Variablenzahl, die berücksichtigt werden müßte, und zudem deuten oftmals hohe Korrelationen zwischen den Variablen darauf hin, daß „hinter" den meßbaren Größen Zusammenhänge bestehen, die so nicht faßbar sind. Mit genau diesem Problem- bzw. Aufgabenbereich befaßt sich die Faktorenanalyse. Sie bietet Rechenverfahren an, um nicht direkt meßbare, „unsichtbare" Größen, die sog. Faktoren, zu identifizieren und quantifizierbar zu bestimmen.

  Die Faktorenanalyse eignet sich im wesentlichen für folgende Aufgaben:
  - Datenreduktion durch Bündelung von Variablen auf wenige Faktoren;
  - Herausarbeitung formal unabhängiger Größen ($r=0$);
  - Entdeckung/Berechnung von nicht direkt meßbaren, abstrakten „Einflußgrößen" (synthetische Variable).

  Je nach Versuchsanordnung und theoretischer Vorarbeit kann die Faktorenanalyse sowohl als heuristisches, hypothesengenerierendes Verfahren als auch als Methode zur Überprüfung der Dimensionalität komplexer Merkmale eingesetzt werden.

- *Die Clusteranalyse* (vgl. BACKHAUS u.a. 1994)
  Der Ausdruck Clusteranalyse ist ein Sammelbegriff, ein Oberbegriff für eine Vielzahl sehr unterschiedlicher Verfahren zur „Gruppenbildung".
  Während man bei der Faktorenanalyse bemüht ist, Variablen zusammenzufassen, geht es bei der Clusteranalyse um die Bündelung von Objekten. Das Ziel der Clusteranalyse ist es, Objekte nach bestimmten Prinzipien in Gruppen (Klassen, Teilmengen, Cluster) aufzuteilen. Damit zielt die Clusteranalyse genau auf das ab, was in der räumlichen Planung als Regionalisierung und Typisierung bezeichnet wird.

Das Grundprinzip ist bei allen Clusteranalysen gleich: Die in die Analyse einbezogenen Variablen spannen einen n-dimensionalen Raum auf, und es wird unterstellt, daß die einzelnen Elemente einander um so ähnlicher sind, je näher sie in diesem Variablenraum beieinanderliegen.

Im Verlauf des Verfahrens ist eine Vielzahl von Festlegungen zu treffen, die jeweils sehr unterschiedliche Ergebnisse zur Folge haben können. Für die Entscheidungen gibt es selten klare Empfehlungen oder Hilfen, so daß letztendlich der Anwender vielfach „intuitiv", nach Vorlage bzw. „Kochrezept" oder aber einfach nach „default" seine Festlegungen trifft.

Darüber hinaus ist zu bedenken, daß es sich bei der Clusteranalyse um ein heuristisches Verfahren handelt. Die Berechnung aller theoretisch möglichen Gruppen (totale Enumeration) und Auswahl der besten ist auch im derzeitigen PC-Zeitalter noch unrealistisch. Die Clusteranalyse vermag somit nicht die „objektiv richtige" Typisierung zu liefern, sondern jeweils nur eine unter vielen möglichen, die hinsichtlich bestimmter Vorgaben optimal ist.

3.4 Kartographie

Sowohl für die Raumanalyse, die Veranschaulichung von Typisierungen und die Verdeutlichung von Konflikten als auch für die Bewertung der Befunde und die Umsetzung von Zielvorstellungen in die eigentliche Planungsaussage sind Karten unerläßlich.

Mit der in jüngerer Zeit extrem verbesserten Grafikfähigkeit der EDV steigt auch die „Computerkartenproduktion" ganz erheblich. Heute lassen sich Karten realisieren, die zuvor einfach am manuellen und zeitlichen Aufwand scheiterten. Dieser Fortschritt ist sehr zu begrüßen, solange es sich um die Erstellung von Arbeitskarten handelt. Als technisches Teil- oder Zwischenprodukt in einem umfangreichen Erhebungs- und Analyseprozeß vermag die Computerkartographie ausgesprochen hilfreich zu wirken (vgl. DOSCH in diesem Band).

Die Mehrzahl aller Thematischen Karten beinhaltet quantitative Daten, die sich auf Punkte, Linien oder Flächen beziehen. Aufgrund der nahezu beliebig großen Bandbreite an (karto-)grafischen Umsetzungsmöglichkeiten ergibt sich eine fast unendliche Darstellungsvielfalt. Auf dieser Anwendungsebene sollten die Bearbeiter die technischen (verspielten und nicht immer seriösen) Möglichkeiten der Mappingsysteme durchaus auch einsetzen (vgl. hierzu auch BfLR 1993).

Sobald aber die erzeugten Karten einer (Fach-)Öffentlichkeit zugänglich werden, sind deutlich höhere Ansprüche an die Qualität der Karten zu stellen. Damit die Vorzüge der kartographischen Visualisierung in der räumlichen Planung aufgrund einer scheinbaren darstellungstechnischen Beliebigkeit nicht in Verruf geraten, ist eine weitestgehende Vereinheitlichung in der Kartengestaltung anzustreben.

Für den Bereich der Bauleitplanung bietet die „Planzeichenverordnung" einen gewissen Orientierungsrahmen. Einige Bundesländer haben für ihre Regionalen Raumordnungspläne eigene Zeichenvorschriften erlassen, aber jene sind nicht bundesweit einheitlich. Die von der ARL veröffentlichten Rahmenvorschläge (vgl. ARL 1991) sind zwar ein erster Schritt, münden aber nicht in konkrete Handlungs- bzw. Zeichenanweisungen.

4. Verfahrenstechnische „Detail-Festlegungen"

In fast allen Erhebungs- und Analysetechniken sind vom Bearbeiter Entscheidungen zur Datenbehandlung zu treffen. Diese Festlegungen scheinen vielfach marginaler Art zu sein, und für fast alle gibt es „übliche Regeln", Standardeinstellungen oder Vorlagen, an denen man sich orientiert.

Allerdings wirken etliche dieser Festlegungen sehr viel nachhaltiger, als es vordergründig den Anschein erweckt. Bearbeiter, die eine ganze Kette dieser Entscheidungen jeweils zielgerichtet treffen, vermögen gerade in der Kombination aus statistischer Datenbasis und kartographischer Darstellung eine erstaunliche Bandbreite von scheinbar unterschiedlichen Ergebnissen zu produzieren. Damit kommt diesen „kleinen technischen Ablaufentscheidungen" eine hohe Bedeutung zu; es ist außerordentlich wichtig, alle diese Festlegungen nicht technokratisch oder standardmäßig, sondern bewußt zu treffen. Die betreffenden Bearbeiter tragen somit eine weitaus größere Verantwortung, als es ihre „Gehaltsstufe" oder ihr „Dienstrang" vermuten lassen.

Vor dem Hintergrund der steigenden Automatisierung durch den EDV-Einsatz wächst die Gefahr, daß - aus zahlreichen, sehr unterschiedlichen Gründen - die programminternen Voreinstellungen „kritiklos" übernommen werden. Aufgrund der vermeintlich benutzerfreundlichen Softwareführung laufen auch gut ausgebildete Planer Gefahr, die Tragweite einzelner Arbeitsschritte aus den Augen zu verlieren.

Ein weiteres, sich erst in jüngerer Zeit abzeichnendes Problem erwächst ebenfalls aus der zunehmenden EDV-Unterstützung: Die statistischen Datensätze werden angenehmerweise immer häufiger bereits auf EDV-Datenträgern zur Verfügung gestellt. In den verwendeten Programm-Formaten werden die einzelnen Merkmale dann aber zwangsläufig nur noch mit Kurznamen belegt. Genau hierin liegt nun ein weiteres *„Nachlässigkeitspotential"*: Es fehlen vordergründig alle Fußnoten, Anmerkungen und insbesondere die exakten Variablenbeschreibungen. Aufgrund äußerer arbeitstechnischer Einflüsse wird ggf. ein sorgfältiges Nachschlagen/Recherchieren unterbleiben. Im konventionellen Arbeiten war es mit „einem Blick oder kurzem Zurückblättern" überprüft, aber im komfortablen EDV-Zeitalter müßte man nun extra/zusätzlich doch noch in der Papierpublikation oder in den mitgelieferten Erläuterungstexten nachlesen, was dann leider vielfach unterbleibt.

Nachfolgend werden nun einige wichtige, besonders weit verbreitete Eingriffstellen erläutert. Der isolierte Wirkungsgrad ist recht unterschiedlich, und einiges wirkt auch eher banal, aber die Vielfalt dieser Beispiele soll die Fülle der Möglichkeiten zur Einflußnahme andeuten.

4.1 Der „natürliche Größeneffekt" quantitativer Daten

Je größer ein Gebiet ist, desto „mehr" ist auch in aller Regel von bestimmten Dingen, Sachverhalten und Zuständen vorhanden. Dieser „automatische Größeneffekt" trifft in fast allen Themenstellungen zu. Beispiele hierfür lassen sich in beliebiger Fülle und inhaltlicher Breite aufzählen: je mehr Fläche, desto mehr Menschen; je mehr Grünland, desto mehr Kühe; je mehr Autos, desto mehr Unfälle usw.

II. Analyse und Prognose

Dieser Sachverhalt ist allen bewußt, und um Fehlinterpretationen vorzubeugen, werden normalerweise nicht die Absolutwerte verwendet, sondern Relativdaten gebildet (Anteilswerte, Besatzziffern u.ä. Kennziffern).

Doch auch hier droht zunehmend die gerade angesprochene EDV-bedingte Nachlässigkeit unnötige Fehlerquellen einzubringen: Üblicherweise werden bei der PC-orientierten Statistiksoftware die jeweils benötigten Variablen in einer Auswahlliste angeklickt. Daß die Variablen in aller Regel „noch" Rohdaten beinhalten, also Absolutwerte, ist der Liste aufgrund der verwendeten Namenskürzel kaum noch anzusehen.

Sofern die berechneten Ergebnisse im Erwartungsbereich und interpretierbar bleiben, fallen derartige Fehler kaum auf. Korrelationskoeffizienten von 0,99 sollten allerdings jeden stutzig machen.

Bei der Anwendung multivariater Verfahren, die für den Bearbeiter wenig transparent sind und deren Ergebnisse sich kaum auf einen Blick nachprüfen lassen, steigt die Gefahr einer unbedachten Verarbeitung von Absolutwerten erheblich.

4.2 Raumbezogenheit der Daten

Die Notwendigkeit des Raumbezugs der verwendeten Daten ist in der räumlichen Planung zweifellos eine Selbstverständlichkeit. Doch die Probleme liegen hier im Detail bzw. „datentechnischen Alltag". Die nachfolgenden Beispielbereiche sollen verdeutlichen, daß bereits bei der Indikatorenbildung durch Oberflächlichkeit oder durch fehlende, richtige Daten inhaltliche Verzerrungen auftreten können.

- Für Indikatoren, die einen wie auch immer gearteten Bezug zur Bevölkerung benötigen, gilt die Variable „Wohnbevölkerung" als Universalbaustein. Der Raumbezug dieser Variablen ist jedoch nur dann korrekt, wenn es um den Wohnsitz (der Familie) geht. Hinsichtlich anderer Fragestellungen, wie z.B. unter dem Aspekt des Arbeitsplatzes, der Ausbildungsstätte oder des Urlaubsaufenthaltes, verliert diese Variable an Aussagekraft.
  Es gibt durchaus bessere, themenspezifisch adäquate Bezugsgrößen (Tages-/Nacht-; ortsanwesende Bevölkerung usw.). Doch diese Variablen sind nur selten verfügbar. Über die Daten des Pendlerwesens ließen sich zwar etliche angemessene Indikatoren berechnen, doch flächendeckende Angaben zum Pendlerwesen werden nur im Rahmen der Volkszählungen erhoben; somit müssen wir beständig auf die Verhältnisse von 1987 zurückgreifen.

- Die Agrarstatistik unterscheidet zwischen dem Belegenheits- und dem Betriebsprinzip. Bei der Verwendung von Flächenangaben muß peinlich genau darauf geachtet werden, nach welchem dieser beiden Prinzipien die Daten zusammengestellt sind. Beim Belegenheitsprinzip werden die Flächen jeweils der Gemeinde zugeschlagen, in der die Flächen auch tatsächlich liegen, und beim Betriebsprinzip gibt der Sitz des landwirtschaftlichen Betriebes den Ausschlag: Die Flächen werden der Gemeinde, von der aus sie bewirtschaftet werden, zugerechnet.
  Je nach Aufgaben- oder Problemstellung sind die Daten beider Erhebungstechniken durchaus sinnvoll zu interpretieren.

- Bereich Industriestatistik: Statistische Daten auf der Basis von Unternehmen geben ein verzerrtes Bild der realen Verhältnisse wieder, weil Orte mit Mehrbetriebsunternehmen (Konzerne) zu hoch bzw. falsch eingestuft werden. In den Unternehmensstatistiken werden alle Betriebsteile am Konzernsitz gezählt. Im Bedarfsfall muß unbedingt auf betriebsbezogene Statistiken zurückgegriffen werden.
- Die Begriffe Erwerbspersonen und Beschäftigte müssen sauber unterschieden werden: Während man Erwerbspersonen immer am Wohnort erfaßt und der jeweiligen Gemeinde zuordnet, werden Beschäftigte über ihren Arbeitsplatz registriert und damit am Ort des Firmensitzes gezählt. Angaben über Erwerbspersonen werden ausschließlich im Zuge von Volkszählungen erhoben, eine Fortschreibung durch die Verwaltung wird nicht betrieben.

4.3 Flächenbezug

Zu den „uralten Leiden" der Indikatorenbildung zählt sicherlich die gedankenlose Verwendung der Variablen „Gesamtfläche". Im Falle von Gliederungszahlen zur Bodennutzung ist es durchaus korrekt, die Gesamtfläche als Bezugsgröße einzusetzen, ansonsten aber kann dieses Merkmal themenbezogen zu gravierenden Verzerrungen führen.

Der beliebteste Indikator zur Verdeutlichung der unterschiedlich dichten Besiedlung der Erde ist die „Bevölkerungsdichte". Gerade auf globaler Ebene unter Verwendung der Staaten als räumliche Bezugseinheiten wird hemmungslos die Gesamtfläche der einzelnen Länder zugrunde gelegt. Wüsten, Hochgebirge und andere als Anökumene einzustufende Regionen fließen hier in die Berechnung mit ein. Der inhaltlich selbe Fehler tritt auch bei kleinräumigeren Betrachtungen auf; in unseren Regionen sollte man darauf achten, ob großflächig Unland, Moore oder reine Waldgebiete zu Verzerrungen führen können.

Es gibt in der Literatur schon seit langem diskutierte und ausgewiesene Alternativvorschläge zum Dichtebegriff, die jeweils andere Flächenvariablen im Nenner führen (vgl. hierzu z.B. die Tabelle in BÄHR/JENTSCH/KULS 1992, S. 83). Die Bandbreite reicht von der Verwendung der „Landwirtschaftlichen Nutzfläche" über „Bauflächen" bis hin zum „Nettowohnbauland". Der gemeinsame Knackpunkt all dieser korrekteren Indikatoren liegt in der mangelnden Verfügbarkeit der erforderlichen Daten. Je großräumiger man arbeitet, desto unwahrscheinlicher wird die Datenverfügbarkeit. In Deutschland allerdings gibt es flächendeckend Angaben zur Bodennutzung. Deshalb sollte man sich hier zumindest auf kleinräumiger bis regionaler Ebene die Mühe machen, themenspezifisch angemessene Dichtewerte zu berechnen.

4.4 Distanzmaß

Eine Vielzahl von Themen - angefangen von Einzugsbereichsbildungen über Potentialanalysen bis hin zur Festlegung von Zumutbarkeitsgrenzen oder Gefährdungszonen - benötigt ein Distanzmaß als Bezugsvariable. Üblicherweise wird hierfür die *„Luftlinie"* herangezogen.

Für etliche Aufgaben ist das auch durchaus korrekt; so beispielsweise im Umweltbereich, wenn es sich um die Ausbreitung von Giftgasen oder anderen äolischen Schadstoffen handelt, diese vernachlässigen - bei nicht zu starker Reliefenergie - weitestgehend die „Hindernisse" auf der Erdoberfläche.

Anders sieht es hingegen für die meisten Themen aus dem Bereich der anthropogenen Raumnutzung aus. Hier spielen die Geländemorphologie und die Verkehrsinfrastruktur eine entscheidende Rolle. Moore, Seen, Flüsse und Berge bilden natürlich Barrieren und die verschiedenen Verkehrswege ermöglichen unterschiedliche Reisegeschwindigkeiten. Insofern kann vielfach nicht die einfache Luftlinie als Distanzmaß eingesetzt werden, sondern es muß das reale Verkehrsnetz zugrunde gelegt werden. Darauf aufbauend ist weiterhin zu klären, ob der *Wegeaufwand in Entfernungsmaßen* erfaßt werden soll. Falls alternative Verkehrsmittel in Betracht kommen, ist es sinnvoller, den Wegeaufwand in *Zeiteinheiten* zu messen.

Die gelegentlich gern dargestellte sog. „Manhattan-Metrik", auch metropolitane oder City-Block-Metrik genannt, ermittelt Distanzen in einem rechtwinkligen Liniensystem (Verkehrs-, Straßennetz). Die Entfernungsermittlung ist auch noch mit einem einfachen Lineal zu bewältigen, bedeutet somit keine gravierende Mehrarbeit. Allerdings ist diese Metrik nur in speziellen Fällen anwendbar, in deutschen Gefilden wohl eher nicht.

Im PC-Zeitalter sollte man davon ausgehen können, daß im Interesse der realitätsnäheren Ergebnisse stets das reale Verkehrsnetz als Bezugssystem zugrunde gelegt werden kann.

4.5 Problembereich „Bezugseinheit, Aggregatstufe"

In der räumlichen Planung werden (fast) immer administrative Gebietseinteilungen als räumliche Bezugseinheiten verwendet. Dieses Vorgehen weist unbestritten viele Vorteile auf, dennoch sollte man sich der grundsätzlichen Problematik dieses selbstverständlichen Vorgehens bewußt sein:

- Die administrativen Einheiten sind nach Größe und Struktur sehr unterschiedlich und demzufolge eigentlich statistisch nicht einfach vergleichbar.
- Die räumlichen Abgrenzungen sind in aller Regel entweder historisch gewachsen oder „willkürlich" politisch gesetzt, jedoch keinesfalls im Hinblick auf die aktuellen Aufgabenstellungen bezogen definiert worden.
- Die Gebietsstände sind instabil, was zur Folge hat, daß für Längsschnittuntersuchungen extrem aufwendige Umrechnungsarbeiten erforderlich sind.

Auch für die Wahl der „richtigen", d.h. adäquaten Aggregatstufe gibt es keine Regeln. In der Praxis erübrigt sich diese Entscheidung vielfach aufgrund externer Sachzwänge, wie z.B.:

- Die statistischen Daten liegen nur ab einer bestimmten Ebene vor. Somit entfällt die Rechtfertigung „nach unten".
- Aus datenschutzrechtlichen Erwägungen heraus kann eine bestimmte Ebene nicht unterschritten werden.

Pragmatischerweise wird man dazu neigen, auf jener Ebene die Analysen durchzuführen, für die die Daten zur Verfügung stehen. Eine Aggregation auf eine höhere Stufe beinhaltet immer einen Informationsverlust.

Daß es auch „objektiv" keine „richtig" gewählte Bezugsebene gibt, ist u.a. daran abzulesen, daß sich die statistischen Parameter mit dem Wechsel des Aggregationsniveaus verändern. Um Irritationen zu vermeiden, sollte man tunlichst keine „Parallelberechnungen" auf verschiedenen Stufen ausweisen.

Bei der Verwendung des Korrelationskoeffizienten läßt sich eine gewisse „Regelhaftigkeit" feststellen (vgl. die willkürlich ausgewählten Korrelationen in Tab. 3; diese können auch im Zusammenhang mit dem Stichwort Scheinkorrelation diskutiert werden): Je höher das räumliche Aggregationsniveau, desto stärker (absolut) der Korrelationskoeffizient R. Bei kleinräumigen Einheiten wirken sich Extremwerte, lokale Besonderheiten u.ä. Einflüsse vergleichsweise stark aus, die statistische Streuung ist noch relativ groß, was zur Folge hat, daß R niedrig ausfällt. Bei Aggregationen werden streuende Informationsmengen zusammengefaßt und gemittelt, somit sukzessive nivelliert und R steigt demzufolge.

Tab. 3: Korrelationskoeffizienten in Abhängigkeit der räumlichen Bezugsebene

	Zusammenhang zwischen		
	„Bevölkerungsdichte" und „Geburtenrate"	„Bevölkerungsdichte" und „Grünlandanteil"	„Grünlandanteil" und „Geburtenrate"
Räumliche Bezugsebene	Korrelationskoeff. R	Korrelationskoeff. R	Korrelationskoeff. R
Hess. Gemeinden (n=403)	- 0,11	- 0,44	+ 0,16
Hess. Kreise (n=26)	- 0,20	- 0,70	+ 0,38

Quelle: Hessische Gemeindestatistik 1995

Unter Planern weit verbreitet ist der Drang, alles möglichst detailliert, d.h. so kleinräumig wie möglich aufzunehmen. Die wachsende PC-Unterstützung begünstigt diese Verhaltensweise. Bedenken sollte man jedoch:

- Die Annahme, daß man die subjektive, individuelle Ebene besser erfassen/analysieren kann, je kleinräumiger man arbeitet, ist ein Irrglaube. Es bleibt immer der sog. ökologische Fehlschluß (ecological fallacy) bestehen, egal auf welcher Ebene man arbeitet: Die Übertragung von Ergebnissen aggregierter Daten auf die Individualebene ist grundsätzlich nicht zulässig (vgl. BAHRENBERG/GIESE/NIPPER 1985, S. 198 ff.).
- Je kleinräumiger die Bezugsebene, desto höher ist in aller Regel auch der Arbeitsaufwand. Dieser führt jedoch nicht immer automatisch zu einem höheren Erkenntnisgewinn. Es kann sogar der gegenteilige Effekt auftreten, daß gerade die unüberschaubare Datenfülle den Blick für allgemeine, generelle Tendenzen verstellt.

Das bedeutet, nicht immer ist die kleinräumigere Datengrundlage auch die bessere. Die Entscheidung für eine bestimmte Aggregatstufe sollte sich demzufolge vorrangig an der Aufgabenstellung orientieren und sich auf ein hinreichendes Detailniveau beschränken.

4.6 Gruppenbildung

Eine der am häufigsten anfallenden Aufgaben besteht darin, die erhobenen Rohdaten auf eine überschaubare Menge zu reduzieren, ohne daß dabei die Komprimierung einen zu starken Informationsverlust mit sich bringt. In aller Regel werden deshalb die numerischen Datenreihen in Gruppen (Klassen) eingeteilt. Derart klassifizierte Datensätze können dann vergleichsweise überschaubar in Tabellen aufgelistet werden. Auch zur Erstellung von Thematischen Karten ist eine Gruppierung erforderlich. Jede Gruppe erhält eine eigene Signatur für die graphische Darstellung zugewiesen. Nur wenige Programme bieten eine stufenlose, farbliche Umsetzung.

Bevor man sich jedoch offensiv in diese verfahrenstechnische Aufgabe stürzt, sollte geklärt werden, ob überhaupt eine Einteilung anhand der *empirischen* Datenlage zulässig ist oder ob nicht aus der Aufgabenstellung heraus normative Vorgaben bestehen. Etliche Themenbereiche verfügen über eine ganze Reihe von z.T. gesetzlich verankerten Eckdaten, Grenzwerten u. dgl. m., die zwingend zu beachten sind. Damit ergibt sich vielfach „automatisch" eine Gruppeneinteilung. Ebenso kann es im Interesse der Vergleichbarkeit mit anderen Untersuchungen ratsam sein, die dort realisierten Einteilungen zu übernehmen.

Sofern eine eigene Klasseneinteilung vorgenommen wird, sollte für die Rohdaten stets ein Häufigkeitsdiagramm als Anschauungshilfe erstellt werden, das auf der x-Achse den aufsteigend sortierten Wertebereich enthält und auf der y-Achse die jeweiligen Häufigkeiten ausweist. Darüber hinaus sollte nach (probeweise) erfolgter Gruppierung der Klassenbesatz ermittelt werden. Es dürfen keine leeren Klassen entstehen.

Die Aufgabe der numerischen Klassenbildung besteht aus zwei Komponenten: Zunächst ist die Anzahl der Klassen (Gruppen) festzulegen und anschließend sind für die Zuordnung der Daten in die jeweiligen Gruppen Schwellenwerte zu bestimmen.

4.6.1 Anzahl der Klassen

Die Anzahl der zu bildenden Gruppen ist zum einen von der Anzahl der Elemente abhängig und zum anderen muß der Zweck der Klassifikation (Tabellenbildung, Thematische Karte) bedacht werden.

Es gibt keine allgemeine Regel und auch keine richtige oder falsche Festlegung der Klassenanzahl. Als Hilfestellung werden deshalb in der Literatur verschiedene, zum Teil recht willkürlich und abenteuerlich anmutende Faustregeln angegeben. Die Anwendung dieser Regeln führt zu sehr unterschiedlichen Empfehlungen (vgl. Tab. 4). Die Bandbreite der Ergebnisse zeigt in aller Deutlichkeit auf, daß von einer sturen Verwendung einer bestimmten Formel abzuraten ist.

Statt dessen empfiehlt es sich, eine verteilungsorientierte Festlegung unter Berücksichtigung externer Rahmenbedingungen vorzunehmen.

- Sofern das Häufigkeitsdiagramm deutlich sichtbare „Sprünge" (Lücken im Wertebereich) in der empirischen Verteilung ausweist, kann anhand dieser die sinnvolle Gruppenzahl festgelegt werden.

- Sofern eine Verteilung über die gesamte Spannweite der Daten gegeben ist, kann man sich an externen Rahmenbedingungen orientieren.

- Insbesondere im Hinblick auf die Erstellung von Thematischen Karten ist es wichtig, wahrnehmungspsychologische Aspekte zu beachten. Im Interesse einer raschen und leichten Lesbarkeit der Karten muß die Anzahl der Gruppen überschaubar gehalten werden. Studien belegen, daß die Aufnahmefähigkeit der meisten Menschen spätestens bei der Erfassung von 10 bis 12 Gruppen erschöpft ist. In farbigen Darstellungen lassen sich derart viele Signaturen ggf. noch realisieren, aber für Schwarz-Weiß-Abbildungen müssen weitere Abstriche gemacht werden. Letztendlich empfiehlt es sich, ausgehend von 5 Gruppen im Regelfall 7 und in farbigen Abbildungen maximal 9 Klassen darzustellen.

Tab. 4: Faustregeln zur Bestimmung der Klassenzahl

Faustregeln zur Bestimmung der Klassenzahl für unterschiedlich große Grundgesamtheiten/Stichproben

n	1+3,32*log(n)	5 * log (n)	SQRT(n)
10	4,3	5,0	3,2
50	6,6	8,5	7,1
100	7,6	10,0	10,0
500	10,0	13,5	22,4
1.000	11,0	15,0	31,6
2.000	12,0	16,5	44,7
10.000	14,3	20,0	100,0

Faustregeln aus: BAHRENBERG/GIESE (1975)

4.6.2 Festlegung der Schwellenwerte

Für die Festlegung der Schwellenwerte bei einer vorgegebenen Anzahl von Gruppen existieren eine ganze Reihe alternativer Verfahren.

Die Heranziehung von geometrischen, arithmetischen Reihen oder logarithmischen Einteilungen mag zwar rechentechnisch elegant wirken, schreckt jedoch die Leser und führt zu sehr „krummen Zahlenangaben" als Grenzwerte, die beispielsweise in einer Kartenlegende ausgewiesen wenig plausibel wirken.

Weit verbreitet und rechentechnisch noch einfach nachzuvollziehen sind:

- die äquidistante Einteilung (gleiche Abstände),
- die Quantilsbildung (n-tile; gleicher Besatz),
- die Nutzung von „Sinnschwellen" (willkürliche Festlegung; Orientierung an der speziellen, empirischen Verteilung).

Diese drei Verfahren sind nicht beliebig austauschbar, sondern verfügen über spezifische Eigenarten. Zur Entscheidung darüber, welches Verfahren im jeweiligen Fall angemessen ist, sollte stets ein Häufigkeitsdiagramm der Rohdaten zu Rate gezogen werden. Je deutlicher Lücken im Wertebereich bestehen, desto eher sollte man zur subjektiven, eigenen Einteilung neigen, ansonsten eine der beiden nachfolgenden anwenden.

II. Analyse und Prognose

Abb. 1: Beispiel für die Folgen unterschiedlicher Klassifizierungsverfahren
Bevölkerungsdichte in den Ländern der Bundesrepublik Deutschland
(Stand 1.1.1995)

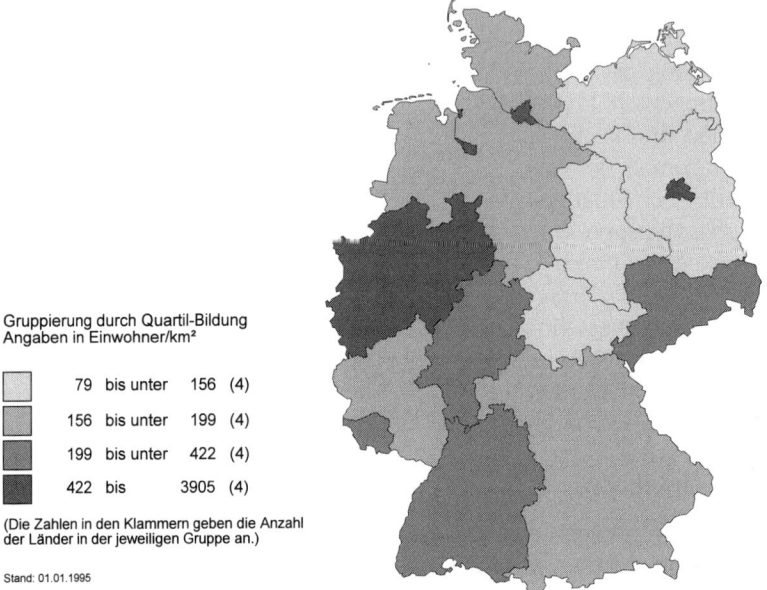

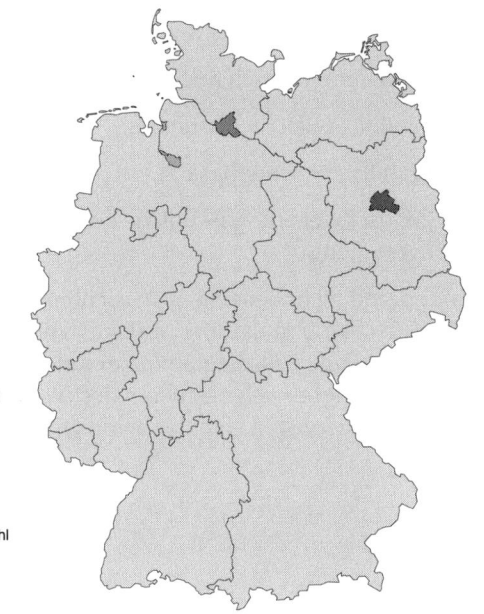

Gruppierung durch Quartil-Bildung
Angaben in Einwohner/km²

	79 bis unter 156 (4)
	156 bis unter 199 (4)
	199 bis unter 422 (4)
	422 bis 3905 (4)

(Die Zahlen in den Klammern geben die Anzahl der Länder in der jeweiligen Gruppe an.)

Stand: 01.01.1995

Äquidistante Klasseneinteilung
Angaben in Einwohner/km²

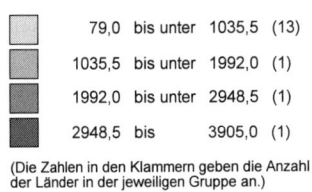

	79,0 bis unter 1035,5 (13)
	1035,5 bis unter 1992,0 (1)
	1992,0 bis unter 2948,5 (1)
	2948,5 bis 3905,0 (1)

(Die Zahlen in den Klammern geben die Anzahl der Länder in der jeweiligen Gruppe an.)

Stand: 01.01.1995

II. Analyse und Prognose

Themabezogene Gruppeneinteilung
Angaben in Einwohner/km²

☐	bis unter 100	(2)
☐	100 bis unter 200	(6)
☐	200 bis unter 1000	(5)
■	1000 bis 3905	(3)

(Die Zahlen in den Klammern geben die Anzahl der Länder in der jeweiligen Gruppe an.)

Stand: 01.01.1995

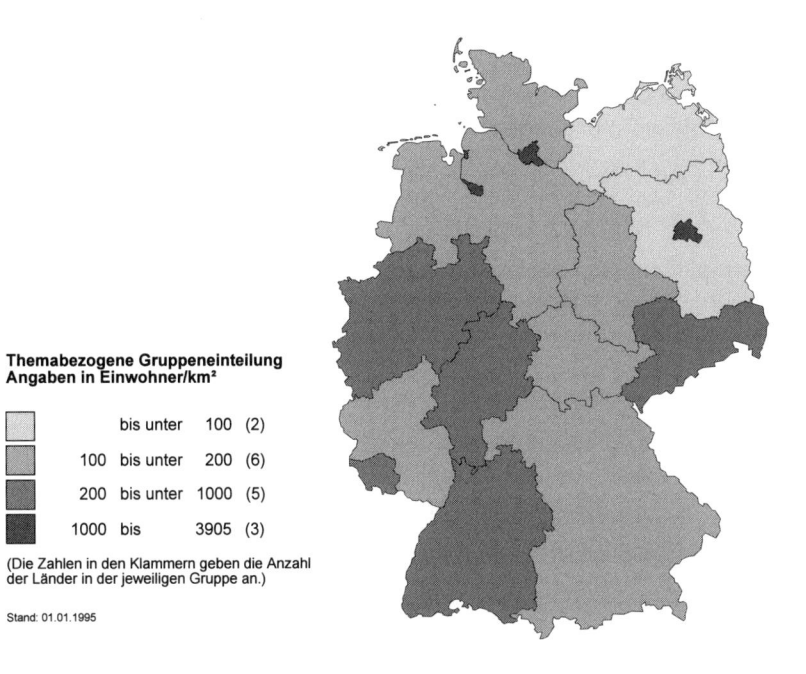

Staat	Bevölkerungsdichte (Einwohner/km²)
Baden-Württemberg	287
Bayern	169
Berlin	3.905
Brandenburg	86
Bremen	1.682
Hamburg	2.258
Hessen	283
Mecklenburg-Vorpommern	79
Niedersachsen	162
Nordrhein-Westfalen	523
Rheinland-Pfalz	199
Saarland	376
Sachsen	422
Sachsen-Anhalt	249
Schleswig-Holstein	172
Thüringen	156

Quelle: Statistisches Jahrbuch der BRD 1996

Die äquidistante Klasseneinteilung

Diese Gruppierungsvorschrift führt zu gleichen Abständen im Wertebereich (bis 10%, 10-20%, 20-30% usw.). Sie weist folgende Kennzeichen auf:

- Diese Einteilung wirkt auf viele unvoreingenommene Betrachter „normal".
- Sie hat zur Folge, daß die einzelnen Gruppen unterschiedlich stark besetzt sind.
- Bei großer Streuung der Rohdaten, bei starken Extremwerten ist diese Einteilung schlecht; wenige Klassen würden sehr stark besetzt sein und einige nur geringfügig und ggf. können sogar leere Klassen auftreten.

Die Quantilbildung

Die Quantilbildung verteilt die Daten so, daß alle gebildeten Gruppen gleich viel Elemente erhalten. In Abhängigkeit von der Anzahl der Gruppen heißen die Teilmengen dann „Quartile", „Quintile" usw. Besondere Kennzeichen sind:

- Dieses Verfahren ist in den Sozialwissenschaften sehr beliebt.
- Es suggeriert (fälschlicherweise) eine Gleichverteilung.
- Insbesondere bei kartographischen Darstellungen entsteht ein optisch „angenehmer Eindruck", dadurch daß alle Signaturen gleich häufig vertreten sind.

Quantile repräsentieren die Rohdaten nur dann gut, wenn tatsächlich eine gleichmäßige Aufteilung über den gesamten Wertebereich besteht. Ansonsten werden die empirischen Unregelmäßigkeiten bewußt kaschiert.

4.7 Zeitreihen

Zur Analyse vergangener Entwicklungen und als Datenbasis für Trendextrapolationen sind Zeitreihen erforderlich. Dabei muß allerdings zwingend sichergestellt werden, daß

- der Gebietsstand für alle Zeitschnitte einheitlich ist, da sonst abenteuerliche Interpretationen für scheinbare Entwicklungen nötig werden, die ausschließlich auf Gebietsstandsänderungen und ihren statistischen Folgen beruhen (vgl. hierzu das Beispiel bei STEINGRUBE 1983);
- die Klasseneinteilung über alle Zeitschnitte hinweg beibehalten wird.

Aufgrund dieser beiden Voraussetzungen schrumpft für viele Aufgabenstellungen das potentielle Datenmaterial auf eine überschaubare Anzahl von Variablen zusammen. Nur wenige Merkmale werden von den Statistischen Ämtern rückblickend auf einen jeweils neuen Gebietsstand umgerechnet. Und eine eigene Nachberechnung erweist sich in aller Regel als viel zu zeitaufwendig.

Der pragmatische Weg - doch den jeweiligen Gebietsstand zugrunde zu legen und dieses dann korrekterweise zu kennzeichnen - sollte wegen der nicht kalkulierbaren Verfälschungen tunlichst nicht beschritten werden.

Zusammenfassung

Die Möglichkeiten und die Qualität einer quantitativen Zustandserfassung und -beschreibung werden wesentlich durch die Datengrundlage bestimmt. In dieser Hinsicht besteht insbesondere für die kleinräumige Ebene noch immer ein erhebliches Defizit in Deutschland: Die Planer müssen ihre Daten vielfach selbst aus den unterschiedlichsten Quellen zusammentragen.

Hier kann nur eine zentrale Informationsstelle Abhilfe schaffen, die eine „Laufende Raumbeobachtung" betreibt, wie es die BfLR für das Bundesgebiet seit Jahrzehnten praktiziert.

Es ist zu befürchten, daß kommerzielle Datenanbieter versuchen werden, dieses Informationsdefizit mit ihrem eigenen Datenangebot zu füllen. Dieser Weg sollte keinesfalls beschritten werden, da damit keine hinreichende Zuverlässigkeit der Daten gegeben sein wird.

Die Analyse- und Präsentationstechniken bewegen sich - u.a. mit Rücksicht auf die Leserschaft der Arbeiten - auf einem einfachen Niveau, und multivariate Verfahren bilden die Ausnahme.

Die zunehmende Technisierung der räumlichen Planung ist sehr zu begrüßen und zu fördern. Dennoch soll hier auf ein nicht zu unterschätzendes Gefahrenpotential hingewiesen werden: Der wachsende arbeitstechnische Komfort impliziert „neue Nachlässigkeiten". Der PC-Einsatz macht keinesfalls das Denken überflüssig; Plausibilitätsprüfungen werden mehr denn je erforderlich sein. Hier ist in nächster Zeit nicht nur Schulungsbedarf gegeben, sondern es muß auch viel Aufklärungsarbeit geleistet werden, um nicht einer falschen Technikgläubigkeit Vorschub zu leisten.

Die Tragweite von Bestandsaufnahmen und der Aufbereitung ihrer Ergebnisse sollte nicht unterschätzt werden. Bereits im Zuge der Ausarbeitung und Darstellung des Ist-Zustandes haben die Bearbeiter - auch bei den vermeintlich einfachen Verfahren - eine Fülle von scheinbar kleinen, technokratischen Festlegungen zu treffen, die in ihren Folgewirkungen bis weit in die Interpretations- und teilweise auch Prognosephase hineinreichen. Insofern ist es wichtig, daß gerade die Planer, die diese Grundlagenarbeiten ausführen, über ein ausgeprägtes Problem- und auch Verantwortungsbewußtsein verfügen.

Literatur

ARL (Akademie für Raumforschung und Landesplanung) (1991): Aufgabe und Gestaltung von Planungskarten. ARL-FuS, Bd. 185. Hannover.

Backhaus, K.; Erichson, B.; Plinke, W.; Weiber, R. (1994): Multivariate Analysemethoden. 7. Auflage. Berlin u.a.

Bahrenberg, G.; Giese, E. (1975): Statistische Methoden und ihre Anwendung in der Geographie. Stuttgart.

Bahrenberg, G.; Giese, E.; Nipper, J. (1985): Statistische Methoden in der Geographie. Univariate und bivariate Statistik. Stuttgart.

Bahrenberg, G.; Giese, E.; Nipper, J. (1992): Statistische Methoden in der Geographie. Multivariate Statistik. Stuttgart.

Bähr, J.; Jentsch, C.; Kuls, W. (1992): Bevölkerungsgeographie. In: Lehrbuch der Allgemeinen Geographie, Bd. 9. Berlin/New York.

Bortz, J. (1993): Statistik für Sozialwissenschaftler. 4. Auflage. Berlin u.a.

Bundesforschungsanstalt für Landeskunde und Raumordnung (BfLR) (Hrsg.) (1993): Planungskartographie und Geodesign. Informationen zur Raumentwicklung, H. 7.

Habich, R.; Noll, H.-H. (1994): Soziale Indikatoren und Sozialberichterstattung. Internationale Erfahrungen und gegenwärtiger Forschungsstand. Bern.

Hantschel, R.; Tharun, E. (1980): Anthropogeographische Arbeitsweisen. Braunschweig.

Moll, P. (1991): Funktionen der Karte. In: Aufgabe und Gestaltung von Planungskarten. ARL-FuS, Bd. 185. Hannover.

Moll, P. (1995): Kartographische Grundlagen. In ARL: Handwörterbuch der Raumordnung. Hannover.

Müller, J.H. (1973): Methoden zur regionalen Analyse und Prognose. In: ARL, Taschenbücher zur Raumplanung 1. Hannover.

Reiners, H. (1991): Raumordnungs- und Planungskataster. ARL-Arbeitsmaterialien, Nr. 177. Hannover.

Steingrube, W. (1983): Urbanisierung und Suburbanisierung im Rhein-Main-Gebiet. Verfahrenstechnische Arbeiten zur Durchführung einer empirischen Analyse. In: Der Verdichtungsraum in Regionalforschung und zukünftiger Raumordnung. Rhein-Mainische-Forschungen, H. 98, S. 75-93. Frankfurt a.M.

II.3 Qualitative Verfahren

Jürgen Pohl

Inhalt

1. Der Trend zum Qualitativen
2. Qualitative Verfahren im "interpretativen Paradigma"
2.1 Grundlagen qualitativer Verfahren
2.2 Prinzipien des qualitativen Vorgehens
3. Raumforschungsrelevante Methoden
3.1 Das Spektrum qualitativer Methoden
3.2 Die Phänomenologie
3.3 Das offene Interview
3.4 Das Experteninterview
3.5 Die Delphi-Methode
3.6 Hermeneutische Text- und Bildinterpretation

Unter dem Stichwort "Qualitative Verfahren" sollen hier Methoden verstanden werden, in denen nicht mit mathematisch-statistischen Techniken (vgl. dazu Steingrube in diesem Band) gearbeitet wird. Die Verwendung von Zahlen ist zwar nicht ausgeschlossen, doch werden diese vorrangig als zu interpretierende Darstellungen der Realität angesehen und haben keinen herausragenden Status. Das Adjektiv "qualitativ" legt nahe, diese Gruppe von Verfahren in erster Linie im Gegensatz - oder doch zumindest als Alternative - zu den quantitativen Verfahren zu sehen. Dies ist zunächst nur eine Negativabgrenzung, die etwas genauer wird, wenn man hinzufügt, daß es sich bei diesen Verfahren um eine Methodengruppe innerhalb des "interpretativen Paradigmas" handelt.

1. Der Trend zum Qualitativen

Die Raumforschung entstand aus praktischen Bedürfnissen, deshalb überwogen anfangs normative Instrumente, zum Beispiel in Form von Plänen, Rechtsverordnungen oder Konzepten. Die bald hinzugekommene analytische, wissenschaftliche Raumforschung unterlag im Umfeld der "regional science" einem Quantifizierungsschub. Raumforschung war in der kritisch-rationalen Wissenschaftsphilosophie Teil des "social engineering". Mittlerweile wiederum ist der Glaube an die Machbarkeit und die Möglichkeit der Quantifizierung - wie auch an eine grundsätzlich berechenbare Struktur - der Wirklichkeit merklich gesunken. Als Folge davon kehren die ohnehin nie ganz verschwundenen qualitativen Methoden zurück, die seit den 80er Jahren offensiv vertreten werden (LAMNEK 1993, S. 31).

Der Trend zum Qualitativen hat teilweise einen direkten Bezug zu räumlichen Aspekten. So formuliert etwa FLICK (1995, S. 24) im Anschluß an TOULMIN vier Tendenzen zum Qualitativen: "Die Rückkehr zum Mündlichen, zum Besonderen, zum Lokalen und zum Zeitgebundenen sind Ergebnisse der Dysfunktionalität szientischer Methoden angesichts neuer Problemlagen." Verstehende Verfahren in den Sozialwissenschaften anstelle multivariater Statistik oder historisch-holistische Herangehensweisen statt ökonometrischer Modellrechnung seien hier beispielhaft genannt. In der Raumforschung kann man den Trend zum Qualitativen zum Beispiel festmachen in der Zunahme von Szenarien anstelle von quantitativen Prognosen oder am gesunkenen Stellenwert von Kosten-Nutzen-Analysen gegenüber verbalen Abwägungen.

2. Qualitative Verfahren im "interpretativen Paradigma"

Faktisch sind qualitative Verfahren die am meisten verwendeten Verfahren, wenn es darum geht, Erkenntnisse über die Struktur und die Funktionsweise der Realität zu gewinnen sowie zu rationalen Urteilen und Entscheidungen zu gelangen. Dies gilt selbst dort, wo aufwendige statistische Analysen durchgeführt werden. Deren Ergebnisse sprechen nämlich nicht aus sich selbst heraus, sondern sie bedürfen einer Interpretation. Dennoch werden Interpretationen - und generell die qualitativen Verfahren - oft als bloße Ersatzmaßnahmen angesehen, wenn die Mittel für eine quantitative Vorgehensweise fehlen. Qualitative Verfahren sind aber keine Lückenbüßer, sondern haben ein spezifisches Erkenntnisinteresse. Um dieses Eigengewicht herauszustellen, ist zumindest ein rudimentäres Eingehen auf die methodologischen Prämissen notwendig. Generell ist es bei den qualitativen Verfahren weniger wichtig, technisches Wissen zu erwerben, als vielmehr die Grundprinzipien verstanden und verinnerlicht zu haben. Hält man sich die Breite der qualitativen Methoden, die von der Karteninterpretation als einer spezifischen raumwissenschaftlichen Hermeneutik bis zum ethnomethodologischen Krisenexperiment reicht, vor Augen, so wird ohnehin schnell klar, daß es bei den Methoden ein sehr breites Spektrum gibt. Dafür gibt es jeweils spezielle Hand- und Lehrbücher. In diesem Kapitel kann es nur darum gehen, das Gemeinsame herauszuarbeiten und einen Einblick in ausgewählte, raumwissenschaftlich relevante Methoden zu geben.

2.1 Grundlagen qualitativer Verfahren

Wissenschaftliche Verfahren außerhalb der gängigen geisteswissenschaftlichen Methoden sind strukturell dem naturwissenschaftlichen Vorgehen verwandt. Dies bedeutet insbesondere die Annahme einer objektiven Welt, die nach bestimmten Gesetzmäßigkeiten funktioniert, welche wiederum mit Meßinstrumenten erfaßt werden können. Die Realität wird als grundsätzlich mathematisierbar und quantifizierbar angesehen. Demgegenüber knüpft das interpretative Paradigma an die These von der grundsätzlich unterschiedlichen Struktur von Natur und Kultur an, wie sie von WILHELM DILTHEY im ausgehenden 19. Jahrhundert in die bekannte Formel gekleidet wurde: "Die Natur erklären wir, das Geistesleben verstehen wir".

Die gesellschaftliche Wirklichkeit, zu der auch Politik und Planung gehören, ist keine "zweite Natur" oder "soziale Natur", sondern eine von den Mitgliedern der Gesellschaft selbst hergestellte Realität, die verstanden werden muß. Dieser Herstellungsprozeß hat keine mathematische Struktur, sondern geschieht als permanenter kommunikativer Prozeß, in dem gemeinschaftlicher Sinn - und damit soziale Wirklichkeit - mit Hilfe sprachlicher Akte in Interaktionen produziert und reproduziert wird. Die Objekte der Sozialwissenschaften sind daher Bedeutungen bzw. Sinnzuschreibungen. Will man Erscheinungen aufgrund von Absichten und Motiven, Zielen und Zwecken der Akteure verstehen, so handelt es sich um eine finalistische Wissenschaftsauffassung, die in der aristotelischen - und somit im Gegensatz zur galileischen - Tradition steht (POHL 1986, S. 212f.).

Da die Menschen unter gleichen Bedingungen unterschiedlich reagieren können, ist nicht die Suche nach nomothetischen Gesetzmäßigkeiten das Ziel der qualitativen Forschung, sondern die untersuchten Phänomene werden prinzipiell als Singularitäten angesehen. Das qualitative Vorgehen ist idiographisch. Damit ist weniger die Einmaligkeit und Unvergleichlichkeit gemeint als der Umstand, daß Zeit und Raum als historische Zeit und besondere Raumstelle wichtige Strukturierungsbedingungen der Wirklichkeit sind.

Diese wenigen Hinweise auf die grundsätzliche Differenz müssen hier genügen. Anstelle einer wissenschaftstheoretischen Auseinandersetzung soll im folgenden sogleich der methodische Hintergrund erläutert werden, um die Grundlagen und die methodischen Prinzipien zugleich vorstellen zu können.

2.2 Prinzipien des qualitativen Vorgehens

Qualitative Verfahren zeichnen sich - bei aller Divergenz und Heterogenität - durch einige gemeinsame grundsätzliche Regeln aus, die nicht unmittelbar in methodische Handlungsanweisungen umsetzbar sind, aber gleichwohl unabdingbar sind.

■ *Verankerung der Methoden: Größere Realitätsnähe der qualitativen Verfahren*

Es scheint oftmals so, als hätten Methoden in der Wissenschaft allgemeinen Charakter; sie entstammen z. B. der formalen Logik und werden gleichsam von außen an die Realität herangetragen. Dies ist jedoch nicht der Fall, wissenschaftliche Methoden werden vielmehr aus der Wirklichkeit heraus - aus der Erfahrung des Forschers (und all seiner Vorgänger) - gewonnen. Alle Methoden leiten sich letztlich aus Alltagstechniken ab: Spiel und Ausprobieren sind Grundstufen des Experiments, Beobachten durch Ausgliederung und Konzentration geschieht im Alltag und in der Wissenschaft gleichermaßen, die Befragung beruht auf dem Dialog im Gespräch usw. (KLEINING 1982, S. 225).

Qualitative Verfahren sind nun der Alltagserfahrung näher als quantitative. Zum Beispiel ergibt sich aus dem Gespräch das Tiefeninterview, erst "später" folgt die standardisierte Datengewinnung. Qualitative Verfahren sind somit - auch in einem logischen Sinn - "früher" als die quantitativen Verfahren. Das heißt, qualitatives Vorgehen muß also dem quantitativen vorausgehen, dieses kann ihm folgen, muß es aber nicht (KLEINING 1982, S. 226)! Die qualitativen Verfahren sind also eigentlich die wichtigeren. Dies wird deutlicher bei der Frage nach dem Zweck des qualitativen Vorgehens.

- *Zweck der Methoden: Aufdecken von Bezügen*

Der Zweck qualitativen Vorgehens ist vorrangig das Aufdecken von Zusammenhängen. Bezüge, Beziehungen, Verhältnisse sowie Struktur und System sind der Gegenstand qualitativen Arbeitens (KLEINING 1982, S. 229). Der besondere Charakter wird durch den Vergleich mit der üblichen quantitativen Sozialforschung deutlich. Dort gilt es, für eine Menge von Elementen unterschiedliche Merkmalsausprägungen festzustellen. Erst sekundär, wenn etwa mit Hilfe eines statistischen Signifikanztests ermittelt wird, daß zwei Verteilungen nicht nur zufällig voneinander abweichen ("Nullhypothese verwerfen"), wird eine Beziehung konstruiert ("Alternativhypothese annehmen") (LAMNEK 1993, S. 241). Qualitative Sozialforschung hat nicht Elemente und deren Eigenschaften im Visier, sondern "von Anfang an" Relationen, seien es nun Besitzverhältnisse oder Abhängigkeitsverhältnisse, Herrschaft oder Verwandtschaft. Nicht Objekte, die einen Kranz von Eigenschaften, u.a. die, männlichen Geschlechts zu sein und einen Chef zu haben, aufweisen, sind Untersuchungsgegenstand, sondern es sind die Relationen selbst. "Nehme ich das Herrschaftsverhältnis weg, so verschwindet der 'Herr' und auch der 'Knecht'... Man kann auch sagen, Beziehungen manifestieren, materialisieren oder vergegenständlichen sich in Personen und Objekten, oder noch anders: die Struktur objektiviert sich. Ziel der qualitativen Sozialforschung ist es dann, die scheinbar festen Objekte in Relationen aufzulösen" (KLEINING 1982, S. 229). Man kann die grundsätzlich aufgeklärten Strukturen und Beziehungen für bestimmte Zwecke auch noch quantifizieren, doch ist dann die grundsätzliche Struktur schon geklärt. Das Aufdecken von Strukturbeziehungen erfordert nicht das Isolieren zentraler Parameter, sondern das Zusammensuchen aller möglichen Einflußgrößen. Die Interpretation der zusammengesuchten Puzzleteile auf einen gemeinsamen Sinn hin läßt die holistische These, daß das Ganze mehr ist als die Summe seiner Teile, wiedererstehen.

- *Das Subjekt-Objekt-Verhältnis: Das erforschte Objekt als Ko-Subjekt*

Wenn die Realität als sozial hergestellte Wirklichkeit zu begreifen ist, so kann nicht von neutralen, bloß reagierenden Objekten als Gegenständen ausgegangen werden. Befragte etwa sind nicht nur Datenlieferanten, sondern sie sind zugleich Interaktionspartner. Isolierung der aus ihren Zusammenhängen herausgelösten Vorgänge, ihre Mathematisierung aufgrund von Experiment und Beobachtung sowie die ceteris paribus mögliche Reproduzierbarkeit scheiden damit aus (KONEGEN/SONDERGELD 1985, S. 25). Wichtig ist auch, daß der Forschende selbst Teil dieses Herstellungsprozesses und damit Subjekt unter Subjekten ist; somit hat er grundsätzlich eine gemeinsame Basis mit den Ko-Subjekten und kann deren Absichten, Motive, Handlungen und Verhaltensweisen verstehen. Aufgrund eines oftmals nur marginalen, aber grundsätzlich immer vorhandenen gemeinsamen Horizontes kann der Forscher eine Brücke zum Gegenstandsbereich herstellen und einen Sinn herausarbeiten. Insofern das Vorverständnis und die Möglichkeit des Verstehens seitens des Forschers nicht nur nicht ausgeblendet werden sollen, sondern geradezu eine Quelle für den Erkenntnisgewinn darstellen, kann man die qualitative Vorgehensweise auch zu den Lebenswissenschaften rechnen (SEIFFERT 1987).

- *Das Verhältnis zum Gegenstand: Das Prinzip der Offenheit*

Die Tatsache, daß das Vorurteil eine positive Rolle für das Verstehen spielt, heißt zugleich, sich der Gefahr, ein Vorurteil bloß bestätigt sehen zu wollen, bewußt zu sein. Während in der gängigen Forschung, dem naturwissenschaftlichen Denken folgend, das (gegebene) Bezugssystem des Forschers dem "Wahrheitstest" an der Realität unterzogen wird, aber - das Scheitern (Falsifikation) ausgenommen - keine wirklich neue Erfahrung jenseits dieses Bezugssystems gemacht werden kann, ist beim qualitativen Vorgehen nur eine vage Frage und ein vorläufiger Gegenstandsbereich gegeben. Im Prozeß der Forschung als "Exploration" (Spurensuche) schält sich die endgültige Struktur erst heraus. Mit dem Herausarbeiten der Struktur verändert sich der Forschungsgegenstand notwendigerweise. Damit hängt auch zusammen, daß die Definition des Objektes nicht am Anfang, sondern am Ende des Forschungsprozesses steht (KLEINING 1982, S. 232f.).

- *Methodenauswahl: Variation der Methoden und Methodenmix*

Da es bei der qualitativen Herangehensweise nicht um die Bestätigung vermuteter Strukturen bzw. theoretisch postulierter Zusammenhänge geht, sondern um das Aufdecken noch unbekannter Phänomene, kann das Ziel nur erreicht werden, wenn auch die Methoden offen sind. Dies bedeutet, daß sich die verwendeten Methoden im Laufe des Forschungsprozesses verändern können. Forschung als Prozeß erfordert ein ständiges Überdenken, mit welchen Methoden der nächste Schritt am besten bearbeitet werden könnte. Je nach Erkenntnisfortschritt sind die Methoden flexibel zu variieren (LAMNEK 1993, S. 28). Da dem qualitativen Vorgehen das eindeutige Ergebnis eines statistischen Testverfahrens (Signifikanztest bzw. Falsifikation) fehlt, ist die Betrachtung des Gegenstandes aus unterschiedlichen Blickwinkeln, das heißt die Bearbeitung mit unterschiedlichen Methoden, zugleich eine Möglichkeit, Widersprüche zu finden, sie abzugleichen und so die Gültigkeit (Validität) der Befunde zu erhöhen.

Daher sind die nachfolgend vorgestellten Methoden keine sich ausschließenden Alternativen, sondern das sich ergänzende Bündel im Bemühen, die Struktur und die Relationen eines Phänomens aufzudecken.

3. Raumforschungsrelevante Methoden

3.1 Das Spektrum qualitativer Methoden

Die qualitativen Methoden umfassen ein sehr breites Spektrum, eben alles, was nicht an Zahlen gebunden ist. Es reicht daher von der hermeneutischen Bildinterpretation bis zum phänomenologischen Essay, von der ethnomethodologischen Konversationsanalyse bis zum leitfadengestützten Experteninterview. Aus diesem weiten Feld können hier nur einige Methoden etwas detaillierter herausgegriffen werden, die für die Raumforschung von besonderer Relevanz sind. Auf andere wichtige Methoden, die in erster Linie in den philologischen und sozialwissenschaftlichen Disziplinen verwendet werden, sei jedoch kurz hingewiesen.

Die Interpretation von Gedichten hat prinzipiell dieselbe Struktur wie die Auslegung von Gesetzen oder Verordnungen, von daher ist selbst die klassische Texthermeneutik raumwissenschaftlich relevant. Ethnomethodologische Verfahren, die die Regeln, durch welche die gemeinschaftliche Herstellung der Wirklichkeit geschieht, untersuchen, wirken etwas exotisch, können für Raumforscher aber durchaus von Nutzen sein. So gewönnen alle empirischen Erhebungen an Validität, wenn zum Beispiel der Herstellungsprozeß der Wirklichkeit oder auch nur "der Einstieg in das Untersuchungsfeld als soziologisches Problem" (Lau/Wolff 1983) die nötige Beachtung fände. Die interessengeleitete Manipulation von erhobenen Daten, insbesondere durch sogenannte Experten, käme dann eher ans Licht. Raumordnerisch relevant sind auch Mediationsverfahren (z.B. Müller-Erwig 1995; siehe hierzu auch die Beiträge von A. Priebs und D. Fürst in diesem Band) und Szenariotechniken (s. hierzu den Beitrag von Stiens), die jedoch nicht in erster Linie im Abschnitt "Situationsanalyse" zu verorten sind.

Zu den raumforschungsrelevanten Verfahren würden ebenso einige klassische Verfahren zählen, die aber hier keiner weiteren Erläuterung bedürfen, weil sie altbekannt sind: Reiseberichte (auch: Exkursionen und Studienreisen), beobachtende Feldforschung, länderkundliche Darstellung sowie die Auswertung von Luftbildern und thematischen Karten sind im Grunde qualitative Methoden. Freilich sind diese Verfahren nicht das, was man sich üblicherweise unter "qualitativen Verfahren" vorstellt. Auch sind sie seit langem methodologisch diskutiert, wenn auch nicht immer kanonisiert. Im Vordergrund stehen vielmehr "neuere Methoden", ausgenommen vielleicht die Phänomenologie, die, ähnlich wie die Hermeneutik, gewissermaßen eine allgemeinere Funktion hat. Während hermeneutische Prinzipien in den nachfolgend erläuterten Verfahren implizit oder explizit angewendet werden, soll die Phänomenologie gesondert vorgestellt werden.

3.2 Die Phänomenologie

Die Phänomenologie ist faktisch, aber meist unbewußt, die am häufigsten verwendete Methode. Darstellungen, die nicht auf der Auswertung empirischen Materials beruhen, insbesondere also theoretische Abhandlungen, sind im Grunde phänomenologische Studien. Bis vor einigen Jahrzehnten waren dies Studien, die angaben, die Frage nach dem Wesen des anstehenden Sachverhalts zu beantworten. Die "Wesensfrage" ist dann lange Zeit in der wissenschaftstheoretischen Diskussion kritisiert worden, wird aber, wenn auch verborgen, nach wie vor gestellt. Immer wenn Fragen von der Art gestellt werden wie: "Aus welchen Dimensionen besteht ...?", "Was ist der Gegenbegriff zu...?", "Was ist eigentlich...?", so wird damit im Grunde phänomenologisch gearbeitet. Die Phänomenologie war primär keine empirische, sondern eine philosophische Methode. Begründer der Phänomenologie war der Erkenntnistheoretiker Edmund Husserl.

Vorgehensweise:

Die Phänomenologie ist keine lehrbuchartig darstellbare Methode. Am besten lernt man sie kennen, wenn man sich gute phänomenologische Arbeiten genauer ansieht (siehe Literaturempfehlung). Es können hier lediglich – und ohne Rücksicht auf die philosophischen Grundlagen - Hinweise auf die prinzipielle Vorgehensweise gegeben werden.

- Die Phänomenologie benützt empirisches Material; sie tut dies aber nicht im Sinne des Laborexperiments oder anderer Datenerhebungen, sondern es ist die Erfahrung des Forschers, die den privilegierten Zugang des Subjektes zur Wirklichkeit darstellt. Die lebensweltliche Erfahrung (also Kategorien wie "interessant/ langweilig", "kalt/ warm", "gut/ schlecht") ist die primäre Erfahrung.

- Demzufolge sind die eigene Erfahrung und die Introspektion, das "In-Sich-Hineinschauen", zunächst der beste Zugang zur Erkenntnis. Wirkliche Erkenntnis wiederum gewinnt man aber erst, wenn man von diesen Zufälligkeiten abstrahiert und zum Wesen der Sache vorstößt. Alle Zufälligkeiten und alles Beiwerk (die Akzidenzien) sind abzuschälen oder einzuklammern (Epoché), um den Kern hinter dem Vordergründigen zu erfassen.
- Die Phänomenologie will durch intensives Nachdenken des Forschersubjektes den Kern (oder das Wesen) einer Sache erfassen. Nicht nur das Abstreifen des Akzidentiellen ist wichtig, sondern auch das Herausarbeiten der Teildimensionen und Facetten des Phänomens.
- Die Phänomenologie kennt aufgrund ihrer Verankerung in der Bewußtseinsphilosophie keine Validitätsprüfung im normalen Sinn. Die Gültigkeit einer solchen Studie richtet sich nach der Akzeptanz beim Leser. Wird ein zustimmendes Aha-Erlebnis ("Ja, so ist es auch" - SEIFFERT 1987, S. 44) erzeugt, so ist die Studie für den Leser plausibel und damit gültig.

Anwendung:

Im Grunde ist jede Aussage, die nicht nur Meinung (Doxa bei HUSSERL), sondern wissenschaftliche Aussage (Epistemé) sein will, ohne daß sie aber aus Daten abgeleitet wird, eine phänomenologische Aussage. Normalerweise bezieht sich die Phänomenologie auf Gegenstände, deren mangelnde Operationalisierbarkeit im gängigen Sinn keiner Diskussion bedarf. Klassischerweise sind das Fragen wie: "Was ist Kultur?", "Was ist Leben?". Jedoch gibt es auch eine weithin bekannte und ausgeprägte Phänomenologie des Raumes, die im deutschsprachigen Bereich mit den Namen OTTO BOLLNOW, GEORG SIMMEL und BERNHARD WALDENFELS verknüpft ist. Darüber hinaus gibt es raumbedeutsame Gegebenheiten, die phänomenologisch sehr gut bearbeitet werden können. Fragen wie: Was ist "Mobilität"?, Was heißt eigentlich heute noch "ländlicher Raum"?, Was ist eine "naturnahe Landschaft"?, Was ist "Regionalbewußtsein"? sind typische phänomenologische Fragen. Soweit solche Fragen nicht nur gleichsam willkürlich (nominalistisch) definiert, demoskopisch erhoben oder normativ beantwortet werden, sondern ein tieferes Verständnis angestrebt wird, handelt es sich um den Versuch, das Wesen dieser Gegebenheiten phänomenologisch zu erfassen.

Probleme:

- Die phänomenologische Vorgehensweise setzt ein gewisses Verständnis für das Anliegen HUSSERLS dergestalt voraus, daß man zum Beispiel an das Problem der Wesenserfassung oder an die Möglichkeit der eigenen lebensweltlichen Erfahrung als Erkenntnisquelle nicht positivistisch herangehen sollte. Letztlich steckt eine besondere wissenschaftstheoretische Position hinter der phänomenologischen Methode, die nicht leicht verständlich ist.

- Eine gute Allgemeinbildung und oft jahrelange Beschäftigung mit dem Phänomen sind nötig, um nicht nur - sofort angreifbare - Meinungsäußerungen darzustellen, sondern beim Leser durch eine differenzierte und abwägende Analyse Zustimmung zu erlangen.
- Natürliche Begabung für die unter der Oberfläche des ersten Eindrucks von den Dingen (Epiphänomene) verborgenen Aspekte der Realität sowie Sensibilität und ein feines Beobachtungsvermögen sind nötig.
- Nicht zuletzt ist der Darstellungsstil wichtig. Die Darstellung muß dialektisch und spannend sein, dennoch zielstrebig eine Linie verfolgen und alle Facetten des untersuchten Phänomens aufzeigen. Auf keinen Fall darf sie die Introspektion für bare Münze nehmen und zum Erlebnisbericht herabsinken. Sie darf aber auch nicht zu einer verbalisierten Demoskopie ("manche sind so, manche so") werden.

Literatur: BAHRDT 1961; SEIFFERT 1987, S. 16-54; WALDENFELS 1987.

3.3 Das offene Interview

Die bekannteste Form des qualitativen Vorgehens ist das offene Interview. "Offenheit" bedeutet, daß auf die Erzeugung von Daten im gewöhnlichen Sinn verzichtet wird, wie sie die standardisierte Befragung anstrebt. Die Geschlossenheit standardisierter Befragungen beruht auf dem Bemühen, objektive Daten, die anders als durch eine Einbeziehung von Probanden nicht zu beschaffen sind, möglichst wie im Laborexperiment zu erheben. Was nicht anders äußerlich meßbar ist, soll durch konstante Stimuli (Fragen) als Verbaläußerung zum meßbaren Datum werden und möglichst schon als klare Merkmalsausprägung für die Vercodung nutzbar sein (POHL 1986, S. 163).

Das Unbehagen an der rigiden Datenerhebung ("Verhör"), die sich nur zum Schein als Gespräch präsentiert, ebenso wie das Gefühl, daß soziale und kulturelle Sachverhalte eine komplexere und anders geartete Struktur als naturwissenschaftliche Objekte, zum Beispiel Moleküle, aufweisen, führte mehr und mehr dazu, auf "weichere" Verfahren auszuweichen in der Hoffnung, somit durch flexible Datenerhebung ein genaueres Abbild der Realität zu erhalten.

Über diesen pragmatischen Aspekt hinaus gibt es auch eine systematische Begründung für das Gespräch und dessen Interpretation als Erkenntnisquelle. In Ergänzung zu den im Punkt 2 genannten Grundlagen ist dies das "Sprachspiel"-Konzept. Es beruht auf der Annahme, daß die objektive Struktur der Wirklichkeit, die, wie erinnerlich, eine sozial hergestellte Wirklichkeit ist, und die Regeln einer Lebensform in der sprachlichen Darstellung ihren Ausdruck finden. Die hinter den sprachlichen Ausdrücken stehenden Werte, Deutungsmuster, Normen usw. kommen - gewollt oder ungewollt - im Sprachspiel zum Ausdruck. Der Text (von lat.: texere = weben, wirken) ist der Niederschlag der Regeln einer Lebensform. Daher ist der möglichst ohne einengende Umstände produzierte Text die privilegierte Erkenntnisquelle (POHL 1986, S. 74ff.).

Das offene Interview wird in vielen Varianten durchgeführt, die hier nur genannt seien (HOPF 1991, S. 177ff.): problemzentriertes, fokussiertes, narratives, diskursives, Dilemma-Interview.

Vorgehensweise:

Ohne Zweifel gilt das von ULRICH OEVERMANN et al. (1979) entwickelte Schema als richtungsweisend und maßstabsetzend. Folgende Schritte sind zu absolvieren:

- Die Interviews mit Angehörigen der vage definierten Lebenswelt sind in Gesprächsatmosphäre von kompetenten Interviewern zu führen. Sie dürfen nicht an einem Leitfaden kleben und oberflächlich Themen abhaken (HOPF 1991, S. 181).
- Sie sind auf Tonband aufzunehmen und vollständig niederzuschreiben (transskribieren). Auf genaue Regeln hinsichtlich Interpunktion, Gesprächspausen, Dialektausdrücken usw. ist zu achten.
- Das Interview wird in Sinnabschnitte (Sequenzen) eingeteilt, und diese werden (zunächst) jeweils für sich ausgewertet. Das Interview wird sequentiell, das heißt Schritt für Schritt, ausgewertet (REICHERTZ, 1991, S. 225).
- Die Auswertung umfaßt nach OEVERMANN et al. mehrere Sinnebenen, von denen besonders die folgenden Ebenen wichtig sind (POHL 1989, S. 34ff.):
  - Die Kontextebene. In dieser wird das Umfeld der Sequenz geschildert.
  - Die Paraphrase. Hier wird umschrieben, was der Sprecher mit dem Ausdruck bewirken wollte.
  - Die Ebene der objektiven Sinnstruktur. Diese wichtigste Ebene repräsentiert die unbewußten Regeln, nach denen der Akteur handelt. Sie werden mit den Intentionen gleichsam mittransportiert.
  - Die Ebene der wiederkehrenden, die einzelnen Sequenzen übergreifenden Deutungsmuster.
  - Die Ebene der theoretischen Reflexion und Verknüpfung.
- Am Ende steht eine Gesamtdarstellung, die widersprüchliche Interpretationsvorschläge aufgeklärt bzw. ausgeschlossen hat. Von singulären (Einzelfallrekonstruktionen) zu allgemeinen Aussagen (Strukturgeneration) gelangt man durch Falsifikation (REICHERTZ 1991; S. 226).

Anwendung:

Das offene Interview wird relativ häufig in der Regionalforschung angewandt (ARING et al. 1989; DANIELZYK et al. 1995; HELBRECHT/POHL 1993; POHL 1986; WIEGANDT 1989; WOOD 1994). Es soll komplexe regionale Probleme, die einen differenzierten historisch-idiographischen Kontext aufweisen, sehr vielschichtig sind oder sehr komplizierte Entscheidungsprozesse beinhalten, lösen helfen. Es wird vor allem in handlungsorientierten Studien angewendet.

Probleme:

- Das Interview muß konsequent die offene Subjekt-Subjekt-Struktur widerspiegeln. Der Interviewer darf weder passiv bleiben noch eine "amtliche" Befragung oder gar ein

Verhör durchführen. Dies ist für geschulte empirische Sozialforscher sehr schwierig (BENARD/SCHLAFFER 1981).

- Das Tiefeninterview als die am besten ausgearbeitete Form des offenen Interviews entstammt der sozial-psychologischen Forschung. Entsprechend ist das Handwerkszeug auf deren inhaltliche Felder ausgerichtet. Das heißt, es geht sehr häufig um Sozialisationsmuster, Werte und psychische Strukturen von Individuen. Daher gerät derjenige, der das Instrument konsequent anwendet, in die Gefahr, in erster Linie Persönlichkeitsstudien zu betreiben, zum Amateurpsychologen zu werden und sich vom ursprünglichen Forschungsziel sehr weit zu entfernen.

- Will der Raumforscher diesen Weg nicht gehen, so fällt er häufig trotz des erheblichen vorangegangenen Erhebungsaufwands in den methodologischen Individualismus zurück und mißachtet die eingangs aufgestellten Prinzipien (2.2): er versucht aus dem Material bestimmte Typen herauszudestillieren und womöglich diesen Typen sogar noch die - zwangsläufig wenigen - Fälle zuzuordnen. Dies ist zwar angesichts von oftmals hunderten von transskribierten Seiten an Interviewtexten, die nach Verdichtung rufen, verständlich, vergibt aber nichtsdestotrotz genau die Möglichkeiten und Ziele des interpretativen Paradigmas, nämlich Strukturen und Bezüge jenseits der Individuen aufzudecken.

- Schließlich ist zu bedenken, daß die Interpretation sehr viel Zeit erfordert, fast meditativen Charakter haben muß und am besten in einer Gruppe geschieht (REICHERTZ 1991, S. 225).

Literatur:
Wurde noch vor wenigen Jahren das Fehlen von Auswertungsanleitungen beklagt (WIEGANDT 1989), so ist heute gerade für offene Interviews kein Mangel an methodischer Literatur zu verzeichnen. Besonders erwähnt seien: FLICK 1995; FLICK et al. 1991; MAYRING 1983; OEVERMANN et al. 1979; POHL 1989.

3.4 Das Experteninterview

Eine besondere Form des offenen Interviews ist das sogenannte Experteninterview. Der Begriff "Experte" wird oft unspezifisch für alle Personen gebraucht, die zu einem bestimmten Thema mehr wissen als der untersuchende Forscher. Genau besehen besteht kein prinzipieller Unterschied zum offenen Interview, denn auch eine untersuchte alltägliche Lebenswelt kennt der Forscher weniger als die Mitglieder derselben, doch faktisch dünkt sich der Forscher diesen zumeist überlegen. Der Experte dagegen steht ohne Zweifel in einem bestimmten Themenbereich sogar "über" dem Forscher. Der Experte wird vom Forscher meist auf seiner Seite angesiedelt, beide arbeiten über die Realität.

Experten sind Personen, die über Spezialwissen und Spezialfähigkeiten auf einem bestimmten Gebiet verfügen. Sie werden ausgewählt, weil von ihnen erwartet wird, sie hätten auf einem Spezialgebiet bessere Kenntnisse oder gar Erkenntnisse als Laien (und anfangs auch als der Forscher). Allerdings erwerben und wenden sie diese in sozialem Umfeld an (Kollegen, Klienten) und sind somit zugleich sozial eingebunden (in Institutionen, Betriebshierarchien und Interessen). Dieser Umstand macht sie oft gerade erst interessant. Es geht im Unterschied zu normalen offenen Interviews nicht um die Persönlichkeit der Interviewten, sondern um Personen, sofern sie privilegierten Zugang zu Informationen haben oder verantwortlich sind für Entwurf, Durchführung oder Kontrolle einer Problemlösung. Die Person und ihre Biographie ist normalerweise nicht interessant (MEUSER/NAGEL 1991, S. 442). Vielmehr bilden die Experten insgesamt das Untersuchungsfeld. Ziel ist es, durch den Vergleich "das Überindividuell-Gemeinsame herauszuarbeiten, Aussagen über Repräsentatives, über gemeinsam geteilte Wissensbestände, Relevanzstrukturen, Wirklichkeitskonstruktionen, Interpretationen und Deutungsmuster zu treffen" (MEUSER/NAGEL 1991, S. 452).

Wenn es nicht nur um das Anzapfen von Expertenwissen als Ersatz für Literaturrecherche oder ähnliches geht, sondern das Expertenwissen im Zentrum der Forschung steht, so sind zwei Formen zu unterscheiden: das Betriebswissen und das Kontextwissen (MEUSER/NAGEL 1991, S. 445ff.): Das Betriebswissen schließt das Handlungsfeld der Experten auf, das Kontextwissen liefert komplementäre, aber notwendige Informationen zur Fragestellung. Im ersten Fall sind die Experten (bzw. ihre Organisation usw.) die Zielgruppe der Untersuchung selbst, im zweiten Fall ergänzen die Aussagen andere Erhebungsformen.

Vorgehensweise:

- Die zu befragenden Experten sind zu bestimmen. Je nach Fragestellungen kann dies ein heterogenes Sample sein, dessen Mitglieder in unterschiedlichen Positionen in einem Themenfeld mitwirken, oder es handelt sich um eine relativ homogene Gruppe, z.B. eine Berufsgruppe oder Angehörige einer Organisation. Die Gruppe kann sich im Fortgang des Forschungsprozesses verändern.
- Ein Leitfaden ist unabdingbar. Er sichert, daß der Forscher als kompetenter Gesprächspartner anerkannt wird und verhindert ein Abschweifen vom Thema (MEUSER/NAGEL 1991, S. 448). Allerdings muß der Leitfaden verinnerlicht sein und darf nicht in Papierform verwendet werden (ARING et al. 1989, S. 139). Am Ende des Interviews sollten aber alle gelisteten Punkte angesprochen worden sein.
- Das Interview wird auf Tonband aufgenommen und all das transskribiert, das Aussagen zur Sache enthalten könnte; ein vollständiges Transskript wie beim Tiefeninterview ist jedoch nicht zwingend notwendig (MEUSER/NAGEL 1991, S. 445f.).
- Das verschriftete Interview wird verdichtet, indem zunächst thematische Einheiten paraphrasiert, diese dann mit Überschriften versehen und dann vereinheitlicht werden. Auf dieser Grundlage wird nach thematisch vergleichbaren Textabschnitten gesucht, diese werden hintereinander aufgelistet und Gemeinsamkeiten ebenso wie Unterschiede im einzelnen festgehalten (MEUSER/NAGEL 1991, S. 456ff.).
- Entsprechend dem Grundanliegen qualitativen Vorgehens, Strukturen herauszuarbeiten und aus den Einzelteilen einen gemeinsamen, darüber liegenden Sinn herauszuinterpretieren, werden aus den ermittelten Wirklichkeitsausschnitten Kategorien gebildet, die neue Erkenntnisse repräsentieren sollen. Diese Kategorien werden zu bestehenden Theorien in Beziehung gesetzt.
- Durch kritischen Vergleich der interpretierten Aussagen mit den Urtexten kann der Wahrheitsgehalt von Aussagen verbessert werden und vorschnelle Verallgemeinerung vermieden werden.

Anwendung:

Experteninterviews werden in der Raumforschung zunehmend häufiger eingesetzt, da die Analyse komplexer Entscheidungsprozesse an die Kenntnis von Kommunikationsvorgängen, Hierarchien, politischen Wertentscheidungen usw. gebunden ist.

Von besonderem Interesse sind die Entscheidungsträger in Politik und Verwaltung. Allerdings sind die Unterschiede zwischen Experten i.e.S., den Spezialisten, den Generalisten und den wirklichen Entscheidungsträgern zu beachten. Ob es um die Standortentscheidung für sperrige Infrastrukturen nationaler Dimensionen oder um die Verkehrsberuhigung im Stadtviertel geht: Die maßgeblichen Akteure, auch auf der Seite von Bürgerinitiativen, sind nicht mit gängigen Methoden, zum Beispiel standardisierten Befragungen, adäquat zu erfassen, sondern "verborgenes Wissen" (tacit knowledge) ist - bestenfalls - im Gespräch von Experte zu Experte aufzuschließen.

Probleme:

- Viele Interviewer sind sich nicht darüber klar, ob sie, in Konsequenz des Ko-Subjekt-Prinzips des offenen Interviews, gleichsam "von Mensch zu Mensch" interagieren oder ob sie den Interviewten als "bloßen" Experten für Betriebs- bzw. Kontextwissen ansprechen sollen. Ein menschlich gelungenes Interview kann sich dann nicht selten als inhaltlich uninteressant herausstellen.
- Der Experte ist fälschlicherweise als Experte angesprochen, verweigert im Grunde die Aussage oder nutzt das Interview, um strategisch zu agieren. Häufig auch nutzt man das Gespräch, um einem außenstehenden, offensichtlich "ungefährlichen" Gesprächspartner sein Herz auszuschütten und ihn zum Verbündeten zu machen, ohne daß für die Forschungsfrage ein verwertbarer Nutzen daraus erwächst (MEUSER/NAGEL 1991, S. 449f.).
- Biographische Elemente ("persönliche Meinungen") werden fälschlicherweise als Betriebs- oder Kontextwissen ausgewertet. Allerdings ist Experten- und Alltagsstatus oft schwer trennbar (ARING et al. 1989, S. 150).
- Die Befunde werden entsprechend dem Vorverständnis des Forschers selektiert und einseitig ausgewertet. Insbesondere in der Paraphrase werden Aussagen leicht in schnell gebastelte Schubladen gesteckt; dasselbe gilt bei der Vereinheitlichung der Überschriften (MEUSER/NAGEL 1991, S. 457ff.).
- Wer nicht von sich aus einen Sinn für die soziale Situation des Interviews hat, Probleme und Gesetzmäßigkeiten der Selbstdarstellung nicht kennt und nicht die Frage von Macht im Hinterkopf hat, nimmt die Aussagen von Experten leicht als unmittelbares Abbild der Realität hin. Die Experten schaffen es so, ihre strategischen Interessen in die Studie einfließen zu lassen.

Literatur:

Das Experteninterview ist faktisch eines der wichtigsten Instrumente der analytischen Raumforschung, das aber methodologisch meistens äußerst unreflektiert verwendet wird. Leider ist zu dieser Methode auch wenig lehrbuchmäßige Literatur vorhanden, da die sozialwissenschaftliche Literatur mehr an der sozialen Situation bzw. Psyche von Probanden interessiert ist als an Entscheidungsträgern und Organisationsfragen.

HITZLER et al. 1994; MEUSER/NAGEL 1991.

3.5 Die Delphi-Methode

Im Unterschied zum Experteninterview ist der Forscher bei der Delphi-Methode mehr Moderator als Interpret. Die moderne Delphi-Methode ist im Gegensatz zu der mit dem Namen oft verknüpften Assoziation kein Blick in die Zukunft oder Prophetie. Sie wird dies nur indirekt, wenn aus der Diskussion von möglichen Entwicklungen eine prognostisch interpretierte "Essenz" herausgezogen wird. Grundsätzlich ist sie eher der Versuch, durch Sammeln von Expertenwissen und dessen Weitergabe an eben diese Experten in einem mehrstufigen Verfahren einen Gruppenkonsens hinsichtlich möglicher Entwicklungen - unter diskutierten oder stillschweigend unterstellten Bedingungen - auszuloten (GRUPP 1995, S. 38f.). Wenn dieses "Durchschnittsszenario" als wahrscheinlich angenommen wird, so werden daraus - je nach gewünschtem Ziel - Handlungsanweisungen abgeleitet. Die große Beliebtheit leitet sich allerdings aus der Verwendung als prognostisches Instrument der Futurologie (in den 70er Jahren) her.

Eine ähnliche Funktion wie Delphi-Befragungen haben Gruppenkonsensverfahren. Möglich sind auch Mischformen, bei denen individuelle Stellungnahmen und Konferenzen (Delphi-Konferenzen) kombiniert werden (RAUCH/WERSIG 1978, S. 19).

Vorgehensweise:

- Der Lenkungsausschuß (Moderationsgruppe) formiert sich, definiert die vorläufige Fragestellung, diskutiert die prinzipielle Vorgehensweise und bestimmt die anzusprechenden Experten.
- Die Delphi-Befragung erstreckt sich über mehrere (mindestens zwei) Runden; mehr als vier Runden sind nicht üblich. Der Zeitrahmen, Art der Ansprache der Experten, Art und Umfang der Rückkoppelung der gesammelten Informationen, eventuelle Gruppendiskussionen usw. werden festgelegt.
- In den faktisch durchgeführten Delphi-Befragungen ist vor allem die erste Runde qualitativ, wenn versucht wird, durch möglichst offene Fragen das vage Phänomen zu strukturieren. Die erste Runde soll vor allem dazu verwendet werden, verschiedene Aspekte zu sammeln (POHL/GEIPEL 1983, S. 56). Bei den Einsätzen in den 70er Jahren wurde in den weiteren Runden meist der Übergang zur Quantifizierung (Mittelwerte; Streuungsmaße usw.) versucht.
- In der letzten Runde sollen die Experten durch den Diskurs (Feedback) zu einem Überdenken ihrer Positionen angeregt werden und womöglich ein Gruppenkonsens erzielt werden.
- Die Lenkungsgruppe erstellt eine Synthese der Befragungsergebnisse oder stellt zumindest das Ausmaß konträrer und nicht zu vereinbarender Positionen dar.
- Die Struktur des Phänomens wird dargestellt und eventuelle Lösungsvorschläge für das Ausgangsproblem werden skizziert.

Anwendung:

Generell wird das Verfahren in schlecht definierten Situationen mit ungesichertem Wissen eingesetzt (POHL/GEIPEL 1983, S. 54f.), also für die Herausarbeitung eines komplexen, in seinen Dimensionen und seinem Wirkungsgefüge noch unklaren Phänomens, welchem sich die qualitative Methode ja vorzugsweise zuwendet, verwendet.

Das Spektrum der Themen ist sehr weit: Delphi-Verfahren werden eingesetzt sowohl bei der Lösung spezieller technischer Probleme in der Industrieproduktion wie auch beim Bemühen, optimale Innovationsförderung in einer Volkswirtschaft zu konzipieren, die im globalen Wettbewerb steht.

Die Grenze zwischen der Mobilisierung von Expertenwissen zum Zwecke der bestmöglichen Entscheidung und der Mobilisierung von Interessen, zum Beispiel bei den Trägern öffentlicher Belange, ist fließend. Dieser Übergang ist gewollt, denn das Delphi-Prinzip wird auch angewendet, um die Bedeutung von Ereignissen einzuschätzen, Ziele auszuwählen und Prioritäten bei Konfliktfällen zu setzen (RAUCH/WERSIG 1978, S. 19).

Als Gruppenkonsensverfahren aufgefaßt und durchgeführt, ist die Nähe zu den Moderationsverfahren, die in den 90er Jahren modern geworden sind, offensichtlich. Sogar Raumordnungsverfahren können im Grunde als eine Art Delphi-Verfahren angesehen werden.

Probleme:

- Werden nur unkontrolliert subjektive Wahrscheinlichkeiten addiert, so ist eine Delphi-Befragung nur eine Art Elitedemoskopie. Überhaupt darf nicht so getan werden, als würden durch die kontrollierte Aufbereitung einzelne Meinungen in objektive Erkenntnis verwandelt.
- Die Auswahl der Experten erfordert hohen sachlichen Einarbeitungsaufwand durch ein kompetentes Lenkungsgremium und bestimmt das Ergebnis wesentlich.
- Der hohe Aufwand seitens hochqualifizierter Experten gefährdet durch Ausfälle von Runde zu Runde rasch das Verfahren. Eine vertragliche Bindung der Experten (und entsprechend hohe Bezahlung) als eine Art Berater ist anzuraten.
- Mit großer Vorsicht ist das Verfahren zu verwenden, wenn realiter die Einstellung von Entscheidungsträgern, nicht aber wirkliches Expertenwissen anzielt wird, denn dann werden strategische Antworten wahrscheinlich.

Literatur:
Zur Delphi-Methode gibt es sehr viel Literatur, insbesondere im Umfeld der RAND CORPORATION, die dieses klassische Verfahren rationaler Planung um 1970 herum populär machte. Besonders genannt seien außerdem: GRUPP 1995; RAUCH/WERSIG 1975, S. 9-19; WECHSLER 1975.

3.6 Hermeneutische Text- und Bildinterpretation

Die bisher vorgestellten qualitativen Verfahren könnten den Eindruck erwecken, als eigneten sie sich vor allem für die Individualebene bzw. Personen. Die Themen gehen jedoch über die Personen hinaus, im Grunde sind diese sogar als Personen oder Individuen völlig uninteressant. Personen bzw. sprachliche Äußerungen sind lediglich der - allerdings besonders wichtige - Zugang zur sprachlich und in kommunikativer Interaktion hergestellten sozialen Wirklichkeit. Diese Realität kann aber auch auf anderen Wegen aufgeschlossen werden und sich auf umfassendere und komplexere Systeme beziehen. Sofern sich die den Raumforscher interessierenden Phänomene verobjektivieren, können auch andere Wege gewählt werden, um sie zu erfassen. Zum Beispiel können Annoncen, Broschüren, Wahlkampfstatements, Stellungnahmen in Raumordnungsverfahren, Sitzungsprotokolle usw. als Quellen für das Aufschließen von komplexen gesellschaftlichen Strukturen dienen. Es können einzelne Schlagworte (z.B. "Buschzulage", vgl. von GROTE 1993, S. 1f.) Objekt hermeneutischer Interpretation sein, es können aber auch Gebäudetypen (wie die venezianische Villa, vgl. BENTMANN/MÜLLER 1981) oder ganze Stadtviertel (z. B. Hellerau) sein. Handelt es sich um eine philologische, qualitative Inhaltsanalyse von Texten, so steht diese Methode zwischen der Bildinterpretation und der Interpretation von offenen Interviews.

Vorgehensweise:

- Es werden Dokumente (Manifestationen) ausgewählt, die einen Zugang zum zu untersuchenden Sachverhalt vermuten lassen.
- Die Darstellung wird mit einem Analyseraster untersucht.
- Fragen, die gestellt werden können, sind zum Beispiel: Wer ist der Verfasser (Erbauer) und wie präsentiert er sich selbst? Welchen Zweck hat das Dokument bzw. an welche Zielgruppe wendet es sich? Welche Dimensionen des dargestellten Phänomens werden präsentiert, welche werden weggelassen? Wie weit wird der räumliche und historische Kontext einbezogen, in welchem Maße werden weiterreichende Verknüpfungen thematisiert?
- Die Interpretation des Dokuments wird in theoretische Überlegungen eingebunden.

Anwendung:

Ähnlich wie bei der Phänomenologie gilt, daß das Verstehen der Bedeutung bestimmter Zeichen als Symbole für etwas immer und täglich geschieht. Es ist lediglich die Frage, wie sehr diese Methode innerhalb des Alltagshandelns liegt, oder ob sie systematisch und für einen wissenschaftlichen Zweck rational betrieben wird. Die systematische Anwendung ist besonders dort sinnvoll, wo sich komplexe Phänomene verdichtet und greifbar darstellen. Die unten genannten weiterführenden Texte befassen sich mit Phänomenen, die durchaus raumordnerischen Bezug haben: VON GROTE (1993) analysiert "Große Technische Systeme" (die Wasser- und Strominfrastruktur) in Faltblättern für Abnehmer, BURGESS und WOOD (1988) analysieren die erfolgreiche Vermarktungskampagne der Büros in den Londoner Docklands in Spots der Fernsehwerbung. Die Interpretation der Gestalt und der Lage von Gebäuden hat nicht nur architektonisch-ästhetischen Selbstzweck, sondern interpretiert städtebauliche Leitideen, politischen Gestaltungswillen oder Imageaspekte.

Probleme:

Interpretationen sind meistens umstritten. Man kann sich nur darauf berufen, daß sie eben vom Verstehenshintergrund abhängig und niemals endgültig sind. Die Probleme des Verfahrens sind denen der Phänomenologie recht ähnlich. Interpretationen haben heuristischen Wert und sind am besten im Methodenmix einzubinden.

Literatur:
Grundsätzlich kann hierfür das ganze Spektrum hermeneutischer Interpretation herangezogen werden, von der dogmatischen Hermeneutik in Theologie und Jurisprudenz bis zur kunsthistorischen Bildinterpretation.
BENTMANN/MÜLLER 1981, BURGESS/WOOD 1988, VON GROTE 1993.

Zusammenfassung

Die Darstellung der qualitativen Verfahren in der Raumforschung sollte einen Einblick in diese Methoden geben, wird aber nur vereinzelt als "Rezeptbuch" für die Praxis verwendet werden können. Ziel dieser Ausführungen ist es in erster Linie, die grundsätzlichen Anwendungsmöglichkeiten aufzuzeigen, ein Bewußtsein für Ziel und Zweck der qualitativen Methoden zu wecken und das Spektrum der Verfahren vorzustellen.

Ein spezifisches Problem qualitativer Verfahren ist ihre geringe Umsetzbarkeit in Arbeitsschritte, die standardmäßig gelehrt, gelernt und bearbeitet werden können. Dies macht zum Beispiel das Delegieren von praktischer Forschungsarbeit schwierig. Auch sind die Ergebnisse nicht in Zahlen darstellbar. In einem Umfeld, welches in Zahlen objektive Tatsachen ausgedrückt sieht, führt dies leicht zu Akzeptanzschwierigkeiten. Hier muß klargemacht werden, wozu qualitative Verfahren vorrangig dienen: sie gehören nach gängigem Verständnis wissenschaftlichen Vorgehens zum "explorativen" Teil des Forschens, oder allgemeiner gesprochen: sie sollen bisher unbekannte Strukturen und Bezüge aufdecken.

Qualitative Verfahren sind nur teilweise neue Verfahren, manche werden schon seit langem verwendet. In den letzten Jahren hat sich aber eine Veränderung dahingehend vollzogen, daß sie auf einem reflektierten methodologischen Fundament begründet sowie systematisch als Handwerkszeug, eben als Methode, also als Weg zur Erkenntnis, ausgebaut werden.

Diese Entwicklung geht einher mit einer zunehmenden Skepsis gegenüber einem rein szientifistischen Weltbild in der Wissenschaft. In einer postmodernen Gesellschaft weichen nicht nur die Fronten zwischen qualitativ und quantitativ auf, sondern auch zwischen analytisch und normativ, zwischen legislativ und exekutiv, zwischen privat und öffentlich usw. Qualitative Verfahren dürften unter solchen Bedingungen weiter an Bedeutung gewinnen.

In der Praxis der Raumforschung gab es stets quantitative und qualitative Methoden zugleich. In der Praxis löst sich auch die Frage, ob man nach naturwissenschaftlichem Schema arbeitet oder dem interpretativen Paradigma folgt, zumeist in einen Methodenmix auf. Dieser ist auch berechtigt und nicht nur ein Produkt des Pragmatismus, sondern forschungslogisch begründbar. Man muß sich nur darüber im klaren sein, wozu welches Verfahren gut ist und welche Aspekte der Realität man damit sieht (und welche nicht).

Literatur

ARING, J.; BUTZIN, B.; DANIELZYK, R.; HELBRECHT, I. (1989): Krisenregion Ruhrgebiet? Alltag, Strukturwandel und Planung. (Wahrnehmungsgeographische Studien zur Regionalentwicklung 8). Oldenburg.

BAHRDT, H.-P. (1961): Die moderne Großstadt. Frankfurt.

BENARD, C.; SCHLAFFER, E. (1981): Notizen über Besuche auf dem Lande. Ein grauer Blick ins Grüne. Reinbek.

BENTMANN, R.; MÜLLER, M. (1981): Die Villa als Herrschaftsarchitektur. Frankfurt a. M.

BURGESS, J.; WOOD, P. (1988): Decoding Docklands. Place Advertising and the Decision-making Strategies of the Small Firm. In: EYLES, J.; SMITH, D. (ed.): Qualitative Methods in Human Geography. Oxford, S. 94-117.

DANIELZYK, R.; KRÜGER, R., SCHÄFER, B. (1995): Ostfriesland: Leben in einer besonderen Welt. (Wahrnehmungsgeographische Studien zur Regionalentwicklung 13). Oldenburg.

FENGLER, C.; FENGLER, T. (1980): Alltag in der Anstalt. Rehburg-Loccum.

FLICK, U. (1995): Qualitative Forschung. Theorie, Methoden, Anwendung in Psychologie und Sozialwissenschaften. Reinbek.

FLICK, U.; KARDORFF, E. VON; KEUPP, H.; ROSENSTIEL, L. VON; WOLFF, S. (Hrsg.) (1991): Handbuch Qualitative Sozialforschung. München.

GROTE, C. VON (1993): Anschlüsse an den Alltag. Versuch zu einer Hermeneutik technischer Infrastrukturen. Berlin (WZB Paper).

GRUPP, H. (1995): Der Delphi-Report. Innovationen für unsere Zukunft. Stuttgart.

HELBRECHT, I.; POHL, J. (1993): München zwischen Expansion und Kollaps. Über den Zusammenhang von Regionalentwicklung und Lebensqualität. In: Geographische Rundschau, S. 238-243.

HITZLER, R.; HONER, A.; MAEDER, C. (Hrsg.) (1994): Expertenwissen. Die institutionalisierte Kompetenz zur Konstruktion von Wirklichkeit. Opladen.

HOPF, C. (1991): Qualitative Interviews in der Sozialforschung. Ein Überblick. In: FLICK et al., S. 177-182.

KLEINING, G. (1982): Umriß zu einer Methodologie qualitativer Sozialforschung. In: Kölner Zeitschrift für Soziologie und Sozialpsychologie, S. 225-253.

KONEGEN, N.; SONDERGELD, K. (1985): Wissenschaftstheorie für Sozialwissenschaftler. Eine problemorientierte Einführung. Opladen.

LAMNEK, S. (1993): Qualitative Sozialforschung. Band 1: Methodologie. München (2. überarb. Auflage).

LAU, T.; WOLFF, S. (1983): Der Einstieg in das Untersuchungsfeld als soziologischer Lernprozeß. In: Kölner Zeitschrift für Soziologie und Sozialpsychologie, S. 417-437.

MAYRING, P. (1983): Qualitative Inhaltsanalyse. Grundlagen und Techniken. Weinheim.

MEUSER, M.; NAGEL, U. (1991): ExpertInneninterviews - vielfach erprobt, wenig bedacht. Ein Beitrag zur qualitativen Methodendiskussion. In: GARZ, D.; KRAIMER, K. (Hrsg.): Qualitative-empirische Sozialforschung. Opladen, S. 441-471.

MÜLLER-ERWIG, K.-A. (1995): Der Münchehagen-Ausschuß. Eine qualitative Betrachtung der sozialen Prozesse in einem Mediationsverfahren. (WZB-Schriften zu Mediationsverfahren im Umweltschutz Nr. 11). Berlin.

OEVERMANN, U.; ALLERT, T.; KONAU, E.; KRAMBECK, J. (1979): Die Methodologie einer "objektiven Hermeneutik" und ihre allgemeine forschungslogische Bedeutung in den Sozialwissenschaften. In: SOEFFNER, H.-G. (Hrsg.): Interpretative Verfahren in den Sozial- und Textwissenschaften. Stuttgart, S. 352-433.

POHL, J. (1989): Die Wirklichkeiten von Planungsbetroffenen verstehen. In: SEDLACEK, P. (Hrsg.): Programm und Praxis qualitativer Sozialgeographie. (Wahrnehmungsgeographische Studien zur Regionalentwicklung 6). Oldenburg.

POHL, J. (1986): Geographie als hermeneutische Wissenschaft. (Münchener Geographische Hefte 52). Kallmünz.

POHL, J.; GEIPEL, R. (1983): Umweltqualität im Münchener Norden. Wahrnehmungs- und Bewertungsstudien unter Mitarbeit von E. SCHWARZENBÖCK und W. LORENZET. (Münchener Geographische Hefte 49). Kallmünz.

RAUCH, W.; WERSIG, G. (1978): Delphi-Prognose in Information und Dokumentation. (Beiträge zur Informations- und Dokumentationswissenschaft Folge 12). München.

REICHERTZ, J. (1991): Objektive Hermeneutik. In: FLICK, U.; KARDORFF, E. VON; KEUPP, H.; ROSENSTIEL, L. VON; WOLFF, S. (Hrsg.): Handbuch Qualitative Sozialforschung. München, S. 223-228.

SEIFFERT, H. (1987): Einführung in die Wissenschaftstheorie. Band 2. München, (8. Auflage).

WALDENFELS, B. (1987): Heimat. In: Informationen zur Raumentwicklung Heft 11.

WECHSLER, W. (1975): Delphi-Methode: Gestaltung und Potential für betriebliche Prognoseprozesse. München.

WIEGANDT, C.-C. (1989): Qualitative Sozialgeographie. Methodische Ansätze in Studien zur Altlastenproblematik. In: SEDLACEK, S. (Hrsg.): Programm und Praxis qualitativer Sozialgeographie, Oldenburg 1989, S. 133-148.

WOOD, G. (1994): Die Umstrukturierung Nord-Ost-Englands. (Duisburger Geographische Arbeiten 13). Dortmund.

II.4 Prognosen und Szenarien in der räumlichen Planung

GERHARD STIENS

Inhalt

1. Einleitung
2. Quantitative Prognosen in der räumlichen Planung
2.1 Methoden/Techniken der quantifizierenden raumbezogenen Prognostik: Überblick
2.2 Räumlich differenzierende Prognosen und Trendextrapolationen
2.3 Systeme räumlich differenzierender Prognosen
2.4 Räumlich differenzierende Sektoralprognosen: klassische und neueste Beispiele
2.5 Anderweitige quantifizierende Verfahren
3. Techniken primär qualitativer Zukunftsforschung in räumlich differenzierender Anwendung
3.1 Veränderte Rahmenbedingungen
3.2 Das Feld einschlägiger Methoden/Techniken des "Szenario-Paradigmas"
3.3 Zum Einsatz der Szenario-Methodik in räumlich differenzierenden Projekten
3.4 Szenarien als Mittel in der partizipativen Raumforschung und Raumplanung
3.5 Zur Verkopplung verschiedener Methoden und Explorationstechniken
3.6 Die neue raumplanerische Szenariokartographie
3.7 Weitere Techniken "heuristischer Zukunftsexploration" als Hilfsmittel in Szenarioprojekten
4. Ausblick

1. Einleitung

Im folgenden geht es um *räumlich differenzierende* Prognostik. Unter dieser Bezeichnung können alle Erscheinungsformen der *systematischen Beschreibung von wahrscheinlichen oder der Exploration* - also der sondierenden Erkundung - *von künftig möglichen oder beabsichtigten räumlichen Strukturen und Prozessen* zusammengefaßt werden. Lediglich durch die zusätzliche Eigenschaft der räumlichen Differenzierung davon zu unterscheiden, bildet diese raumbezogene Prognostik zugleich ein Teilgebiet der allgemeinen Zukunftsforschung. Der vorwiegende institutionelle Standort, von dem aus Projekte räumlich differenzierender Zukunftsforschung initiiert oder bearbeitet wurden, war bisher nicht der universitäre Bereich. Einschlägige raumbezogene Projekte und Methodik sind vielmehr in der Hauptsache im Kontext der räumlichen Planung aller Ebenen entstanden. Initiatoren und Produzenten von Projekten raumbezogener Zukunftsforschung - und da-

II. Analyse und Prognose

mit Träger der Entwicklung der speziellen Methodik - waren in der Hauptsache zwischen Wissenschaft und der raumplanerischen bzw. politischen Praxis angesiedelte *vermittelnde Instanzen*, d.h. *Institutionen der Wissenschaftsanwendung*: wie relativ politiknahe *staatliche Forschungseinrichtungen* mit der speziellen Aufgabenstellung, räumlich zu differenzieren (z.B. die Bundesforschungsanstalt für Landeskunde und Raumordnung in Bonn oder das nordrhein-westfälische Institut für Landes- und Stadtentwicklungsforschung); *Forschungs-, Grundsatz- und Fachreferate in Ministerien* des Bundes und der Länder, zu deren Aufgabenbereich raumbezogene Programme sowie damit zusammenhängende Forschungsprogramme gehörten; *Sachverständigengremien* für die Erstellung einschlägiger Expertisen (z. B. der Beirat für Raumordnung); große und kleine *privatwirtschaftlich organisierte Forschungsinstitutionen* (große Institute wie z.B. die PROGNOS AG; das Battelle-Institut; das Deutsche Institut für Wirtschaftsforschung (DIW)).

Seit den ersten räumlich differenzierenden Prognosen auf zentralstaatlicher Ebene, den "Raumordnungsprognosen", haben sich die *Rahmenbedingungen für die raumbezogene Zukunftsforschung* erheblich gewandelt. Dieser Prozeß drückte sich in einem stetigen Wandel in der Dominanz der Anwendung bestimmter Methoden raumbezogener Zukunftsforschung aus (wie in Abb. 1 in einer Übersicht dargestellt ist). Bei dieser Gewichtsverlagerung, die in den verschiedenen Gebieten raumbezogener Forschung und Planung mehr oder weniger gleichzeitig stattfand, folgte auf die Dominanz der quantifizierenden *Prognosen im engeren Sinne* (vgl. Abschn. 2.) der Schwerpunkt bei den - in der Tendenz - mehr problemanalysierenden und explorierenden Methoden und Techniken, also bei der "qualitativen" Zukunftsforschung, vor allem bei der Szenariomethode (vgl. Abschn. 3.).

Eine entsprechende Einteilung in *unterschiedliche Paradigmen*, die die Zukunftsforschung seit ihrem Beginn bis heute geprägt haben, stammt von MANNERMAA (1991): Den Anfang bildete die - primär quantitative - „*Deskriptive Zukunftsforschung*", die später um das „*Szenario-Paradigma*" ergänzt wurde. Korrespondierend mit diesen wissenschaftlichen Paradigmen sind zwei *Hauptgruppen* von Methoden zu unterscheiden, nämlich

- primär *auf Quantifizierung abgestellte Verfahren* und
- primär *qualitative* oder "*argumentierende*" Verfahren.

Der Szenario-Boom, der in der raumbezogenen Wissenschaft und Planung hierzulande in den 70er Jahren begann, entsprach auch einer unterschwelligen Gegenbewegung, gewendet gegen die "Mythologie der quantitativen Methodologie", gegen die "Quantifizierung um jeden Preis" (vgl. BECK 1986). Es kam darin ein Mißbehagen darüber zum Ausdruck, daß die wissenschaftliche Funktion des Begründens bzw. Erklärens zu sehr in den Vordergrund gerückt worden war, und zwar zu Lasten des *Entdeckens* als Erkenntnisfunktion (vgl. Abb. 1). Dieser *paradigmatische Wandel* hin zum „*Szenario-Paradigma*" war aber auch auf noch grundsätzlicher veränderte Rahmenbedingungen *außerhalb* von Wissenschaft und Planung zurückzuführen (vgl. dazu in Abschn. 3.).

Bei den in zukunftsbezogenen Projekten verwendeten Verfahren, zwischen denen es - gemessen an der idealtypischen Zuordnung nach paradigmatischen Kriterien oder nach der Ergebnisverwendung - vielfältige methodische Überschneidungen gibt, kann zwischen

"Methoden" und "Techniken" unterschieden werden. Erstgenannte bilden eine übergeordnete methodologische Kategorie, in der grundsätzlichere - also auf bestimmte Erkenntnisarten hin orientierte - Unterschiede zum Ausdruck kommen. "Techniken" dagegen sind - weniger spezifische und weniger komplexe - Hilfsmittel, die im Bereich verschiedener Methoden Anwendung finden können, doch in der Regel schwerpunktmäßig bestimmten Methoden zugeordnet sind.

a) Was die Methoden der *quantifizierenden raumbezogenen Prognostik* des deskriptiven Paradigmen und ihre besonderen Aufgabenstrukturen im Rahmen raumbezogener Planung anbelangt, sind drei hauptsächliche *Gruppen spezifischer Methodik* zu unterscheiden: Hierzu gehören die *Prognosen im engeren Sinne* und die *Trendextrapolationen*, die die erste Phase räumlich differenzierender Zukunftsforschung im Zusammenhang räumlicher Planung bildeten; weiterhin die *Simulationsverfahren*, ebenfalls schon relativ früh in der räumlichen Planung verwendet, vor allem in stadt- und regionalplanerischen Zusammenhängen; schließlich die *Ex-ante-Wirkungsanalysen* bzw. *Aktivitätsfolgenabschätzungen*, die nun einer aktuelleren und veränderten Einstellung gegenüber zukunftsbezogenem Handeln entsprechen.

Was die einzelnen Verfahrens*techniken* im Bereich der Regionalprognostik des deskriptiven Paradigmas angeht, ergibt das Bild einer große Vielfalt. Einzelne Verfahrenstechniken werden am Beginn von Abschn. 2. kurz angesprochen.

Abb. 1: Hauptsächliche Methoden raumbezogener Prognostik nach Erkenntnisfunktionen und zeitlichen Anwendungsschwerpunkten

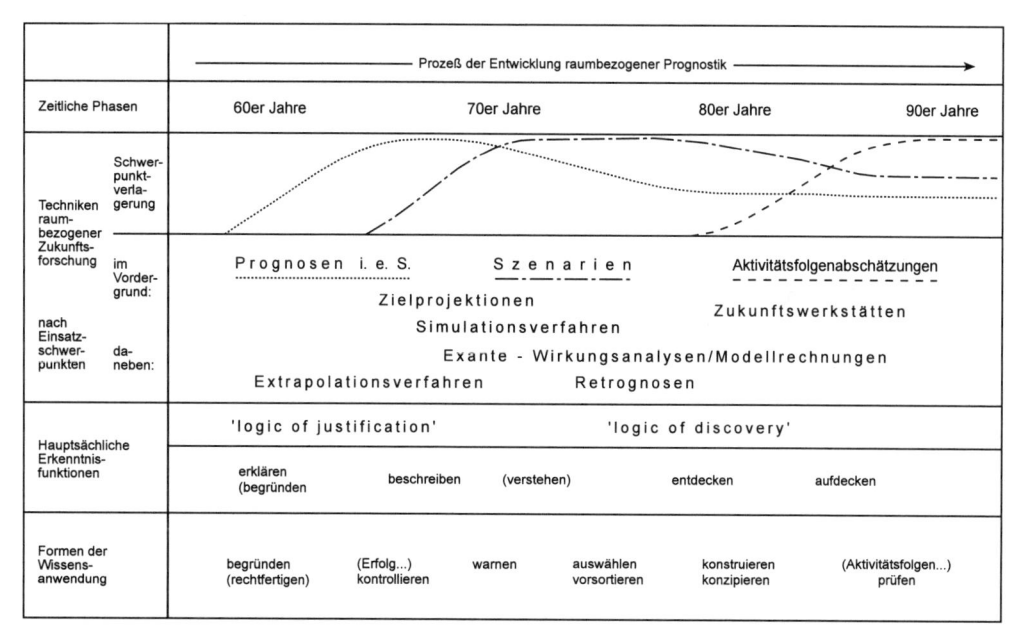

		Prozeß der Entwicklung raumbezogener Prognostik →			
Zeitliche Phasen		60er Jahre	70er Jahre	80er Jahre	90er Jahre
Techniken raumbezogener Zukunftsforschung nach Einsatzschwerpunkten	Schwerpunktverlagerung im Vordergrund:	Prognosen i. e. S.	Szenarien		Aktivitätsfolgenabschätzungen
			Zielprojektionen		Zukunftswerkstätten
			Simulationsverfahren		
	daneben:		Exante - Wirkungsanalysen/Modellrechnungen		
		Extrapolationsverfahren	Retrognosen		
Hauptsächliche Erkenntnisfunktionen		'logic of justification'		'logic of discovery'	
		erklären (begründen)	beschreiben (verstehen)	entdecken	aufdecken
Formen der Wissensanwendung		begründen (rechtfertigen)	(Erfolg...) kontrollieren	warnen auswählen vorsortieren	konstruieren konzipieren	(Aktivitätsfolgen...) prüfen

Quelle: STIENS 1996

b) Mit der Einführung der *Szenariomethode* im raumwissenschaftlichen und -planerischen Bereich wurden bestimmte Aspekte der Zukunft und bestimmte Erkenntnismöglichkeiten erschlossen, die regionalisierten Prognosen verschlossen bleiben mußten. Mit dem Szenarioparadigma konnte die komplementäre Funktion wissenschaftlicher Produktion, der „Entdeckungszusammenhang" und die "Exploration" (als heuristisches, Hypothesen produzierendes Verfahren), stärker zur Geltung kommen. Szenarien eignen sich nicht zur Vorausschätzung wahrscheinlichster Entwicklungen; dafür um so besser für die Aufgabenstellung, verschiedenartige Problemstellungen und Wirkungszusammenhänge aufzubereiten, die auf die räumliche Planung in der Zukunft zukommen *könnten*.

Zur Gruppe der qualitativen Vorgehensweisen des Szenario-Paradigmas gehören auch weitere *heuristische Techniken*, wie die *Delphi-Technik* oder das Verfahren der *Zukunftswerkstatt*. "Heuristisch" heißt, im üblichen Sinn, daß etwas zur Auffindung von Neuem dient; in stärker wissenschaftlich geprägten Kontexten ist "Heuristik" eine Anleitung, um auf methodischem Wege etwas Neues zu finden. Zu diesem Bereich können unter bestimmten Voraussetzungen auch die sogenannten „Kreativitätstechniken", etwa das Brainstorming, gezählt werden. Derartige Techniken wurden vielfach als Hilfsmittel im Rahmen größerer Szenariostudien eingesetzt.

2. Quantitative Prognosen in der räumlichen Planung

Die räumlich differenzierenden Prognosen aus den Anfangszeiten raumbezogener Zukunftsforschung waren einem wissenschaftlichen bzw. planerischen *Paradigma* verpflichtet, für das kennzeichnend war, daß auch im gesellschaftswissenschaftlichen Bereich so verfahren wurde, als könnten deren Untersuchungsobjekte allein mit naturwissenschaftlicher Methodik solide erforscht werden. Diese Philosophie wissenschaftlichen Arbeitens war über die angelsächsischen Länder in die Bundesrepublik Deutschland gelangt, hatte hier in den 60er Jahren Hochkonjunktur und führte zur sog. „quantitativen Revolution" in den Sozialwissenschaften, darunter auch in den räumlich differenzierenden Disziplinen.

2.1 Methoden/Techniken der quantifizierenden raumbezogenen Prognostik: Überblick

Von ihren besonderen Aufgabenstrukturen im Rahmen raumbezogener Planung her sind drei hauptsächliche *Gruppen aufgabenentsprechend spezifischer Methodik* zu unterscheiden:

- Hierzu gehören zuerst einmal die *Prognosen im engeren Sinne* und die *Trendextrapolationen*. Sie unterscheiden sich nach der Form ihrer jeweiligen wissenschaftlich-empirischen Vorbereitung, wobei erstere in besonderem Maße auf theoretischen Grundlagen aufbauen.
- Eine weitere Klasse quantifizierender Methodik besteht in den *Simulationsverfahren*. "Simulation" heißt (vgl. unten): Herstellung künftig möglicher, also hypothetischer räumlicher Situationen oder Prozesse. Dies kann z.B. auf der Basis eines Systemprognosemodells durchgeführt werden. In stadt- und raumplanerischen Zusammenhängen wurden Simulationsverfahren schon recht früh als Mittel zur *Exploration der Zukunft* verwendet, um bestimmte Problemstellungen vorab erkennen zu können oder ins Auge

gefaßte Zielsetzungen und Maßnahmen im voraus auf ihre Wirkungsweisen hin zu überprüfen.

- *Ex-ante-Wirkungsanalysen* schließlich entsprechen einer veränderten Einstellung gegenüber zukunftsbezogenem Handeln. Sie stellen einen recht vielfältigen Bereich raumbezogener Zukunftsexploration dar. Zu ihnen gehören sowohl einfache quantitative *Modellrechnungen* als auch die verschiedenen Verfahren, die zur Familie der *Aktivitätsfolgenabschätzungen* gehören, z.B. die Umweltverträglichkeitsprüfung.

Bei den Methoden/Techniken quantifizierender Zukunftsforschung zeigt sich eine große Vielfalt. Dieses Erscheinungsbild kommt auch dadurch zustande, daß gleiche oder einander ähnliche Techniken in unterschiedlichen disziplinären bzw. theoretischen Zusammenhängen auftreten und teils unterschiedliche Bezeichnungen tragen. Bei den einzelnen *Verfahrenstechniken* im Bereich der Regionalprognostik gibt es einerseits *"statistische" Techniken* oder *Modelle,* andererseits solche, die als *"auf Theorie basierende Modelle"* charakterisiert werden (hierzu grundsätzlich WINKELMANN in diesem Band).

- Zur erstgenannten Kategorie von Techniken gehören u.a.: *Shift-Analysen, Verfahren des regionalen Vergleichs,* Verfahren der *einfachen* oder der *multiplen Regression.*
- Die *auf Theorie basierenden Techniken* oder *Modelle,* die in der räumlich differenzierenden Prognostik Anwendung gefunden haben, beziehen sich vor allem auf den Bereich der Voraussage regionaler wirtschaftlicher Wachstumsprozesse. Zu den im raumplanerischen Bereich häufig angewandten Modellen gehören: *Exportbasismodelle* bzw. *Multiplikatormodelle, Verflechtungsansätze* bzw. *Input-Output-Modelle* sowie Modelle auf der Basis der *linearen Programmierung.*

2.2 Räumlich differenzierende Prognosen und Trendextrapolationen

Die hauptsächlichen Techniken für räumlich differenzierende *Voraussagen* im engeren Wortsinn - "Prognosen" und "Trendextrapolationen" - wurden, raumwissenschafts- und raumplanungshistorisch gesehen, zuerst in der raumbezogenen Zukunftsforschung angewendet. Dies hatte Gründe, die sowohl im engeren wissenschaftlichen Bereich zu finden sind (vgl. "deskriptives Paradigma") als auch im außerwissenschaftlichen bzw. politischen Bereich (vgl. STIENS 1996b).

a) Prognosen im engeren Sinne

Beim Instrumentarium der Prognosen herrscht eine Vielfalt in den Einzelmethoden und -techniken, die in allen Einzelheiten nur noch schwer einigermaßen übersichtlich darstellbar ist. Doch benennbar ist, welche Merkmale allen - charakteristischerweise theoriegeleiteten - raumbezogenen Prognosen gemeinsam sind: also *die Komponenten* und *Grundstrukturen,* aus denen sich *komplexere* räumlich differenzierende Prognosemodelle zusammensetzen. (Bei der folgenden Vorstellung einzelner Kennzeichen und Komponenten räumlich differenzierender Prognosemodelle werden Veranschaulichungsbeispiele aus dem Bereich des Objekts Bevölkerungsentwicklung verwendet, also aus dem Modell einer klassischen Bevölkerungsprognose, das Raumplanern vom Objekt her weitgehend vertraut ist.)

Grundstruktur eines Prognosemodells: Formal bzw. "von außen" betrachtet, besteht ein Prognosemodell aus mathematischen Gleichungen. Diese können z.B. *"Definitionsgleichungen"* sein, die Aussagen über das Modell selbst machen, oder z.B. *"Verhaltensgleichungen"*, die Aussagen über den Bereich des *Objekts* der Prognose enthalten: Als eine *Definitionsgleichung* ist beispielsweise die Funktion zu bezeichnen, mit welcher Fortschreibungen von Beständen (z.B. Bevölkerungszahlen eines Raumes) durchgeführt werden (vgl. BUCHER 1993). In ihrer einfachsten Ausprägung hat eine Verhaltensgleichung z.B. folgende Form: Anfangsbestand plus Zugänge minus Abgänge ist gleich Endbestand. Mit *Verhaltensgleichungen* werden Ursache-Wirkungszusammenhänge beschrieben, mit Bezug auf Bevölkerungsbewegungen z.B. der Zusammenhang zwischen Elementen der Bevölkerungsbewegung (etwa Geburten) in den Regionen einerseits und einschlägigen Gruppen von Personen ("Frauen im gebärfähigen Alter") bzw. vor allem ihrem Verhalten, das regional möglicherweise unterschiedlich ausfällt, andererseits. Die verschiedenen Gleichungen eines Modells dürfen sich gegenseitig nicht ausschließen (Bedingung der Widerspruchsfreiheit).

Das Prognoseargument: Der Wirtschaftsprognostiker TIETZEL (1989) ordnet jeder Prognose ein spezifisches *Prognose-Argument* zu. Dieses setzt sich aus folgenden Elementen zusammen: einem *"Projektandum"* (= dem Vorauszusagenden) sowie einem *"Projektans"*. Letztgenanntes ist derjenige Prognosebestandteil, der die Vorausschau überhaupt erst möglich macht. Das Projektans setzt sich einerseits aus allgemeinen Gesetzen (z.B. Theorien, die Wanderungsvorgänge in einem bestimmten Land oder in einer Region erklären) und bestimmten Anwendungsbedingungen (wenn Einflußfaktor X gegeben ist, tritt Situation Y ein) zusammen.

Zusammensetzung aus "Komponenten" des Objekts: Die einzelnen *Komponenten des jeweiligen Objekts* sind die wichtigsten Bestandteile des Projektans. (Im Modell einer Bevölkerungsprognose sind dies z.B. die Komponenten der *natürlichen* Bevölkerungsbewegung (Geburten, Sterbefälle), die Komponenten der *räumlichen* Bevölkerungsbewegung (z.B. Zuzüge und Fortzüge innerhalb eines Landes oder einer Region) oder die Zuzüge und Fortzüge über die Grenzen eines Staates („Außenwanderung"). Die aufgeführten Prognosekomponenten sind wiederum abhängig von weiteren Komponenten. Und schließlich sind Anfangsbestand und -struktur der Bevölkerung wiederum abhängig von den ("sind eine Funktion" der) Bevölkerungsbewegungen aller vorausgegangenen Perioden.)

Räumliche Differenzierung: Da es sich hier um *räumlich differenzierende* Prognostik handelt, ist ein *Raster von Teilräumen* vorauszusetzen, mit dem ein jeweiliger Gesamtraum untergliedert wird. Damit raumbezogene Planung und Politik ihre Koordinierungsaufgaben wahrnehmen können, muß die Regionalisierung von Prognoseergebnissen so ausfallen, daß diese einerseits dem Entwicklungsbereich, der zu prognostizieren ist, entsprechen und daß sie andererseits bundesweit verwendbar sind. (Als räumlicher Raster z.B. für die Bevölkerungsprognosen der BfLR boten sich die "Raumordnungsregionen" an, da sie weitgehend identisch mit den Planungsräumen der Länder sind und eine flächendeckende Raumgliederung für das Bundesgebiet abgeben.) Auch Städtebaupolitik und Wohnungsbaupolitik benötigen räumlich differenzierende Prognoseergebnisse. Doch sind diese Politikbereiche speziell auf kleinräumig differenzierte Informationen angewiesen.

Sonst könnten z.B. die Folgen der Stadt-Umland-Wanderung nicht beurteilt werden. (Die Raumordnungsregionen waren daher z.T. noch einmal nach Kernstädten und verschiedenen Typen des Umlands unterteilt worden. Aus diesen kleinsten Erhebungsräumen lassen sich wiederum Aggregate formen.)

Besondere Teilmodelle für Verursachung und räumliche Verteilung: Um den Prozeß, der zu neuen *räumlichen Verteilungsstrukturen* führt, abbilden zu können, sind wenigstens zwei *Teilmodelle* nötig:

- einerseits ein *Verursachungsmodell* für die Beschreibung der Ausgangspunkte und des Umfangs der Bewegungen zwischen verschiedenen Raumeinheiten;
- andererseits ein *Verteilungsmodell*, das die *Auswirkungen* der räumlichen Prozesse auf die Regionen eines Territoriums - mithin die Verteilung als neuen Zustand - beschreibt.

Die zeitlichen Komponenten: Was die *zeitlichen Komponenten* solcher Prognosemodelle anbelangt, gibt es wenigstens zwei wesentliche Komponenten:

- Die eine ist die *Fristigkeit* oder der „*Zeithorizont*" der Prognose, begrenzt sozusagen durch das letzte Jahr, auf das sich die Prognoseaussage beziehen soll. Bei den Prognosen der Raumordnung werden maximal mittelfristige Zeithorizonte (i.d.R. 15 Jahre) zugrunde gelegt. Hauptgrund für die Vermeidung längerer Prognosezeiträume ist, daß mit der Vergrößerung des Zeitrahmens die Aussagesicherheit, die „Treffsicherheit", abnimmt. (Für die qualitative Zukunftsforschung (vgl. Abschn. 4.) sind längere Zeiträume zugelassen.)
- Die zweite zeitliche Komponente solcher Prognosemodelle besteht in der Einteilung des gesamten Prognosezeitraumes in gleich lange *Perioden,* begrenzt von vorher festgelegten *Zeitpunkten* gleichen Abstands. (Bei den Raumordnungsprognosen des BMBau z.B. waren es bisher i.d.R. Fünfjahresschritte.) Mit dieser Periodisierung sind verschiedene Aufgaben verbunden: So können mit Hilfe der gleichen Länge der verschiedenen Zwischenzeiträume z.B. Veränderungen in den Entwicklungsgeschwindigkeiten und Umstrukturierungsprozessen zumindest einigermaßen "kontrolliert" abgelesen werden. Außerdem haben die vorher definierten *intermediären Zeitpunkte* die Funktion, modell-endogene Rückkoppelungen zu ermöglichen. (Das heißt in einer Bevölkerungsprognose, daß eine „Ausgangsbevölkerung" einer Region mit Beginn der nächsten Periode über endogene Rückkoppelungen "verändert" wird.)

"Verhaltensparameter": Zum *Projektans*, das oben angesprochen wurde, gehören die „*Einflußfaktoren"* („*Verhaltensparameter"*), die vorher definiert werden müssen. Dies sind Annahmen oder Aussagen über das Verhalten bestimmter definierter Gruppen („*Verhaltensträger"*) im Projektans: Solche Angaben über Verhaltensträger beziehen sich auf das "Verhalten von Aggregaten", also auf Gruppen, deren Mitgliedern - gemäß einschlägiger Theorie oder Erfahrung - ein gleiches oder ähnliches Verhalten zuzuordnen ist. Im Fall der Bevölkerungsentwicklung wird damit berücksichtigt, daß diese nicht gänzlich mit der vorliegenden Geschlechts- und Altersstruktur zu „erklären" ist. Neben den rein demographischen spielen auch *Faktoren* aus dem *individuellen* und *familiären* Bereich (z.B. Erwerbssituation, Einkommen, Ausbildung, Stellung im Lebenszyklus) sowie *gesellschaftliche* und *regionale Faktoren* (materielle Arbeits- und Lebensbedingungen) hierbei eine bedeutsame Rolle.

II. Analyse und Prognose

"Modellintern" vs. "modellextern": Die Verhaltensparameter/Einflußfaktoren können nun aber an unterschiedlichen Stellen im Prognosemodell eingebracht sein:

- Sie können *im Rahmen* des eigentlichen Prognosemodells ("modellintern" bzw. „endogen") "abgebildet" bzw. prognostiziert werden.

- Aber sie können auch *für sich* - außerhalb des Prognosemodells - prognostisch bearbeitet werden ("modellextern" bzw. „exogen").

An welcher Stelle diese Einflußfaktoren prognostiziert werden, modellintern oder modellextern, hängt auch davon ab, wie umfassend ein Prognosemodell ausfallen kann oder soll. Die Voraussage des Verhaltens einer Gruppe, das für die Prognose insgesamt wichtig ist, kann nämlich selbst wieder sehr umfangreich sein. Ein klassisches Beispiel ist die "Prognose" des Erwerbsverhaltens (des erwerbsfähigen Teils einer Bevölkerung), das im Zusammenhang mit Arbeitsmarktprognosen von besonderer Bedeutung ist (vgl. Beispiel unten).

Beispiel mit Tradition: die Raumordnungsprognosen auf Bundes- und Länderebene

Bei den Raumordnungsprognosen, wie sie traditionell sowohl auf der Bundes- als auch auf Länderebene erarbeitet wurden, handelte es sich um räumlich differenzierende Multisektoralprojektionen, die sich aus einer Bevölkerungs- und einer Arbeitsmarktprojektion zusammensetzten und sich jeweils auf einen Zeitpunkt in der mittleren Zukunft (Zeithorizont: 15 Jahre) bezogen. Künftige räumliche Verteilungen von Bevölkerung und Arbeitsplätzen wurden dabei mit Hilfe geeigneter Sektoraltheorien "erzeugt", unter Einschluß von Extrapolationen.

Die ersten Raumordnungsprognosen wiesen Besonderheiten auf: Anfangs bildete die Raumordnungsprognose ein verwaltungstechnisches Instrument, mit dem den einzelnen Regionen bzw. Gebietskörperschaften klipp und klar - und ohne Möglichkeiten einer Diskussion - Eckwerte für die weitere Verwendung vorgegeben wurden. Geschärft durch Nutzung des einschlägigen Prinzips der Informationsreduktion, handelte es sich bei diesen Prognosen anfangs also primär um ein reines Lenkungsinstrument, eine - was Kommunikation anbelangt - bewußt eingeschränkte, nur in einer Richtung verlaufende Handlungsrahmensetzung für hierarchisch nachgeordnete Planungsebenen. Ihre Tabellen enthielten „Weisungen" in Form numerischer Vorgaben, die von den jeweiligen nachgeordneten Verwaltungen zu übernehmen waren (z. B. für eigene Status-quo-Prognosen, Zielprojektionen oder Infrastrukturplanungen etwa für die Ebene der Planungsregionen, Landkreise oder Kommunen).

Die Raumordnungsprognosen sollten Status-quo-Prognosen sein: Dies galt auch schon im Fall der frühen Raumordnungsprognosen der Raumordnung und Landesplanung. Hierbei werden vor allem die politischen Rahmenbedingungen für den Prognosezeitraum konstant gehalten, um auf diese Weise eine mögliche Notwendigkeit und den Zeitpunkt einer Veränderung des politischen Handelns im voraus bestimmen zu können. Insofern hatten sie - in einem gewissen autoritären Verständnis - Warnfunktionen, soweit sie unerwünschte Entwicklungen im Hinblick auf raumordnerische Zielvorstellungen aufzeigten.

Im Gegensatz dazu besaßen die *"Zielprojektionen"* oder *"Zielprognosen"* der Raumplanung, die auf die Raumordnungsprognosen bezogen waren, ganz offensichtlich einen normativen Charakter: Insbesondere auf der Landesebene wurde eine gewisse Zeit lang versucht, unter politischen Vorgaben - also anhand sogenannter Zielprognosen - "Richtwerte" für die künftige regionale Entwicklung von Bevölkerung und Arbeitsplätzen zu bestimmen und vorzugeben (BAUDREXL 1988; DIETRICHS 1988). Bezogen auf die Status-quo-Prognose konnte damit aber auch aufgezeigt werden, welche Entwicklungsbedingungen gegeben sein müßten, um bestimmte Ziele zu erreichen: beispielsweise welche Wanderungsströme eigentlich eintreten müßten, damit bestimmte Bevölkerungszahlen in einzelnen Regionen gehalten werden. Richtzahlen für Bevölkerung und Arbeitsplätze und regionalisierte Zielprognosen/Zielprojektionen waren bis Anfang der 70er Jahre in allen Bundesländern fester Bestandteil der Programme und Pläne zur Landesentwicklung.

b) Trendextrapolationen

Vielfach ist bei quantitativen Zukunftsabschätzungen auf den ersten Blick nicht zu unterscheiden, ob es sich um tatsächliche Prognosen im engeren Sinne handelt oder um räumlich differenzierende *Trendextrapolationen*. Um den wesentlichen Unterschied deutlich zu machen, wird dieses Verfahren gesondert behandelt.

Nach einer verwendungsunabhängigen Definition der *"Trendextrapolation"* ist es ihr Ziel, in der bisherigen Entwicklung einer Größe eine mathematisch definierbare Gesetzmäßigkeit zu entdecken und die beobachtete Entwicklung in die Zukunft zu verlängern (Meise/VOLWAHSEN 1980).

Es gibt eine Vielzahl von Verfahren, um diesen Vorgang einigermaßen kontrolliert vonstatten gehen zu lassen: sowohl relativ einfache Verfahren als auch anspruchsvolle Verfahren:

- Zum Bereich der *relativ einfachen Verfahren* gehören die sog. *Zeitreihenanalysen*. Dies sind Verfahren, mit denen zeitliche Entwicklungen dadurch erfaßt werden, daß Beobachtungsreihen anhand bestimmter Instrumente in mehrere Komponenten (Trend; Konjunktur) "zerlegt" werden.
- Bei den weiteren trendextrapolierenden Verfahren lassen sich *direkte Projektionsverfahren* und *indirekte Verfahren* unterscheiden (vgl. FIELD/McGREGOR 1993). Zu den letztgenannten Verfahren gehören z.B. die *Regressionsanalysen*. Sie basieren darauf, daß jeweils von bestimmten funktionalen Zusammenhängen ausgegangen wird. Damit wird eine Größe, die direkt schwer erfaßbar ist, durch Hilfsgrößen, die mit ihr korrelieren und die leichter erfaßbar sind, *indirekt* in die Zukunft *projiziert*.

Trendextrapolationen bzw. Regressionsverfahren werden in der Regel dann zur Hilfe genommen, wenn *keine theoretisch begründete wissenschaftliche Erklärung* für Veränderungen gefunden werden kann. Trendextrapolationen können einen sehr differenzierten, komplexen Charakter aufweisen, z.B. dadurch, daß auch hier eine Vielzahl von Rückkoppelungen einbezogen wird. Alle aber zeichnen sich dadurch aus, daß sie *theoretisch "nicht begründet"* sind. Das heißt, sie sind schlicht aus vorangegangenen Verläufen abgeleitet. Diesen Extrapolationsverfahren liegt eine eher pragmatische Wissenschaftsauffassung zugrunde.

II. Analyse und Prognose

Beispiel für ein multiples Extrapolations- und Schätzverfahren

Das besondere Merkmal des folgenden Beispiels einer Abschätzung künftiger regionaler Erwerbsbeteiligung (vgl. BUCHER et al. 1990) ist, daß es sich, was das Objekt angeht, zwar nur um eine einzige exogen prognostizierte *Komponente* einer umfassenderen Prognose (nämlich einer Arbeitsmarktprognose) handelt und daß diese Abschätzung dennoch ein sehr komplexes Verfahren darstellt. Derartige Vorausschätzungen der *Erwerbsbeteiligung* beziehen sich auf die Frage, inwieweit der erwerbsfähige Teil einer Bevölkerung am Arbeitsmarkt auch tatsächlich aktiv wird.

Bei der Vorausschätzung der Erwerbsbeteiligung stehen insbesondere ökonomische Faktoren im Vordergrund. Mit diesen Faktoren gehen aber größere Unsicherheiten und Prognoserisiken einher als mit z.B. demographischen Parametern. Die Wahrscheinlichkeit größerer zeitlicher Schwankungen und mithin geringerer Stabilität beim Objekt Erwerbsbeteiligung macht eine stärkere analytische Absicherung der Abschätzung nötig. Doch konnte diese hier nicht im Rahmen eines theoretisch geleiteten Erklärungsmodells bzw. Gleichungssystems für das Erwerbsverhalten vorgenommen werden. Statt dessen mußten Erwerbsquoten mit Hilfe statistischer Methoden in die Zukunft projiziert werden. Statistiken über die Nachfrage nach Arbeitsplätzen sind zwar zahlreich, sie weisen aber erhebliche Defizite auf. Dieser Mangel nötigte dazu, umfangreiche *Schätzungen* durchzuführen und eine Vielzahl von *Annahmen* zu treffen. Von Fall zu Fall wurden Ergebnisse

Abb. 2: Ablaufschema einer Trendabschätzung zum Erwerbsverhalten, differenziert nach Regionen (aus: BUCHER et al. 1990)

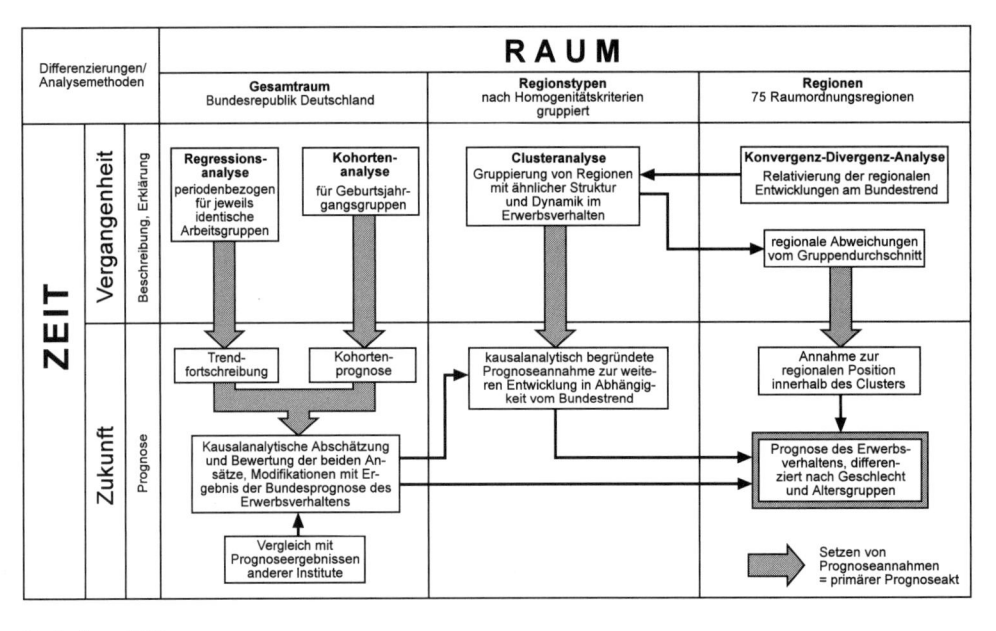

Quelle: STIENS 1996

anhand von Plausibilitätskontrollen modifiziert. Um die vorliegenden unzulänglichen Daten maximal auszunutzen, wurde ein *System von Abschätzungen* entwickelt, das sich auf mehrere räumliche Ebenen erstreckt (vgl. Abb. 2). Annahmen wurden sowohl für die Ebene des Gesamtgebietes der Bundesrepublik getroffen als auch für einzelne Regionen. Soweit handelt es sich um einen „kombinierten Top-Down- und Bottom-Up-Ansatz" (BUCHER et al. 1990). Das heißt, „von oben" wurden Annahmen über den Bundestrend der Erwerbsbeteiligung eingeführt; „von unten" - also für Regionsgruppen bzw. Regionen - wurden Annahmen über räumliche Besonderheiten und spezifische Einflußfaktoren, mit denen Abweichungen vom allgemeinen Trend zu erklären sind, eingebracht. Mit der räumlichen Differenzierung - von der Bundesebene bis zur jeweils einzelnen Region - ging auch (wie in der Abb. 2 skizziert) ein charakteristischer Wechsel in der Methodik einher.

2.3 Systeme räumlich differenzierender Prognosen

a) Neue anstelle traditioneller Formen

Auch auf Bundesebene stieß der Anspruch der Raumordnung, durch ihre Raumordnungsprognose traditioneller Ausprägung Fachpolitiken zu koordinieren, immer mehr auf Widerstand; dies trotz aller Absicherung durch große Institute und institutionell gesicherte Wissenschaftlichkeit. Hierfür gab es mehrere Gründe:

- Die wesentlichen Teilobjekte der Raumordnungsprognosen lagen im "Zuständigkeitsbereich" anderer Ressorts, bei Ministerien, die zudem mit eigenen Prognosen arbeiteten: Für die Prognosen zur Bevölkerungsentwicklung in der Bundesrepublik Deutschland und auch für die Ausländerzuwanderung zeichnet z.B. das Bundesinnenministerium verantwortlich; Fragen der Entwicklung der Zahl der Arbeitskräfte, der Erwerbsquoten und auch der Frauenerwerbstätigkeit usw. fallen in den Bereich des Arbeitsministers; die Rahmenbedingungen für wirtschaftliches Wachstum, Fragen der Branchenproduktivität oder der regionalen Wirtschaftspolitik werden vom Wirtschaftsminister verwaltet.
- "Hinderlich" waren die Raumordnungsprognosen auch deshalb, weil sie in ihren Modellstrukturen und ihren Regionsrastern nicht mit denen der anderweitigen Fachprognosen übereinstimmte.
- Schließlich gab es methodische Mißverständnisse im interministeriellen Ausschuß für Raumordnung (IMARO). Von Anfang an bestand das besondere Problem darin, daß der Status-quo-Charakter nicht berücksichtigt wurde und die Prognosen in ihren Ergebnissen als (regierungsamtliche) Zielprojektionen mißdeutet wurden (DIETRICHS 1988).

Mittel zu sein, um das Verhalten und Handeln verwaltungsexterner Adressaten (und nebenbei verwaltungsintern auch dasjenige anderer Fachpolitiken) zu beeinflussen, haftet den Raumordnungsprognosen auf Bundesebene immer noch ein wenig an, auch wenn das frühere Funktionsverständnis inzwischen gänzlich zurückgenommen worden ist.

Projektionsmodelle komplexer Ausprägung, wie im Fall dieser Raumordnungsprognosen, können aber nicht nur zur "Festschreibung" von Zukunft (vgl. "Richtwerte") eingesetzt werden, sondern auch zur *Exploration von Zukunft*. Dies geschieht, wenn künftig mögliche oder wünschbare Prozesse und Situationen im Raum - im Zusammenspiel mit bestimmten Wirkfaktoren - genauer vorab ins Auge gefaßt und betrachtet werden. Hauptaufgabe dabei ist, Wirkungs- und Entwicklungszusammenhänge, die für bestimmte Räume und bestimmte raumwirksame Prozesse künftig beherrschend sein könnten, auf systematische Weise zu "dekonstruieren".

Mit solcher Verwendung von Prognosemodellen könnten Systemgefährdungen, die möglich sind, vorab wahrgenommen und beurteilt werden. Räumlich differenzierende Prognosemodelle, die Eigenschaften dafür aufweisen, sind auch schon zur Entwicklungsexploration im besagten Sinne eingesetzt worden. Ein Beispiel ist das von der bayerischen Landesregierung seit 1977 kontinuierlich weiterentwickelte „Modell zur interregionalen demographischen und arbeitsplatzorientierten Simulation" (MIDAS) (vgl. KOCH 1988; zum Thema Simulation vgl. unten).

b) Prognosesysteme

Prognosesysteme, Originär- und Derivativprognosen

In vielen Fällen stehen Prognosen nicht allein, nicht unabhängig von anderen Prognosen, sondern bilden jeweilige Komponenten eines größeren *Prognosesystems*. Inzwischen hat sich die Raumordnungsprognose auf der Bundesebene zu einem solchen *Prognosesystem* mit sehr komplexer Aufbau- und Aufgabenstruktur entwickelt (vgl. BUCHER/GATZWEILER 1993 u. 1994): Hier stehen unterschiedliche *räumlich differenzierende Fachprognosen* in bestimmten *Abhängigkeitskonstellationen* zueinander. Die Abb. 3 vermittelt einen Überblick über die Teilmodelle der neuen "Raumordnungsprognose 2010" der BfLR und über die wesentlichen Interdependenzen. Diese Raumordnungsprognose setzt sich im gegenwärtigen Stadium aus fünf *Teilmodellen* zusammen: zwei Modellen im *demographischen* Bereich (Bevölkerung, private Haushalte) sowie je einem Modell für den *Arbeitsmarkt* (Erwerbspersonen, Arbeitsplätze), den *Wohnungsmarkt* (Nachfrage und Angebot, bezogen auf Wohnfläche und Wohnungen) und den Bereich der *Siedlungsflächenentwicklung*.

Abb. 3: Modellstruktur der "Raumordnungsprognose 2010" der BfLR (aus: BUCHER/GATZWEILER 1993)

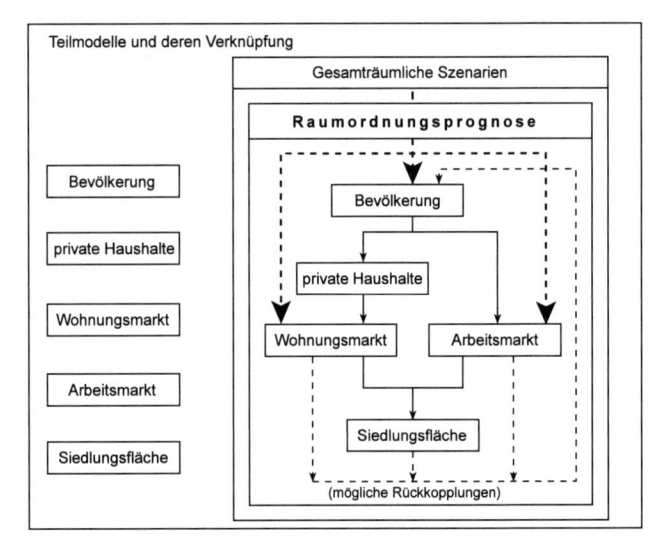

Im Fall von Prognosesystemen ist es wichtig, daß die Schnittstellen zwischen den Einzelprognosen "funktionieren". Hierfür muß in der Regel ein besonderer Koordinationsaufwand betrieben werden, bezeichnet als *"horizontale Integration"* (FIELD/

McGREGOR 1993). Daneben kann auch Koordination im Sinne *"vertikaler Integration"* erforderlich sein. Dies betrifft die Fälle, in denen die Kompatibilität der verschiedenen Prognosen gewährleistet bleiben muß: z.B. von Prognosen für große Gebiete mit Teilgebietsprognosen oder von Prognosen für kürzere Zeiträume mit solchen, die sich auf längere Zeiträume beziehen.

Schließlich kann auch *"organisatorische Integration"* nötig sein. Sie soll dazu verhelfen, daß die verschiedenen Einheiten einer Organisation die gleichen Grundprognosen verwenden oder daß sie die gleichen Ergebnisvarianten zugrunde legen (daß z.B. die Verkehrs- und die Raumordnungspolitik möglichst dieselbe regionalisierte Bevölkerungsprognose als Basis nehmen).

2.4 Räumlich differenzierende Sektoralprognosen: klassische und neueste Beispiele

Im folgenden sollen kurz Beispiele für Sektoralprognosen angesprochen werden, die in der raumbezogenen Planung besonders häufig Verwendung gefunden haben oder die thematisch von besonderer Bedeutung erscheinen.

- *Regionalisierte demographische Prognosen - klassische Beispiele für "Basisprognosen"*: Diese Prognosen des "deskriptiven Paradigmas" hatten und haben eine zentrale Bedeutung für die räumliche Planung. Die *zukünftige Bevölkerungsentwicklung* in ihren räumlichen Unterschieden stellt eine Basisgröße für die räumliche Entwicklung insgesamt dar. Besonderes Augenmerk wird auch auf "kleinräumige Bevölkerungsprognosen" gelegt, z.B. solche für Stadträume und deren Teilräume (vgl. z.B. GREWE-WACKER 1985). (Zur Formalstruktur der zugrundeliegenden Modelle vgl. WINKELMANN in diesem Band.)

- *Prognosen der Entwicklung der privaten Haushalte*: Mehr als die Bevölkerungsentwicklung bestimmt die Zahl und Struktur der Haushalte den Bedarf an Wohnungen mit, wovon wiederum der notwendige Wohnflächenbedarf und die weitere Siedlungstätigkeit einschlägig mitgeprägt werden. Prognosen der Entwicklung der privaten Haushalte bilden ein eigenständiges Forschungsfeld auf dem Gebiet der Demographie (vgl. BUCHER/KOCKS 1994). Es ist aber wesentlich jünger und weniger ausgereift als der Bereich der Bevölkerungsprognosen.

- *Regionalisierte Wohnungsmarktprognosen*: Bei den bisher in der Bundesrepublik erstellten Prognosen zur *Entwicklung des Wohnungsmarktes* fällt eine große inhaltliche und methodische Vielfalt auf, nicht zuletzt bedingt durch die Komplexität dieses Wirtschaftssektors, durch seine Zersplitterung in sachliche und räumliche Teilmärkte, durch seine enge Verflechtung mit vorgelagerten Märkten (Bau, Boden, Kapital) und seine Politikabhängigkeit. Jeder der verschiedenen Akteure auf dem Wohnungsmarkt stellt andere, seinem spezifischen Tätigkeitsprofil entsprechende Fragen an eine *Wohnungsprognose*; und keine der in der Bundesrepublik erstellten Prognosen darf den Anspruch erheben, alle diese Fragen gleichzeitig beantworten zu können. Wohnungsmarktbezogene Prognosen lassen sich danach unterscheiden, ob sie auf die *Wohnungsnachfrage* oder den *Wohnungsbedarf* zielen (vgl. u.a. STIENS 1996a).

- *Regionalisierte Arbeitsmarktprognosen*: Mit diesen sollen den Akteuren der Wirtschafts- und Arbeitsmarktpolitik Hinweise - im Sinne der Frühwarnung - z.B. auf (kommende zusätzliche) Arbeitsmarktungleichgewichte gegeben werden. Im Rahmen der regionalen Wirtschaftspolitik können die prognostizierten Eckdaten regionaler Arbeitsmarktbilanzen wichtige Hilfestellungen zur problemgerechten Abgrenzung von Fördergebieten liefern (Eltges/Maretzke/Peters 1993). Das Arbeitsmarktmodell (z.B. der Raumordnungsprognose der BfLR) besteht hauptsächlich aus zwei *Teilmodellen*: (a) einem Modell zur Prognose der *regionalen Arbeitsplatzentwicklung* (Arbeitskräftenachfrage) und (b) einem Modell zur Prognose der *regionalen Erwerbspersonenentwicklung* (Arbeitskräfteangebot). Die Ergebnisse aus den Teilprognosen (a) und (b) werden zu einer Prognose der *primären regionalen Arbeitsmarktbilanzen* zusammengeführt.

- *Prognose der Siedlungsflächenentwicklung*: Flächen für Siedlungszwecke - also für Wohnen, Wirtschaften und Verkehr - in Anspruch zu nehmen, findet seit Mitte der 70er Jahre zunehmend unter den Schlagworten wie "Landschaftsverbrauch" oder "Landverbrauch" öffentliche Aufmerksamkeit. Diese Thematik hat vor allem dadurch wieder an politischer Aktualität gewonnen, daß der Prozeß der *Inanspruchnahme von Flächen für Siedlungs- und Verkehrszwecke* in jüngster Zeit - nach einer Abschwächung in der zweiten Hälfte der 80er Jahre - wieder erheblich zugenommen hat. Von der Neuinanspruchnahme von Flächen in den Bereichen Wohnen, Wirtschaften und Verkehr geht der weitaus größte Teil der Flächenansprüche aus; sie entsprechen annäherungsweise der Definition der amtlichen "Siedlungs- und Verkehrsfläche" (vgl. Beckmann/Gatzweiler/Losch/Osenberg 1993).

2.5 Anderweitige quantifizierende Verfahren

a) Simulationsverfahren in der räumlichen Planung

Wenn sie einmal relativ verwendungsneutral betrachtet werden, sind Simulationsmodelle von der Struktur her den zuvor beschriebenen Prognosemodellen ähnlich, wenn nicht gleich (vgl. Beitrag Winkelmann in diesem Band). Mit Bezug auf deren Funktion sind *Simulationsverfahren* als eine besondere Form eines wissenschaftlichen Experiments zu definieren, in welchem das Verhalten des im Modell dargestellten Systems unter unterschiedlichen Bedingungen untersucht wird (vgl. Meise/Wegener 1972). Sie gehen über die Prognose hinaus, indem sie vor allem zur *ausführlichen* Exploration von Zukunft und zur Simulation *möglicher* künftiger Situationen dienen. Das Simulationsverfahren verwendet ein System aufeinander bezogener Gleichungen, dem als allgemeine modellstrukturierende Theorie die *Systemtheorie* bzw. *Kybernetik* zugrunde liegt.

Mit Blick auf die raumbezogene Planung liegt die besondere Attraktivität von Simulationsverfahren darin, daß die Zusammenhänge des untersuchten Systems (hier die raum- und zeitbezogenen Veränderungen der Stadt- und Regionalstruktur und die Folgen und Wechselwirkungen von Planungseingriffen) sich im Prinzip in einem Lernprozeß schrittweise erfassen lassen (Meise/Volwahsen 1980).

Die Simulation räumlicher Prozesse wird in Deutschland in unterschiedlichen Aufgabenbereichen eingesetzt, zum Beispiel als ein *Instrument für Ex-ante-Analysen,* um vermutete *Wirkungszusammenhänge* zu ergründen (z.B. Modelle zur Simulation interregionaler demographischer und arbeitsplatzbezogener räumlicher Prozesse, wie das MIDAS-Modell der bayerischen Regierung (vgl. Koch 1988)).

Außerdem wird die Simulation auch als *Planungs- und Lehrmethode* eingesetzt: z.B. als Grundlage für *Planspiele* (auch für räumlich differenzierende), wie im Fall des METRO-Modells in der Stadtentwicklungsplanung oder für *Rollenspielen* bzw. *Spielsimulationen* in der Raumplanung bzw. in einschlägigen Hochschulveranstaltungen (vgl. Diekmann/Leppert 1978, Eser 1992).

b) Wirkungsprognosen

"Ex-ante-Wirkungsanalysen" oder "Wirkungsprognosen" sind Sammelbegriffe für eine ganze Reihe von primär quantifizierenden Techniken, die sich räumlich differenzierend mit der Zukunft beschäftigen. Es können zwei wesentliche Gruppen unterschieden werden:

- *Analytische* oder *explorative* Ex-ante-Wirkungsanalysen, wobei wieder folgendermaßen differenziert werden kann: Zum einen kann damit vorausschauend untersucht werden, wie sich *Rahmenbedingungen* bzw. *säkulare Trends*, die ja kaum beeinflußbar sind und die die jeweiligen Politikbereiche stark beeinflussen können, auswirken können (z.B. die Alterung einer Bevölkerung und ihre Auswirkungen auf den Bereich der Sozialpolitik; vgl. Stiens 1991). Zum anderen gibt es die Ex-ante-Wirkungsanalyse zur Überprüfung der *Auswirkungen bestimmter Zielsetzungen* oder *Handlungsabsichten*; Objekt sind also nicht schwer beeinflußbare Rahmenbedingungen, sondern die Auswirkungen bestimmter planerischer oder politischer Einflußnahmen.

- *Direkt auf Entscheidungen* ausgerichtete Verfahrensweisen: Mit ihnen sollen Auswirkungen bestimmter *Projekte* oder *Entscheidungen* sichtbar gemacht werden. Über deren Pro und Contra soll damit wissenschaftlich *vorentschieden* werden (korrespondierend in gewissem Sinne mit "assessment" im angelsächsischen Bereich). Hierher gehören alle Aktivitätsfolgeabschätzungen (vgl. unten).

In beiden Fällen von Ex-ante-Wirkungsanalysen gibt es einen grundlegenden Unterschied zu Simulationsverfahren: Im erstgenannten Fall wird auf Einfachheit, Nachvollziehbarkeit und Durchschaubarkeit abgestellt. Im Fall von Simulationsverfahren dagegen wird bewußt auf eine intensive Modellierung komplizierter Vorwärts- und Rückwärtskoppelungen gesetzt; es steht die Komplexität des Geflechts der Verbindungen im Vordergrund.

Auf die Zukunft gerichtete Wirkungsanalysen stellen als Methodentyp den aktuellsten Stand im Bereich der Anwendung raumbezogener Prognostik dar. Es ist eine Prognostik, die zumindest in Teilen aus bestimmten Fehlern gelernt hat. Hinter der Ex-ante-Wirkungsanalyse steht eine Veränderung im Grundansatz der raumwissenschaftlichen Beschäftigung mit der Zukunft: Mit den traditionellen Prognosen und Zielprojektionen sollte Zukunft noch langfristig vorstrukturiert und festgelegt werden. Mit dem "Festklopfen" von Zukunft mittels "begründenden" Voraussagen und darauf abgestellter planerischer oder politischer Gestaltung - im raumplanerischen Bereich gar von "flächendeckender" Gestaltung - werden heute eher Gefahren verbunden. Inzwischen wird eingesehen, daß es vor allem um die *Offenhaltung von Zukunft* gehen muß, damit für die nachfolgenden Generationen Optionen gewahrt werden können. Die Planung arbeitet deshalb heute eher mit alternativen Zukunftsentwürfen, z.B. mit der Szenariotechnik (vgl. dazu Abschn. 3.3), die Modellrechnungen einbezieht, welche von unterschiedlichen Prämissen ausgehen.

Aktivitätsfolgenabschätzungen: Unter methodologischen und raumplanungstheoretischen Aspekten sind Aktivitätsfolgenabschätzungen "institutionalisierte Verfahren zur gedanklich vorweggenommenen Erfassung, Prüfung und Bewertung von Wirkungen, die von Maßnahmenentscheidungen auf gesellschaftliche Ziele/Werte/Güter ausgehen können" (FÜRST 1988, S. 52). Zu dieser Familie der Aktivitätsfolgenabschätzungen gehören *Umweltverträglichkeitsprüfungen,* ferner z.B. *Technikfolgenabschätzungen, Sozialverträglichkeitsprüfungen* und *Raumordnungsverfahren/Raumverträglichkeitsprüfungen*. Derartige umwelt- oder raumbezogene Verträglichkeitsprüfungen gibt es in vielen Ländern (vgl. GLASSON 1994). Aktivitätsfolgenabschätzungen sollen - in idealer Vorstellung - den Zielbezug deutlicher benennen, die Wirkungen der beabsichtigten Maßnahmen oder der Großprojekte auf Ziele und gesellschaftliche Werte offenlegen, und sie sollen den Entscheidungshorizont zeitlich sowie sachlich, sozial und ökologisch erweitern (FÜRST 1988). In der Raumplanung sind als Aktivitätsfolgenprüfungen sowohl die Umweltverträglichkeitsprüfung (vgl. auch JACOBY/KISTENMACHER in diesem Band) als auch die Raumverträglichkeitsprüfungen von besonderem Belang. Mit den gewachsenen ökologischen Anforderungen ergeben sich vor allem auch für die *Regionalplanung* neue Inhalte und Prüfsachverhalte, bei denen die UVP eine besondere Rolle spielen kann. Die UVP soll im Kern eine ökologische Wirkungs*prognose* enthalten. In der Abfolge der Schritte einer UVP folgt diese *Prognose* im Anschluß an eine ökologische Wirkungs*analyse* im engeren Sinne. Auf die ökologische Wirkungsprognose wiederum folgt zum Abschluß die Formulierung von Vermeidungs-, Ausgleichs- und Ersatzmaßnahmen (vgl. WÄCHTLER 1992).

Bei der boomartigen Anwendung der verschiedenen Arten von Aktivitätsfolgenabschätzungen kann sich aber eine bestimmte Gefahr ergeben, daß nämlich der große Überblick verloren geht, wenn raumbezogene Planung, die auf Langfristigkeit und auf planerische Integration bzw. Koordination orientiert ist, durch diese neuen Techniken "ersetzt" würde (vgl. FÜRST 1988).

3. Techniken primär qualitativer Zukunftsforschung in räumlich differenzierender Anwendung

3.1 Veränderte Rahmenbedingungen

Der Boom der Techniken "qualitativer" Zukunftsforschung in den letzten beiden Jahrzehnten kann als ein Indiz für veränderte Rahmenbedingungen sowohl für die räumliche Entwicklung als auch für die raumbezogene Zukunftsforschung angesehen werden. Die Entstehung der qualitativen Projektionstechniken neben und nach der anfänglichen Dominanz „durchmathematisierter" Prognosemodelle hatte dabei recht unterschiedliche *Ursachen*: So waren es verschiedene Veränderungen im *Wissenschaft-Praxis-Zusammenhang.* Hierzu gehörte die Enttäuschung über tatsächliche oder vermeintliche Fehlerhaftigkeit oder „Unexaktheit", die auch die sogenannten exakten, also strikt gerechneten Prognosen aufzuweisen schienen. Zudem gab es die Einsicht, daß die Auswahl von Objekten der Raumplanung und anderer Planungsbereiche, die unter Zukunftsaspekten betrachtet werden sollen, sich nicht nach den Möglichkeiten ihrer Mathematisierung richten kann, sondern daß die Objekte gemäß ihrer originären Breite umfassend bearbeitet werden müssen. Und schließlich hatte die Zunahme qualitativer Zukunftsbetrachtung auch mit grundlegenden Veränderungen in den Wissenschaften und in der *Wissenschaftstheorie* zu tun. Es waren Wandlungen vor allem im wissenschaftsphilosophischen Bereich, insbesondere eine unterschwellige Gegenbewegung zur „Mythologie der quantitativen Methodologie", zur „Quantifizierung um jeden Preis". Und es kam ein Ungenügen darüber zum Ausdruck, daß die wissenschaftliche Funktion des Begründens bzw. Erklärens zu sehr in den Vordergrund gerückt worden war, und zwar zu Lasten des *Entdeckungszusammenhangs*, des "Entdeckens" als Erkenntnisfunktion (vgl. Abb. 1).

In den 70er und 80er Jahren, nach dem Boom regionalisierter Prognosen in der raumbezogenen Planung, hatte sich zudem die Zeiterfahrung sowohl innerhalb als auch außerhalb der Wissenschaften grundlegend gewandelt. Es war ins Bewußtsein getreten, daß die Erde unbewohnbar werden könnte, ohne daß der einzelne noch irgendeinen Einfluß auf die Auslösung derartiger Ereignisse hätte. Im Zuge der ökologischen Diskussion seit Beginn der 70er Jahre wurde endgültig das Bewußtsein geweckt, daß das „natürliche" Leben auf der Erde keine unbegrenzte Ressource ist und daß zukünftige Möglichkeiten - überhaupt die Möglichkeit von Zukunft - abhängig sind von den jeweiligen *gegenwärtigen* Entwicklungen und Maßnahmen. Zunehmend wurde verinnerlicht, daß Zukunft nicht in der Zukunft, sondern gestern entschieden wurde und heute entschieden wird. In dieser *"Vergegenwärtigung von Zukunft"* bestanden die neuen Muster der Zeiterfahrung.

Angesichts der zunehmenden Unsicherheit bezüglich künftiger Entwicklungen und steigender Verflechtungen sozialer und wirtschaftlicher Systeme schienen sich qualitative und flexibler anwendbare Techniken geradezu anzubieten. Von den Planern mußte vermehrt auf deren und anderer Experten Intuition, Erfahrung und Kreativität zurückgegriffen werden.

3.2 Das Feld einschlägiger Methoden/Techniken des "Szenario-Paradigmas"

Es ist *Aufgabe* solcher Methoden oder Techniken, Expertenwissen systematisch zu erheben und zu verwerten mit dem Ziel, auf Prozesse der Veränderung, auf sich anbahnende Möglichkeiten und Gefahren - die aus vorhandenen Daten nicht leicht oder überhaupt nicht ablesbar sind - frühzeitig aufmerksam zu machen und sie begreifbar zu machen sowie ggf. schon Mittel zu ihrer Lösung bzw. Bekämpfung ex ante zu entwickeln und auf ihre Eignung hin zu überprüfen. Die zur Verfügung stehenden Methoden oder Techniken solcher „antizipativer" Vorausschau und Exploration lassen sich in verschiedene Gruppen zusammenfassen (vgl. Abschn. 3.7):

- die Techniken zur *Abschätzung einzelner künftig möglicher oder wahrscheinlicher Ereignisse* auf der Basis systematischer Verdichtung von Expertenmeinungen (wie das *Brainstorming-Verfahren* und das *Delphi-Verfahren;* vgl. dazu u.a. POHL in diesem Band);
- die Techniken mit der Aufgabe, nicht nur den Eintritt von Ereignissen abzustecken, sondern hauptsächlich auch die *gegenseitige Beeinflussung* möglicher Ereignisse im voraus in den Griff zu bekommen (z.B. die *Cross-Impact-Analyse,* die *FAR-Technik* und die *Szenariomethode);*

- eine bestimmte Gruppe von Techniken schließlich (etwa die *Morphologische Analyse* oder das *Relevanzbaum-Verfahren*) dienen vor allem der Ermittlung der Zusammengehörigkeit von verschiedenen Entwicklungskomponenten.

Das an zweiter Stelle mitgenannte Scenario-Writing greift allerdings über diese Eingruppierung nach der Aufgabenstellung weit hinaus. Diese Methode ist nicht nur auf Kreativitätsförderung, auf die Herstellung von besonderen Bedingungen für den maximalen Informationsgewinn angelegt, sondern es ist in erster Linie auch eine Methode zur Integration partieller Aussagen zu einem konsistenten Bild der Zukunft oder zu einer konsistenten Handlungsstrategie. Auch ist das Szenario nicht nur auf Informationsgewinnung angelegt. Es ist darüber hinaus eine Methode, die sich durch eine stark diskursive Komponente auszeichnet.

Wegen der zentralen Stellung und Bedeutung der Szenario-Methode in der räumlichen Planung wird sie im folgenden auch in den Vordergrund gestellt. Die anderen aufgeführten heuristischen Techniken spielen auch konkret eine nachgeordnete Rolle, indem sie zumeist nicht allein, sondern in der Regel in großen Szenario- oder Prognoseprojekten integriert zur Anwendung gelangten.

3.3 Zum Einsatz der Szenario-Methodik in räumlich differenzierenden Projekten

a) Neuer Aufgabentyp und Exaktheitsbegriff

Wie in vielen anderen Fällen wurde diese Technik zuerst im militärischen Komplex eingesetzt, in den USA, zur Lösung militärischer Probleme und auf methodisch noch wenig entwickelter Basis. Es handelte sich um verbale Beschreibungen einer hypothetischen Folge von Ereignissen, deren Zweck darin bestand, kausale Prozesse und das Zustandekommen von „Entscheidungsknoten" zu erkennen, um diese in ihrer Bedeutung ergründen zu können.

Beim Einsatz des Szenarios wird ein anderer Begriff von „Exaktheit" zugrunde gelegt als bei den herkömmlichen „exakten" Prognosen: Es wird von vornherein darauf verzichtet, Genauigkeit allein in der mathematischen Beschreibung zu sehen. Mit dem hier typischen verbalen Vorgehen, dem eher *argumentierenden* Verfahren zur Ermittlung und Beschreibung künftig möglicher Situationen und Entwicklungen, wird insofern „exakter" - differenzierter, treffender - beschrieben, als nun auch Faktoren einbezogen werden können, die bei traditionellem Vorgehen außerhalb des Ansatzes bleiben, weil datenmäßig nicht belegbar und zahlenmäßig nicht meßbar. Die Stärke dieser Methode besteht darin, *komplexe Entwicklungen darzustellen* und wichtige Einflußfaktoren, Beziehungsmuster und mögliche „Schaltstellen" ermitteln zu können.

Dieser Verflechtungsbezug schließt allerdings gerade die Notwendigkeit vorangehender *Dekomposition* ein, wie später (Abschn. 3.3 c)) noch deutlich werden wird. Außerdem läßt sich diese Methode zur Ex-ante-*Betrachtung langer Zeiträume* einsetzen (für deren Bearbeitung Prognosen i.e.S. methodologisch nicht „zugelassen" sind).

b) Die konstitutiven Elemente

Die meisten der bisherigen umfassenderen raumbezogenen Szenarioprojekte enthielten ganz bestimmte *konstitutive Elemente*:

- einen vorab definierten *Zeitraum*, der in der Regel länger ausfällt als im Fall der maximal 15jährigen Zeiträume bei den quantifizierenden Prognosen i.e.S. und der zumeist ebenfalls in bestimmte *Perioden* unterteilt wird (z.B. 2000, 2010, 2020, 2030);
- ein *„Ausgangsbild"*, in dem die zu Beginn des Projekts gegebene *Situation* und deren Zustandekommen fixiert wird: zusammengesetzt beispielsweise auf der Basis von Informationen aus Systemen "Laufender Raumbeobachtung" und in der Formulierung geleitet durch bestimmte *Theorien* (z.B. ein dualisierungstheoretischer Ansatz mit Bezug auf räumliche Entwicklung);
- einen vorher definierten *räumlichen Bezugsraster* für die Ex-post- und Ex-ante-Analysen (z.B. bestimmte Raum- und Siedlungsstrukturtypen); der räumliche Raster für die Darstellung des Projekt*ergebnisses* kann ggf. anders sein, kann z.B. aus neuen - im Projekt ermittelten - Problemräumen bestehen;
- es wurde vorab stets eine begründete Auswahl der einzubeziehenden Subsektoren oder *Wirkungsfelder* getroffen, da man nicht alles auf einmal berücksichtigen kann, sondern begründet auswählen muß (z.B. nur bestimmte Wirkungsketten oder bestimmte „Regulatoren");
- die meisten Szenarien *enthielten Wirkungsketten-Analysen* als einen ihrer zentralen Bestandteile;
- es waren stets *„Präszenarien"* vorhanden, mit welchen vorab z.B. modellexterne künftige Rahmenbedingungen für die Entwicklung im Objektbereich fixiert werden und mit denen säkulare - quasi unbeeinflußbare - Trends, die jener Entwicklung zugrunde liegen, behandelt werden;
- die säkularen Trends bzw. Rahmenbedingungen wurden systematisch zu *konsistenten Clustern* zusammengeführt und bildeten die Grundlage der *Szenario-Alternativen* (bzw. von "alternativen Szenarien", vgl. unten), einem weiteren zentralen Merkmal der meisten Szenario-Projekte.

Den aufgeführten Komponenten werden in den verschiedenen raumbezogenen Szenario-Projekten allerdings unterschiedliche Gewichte zugeordnet - je nach spezieller Funktion der Szenarien:

- So wird bei einer ausgesprochenen *Adressatenorientierung* (im Gegensatz also zur Anwenderorientierung) ein besonderes Gewicht auf die *Produktion von Situations- oder Entwicklungsbildern* gelegt, mit denen - von den Auftraggebern/Verwendern zu beeinflussende - Adressaten beeindruckt oder angeleitet werden können.
- Im Fall einer *Verwenderorientierung*, in dem Verwender und Adressat identisch sind, wird das Gewicht bei der *Analyse von Wirkungsketten* liegen, wird die Prozeßorientierung im Vordergrund stehen, die Beschäftigung mit möglichen „Spannungen" im betrachteten System oder mit vorhandenen oder möglichen „Regulatoren" (vgl. Abb. 4).

Abb. 4: Vorherrschende Szenario-Arten und deren Komponenten
(aus: LIENEMANN 1975)

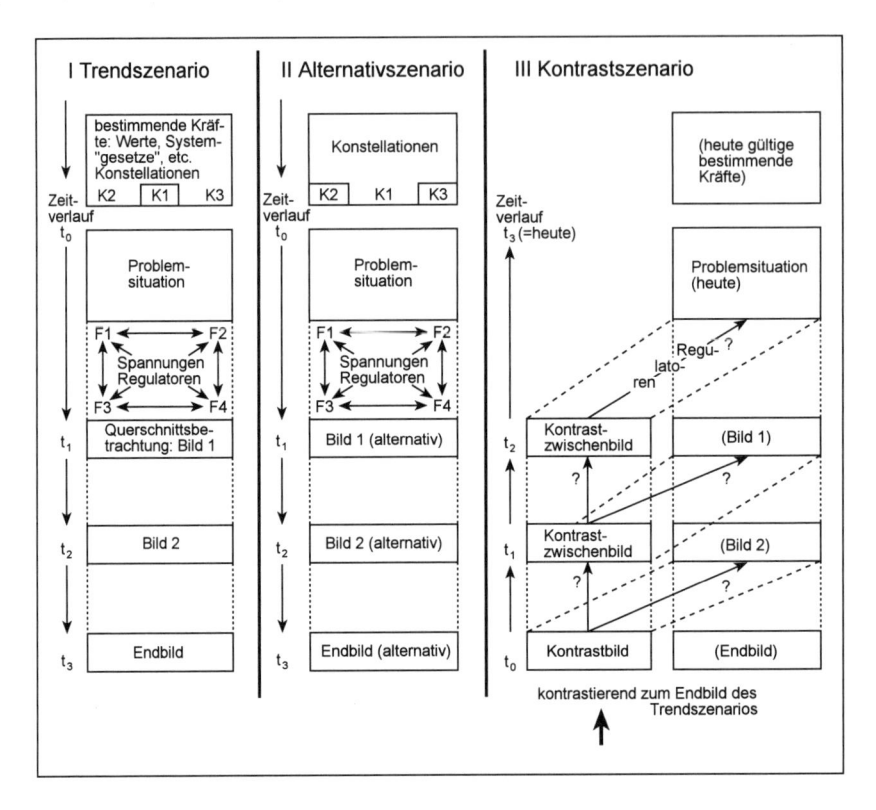

c) "Philosophie"

"Szenario" bedeutet nicht völlige Abkehr von den traditionellen „Prognosetechniken", z.B. von Modellrechnungen und Simulationstechniken. Diese können notwendige Bausteine des Szenarios sein. Integriert in das umfassendere Denksystem des Szenarios und reduziert auf Überschaubarkeitsmaße (gemessen an Simulationen), erscheinen die quantitativen Techniken in diesem Kontext von ihren ursprünglichen Mängeln befreit. Dennoch wird das Szenario verschiedentlich als eine Technik der „qualitativen Simulation" bezeichnet. Der Unterschied zur quantitativen Simulation ist der, daß hier zwar auch Zukunft simuliert wird, aber nicht im Sinne eines mehr oder weniger geschlossenen Systems oder im Sinne des geschlossenen Funktionierens dieses Systems.

Es ist geradezu umgekehrt; im Vordergrund steht hier, wie schon gesagt, zuerst einmal eine systematische *Dekomposition,* eine „Zerlegung" einer Zukunft in ihre Bestandteile, um sie anschließend in Form einer „gezielten Komposition" wieder zusammenzusetzen, und zwar je nach Zweck unterschiedlich. Dies wird besonders deutlich beim "Kontrastszenario" (vgl. Abschn. 3.3 d)). Erst eine systematische Dekomposition eines künftigen Problemzusammenhanges führt zu „überschaubaren" und damit „handhabbaren" Annahmen bzw. Argumenten mit Bezug auf künftige Möglichkeiten und Erfordernisse. Erst die Dekomposition befähigt zu Strategieentwürfen, d.h. zur Möglichkeit nun *gezielter „Komposition"* einzelner und einzeln überprüfter Problemlösungen (vgl. dazu auch Abb. 5). Hier wird auch der grundlegende Unterschied zur traditionellen Simulation deutlich, die im Ganzen eine Blackbox darstellt, der der Planer die fertigen Ergebnisse entnehmen kann.

Mit dem *schrittweisen Vorgehen* und ihren *verbalen Beschreibungen* und *Argumentationsketten* sowie der Überprüfung von Mengeneffekten durch *überschaubare Modellrechnungen* - als Hauptkennzeichen dieser Methode - kann erreicht werden, daß *künftige Wirkungsverläufe und -auswirkungen* (z.B. in Form veränderter Raum- und Siedlungsstrukturen) so vermittelt werden, daß sie vom Anwender wesentlich *besser verstanden* und beurteilt werden können.

Abb. 5: Schemadarstellung der Schritte eines raum- bzw. siedlungsstrukturbezogenen Energie-Szenarios

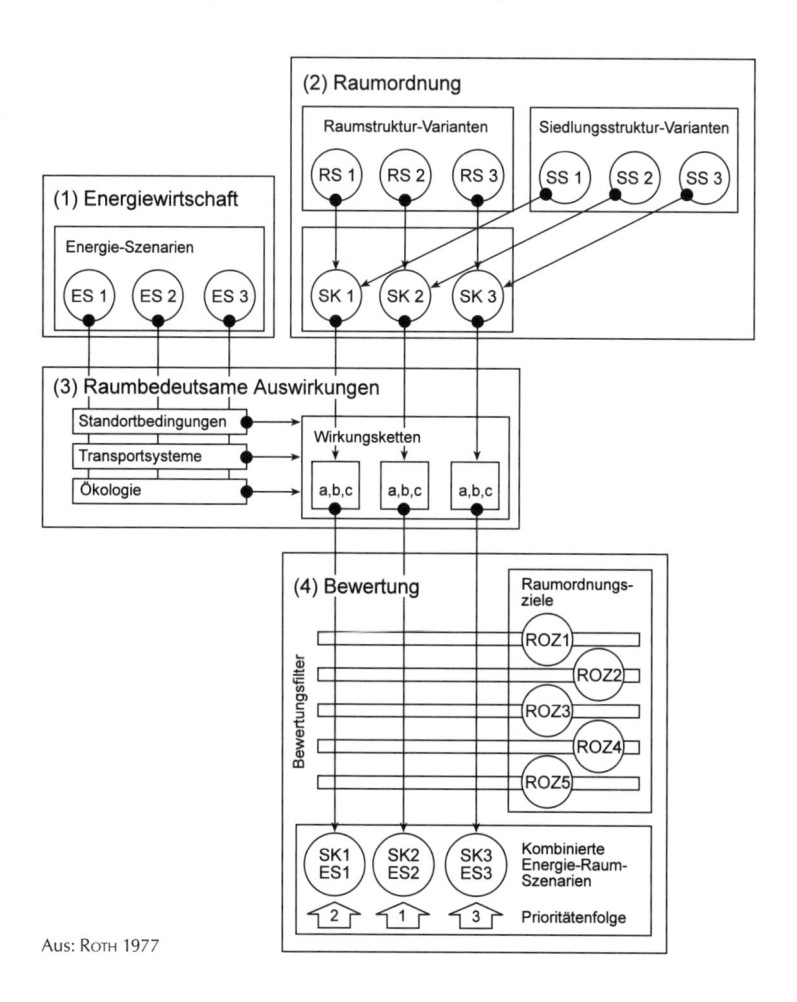

Aus: ROTH 1977

II. Analyse und Prognose

Beim einzelnen Szenarioprojekt soll es sich möglichst *nicht* (wie beim Prognoseprojekt) um ein Analysesystem handeln, das künftig mögliche Entwicklungen und politische Einwirkungen auf einen einzigen Entwicklungsstrang einengt. Diese Technik wird überwiegend bewußt dafür eingesetzt, ein *Denken in Alternativen* zu fördern. Da die Zukunft nie „vorausgewußt" werden kann, da „richtige" Prognosen erwarten zu wollen, nur unrealistisch genannt werden kann, scheint es wesentlicher, zu wissen, unter welchen Rahmenbedingungen welche Situationen und Entwicklungen möglich sind. Ein Denken in Alternativen kann auch Vertrauen in die Möglichkeit schaffen, kommende Probleme bewältigen zu können. Die *Vorbereitung auf mehrere Möglichkeiten* künftiger Entwicklung kann davor bewahren, sich bestimmten Ereignissen ganz und gar unvorbereitet gegenübergestellt zu sehen.

Unter diesem Gesichtspunkt müssen die ausführlichen Argumentationen und Ableitungen im *Prozeß* des Scenario-Writing wichtiger erscheinen als die „Brauchbarkeit" der Ergebnisse zum Abschluß eines Projektes. Es als Hauptziel dieser Methode anzusehen, daß deren Ergebnisse in Berichte und Programme des politisch-administrativen Bereichs eingebracht werden können, geht also deutlich an der Zielrichtung dieser Methode vorbei. Weit wirkungsvoller erscheint eine „indirekte Umsetzung", vermittelt über veränderte Argumentationen in politischen Diskussions- und Handlungsprozessen. Solche Wirkungen lassen sich allerdings nur erreichen, wenn sich der anwendende Bereich, also der Auftraggeber, auch intensiver an den Arbeits- und Entwicklungsprozessen in derartigen Projekten beteiligt („learning by doing").

d) Formen/Vorgehensweisen beim raumbezogenen Langfristszenario

Es gab bisher sehr *unterschiedliche Formen* des Scenario-Writing. Damit sollte den *unterschiedlichen Aufgabenstellungen* entsprochen werden. Die einfachste Klassifizierung solcher Langfristprojektionen geht auf JANTSCH (1967) zurück, der *explorative* und *normative* Szenarien unterschieden hat, eine Einteilung, die bis heute gültig geblieben ist.

Zu den *"Explorativen Szenarien"* gehören:

- Das *"Trendszenario"*: Damit wird eine bestimmte Form explorativer Projektion bezeichnet, mit dessen Hilfe Trendaussagen *inhaltlich komplexer* ausfallen sollten, als es mit den quantifizierenden Systemprognosen möglich war. Obwohl auch hier noch die Fahndung nach „wahrscheinlichsten Entwicklungen" im Vordergrund stand, wurde doch das Kriterium „Eintreffwahrscheinlichkeit" nicht höher veranschlagt als die Identifizierung und Darlegung von Zusammenhängen und Wirkungsketten (vgl. auch Abb. 5). Es sollte besonders auch sichtbar gemacht werden, was in den herkömmlichen Systemprognosen all denen verborgen blieb, die sie nicht selbst ausgetüftelt hatten. Hier wurde auf differenziertere Weise das *Zustandekommen* der Ergebnisse dargestellt. (Doch gab es auch zu „eng" ausgelegte Anwendungen dieser Art von explorativem Scenario-Writing; vgl. unten: "Pseudoszenarien".)

- *"Alternativszenarien"*: Zu den explorativen Langfristprojektionen auf Szenariobasis zählt vor allem diese Ausprägung systematischer Zukunftsbetrachtungen (vgl. Abb. 5). Das Interesse an dieser Kategorie hing auch mit einer damals erstmals aufkommenden Vorsicht öffentlicher Auftraggeber zusammen, d.h. mit der nur scheinbar naiven Frage:

„Was passiert aber, wenn ...?". Zu viele der Trendaussagen hatten sich im nachhinein als unrichtig herausgestellt. Daher traten hier - verglichen mit dem oben skizzierten „Trendszenario" i.e.S. - an die Stelle des künftig „Wahrscheinlichsten" nun Alternativen: z.B. *Alternativen bei* den künftigen *Werthaltungen* in der Gesellschaft oder Alternativen, was die *Entwicklungsgeschwindigkeiten* oder die Veränderungen in den *Rahmenbedingungen* anbetraf (zusammenzufassen zu alternativen Clustern von Rahmenbedingungen). „Alternativszenarien" der verschiedensten Art hatten häufig die Aufgabe, als *„Präszenarien"* zu dienen, also als Ausgangspunkt für eine - darauf aufbauende - genauere Zukunftsbeschreibung: Anhand alternativer Entwicklungspfade kann vorab diskutiert werden, welcher Weg zu einem Endergebnis größtmöglicher Plausibilität führt.

- Das *„Status-quo-Szenario":* Diese eher extrapolierende Langfristprojektion war und ist ein sehr gebräuchliches Alternativszenario. Es kann einerseits als eine *Sonderform des Trendszenarios* angesehen werden, andererseits als ein Alternativszenario von mehreren in einer größeren Szenariostudie. Mit dem Status-quo-Szenario wird jener in der ferneren Zukunft liegende Zustand zu eruieren versucht, der dann eintreten würde, wenn sich die Strukturen und Änderungen der Einflußgrößen in der bisher zu beobachtenden Art und Stetigkeit fortsetzen würden.

Zu den „Normativen Szenarien" (eine zusammenfassende Kennzeichnung von Formen des Szenarios speziell für die *Ermittlung und Überprüfung neuer Zielsetzungen, Instrumente und Strategien* der Raumentwicklung, also von „normativen Untersuchungen" zur Frage, ob überhaupt, innerhalb welcher Zeit und unter welchen Bedingungen es möglich sein kann, ein bestimmtes raumplanerisches Ziel zu erreichen) zählen:

- Das *„Kontrastszenario":* Hierbei handelt es sich zuerst einmal um ein *Zielbild* „optimaler Raumstruktur", das integraler Bestandteil eines jeden „Strategie-Szenarios" (vgl. unten) ist. Das „Kontrastszenario" steht einerseits im Gegensatz zur gegenwärtig gegebenen Struktur, andererseits aber auch zu jenem Strukturbild, das sich nach Durchlauf eines Trendszenarios abzeichnen würde (vgl. Abb. 4). Im Rahmen eines Strategie-Szenarios zur Raumentwicklung könnte ein derartiges *hypothetisches*, normativ geprägtes *Kontrastbild* darin bestehen, daß als - vermeintlich oder tatsächlich - optimale Raum- und Siedlungsstruktur dasjenige Strukturmuster zugrunde gelegt wird, das sich ergäbe, wenn Raumordnungs- und Raumentwicklungsprogramme in der Bundesrepublik Deutschland in ihren Zielen voll zur Durchsetzung gelangt sein würden.

- Das *„Strategie-Szenario":* Mit raumplanerischen Szenarien dieser Art sollen instrumentelle und raumpolitische Bedingungen ermittelt werden, die im Prinzip dafür geeignet und einsetzbar sind, einer negativen Entwicklung (die in einem Status-quo- oder Trendszenario aufgezeigt wurde) entgegenzusteuern. Auf der Basis von Vergleichen zwischen Trendszenario und Kontrastbild (und des in *zeitlicher* Iteration) wird glichzeitig auch die *politische Realisierbarkeit* einer „günstigeren" Raum- und Siedlungsstruktur geprüft: Bislang nicht vorbedachte raumbedeutsame Einflußmöglichkeiten sollen nicht nur ermittelt und die künftigen *Wirkungen* und *Nebenwirkungen* vorhndener und neuer Instrumente nicht nur abgeschätzt werden, sondern die Instrumente sollten auch auf „Machbarkeitsniveau" gebracht werden.

Schließlich ist noch auf die "*Pseudoszenarien*" hinzuweisen: Verschiedentlich wurde der Anwendung der neuen Methodik auch die Intention unterstellt, herkömmliche Projektionstechniken ersetzen zu wollen, also eine „Konkurrenz" zur herkömmlichen raumbezogenen Prognostik auszubilden. Doch lag dies nicht in der Absicht der überwiegenden Zahl derjenigen, die hierzulande die Szenariomethode für raumbezogene Verwendungszwecke aufzubereiten versuchten. Allerdings wurde das Szenario in Einzelfällen auch mißverständlich als *Ersatz für die herkömmliche „Prognose"* eingesetzt. Diese Projektionen trugen - als Projekt - das Etikett „Szenario", ohne eines zu sein; es widersprach in der Intention der „Philosophie" der Szenariomethode: Mit der Absicht der strikten Voraussage wurden gleichzeitig Möglichkeitsräume, „Alternativen", also der grundsätzlich simulative Charakter der Szenarios unterdrückt.

e) Erfüllung der Anforderungen durch räumlich differenzierende Szenario-Studien

Das Kriterium des *schrittweisen Vorgehens* im Bearbeitungsprozeß wurde in vielen Fällen erfüllt. Diese Projekte waren in der Regel aus einzelnen *Modulen* zusammengesetzt, die hintereinander bearbeitet und diskutiert wurden. Diese Projekte zeichneten sich durch eine *Vielzahl von „Rückkoppelungen"* zwischen Bearbeitern und Auftraggebern aus. Bestand bei den frühen „amtlichen" quantitativen Prognosen eine Trennung zwischen Verwendern (Projektauftraggebern) und den Adressaten (die von den Ergebnissen beeinflußt werden sollten), so lag nun in vielen Fällen eine Identität zwischen dem Auftraggeber und den Adressaten der Projektergebnisse vor: es war auf sich selbst bezogenes learning by doing auf seiten der Administration; der Auftraggeber war "lernender Anwender".

Da bei diesen Szenarioprojekten ab den 70er Jahren - im Gegensatz zu den zuvor dominierenden Prognoseprojekten - die administrativen Auftraggeber sehr viel stärker als früher selbst in die Prozesse der Projektbearbeitung einbezogen waren, wurden *didaktische Aspekte* nun auch wirklich stärker berücksichtigt, und dies bedeutete: Abkehr von "Wissenschaftlichkeit" im traditionellen Sinne, z.B. von überdifferenzierten, komplexen und schwer zu verstehenden Tabellen und Abbildungen; statt dessen *übersichtliche Tendenzdarstellungen*, viele graphische Überblicksdarstellungen und viel *Redundanz* zwischen Text und Darstellungen. Die Auftraggeber waren also selbst stark daran interessiert, daß die erarbeiteten wissenschaftlichen Zwischenergebnisse *auf Verstehbarkeit*, auf *Verbildlichung abgestellt* wurden. Hier wurde der Erfahrungssatz, daß „wissenschaftliches Wissen" nicht bildet, sondern Bildungseffekte erst auf der Basis einer eher wissenschaftsextern produzierten Verstehbarkeit entstehen können, in eindeutiger Weise bestätigt. Mit wissenschaftsüblichen Graphiken oder Tabellen konnte in vielen Fällen überhaupt keine Vorstellung über räumliche Auswirkungen oder über konkrete Vor- und Nachteile bestimmter überprüfter Trends und Einflüsse verbunden werden. Die *Lerneffekte* kamen erst *durch bildhafte graphische und sprachliche Beschreibung* raum- bzw. sozialstruktureller Folgen und Situationsausprägungen zustande. Ein klassisches Beispiel, in dem so gut wie alle positiven Aspekte des Szenarios zum Tragen kamen, war das Szenarioprojekt "Wohnungsmarkt und Stadtentwicklung" im Auftrag des BMBau (vgl. ARRAS et al., 1980/1982).

3.4 Szenarien als Mittel in der partizipativen Raumforschung und Raumplanung

Im Rahmen der Projekte, die jetzt angesprochen werden, waren systematisch Laien in die Projektbearbeitungsprozesse einbezogen - also Personen, die nicht zum Kreis der wissenschaftlichen Experten, Raumplaner, Verwaltungsvertreter und Regionalpolitiker gehörten.

Ein Beispiel solcher Raumexploration bietet ein Projekt (vgl. ARRAS/BIERTER 1989), das sich auf mögliche Entwicklungsprozesse und mögliche künftige Erscheinungsbilder der Region Basel bezog. Die Ergebnisse, z.B. die Beschreibungen künftiger Regionalzustände und deren Bewertung, wurden von den wissenschaftlichen Projektbearbeitern und von Bürgern der Region Basel gemeinsam erarbeitet. Hier war für einen regionalen Raum sozusagen eine Landeskunde der Zukunft geschrieben worden, bei der Teile der Bevölkerung einbezogen waren in die systematische Beschäftigung mit der Zukunft, mit der Zukunft ihrer Region, ihrer selbst und ihrer Kinder.

Ein ähnliches Vorgehen wie im Baseler Fall wurde auch bei einem Beispiel aus Nordrhein-Westfalen gewählt (BAUMGARTNER et al. 1988). Auch hier gab es ein *integriertes Zusammenspiel* von Experten und Laien mit *großem Koordinationsaufwand* auf seiten der Wissenschafter als Projektbearbeiter, auch hier ein Zusammenspiel von Datenbearbeitung, von Erörterungen, von Zwischenpräsentationen der alternativen Szenarien zur künftigen Landesentwicklung und von inhaltlichen Vertiefungen. Diese Szenarien der Landesentwicklung bis zum Jahr 2020, jeweils von unterschiedlichen Gesellschaftsstrukturen (Gesellschaftstheorien) geprägt, liefen auf verschiedene Entwicklungs- und Erscheinungsbilder des Landes hinaus. Über hundert Bürger aus sechs Städten Nordrhein-Westfalens waren in die Bearbeitung des Projekts einbezogen. Ihre Aufgabe war es u.a., *gemeinsam langfristige Gestaltungsmöglichkeiten zu durchdenken* und zu ihrer Durchsetzung notwendige *Maßnahmen abzuleiten*.

Hier bestehen Möglichkeiten der Verfahrenskombination mit einer weiteren Methode der partizipativen zukunftsbezogenen Exploration und Planung, die auch schon raumplanerisch Anwendung gefunden hat, nämlich mit der der Zukunftswerkstatt (zur Methode vgl. u.a. JUNGK/MÜLLER 1987 oder SELLNOW 1991).

3.5 Zur Verkopplung verschiedener Methoden und Explorationstechniken

Die bisher behandelten Methoden und Techniken spielen bei ihrer Verwendung in der raumbezogenen Prognostik i.d.R. keine Solistenrolle, sondern finden jeweils zusammen mit anderen Techniken im Rahmen eines umfassenderen Projektes Anwendung. Erwähnt wurde schon das Beispiel der Szenarien, in denen Modellrechnungen eine nachgeordnete, aber integrierte Rolle gespielt haben, um Mengeneffekte und damit Plausibilitäten abzuschätzen. Es gibt aber auch andere Beispiele oder denkbare Möglichkeiten, qualitative Techniken - wie das Scenario-Writing - und quantitative Techniken zu verkoppeln (z.B. "Präszenarien" als Ausgangspunkt für Prognosen i.e.S.). Am häufigsten aber sind in das Szenario andere qualitative Techniken, wie unten aufgeführt, mit eingeflossen. Eine Kategorie besonders geeigneter Verkopplungen bildet die des Szenarios mit Planungs- und Entscheidungsvorbereitungstechniken; häufig z.B. die Beteiligung nutzwertanalytischer Komponenten (wie auch im Beispiel der Abb. 5 zu entdecken ist; Beispiele: ROTH

1977 oder ZANGEMEISTER et al. 1984; zu den Entscheidungstechniken vgl. JACOBY/KISTENMACHER in diesem Band).

3.6 Die neue raumplanerische Szenariokartographie

In den letzten Jahren wurde auch hierzulande eine neue methodische Variante des Scenario-Writing eingesetzt, hauptsächlich für die Vermittlung von raumordnungspolitisch bedeutsamen Inhalten oder von Konzepten im Rahmen programmatischer Veröffentlichungen auf staatlicher Ebene. Es handelt sich um Kartoszenarien, die den Versuch darstellen, Expertenvorstellungen im wesentlichen *visuell zu vermitteln*. Auf diese Weise können auch nichtspezialisierte, aber interessierte Adressaten erreicht werden. Die graphische Sprache ist auf Symbole und stark generalisierte topographische Elemente reduziert, die dem Betrachter teils schon ohne ausführliches Studium der Legende verständlich sind. Ähnliche Produkte waren zuvor auch in Veröffentlichungen aus dem Umfeld oder dem Bereich von Raumordnungsbehörden anderer europäischer Länder, etwa der französischen DATAR oder des Rijksplanologischen Dienstes der Niederlande, publiziert worden.

Gelungene deutsche Beispiele für die Methodik der Kartoszenarien bestehen u.a. in den von der BfLR erarbeiteten "Trendszenarien zur Raumentwicklung in Deutschland und Europa" (BfLR, 1995). Weitere Beispiele sind im "Raumordnungspolitischen Orientierungsrahmen" (ORA) (BMBau 1993) zu finden.

Bei der *Erstellung dieser kartographischen Szenario-Darstellungen* wurde schrittweise vorgegangen, wie es bei der Bearbeitung von Szenarien ganz allgemein üblich ist (zusammenfassende Darstellung unter Einschluß von Beispielen aus anderen Staaten bei STIENS 1996b): *Kartoszenarien* haben als *Ausgangspunkt empirische Grundlagen*, d.h. indikatorgestützte Analysen oder Modellrechnungen. Diese werden *stufenweise zu Szenarien zusammengesetzt*. Schon beim zweiten Arbeitsschritt - erster Schritt in der Synthesestufe - werden die spezifisch aufbereiteten Basisinformationen dann nicht mehr rein technisch übereinanderprojiziert, sondern über den Filter des Expertenwissens sortiert und kombiniert. Die Basisinformationen für jeden Schritt werden bewertet, gewichtet ausgewählt und komprimiert. Mit jedem Arbeitsschritt auf dem Wege zum Endprodukt, dem jeweiligen räumlich differenzierenden *Trendszenario*, erfolgt systematische Informationsreduktion.

3.7 Weitere Techniken "heuristischer Zukunftsexploration" (als Hilfsmittel in Szenarioprojekten)

Verschiedene Mängel der in den letzten zwei Jahrzehnten vorgelegten Szenarien waren weniger auf Defizite in der Empirie, der Modellbaukunst oder der Quantifizierung zurückzuführen, sondern eher auf Mangel an Phantasie, auf Mangel an Erfahrungswissen und auf Unvermögen, räumlich hinreichend zu differenzieren. Der Einsatz von Techniken, mit denen Gruppenphantasie gefördert werden kann, wie das *Brainstorming*, das *Delphi-Verfahren* oder die *morphologische Analyse* usw., können zwar den einzelnen phantasiebegabten Kopf nicht ersetzen. Doch läßt sich mit Hilfe solcher Techniken (zur systematischen Verdichtung von Expertenmeinungen) auf systematischem Wege dennoch erheblich an zusätzlichen Aspekten und Annahmen hinzugewinnen. Es sind *Techniken der „Zukunftsantizipation"* für all die vielen Fälle, in denen sich mit künftigen Gefahren und Erfordernissen beschäftigt werden muß, obgleich quantitative Daten nicht vorliegen. Diese Techniken lassen sich gemäß ihrer besonderen Aufgabenstellungen nach Gruppen unterscheiden (vgl. u.a. BADELT 1978; MEISE/VOLWAHSEN 1980):

Techniken zur Abschätzung künftiger Einzelereignisse (ohne schon deren gegenseitige Beeinflussung systematisch zu berücksichtigen):

- *Das Delphi-Verfahren*: Es soll eine *systematische Erfassung der Meinungen* einer größeren Expertengruppe ermöglichen, und dies auch *auf schriftlichem Wege*. Mit der schriftlichen Form dieses Verfahrens zur Meinungserfassung sollen bestimmte gruppendynamische Effekte mit erkenntnismäßig negativen Auswirkungen vermieden werden. Die schriftliche Befragung der Experten erfolgt in Form eines *mehrstufigen Verfahrens*, d.h. über mehrfache Rückkoppelungen. (Weiteres zur Methode findet sich bei POHL in diesem Band.)
- *Das Brainstorming* und *Brainwriting*: Hierbei handelt es sich um Verfahren zur Sammlung von Fakten zu einem bestimmten Problem, mit denen eine *maximale Ideenvielfalt* gewährleistet werden soll. Zu diesem Zweck werden Experten an einem Ort zusammengeführt, um in einem vorgegebenen Zeitrahmen Fakten zusammenzutragen und sie nach ihrer *Relevanz* zu beurteilen. Die „Philosophie" dieser Technik besteht in der Annahme, daß Gruppenarbeit der Arbeit einzelner Experten überlegen sei, insbesondere dadurch, daß *dabei Synergieeffekte* auftreten.

Auf gegenseitige Beeinflussung von möglichen Ereignissen bzw. auf ursächlich verkettete Ereignisse bezogene Explorationstechniken:

- *Die Cross-Impact-Analyse*: Sie dient der Gegenüberstellung chronologisch geordneter bzw. zu ordnender Ereignisse, die zuvor unabhängig voneinander vorausgeschätzt wurden, einer Gegenüberstellung zwecks *paarweisen Vergleichs* sowie auch zwecks *Analyse kausaler Wirkungsbeziehungen*. Daher trägt diese Technik auch die Strukturkennzeichnungen „Querbeziehungsmatrix" oder „Interaktionsmatrix". Mit dieser Technik kann einer der wesentlichen Nachteile des Delphi-Verfahrens, der auch bei anderen Methoden der Zukunftsforschung anzutreffen ist, vermieden werden, nämlich die unzulängliche Berücksichtigung der Beziehungen zwischen Ereignissen in der Zukunft. Der Zeitpunkt des tatsächlichen Eintritts eines bestimmten künftigen Ereignisses kann nämlich erhebliche Auswirkungen auf die Wahrscheinlichkeiten und Zeitpunkte des Eintritts anderer Ereignisse haben.
- *Die Field-Anomaly-Relaxation-Methode* (FAR-Methode): Der Grundgedanke dieser "Feld-Anomalie-Abschwächungs"-Methode besteht darin, Kernfragen oder Hauptkomponenten eines Problems einander gegenüberzustellen und sie einem paarweisen Vergleich auszusetzen. Dies soll zu Schlußfolgerungen über jeweilige *Grade der Konfliktfreiheit* bzw. *Konsistenz* von Entwicklungsabläufen führen. Beim systematischen Vergleich dieser Art werden Urteile gefällt von „voll vereinbar" bis „nicht verträglich" oder „gegenteilig wirkend". Im Ergebnis kommt so etwas wie ein „Entwicklungsbaum" mit positiven oder negativen Alternativen heraus.

Integrativ-normative Bestimmung künftiger Probleme und der Zusammengehörigkeit von Entwicklungskomponenten anhand morphologischer Methodik:

- In einem "*Morphologischen Kasten*" kann eine Vielzahl künftig möglicher Ereignisse (als Teilszenarien) zusammengefaßt werden, in der Absicht, *eine systematische Kombination* herzustellen. Es können aus den Teilszenarien bestimmte Kombinationen umfassender Szenarien zusammengestellt werden, z.B. besonders wahrscheinliche oder besonders wünschenswerte Alternativ- oder Kontrastszenarien. Derartige Modelle können sowohl - deskriptiv - zur Darstellung alternativer Zukünfte als auch zur Suche nach "sinnvollen" Lauflinien - als normative Interpretation - verwendet werden. In beiden Fällen ist es notwendig, die einzelnen Elemente des morphologischen Kastens einer *Bewertung* zu unterziehen.

- *Relevanzbaum-Verfahren*: Wie im Fall von "Morphologischen Kästen" können mit dieser Technik alternative Zukünfte behandelt werden. Das Verfahren eignet sich aber besonders gut dafür, *Strategien* in Abhängigkeit von bestimmten Wertvorstellungen oder Zielen zu entwickeln. Es gibt eine Reihe von Beispielen, in denen eine kombinierte Anwendung von morphologischer Analyse und Relevanzbaum-Verfahren zum Einsatz kam. In beiden Fällen handelt es sich um Verfahrensweisen, mit denen eine komplexe mathematische Bearbeitung einhergehen kann. Das Relevanzbaum-Verfahren dient nicht nur der Komplexitätsreduktion mit Bezug auf eine sehr hohe Zahl von Möglichkeiten der Kombination intentionaler Merkmale, sondern auch und vor allem dem Zweck, die endgültige Auswahl einer gewünschten Kombination herbeizuführen. Hiermit kann auch ein Nachteil der morphologischen Analyse vermieden werden: Der Relevanzbaum enthält ein und dieselben morphologischen Elemente an verschiedenen Stellen.

4. Ausblick

Die in letzter Zeit geäußerte Forderung nach einem neuen, einem „*evolutionären Paradigma*" (vgl. u.a. MANNERMAA 1991), um damit die Grundansätze der Zukunftsforschung zu erneuern, wird vor allem mit neuen Merkmalen der Realität, wie beschleunigtem Wertewandel, Vielfaltsausweitungen und zunehmenden Instabilitäten in den Gesellschaften, begründet. Die Rolle von Zukunftsforschung wird daher darin gesehen, Anzeichen für *Entwicklungsbrüche und soziale Instabilitäten* oder Anzeichen für *neue soziale Bewegungen* und für *technologische Innovationen* vorab zu identifizieren. Zudem sollen *Entwürfe von Entwicklungsalternativen* für die Zeit nach den vorausgesagten Krisensituationen („Bifurkationen") über das neue "evolutionäre" Paradigma leichter gefunden werden können (vgl. MANNERMAA 1991).

Für die Lösungen künftiger Probleme der Gesellschaft ex ante werden (wieder) *komplexe Simulationsmodelle* - „human system modelling" - als bedeutendste *Alternative* zu den bisherigen zukunftswissenschaftlichen Bemühungen gesehen (vgl. z.B. OPENSHAW 1995). Aus dieser Sicht könnte die Szenariomethode - also die primär qualitative Simulation und Zukunftsexploration - als "unzulängliche" Vor- und Zwischenstufe erscheinen. Dies ist jedoch nicht richtig. Mit Blick auf besagtes „human system modelling" wären wenigstens zehn bis zwanzig Jahre Zeit erforderlich, um ein benötigtes einschlägiges Programm der Grundlagenforschung zu entwickeln und durchzuführen. Für den speziellen Bereich raumbezogener Zukunftsforschung würde dies noch länger dauern, wären derartige Simulationen also in recht ferner Zukunft anzusiedeln. Die Menge der Daten und Operationen, die zur Erfassung und angemessenen Darstellung komplexer nichtlinearer räumlicher Prozesse und Systeme nötig wären, sind nur äußerst aufwendig zu erzeugen, zu verarbeiten und sehr aufwendig zu verwalten. Dies liegt heute noch außer Reichweite jedweder *raumwissenschaftlicher* Forschung. Das *„Szenario-Paradigma"* wird mithin zumindest mittelfristig nicht von einem neuen Paradigma ersetzt sein; es wird aber auch grundsätzlich nicht nur als *„unzulängliche Zwischenstufe"* vor einer kommenden Zukunftsforschung zu betrachten sein.

Für die raumbezogene Zukunftsforschung insgesamt bedeuten die neuen Rahmenbedingungen allerdings eine stärkere Orientierung darauf, Wirkungen komplexer Zusammenhänge bzw. mögliche Engpaßentwicklungen aufzuzeigen, und sie bedeuten auch, daraus hypothetische Konsequenzen zu ziehen sowie Möglichkeiten planerischer oder politischer Reaktionen daraus abzuleiten. Heute herrschen bei den Forschungsansätzen und -prozessen in den Raumwissenschaften vielfach die alten - "einfachen" - naturwissenschaftlichen Denkmuster der "Sozialphysik" immer noch vor (z.B. das Gravitationsmodell). Wenn diese durch neuere Denk- und Arbeitsweisen ersetzt werden, dann wird die wissenschaftliche *Norm*, die *"Prognosefähigkeit"* heißt, auch *eine andere Bedeutung* erlangen. Die Veränderungen in den Anforderungen müßten in den raumplanerisch einschlägigen Ausbildungsgängen Berücksichtigung finden. Die an den Universitäten vermittelten Normen oder Regeln für das, was als methodisch "richtiges" Arbeiten gilt, beruhen auf Konventionen und sind keine situations- bzw. zeitunabhängigen Festsetzungen. Es sollte absehbar sein, daß der *„Entdeckungszusammenhang"* und die *„Spezialisierung auf Zusammenhang"* (wieder) in das als "wissenschaftlich" gekennzeichnete Feld integriert werden.

Zusammenfassung

Diese Einführung in die Methoden und Techniken der Prognose und der Zukunftsexploration, die in praktischen Zusammenhängen von raum- bzw. stadtbezogener Planung und Politikvorbereitung entwickelt wurden, beschränkt sich auf besonders gebräuchliche Methoden. Diese sind zwei *unterschiedlichen Paradigmen* zuzuordnen, dem der *"deskriptiven Zukunftsforschung"* (1) und dem *"Szenario-Paradigma"* (2).

(1) *Methoden und Techniken im Bereich der "deskriptiven Zukunftsforschung"* gehen von der (positivistischen) Auffassung aus, daß sich die Aufgabe der Wissenschaft auf die Beschreibung und Erklärung der erkennbaren Wirklichkeit zu beschränken habe, mit der *Voraussage* von Ereignissen als letztendlichem Ziel. Typisch für die deskriptive Voraussage ist, daß sie quantitativ ausfällt. Es gibt ein vielfältiges und einigermaßen verläßliches Handwerkszeug, das sich für Prognosetätigkeiten im Bereich der raumbezogenen Planung eignet. Hierzu gehören die *Trendextrapolationen* als Verlängerungen vergangener Entwicklungsprozesse in die Zukunft. Umfassender ansetzende *Prognosen im engeren Sinne* müssen sich - und fallen sie noch so elegant und mathematisch konsistent aus - auf jeden Fall auf Theorien über Raum- und Stadtentwicklung bzw. über einzelne Entwicklungskomponenten abstützen. Von besonderer Bedeutung unter raumplanerischen Aspekten sind Bevölkerungs-, Haushalts- und Wohnungsprognosen sowie Prognosen der Be-

schäftigungsentwicklung. Diese Prognosen sind eng - im Sinne intensiver Ursache-Wirkungs-Zusammenhänge - untereinander verknüpft. In Anbetracht dieser zirkularen Beziehungen wurden bewußt integrierte *Prognosesysteme* entwickelt. Die beste Prognose ist nicht in jedem Fall jene, die auch tatsächlich eintritt. Für den Fall, daß die Prognose auf ein in Zukunft mögliches Problem aufmerksam macht, sollte alles getan werden, das Problem zu vermeiden oder dessen negative Wirkungen zu minimieren.

(2) Die Hauptaufgabe der *Zukunftsforschung im Bereich des "Szenarioparadigmas"* liegt nicht bei der Voraussage. Statt dessen wird mit der *Szenariomethode* angestrebt, mehr als eine mögliche Zukunft zu entwerfen sowie den jeweiligen Entwicklungspfad dahin zu explorieren. Es gibt allerdings praktisch nicht nur *eine* Szenariomethode, sondern eine ganze Reihe von Möglichkeiten der Szenarioerstellung. Doch beinhaltet die Bezeichnung "Szenariomethode" eine bestimmte Vorgehensweise, also bestimmte Arbeitsschritte, die in einer methodisch charakteristischen Art und Weise aufeinander bezogen sind. Szenarios werden unter Nutzung einer großen Zahl verschiedener Einzeltechniken erstellt, z.B. verschiedener Hilfstechniken, die auf Expertendiskussionen abstellen. Hauptziele der Szenariomethode im raumplanerischen Zusammenhang sind: (a) die Beschreibung von Zukunftsbildern ("Szenarien" i.e.S.), die mögliche Entwicklungen in der räumlichen Einheit, um die es jeweils geht, wiedergeben, wobei Annahmen über das Verhalten beteiligter Akteure zugrunde gelegt werden; (b) die Bestimmung der wirklichen Kernbereiche eines (kommenden) raumplanerischen Problems; (c) schließlich die Bestimmung der maßgebenden Akteure und "Regulatoren" sowie einschlägiger Strategien und in ihrem Rahmen zu nutzender Instrumente. Die Anwendung eines Szenarios in Verwaltungen, die für die räumliche Planung zuständig sind, soll zur Einleitung zielorientierter Planungsaktivitäten und zur fachübergreifenden Kommunikation dienen sowie dazu verhelfen, daß angesichts der neuen verunsichernden Rahmenbedingungen die erforderliche verwaltungsinterne Flexibilität zustande kommt und daß man besser vorbereitet ist, wenn Umbrüche zu bewältigen sind.

Als Ausblick ist festzuhalten: In einer Welt, die durch zunehmende Unsicherheit und - nicht nur unter Langfristaspekten, sondern auch schon auf mittlere und kurze Sicht - durch Umbruchrisiken gekennzeichnet ist, erweist sich die *Erarbeitung von Szenarien als noch wichtiger als schon zuvor*, vor allem um das Handeln in der Gegenwart unter Zukunftsaspekten zu justieren.

Literatur

a) Methodik primär quantifizierenden Vorgehens

AKADEMIE FÜR RAUMFORSCHUNG UND LANDESPLANUNG (ARL) (Hrsg.) (1988): Regionalprognosen. Methoden und ihre Anwendung. Hannover.

BATTELLE-INSTITUT (1979): Anwendung des Simulationsmodells POLIS für die Stadtentwicklungsplanung Köln. In: Bundesministerium für Raumordnung, Bauwesen und Städtebau (Hrsg.): Städtebauliche Forschung des BMBau, Bd. 72. Bonn.

BAUDREXL, L. (1988): Prognosen für die Raumordnung, Landes- und Regionalplanung. In: ARL (Hrsg): Regionalprognosen. Methoden und ihre Anwendung. Hannover, S. 17-36.

BECKMANN, G.; GATZWEILER, H.-P.; LOSCH, S.; OSENBERG, H. (1993): Tendenzen der Siedlungsflächenentwicklung. In: Informationen zur Raumentwicklung, H. 12, S. 877-898.

BIRG, H. (Hrsg.) (1986): Demographische Methoden zur Prognose der Haushalts- und Familienstruktur. Synopse von Modellen und Prognoseergebnissen für die Bundesrepublik Deutschland. In: Schriftenreihe des IBS/Univ. Bielefeld, Bd. 10. Frankfurt/New York.

BUCHER, H.; HILLESHEIM, D.; KOCKS, M.; LOHKAMP, M.; MÜLLER, M.; NEUMANN, H.; SOMMERFELD-SIRY, P. (1990): Regionalisierte Projektion der Erwerbspersonen (Teilgutachten zur Neuabgrenzung der Fördergebiete für die Gemeinschaftsaufgabe "Verbesserung der regionalen Wirtschaftsstruktur"). Bonn.

BUCHER, H. (1993): Die Raumordnungsprognose 2010. Ein Ansatz für ein zukunftsbezogenes Informationssystem. In: Geographische Rundschau, H. 12, S. 730-735.

BUCHER, H.; GATZWEILER, H.-P (1993): Die Raumordnungsprognose als Instrument einer aktiven Raumordnungs- und Städtebaupolitik. In: Informationen zur Raumentwicklung, H. 12, S. 807-818.

BUCHER, H.; KOCKS, M. (1994): Die privaten Haushalte in den Regionen der Bundesrepublik Deutschland. Eine Prognose bis zum Jahr 2010. In: Informationen zur Raumentwicklung, H. 12.

DIEKMANN, P.; LEPPERT, H. (1978): Planspiel und Planspielsimulation in der Raumplanung. Basel/Stuttgart.

DIETRICHS, B. (1988): Entwicklung und Perspektiven der Raumordnungsprognosen auf Bundesebene. In: ARL (Hrsg.): Regionalprognosen. Methoden und ihre Anwendung. Hannover, S. 37-48.

ECKEY, H.-F. (1988): Methoden zu Prognosen von Arbeitsplätzen in Regionen. In: ARL (Hrsg.): Regionalprognosen. Methoden und ihre Anwendung. Hannover, S. 205-234.

ELTGES, M.; MARETZKE, S.; PETERS, A. (1993): Zur Entwicklung von Arbeitskräfteangebot und -nachfrage auf den regionalen Arbeitsmärkten Deutschlands. In: Informationen zur Raumentwicklung, H. 12, S. 831-852.

ESER, T. W. (1992): Planspiel Kommunale Wirtschaftsförderung, Trier. In: Trierer Schriftenreihe zum Schwerpunkt Tourismus, Regional- und Siedlungsentwicklung, Nr. 3.

FIELD, B.G.; MCGREGOR, B.D (1993): Forecasting Techniques for Urban and Regional Planning, London.

FÜRST, D. (1988): Aktivitätsfolgenabschätzung. Zu ihren Auswirkungen auf Planungssysteme. In: Die öffentliche Verwaltung, Bd. 41, S. 49-56.

GLASSON, J. (Hrsg.) (1994): Environmental Impact Assessment: The Next Steps? Oxford. Built Environment, Bd. 20.

GREWE-WACKER, M. (1985): Kleinräumige Bevölkerungsprognosen. Beitrag zur kommunalen Planung. In: Geogr. Rundschau, H. 7, S. 560-564.

KNAUER, P. (1988): Umweltprognosen - Anwendungsbeispiele aus der ökologischen Planung. In: ARL (Hrsg.): Regionalprognosen. Methoden und ihre Anwendung. Hannover, S. 385-416.

Koch, R. (1988): Arbeitsmarktreaktionen im Regionalprognosemodell MIDAS II. In: ARL (Hrsg.): Regionalprognosen. Methoden und ihre Anwendung. Hannover, S. 235-252.

Mannermaa, M. (1991): In Search of an Evolutionary Paradigm for Futures Research. In: Futures (May), S. 349-372.

Meise, J.; Volwahsen, A. (1980): Stadt- und Regionalplanung. Ein Methodenhandbuch. Braunschweig/ München.

Meise, J.; Wegener, M. (1972): Digitale Simulation der räumlichen Stadtentwicklung. In: Proceedings in Operations Research, Würzburg/Wien, S. 81-102.

Openshaw, S. (1995): Human system modelling as a new grand challenge area in science. In: Environment and Planning (A), vol. 27, S. 159-164.

Stiens, G. (1977): Die regionalisierte Zielprojektion in der Raumplanung. In: Inform. z. Raumentw., H. 1/2, S. 129-137.

Stiens, G. (1991): Künftige Auswirkungen der „Bevölkerungsalterung" auf die kommunalen Sozialbudgets. Eine räumlich differenzierende Wirkungsabschätzung. In: Informationen zur Raumentwicklung, H. 3/4, S. 123-136.

Stiens, G. (1996a): Bevölkerungsentwicklung und Wohnungswirtschaft. In: Jenkis, H. (Hrsg.): Kompendium der Wohnungswirtschaft, München/Wien, S. 297-311.

Tietzel, M. (1989): Prognoselogik - oder: Warum Prognostiker irren dürfen. In: Jahrb. f. Nationalök. u. Statistik, Bd. 206/6, Stuttgart, S. 546-562.

Wächtler, J. (1992): Leistungsfähigkeit von Wirkungsprognosen in Umweltplanungen. Am Beispiel der Umweltverträglichkeitsprüfung. In: TU Berlin/Institut für Landschaftsökonomie (Hrsg.): Werkstattberichte, H. 41, Berlin.

b) Methodik primär qualitativ vorgehender Projektion/Exploration

Arras, H.E. et al. (PROGNOS AG) (1980): Wohnungspolitik und Stadtentwicklung, Teil I: Klischees, Probleme, Instrumente, Wirkungen, Rahmenbedingungen. In: Schriftenreihe "Städtebauliche Forschungen" des BMBau, Bd. 03.084. Bonn.

Arras, H.E.; Bierter, W. (1989): Welche Zukunft wollen wir? Drei Szenarien im Gespräch. Ein Beitrag des "Basler Regio Forum". Basel.

Badelt, C. (1978): Relevanzbaum, Verfahren und Probleme. In: Bruckmann, G. (Hrsg.): Langfristige Prognosen. Würzburg/Wien.

Baumgartner, T.; Borries, V.; von Frosch, A.; Harmsen, A.; Mettler, H.P. (1988): NRW 2020. Mikroelektronik, Arbeitsmarkt und Gestaltungsmöglichkeiten. In: Minist. f. Arbeit, Gesundheit und Soziales (Hrsg.): Werkstattberichte: Mensch und Technik. Düsseldorf, H. 35.

Bundesforschungsanstalt für Landeskunde und Raumordnung (1995): Trendszenarien der Raumentwicklung in Deutschland und Europa. Bonn.

Clement, W.; Badelt, C. et. al. (1975): Langfristige Prognosen für die Raumordnung in Österreich. In: Schriftenreihe des Instituts f. Sozialökonomie der Wirtschaftsuniversität, H. 5, S. 18-22. Wien.

Godet, M. (1992): Scenarios and Strategic Management. Paris (UNESCO).

Hansel, C.; Lambrecht, M. (1993): Wo können wir hin ...? Zur Erstellung von Szenarien. In: RaumPlanung, H. 61, S. 148-154.

Jantsch, E. (1967): Technological forecasting in perspective. A framework for technological forecasting, its technics and organization. Paris.

JUNCKER, R.; ZICKWOLFF, D. (1985): Szenariotechnik in der Stadtplanung. Theorie und Anwendung. In: ILS-Kurzbericht. Hrsg. von: Institut für Landes- und Stadtentwicklungsforschung des Landes Nordrhein-Westfalen (ILS). Dortmund.

JUNGK, R.; MÜLLER, N. R. (1987): Futures Workshops. London.

LIENEMANN, F. (1975): Zur Verwendung langfristiger Szenarios als Grundlage für regionalisierte Zielprojektionen. In: Informationen zur Raumentwicklung, Heft 8, S. 201-217.

MEISE, J.; VOLWAHSEN, A. (1980): Stadt- und Regionalplanung. Ein Methodenhandbuch. Braunschweig/München.

ROTH, U. (1977): Auswirkungen im Energiesektor auf die Raum- und Siedlungsentwicklung. BMBau (Hrsg.): Schriftenreihe Raumordnung, Bd. 11. Bonn-Bad Godesberg.

SELLNOW, R. (1991): Einführung in die Methode der Zukunftswerkstatt. In: SELLNOW, R. et al. (Hrsg.): Bürgerforum und Zukunftswerkstatt. Zur Wiederbelebung des politischen Diskurses als Aufgabe der Volkshochschule. Frankfurt a.M.

STIENS, G. (1977): Zur Verwendung von Szenarien in der Raumplanung. In: Raumforschung und Raumordnung, 35. Jg., Heft 1/2, S. 69-73.

STIENS, G. (1996b): Prognostik in der Geographie. In: Das Geographische Seminar. Braunschweig.

ZANGEMEISTER, CH.; BUNSE, H.; OSENBERG, H. (1984): Regionalplanung im ländlichen Raum unter Einsatz der Szenariotechnik und Nutzwertanalyse. In: Der Landkreis, H. 6, S. 274-278.

III.1 Bewertungs- und Entscheidungsmethoden

CHRISTIAN JACOBY UND HANS KISTENMACHER

Inhalt

1. Einordnung und Stellenwert von Bewertungs- und Entscheidungsmethoden in der räumlichen Planung
2. Einfache, eindimensionale Methoden
3. Monetäre Methoden
3.1 Kosten-Nutzen-Analyse
3.2 Kosten-Wirksamkeits-Analyse
4. Multidimensionale, nutzwertanalytische Methoden
4.1 Nutzwertanalyse in der Standardversion
4.2 Nutzwertanalyse der II. Generation
4.3 Vereinfachte nutzwertanalytische Ansätze
4.4 Analytisch-hierarchischer Prozeß
5. Ökologische Wirkungs- und Risikoanalysen
6. Verbal-argumentative Vorgehensweisen
7. Kombinierte, sequentielle und interaktive Methoden
8. Sensitivitätsanalysen
9. Ausblick auf die weitere Methodenentwicklung

1. Einordnung und Stellenwert von Bewertungs- und Entscheidungsmethoden in der räumlichen Planung

Bewertungs- und Entscheidungsmethoden werden in der räumlichen Planung generell benötigt

- zur Bewertung von Standort- oder Trassenalternativen für raumbedeutsame Siedlungs- und Infrastrukturvorhaben im Hinblick auf ihre funktionale Eignung sowie Raum- und Umweltverträglichkeit als Grundlage für übergeordnete Raumnutzungsentscheidungen im Rahmen der Aufstellung von Plänen und Programmen sowie von Raumordnungsverfahren (vgl. JACOBY 1997);
- zur Bewertung von (alternativen) Nutzungskonzepten oder Linienführungen innerhalb ausgewählter raumverträglicher Standorte oder Trassen im Hinblick auf ihre funktiona-

le Eignung und Umweltverträglichkeit als Grundlage für konkrete Investitionsentscheidungen und gesetzliche Zulassungsverfahren;
- zur Bewertung von Naturraumpotentialen und Freiraumfunktionen im Hinblick auf ihre ökologisch-strukturelle Bedeutung, ihre Schutzwürdigkeit, Sanierungsbedürftigkeit oder Entwicklungsmöglichkeit als Grundlage planerischer Ausweisungen zur Freiraumnutzung bzw. räumlichen Umweltvorsorge.

Ihre Bedeutung zeigt sich in der räumlichen Planung insbesondere dann, wenn mit ihnen als Mittel der Entscheidungsvorbereitung in einem offenen, kooperativen Planungsprozeß aus einer Vielzahl von Planungsalternativen die insgesamt beste Lösung ausgewählt werden soll.

Mit der ökologischen Orientierung der Raumplanung, insbesondere mit der Einführung der Umweltverträglichkeitsprüfung und der naturschutzrechtlichen Eingriffsregelung, sind die umweltbezogenen Bewertungsaufgaben deutlich in den Vordergrund getreten und haben die bis dahin dominierenden kostenorientierten Untersuchungen stark verdrängt. In Zeiten wirtschaftlicher Rezession und angespannter öffentlicher Haushalte gewinnen jedoch monetäre Bewertungen gerade auch für öffentliche Vorhaben wieder zunehmend an Bedeutung.

Bewertungs- und Entscheidungsmethoden können rationales Denken und Handeln in formaler Hinsicht maßgeblich fördern (EISENFÜHR/WEBER 1994). Ihr Beitrag zur inhaltlichen Ausgestaltung von Planungen ist jedoch begrenzt, da ihnen nicht die Aufstellung, sondern lediglich die Anwendung von Planungszielen obliegt. Auch dienen sie nicht unmittelbar der Alternativensuche und Konzeptfindung, sondern im wesentlichen nur der Beurteilung der zuvor entwickelten Planungskonzepte und -alternativen anhand vorgegebener Ziele und daraus abgeleiteter Bewertungsmaßstäbe.

Vor dem Hintergrund der Methodenoffenheit des Planungsrechts (s. RITTER/WOLF sowie LENDI in diesem Band) ist weder die Anwendung bestimmter Bewertungs- und Entscheidungsmethoden verbindlich vorgegeben, noch entfalten die Ergebnisse angewandter Methoden eine unmittelbare Bindungswirkung für die Entscheidungsträger. Vor diesem Hintergrund dienen Bewertungs- und Entscheidungsmethoden häufig auch nur der Verdeutlichung und Strukturierung von Entscheidungsproblemen im Vorfeld politischer Entscheidungsprozesse, die dann selbst keinen methodischen Regeln folgen.

In Anbetracht der Komplexität und Konfliktträchtigkeit von Bewertungs- und Entscheidungsprozessen in der räumlichen Planung erweist es sich als zweckmäßig, eine (gedankliche) Trennung der Bewertung einerseits und der Entscheidung andererseits vorzunehmen, auch wenn im Planungsalltag beide Vorgänge häufig miteinander verschmelzen.

Die Bewertung beinhaltet als „Soll-Ist-Vergleich" das Abprüfen von einzelnen konkreten Bewertungsmaßstäben, die aus übergeordneten Leitbildern und Zielen abgeleitet sind. Es geht somit um die Frage, ob und inwieweit ein Vorhaben die vorgegebenen Ziele bzw. Bewertungsmaßstäbe erfüllen wird und insofern zu befürworten bzw. zu genehmigen oder abzulehnen bzw. zu untersagen ist.

Sind Planungsalternativen Gegenstand der Betrachtung, so zielt die Bewertung im engeren Sinne nur darauf ab, die grundsätzlich geeigneten, d.h. generell zu befürwortenden

III. Planungsprozeß und Entscheidung

Alternativen zu ermitteln und deren Vor- und Nachteile im einzelnen darzulegen. Eine Gewichtung der Bewertungskriterien und eine vergleichende Gesamtbeurteilung der Alternativen ist hier noch nicht erforderlich, so daß die Anwendung einfacher, eindimensionaler Methoden in der Regel ausreicht (vgl. Abschn. 2).

Aufbauend auf dieser Bewertung im engeren Sinne erfolgt der Schritt der planerischen Abwägung und Entscheidungsfindung, bei dem die Vor- und Nachteile der Alternativen zu gewichten und zusammenzufassen sind, um so zwischen den grundsätzlich geeigneten bzw. genehmigungsfähigen Alternativen eine abschließende Auswahl zu treffen. Hierbei müssen die Bewertungskriterien in jedem Falle untereinander in Beziehung gesetzt, d.h. einer multidimensionalen Bewertung der Gesamteignung der Alternativen unterzogen werden, um zu einer Entscheidung zu kommen. Eine Gewichtung der Kriterien bzw. Abwägungsbelange ist unumgänglich, da auch der vermeintliche „Verzicht" auf eine Gewichtung nichts anderes ist als eine (unausgesprochene) Gleichgewichtung der Belange, die - wie jede andere Gewichtung auch - einer hinreichenden Begründung bedarf.

Abb. 1 zeigt die wichtigsten Ablaufschritte von Planungs- und Entscheidungsprozessen in der Raumplanung und kennzeichnet dabei die Planungsphasen, in denen Bewertungs- und Entscheidungsmethoden eine wesentliche Rolle spielen (JACOBY 1997 in Anlehnung an EEKHOFF 1981). Von zentraler Bedeutung erweist sich dabei der Schritt der Entscheidung für eine Planungs- bzw. Handlungsalternative, aber auch andere Planungsphasen wie die Bestandsanalyse, die Ermittlung der Restriktionen, die grobe Wirkungsanalyse, die Vorauswahl von Alternativen und die umfassende Wirkungsanalyse stellen wichtige Bewertungsschritte dar.

Abb. 1: Einordnung von Bewertungs- und Entscheidungsmethoden innerhalb von Planungs- und Entscheidungsprozessen in der Raum- und Umweltplanung

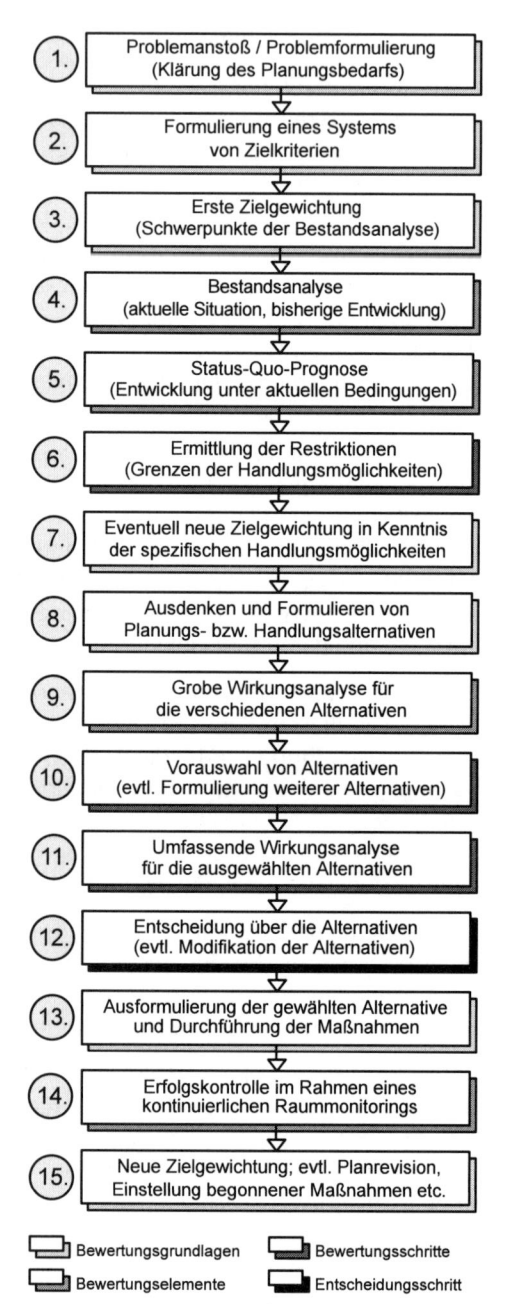

1. Problemanstoß / Problemformulierung (Klärung des Planungsbedarfs)
2. Formulierung eines Systems von Zielkriterien
3. Erste Zielgewichtung (Schwerpunkte der Bestandsanalyse)
4. Bestandsanalyse (aktuelle Situation, bisherige Entwicklung)
5. Status-Quo-Prognose (Entwicklung unter aktuellen Bedingungen)
6. Ermittlung der Restriktionen (Grenzen der Handlungsmöglichkeiten)
7. Eventuell neue Zielgewichtung in Kenntnis der spezifischen Handlungsmöglichkeiten
8. Ausdenken und Formulieren von Planungs- bzw. Handlungsalternativen
9. Grobe Wirkungsanalyse für die verschiedenen Alternativen
10. Vorauswahl von Alternativen (evtl. Formulierung weiterer Alternativen)
11. Umfassende Wirkungsanalyse für die ausgewählten Alternativen
12. Entscheidung über die Alternativen (evtl. Modifikation der Alternativen)
13. Ausformulierung der gewählten Alternative und Durchführung der Maßnahmen
14. Erfolgskontrolle im Rahmen eines kontinuierlichen Raummonitorings
15. Neue Zielgewichtung; evtl. Planrevision, Einstellung begonnener Maßnahmen etc.

Bewertungsgrundlagen   Bewertungsschritte
Bewertungselemente   Entscheidungsschritt

III. Planungsprozeß und Entscheidung

Weitere Planungsschritte enthalten zumindest Elemente einer Bewertung, und die übrigen Planungsschritte bilden Grundlagen, auf denen eine Bewertung aufbaut. Bewertungsmodelle beziehen sich deshalb häufig auf den gesamten Planungsprozeß oder sind mit Analyse- und Prognosemodellen direkt verknüpft (vgl. STIENS und WINKELMANN in diesem Band).

Betrachtet man die charakteristischen Merkmale von Bewertungs- und Entscheidungsproblemen, so unterscheiden sich diese nach

- der Anzahl der an einer Bewertung und Entscheidung (maßgeblich) beteiligten Personen (Ein- oder Mehrpersonenbewertung bzw. -entscheidung),
- der Anzahl der Planungsziele bzw. Bewertungsmaßstäbe (ein- oder mehrdimensionale Bewertung bzw. Entscheidung) sowie
- dem Bestimmtheitsgrad des Bewertungs- und Entscheidungsgegenstands (Bewertungen und Entscheidungen unter Sicherheit, Risiko, Ungewißheit und Unschärfe) (SCHNEEWEISS 1991).

Bewertungs- und Entscheidungsaufgaben in der räumlichen Planung sind in aller Regel durch die Beteiligung mehrerer Personen (Entscheidungsträger), durch das Vorliegen mehrerer, häufig auch konfligierender Planungsziele und durch unscharfe Informationen über die möglichen Vor- und Nachteile von Planvorhaben und ihren Alternativen gekennzeichnet. Positive wie negative Auswirkungen von Planvorhaben sind in aller Regel weder mit Sicherheit noch mit einem mathematisch ausdrückbaren Wahrscheinlichkeitsgrad (Risiko) vorherzusagen. Bewertungs- und Entscheidungsmethoden in der Raum- und Umweltplanung müssen diesen besonderen Merkmalen Rechnung tragen, was sie von Methoden anderer Wissenschaftsdisziplinen teilweise unterscheidet.

In der Fachliteratur und Planungspraxis wird häufig pauschalisiert zwischen formalisierten bzw. quantitativen und verbal-argumentativen bzw. qualitativen Bewertungs- und Entscheidungsmethoden unterschieden. Eine „Methode" setzt jedoch als „strukturierte, standardisierte Vorgehensweise mit wissenschaftlichem Hintergrund" (MÄDING 1987) in jedem Falle eine gewisse Formalisierung, zumindest im Hinblick auf die inhaltliche Systematisierung und Ablaufstrukturierung voraus. Insofern kann lediglich der Grad der Formalisierung als ein Unterscheidungsmerkmal von Methoden herangezogen werden.

Quantitative Bewertungsmethoden implizieren generell einen hohen Formalisierungsgrad, aber auch qualitative Methoden bedürfen einer hinreichenden Formalstruktur, um den Anforderungen an die Objektivität und Validität sowie insbesondere an die Nachvollziehbarkeit von Bewertungsvorgängen gerecht zu werden.

Der Formalisierungsgrad der Bewertungs- und Entscheidungsmethoden, speziell auch ihre quantitative Ausgestaltung, ist in der räumlichen Planung mit dem Wandel der Planungsaufgaben und des Planungsverständnisses (vgl. RITTER in diesem Band) seit den 80er Jahren erkennbar zurückgegangen, obwohl sich seitdem die planungsrelevanten quantitativen Datengrundlagen und die Möglichkeiten einer computergestützten Datenverarbeitung erheblich verbessert haben (s. DOSCH sowie STREICH in diesem Band). Qualitative und verbal-argumentative Methoden haben somit wieder an Bedeutung gewonnen (vgl. auch POHL in diesem Band).

III. Planungsprozeß und Entscheidung

Aus der Fülle der für die räumliche Planung entwickelten Bewertungs- und Entscheidungsmethoden kann im folgenden nur eine begrenzte Auswahl dargestellt werden. Bevor das geschieht, sind diese zunächst von rein intuitiven, nicht methodisch fundierten Vorgehensweisen abzugrenzen.

Intuitive Vorgehensweisen sind in der Planungspraxis weit verbreitet und können auf der Basis umfassender planerischer Kenntnisse und Erfahrungen in bestimmten Fällen durchaus zu brauchbaren Ergebnissen führen. Bei der Bewertung von Planungsalternativen bedarf es dabei eines sehr großen Erfahrungsschatzes, welcher bei den zunehmend komplexer werdenden Planungsaufgaben kaum noch von einzelnen Personen allein in den Planungsprozeß eingebracht werden kann. Deshalb sind bei dieser intuitiven Vorgehensweise möglichst mehrere Planer, auch unterschiedlicher Fachrichtungen, in den Bewertungsvorgang einzubinden.

Die Vorteile dieser pragmatischen Vorgehensweise liegen in dem meist geringen Zeit- und Kostenaufwand für die Entscheidungsvorbereitung. Nachteile ergeben sich dahingehend, daß eine so vorgenommene Bewertung häufig nur für Insider einsichtig ist. Außenstehenden lassen sich Bewertungsvorgang und die darin eingeflossenen Werturteile nur schwer vermitteln. Da die Transparenz und Nachvollziehbarkeit von Bewertungen in der räumlichen Planung maßgeblichen Einfluß auf die gesellschaftliche Akzeptanz von Planungsmaßnahmen hat, ist eine intuitive Bewertung allenfalls bei einfach gelagerten Planungen angebracht, die keine größeren Interessenskonflikte erwarten lassen.

2. Einfache, eindimensionale Methoden

Gegenstand solcher eindimensionalen Bewertungsmethoden ist zunächst nur die Frage, ob ein Planvorhaben den einzelnen gesetzlichen Anforderungen entspricht bzw. sonstige vorgegebene Kriterien erfüllt. Die Suche nach der besten Planungsalternative ist also dabei nicht intendiert, so daß eine Gewichtung der Zielkriterien und eine kriterienübergreifende, mehrdimensionale Gesamtbewertung zur Bildung einer Rangfolge der Alternativen entfällt.

Solche einfachen Bewertungsaufgaben ergeben sich beispielsweise bei gebundenen Genehmigungsverfahren für gewerblich-industrielle Anlagen, bei denen der Investor Anspruch auf die Genehmigung hat, soweit er alle Zulassungskriterien erfüllt, und bei denen die Genehmigung versagt werden muß, sobald nur eines der Zulassungskriterien nicht erfüllt ist. Voraussetzung für die Anwendung solcher Satisfizierungsmethoden sind eindeutig operationalisierbare Prüfkriterien.

Ein weiteres Einsatzfeld eindimensionaler Bewertungsmethoden ist das Herausfiltern generell geeigneter Planungsalternativen als Vorstufe für eine mehrdimensionale, vergleichende Bewertung der verbleibenden Alternativen. Dies geschieht durch ggf. iterativ durchzuführende Eliminationsschritte (BECKMANN 1990), bei denen Checklisten oder Kriterienkataloge mit Ausschlußkriterien zum Einsatz gelangen. Eine solche Alternativenvorauswahl bietet sich bei einer Vielzahl von Planungsalternativen nicht zuletzt aus arbeitsökonomischen Gründen an.

In einfach gelagerten Fällen kann jedoch mit einer eindimensionalen Bewertung sogar eine Rangfolge der Alternativen gebildet werden. Ist man der Ansicht, daß ein Ziel so bedeutend sei, daß man zunächst alle (grundsätzlich geeigneten) Alternativen nach diesem Ziel anordnet und erst bei Indifferenz zwischen den Alternativen das nächst wichtigere Ziel heranzieht (usw.), so erhält man mit dieser „lexikographischen Ordnung" (SCHNEEWEIß 1991) eine eindeutige Rangfolge der Alternativen, ohne die Zielkriterien in irgendeiner Form zu verknüpfen.

3. Monetäre Methoden

Als monetäre Bewertungs- und Entscheidungsmethoden sind vor allem die Kosten-Nutzen-Analyse (MISHAN 1975) - auch Kosten-Nutzen-Bewertung oder Nutzen-Kosten-Analyse genannt - und die Kosten-Wirksamkeits-Analyse - auch Kosten-Wirksamkeits-Bewertung genannt - kurz darzustellen. Auf weitere Varianten bzw. Mischformen kann hier nicht näher eingegangen werden.

3.1 Kosten-Nutzen-Analyse

Ziel der Kosten-Nutzen-Analyse ist es, für vorgegebene oder ausgewählte Vorhaben- bzw. Entscheidungsalternativen der öffentlichen Hand die Kosten (inputs) und den (finanziellen) Nutzen (outputs) zu ermitteln. Durch die Prüfung, ob sich ein Vorhaben „rechnet", d.h. der beabsichtigte (finanzielle) Nutzen eines Vorhabens höher als seine Kosten ist, soll der Nachweis eines effizienten Einsatzes öffentlicher Mittel ermöglicht werden.

Für öffentliche Maßnahmen von erheblicher finanzieller Bedeutung sind Kosten-Nutzen-Untersuchungen gesetzlich vorgeschrieben (§ 7 Abs. 2 Bundeshaushaltsordnung sowie § 6 Abs. 2 Haushaltsgrundsätzegesetz). Neben der Kosten-Nutzen-Analyse kommen dafür auch die Kosten-Wirksamkeits-Analyse und die Nutzwertanalyse in Betracht.

Abb. 2: Kosten- und Nutzenarten bei der Kosten-Nutzen-Analyse

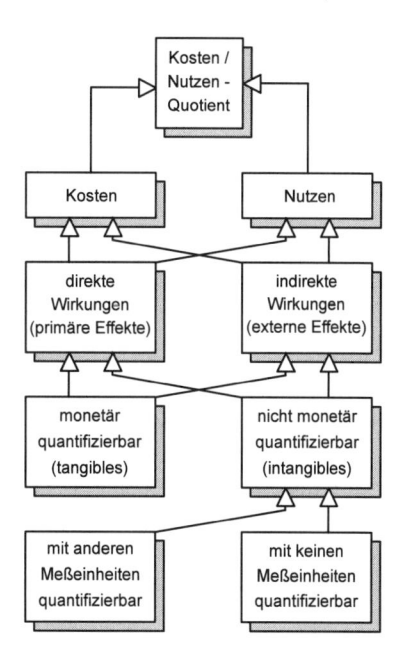

Mit der Kosten-Nutzen-Analyse läßt sich nicht nur ermitteln, welche Planungsalternative das beste „Kosten-Nutzen-Verhältnis" aufweist und damit bei der Entscheidungsfindung zu bevorzugen wäre (komparative Bewertung), sondern auch prüfen, ob ein Vorhaben für sich betrachtet, d.h. ohne Alternativenvergleich, ein positives oder negatives Kosten-Nutzen-Verhältnis aufweist und dementsprechend verwirklicht oder verworfen werden sollte (absolute Bewertung).

Von der privatwirtschaftlichen Rentabilitätsrechnung unterscheidet sich die Kosten-Nutzen-Analyse im öffentlichen Sektor allerdings dadurch, daß nicht nur streng vorhabenbezogene Kosten und Nutzen berücksichtigt werden, sondern auch Kosten für indirekte Folgen und Nebenwirkungen (sog. „intangible Effekte") sowie der indirekte (volkswirtschaftliche, soziale oder sonstige gesellschaftliche) Nutzen im Sinne der Wohlfahrtstheorie, der in der Regel mit einem öffentlichen Vorhaben direkt oder indirekt angestrebt wird. Abb. 2 zeigt die verschiedenen Kosten- und Nutzenarten, die in eine Kosten-Nutzen-Analyse einfließen (vgl. TUROWSKI 1981, S. 2; HANUSCH/KUHN 1995, S. 558).

Bevor eine (bilanzierende) Gegenüberstellung der Kosten und Nutzen von Vorhaben möglich wird, sind im wesentlichen zwei Berechnungsschritte durchzuführen: die Ableitung von Marktpreisen und ihre Abzinsung (Diskontierung) auf einen gemeinsamen Zeitpunkt.

Da jedoch nicht alle Kosten- und Nutzenarten mit hinreichender methodischer Fundierung monetär quantifizierbar sind, werden die intangiblen Effekte als Ergänzung der Kosten-Nutzen-Analyse in verbal-argumentativer Form aufgeführt, um so eine vollständige Entscheidungsgrundlage zu erhalten.

Zwar liegt der Kosten-Nutzen-Analyse als Methode der angewandten Wohlfahrtstheorie der umfassende Anspruch zugrunde, das jeweils im Hinblick auf die verfolgten Ziele effektivste oder unter Wohlfahrtsaspekten effizienteste Vorhaben auszuwählen, doch konnte mit dem Aufkommen einer eigenständigen Umweltpolitik Ende der 60er Jahre die ökonomisch definierte soziale Wohlfahrtstheorie nicht mehr allein als Zielhorizont für öffentliche Vorhaben und Entscheidungen Geltung beanspruchen.

Als Reaktion auf die Forderungen nach verstärkter Einbeziehung der Umweltauswirkungen räumlicher Planungen wurde zunächst versucht, die Kosten-Nutzen-Analyse im Bereich der diesbezüglichen intangiblen Effekte zu erweitern. Damit stieß diese Methode jedoch an die Grenzen ihrer fachlichen Absicherung. Die Versuche, Kriterien wie die menschliche Gesundheit, Unfallrisiken, die Seltenheit von Tier- und Pflanzenarten oder die Eigenart und Schönheit der Landschaft mit Schattenpreisen auszudrücken, stießen auf heftige Kritik und führten zur Entwicklung neuer Bewertungsmethoden wie insbesondere der Kosten-Wirksamkeits-Analyse und später der multidimensionalen Nutzwertanalysen sowie der Ökologischen Wirkungs- und Risikoanalysen (vgl. Abschn. 4 und 5).

3.2 Kosten-Wirksamkeits-Analyse

Bei der Kosten-Wirksamkeits-Analyse werden auf der Kostenseite ebenfalls monetäre Einheiten verwendet, jedoch liegen dieser Bewertung nicht mehr die universalen Ziele der sozialen Wohlfahrt, sondern überwiegend projektspezifische Ziele zugrunde. Auf der Nutzenseite werden die Projektwirkungen in ihren physischen Einheiten erfaßt und ohne Umrechnung in Geldeinheiten der Kostenseite gegenübergestellt.

Auf diese Weise können nicht monetarisierbare, intangible Effekte wie insbesondere die Umweltfolgen von Planungsvorhaben wesentlich besser erfaßt werden, doch ist nun die Bildung eines Kosten-Nutzen-Quotienten und damit einer quantitativ hergeleiteten, eindeutigen Projektpräferenz nicht mehr möglich. Aus diesem Grund wurde die Kosten-Wirksamkeits-Analyse in der Planungspraxis bereits nach wenigen Jahren weitgehend durch die Nutzwertanalyse abgelöst, bei der monetäre Kriterien nicht mehr erforderlich sind und dennoch eine eindeutige, quantitative Projektpräferenz erzielt werden kann.

In der Folge gab es zwar immer wieder vereinzelte Vorstöße, Umweltbelange in der räumlichen Planung zu monetarisieren, um damit ihr Gewicht bei der Gesamtabwägung zu verstärken. Jedoch überwiegt in Fachliteratur und -diskussion die Auffassung, daß sich die Umweltverträglichkeit von Planungen und Vorhaben einer monetären Bewertung weitgehend entzieht. Bei den Fach- bzw. Projektplanungen, bei denen Kosten-Nutzen-Untersuchungen nach wie vor Anwendung finden, wird deshalb in aller Regel auf den Versuch einer umfassenden Monetarisierung der Umweltbelange verzichtet. Dennoch sind hier Kosten-Nutzen-Untersuchungen sehr sinnvoll, um einerseits die verfügbaren finanziellen Ressourcen für den Umweltschutz möglichst effizient einzusetzen und andererseits die möglichen Kosteneinspareffekte von umweltoptimierten Planungen und Vorhaben zu verdeutlichen. Vor dem Hintergrund der enger gewordenen finanziellen Spielräume in der Umweltpolitik kann mit solchen Untersuchungen die Akzeptanz von Instrumenten und Maßnahmen der Umweltvorsorge verbessert werden.

4. Multidimensionale, nutzwertanalytische Methoden

Nutzwertanalysen stellen im deutschen Sprachraum die bekannteste Form multidimensionaler bzw. multikriterieller Bewertungsmethoden dar, die in der internationalen Fachdiskussion der „Multi-Attribute Utility Theory" (MAUT) zugeordnet werden (VON NITZSCH 1992).

Gegenüber Kosten-Nutzen-Untersuchungen, bei denen die monetäre Bewertung im Vordergrund steht, dienen Nutzwertanalysen dazu, Planungsalternativen hinsichtlich verschiedenster Bewertungskriterien mit unterschiedlichen Wertdimensionen (z.B. Flächengrößen, Zeiteinheiten, Entfernungen) vergleichend zu bewerten und so eine Rangfolge für die Eignung der Alternativen aufzustellen (komparative Bewertung). Dabei sind als Eingangsgrößen auch Kostenfaktoren möglich.

Nutzwertanalysen können jedoch (in ihren bisherigen Ausprägungen) nicht dazu herangezogen werden, um ein einzelnes Planungsvorhaben dahingehend zu beurteilen, ob die Vorteile des Vorhabens seine Nachteile überwiegen (absolute Bewertung). Ihr Einsatz ist also nur für Alternativenvergleiche sinnvoll, wobei alle Alternativen eine grundsätzliche Eignung aufweisen müssen und es nur um die vergleichende Bewertung der abwägbaren Vor- und Nachteile und die Ermittlung einer Rangfolge der Alternativen geht (DAENZER 1988, S. 108). Um zu diesen grundsätzlich geeigneten Planungsalternativen zu gelangen, ist ggf. eine Vorauswahl mit Hilfe eindimensionaler Bewertungsmethoden zu treffen.

In der Fachdiskussion und Praxis haben sich auf der Basis der Standardversion der Nutzwertanalyse (ZANGEMEISTER 1970) eine Reihe von Varianten herausgebildet. Zunächst wurde Ende der 70er Jahre parallel mit der Ökologischen Risikoanalyse die sog. Nutzwertanalyse der II. Generation (BECHMANN 1978) entwickelt. Seit Mitte der 80er Jahre wird vor allem in der Planungspraxis überwiegend mit vereinfachten nutzwertanalytischen Ansätzen gearbeitet. Diese Differenzierung ist sehr wichtig, um pauschaler Kritik an „der" Nutzwertanalyse vorzubeugen.

III. Planungsprozeß und Entscheidung

Die Grundstruktur nutzwertanalytischer Ansätze (vgl. Abb. 3) fügt sich ein in die klassische Ablaufstruktur von linearen Planungsprozessen.

Wesentliches Kennzeichen von Nutzwertanalysen ist die Auflösung einer komplexen Bewertungsaufgabe in einfache Teilelemente (Kriterien), die Bewertung dieser Teilelemente und die daran anknüpfende Zusammenfassung der Teilbewertungen (Teilnutzwerte) zu einer umfassenden Bewertungsaussage, dem sog. (Gesamt-)Nutzwert.

Da zum einen die Weiterentwicklungen der Nutzwertanalyse nur vor dem Hintergrund der Standardversion zu verstehen sind, zum anderen die Standardversion auch in jüngster Zeit noch Anwendung findet, soll diese zunächst mit ihren formalen Bausteinen und Merkmalen genauer dargestellt werden.

Abb. 3: Grundstruktur von Nutzwertanalysen

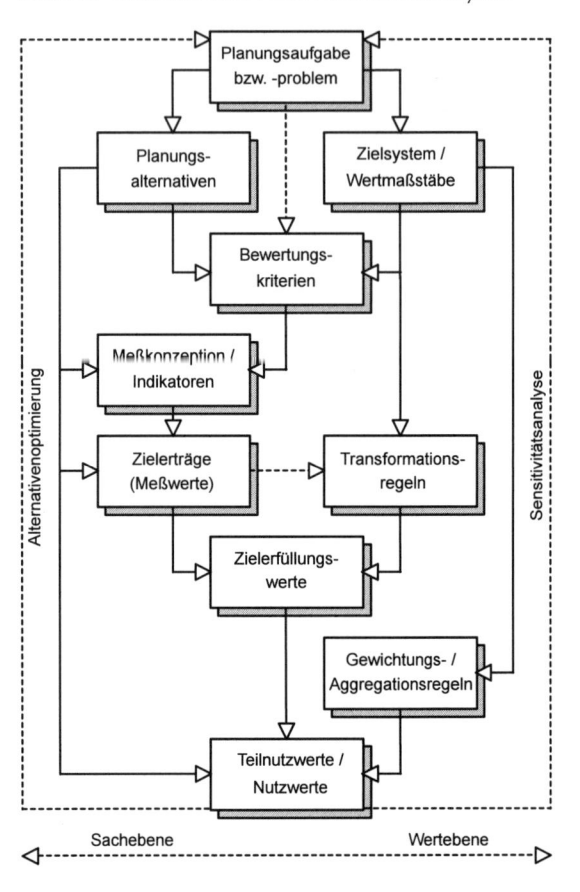

4.1 Nutzwertanalyse in der Standardversion

Im Zusammenhang mit der zunehmenden Kritik an den monetären Bewertungsansätzen entwickelte sich die Standardversion der Nutzwertanalyse in den 70er Jahren zur beliebtesten Bewertungsmethode in der Raum- und Umweltplanung (BECHMANN 1978, S. 36). Aufbauend auf der dargestellten Grundstruktur sind ihre spezifischen Merkmale in folgenden Ablaufschritten zu sehen:

- Operationalisierung der Bewertungskriterien mit Hilfe kardinaler Indikatoren und Messung entsprechender kardinaler Zielerträge in unterschiedlichen Meßeinheiten;

- Aufstellung von Regeln für die Transformation der kardinalen Zielerträge in „dimensionslose" kardinale Zielerfüllungswerte, so daß die verschiedenen Meßeinheiten keine weitere Rolle mehr spielen (vgl. Abb. 4);

- Festlegung einer konstanten kardinalen Gewichtung der Zielkriterien, in der Regel durch Verteilung von 100 Prozentpunkten auf die verschiedenen Zielkriterien;

- Ermittlung der Teilnutzwerte für jede Alternative durch Multiplikation der Gewichtungsfaktoren mit den jeweiligen Zielerfüllungswerten;
- Berechnung des (Gesamt-)Nutzwertes für jede Alternative durch Addition der zuvor errechneten Teilnutzwerte und Bildung einer Rangfolge der Alternativen entsprechend der ermittelten Nutzwerte.

Die Anwendung der Nutzwertanalyse in der Standardversion ist im wesentlichen mit fünf Prämissen verbunden (ZANGEMEISTER 1970; BECHMANN 1989):

1) Kardinalität der Daten und Rechenschritte
2) Nutzenunabhängigkeit der Zielkriterien
3) Konstanz der Gewichtungen
4) Substitutivität der Wertebeziehungen
5) Additivität der Teilnutzen zum Gesamtnutzen.

Abb. 4: Beispiel für eine kardinale Transformationsfunktion

Die schnelle Verbreitung der Nutzwertanalyse in den 70er Jahren ist auf ihre unbestreitbaren Vorteile zurückzuführen, die auch heute noch ihre „Anziehungskraft" ausmachen:

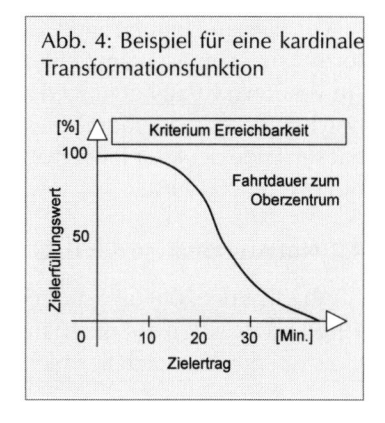

- die klare Struktur und der einfache Aufbau bzw. Ablauf des Bewertungsvorgangs;
- die leichte Handhabbarkeit, die auch für ungeübte Methodenanwender, selbst bei einer Vielzahl von Kriterien und Alternativen, gegeben ist;
- die vielfältige Einsetzbarkeit innerhalb der räumlichen Planung und darüber hinaus (nimmt man ihre strengen Anwendungsprämissen nicht so genau).

Da jedoch bei den vielfältigen Anwendungen der Nutzwertanalyse in der Praxis auf die Anwendungsprämissen kaum Rücksicht genommen wurde, wiesen Kritiker auf ihre Schwachstellen hin, die allgemein in dem unzureichenden Zusammenspiel von Form und Inhalt gesehen werden (BECHMANN 1978, S. 31). So ist insbesondere die Begründungsqualität der Meß- und Bewertungsvorschriften in der Anwendungspraxis vielfach mangelhaft und steht in keinem vernünftigen Verhältnis zu der geforderten Genauigkeit dieser Angaben. Darüber hinaus läßt sich die Prämisse der Nutzenunabhängigkeit der Zielkriterien bei komplexen Bewertungsaufgaben der Raum- und Umweltplanung häufig nicht erfüllen.

Speziell wenn Umweltbelange bei der Bewertung von Planungsvorhaben eine wichtige Rolle spielen, erweist sich die Nutzwertanalyse in der Standardversion nicht als geeignete Methode (FINKE 1994, S. 114), da sich die Umweltbelange, z.B. „Biotopschutz" und „Lärmschutz", nicht gegeneinander verrechnen lassen (Rat von Sachverständigen für Umweltfragen 1987).

Die Ursachen dieser Probleme liegen nicht zuletzt auch darin begründet, daß der Nutzwertanalyse das Modell der rationalen Entscheidung zugrunde gelegt wurde, das von einem vollständigen und präzisen, logisch-konsistenten Ziel- und Datengerüst ausgeht (EISENFÜHR/WEBER 1994; LAUX 1995).

In der Praxis der Raum- und Umweltplanung sind diese Voraussetzungen bei weitem nicht immer gegeben. Nicht nur Informationslücken müssen sehr häufig mit Analogieschlüssen bzw. qualitativen Einschätzungen überbrückt und Fehlerrisiken bei Prognosen in Kauf genommen, sondern auch Unsicherheiten bei der Zielbestimmung, Zielkonflikte und Zielredundanzen herausgearbeitet und überwunden werden. Schließlich führen zeitliche und informationsökonomische Restriktionen dazu, daß nicht alle möglichen Alternativen berücksichtigt werden können und intuitiv-pragmatisch getroffene Vorentscheidungen notwendig sind.

Vor diesem Hintergrund wurde Ende der 70er Jahre der Versuch unternommen, die formal sehr eingeschränkte Nutzwertanalyse mit einer Weiterentwicklung diesen realen Anwendungsvoraussetzungen besser anzupassen. Die Standardversion der Nutzwertanalyse ist jedoch in der räumlichen Planung nicht gänzlich in den Hintergrund getreten und hat seit Ende der 80er Jahre trotz ihrer Schwachstellen wieder eine Art Renaissance erfahren (z.B. BUCK 1993).

4.2 Nutzwertanalyse der II. Generation

Ab Mitte der 70er Jahre wurde die Nutzwertanalyse der II. Generation (BECHMANN 1978, 1989) als Reaktion auf die Mängel der Standardversion entwickelt. Diese ist in ihrer Formalstruktur wesentlich flexibler, d.h.:

1) Die Voraussetzung der Nutzenunabhängigkeit zwischen den Zielkriterien entfällt. Nunmehr können alle beliebigen Wertebeziehungen zwischen den Zielkriterien berücksichtigt werden.

2) Die Voraussetzung der Kardinalität der Daten und Bewertungen entfällt. Neben kardinalen sind nunmehr auch ordinale und nominale Daten sowie ordinale Gewichtungen in die Bewertung einstellbar.

Abb. 5: Beispiel für eine ordinale Transformationsfunktion

Die Erweiterung der Anwendungsmöglichkeiten machte allerdings eine Änderung einzelner Methodenbausteine der Nutzwertanalyse erforderlich. So werden bei der II. Generation statt kardinaler nunmehr ordinale Zielerfüllungswerte in Form von Rangstufen gebildet. Entscheidende Unterschiede ergeben sich bei den Aggregationsvorschriften, da nunmehr eine einfache additive Wertsynthese nicht mehr möglich ist. Statt dessen werden die Aggregationsformen Entscheidungsbaum und Präferenzmatrix (vgl. Abb. 6) eingeführt, die eine Aggregation von ordinal oder nominal skalierten Daten mit der „logischen UND/ODER Verknüpfung" ermöglichen. Dabei sind dann auch nichtkonstante Gewichtungen möglich.

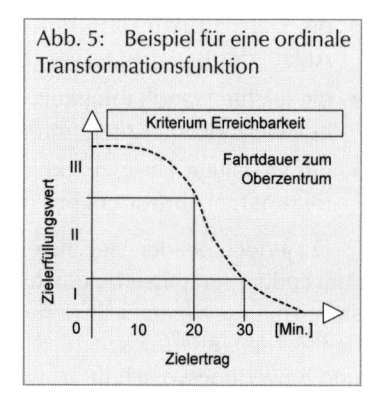

Zur Verknüpfung (Aggregation) ordinaler (oder nominaler) Daten mit Hilfe von Präferenzmatrices müssen sinnvolle Kriterienpaare aufgestellt und zu einer hierarchischen Zielbaumstruktur zusammengefügt werden. Vor der Aufstellung eines entsprechenden Zielbaumes sind die Wertebeziehungen zwischen den Kriterien zu bestimmen. Dazu eignet sich eine Verflechtungsmatrix, mit der die Kriterien gegenübergestellt und jedes der Kriterienpaare im Hinblick auf ihre Wertebeziehungen eingeordnet werden kann. Dabei lassen sich grundsätzlich substitutive, indifferente, komplementäre, supplementäre und konkurrierende Wertebeziehungen unterscheiden (BECHMANN 1978, S. 60 f.).

Die ordinale Gewichtung der Kriterien (z.B. sehr wichtig / wichtig / weniger wichtig) wird in die Konzeption von Entscheidungsbäumen und Präferenzmatrices integriert, indem entsprechende Auf- und Abstufungen der Kriterienwerte vorgenommen werden.

Theoretisch können mit Entscheidungsbäumen und hintereinander geschalteten Präferenzmatrices beliebig viele Kriterien mit ordinalem oder nominalem Skalierungsniveau und unter Berücksichtigung ihrer unterschiedlichen Wertebeziehungen miteinander verknüpft und zu einer verdichteten Wertaussage geführt werden. Die Aggregation kann wie bei der Standardversion der Nutzwertanalyse bis zu einem einzigen Gesamtnutzwert für jede Alternative erfolgen.

Abb. 6: Beispiel für eine Präferenzmatrix

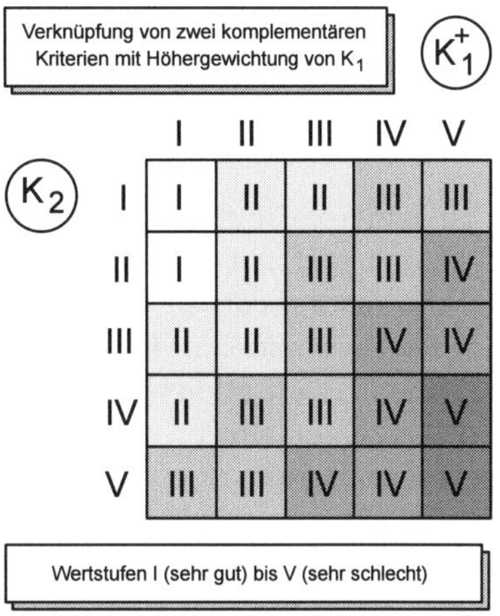

Verknüpfung von zwei komplementären Kriterien mit Höhergewichtung von K_1 K_1^+

K_2	I	II	III	IV	V
I	I	II	II	III	III
II	I	II	III	III	IV
III	II	II	III	IV	IV
IV	II	III	III	IV	V
V	III	III	IV	IV	V

Wertstufen I (sehr gut) bis V (sehr schlecht)

Je komplexer allerdings die Bewertungsaufgabe ist und entsprechend zahlreicher die Bewertungskriterien sind, desto stärker stoßen die praktischen Anwendungsmöglichkeiten dieser Methodenbausteine an ihre Grenzen. So werden Entscheidungsbäume bei mehreren ordinal skalierten Kriterien sehr unübersichtlich und das Aneinanderreihen von Präferenzmatrices mit jeder weiteren Aggregationsebene zunehmend problematisch, da die Bestimmung der Wertebeziehungen und Gewichtungen mit jeder weiteren Teilaggregation immer schwerer fällt. Häufig erscheinen auch die Gewichtungsmöglichkeiten in Form von einfachen Auf- und Abstufungen den Methodenanwendern unzureichend.

Mit der formalen Öffnung der Nutzwertanalyse für verschiedene Wertebeziehungen zwischen den Kriterien sind die Anforderungen an ihre Ausgestaltung und Begründung erheblich gestiegen. Bei komplexen Bewertungsaufgaben mit vielen Kriterien wird damit zum einen der Aufwand sehr hoch, zum anderen die Nachvollziehbarkeit für Dritte recht schwierig.

In der räumlichen Planung hat sich deshalb die Nutzwertanalyse der II. Generation kaum etablieren können. Sie findet nur vereinzelt bei anspruchsvolleren Gutachten Anwendung (vgl. z.B. Schmid, W. et al. 1989). Demgegenüber überwiegt in der Planungspraxis der Einsatz vereinfachter Nutzwertanalysen, soweit nicht ganz auf quantitative Methoden verzichtet und statt dessen verbal-argumentative Methoden oder intuitive Vorgehensweisen bevorzugt werden.

4.3 Vereinfachte nutzwertanalytische Ansätze

Ein häufig verfolgter Ansatz zur Vereinfachung der Nutzwertanalyse liegt darin, statt streng kardinaler lediglich „quasi-kardinale" Zielerfüllungswerte (z.B. durch Vergabe von ein bis neun Zielerfüllungspunkten) zu bilden und dabei auf die Herleitung dieser Werte mittels aufwendiger Transformationsfunktionen zu verzichten. Die kardinale Gewichtung durch Verteilung von 100 Gewichtungspunkten sowie die additive Wertsynthese werden dann wie bei der Standardversion der Nutzwertanalyse durchgeführt (Turowski 1981).

Ein anderer Ansatz reduziert die Differenzierung der Zielerfüllungswerte auf drei bis fünf Stufen und führt auch die Gewichtung in einer vereinfachten Form aus, indem einfache Gewichtungsfaktoren (Einfach-, Zweifach- und Dreifachgewichtung) verwendet werden. Die so ermittelten Teilnutzwerte werden dann wiederum für jede Alternative zum Gesamtnutzwert addiert oder - bei überschaubaren Entscheidungssituationen - einer verbal-argumentativen Gesamtbewertung unterzogen. Ggf. wird eine partielle Addition der Zielerfüllungswerte vorgenommen, damit die abschließende verbal-argumentative Gesamtbewertung nicht zu unübersichtlich gerät. Auf komplizierte Entscheidungsbäume und Präferenzmatrices wird wegen der schwierigen Handhabbarkeit und Nachvollziehbarkeit verzichtet.

Eine zusätzliche Vereinfachung liegt darin, auch auf eine explizite Gewichtung der Kriterien zu verzichten und die ordinalen Werte direkt zu einem Gesamtnutzwert, ggf. nach verschiedenen Teilzielen getrennt, zu addieren. Die Gewichtung wird hierbei jedoch nur scheinbar umgangen, da tatsächlich eine Gleichgewichtung der Kriterien vorliegt, bei der es nun in besonderem Maße auf die Bestimmung der Bewertungskriterien ankommt. Werden für die einen Teilziele mehr und für die anderen Teilziele weniger Kriterien eingesetzt, so bestimmt sich die Gewichtung der Teilziele nach dem Verhältnis der Anzahl der Bewertungskriterien.

Da die Wertsynthese bei vereinfachten Nutzwertanalysen i.d.R. mittels Addition erfolgt, ist es wichtig, die Bewertungskriterien so zusammenzustellen, daß diese zum einen keine Nutzenabhängigkeiten, insbesondere keine konkurrierenden Wertebeziehungen aufweisen und zum anderen gegenseitig austauschbar (substituierbar) sind, d.h. im Rahmen der planerischen Abwägung auch zurückgestellt werden können. Es dürfen also nur Abwägungskriterien und keine Restriktionskriterien in die additive Wertsynthese eingehen.

Sind jedoch zwischen zwei Bewertungskriterien komplementäre, supplementäre oder konkurrierende Wertebeziehungen festzustellen, so sind diese Kriterien zunächst separat, z.B. mit Hilfe einer Präferenzmatrix, zu aggregieren. Das so erzielte Zwischenergebnis kann dann zusammen mit den anderen Kriterien in die Addition eingestellt werden.

4.4 Analytisch-hierarchischer Prozeß

Der Analytisch-hierarchische Prozeß ist ein weit verbreitetes Bewertungsmodell, das international in den verschiedensten Wissenschaftsdisziplinen und Politikfeldern zum Einsatz kommt und in Deutschland bisher vornehmlich in betriebswirtschaftlichen Bereichen Anwendung findet, aber auch in der räumlichen Planung zunehmende Bedeutung erlangt (ARL 1995, S. 187). Diese Bewertungsmethode zeigt große Ähnlichkeiten mit den zuvor beschriebenen nutzwertanalytischen Ansätzen, jedoch auch einige wesentliche Unterschiede (SCHNEEWEIß 1991):

Abb. 7: Aufbau des Analytisch-hierarchischen Prozesses

- Die zu bewertenden Planungsalternativen müssen zu Beginn festgelegt werden, da der Bewertungsvorgang gegenüber nachträglichen Änderungen des Alternativensatzes instabil sein kann.

- Die Bewertungsaufgabe bzw. das Entscheidungsproblem wird in einer Hierarchie von Kriterien und Alternativen abgebildet (vgl. Abb. 7). Der Bewertungsvorgang beginnt auf der untersten Hierarchieebene, d.h. die Kriteriengewichte werden nicht a priori festgelegt.

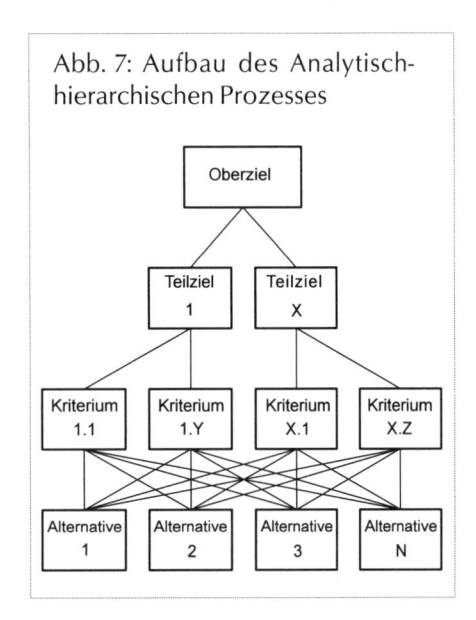

- Zunächst werden die Alternativen paarweise im Hinblick auf ihre (kardinalen oder ordinalen) Zielerträge mit einer neunstufigen Werteskala (von 1 = „gleichbedeutend" bis 9 = „absolut dominierend") miteinander verglichen. Die so ermittelten Wertrelationen werden dann mit Hilfe der sog. „Eigenwert-Methode", einer besonderen Form der Durchschnittsbildung, zu Zielerfüllungswerten umgerechnet.

- Daran anschließend erfolgt auf den höheren Ebenen der paarweise Vergleich der Zielkriterien im Hinblick auf ihre Bedeutung für das gemeinsame Teilziel und schließlich der Paarvergleich der Teilziele in bezug auf das Oberziel. Die so ermittelten Werte werden wiederum mit Hilfe der Eigenwert-Methode umgerechnet und führen zu den Gewichtungsfaktoren.

- Der abschließende Bewertungsschritt ist eine Addition der gewichteten Zielerfüllungswerte (Teilnutzwerte) wie bei der Standardversion der Nutzwertanalyse.

Mit der Eigenwert-Methode wird gleichzeitig für jede Vergleichsmatrix ein Konsistenztest durchgeführt, damit die möglichen Inkonsistenzen bei den Werturteilen in einem vertretbaren Rahmen bleiben.

Als wichtigster Vorteil des Analytisch-hierarchischen Prozesses gegenüber den in Deutschland bekannteren nutzwertanalytischen Methoden kann der Verzicht auf abstrakte, von den tatsächlichen Alternativen losgelöste Transformationsfunktionen betrachtet werden. Statt dessen werden die Zielerfüllungswerte mit Paarvergleichen im unmittelbaren Kontext der im konkreten Einzelfall vorliegenden Alternativen ermittelt. Auch die Gewichte der Kriterien hängen im allgemeinen von den Wertebereichen der betrachteten Alternativen ab. Dies kommt den realen Bewertungsgewohnheiten von Planern und politischen Entscheidungsträgern entgegen, die i.d.R. zu Beginn eines Bewertungs- und Entscheidungsprozesses nicht ihr gesamtes Präferenzverhalten offenlegen wollen bzw. können und häufig ihre Zielpräferenzen stark von den möglichen Planungsalternativen abhängig machen.

Als weiterer Vorteil erweist sich die methodische Unterstützung bei der Bestimmung der Kriteriengewichte, die bei dem Analytisch-hierarchischen Prozeß durch den paarweisen Vergleich der Zielkriterien und Teilziele gewonnen werden. Die Paarvergleiche stellen damit das bedeutendste Unterscheidungsmerkmal gegenüber den Nutzwertanalysen dar. Sie sind besonders gut dafür geeignet, die individuellen Werturteile der Methodenanwender aufzunehmen. Da mit den Paarvergleichen jeweils nur eine grobe Abschätzung des Bedeutungsunterschieds von jeweils zwei Zielerträgen bzw. Zielkriterien vorgenommen wird, können diese auch von ungeübten Methodenanwendern leicht durchgeführt und von Planungslaien gut nachvollzogen werden.

Neben der Instabilität des Analytisch-hierarchischen Prozesses gegenüber der Änderung des Alternativensatzes führt die Anwendung von Paarvergleichen zu dem Nachteil, daß mit zunehmender Anzahl der Alternativen und Kriterien auch der Arbeits- bzw. Rechenaufwand sehr stark ansteigt. Da die Wertsynthese in Form einer gewichteten Addition erfolgt, sind wie bei der Standardversion der Nutzwertanalyse nur substitutive Wertebeziehungen und keine Nutzenabhängigkeiten zwischen den Kriterien zulässig.

Die Durchführung der Eigenwert-Methode ist relativ kompliziert, so daß der Einsatz eines PC und entsprechender Software kaum zu umgehen ist. Dabei entsteht ein gewisser „black box"-Effekt, der sicherlich viele Planer von der Anwendung des Analytisch-hierarchischen Prozesses abschrecken läßt und auch zu Akzeptanzproblemen bei den politischen Entscheidungsträgern, Planungsbeteiligten und -betroffenen führen kann.

Die Vorteile dieses Bewertungsmodells, die insbesondere mit dem Einsatz von Paarvergleichen verbunden sind, werden jedoch in vielen Fällen ihre Nachteile überwiegen, so daß der Analytisch-hierarchische Prozeß bei überschaubaren Entscheidungssituationen mit einer begrenzten Anzahl von Alternativen und Kriterien eine echte Alternative zu den herkömmlichen Nutzwertanalysen darstellt.

5. Ökologische Wirkungs- und Risikoanalysen

Mit der zunehmenden Bedeutung der Umweltbelange in der räumlichen Planung wurden seit Anfang der 70er Jahre spezielle Methoden zur Bewertung der ökologisch-strukturellen Eignung von Raumeinheiten für die verschiedenen Freiraumnutzungen und -funktionen einerseits und der ökologischen Auswirkungen bzw. Risiken von Raumnutzungsansprüchen andererseits entwickelt.

Zunächst wurde die Ökologische Wirkungsanalyse (BIERHALS/KIEMSTEDT/SCHARPF 1974) etabliert. Diese basiert auf einer Verflechtungsmatrix, welche die Wirkungskette „Verursacher - Auswirkungen auf den Raum - Betroffener" für alle wesentlichen Raumnutzungen und Umweltfaktoren abbildet und damit Nutzungskonflikte bzw. Raumbelastungen aufzeigt. Die Bewertung der Konflikte erfolgte dabei mit den Bausteinen der Nutzwertanalyse in der Standardversion.

Aufgrund zunehmender Kritik an dieser Bewertungsmethode wurde die Ökologische Risikoanalyse entwickelt (BACHFISCHER 1978). Sie weist im wesentlichen die gleichen methodischen Merkmale wie die Nutzwertanalyse der II. Generation auf (ordinales/nominales Skalierungsniveau der Daten und Gewichtungen, Berücksichtigung verschiedener

Wertebeziehungen, keine additive Wertsynthese, sondern Anwendung von Entscheidungsbäumen und Präferenzmatrices).

In ihrer Grundform werden für jedes Umwelt- bzw. Naturraumpotential die Werte der Beeinträchtigungsempfindlichkeit des betroffenen Raumes und der Beeinträchtigungsintensität der Planungsvorhaben zunächst mit Hilfe von Entscheidungsbäumen bestimmt und dann mit einer sog. „Risikomatrix" zum Beeinträchtigungsrisiko zusammengefaßt. Die abschließende Bewertung des „Gesamtrisikos" für alle Umweltpotentiale erfolgt verbal-argumentativ.

Die Ökologische Risikoanalyse hat sich zur wichtigsten umweltbezogenen Bewertungsmethode entwickelt, was sich auch in ihrer Verankerung in untergesetzlichen Regelwerken ausdrückt. So werden z.B. in der UVP-Verwaltungsvorschrift vom September 1995 für die vergleichende Bewertung von Vorhaben- oder Trassenvarianten als zweckmäßige formalisierte Bewertungsmethoden an erster Stelle Ökologische Risikoanalysen, des weiteren aber auch Nutzwertanalysen und Kosten-Wirksamkeits-Analysen genannt (BMU 1995). Speziell für Umweltverträglichkeitsstudien in der Verkehrsplanung gilt die Ökologische Risikoanalyse seit langem als Standardmethode (FGSV 1990).

Allerdings erfuhr auch die Ökologische Risikoanalyse methodische Kritik (EBERLE 1984, SCHOLLES 1996) und in der Praxis verschiedene Vereinfachungen. Dabei wird in der Regel auf die Aufstellung von relativ aufwendigen und schwieriger nachvollziehbaren Entscheidungsbäumen verzichtet. Statt dessen werden häufig Rangordnungstabellen erstellt, in denen die verschiedenen Kriterien oder Kriterienkombinationen den verschiedenen Wertstufen zugeordnet werden (BOESCHEN 1993). Die so ermittelten Werte werden dann für jeden Umweltbereich entweder mit einer Risikomatrix oder auch verbal-argumentativ zu einer Gesamteinschätzung des jeweiligen Beeinträchtigungsrisikos aggregiert. Am Ende steht eine verbal-argumentative Gesamtbeurteilung aller potentiellen Umweltauswirkungen (ökologischen Risiken) der untersuchten Planung.

6. Verbal-argumentative Vorgehensweisen

Die von wissenschaftlicher Seite geäußerte Kritik an der Standardversion der Nutzwertanalyse sowie anderen streng formalisierten, additiven Bewertungsmodellen mit kardinalem Skalierungsniveau einerseits und die schwierigere Handhabbarkeit und Nachvollziehbarkeit der Nutzwertanalyse der II. Generation andererseits haben zur Folge, daß in der Planungspraxis seit vielen Jahren immer häufiger auf solche quantitativen Bewertungs- und Entscheidungsmethoden verzichtet wird und statt dessen neben intuitiven Vorgehensweisen und einfachen, eindimensionalen Bewertungsmethoden die verbal-argumentative Bewertung vermehrt als eigenständiger methodischer Ansatz Anwendung findet. Im wesentlichen können folgende Arten verbal-argumentativer Bewertungsansätze unterschieden werden:

- einfach strukturierte verbal-argumentative Bewertungen in Form von textlichen Ausführungen, die häufig als Ergänzung bzw. Erläuterung zu quantitativen Methoden erstellt werden;
- formal strukturierte und graphisch veranschaulichte verbal-argumentative Bewertungsansätze (z.B. Checklisten, Kriterien- oder Fragenkataloge, bei denen die qualitativen

Wertungen durch grafische Symbole visualisiert werden, tabellarische Gegenüberstellung von Vor- und Nachteilen oder entsprechende grafische Darstellungen wie z.B. Wertprofile), die bei weniger komplexen Bewertungsaufgaben quantitative Bewertungsmethoden partiell oder vollständig ersetzen können;
- stärker formalisierte verbal-argumentative Bewertungsmethoden, denen eine explizit ausformulierte Entscheidungslogik zugrunde liegt (z.B. mit „Wenn-Dann"-Entscheidungsregeln, mit einem Entscheidungsbaum oder mit strukturierten Paarvergleichen, bei denen sukzessive die Vor- und Nachteile von jeweils zwei Alternativen verbal-argumentativ verglichen werden, bis schließlich die beste Alternative bestimmt ist) und die auch bei komplexeren Planungsvorhaben für die Aufgabe der kriterienübergreifenden Gesamtbewertung eine sinnvolle Alternative zu quantitativen Methoden darstellen (STRASSERT 1995).

Gegenüber den rein intuitiven Vorgehensweisen wird mit den mehr oder weniger stark formalisierten verbal-argumentativen Bewertungsansätzen versucht, den Bewertungsvorgang nicht nur fachlich angemessen, sondern auch nachvollziehbar und transparent zu gestalten.

Als entscheidender Vorteil der verbal-argumentativen Bewertung erweist sich insbesondere die problemlose Einbeziehung nicht oder nur schwierig quantifizierbarer, sog. „weicher Kriterien" (z.B. das Kriterium Orts- und Landschaftsbild). Bei einer übersichtlichen Entscheidungssituation liegt ein weiterer Vorteil in der Möglichkeit, auf den jeweiligen Bewertungskontext individuell einzugehen. Auch kann sie unter dieser Voraussetzung eine gute Transparenz und Nachvollziehbarkeit des Bewertungsvorgangs, insbesondere für Nichtfachleute erreichen. Schließlich ist mit der Durchführung einer einfachen verbal-argumentativen Bewertung auch nur ein geringer Zeit- und Kostenaufwand verbunden.

Im Umkehrschluß zeigen sich ihre Nachteile speziell bei komplexeren Bewertungsaufgaben mit einer Vielzahl von Bewertungskriterien und Alternativen, da in diesen Fällen kaum noch eine übersichtliche und transparente verbal-argumentative Bewertung möglich ist. Dazu kommt die Gefahr, daß bewußt oder unbewußt Bewertungsaspekte über- oder unterbetont werden (semantische Probleme) oder den Methodenanwendern in der Argumentationsführung die gleichen Fehler wie bei quantitativen Bewertungsmethoden (z.B. gedankliche Addition unter der Annahme von Austauschrelationen zwischen den Kriterien) unterlaufen. Auch die erforderliche Transitivität von Bewertungen (nach der Regel: wenn $A \geq B$ und $B \geq C$, dann gilt auch $A \geq C$), die bei einer holistischen Gewichtung wie bei der Nutzwertanalyse der Standardversion automatisch gewährleistet ist und bei formalisierten Paarvergleichen wie im Analytisch-hierarchischen Prozeß durch spezielle Kontrollrechnungen (Eigenwertmethode) überprüft wird, läßt sich bei der verbal-argumentativen Bewertung nicht ohne weiteres sicherstellen bzw. kontrollieren.

Mit zunehmender Bedeutung der verbal-argumentativen Bewertung als eigenständige Methode müssen höhere Ansprüche an ihre wissenschaftstheoretische Fundierung gestellt werden, die sowohl auf die inhaltliche Logik als auch auf die formale Struktur zu beziehen ist. Hier bedarf es noch einer Standardsetzung, um sie als gleichwertige Bewertungsmethode neben anderen formalisierten Methoden anzuerkennen. Trotzdem hat sie in den letzten Jahren die quantitativen Bewertungsmethoden speziell im Bereich der abschließenden Gesamtbewertung von Planungsvorhaben stark zurückgedrängt. Offensichtlich sind ihre Nachteile weniger im Bewußtsein wie die Schwachstellen quantitativer Methoden.

7. Kombinierte, sequentielle und interaktive Methoden

Da die verschiedenen Bewertungs- und Entscheidungsmethoden je nach Anwendungsfall in der räumlichen Planung jeweils Vor- und Nachteile aufweisen und sich die Erkenntnis durchgesetzt hat, daß keine Aussicht auf die Entwicklung einer universal einsetzbaren, optimalen Methode besteht, gehen die Bestrebungen seit einigen Jahren vornehmlich dahin, die jeweiligen Vorteile von einfachen eindimensionalen, komplexen quantitativen und verbal-argumentativen Bewertungsmethoden miteinander zu kombinieren und gleichzeitig ihre Nachteile so weit wie möglich zu begrenzen. Hinzu kommt das Erfordernis, der stärkeren Prozeßorientierung der räumlichen Planung mit sequentiellen und interaktiven Bewertungsansätzen gerecht zu werden, um so auch Lernprozesse für die Bewertung und Entscheidungsfindung besser zu nutzen (KÖHL/ORTGIESE 1994).

Da mit den kombinierten Bewertungsmethoden zugleich ein Kompromiß zwischen hohen wissenschaftlichen Ansprüchen und planungspraktischer Methodenakzeptanz angestrebt wird, können sie auch der zunehmenden „Methodenmüdigkeit" im Planungsalltag entgegenwirken.

Nach der grundlegenden Erörterung der Bedarfsfrage werden in einer ersten planerischen Sondierungsphase im Zuge der Alternativensuche und -vorauswahl einfache eindimensionale Bewertungsansätze eingesetzt, mit denen die grundsätzlich geeigneten Alternativen sehr leicht herausgefiltert bzw. ungeeignete Alternativen eliminiert werden können.

In der zweiten Planungsphase kommen nach der Optimierung der verbleibenden Planungsalternativen vereinfachte nutzwertanalytische Ansätze zur Anwendung, die vor allem durch ordinale Wertskalen, eine einfache Gewichtung und eine „reflektierte" additive Wertsynthese gekennzeichnet sind und damit eine Art Synthese zwischen Standardversion und II. Generation der Nutzwertanalyse darstellen. Mit dieser quantitativen Bewertung soll insbesondere die Komplexität der Entscheidungssituation weiter reduziert werden, indem wenige, besonders gute Alternativen herausgefiltert oder für bestimmte Bewertungsbereiche Teilaggregationen vorgenommen werden.

In der dritten Planungsphase geht es um die abschließende Abwägung zwischen den Vor- und Nachteilen der besten Planungsalternativen, wozu eine strukturierte verbal-argumentative Bewertung besonders geeignet ist.

Als Beispiel für die Anwendung einer solchen kombinierten, sequentiellen und interaktiven Bewertungsmethode soll hier ein Wohnbaulandpotentialmodell (KISTENMACHER et al. 1988) mit seinen wichtigsten Merkmalen bzw. Ablaufschritten kurz vorgestellt werden (vgl. Abb. 8 nach JACOBY 1994, S. 385):

1) Durchführung einer Restriktionsanalyse mit einem eindimensionalen Bewertungsansatz, durch den Flächen mit absoluten Restriktionen ausgeschieden werden; Abgrenzung von Flächenalternativen.

2) Durchführung einer umweltbezogenen Konfliktanalyse und einer städtebaulichen Eignungsanalyse mit abwägbaren Kriterien, dabei

a) Bewertung der einzelnen Kriterien auf ordinalem Skalierungsniveau;

b) Ordinale Gewichtung der Kriterien durch Bildung von zwei Gewichtungsklassen (Gewichtungsfaktor 2 für die wichtigeren Kriterien);

c) Aufstellung einer Verflechtungsmatrix zur Kennzeichnung der Kriterienpaare mit eindeutig konkurrierenden Wertebeziehungen;

d) Aufstellung von Präferenzmatrices bzw. verbal-argumentativen Entscheidungsregeln zur Aggregation der konkurrierenden Kriterien;

e) Addition der gewichteten Werte jeweils gesondert für die beiden Bewertungsbereiche „Umweltschutz" und „Städtebauliche Eignung", wobei hier die Zwischenergebnisse aus der gesonderten Aggregation der konkurrierenden Kriterien eingehen; somit werden nicht alle Kriterienwerte unreflektiert in die Addition eingestellt.

3) Verbal-argumentative Gesamtbewertung der Flächenalternativen durch Klassifizierung und Beurteilung der verschiedenen Wertekombinationen aus den beiden Bewertungsbereichen „Umweltschutz" und „Städtebauliche Eignung"; auf dieser Basis Durchführung von alternativen Modellrechnungen zur Bestimmung der noch vertretbaren Baulandausweisungen je nach (politischer) Gewichtung der ökologischen und sozio-ökonomischen Belange.

Abb. 8: Grundlegender Aufbau von Baulandpotentialmodellen

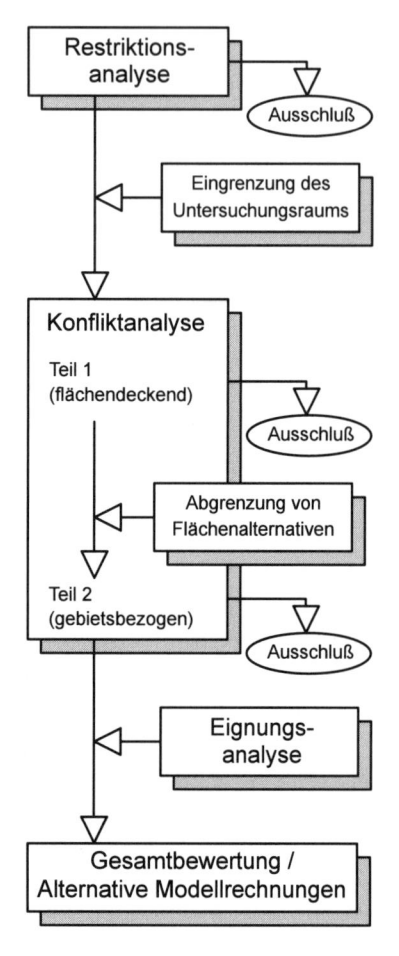

Die Anwendung solcher kombinierter, sequentieller und interaktiver Bewertungs- und Entscheidungsmethoden hat sich insbesondere bei komplexen Planungsaufgaben mit einer großen Anzahl von Alternativen vielfach bewährt. Dabei gewinnt die Nutzung Geographischer Informationssysteme (GIS) und darauf aufbauender wissensbasierter Expertensysteme eine immer größere Bedeutung (vgl. die Beiträge von Dosch und Streich in diesem Band).

8. Sensitivitätsanalysen

Sensitivitätsanalysen sind bekannt im Zusammenhang mit der Simulation von komplexen Entwicklungsprozessen (vgl. Sensitivitätsmodell nach Vester/von Hesler 1980). Sie stellen jedoch - in anderer Ausformung - auch einen wichtigen, häufig vernachlässigten Baustein von Bewertungs- und Entscheidungsmethoden dar. In diesem speziellen Anwendungsfeld dienen sie der Überprüfung der Validität von Bewertungsergebnissen, was sich insbesondere bei streng formalisierten, quantitativen Bewertungsmethoden als notwendig erweist, da ihre Anwendung mit der erhöhten Gefahr von Scheingenauigkeiten verbunden ist. Untersucht wird dabei, inwieweit die Endergebnisse eines Bewertungsvorgangs, also insbesondere die Rangfolge von Planungsalternativen oder der Kosten-Nutzen-Quotient eines Vorhabens, bei geringfügigen Änderungen der Eingangsgrößen „sensitiv" reagieren, d.h. bedeutsame Veränderungen erfahren.

Hintergrund und Erfordernis einer solchen Überprüfung ergeben sich aus der in aller Regel gültigen Annahme, daß eine Vielzahl von Eingangsgrößen, seien es Datengrundlagen auf der Sachebene oder Gewichtungen auf der Wertebene, aufgrund von Erhebungs- und insbesondere Prognoseunsicherheiten sowie „diskussionswürdiger" Werturteile nicht absolut genau bestimmbar sind.

Zeigt sich nun mit der Durchführung von Sensitivitätsanalysen, daß auch bei begründbaren Änderungen der Eingangsgrößen (insbesondere Prognosewerte und Gewichtungen) die Bewertungsergebnisse „stabil" bleiben, d.h. die Rangfolge der Planungsalternativen keine Änderung erfährt bzw. der Kosten-Nutzen-Quotient positiv bleibt, so kann von einer abgesicherten Bewertung ausgegangen werden, die auch einer nachfolgenden kritischen Diskussion standhalten wird.

Ergibt sich jedoch eine neue Rangfolge der Alternativen oder ein negativer Kosten-Nutzen-Quotient, so sind die ursprünglichen Bewertungsergebnisse in Frage gestellt. In diesem Falle bedarf die Bewertung einer grundlegenden Überarbeitung oder es müssen neue Planungsüberlegungen erfolgen. Ggf. ergibt sich auch die abschließende Feststellung, daß bestimmte Alternativen in keine eindeutige Rangfolge gebracht werden können und somit gleichwertig (indifferent) sind.

Da die Durchführung von Sensitivitätsanalysen mit nicht unerheblichem Aufwand verbunden ist, wird sie in der Planungspraxis nur selten durchgeführt. Bei Einsatz von rechnergestützten Bewertungsmethoden führen Sensitivitätsanalysen jedoch kaum noch zu Mehraufwand. In diesem Falle können Methodenanwender oder sogar Entscheidungsträger die Sensitivitätsanalyse selbst interaktiv am Computer durchführen (HOCHSTRATE 1992), um so insbesondere die Auswirkungen unterschiedlicher Gewichtungen sofort vor Augen zu haben.

9. Ausblick auf die weitere Methodenentwicklung

Die Komplexität der Bewertungsaufgaben und Entscheidungsprobleme in der räumlichen Planung wird in Zukunft weiter ansteigen, da

- die Datengrundlagen mit dem Ausbau von Planungsinformationssystemen an Umfang und Differenzierung weiter zunehmen,
- die Zielkriterien bzw. Bewertungsmaßstäbe bei einer steigenden Zahl der im Planungsprozeß zu beteiligenden Akteure immer heterogener und differenzierter werden,
- die Zahl der zu untersuchenden Alternativen bei konflikträchtigen Planungsvorhaben weiter wächst und
- speziell die Bewertung der Umweltauswirkungen von Plänen und Programmen auf eine ganzheitliche Betrachtung der ökologischen, ökonomischen und sozialen Aspekte im Sinne einer nachhaltigen Raumentwicklung ausgedehnt werden wird.

III. Planungsprozeß und Entscheidung

Vor diesem Hintergrund setzt sich immer mehr die Erkenntnis durch, daß die Entwicklung einer optimalen, universal einsetzbaren Bewertungsmethode nicht den vielfältigen Aufgaben der räumlichen Planung gerecht werden kann. Statt dessen ist es in der Regel sachgerecht, Bewertungsvorgänge mit einer Kombination quantitativer und qualitativer Methodenbausteine unter Nutzung ihrer jeweiligen Stärken und unter Beachtung ihrer jeweiligen Schwächen zu unterstützen und diese Methodenbausteine für jeden Einzelfall situationsspezifisch auszuformen. Je nach Planungsart und -aufgabe werden dabei in Zukunft folgende methodische Aspekte an Bedeutung gewinnen:

- vermehrte Rückkopplungen bei sequentiellen Bewertungsmethoden, um bei langwierigen Planungsprozessen über mehrere Planungsebenen hinweg veränderte Rahmenbedingungen sowie neue Erkenntnisse und Zielvorstellungen aufgrund von Lernprozessen besser berücksichtigen zu können;

- verstärkte Nutzung computergestützter Bewertungs- und Entscheidungsmethoden, insbesondere auch für interaktive Bewertungsvorgänge und Sensitivitätsanalysen (s. STREICH in diesem Band);

- strategische Ausrichtung der Bewertungsmethoden vor dem Hintergrund des neuen Leitbildes einer nachhaltigen Entwicklung, d.h. Konzeption von vorhabenübergreifenden, gesamträumlichen Bewertungsansätzen, mit denen auch mittel- bis langfristige Folgen von Planungsvorhaben und ihre Wechselwirkungen mit anderen Vorhaben und Nutzungsinteressen beurteilt werden können. Die strategische Planung und darauf ausgerichtete Bewertungs- und Entscheidungsmethoden bilden innerhalb der Wirtschaftswissenschaften ein wichtiges Forschungsfeld, das durch Intensivierung interdisziplinärer Dialoge für die räumliche Planung besser genutzt werden sollte (EBERLE 1995). So könnte z.B. die in der Ökonomie populär gewordene Spieltheorie (HOLLER/ILLING 1996) neue Impulse für die Entwicklung strategischer Bewertungsansätze geben.

Der zunehmenden Komplexität von Planungsaufgaben steht allerdings seit einigen Jahren die hochrangige politische Zielsetzung gegenüber, aus wirtschaftsstrukturellen Gründen Planungs- und Zulassungsverfahren einfacher, flexibler und zügiger zu gestalten. In diesem Spannungsfeld sind bei der Methodenentwicklung Kompromisse zwischen wissenschaftlichem Anspruch und praktischer Durchführbarkeit unumgänglich, um die breitere Anwendung und Akzeptanz von Bewertungs- und Entscheidungsmethoden in der räumlichen Planung nicht zu gefährden. Auch bei zunehmendem Einsatz von Computern sollte die Komplexität der Methoden bewußt beschränkt werden, damit die Überschaubarkeit und Nachvollziehbarkeit von Bewertungsvorgängen für Entscheidungsträger und Betroffene in jedem Falle gewahrt bleiben.

Die Wahl einer geeigneten Methode bzw. Methodenkombination hängt nicht nur von der Art und Komplexität der Planungs- bzw. Bewertungsaufgabe sowie den verfügbaren Bewertungsgrundlagen, sondern auch von den Bewertungssubjekten und -adressaten ab. Letztlich können Bewertungs- und Entscheidungsmethoden nicht besser sein als die Qualität der ihr zugrunde liegenden Informationen und Werturteile.

Zusammenfassung

Bewertungsaufgaben und Entscheidungsprobleme in der räumlichen Planung zeichnen sich durch eine hohe Komplexität aus, die die Anwendung fundierter Bewertungs- und Entscheidungsmethoden erforderlich macht.

Neben einfachen, eindimensionalen Bewertungsansätzen, mit denen die Einhaltung von Zulassungsstandards überprüft oder eine Vorauswahl von grundsätzlich geeigneten Planungsalternativen vorgenommen wird, stehen für die vergleichende Alternativenbewertung streng formalisierte, quantitative Methoden wie Kosten-Nutzen-Analysen und Nutzwertanalysen ebenso zur Verfügung wie weniger formalisierte, verbal-argumentative Methoden. Für die Untersuchung planungsbedingter Umweltfolgen werden vor allem ökologische Risikoanalysen durchgeführt. Sensitivitätsanalysen dienen als Ergänzung quantitativer Bewertungsmethoden zur Überprüfung der Validität der Bewertungsergebnisse.

Um eine möglichst effiziente Unterstützung der Planungs- und Entscheidungsprozesse zu gewährleisten, sollten die verschiedenen Methoden sinnvoll kombiniert sowie sequentiell und interaktiv angewandt werden, um so in einer fundierten Weise die Entscheidungskomplexität sukzessive zu reduzieren bis hin zur abschließenden verbal-argumentativen Entscheidungsfindung.

Literatur

AKADEMIE FÜR RAUMFORSCHUNG UND LANDESPLANUNG (ARL) (Hrsg.) (1995): Zukunftsaufgabe Regionalplanung. Anforderungen - Analysen - Empfehlungen. ARL-FuS Bd. 200. Hannover.

BACHFISCHER, R. (1978): Die ökologische Risikoanalyse - eine Methode zur Integration natürlicher Umweltfaktoren in die Raumplanung. Diss. an der TU München.

BECHMANN, A. (1978): Nutzwertanalyse, Bewertungstheorie und Planung. Beiträge zur Wirtschaftspolitik Bd. 29, Hrsg.: E. TUCHFELDT. Bern.

BECHMANN, A. (1989): Die Nutzwertanalyse. In: STORM; BUNGE (Hrsg.): HdUVP. Berlin.

BECKMANN, K.J. (1990): Beurteilung, Abwägung und Auswahl von Infrastruktur-Großprojekten - ausgewählte methodische Aspekte. In: IzR 4-5/90, S. 175 ff.

BIERHALS, E.; KIEMSTEDT, H.; SCHARPF, H. (1974): Aufgaben und Instrumentarium ökologischer Landschaftsplanung. In: RuR 2/74, S. 76-88.

BUNDESMINISTERIUM FÜR UMWELT, NATURSCHUTZ UND REAKTORSICHERHEIT (BMU) (1995): Allgemeine Verwaltungsvorschrift zur Ausführung des Gesetzes über die Umweltverträglichkeitsprüfung (UVPVwV) vom 18. September 1995, GMBl Nr. 32/1995, S. 671 ff.

BOESCHEN, U. (1993): Die Umweltverträglichkeitsprüfung im Raumordnungsverfahren. In: KISTENMACHER, H. (Hrsg.): Umweltverträglichkeitsprüfung (UVP) im Raumordnungsverfahren. Werkstattbericht Nr. 22, Univ. Kaiserslautern, S. 69 ff.

BUCK, W. (Hrsg.) (1993): Umweltverträglichkeitsprüfung (UVP) - Unterstützung durch nutzwertanalytische Bewertungen. Mitt. des Instituts für Hydrologie und Wasserwirtschaft, H. 43, Univ. Karlsruhe.

DAENZER, W.F. (Hrsg.) (1988): Systems engineering - Leitfaden zur methodischen Durchführung umfangreicher Planungsvorhaben. Zürich.

DOMHARDT, H.-J. (1996): Umweltorientiertes Untersuchungsmodell zur Ermittlung von Siedlungsflächenpotentialen im Saarland. In: JACOBY, Ch. (Hrsg.): Strategische Umweltvorsorge in der Flächennutzungsplanung. ZAU Sonderh. 7/96, Berlin, S. 154 ff.

III. Planungsprozeß und Entscheidung

EBERLE, D. (1984): Die ökologische Risikoanalyse - Kritik der theoretischen Fundierung und der raumplanerischen Verwendungspraxis. Werkstattbericht Nr. 11, Hrsg.: H. KISTENMACHER, Univ. Kaiserslautern.

EBERLE, D. (1995): Bewertungs- und Entscheidungsmethoden. In: ARL (Hrsg.): Handwörterbuch der Raumforschung und Landesplanung. Hannover, S. 90 ff.

EEKHOFF, J. (1981): Zu den Grundlagen der Entwicklungsplanung. In: ARL-Abh., Bd. 83. Hannover.

EISENFÜHR, F.; WEBER, M. (1994): Rationales Entscheiden. Berlin.

FORSCHUNGSGESELLSCHAFT FÜR DAS STRAß EN- UND VERKEHRSWESEN (FGSV) (Hrsg.) (1990): Merkblatt zur Umweltverträglichkeitsstudie in der Straßenplanung (MUVS), Allgemeines Rundschreiben Straßenbau Nr. 9/ 1990. Köln.

FINKE, L. (1994): Landschaftsökologie. 2. Aufl. Braunschweig.

HANUSCH, H.; KUHN, TH. (1995): Kosten-Nutzen-Untersuchungen. In: ARL (Hrsg.): Handwörterbuch der Raumforschung und Raumordnung. Hannover, S. 555 ff.

HOCHSTRATE, K. (1992): Raumordnerische Bewertung von Fernverkehrsmaßnahmen mit einem interaktiven Bewertungsverfahren. In: IzR 4/92, S. 245 ff.

HOLLER, M.J.; ILLING, G. (1996): Einführung in die Spieltheorie. Berlin.

JACOBY, Ch. (1994): Baulandpotentialmodelle in der Stadt- und Regionalplanung. In: DOMHARDT; JACOBY (Hrsg.): Raum- und Umweltplanung im Wandel. Univ. Kaiserslautern, S. 381 ff.

JACOBY, , Ch. (1997): Die Strategische Umweltprüfung (SUP) in der Raumplanung. Ein Rahmenkonzept unter besonderer Berücksichtigung der Bewertungs- und Entscheidungsmethodik, Diss. an der Universität Kaiserslautern (in Vorbereitung).

KISTENMACHER, H. et al. (1988): Ermittlung des Wohnbaulandpotentiales in Verdichtungsräumen unter besonderer Berücksichtigung der Umweltverträglichkeit. Schriftenr. Forschung des BMBau Nr. 461. Bonn.

KISTENMACHER, H. (Hrsg.) (1994): Umweltverträglichkeitsprüfung (UVP) in der Flächennutzungsplanung. Werkstattbericht Nr. 23, Univ. Kaiserslautern.

KÖHL, W.; ORTGIESE, M. (1994): Raumordnungsverfahren mit integrierter Umweltverträglichkeitsprüfung. Schriftenreihe des Instituts für Städtebau und Landesplanung H. 25, Univ. Karlsruhe.

LAUX, H. (1995): Entscheidungstheorie. 3. Aufl. Berlin.

MÄDING, H. (1987): Methoden und Methodenanwendung als Gegenstand der Verwaltungswissenschaft. In: WINDHOFF-HERITIER, A. (Hrsg.): Verwaltung und ihre Umwelt. Opladen, S. 212 ff.

MISHAN, E.J. (1975): Grundlagen der Kosten-Nutzen-Analyse. Frankfurt a.M.

RAT VON SACHVERSTÄNDIGEN FÜR UMWELTFRAGEN (1987): Umweltgutachten 1987. Stuttgart.

SCHMID, W. et al. (1989): Raumverträglichkeitsprüfung von Reststoffdeponien. Bd. 2: Methodische Berichte zur Bewertung bei Umwelt- und Raumverträglichkeitsprüfungen, ORL-Bericht 69/1989. Zürich.

SCHNEEWEIß, Ch. (1991): Planung. Bd. 1. Berlin.

STRASSERT, G. (1995): Das Abwägungsproblem bei multikriteriellen Entscheidungen. Grundlagen und Lösungsansatz - unter besonderer Berücksichtigung der Regionalplanung. Frankfurt a.M.

TUROWSKI, G. (1981): Bewertungs- und Entscheidungsmethoden. In: ARL (Hrsg.): Daten zur Raumplanung - Teil A. Hannover.

VESTER, F.; VON HESLER, A. (1980): Sensitivitätsmodell. Regionale Planungsgemeinschaft Untermain (Hrsg.). Frankfurt a.M.

VON NITZSCH, R. (1992): Entscheidung bei Zielkonflikten. Wiesbaden.

ZANGEMEISTER, CH. (1970): Nutzwertanalyse in der Systemtechnik. Eine Methodik zur multidimensionalen Bewertung und Auswahl von Projektalternativen. München.

III.2 Interessenermittlung und Interessenberücksichtigung im Planungsprozeß

FRANZ-JOSEPH PEINE

Inhalt

1. Einführung
1.1 Grundsätzliche Fragestellungen; Begriffsklärungen
1.2 Der rechtliche Ort der Interessenermittlung und Interessenberücksichtigung; die Abwägung
1.3 Rechtliche Vorgaben für die Beteiligung von "Interessenten"; Überblick
2. Die Interessenermittlung
2.1 Die Landesplanung; der Umfang der Rechtspflicht zur Interessenermittlung
2.2 Die Regionalplanung; der Umfang der Rechtspflicht zur Interessenermittlung
2.3 Beteiligungsmöglichkeiten jenseits von Rechtspflichten; die Bürgerbeteiligung
3. Die Interessenberücksichtigung
3.1 Erwägungen zur Abwägungsdogmatik; fehlender Rechtsanspruch auf Berücksichtigung vorgetragener Interessen
3.2 Aushandlung von Plan-/Programminhalten; der Einsatz von Konfliktmittlern
3.3 Folgen für Programme und Pläne bei Fehlern; Rechtsschutz bei Nichtberücksichtigung von Interessen

I. Einführung

Die Analyse behandelt die Interessenermittlung und Interessenberücksichtigung nicht für jeden denkbaren Prozeß des Raumplanungsrechts, sondern sie konzentriert sich auf die Landes- und Regionalplanung. Unbehandelt bleibt deshalb insbesondere die Ermittlung von Interessen und ihre Berücksichtigung in Flächennutzungs- und Bebauungsplänen; hinzuweisen ist freilich darauf, daß die gefundenen Ergebnisse auf diese Planungsfälle weitgehend übertragbar sind.

1.1 Grundsätzliche Fragestellungen; Begriffsklärungen

Die Eingangsbemerkung bediente sich zentraler Begriffe des Wissenschaftsbereichs "Planung". Die Verwendung von Begriffen, die diesem Bereich zugehören, ist ebenso wie in anderen Bereichen nicht nur dann erlaubt, wenn sie mit bestimmten Inhalten benutzt werden. Es herrscht Begriffsverwirrung; eingangs seien deshalb die Begriffsverständnisse des Verfassers vorgestellt. Dieses geschieht innerhalb einer knappen Skizzierung des Rahmens, der die Grenze der Analyse bildet.

III. Planungsprozeß und Entscheidung

Planung ist eine dem bewußten Menschen geläufige und von ihm zum Einsatz gebrachte Denk- und Handlungsweise. Sie kann sich auf jeden Gegenstand beziehen, mit dem der Mensch sich befassen kann. Es liegt auf der Hand, daß das von Menschen bewohnte Gebiet zum Gegenstand planerischer Bemühungen geworden ist und es bleibt: Der Mensch ist ein Wesen, welches seine Umwelt gestaltet.

Das den Raum gestaltende Handeln des Menschen vollzieht sich nicht rechtlos, sondern wird von Rechtsnormen geleitet: dem Raumplanungsrecht. Es umfaßt das auf den Raum bezogene Recht der Planung durch staatliche Institutionen und damit die Summe der Normen, die die hoheitliche, förmlich-systematische Nutzung des Raums festlegen. Der Begriff Raumplanung ist nicht legaldefiniert; er wird hier in Einklang mit dem weit überwiegenden Sprachgebrauch der Literatur als Oberbegriff benutzt für die räumliche Planung der Öffentlichen Hand unabhängig davon, welche Stufe im hierarchischen Aufbau der Bundesrepublik die Planung betrifft, und auch unabhängig davon, ob es sich um den Versuch der generellen Ordnung des Raums oder lediglich um die Durchführung einer speziellen Planung handelt. Damit fallen zum einen die Raumordnung, die Landesplanung, die Regionalplanung und die Bauplanung (Gesamtplanungen) sowie zum anderen die spezielle Vorhaben betreffenden Fachplanungen unter die Raumplanung.

Raumordnung erfaßt die Tätigkeit, die eine angestrebte Ordnung eines Raums verwirklicht. Landesplanung wird als übergeordnete, überörtliche und zusammenfassende Planung für eine den sozialen, kulturellen und wirtschaftlichen Erfordernissen entsprechende Ordnung eines Raums verstanden; in diesem Zusammenhang meint übergeordnet: mit rechtlichem Vorrang gegenüber anderen Planungen versehen, überörtlich: über den Bezirk einer Gemeinde hinausgehend, und zusammenfassend: die Harmonisierung aller planerischen Aktivitäten betreibend bis hin zur Schaffung eines widerspruchsfreien Konzepts. (Raumordnung und Landesplanung wollen im Ergebnis dasselbe Ziel erreichen und sind deshalb synonym verwendbare Begriffe.) Regionalplanung ist die lediglich auf einen kleineren Bezirk bezogene Raumordnung. Die Bauplanung betrifft die für den Ort bedeutsame bauliche Gestaltung. Fachplanung bedeutet die Planung eines einzelnen Sachbereichs.

1.2 Der rechtliche Ort der Interessenermittlung und Interessenberücksichtigung; die Abwägung

Planendes Handeln ist ein Prozeß; es soll zukünftiges Geschehen beeinflussen oder gestalten, um ein in den Blick genommenes Ziel mit bestimmten Mitteln innerhalb eines festgelegten Zeitraums zu erreichen. Der Planungsprozeß läßt sich auf drei Phasen reduzieren: (1.) die Erfassung gegenwärtiger Lagen, (2.) die Prognose zukünftiger Entwicklungen und (3.) den Vorentwurf einer normativen Ordnung. In rechtlicher Hinsicht ist die dritte Phase von entscheidender Bedeutung: Sie ist durch das Abwägungsgebot erfaßt. Dieses gilt unabhängig von einer positiv-rechtlichen Normierung. Es folgt aus dem Wesen rechtsstaatlicher Planung. Es ist die rechtswissenschaftliche Chiffre für sozialrechtsstaatliches Planen schlechthin.

Nach einhelliger Auffassung in Rechtsprechung und Literatur vollzieht sich die Abwägung in drei Phasen: im

III. Planungsprozeß und Entscheidung

1. Ermittlungs- und Feststellungsvorgang; der Planungsträger hat die konkret betroffenen Interessen zu ermitteln und festzustellen; es geht um die Zusammenstellung des Abwägungsmaterials; die abwägungserheblichen Gesichtspunkte sind aus den vielen denkbaren Interessen herauszufiltern und von denen zu trennen, die für die Abwägung bedeutungslos sind;

2. Bewertungsvorgang; der Planungsträger hat den objektiven Inhalt der Belange zu bestimmen und die einzelnen Belange zu gewichten;

3. Abwägungsvorgang; auf dieser Stufe wird entschieden, welchem Belang der Vorrang eingeräumt und welcher zurückgestellt wird; auf dieser Stufe vollzieht sich die eigentliche planerische Entscheidung.

Das erste Thema des Beitrags betrifft die erste Phase des Abwägungsvorgangs. Die Interessenberücksichtigung als zweites Thema dieser Abhandlung ist der zweiten und dritten Phase des Abwägungsvorgangs zuzuordnen.

Der rechtliche Ort unserer Themen läßt sich noch spezifischer zuordnen, nimmt man den Vorgang der Landes- oder Regionalplanung in den Blick. Dieser Vorgang läßt sich ebenfalls in drei Phasen trennen, in:

1. das Erarbeitungsverfahren,

2. das Anhörungs- und Beteiligungsverfahren sowie

3. das Aufstellungsverfahren.

Für diese drei Phasen sind folgende Aussagen zu treffen: Unter Erarbeitungsverfahren sei die behördeninterne Tätigkeit der Landesplanungsdienststellen verstanden, die den beplanten bzw. zu beplanenden Raum erforschen und unter wirtschaftlichen, siedlungsstrukturellen und demographischen Aspekten beobachten. Die Arbeit auf dieser Verfahrensstufe schließt ein Planentwurf ab. In den Planentwurf können jedenfalls Vorstellungen von Fachplanungsträgern eingehen über das "Aussehen" bestimmter Fachplanungen, soweit sie bekannt sind. Dieses Verfahren ist behördenintern sowie ausschließlich vorbereitender Natur und deshalb gesetzlich nicht normiert. Auf der zweiten Stufe, dem Beteiligungsverfahren, gelangt der Planentwurf an die Öffentlichkeit. Gesetzlich ist vorgesehen, eine bestimmte Anzahl von Behörden anzuhören - das Landesrecht kennt unterschiedliche Regelungen. Das Bundesrecht sieht in § 7 Abs. 5 ROG vor, diejenigen öffentlichen Stellen und Personen des Privatrechts an der Planentstehung zu beteiligen, für die der beschlossene Plan eine Beachtenspflicht nach § 4 Abs. 1 oder Abs. 3 begründet; diese Pflicht entsteht z. B. bei der Durchführung von Planfeststellungsverfahren. Ferner sieht § 9 Abs. 4 ROG vor, bei der Regionalplanung Gemeinden und Gemeindeverbände oder deren Zusammenschlüsse in einem förmlichen Verfahren zu beteiligen. Das Bundesverwaltungsgericht (amtliche Sammlung Bd. 95, S. 123) fordert, daß die Ziele der Raumordnung und Landesplanung (jetzt nur noch Ziele der Raumordnung) unter Anhörung der Gemeinden aufgestellt werden müssen. Nach der Anhörung folgt die dritte Stufe, das Aufstellungsverfahren. Es ist der rechtlich wichtigste Akt; denn den Abschluß dieses Verfahrensabschnittes bildet diejenige Entscheidung, die dem Plan Verbindlichkeit verschafft: der Planaufstellungsbeschluß.

Das erste Thema des Beitrags betrifft die zweite Phase des Entstehens von raumordnungsrelevanten Aussagen. Die Interessenberücksichtigung als zweites Thema dieser Abhandlung ist der dritten Phase zuzuordnen (zu den rechtlichen Rahmenbedingungen siehe auch LENDI in diesem Band).

1.3 Rechtliche Vorgaben für die Beteiligung von "Interessenten"; Überblick

Das Raumordnungsgesetz i. d. F. vom 18.8.1997 (BGBl. I S. 2081) und die in allen Flächenstaaten (also nicht in Stadtstaaten) vorhandenen Landesplanungsgesetze (Nachweise bei PEINE, 1997, Rn. 68) schreiben Unterschiedliches mit Blick auf diejenigen vor, deren Interessen im Rahmen der Planung bedeutungsvoll sein können.

Für die Landesplanung läßt sich hervorheben: Nach § 8 Abs. 1 S. 1 ROG müssen die Länder zusammenfassende und übergeordnete Pläne aufstellen; unter Plan versteht man ein enggefaßtes, konkretes und zeichnerisch-darstellendes Planungsmittel (mit diesem Inhalt findet der Plan indes in der Praxis nicht immer Verwendung; es gibt als Folge des alten Rechts auch noch das Programm, worunter man ein weitgefaßtes, abstraktes und verbales Planungsmittel versteht; Plan und Programm werden häufig mit den Inhalten des jeweils anderen Instruments verstanden: so können einerseits Programme ortsbezogene Festlegungen enthalten, andererseits können Pläne die ihnen zugedachten Konkretisierungsfunktionen verfehlen). Nach § 7 Abs. 1 S. 2 ROG ist die Aufstellung räumlicher und sachlicher Teilpläne zulässig; diese können einen speziellen Gesichtspunkt betreffen und sich insoweit auf das ganze Land beziehen - man spricht von Fachplänen -, aber auch alle relevanten Aussagen enthalten und sich nur auf ein Teilgebiet des Landes beschränken - man spricht von Gebietsplänen. Zu betonen ist freilich, daß § 7 Abs. 1 S. 1 ROG das Aufstellen von räumlichen und sachlichen Teilplänen als Ausnahmefall begreift; diese Planungsfälle müssen deshalb landesplanungsgesetzlich besonders zugelassen werden; in einigen Bundesländern ist dieses geschehen. Mit Blick auf die hier relevante Beteiligung von "öffentlichen Stellen" ist zu wiederholen, daß § 7 Abs. 5 ROG festschreibt, bei der Aufstellung von Zielen der Raumordnung seien die öffentlichen Stellen und Personen des Privatrechts, für die eine Beachtenspflicht begründet wird, zu beteiligen; das Nähere hat das Landesrecht zu bestimmen.

Für die Regionalplanung ist zu beachten: Nach § 9 ROG schaffen die Länder Rechtsgrundlagen für eine Regionalplanung, wenn die Länder die Verflechtungsbereiche mehrerer Zentraler Orte oberster Stufe umfassen. Soweit die Regionalplanung nicht durch Zusammenschlüsse von Gemeinden und Gemeindeverbänden zu regionalen Planungsgemeinschaften erfolgt, sind die Gemeinden und Gemeindeverbände oder deren Zusammenschlüsse nach § 9 Abs. 4 ROG in einem förmlichen Verfahren an der Aufstellung des Regionalplans zu beteiligen; das Nähere bestimmt das Landesrecht. Ist eine Regionalplanung über die Grenzen eines Landes erforderlich, so treffen die beteiligten Länder die notwendigen Maßnahmen im gegenseitigen Einvernehmen (§ 9 Abs. 1 S. 2 ROG).

Nach § 14 ROG sind landesrechtliche Regelungen über die Abstimmung raumbedeutsamer Planungen und Maßnahmen vorzusehen. Öffentliche Stellen und Personen des Privatrechts i. S. von § 4 Abs. 3 ROG haben ihre raumbedeutsamen Maßnahmen aufeinander und untereinander abzustimmen; Inhalt und Umfang der Mitteilungs- und Auskunftspflicht über beabsichtigte raumbedeutsame Maßnahmen und die Mitwirkung der für die Raumordnung zuständigen Behörden bei der Abstimmung sind zu regeln.

2. Die Interessenermittlung

2.1 Die Landesplanung; der Umfang der Rechtspflicht zur Interessenermittlung

Wie gezeigt, schreibt Bundesrecht die Beteiligung öffentlicher Stellen, insbesondere der Gemeinden und der Gemeindeverbände sowie Personen des Privatrechts, an der Interessenermittlung vor. Daneben sind nach Landesrecht die Landesgesetzgeber, die Fachbehörden und Beiräte sowie sonstige beratende Gremien zu beteiligen; landesrechtlich bestehen Differenzen. Diese Partizipation hat den Sinn, sicherzustellen, daß alle denkbaren Interessen bei der Aufstellung der Programme oder Pläne Berücksichtigung finden; es liegt auf der Hand, daß der Planungsträger sich bei der Ermittlung der Interessen aller denkbaren Möglichkeiten bedienen darf; wenn es darum geht, alle vorhandenen Interessen aufzuspüren, um sie bei der Planung berücksichtigen zu können, verbietet sich ein Numerus clausus der Aufspürungsmöglichkeiten. Diese Partizipation antwortet ferner auf die Erkenntnis, daß die Adressaten von Programmen und Plänen diese um so eher akzeptieren, je mehr sie sich mit deren Inhalten identifizieren; der Grad der Übereinstimmung ist aber davon abhängig, ob und in welchem Umfang die Adressaten auf den Inhalt der Programme und Pläne haben Einfluß nehmen können.

§ 14 S. 1 ROG normiert, daß die öffentlichen Stellen und die Personen des Privatrechts i. S. v. § 4 Abs. 3 ihre raumbedeutsamen Planungen und Maßnahmen aufeinander und untereinander abzustimmen haben. Diese verfahrensrechtlich abgesicherte Pflicht heißt Gegenstromverfahren. Sie beinhaltet ein Abstimmungsgebot, durch das das Gegenstromprinzip des § 1 Abs. 3 ROG verfahrensmäßig umgesetzt wird. Kennzeichnend für das Gegenstromverfahren ist die Universalität seines Geltungsanspruchs. Alle öffentlichen Planungsträger sind verpflichtet, jede raumbedeutsame Planung und Maßnahme am Gegenstromprinzip als Abstimmungsprinzip auszurichten und entsprechend zu koordinieren. Diese Koordination ist notwendiges Komplement der Pluralität von Planungsträgern, die ihrerseits aus Verfassungsgründen und aus Effektivitätsüberlegungen geboten ist. Nach alledem zeigt sich: Die Interessenermittlung ist sowohl verfassungsrechtlich als auch einfachgesetzlich geboten.

Die Interessenermittlung geschieht durch Beteiligung der durch Bundes- und Landesrecht benannten "öffentlichen Stellen". Insoweit ist im einzelnen festzuhalten: Die Beteiligung der Landesgesetzgeber an der Erarbeitung und Aufstellung von Raumordnungsplänen und Raumordnungsprogrammen ist neu; in diese für lange Zeit alleinige Angelegenheit der Exekutive waren die Gesetzgeber höchstens speziell und nicht generell eingebunden. Der jetzige Stand der Beteiligung der Landesgesetzgeber kann im einzelnen hier nicht dargelegt werden (s. dazu ERBGUTH/SCHOENEBERG 1992, Rn. 66). Zusammenfassend läßt sich feststellen: Die parlamentarische Beteiligung ist von Land zu Land unterschiedlich geregelt; neben echten Mitwirkungsbefugnissen findet sich die Berichtspflicht der Landesplanungsbehörde gegenüber dem Parlament in fast allen Landesplanungsgesetzen wieder. Vom Saarland abgesehen haben die abstrakt formulierten Leitlinien für die Landesentwicklung die Gesetzgeber aufzustellen, die konkrete Ausgestaltung hingegen ist Aufgabe der Exekutive; zum Teil werden die Leitlinien in das Landesplanungsgesetz übernommen, zum Teil werden sie durch besondere Gesetze aufgestellt oder innerhalb des an sich einheitlichen Programms bzw. Plans festgelegt. In dieser Mitwirkung des Parlaments kommt nicht nur zum Ausdruck, daß die von ihm als relevant erkannten Interessen offengelegt werden, sondern auch, weil landesplanerische Festsetzungen einen enormen Einfluß auf die Entwicklung der von den Festsetzungen Betroffenen haben, daß die Frage nach der Beteiligung des unmittelbar demokratisch legitimierten Organs, des Parlaments, an der Erarbeitung der landesplanerischen Aussagen nicht nur naheliegend, sondern zwingend ist: Dem Parlament gebührt Einfluß auf die Planung, weil sie die allgemeine Entwicklung des Landes lenken soll. Planung muß deshalb ein Akt der Zusammenarbeit zwischen Gubernative (Regierung) und Parlament sein, schlagwortartig: "Planung zwischen Regierung und Parlament".

Für die Beteiligung der kommunalen Gebietskörperschaften ist festzuhalten: Das ROG schreibt in § 7 Abs. 5 eine Beteiligung von Kommunalkörperschaften im Aufstellungsverfahren der hochstufigen Raumordnungspläne vor, soweit für sie eine Abstimmungspflicht begründet wird. Diese Regelung ist auch Ausdruck des in § 14 S. 1 ROG vorgesehenen Abstimmungsverfahrens.

Fraglich ist die Form der gemeindlichen Beteiligung. In diesem Zusammenhang entfaltet Art. 28 Abs. 2 S. 1 GG Bedeutung; die Norm gewährleistet den Gemeinden das Recht, alle Angelegenheiten der örtlichen Gemeinschaft im Rahmen der Gesetze in eigener Verantwortung zu regeln. Was in concreto daraus folgt, ist im Streit; jenseits des Meinungsstreits ist für die praktische Arbeit festzuhalten: Art. 28 Abs. 2 S. 1 GG legt nicht die Art und den Umfang kommunaler Beteiligung an der überörtlichen Planung fest. Jedoch muß die Mitwirkung der Gemeinde effektiv sein. Daraus folgt eine umfassende Teilnahme; denn nur eine umfassende Teilnahme ermöglicht den Gemeinden eine ihren Erfordernissen Rechnung tragende Raumplanung. Ferner muß das Gebot effektiver Mitwirkung der Gemeinde deshalb gelten, weil ihre Mitwirkung an der Raumplanung im Verhältnis zu Fachplanungen größer ist - diese Festlegung wäre unverständlich, wenn mit ihr nicht Konsequenzen verbunden wären. Schließlich fordert das Gegenstromverfahren eine Beteiligung der Gemeinde, die über eine bloße Anhörung hinausgeht. Verfahrensrechtlich folgt daraus zweierlei: zum einen eine frühzeitige Information der Gemeinde, zum anderen deren umfassende Teilnahme an der Planerstellung. Diese ist umzusetzen insbesondere durch Stellungnahmen, Anhörungen und ggf. gemeinsame Erörterungen. Diese Varianten von Beteiligung sind notwendig, um eine umfassende Information über kommunale Belange sicherzustellen.

Die Beteiligungspflicht erstreckt sich ausschließlich auf die Aufstellung von Zielen der Raumordnung und Landesplanung, die eine Anpassungspflicht auslösen. Diese Bedingung ist erfüllt, wenn die Ziele über die Anforderungen, die allgemein für sie zu stellen sind, hinausreichen, und wenn sie inhaltlich, räumlich, zeitlich und in ihrer Formulierung eine Verhaltenspflicht des Adressaten erkennen lassen. Das ist nicht nur dann der Fall, wenn Ziele einen konkreten Zwang zur Anpassung bzw. Umplanung im Bereich der Bauleitplanung bewirken, sondern auch dann, wenn die Funktion der Gemeinde im Raum bestimmt wird; hinreichend für eine Beteiligungspflicht ist die landesplanerische Betroffenheit der Gemeinde.

Nach § 7 Abs. 5 ROG sind Gemeinden und Gemeindeverbände zu beteiligen; Gemeinde i. S. d. Vorschrift sind die Gemeinden im verfassungsrechtlichen Sinne; Gemeindeverbände sind Zusammenschlüsse mehrerer Gemeinden zur gemeinsamen Wahrnehmung von Aufgaben (Zweckverbände) sowie Landkreise und höhere Kommunalverbände (Landschaftsverbände). Großräumige Planungsverbände, soweit sie Körperschaften des öffentlichen Rechts sind, sind ebenfalls Gemeindeverbände i. S. d. Norm. Alternativ kann an die Stelle der Beteiligung der Gemeinden und Gemeindeverbände die Beteiligung von Zusammenschlüssen der Gemeinde und Gemeindeverbände treten; die Kreise sind nicht ein Zusammenschluß der Gemeinden (s. ERBGUTH/SCHOENEBERG 1992, Rn. 67). Einrichtungen, Verbände und sonstige Organisationen mit Planungsaufgaben auf dem Gebiet der Raumordnung und Landesplanung oder Bauleitplanung, also z. B. Planungsgemeinschaften nach Landesrecht oder Planungsverbände, sind Zusammenschlüsse i. S. v. § 7 Abs. 5 ROG. Ebenfalls genügen dieser Norm die kommunalen Spitzenverbände auf Landesebene; ihre Mitwirkung reicht im Regelfall aus. Planungsbeiräte fallen nicht unter § 7 Abs. 5 ROG, es sei denn, daß die kommunalen Interessen den entscheidenden Einfluß auf die Willensbildung des Beirats haben und daß sich dieser Einfluß ungebrochen artikulieren kann.

Eine Betrachtung der Einbeziehung von Fachbehörden führt zu folgenden Erkenntnissen: Landesplanung ist koordinierende Planung; deshalb sind fachplanerische Aussagen zu übernehmen bzw. abzustimmen. Zwingend sind deshalb die Fachbehörden bei der Aufstellung von Programmen und Plänen zu beteiligen, damit die von ihnen vertretenen Interessen in das Ergebnis des Planungsprozesses einfließen können. In verfahrensrechtlicher Hinsicht sehen die Landesplanungsgesetze für die fachplanerische Beteiligung zwei Konzeptionen vor: das Benehmen bzw. das Einvernehmen beteiligter Fachressorts. Das Benehmen bzw. Einvernehmen ist mit einem Ministerium herzustellen, wenn der Planentwurf der Landesplanung seinen Geschäftsbereich berührt. Einvernehmen fordert die völlige Willensübereinstimmung der beteiligten Stellen; es ist vollständiger Konsens verlangt; Differenzen zwischen den beteiligten Ministerien sind deshalb durch eine Entscheidung des Ministers oder des Kabinetts nicht überwindbar. Benehmen meint, daß die Landesplanungsbehörde den Planentwurf mit den zu beteiligenden Ministerien erörtert und sich mit deren Auffassung auseinandersetzt; sie kann sich aus sachlichen Gründen über andere Auffassungen hinwegsetzen (Nachweise der unterschiedlichen landesrechtlichen Regelungen bei ERBGUTH/SCHOENEBERG 1992, Rn. 70).

In unterschiedlichem Umfang sind Beiräte bei der Aufstellung der Programme und Pläne zu berücksichtigen. Beiräte setzen sich im allgemeinen aus Vertretern der kommunalen Spitzenverbände, der berufsständischen Kammern, der Arbeitgeberverbände, der Gewerkschaften, der Ministerien von Bund und Ländern, der regionalen Planungsorganisationen und der Kirchen zusammen. Sie sollen die Einflußnahme von gesellschaftlich relevanten Gruppen auf die Inhalte der Landesplanung unter kulturellen, wirtschaftlichen, religiösen und ähnlichen Aspekten sichern. Sie fungieren als Berater (Nachweis der unterschiedlichen landesrechtlichen Regelungen bei ERBGUTH/SCHOENEBERG 1992, Rn. 71).

2.2 Die Regionalplanung; der Umfang der Rechtspflicht zur Interessenermittlung

Nach § 9 Abs. 1 ROG haben die Länder die Rechtsgrundlagen für eine Regionalplanung zu schaffen, wenn es sich um Länder handelt, deren Gebiet die Verflechtungsbereiche mehrerer Zentraler Orte oberster Stufe umfaßt. Fast alle Flächenländer haben eine Regionalplanung etabliert. § 9 Abs. 1 ROG schreibt als Instrument für die Durchführung der Regionalplanung den Regionalplan vor. Die Länder haben sich bereits auf der Grundlage des alten Rechts für Programme und Pläne entschieden.

Nach § 9 Abs. 4 ROG sind die Gemeinden und Gemeindeverbände oder deren Zusammenschlüsse an der Aufstellung der Programme und Pläne zu beteiligen, soweit die Regionalplanung nicht ohnehin durch Zusammenschlüsse von Gemeinden und Gemeindeverbänden zu regionalen Planungsgemeinschaften erfolgt. Diese Beteiligung ist für die Planung auf Regionalebene im Gegensatz zur Planung auf Landesebene, bei der sie nur im Falle einer Beachtenspflicht vorgesehen ist, zwingend. Die Mitwirkung hat in einem förmlichen Rahmen zu erfolgen. Dieser ist landesrechtlich unterschiedlich gefaßt. Es ist regelmäßig vorgesehen, die Regionalpläne nach ihrer Ausarbeitung den kommunalen Gebietskörperschaften zuzuleiten, damit diese Anregungen und Bedenken entwickeln, die zu erörtern und im Ergebnis der planaufstellenden Behörde mitzuteilen sind.

Die Intensität der Mitwirkung ist nicht anders als bei der Landesplanung zu bestimmen. Die Landesplanungsgesetze regeln durchgehend eine Beteiligung der Gemeinden und Gemeindeverbände. Die Regelungen enthalten sich jedoch weitgehend dezidierter Aussagen zum Verfahrensablauf. Regelmäßig fehlen allgemeine Bestimmungen zum Zeitpunkt der Beteiligung und ihres Umfangs. Es läßt sich allgemein die Forderung feststellen, durch das Verfahren der Beteiligung die Beteiligung in der Intensität sicherzustellen, die verfassungsrechtlich gefordert ist.

Das Landesrecht sieht in unterschiedlichem Umfang Mitwirkungsrechte sonstiger Stellen vor; es handelt sich bei den sonstigen Stellen im wesentlichen um Fachplanungsbehörden von Bund und Ländern. Insoweit sei auf die einzelnen Aussagen der Landesgesetze verwiesen.

2.3 Beteiligungsmöglichkeiten jenseits von Rechtspflichten; die Bürgerbeteiligung

Das geltende Recht sieht weder für den Bereich der Landesplanung noch für den der Regionalplanung eine Beteiligung von Bürgern (gemeint sind natürliche Personen) vor (s. zum Problem BLÜMEL 1993). Ziele der Raumordnung enthaltende Raumordnungspläne sind nach dem Planungssystem übergeordnete Planungsstufen. Die Raumordnungspläne entfalten gegenüber dem Bürger keine Rechtswirkungen (Ausnahme: § 35 Abs. 3 S. 3 BauGB: raumbedeutsame Vorhaben im Außenbereich dürfen den Zielen der Raumordnung und Landesplanung nicht widersprechen); solche Wirkungen für den Bürger zeigen erst die örtlichen Ausformungen der Raumordnungspläne (Bebauungspläne, Planfeststellungsbeschlüsse). Mangels Bindung durch Raumordnungspläne sind natürliche Personen nicht Adressaten der §§ 5 Abs. 4 und 4 Abs. 5 ROG und der entsprechenden Ländervorschriften (zur Bindungswirkung auch PRIEBS in diesem Band). Etwas anderes gilt für Personen des Privatrechts i. S. von § 4 Abs. 3 ROG; es handelt sich wohl ausschließlich um juristische Personen des Privatrechts.

Freilich ist zu fragen, ob eine Bürgerbeteiligung jenseits dieser Rechtslage möglich ist - mit anderen Worten: ob die Nichtregelung der Bürgerbeteiligung dazu führen muß, daß Bürger ausgeschlossen bleiben müssen. In diesem Zusammenhang ist an den Beschluß der Ministerkonferenz für Raumordnung aus dem Jahre 1983 zu erinnern, nach dem es nicht zu einer Bürgerbeteiligung kommen sollte. Erst im Jahre 1989 erreichte die Bürgerbeteiligung durch die Einführung eines Raumordnungsverfahrens einschließlich Umweltverträglichkeitsprüfung (§ 6 a ROG) das Raumordnungsrecht. Nunmehr sieht § 15 Abs. 6 S. 1 ROG vor, daß die Öffentlichkeit in die Durchführung eines Raumordnungsverfahrens einbezogen werden kann. Würde Art. 6 des Vorschlags für eine Richtlinie des Rates über die Prüfung der Umweltauswirkungen bestimmter Pläne und Programme geltendes Recht, wäre die Öffentlichkeitsbeteiligung durchweg eingeführt (vgl. die Stellungnahme des Bundesrates in BR-Drs. 277/97 - Beschluß).

Dieser Einbruch der Bürgerbeteiligung in das Raumordnungsrecht läßt die Frage als sinnvoll erscheinen, ob praeter legem eine Bürgerbeteiligung zu gestatten ist. Die Frage ist insbesondere vor dem Hintergrund der Funktionen bedeutsam, die die Bürgerbeteiligung besitzt. Die Bürgerbeteiligung fungiert sowohl bürgerorientiert als auch staatsorientiert. Bürgerorientiert sind die Emanzipations-, die Kontroll- und die Rechtsschutzfunktion, staatsorientiert hingegen die Integrations-, die Legitimations- sowie die Rationalisierungs- und die Effektivierungsfunktion. Während früher die Rechtsschutzfunktion im Vordergrund stand, geht es heute nicht mehr nur darum, dem Bürger einzuräumen, aufgrund seiner frühzeitigen Einbeziehung in den behördlichen Entscheidungsprozeß seine individuellen Rechte zu wahren, bevor Entscheidungen getroffen werden, die später tatsächlich kaum mehr reversibel sind; es ist vielmehr von wesentlicher Bedeutung, daß bei einer verstärkten Einbeziehung der Bürger das Verwaltungshandeln einerseits auf erhöhte Akzeptanz stößt und es andererseits aufgrund vieler neuer Informationen auf eine umfassendere und sicherere Entscheidungsgrundlage gestützt werden kann.

Sprechen diese Erwägungen für eine stärkere Bürgerbeteiligung, so ist nach der Beteiligungsform zu fragen. Die Beteiligungsformen lassen sich entsprechend ihrer Intensität unterscheiden. Sie reichen von der passiven Beobachtung (bloße Einsichtsrechte, reine Informationsübermittlung) über die Mitwirkung bis hin zur Mitentscheidung. Die Mitwirkung umfaßt die Beratung, Anhörung, Stellungnahme, Erörterung, Abstimmung sowie das Vorschlagsrecht. Eine Mitentscheidung ist auf der Grundlage des geltenden Rechts nicht vorstellbar.

Rechtsprinzipien, infolge deren Geltung die Bürger in Verfahren der Raumordnung beteiligt werden müssen, sind nicht ersichtlich. Im Ergebnis wird man deshalb davon ausgehen können, daß die Bürger in diesen Verfahren beteiligt werden können, es aber nicht müssen. Dann kann auch die Intensität der Beteiligung frei nach der jeweiligen Situation gewählt werden (vgl. zum Ganzen WICKRATH 1992).

Bei einer Beteiligung der Bürger stellt sich die Frage nach dem Einsatz von Vermittlungs- und Verhandlungsverfahren. Unter Vermittlungs- und Verhandlungsverfahren seien kooperative Planungs- und Entscheidungsverfahren verstanden, welche auf eine gemeinsame Konsensentwicklung der unterschiedlichen Beteiligten abzielen. Die Rechtsordnung verbietet diese Verfahren nicht a priori; als Grenze des Einsatzes solcher Verfahren ist festzuhalten: Sie verbieten sich, wenn verbriefte Rechte eines Beteiligten nicht mehr zum Einsatz gelangen. Für die Beteiligung der Bürger in Verfahren der Landesplanung ist festzuhalten, daß eine Verletzung ihrer Rechte ausscheidet, weil sie nach der geltenden Rechtslage weder formell noch materiell von der zu treffenden Entscheidung belastet werden; ihre Einbeziehung in ein solches Verfahren ist eine freiwillige Angelegenheit des Planungsträgers. Weil dem so ist, besteht zwischen dem Planungsträger und den beteiligten Bürgern - rechtlich gesehen - kein Zwang zur Einigung; daß faktisch ein solcher Zwang bestehen kann und deshalb Einigungen zu erzielen sind, bleibt unbestritten (vgl. dazu die Beiträge Priebs und Fürst in diesem Band). Es ist deshalb von vornherein fraglich, ob die Durchführung eines Vermittlungs- und Verhandlungsverfahrens sinnvoll ist; mir scheint es einsichtig, es bei einer Anhörung der Bürger zu belassen.

Unabhängig davon sei zunächst skizziert, welche Gründe dafür genannt werden, ein solches Verfahren zu wählen: Regelmäßig werden der Zeit- und Kostenaufwand der Verwaltungsverfahren bzw. die Verzögerungen und Blockaden bei der Umsetzung der Verwaltungsentscheidungen genannt; Personen und Gruppen, die gegen ein geplantes Projekt sein könnten, sollen möglichst früh in den Entscheidungsprozeß einbezogen werden. Hierdurch soll erreicht werden, daß sie dem Projekt zustimmen bzw. sich zumindest nicht aktiv dagegen wenden. Vor allem sollen spätere Klagen gegen die Projektentscheidung vermieden werden. Ferner sei erwähnt, welche Bedingungen die sozialwissenschaftliche Literatur für unabdingbar hält, damit ein Vermittlungs- und Verhandlungsverfahren erfolgreich durchgeführt werden kann. Diese Literatur postuliert:

- das Problem muß über Verhandlungen lösbar sein;
- es muß Verhandlungsbereitschaft bei allen relevanten Akteuren vorhanden sein;
- es muß für jeden Verhandlungsteilnehmer im Endergebnis ein besseres als das auf dem herkömmlichen Weg erreichbare Ergebnis möglich sein; ein relatives Machtgleichgewicht sollte vorhanden sein.

Die durchzuführenden Verhandlungen werden geleitet oder können von einem Konfliktmittler oder Mediator unterstützt werden.

3. Die Interessenberücksichtigung

3.1 Erwägungen zur Abwägungsdogmatik; fehlender Rechtsanspruch auf Berücksichtigung vorgetragener Interessen

Die Abwägung setzt die Zusammenstellung des notwendigen Abwägungsmaterials voraus. Die Zusammenstellung erfolgt nach der Abwägungsrelevanz von Zielen. Sie wird durch die Abwägungsbeachtlichkeit bestimmt, die sowohl für öffentliche als auch für private Belange gilt (s. zum folgenden Just 1996).

Die *generelle* Abwägungsbeachtlichkeit umschreibt mit der erkennbaren Zugehörigkeit eines Ziels zur Rechtsordnung, der generell thematischen Beachtlichkeit und der generellen Abwägungserheblichkeit die Voraussetzungen, unter denen eine in der Rechtsordnung enthaltene Zielsetzung als Zielvorgabe bei der Entscheidung generell zu berücksichtigen ist. Die erkennbare Zugehörigkeit eines Ziels zur Rechtsordnung und die generell thematische Beachtlichkeit betreffen die rechtliche Bindung an Zielsetzungen. Insoweit hat die generelle Abwägungsbeachtlichkeit eine Ermittlungsfunktion hinsichtlich der relevanten Zielvorgaben in der Rechtsordnung.

Bei der Ermittlung der erkennbaren Zielvorgaben ist zu beachten, daß diese sich aus der gesamten Rechtsordnung ergeben können. Sie können ausdrücklich normiert sein oder einer Regel zugrunde liegen. Ausdrücklich normierte Ziele sind daher nicht abschließend. Ausdrücklich normierte Zielvorgaben sind regelmäßig erkennbar. Im übrigen hängt die Erkennbarkeit davon ab, ob es sich um eine bei Planungsmaßnahmen typischerweise zu beachtende Zielsetzung handelt. Die Zielvorgaben können bei planerischen Entscheidungen sowohl in Form von Berücksichtigungsgeboten als auch von Optimierungsgeboten auftreten. Es müssen jedoch nur die Zielvorgaben berücksichtigt werden, die den geregelten Sachbereich der der Entscheidung zugrunde liegenden Norm betreffen, die also generell beachtlich sind. Mit dem Erfordernis der generell thematischen Beachtlichkeit werden sachfremde Erwägungen bei der Abwägungsentscheidung ausgeschlossen.

Wird ein generell abwägungsbeachtliches Ziel bei der Abwägungsentscheidung nicht berücksichtigt, liegt ein Abwägungsfehler vor, der zur Rechtswidrigkeit führt (Ermittlungsdefizit). Auch wenn sämtliche generell abwägungsbeachtlichen Zielvorgaben erkannt werden, kann dennoch ein Abwägungsfehler gegeben sein, wenn eine Bindung an so viele nicht generell abwägungsbeachtliche Ziele angenommen wird, so daß wegen der organisatorischen Überbelastung ein ordnungsgemäßer Abwägungsablauf nicht mehr gewährleistet ist (Ermittlungsüberschuß).

In das Abwägungsmaterial kann ein von der Gemeinde vorgetragenes Interesse indes nur dann eingestellt werden, wenn es zunächst abwägungserheblich ist. Die generelle Abwägungserheblichkeit ist ein Selektionskriterium. Sie ermöglicht eine Selektion bei Geringwertigkeit eines Ziels. Sie ist zur sachgerechten Beschränkung des Abwägungsmaterials erforderlich, weil ansonsten wegen der unbegrenzten Vielzahl von Unterzielen zu jeder einzelnen Zielvorgabe die Sachverhaltsermittlung zur Feststellung der für das Einstellungsgebot entscheidungserheblichen Tatsachen überfordert werden würde. Fehlt die Abwägungserheblichkeit, entfällt bereits die Berücksichtigungspflicht.

Darüber hinaus existiert die *spezielle* Abwägungsbeachtlichkeit. Es muß nicht jedes vorgetragene Interesse in die Abwägung eingestellt werden; das Einstellungsgebot greift nur bei der *konkreten* Abwägungsbeachtlichkeit eines Ziels (Zusammenstellung konkret berücksichtigungspflichtiger Ziele). Die konkrete Abwägungsbeachtlichkeit umschreibt mit der Eintrittswahrscheinlichkeit von Zielbetroffenheiten durch die Planverwirklichung auf der Grundlage der erkennbaren, im Planungszeitpunkt bestehenden oder wahrscheinlich in der Zukunft eintretenden Tatsachen und mit der konkreten Abwägungserheblichkeit die Voraussetzungen, unter denen eine nach der generellen Abwägungsbeachtlichkeit ermittelte Zielvorgabe in die Abwägung eingestellt werden muß. Die Eintrittswahrscheinlichkeit von Zielbetroffenheiten aufgrund der erkennbaren Tatsachen beschreibt die Voraussetzung der Zurechnung; denn nicht jede durch die Planverwirklichung verursachte Zielbetroffenheit ist bei der Abwägungsentscheidung zu berücksichtigen. Für den Zurechnungszusammenhang ist die Eintrittswahrscheinlichkeit von Zielbetroffenheiten, die durch die Planverwirklichung verursacht werden, im Entscheidungszeitpunkt maßgebend. Die Betroffenheit setzt dabei nicht nur ei-

III. Planungsprozeß und Entscheidung

nen Vergleich des Zustandes vor mit dem nach Planverwirklichung voraus, sondern ebenso einen Vergleich von Zuständen in der Zukunft, d. h. von dem Zustand, der ohne Planverwirklichung entstanden wäre, mit dem, der mit Planverwirklichung entsteht.

Das Urteil über die Eintrittswahrscheinlichkeit der durch die Planverwirklichung bewirkten Zielbetroffenheit erfordert eine Ermittlung der entscheidungserheblichen, im Planungszeitpunkt bereits vorliegenden oder erst zukünftig eintretenden Tatsachen, die geschützte bzw. fortzuentwickelnde Zustände und damit die tatsächlich bestehenden Erhaltungs- bzw. Entwicklungsinteressen verkörpern. Die Berücksichtigung zukünftiger Umstände erfolgt durch Prognosen. Sowohl bei der diagnostischen als auch bei der prognostischen Ermittlung kommt es auf die Erkennbarkeit der Tatsachen an. Erkennbar sind die Tatsachen, die nach aller Wahrscheinlichkeit bei Zugrundelegung des rechtlich gebotenen Untersuchungsaufwandes erkannt worden bzw. bei Beachtlichkeit der Anforderungen an die Rechtmäßigkeit der Prognose eintrittswahrscheinlich gewesen wären. Die Anforderungen des Untersuchungsgrundsatzes an die Tatsachenfeststellung bestimmen damit den Maßstab der Erkennbarkeit im Rahmen der konkreten Abwägungsbeachtlichkeit. Die konkrete Abwägungsbeachtlichkeit ist ein Selektionskriterium. Sie ermöglicht eine Selektion bei Unerheblichkeit der Betroffenheit. Es handelt sich um ein Gewichtungskriterium, so daß zwei Aspekte von Bedeutung sind: zum einen der Beeinträchtigungsgrad als Beschreibung der situationsbestimmten Intensität und Art der Betroffenheit und zum anderen der abstrakte Wichtigkeitsgrad, der die in der Rechtsordnung vorgegebenen Bewertungen gegenüber anderen Zielen als tendenzielle Gewichtungsaussage beinhaltet. Allein auf die Intensität der Betroffenheit kann die Abwägungserheblichkeit nicht gestützt werden. Für die konkrete Abwägungserheblichkeit ist daher wie für die generelle eine Vorgewichtung erforderlich. Die konkrete Abwägungserheblichkeit ist auch davon abhängig, welches Gewicht die planende Stelle dem Ziel zuweist und auch unter Beachtung des Wichtigkeits- und Beeinträchtigungsgrades zuweisen darf.

Wird ein nach diesen Maßstäben konkret abwägungsbeachtliches Ziel nicht in die Abwägung eingestellt, liegt ein Abwägungsfehler vor, der zur Rechtswidrigkeit führt (Einstellungsdefizit). Auch wenn sämtliche konkret abwägungsbeachtlichen Ziele eingestellt werden, kann dennoch ein Abwägungsfehler gegeben sein, wenn eine konkrete Berücksichtigungspflicht von so vielen nicht konkret abwägungsbeachtlichen Zielen angenommen wird, daß wegen der organisatorischen Überbelastung ein ordnungsgemäßer Abwägungsablauf nicht mehr gewährleistet ist (Fehleinstellung).

Das Gegenstromprinzip gebietet eine über das einfache Anhören hinausgehende Beteiligung der Kommunen. Nur dann, wenn die über ein einfaches Anhörungsrecht hinausgehende Beteiligung sichergestellt ist, ist die bundesrechtlich vorhandene Absicht gewährleistet, daß die Anregungen betroffener kommunaler Körperschaften in den Abwägungs- und Entscheidungsprozeß der Landesplanung sachgerecht einfließen können. Wenn eine Gemeinde durch die Ziele der Raumordnung unmittelbar betroffen ist, dann sind ihre Interessen i. S. d. zuvor ausgebreiteten Dogmatik konkret berücksichtigungspflichtig. Sie sind in die Abwägung einzustellen. Für den Planungsträger besteht eine Pflicht zur Abstimmung der von ihm erkannten Interessen mit den gemeindlichen Interessen. Nicht hinreichend ist eine mitwirkende Beteiligung der Gemeinde in Stellungnahmen, Anhörungen und ggf. gemeinsamer Erörterung.

III. Planungsprozeß und Entscheidung

Die Gemeinden haben darauf, daß ihre Interessen in den Abwägungsprozeß einfließen, nach alledem einen Anspruch. Einen darüber hinausgehenden Anspruch haben sie nicht. Nach dem Raumordnungsrecht ist ein Einvernehmen der Gemeinde mit den von den Landesplanungsbehörden vorgesehenen Zielen nicht erforderlich. Eine solche Anforderung beschränkte die Planungshoheit des Landes in nicht vertretbarer Weise.

Unter Berücksichtigung der oben aufgezeigten Struktur des Abwägungsgebots kann es eine definitive Mitwirkung der Gemeinde an der Entscheidung des Planungsträgers nicht geben. Im Abwägungsvorgang entscheidet der Planungsträger, welchem Belang der Vorrang eingeräumt und welcher zurückgestellt wird; auf dieser Stufe vollzieht sich die eigentliche planerische Entscheidung. Wenn es Absicht des Gesetzgebers gewesen wäre, die Gemeinde an dieser planerischen Entscheidung mitwirken zu lassen, so hätte diese gesetzgeberische Absicht im Gesetzeswortlaut definitiv zum Ausdruck kommen müssen. Das ist nicht der Fall. Es kann nicht angehen, über den Wortlaut des Gesetzes hinaus der Gemeinde Mitwirkungsrechte zu ermöglichen, wenn sie für die Ergebnisse, die bei der Mitwirkung entstehen, nicht einzustehen hat. Ausschließlich der Planungsträger verantwortet die Entscheidung, die in der Abwägung getroffen wird. Dann aber muß er allein die Abwägung treffen. Das schließt es aus, die Gemeinde an der Abwägung mitwirken zu lassen.

Fehler des Planungsträgers bei der Abwägung haben die Rechtswidrigkeit der getroffenen Entscheidung und in dem Fall, daß der Plan eine Rechtsnorm ist, seine Nichtigkeit zur Folge.

3.2 Aushandlung von Plan-/Programminhalten; der Einsatz von Konfliktmittlern

Es ist zu fragen, ob die Inhalte der Pläne oder Programme zwischen dem Planungsträger und den Mitwirkungsberechtigten ausgehandelt werden können. Die Verwendung des Wortes "Aushandeln" evoziert den Begriff "Kooperatives Recht". Dieser Begriff ist vieldeutig. Es seien kurz seine Verwendungsweisen und die mit ihm verbundenen Problemebenen skizziert.

Weder in den Verwaltungswissenschaften noch in der Verwaltungsrechtsdogmatik gibt es eine anerkannte Definition des Begriffs "Kooperatives Recht". Teilweise wird es identifiziert mit der Gesamtheit der konsensual gefundenen Abstimmungen und Absprachen zwischen Bürger und Verwaltung jenseits oder statt der "klassischen" rechtlichen Handlungsformen Normsetzung, Verwaltungsakt und Verwaltungsvertrag und damit mit dem "informellen Verwaltungshandeln". Zum Teil subsumiert man dem kooperativen Verhalten jede Interaktion zwischen Verwaltung und Bürger, von der Beteiligung Privater an der Rechtssetzung oder der Beratung des Staates durch sachverständige Gremien oder Verbände bis hin zum kooperativen Gesetzesgehorsam, sofern nur Verwaltung und Bürger gleichermaßen die Problemlösung beeinflussen können, an ihr Anteil haben oder die Entscheidung gemeinsam erarbeiten. Schließlich verbindet man mit kooperativem Recht - enger verfahrensorientiert - alle konsensualen, dialogischen Interaktionen, deren Art und Weise der Entscheidungsfindung zu Verhandlungsprozessen zwischen Verwaltung und Bürger im Sinne eines "do ut des" führen. Wohl überwiegend ist die Gesamtheit der Verträge und Absprachen zwischen Verwaltung und Bürgern gemeint, ob sie nun in rechts-

III. Planungsprozeß und Entscheidung

förmlichen oder nichtrechtlichen (informalen) Formen ihren Niederschlag gefunden haben. Teilweise werden auch kooperativ geprägte Organisationsstrukturen mit einbezogen. Analytisch sind wenigstens drei Problemebenen zu unterscheiden. Erstens geht es um die rechtlichen Handlungsformen i. S. von rechtlich geformten Entscheidungsergebnissen: durch Vereinbarung vorbereitete Rechtsetzungsakte, öffentlich-rechtliche oder privatrechtliche, jedenfalls schriftlich fixierte Verwaltungsverträge sowie mitwirkungsbedürftige und/oder ausgehandelte Verwaltungsakte. Eine zweite Problemebene kooperativen Rechts bezieht sich auf die verfahrensrechtlichen Regeln des Zustandekommens von Entscheidungen als den Ergebnissen solcher Verfahren; solche Entscheidungen ergehen nicht nur in rechtlichen Handlungsformen, sondern können auch in "sonstigen" Handlungsformen ergehen, die als schlicht-hoheitliche Verwaltungshandlungen zusammengefaßt werden. Als dritte Problemebene sind zu bezeichnen die informalen, d. h. nicht rechtlich geregelten Entscheidungsformen und Entscheidungsverfahren (z. B. Empfehlungen, Konsultationen, Abstimmungen, Vorverhandlungen, Arrangements, Agreements, nichtvertragliche Absprachen, Vorabzuleitungen von Entscheidungsentwürfen, Selbstbeschränkungsabkommen, Einbeziehung neutraler Dritter usw.).

Kooperatives Recht betrifft nach alledem die Relation Staat-Bürger; konsensuales Verwaltungshandeln ist davon ein Unterfall, weil Staat und Gesellschaft das Entscheidungsergebnis gemeinsam tragen.

Im Rahmen der Landes- und Regionalplanung geht es nicht um die Kooperation zwischen Staat und Gesellschaft; eine Beteiligung von Bürgern (i. S. von natürlichen Personen; zur Beteiligung von juristischen Personen des Privatrechts s. § 7 Abs. 5 ROG) an der Aufstellung von Programmen und Plänen ist nicht vorgesehen; es fehlt insoweit ein Konflikt, der durch Kooperation gelöst werden könnte. Gleichwohl ist ein Interessenkonflikt vorstellbar: insoweit, als ein Anpassen von kommunalen Plänen Rechtsfolge der Landes- oder Regionalplanung ist. Der Einsatz von Konfliktmittlern ist deshalb auch in der Relation Staat - Gemeinde vorstellbar; freilich noch nicht in der Phase der Interessenermittlung (wenn man, wie hier, scharf trennt), weil die Gemeinden ihre Interessen kennen und auch artikulieren können.

Ich nenne das Zusammenwirken zwischen Staat und Gemeinde nicht Kooperation, weil dieser Begriff schon für einen anderen Sachverhalt reserviert ist, sondern "Intra-Staat-Zusammenwirken", weil Staat und Gemeinde sowie sonstige öffentlich-rechtlich organisierte Interessenträger gemeinsam - aus der Bürgerperspektive - den Staat bilden; konsensuales "Intra-Staat-Zusammenwirken" bildet davon einen Unterfall.

Das ROG verbietet nicht, daß dem Beschluß, ein Programm oder einen Plan aufzustellen, ein Abstimmungsprozeß mit dem Ziel der Konsensbildung vorangeht. Gleichwohl gibt es eine Grenze, die für kooperatives Recht formuliert wurde und die auch hier Bedeutung besitzt: Jedes auf Konsenserzielung ausgerichtete Handeln läuft Gefahr, daß der Planungsträger und die Gemeinden sich letztendlich nicht einigen. Für diesen Fall bleibt es nach allgemeiner Auffassung notwendig, daß der Staat seine überlegene Hoheitsmacht auch gegen den Willen des Betroffenen durchsetzen können muß. Kooperatives Recht kann stets nur ergänzend und im Gefüge einseitig-hoheitlicher Handlungsermächtigungen wirken. Ob sein Einsatz zweckmäßig ist, richtet sich nach den Besonderheiten des

Sachbereichs. Die Effektivität des Verwaltungshandelns durch kooperatives Handeln bestimmt sich entscheidend nach der richtigen "Mischung" kooperativer und einseitig-hoheitlicher Handlungsweisen bzw. Handlungsmöglichkeiten.

Die Frage des Einsatzes von Konfliktmittlern beim sog. "Intra-Staat-Zusammenwirken" ist, soweit ersichtlich, bislang unerörtert geblieben; ausgiebige Diskussion hat der Einsatz von Mediatoren im Falle von Bürger-Staat-Konflikten erfahren. M. E. sind aber beide Situationen vergleichbar, so daß der Einsatz von Mediatoren in der hier analysierten Situation ebenfalls vorstellbar ist: Sowohl für den Bürger als auch für die Gemeinde begründet die Entscheidung der zuständigen Behörde Rechtsbefolgungspflichten; der Inhalt des zu befolgenden Rechts kann einseitig dekretiert oder aber konsensual erzielt werden. Ferner spricht für die Gleichsetzung die zu beobachtende Praxis, daß Gemeinden gegen sie betreffende staatliche Entscheidungen wie Bürger gegen belastende Verwaltungsakte ankämpfen; die Vielzahl von Entscheidungen des Bundesverfassungsgerichts, die Klagen von Gemeinden gegen staatliches Handeln zum Gegenstand haben, belegt augenfällig, daß sich zwischen dem Staat und der kommunalen Ebene eine Konfliktsituation befinden kann, die der Beziehung Bürger-Staat ähnelt.

Ist diese Analyse richtig, besteht für Konfliktmittler ein Einsatzfeld. Unter welchen Bedingungen ein Konfliktmittler zum Einsatz kommen sollte, kann der Verfasser nicht beurteilen; insoweit ist auf die sozialwissenschaftliche Literatur zu verweisen.

3.3 Folgen für Programme und Pläne bei Fehlern; Rechtsschutz bei Nichtberücksichtigung von Interessen

Gegen die Landespläne kann der Einzelne nicht klagen, da er in subjektiv-öffentlichen Rechten nicht verletzt sein kann, weil den Plänen eine unmittelbare bodenordnende Wirkung nicht zukommt. Dieses kann sich ändern, wenn Bürger an der Aufstellung der Pläne beteiligt werden; zumindest möglich erscheint dann eine Klage gegen die Pläne wegen einer Verletzung ihres Beteiligungsrechts.

Als Klägerinnen kommen zur Zeit die Gemeinden in Frage; denn sie sind durch Festsetzungen gebunden. Die Gemeinden können gegen die Landesplanungsgesetze als solche nicht vorgehen, da diese zu wenig konkret sind, als daß sie eine Gemeinde in ihren Rechten (Art. 28 Abs. 2 S. 1 GG) verletzen könnten. Sie können aber gegen Pläne der Raumordnung, sofern diese als Verordnung oder Satzung ergehen, im Wege der abstrakten Normkontrolle nach § 47 Abs. 1 Nr. 2 VwGO klagen, wenn ein solches Verfahren landesrechtlich vorgesehen ist. Auch ist nunmehr überwiegend anerkannt, daß diejenigen Pläne, die nicht als Verordnung oder Satzung ergehen, ebenfalls der Normenkontrolle nach § 47 Abs. 1 Nr. 2 VwGO unterliegen, weil sie in ihren Wirkungen über Verwaltungsvorschriften hinausgehen, abstrakt-generellen Regeln vergleichbar sind und deshalb gerichtlicher Kontrolle unterliegen müssen, um das Gebot aus Art. 19 Abs. 4 GG nicht zu verfehlen.

Im einzelnen gilt: Formell ist hinsichtlich der Aufstellung der Planinhalte insbesondere von Interesse, ob die einschlägigen Vorschriften der Landesplanungsgesetze eingehalten worden sind. Eine fehlende Beteiligung der Gemeinde, für die Anpassungspflichten begründet werden, führt in der Regel zur Nichtigkeit des Plans. Materiell müssen die Ziele einer verfassungsmäßigen Ermächtigungsgrundlage entsprechen. Die Verfassungsmäßigkeit der Landesplanungsgesetze steht nicht in Zweifel. Zu prüfen ist deshalb allein, ob die Ziele als solche den Gesetzen entsprechen, sowie ferner, ob die Aufstellung entsprechend den Regeln des Planungsermessens, das den planaufstellenden Behörden eingeräumt ist, vorgenommen wurde. Freilich ist ein weiter Gestaltungsspielraum bei der Raumordnung anzunehmen.

Sind die Gemeinden und Gemeindeverbände in dem dargestellten Umfang zu beteiligen, so stellt sich die Frage nach den Folgen eines Verstoßes gegen das Beteiligungsrecht; das gerade zuvor angenommene Ergebnis ist näher zu begründen. Die aufgeworfene Frage ist mangels einer gesetzlichen Regelung durch Zuhilfenahme allgemeiner verwaltungsverfahrensrechtlicher Grundsätze zu entscheiden. Sie ergeben: Diejenigen Ziele der Raumordnung sind nichtig, die unter Verstoß gegen die Beteiligungspflicht der betroffenen Kommunen zustande gekommen sind. § 40 VwVfG greift hier nicht ein. Es handelt sich zum einen bei der Planaufstellung nicht um ein Verwaltungsverfahren i. S. d. Verwaltungsverfahrensgesetzes, zum anderen ist der Gehalt des § 46 VwVfG nicht i. S. eines allgemeinen Rechtsgrundsatzes anwendbar - dies schon deshalb, weil § 46 VwVfG als lex specialis für das Verwaltungsverfahren konzipiert ist. Mit der hier anerkannten Nichtigkeitsfolge ist vereinbar, daß einige Länder dieses Ergebnis von einer fristgemäßen Rüge abhängig gemacht haben, worauf bei der Verkündung des Plans aufmerksam zu machen ist (s. z.B. § 17 LPlGNW).

Hinzuweisen ist darauf, daß die kommunale Verfassungsbeschwerde gegen Regionalpläne zulässig ist.

Zusammenfassung; Ausblick

Die Interessenermittlung in der Landes- und Regionalplanung betrifft die erste Phase des Abwägungsvorgangs, die Interessenberücksichtigung die zweite und dritte Phase des Abwägungsprozesses. Partiell existieren rechtliche Vorgaben für die Beteiligung von Interessenten. - Sowohl in der Landesplanung als auch in der Regionalplanung sind alle denkbaren Interessen zu ermitteln, die für die Planung bedeutsam sein können; die Art der Beteiligung der Interessenträger ist unterschiedlich geregelt. Die kommunalen Körperschaften sind an der Aufstellung der Pläne zu beteiligen, die umfassende Teilnahme an der Erzielung von Ergebnissen ist vorgeschrieben, soweit Anpassungspflichten für die Kommune ausgelöst werden. Die Beteiligung der Bürger ist nicht vorgesehen, rechtlich aber möglich; insoweit ist an den Einsatz von Konfliktmittlern zu denken. - Mit Blick auf die Interessenberücksichtigung ist zunächst daran zu erinnern, daß die Abwägungslehre eine generelle und eine spezielle Abwägungsbeachtlichkeit von Zielen kennt; es gilt die Abwägungsfehlerlehre. Abwägungsfehler können die Nichtigkeit von Plänen zur Folge haben. Das Raumordnungsgesetz verbietet den Einsatz von Konfliktmittlern mit dem Ziel, einen Plan oder ein Programm einvernehmlich aufzustellen, nicht; es gibt indes Grenzen. Fehlerhafte Pläne unterliegen der gerichtlichen Kontrolle.

Literatur

BLÜMEL, W. (1993): Rechtsschutz gegen Raumordnungspläne, Verwaltungs-Archiv 84, S. 123ff.

BRAESE, H.-H. (1982): Das Gegenstromverfahren in der Raumordnung - Zum Abstimmungsverfahren bei Planungen. In: Schriften zur öffentlichen Verwaltung, Bd. 21. Stuttgart.

DILLER, C. (1996): Die Regionalplanung als Mediatorin einer nachhaltigen Entwicklung. In: Raumforschung und Raumordnung, S. 228ff.

ERBGUTH, W.; SCHOENEBERG, J. (1992): Raumordnungs- und Landesplanungsrecht. 2. Aufl. Köln.

FÜRST, D.; RITTER, E.-H. (1993): Landesentwicklungsplanung und Regionalplanung, ein verwaltungswissenschaftlicher Grundriß. 2. Aufl. Düsseldorf.

GANS, B. (1994): Mediation - Ein Weg des Umgangs mit Konflikten in der räumlichen Planung? In: Schriftenreihe zur ökologischen Kommunikation, Bd. 3. München.

HAGENAH, E. (1996): Proceduraler Umweltschutz. Zur Leistungsfähigkeit eines rechtlichen Regelungsinstruments. Forum Umweltrecht Bd. 16. Baden-Baden.

JUST, J.-D. (1996): Ermittlung und Einstellung von Belangen bei der planerischen Abwägung. In: Beiträge zum Siedlungs- und Wohnungswesen und zur Raumplanung, Bd. 170. Münster.

KREMM, B. (1993): Ziele der Raumordnung und Landesplanung als Grundlage subjektiver Rechte von Gemeinden. Mainz.

KUCHARZEWSKI, I. (1996): Vermittlungs- und Verhandlungsverfahren - Neue Instrumente in der Raumplanung - aufgezeigt am Beispiel der Abfallentsorgung. In: Räumliche Aspekte umweltpolitischer Instrumente, ARL, Forschungs- und Sitzungsberichte Bd. 201. Hannover, S. 121ff.

KÜHN, M. (1996): Moderation von Nutzungskonflikten - Eine Aufgabe für die ökologisch orientierte Regionalplanung. In: Raumforschung und Raumordnung, S. 355ff.

PEINE, F.-J. (1997): Öffentliches Baurecht. 3. Aufl. Tübingen.

RENN, O.; OPPERMANN, B. (1995): "bottom-up" statt "top-down" - die Forderung nach Bürgermitwirkung als (altes und neues) Mittel zur Lösung von Konflikten in der räumlichen Planung. In: RITTER, E.-H. (Hrsg.): Stadtökologie, Sonderheft 6/1995 der Zeitschrift für angewandte Umweltforschung, S. 257ff.

SCHNEIDER, J.-P. (1996): Kooperative und konsensuale Formen administrativer Entscheidungsprozesse. In: Jahrbuch für Neue Politische Ökonomie, Bd. 15. Tübingen.

SCHULZE-FIELITZ, H. (1994): Kooperatives Recht im Spannungsfeld von Rechtsstaatsprinzip und Verfahrensökonomie. Deutsches Verwaltungsblatt, S. 657ff.

WICKRATH, S. (1992): Bürgerbeteiligung im Recht der Raumordnung und Landesplanung, Beiträge zum Siedlungs- und Wohnungswesen und zur Raumplanung, Bd. 141. Münster.

III.3 Planungsformen und Planungsinhalte

EKKEHARD HEIN

Inhalt

1. Programme und Pläne
1.1 Bundesraumordnungsprogramm (BROP)
1.2 Landesentwicklungsprogramme und -pläne
1.3 Regionale Raumordnungspläne / Regionalpläne
1.4 Steinkohle- und Braunkohleplanung
2. Leitbilder und Regionale Entwicklungskonzepte
2.1 Leitbild
2.2 Teilraumgutachten
2.3 Regionale Entwicklungskonzepte

Inhalt und Form der räumlichen Planung bilden eine Einheit und stützen sich wechselseitig ab, sie sind für die Auswahl von Methoden und Instrumenten wichtig. Die jeweiligen Inhalte erfordern bestimmte, den gewollten inhaltlichen Aussagen angemessene Methoden. Ebenso hängen die Instrumente, die Mittel und Wege zur Erreichung der planerischen Ziele sind, von Inhalt und Form ab.

Auch die unterschiedlichen Planungsebenen (Bund, Land, Region, Kommune) bestimmen Inhalt und Form. Schon aufgrund der Maßstäblichkeit bleiben die Aussagen auf Bundes- und Landesebene eher unbestimmter, z. B. Raumordnungspolitischer Orientierungsrahmen des Bundes und Landesentwicklungsprogramme oder spezielle Leitbilder in den Ländern, und werden im regionalen oder kommunalen Raum bestimmter, z. B. Regionalpläne oder Bauleitpläne. Die räumliche Bezugsebene ist zudem unter methodischen Gesichtspunkten wichtig (vgl. für die Datengewinnung STEINGRUBE in diesem Band).

Die inhaltlichen Instrumente als „Instrumente der Raumorganisation" (BRÖSSE 1985, S. 507), wie Zentrale Orte, Entwicklungsachsen, Ausweisung von Standorten für die Infrastruktur, Vorranggebiete, seien hier nur exemplarisch genannt und sollen nicht im Vordergrund stehen.

Im Hinblick auf die Bindungswirkung unterscheiden wir zwischen „indikativ-informativer" Planung, die angebotsorientiert die Ausgangssituation darstellt, bewertet, Entwicklungen aufzeigt und Entscheidungen beeinflussen will, und der „normativen-imperativen" Planung, die verbindliche Ziele festlegt (MEYER 1970, S. 2358).

Neben die Kategorie der Verbindlichkeit könnte nach BRÖSSE (1982, S. 62-66, und 1985, S. 507 f.) zusätzlich die Kategorie der Eingriffsstärke treten, wobei die Stärke der Verhaltensbeeinflussung von den stark eingreifenden, imperativen Instrumenten mit ordnungsrechtlichen Geboten und Verboten über die Instrumente des Verhandelns, über die milderen indikativen Instrumente des Anreizes und der Abschreckung bis hin zur Beeinflussung über Informationen und Kommunikation abnimmt. Die konzeptionelle Zusammenführung der Einzelinstrumente mit ihren Zielen in einem förmlichen Plan oder Programm, z. B. in einem Raumordnungsplan, läßt sich als eigenständiges raumordnungspolitisches Instrument begreifen.

Im Rahmen der übergeordneten, überörtlichen und zusammenfassenden räumlichen Planung werden bis heute verbindliche Programme und Pläne eingesetzt, die als politisch/administrative Vorgaben beispielsweise über die darin enthaltenen Ziele der Raumordnung und Landesplanung in der Bauleitplanung durchgesetzt werden können, sich dafür aber bei kurzfristigen Veränderungsprozessen als relativ starr und schwerfällig erweisen. Je nach raumordnungspolitischen Zielsetzungen und je nach räumlicher Zuständigkeit können auch mehr informelle Planungsformen, wie Leitbilder, Teilraumgutachten oder Regionale Entwicklungskonzepte, eingesetzt werden, die durch Konsensfindung entwickelt und flexibler gehandhabt werden können.

1. Programme und Pläne

Programme und Pläne sollen die Verwirklichung der Ziele und Grundsätze der Raumordnung (Raumordnungsgesetz §§ 1 und 2) sichern. Die Inhalte und Zielsetzungen der gesamträumlichen Planungen manifestieren sich in Programmen und Plänen der Bundesraumordnung sowie der Landes- und Regionalplanung und werden für raumbezogene Planungen von Behörden- und Gebietskörperschaften verbindlich. Infolge der Bindungswirkung besitzen sie normativen Charakter, sie beschreiben ein „künftiges Ordnungsmodell" (SCHMIDT-AßMANN 1995, S. 725).

Im weiteren Sinne sind den förmlichen Programmen und Plänen beispielsweise auch die fachlichen Pläne, wie Luftreinhaltepläne, Generalverkehrspläne oder Landschaftspläne, zuzurechnen; hier werden jedoch nur die gesamträumlichen Programme und Pläne der Raumordnung und Landesplanung angesprochen.

Theoretisch wird der Begriff „Programm" eher grundsätzlich und richtungsweisend verstanden, wie das Adjektiv programmatisch vermittelt, und die Bezeichnung „Plan" stärker mit auch kartographischen Darstellungen und Festlegungen in Verbindung gebracht, praktisch jedoch variieren die Begriffe in den verschiedenen Bundesländern, ohne daß einheitlich differenziert wurde. So enthalten manche Programme relativ konkrete räumliche Zielsetzungen in umfangreichen Kartenwerken.

Die verschiedenen Programme und Pläne vom Bund über die Länder und Regionen bis hin zur Bauleitplanung der Gemeinden sind ein kaskadenartiges System „von oben nach unten sich konkretisierender und differenzierender räumlicher Nutzungsplanung" (ARL 1995, Zukunftsaufgabe Regionalplanung, S. 2). Eine ausführliche Darstellung über die Ziele und Inhalte von Plänen und Programmen der Bundesrepublik Deutschland und der Bundesländer ist in den Daten der Raumplanung (ARL, 1983, B IV - VI) enthalten.

■ III. Planungsprozeß und Entscheidung

1.1 Bundesraumordnungsprogramm (BROP)

Als Beispiel für ein Programm auf Bundesebene kann das Bundesraumordnungsprogramm von 1974 gelten, das in kurzer Form die wesentlichen Ziele für die gesamträumliche Entwicklung, die Ausgangslage und Entwicklungstendenzen sowie die großräumige Verteilung des Entwicklungspotentials bestimmt.

Das Bundesraumordnungsprogramm sollte als förmliches Programm den Anfang einer koordinierten Raumordnungspolitik von Bund und Ländern bilden. Dabei bestand die Aufgabe, durch die von Bund und Ländern gemeinsam erarbeiteten Zielvorstellungen für die längerfristige Entwicklung die Ziele und Grundsätze des Raumordnungsgesetzes zu konkretisieren. Als „gesamträumlicher und überfachlicher Orientierungsrahmen" (BROP 1975, S. 50) sollte das Bundesraumordnungsprogramm zugleich den Einsatz öffentlicher Mittel effizienter gestalten.

Im Mittelpunkt des Bundesraumordnungsprogrammes stehen inhaltlich die Verbesserung der Lebensqualität in bezug auf das Wohnen, die Erwerbsmöglichkeiten und die Erreichbarkeit der öffentlichen Infrastruktur ebenso wie auch die Umweltqualität. Methodisch wurde auf der Basis von 38 Gebietseinheiten die raumstrukturelle Ausgangslage und die Verteilung der raumwirksamen Bundesmittel analysiert sowie eine Prognose der großräumigen Entwicklungstendenzen vorgelegt, um daraus die Aussagen über großräumige Disparitäten im Bereich der Infrastruktur und der Erwerbsstruktur abzuleiten.

Die Bedeutung des Bundesraumordnungsprogrammes ist vor allem darin zu sehen, daß damit erstmalig eine programmatische Darstellung mit dem Anspruch der Anpassung der raumbedeutsamen Planungen des Bundes vorgenommen wurde. Auf dieser Basis sollten auch die Landesplanungen ihre Planungen anpassen, wobei die auf dieser Grundlage aufgestellten Ziele der Raumordnung und Landesplanung von den Behörden des Bundes und der Länder sowie den Gemeinden und sonstigen Planungsträgern nach ROG § 4,5 zu beachten sind. Es ist allerdings strittig, ob das Bundesraumordnungsprogramm den förmlichen Plänen zugerechnet werden kann, da seine Wirkungen auf die Länder nur über politische Abstimmungsprozesse erfolgen konnten.

Trotz des politischen Abstimmungsprozesses im Rahmen der Erarbeitung des Bundesraumordnungsprogrammes blieb dessen Wirksamkeit beschränkt. In einigen Fachplanungen und im Grundsatz von den Landesplanungen wurde die Zielorientierung zwar übernommen, jedoch fehlte wohl der politische Wille und die Umsetzungskraft, insbesondere den Einsatz der raumwirksamen Mittel auf die Ziele auszurichten. Die räumliche Bezugsbasis der 38 Gebietseinheiten wurde später durch die Planungsregionen in den Ländern ersetzt. Die großräumig bedeutsamen Achsen blieben allerdings Grundraster in den meisten landesplanerischen Konzepten und waren in ausgewählten Relationen als Verkehrsachsen wesentliches Grundelement im Raumordnungspolitischen Orientierungsrahmen 1993.

1.2 Landesentwicklungsprogramme und -pläne

Alle Flächenländer der Bundesrepublik Deutschland haben die Grundsätze und Ziele für die Landesentwicklung in Form von verbindlichen Programmen und Plänen für das ganze Landesgebiet festgelegt. Nur in den Stadtstaaten übernehmen die Flächennutzungspläne diese Funktion. Künftig werden in verdichteten Räumen nach dem Bau- und Raumordnungsgesetz 1998 auch „regionale Flächennutzungspläne" möglich sein, die zugleich die Funktion eines Regionalplans und eines gemeinsamen Flächennutzungsplans übernehmen.

Den flächendeckenden Programmen und Plänen der Raumordnung und Landesplanung ist gemeinsam, daß sie von einem in sich schlüssigen Gesamtkonzept ausgehen, das übergeordnet, überörtlich und zusammenfassend die räumlichen Zielsetzungen des Landes bestimmt. Die Länder formen dieses Instrument der räumlichen Planung jedoch in verschiedener Weise aus.

Die Bezeichnungen Landesentwicklungs- bzw. Landesraumordnungsplan verwenden Baden-Württemberg, Sachsen und Schleswig-Holstein, während die Mehrzahl der Länder, nämlich Bayern, Mecklenburg-Vorpommern, Niedersachsen, Rheinland-Pfalz, Sachsen-Anhalt und Thüringen, mit ihren Landesentwicklungs- bzw. Landesraumordnungsprogrammen dem Begriff „Programm" den Vorzug gibt. Eine dritte Gruppe der Länder, nämlich Brandenburg (Berlin), Hessen, Nordrhein-Westfalen und das Saarland, stellt den mehr programmatischen Teil als Landesentwicklungs- bzw. Landesraumordnungsprogramm voran und konkretisiert diesen dann im jeweiligen Landesentwicklungsplan.

So vielfältig wie die Bezeichnungen, so unterschiedlich vollzieht sich auch formal das Aufstellungsverfahren. Sachsen-Anhalt hat sein Landesentwicklungsprogramm durch den Landtag als Gesetz erlassen. Dagegen haben die meisten Länder, so Baden-Württemberg, Bayern, Mecklenburg-Vorpommern, Rheinland-Pfalz, Saarland, Sachsen, Schleswig-Holstein und Thüringen, den Weg über eine Rechtsverordnung der Landesregierung oder der Landesplanung, häufig im Benehmen mit dem zuständigen Ausschuß des jeweiligen Landtages, gewählt. Vier Länder, Brandenburg, Hessen, Niedersachsen und Nordrhein-Westfalen, lassen zwar die programmatischen Aussagen als Gesetz beschließen oder feststellen, dagegen werden die sachlich und räumlich konkreteren Zielsetzungen als Rechtsverordnung unter Beteiligung des Landtages oder des zuständigen Ausschusses verbindlich.

Überwiegende Auffassung ist heute, daß es für die Verbindlichkeit der Programme und Pläne genügt, daß diese in einem gesetzlich geordneten Verfahren aufgestellt und hinreichend konkret formuliert werden.

In den Programmen und Plänen der Länder werden die raumordnerischen Leitvorstellungen und Zielsetzungen zeichnerisch und textlich dargestellt. Die kartographische Darstellung zeigt die räumlich konkrete Raumzuweisung (Bereiche, Gebiete, Trassen, Standorte); die Texte bestimmen die Zielaussage, können feiner differenzieren und Abwägungskriterien vorgeben. Karten und Texte sind gleichwertig und ergänzen sich, dadurch kommt die räumliche Gesamtplanung mit ihrer Vielzahl von raumbedeutsamen, aufeinander abgestimmten Planaussagen auch als Gesamtwerk zur Geltung. Für die kartographische Darstellung auf Landesebene hat sich in der Planungspraxis der Maßstab von 1:200.000 bis 1:300.000 bewährt. Die kleinmaßstäbige Darstellung gewährleistet einerseits die räum-

III. Planungsprozeß und Entscheidung

liche Zuordnung wesentlicher Zielsetzungen, andererseits bleibt die Möglichkeit zur regionalplanerisch endgültigen Abwägung in der nächsten Konkretisierungsebene. Eine Ausnahme ist hierbei der Raum Brandenburg-Berlin. Für den engeren Verdichtungsraum Brandenburg-Berlin wurde ein Siedlungs- und Freiraumstrukturkonzept im Maßstab 1:100.000 erstellt. Aufgrund der erwarteten dynamischen Entwicklung im Umfeld um die Landeshauptstadt Berlin war dort ein erhöhter dringender Ordnungsbedarf zu konstatieren, der eine solche großmaßstäbige Vorgabe rechtfertigt.

Häufig werden Teilaussagen mit Hilfe kleinerer Übersichtskarten veranschaulicht, was die Einzelaussage auch in der räumlichen Ausprägung transparent macht. Zu viele Einzelkarten, teilweise bis 14 Karten, erschweren umgekehrt wieder die räumliche Zusammenschau. Im Idealfall werden in dem Landesentwicklungsplan die Grundsätze und Ziele in möglichst knapper textlicher Form und einer Karte zusammengeführt. In der Praxis bleiben die räumlichen Aussagen insgesamt eher abstrakt.

Die formale Vielfalt der Programme und Pläne ist Ausdruck großer Gestaltungsfreiheit und ermöglicht den Bundesländern, entsprechend ihrer räumlichen Struktur maßgeschneiderte Lösungen zu finden, aber sie behindert die Vergleichbarkeit und führt in den Grenzräumen nicht immer zu grenzüberschreitend verträglichen Lösungen.

Die verbindlichen Programme und Pläne der Länder mußten schon bisher die Raumordnungsgrundsätze des Raumordnungsgesetzes (§ 2 ROG) anwenden und unter Bezug auf einzelne Raumordnungsgrundsätze einen Mindestinhalt haben (§ 5, 1 und 2 ROG). Darüber hinaus führten die Empfehlungen der zwischen dem Bund und den Ländern gebildeten Ministerkonferenz für Raumordnung zu weiteren Annäherungen der Inhalte. Dennoch sind die Planwerke der Länder nach Themenbreite und Ausgestaltung eher heterogen. Daher wurden im neuen Bau- und Raumordnungsgesetz 1998 in § 7 Abs. 2 die Mindestinhalte erheblich erweitert. Darin wird folgender Mindestinhalt bestimmt:

„Die Raumordnungspläne sollen insbesondere Festlegungen zur Raumstruktur enthalten, insbesondere zu:

1. *der anzustrebenden Siedlungsstruktur; hierzu können gehören*
    a) Raumkategorien,
    b) Zentrale Orte,
    c) besondere Gemeindefunktionen, wie Entwicklungsschwerpunkte und Entlastungsorte,
    d) Siedlungsentwicklungen,
    e) Achsen,
2. *der anzustrebenden Freiraumstruktur; hierzu können gehören*
    a) großräumig übergreifende Freiräume und Freiraumschutz,
    b) Nutzungen im Freiraum, wie Standorte für die vorsorgende Sicherung sowie die gesonderte Aufsuchung und Gewinnung von standortgebundenen Rohstoffen,
    c) Sanierung und Entwicklung von Raumfunktionen,
3. *den zu sichernden Standorten und Trassen für Infrastruktur; hierzu können gehören*
    a) Verkehrsinfrastruktur und Umschlaganlagen von Gütern,
    b) Ver- und Entsorgungsinfrastruktur."

Inhaltlich bestimmen die Programme und Pläne der Länder ihre räumliche Gesamtstruktur durch die drei Elemente Gebietskategorien, Zentrale Orte und Achsen.

Die strukturellen Gebietskategorien werden beispielsweise aufgrund statistischer Kriterien entsprechend der Ministerkonferenz für Raumordnung nach Einwohner- und Arbeitsplatzdichte sowie zur Bevölkerungsdynamik relativ exakt, zumeist gemeindescharf erkennbar in Übersichtskarten, z. B. 1:1.000.000, dargestellt. Dagegen werden Achsen in der Regel nur als schematische Darstellung in kleinmaßstäbigen Karten übernommen. Die räumliche Leitvorstellung eines punkt-axialen Systems findet in den Programmen und Plänen der meisten Länder durchgängig Anwendung. Der hervorgehobene Stellenwert dieses Raummodells kommt beispielsweise darin zum Ausdruck, daß ausgewählte Zentrale Orte und Achsen auf den Titelblättern des Landesentwicklungsprogrammes von Rheinland-Pfalz und des Landesentwicklungsplans von Sachsen (vgl. Abb. 1) wirkungsvoll präsentiert werden.

Abb. 1: Raumstruktur nach Landesentwicklungsplan Sachsen 1994

Die Ansprüche des Menschen an den Raum können zu Nutzungskonkurrenzen und -konflikten führen, daher wurden schon in den ersten Landesraumordnungs- und -entwicklungsplänen Funktionen für die Teilräume aufgeführt. In den älteren Programmen und Plänen beschränken sich die Aussagen zu den Freiräumen jedoch häufig auf die grundsätzlichen Zielsetzungen im Text zu wichtigen traditionellen Nutzungen der Freiräume, wie für die Land- und Forstwirtschaft, für die Trinkwassergewinnung und für die Erholung. Dabei werden häufig nur schematisch die besonders geeigneten Räume in kleinmaßstäbigen Karten wiedergegeben oder nur die festgelegten Ausweisungen als Natur- und Landschaftsschutzgebiet dargestellt.

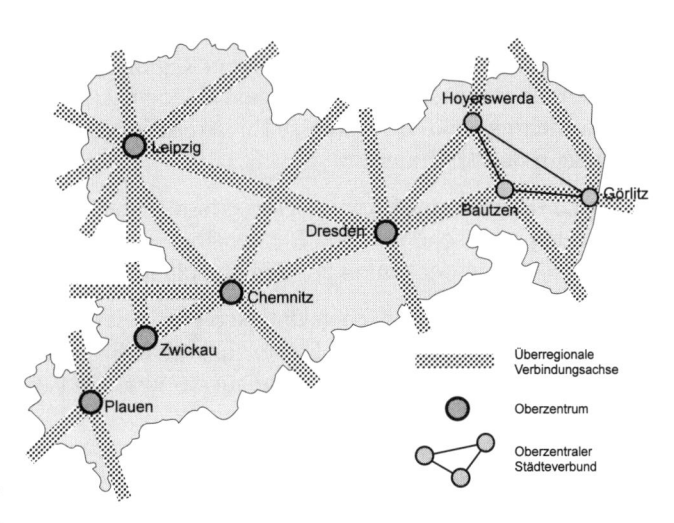

Die neue Generation der Landesraumordnungsprogramme und -pläne differenziert als Ausfluß der sogenannten Ökologisierung der Raumordnung die Zielsetzungen zur Freiraumstruktur stärker. In ihnen wird die jeweils dominierende Zweckbestimmung von Teilräumen, beispielsweise für Erholung oder Wassergewinnung für Natur und Landschaft oder zur Rohstoffsicherung in einem Vorranggebiet oder in einer Vorbehaltsfläche, positiv häufig im Maßstab 1:300.000 gekennzeichnet.

Inhaltlich bleiben die meisten Programme und Pläne der Länder thematisch vergleichbar. Landesspezifische Besonderheiten wie der Braunkohlebergbau werden zum Teil entsprechend aufgenommen. Neuere Fragestellungen, wie die Gleichstellung von Frauen oder Telekommunikation, wurden in den letzten Jahren von Programmen und Plänen thematisch aufgegriffen. Ebenso finden sich in einigen Entwürfen von Landesentwicklungsplänen neuere raumordnerische Konzepte, wie Städtenetze oder Regionalparks.

Die Grundsätze und Ziele in den formellen Gesamtplanungen der Länder setzen den Rahmen für die Ausrichtung der Landesentwicklung, sie sind damit ein großrastriges Steuerungsinstrument für die räumlichen Ansprüche und wirken allerdings schon im Aufstellungsprozeß konsensfördernd. Die umfassenden Planwerke von ca. 6 bis über 600 Seiten mit einem umfangreichen Kartenwerk mit meist einem zusammenfassenden Plan und weiteren Übersichts- und Erläuterungskarten können damit ihrer Funktion als raumordnerische Leitlinien voll entsprechen. Sie sind damit ein wichtiges Instrument der Interessensabstimmung und Einbindung der Fachressorts und zugleich wichtige Vorgabe für die Ausformung in den Regionalen Raumordnungsplänen.

1.3 Regionale Raumordnungspläne / Regionalpläne

Die fachliche und räumliche Konkretisierung und Ausformung der landesplanerischen Zielsetzungen in förmlich aufgestellten Regionalen Raumordnungsplänen bzw. Regionalplänen gehört zu den Pflichtaufgaben der Regionalplanung. Mitte der 90er Jahre lagen in den meisten Bundesländern die Regionalpläne flächendeckend - zumindest als Entwurf - vor; Ausnahmen bilden nur wenige Landkreise in Niedersachsen und einigen Regionen in den neuen Bundesländern.

Durch diese räumlich konkreteren großmaßstäbigeren Planwerke hat sich die Regionalplanung inzwischen in allen Flächenländern als Planungsebene etabliert. Damit wird die Verpflichtung der Länder zur Regionalplanung erfüllt.

Trotz aller organisatorischen Unterschiede in den einzelnen Bundesländern ist die Regionalplanung der staatlichen Ebene zuzurechnen. „Regionalplanung ist konzeptionelle Landesplanung, bezogen nicht mehr auf das gesamte Land, sondern auf überschaubare, sozioökonomisch verflochtene Teilräume" (GOPPEL 1995, S. 581). Daher wird die Planaufstellung in einigen Bundesländern rein staatlich vorgenommen, z. B. Schleswig-Holstein und Saarland, oder sie wird kommunalen Verbänden übertragen, z. B. Baden-Württemberg, oder erfolgt in verschiedenen Mischformen. Bei diesen Mischformen sind Planungsstellen meistens in der staatlichen Mittelinstanz angesiedelt, die Planinhalte werden aber überwiegend von kommunal verfaßten Entscheidungsorganen bestimmt. Nur in Niedersachsen wird die Regionalplanung von den Kreisen wahrgenommen.

Unabhängig von der organisatorischen Einbindung müssen die Gemeinden oder Gemeindeverbände in den förmlichen Verfahren der Regionalplanung beteiligt werden (§ 5 Abs. 3 ROG), weil das förmlich bindende Instrument eines Regionalplanes in die Planungshoheit der Gemeinden eingreift. Die räumlichen Bezugsebenen der Regionalplanung werden in der Mehrzahl der Bundesländer im wesentlichen den sozioökonomischen Verflechtungsbereichen der Oberzentren oder der möglichen Oberzentren nachgezeichnet. Ausgenommen davon sind die Länder, in denen die Regionalplanung auf der Ebene der Bezirksregierungen bzw. Regierungspräsidien, wie in Nordrhein-Westfalen oder Hessen, angesiedelt oder mit der Kreisebene identisch ist.

Die stärkere Flächenbezogenheit der Regionalpläne wird auch in den Bezeichnungen für die Planwerke deutlich, sie sind zwar auch so vielfältig wie im Bereich der Landesplanung, es wird jedoch bei der Regionalplanung die Bezeichnung „Plan" bevorzugt, sei es als Regionalplan (5), Regionaler Raumordnungsplan (3) oder in der nordrhein-westfälischen Sonderform Gebietsentwicklungsplan. Nur in drei Ländern, nämlich in Niedersachsen, Mecklenburg-Vorpommern und Sachsen-Anhalt, wird in Form von Regionalem Raumordnungs- oder Entwicklungsprogramm auch auf regionaler Planungsebene der Begriff Programm verwendet, ohne daß sich dadurch jedoch andere Inhalte oder Darstellungsformen ergäben. Hier wird als Kurzform der Begriff Regionalplan verwendet.

Zur Verbindlichkeit der Regionalen Raumordnungspläne bzw. Regionalpläne ist in allen Bundesländern die Genehmigung der obersten Landesplanungsbehörde, der Beschluß oder sogar eine Rechtsverordnung der Landesregierung erforderlich. Dadurch wird die Kongruenz der Regionalplanung mit der Landesplanung sichergestellt.

Wegen ihrer räumlichen und sachlichen Konkretisierung entfalten die Ziele der Raumordnung und Landesplanung in den Regionalplänen eine hohe Bindungswirkung und schränken insoweit die Planungshoheit der Gemeinden ein. Das Bundesverfassungsgericht hat die Zulässigkeit von Eingriffen in die kommunale Planungshoheit bestätigt, wenn dies im überörtlichen Interesse mit höherem Gewicht erforderlich ist (SCHEFER 1995, S 642); damit ist gewährleistet, daß die formellen Ziele im Konfliktfall auch durchgesetzt werden können.

Wie bei den Programmen und Plänen der Länder bestehen auch die Regionalpläne aus Text und Karten. Die Maßstabsebene der Karten wird auf 1:100.000 bis 1:50.000 erhöht und dadurch der räumliche Bezug konkreter. So werden die zeichnerischen Darstellungen gegenüber dem Text gewichtiger. Der räumliche Bezug der raumordnerischen Letztentscheidung, d. h. das regionale Ziel der angestrebten Raumnutzung, wird in den Regionalplänen deutlicher sichtbar und exakter ablesbar. Insgesamt wird in den Regionalplänen der Bezug zur Fläche und Verortung stärker, die größere räumliche Bestimmtheit ist ein wesentliches Merkmal.

Mit Hilfe des Instruments des förmlichen Regionalplans werden einerseits die landesplanerischen Zielsetzungen inhaltlich präzisiert und räumlich ausgeformt, andererseits ist der Regionalplan ein eigenständiges Planwerk mit eigenem Gestaltungsauftrag, soweit überörtliche Interessen wahrzunehmen sind. Regionalpläne machen an der Nahtstelle zwischen überörtlicher Landesplanung und örtlicher Bauleitplanung die Ziele der Raumordnung und Landesplanung hinreichend konkret und bestimmt. Unstrittig gehören zu den regionalplanerischen Aufgaben die regionalen Zielsetzungen zur Raumstruktur und zur Freiraumsicherung. Die Mindestinhalte und die zeichnerische Form der Regionalpläne werden in den Landesplanungsgesetzen, in Verordnungen und Richtlinien den Trägern der Regionalplanung vorgegeben. Die Regionalpläne sollen in der Regel zwischen den überfachlichen und den fachlichen Zielen differenzieren.

Die wesentlichen Inhalte der Regionalpläne werden in dem Band „Zukunftsaufgabe Regionalplanung" (ARL 1995, S. 15-32), auf den hier Bezug genommen wird, wiedergegeben.

Exemplarisch sei auf die Siedlungsstandorte im Regionalplan (vgl. Abb. 2) eingegangen: Die Ausweisung von Wohnsiedlungsschwerpunkten ist eng verknüpft mit dem punkt-

■ III. Planungsprozeß und Entscheidung

Abb. 2: Ausschnitt aus der Raumnutzungskarte des Regionalplans 1995 der Region Franken

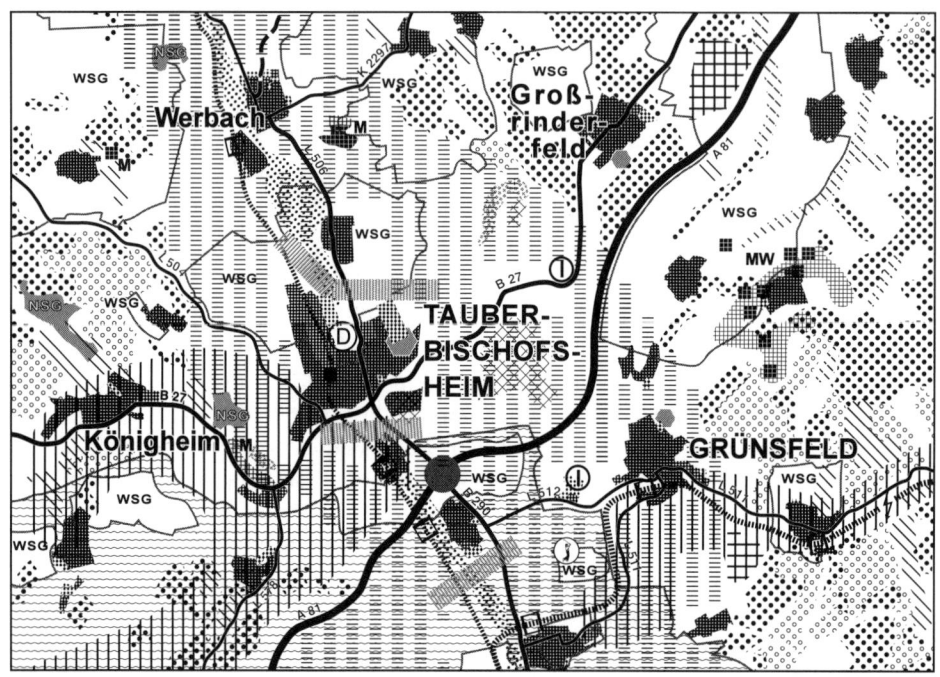

Zeichenerklärung:

WSG	Wasserschutzgebiet
	Wasservorkommen
	Überschwemmung / Überflutung
NSG	Naturschutzgebiet
	Waldschutzgebiet
≡ ≡ ≡ ≡	Regionaler Grünzug
‖‖‖‖	Grünzäsur
	Bodenerhaltung und Landwirtschaft (gem. Plansatz 3.2.2.2.)
	Bodenerhaltung und Landwirtschaft (gem. Plansatz 3.2.2.3.)
	Schutzbedürftiger Bereich für oberflächennahen Rohstoffabbau
	Bereich zur Sicherung von oberflächennahem Rohstoffabbau
\\\\	Schutzbedürftiger Bereich für Naturschutz und Landschaftspflege
\\\\	Bereich zur Sicherung von Naturschutz und Landschaftspflege
⊞‖‖	Schutzbedürftiger Bereich sowie Bereich zur Sicherung für Erholung
Ⓕ ⓘ	Freizeitschwerpunkt / Golfplatz
⊠⊠⊠	Sonderfläche (z.B. Bund)
	Bestand / Planung Siedlung (Wohnen)
	Bestand / Planung Gewerbe
● ⬢	Siedlungsbereich / verstärkt zu entwickelnder Siedlungsbereich
Ⓘ	Regional bedeutsamer Schwerpunkt für Industrie- und Dienstleistungseinrichtungen
Ⓓ	Schwerpunkt für (gewerblich orientierte) Dienstleistungen
━●━ I / ━━ II / ━━ III	Kategorisierung des regionalen Straßennetzes
━ ━ ━	Bekannter Verlauf einer verbindlich geplanten Trasse
	Eisenbahn: eingleisig / mehrgleisig / elektrifiziert
▬▬▬	Bahnhof / Haltepunkt, nur Personenverkehr

axialen Grundgerüst. Die positive Bestimmung von Siedlungsschwerpunkten erfolgt standortgenau durch Symbole, Pfeile oder Schraffuren, sie dient der räumlichen Ausformung der Achsen und der Konzentration der Siedlungsentwicklung. Unumstritten ist die Orientierung der Wohnsiedlungsentwicklung an den Nahverkehrsachsen, dagegen können heute die Schwerpunkte für die gewerbliche Entwicklung nicht auf die Anbindung an das Bundesfernstraßennetz verzichten, so daß dieses Kriterium stark gewichtet und im Einzelfall gegenüber der Nahverkehrsanbindung präferiert wird.

Die freiraumbezogenen Ausweisungen (vgl. Abb. 2) beziehen sich heute in den Regionalplänen zumeist auf Regionale Grünzüge und auf Vorrangbereiche als Ziele und Vorbehaltsbereiche als abwägungsfähige Grundsätze für Land- und Forstwirtschaft, Naturschutz und Landschaftspflege, Trinkwassersicherung, Erholung und Freizeit und Klimaschutz. Die zeichnerische Darstellung erfolgt in der Regel durch offene Schraffuren, die bewußt keine eindeutig festen Grenzen bestimmen, teilweise aber auch durch lineare Abgrenzungen, die im Rahmen des rechtlich Zulässigen Bereiche abgrenzen.

Die einzelnen Elemente des Regionalplans müssen zusammengeführt und unter Berücksichtigung erkennbarer sozioökonomischer Veränderungen und der natürlichen Ressourcen des Raumes zu einem in sich stimmigen Konzept weiterentwickelt werden. Die Flächen, Standort- und Trassenanforderungen werden nach Größe und Verträglichkeit abgestimmt mit den natürlichen Voraussetzungen und der angestrebten Gesamtentwicklung. Erst über die planerische Abwägung kommt es zu einem schlüssigen regionalplanerischen Konzept, das in einer zusammenfassenden Karte in seiner räumlichen Strukturierung dargestellt wird.

Nach Beteiligung der Kommunen und der Träger öffentlicher Belange und einer dadurch gegebenenfalls veranlaßten Konsensfindung erfolgt die Beschlußfassung durch das dafür legitimierte Gremium.

Nach Genehmigung durch die zuständige Behörde wird der Regionalplan für alle öffentlichen Institutionen, also Gemeinden, Kreise, Fachbehörden, aber auch Körperschaften, Anstalten und Stiftungen des öffentlichen Rechts, verbindlich. Der Regionalplan als raumordnerischer Gesamtplan ist gleichzeitig verbindlicher Plan für die öffentlichen Institutionen, aber auch Orientierungshilfe für private Investoren und Privatpersonen über die angestrebte räumliche Struktur. Damit wirkt dieses Instrument weit über den engeren Kreis der Bindungswirkung hinaus. Nach dem neuen Bau- und Raumordnungsgesetz 1998 werden die Bindungswirkungen auch auf Personen des Privatrechts erweitert, soweit deren Planungen und Maßnahmen überwiegend mit öffentlichen Mitteln finanziert werden.

Für die Weiterentwicklung der Regionalplanung sei auf die ARL, Zukunftsaufgabe Regionalplanung (1995, Kap. C), verwiesen.

1.4 Steinkohle- und Braunkohleplanung

Zu den Programmen und Plänen mit erheblichen räumlichen Wirkungen zählen die speziellen Zielsetzungen und Planungen des Steinkohle- und Braunkohlebergbaues, die hier exemplarisch genannt seien.

Beispielsweise legte die Landesregierung Nordrhein-Westfalen für die Nordwanderung des Steinkohlebergbaues an der Ruhr ein Gesamtkonzept (1986) vor, durch welches neben einer energiepolitischen Positionsbestimmung die zu erwartenden Auswirkungen dargestellt werden. Für die betroffenen Räume der unteren Rheinniederung und der Münsterländer Bucht wurden Qualitätsziele für die Bereiche Natur- und Landschaft, Wasser sowie für Bau- und Bodendenkmäler und quantitative Ziele für betriebsbezogene Standorte, Siedlungen und Verkehr formuliert. Diese Qualitäts- und Quantitätsziele sind Vorgaben für die Prüfung der Auswirkungen über die Regionalplanung.

Inhaltlich kommt einem solchen Gesamtkonzept zwar noch der Charakter eines offenen Konzeptes zu, das in seiner Formulierung über ein allgemeines Leitbild hinausgeht und zugleich Zielvorgabe für die Regionalplanung ist, aber in der Entscheidung durch die Landesregierung und der klaren Vorgabe u. a. für die nachgeordnete Regionalplanung überwiegt die programmatische Zielvorgabe.

Grundsätzliche Vorgaben der Landesregierung Nordrhein Westfalen wurden beispielsweise auch über die „Leitentscheidungen zur künftigen Braunkohlepolitik" im allgemeinen (1987) und die „Leitentscheidungen zum Abbauvorhaben Garzweiler II" (1991) im speziellen getroffen. Diese geben eine grundsätzliche Orientierung in Form von Entscheidungen zur erforderlichen Förderkapazität von ca. 120 Mio. t Braunkohle jährlich, zu groben räumlichen Aussagen für die Räume Inden, Hambach und Garzweiler II, inklusive deren jeweiliger ökologischer und sozialverträglicher Gestaltung, sowie Angaben über die zeitliche Priorität. Im konkreten Einzelfall Garzweiler II wurde weitergehend durch eine konkret kartographisch fixierte „wasserwirtschaftlich-ökologische Schutzlinie" faktisch eine Begrenzung des Abbauvorhabens vorgegeben.

Solche Leitentscheidungen gehen über allgemeine (unverbindliche) Leitvorstellungen hinaus und können eher den „Programmen" zugerechnet werden, die für die Braunkohlepläne der Bezirksplanung verbindliche Vorgaben sind. Als kleinräumige und konkrete Planungsinstrumente der regionalen Ebene sind im Landesplanungsgesetz von Nordrhein-Westfalen die Braunkohlepläne ausdrücklich vorgesehen - ähnlich auch in Brandenburg, Sachsen und Sachsen-Anhalt.

2. Leitbilder und Regionale Entwicklungskonzepte

Stand bisher in der Bundesraumordnung sowie der Landes- und Regionalplanung die Erarbeitung mittel- und langfristiger förmlicher Programme und Pläne im Zentrum der Arbeit, so gewann Mitte der 80er Jahre die Erstellung von informellen Leitbildern, Teilraumgutachten und Regionalen Entwicklungskonzeptionen an Bedeutung. Auf weitere informelle Instrumente zur Planungsumsetzung, wie Regionalkonferenzen, Kooperationen oder Projektmanagement, wird von PRIEBS und FÜRST in diesem Band unter Kap. IV.1. und IV.3. eingegangen.

2.1 Leitbild

Der Begriff „Leitbild" - im ROG 1998 in § 19 Abs. 42 Nr. 1 jetzt ausdrücklich genannt - ist zwar nicht im Sinne einer Legaldefinition festgelegt, wird aber vorwiegend im Sinne eines anzustrebenden Sollzustandes bestimmt. Es werden eher generelle Grundaussagen getroffen. Ein Leitbild legt weder den Zeitrahmen noch konkrete Maßnahmen fest. Es läßt sich „als zukünftiger Zustand, der durch zweckmäßiges Handeln und Verhalten erreicht werden soll" (LENDI 1995, S. 624) definieren. Damit wird das Leitbild grundsätzlich als erreichbar angesehen, d. h. es ist jeweils eine Bewertung eingeschlossen, die die Chancen der Realisierung aufnimmt, aber es wird nicht unbedingt förmlich verbindlich.

Der Entwurf eines Leitbildes dient der ersten Orientierung und kann zu einem grundsätzlichen Einigungsprozeß der betroffenen Akteure führen. Die notwendige Abstraktheit eines Leitbildes wirkt konsensfördernd, da notwendigerweise weder die Wege zu dem Ziel noch die erforderlichen Maßnahmen oder der zeitliche Ablauf festgelegt werden müssen. Damit wird offensichtlich die Einigung auf grundsätzliche Aussagen zum angestrebten Endzustand erleichtert.

Leitbilder bedürfen der Weiterentwicklung, sei es, daß sie in förmliche Programme und Pläne integriert werden und damit eine Bindungswirkung auch für andere entfalten, oder sei es, daß in Regionalen Entwicklungskonzepten eine konkretere Ausdifferenzierung vorgenommen wird. Leitbilder erleichtern den Beteiligten eine grundsätzliche Verständigung. Mit zunehmender Konkretisierung lassen sich aus allgemeinen Orientierungen oder Leitmotiven entsprechende Leitbilder und weiterführend Handlungsfelder, Ziele und Maßnahmen ableiten.

Raumordnungspolitischer Orientierungsrahmen

Rückblickend war es auf Bundesebene ein erfolgreicher Versuch, über das informelle Instrument von Leitbildern die raumordnungspolitischen Vorstellungen zu formulieren und damit die raumordnungspolitische Diskussion zu beleben. Der Raumordnungspolitische Orientierungsrahmen (1993, S. 1) bezeichnet sich bewußt als das „neue räumliche Leitbild", das sich an Bund, Länder und Gemeinden, aber auch an den privaten Bereich richtet. Der Raumordnungspolitische Orientierungsrahmen versteht sich nicht als Programm, sondern zeigt Aufgaben und Perspektiven auf. Symptomatisch dafür erscheint der wiederholte Hinweis, daß die beigefügten Karten keine planerischen Festlegungen darstellen.

Damit unterscheidet sich dieses Leitbild vom Anspruch her deutlich vom Bundesraumordnungsprogramm, das für die Fachplanungen der Bundesressorts beachtet werden sollte und an das die für Landesplanung zuständigen Minister der Länder ihre Programme und Pläne anpassen sollten.

Vor dem Hintergrund erheblicher Ungleichgewichte zwischen den alten und den neuen Bundesländern nach der deutschen Wiedervereinigung, der europäischen Integration im Rahmen der Europäischen Union und den Umwälzungen in Mittel- und Osteuropa stellt der Raumordnungspolitische Orientierungsrahmen für die künftige Raumstruktur fünf Leitbilder auf für Siedlungsstruktur, Umwelt und Raumnutzung, Verkehr, Europa sowie Ordnung und Entwicklung.

Das Leitbild Siedlungsstruktur geht von einer „dezentralen Konzentration" (1993, S. 4) aus, das in Text und kleinmaßstäbiger Karte skizziert wird. Dazu soll der Ausbau von städtischen Vernetzungen zu Synergieeffekten führen. Durch Städtenetze sollen neue Entwicklungsimpulse auch in die neuen Bundesländer getragen werden. In den Stadtregionen sollen Überlastungstendenzen abgebaut und die regionale Zusammenarbeit weiterentwickelt werden. Demgegenüber sollen die gering verdichteten, agglomerationsfernen Räume insbesondere in den neuen Bundesländern stabilisiert und deren Entwicklungspotentiale erschlossen werden.

Das textlich und skizzenhaft aufgezeigte Leitbild Umwelt und Raumnutzung differenziert räumlich zwischen dem Umfeld der Verdichtungräume, wo die Freiraumsicherung vorrangig erscheint, und den Räumen mit großräumig bedeutsamen Natur- und Landschaftspotentialen sowie den großen Wasservorkommen, wo deren Schutz und die ressourcenschutzorientierte Nutzung im Vordergrund stehen. Hauptansatzpunkte hierfür sind beispielsweise die Zuordnung von Wohn- und Arbeitsplätzen, ÖPNV oder die extensive Landbewirtschaftung.

Im Verkehrssektor beschränkt sich das Leitbild auf die zielgerichteten Hinweise zum innerdeutschen Ausbau des Verkehrsnetzes sowie auf die europäischen Erfordernisse zum Ausbau des Hochgeschwindigkeitsnetzes und anderer großräumiger Verkehrsströme. Kleinräumig sollen Verlagerungen auf Bahn und Bus verkehrsentlastend wirken. Mit den nur auf den Verkehr ausgerichteten Aussagen zu den großräumigen Verbindungen werden die Entwicklungsachsen des Bundesraumordnungsprogrammes nur noch sektoral aufgegriffen, d. h. zu Verkehrsachsen reduziert.

Im europäischen Rahmen stellt das Leitbild Europas textlich die Weiterentwicklung der Zentrenstruktur und die grenzüberschreitende Zusammenarbeit in den Vordergrund. Dabei sind vor allem auch durch den Ausbau von transeuropäischen Infrastrukturnetzen die neuen Bundesländer einzubinden.

Dies kommt nochmals im Leitbild Ordnung und Entwicklung zum Ausdruck. Während für die Verdichtungsräume und deren Randzonen in Westdeutschland vor allem Ordnungsaufgaben überwiegen, sollte der Entwicklungsbedarf schwerpunktmäßig in den neuen Bundesländern und den Randzonen der alten Bundesländer gesehen werden. Die schematische kartographische Darstellung in einer Übersichtskarte vermittelt beispielsweise einen räumlichen Eindruck von dem sehr hohen Entwicklungsbedarf in den neuen Bundesländern.

Nach dem Selbstverständnis des Raumordnungspolitischen Orientierungsrahmens wird mit diesem raumordnungspolitischen Leitbild in knapper Form in Text und Karte vorgegeben, „in welche Richtung die Weiterentwicklung der Raum- und Siedlungsstruktur der Bundesrepublik Deutschland notwendig erscheint und anzustreben ist" (1993, S. 26). Damit werden der angestrebte Sollzustand für die räumliche Entwicklung des Bundesgebietes formuliert und Perspektiven für die einzelnen Leitbilder aufgezeigt.

Der erste Umsetzungsschritt erfolgte durch zehn Schwerpunkte in einem „Raumordnungspolitischen Handlungsrahmen" durch Beschluß der Ministerkonferenz für Raumordnung (MKRO) vom 8.3.1995.

Leitbild Berlin-Brandenburg

Die Diskussion über die Entwicklung im Umfeld von Berlin führte zur Diskussion über Entwicklungszentren im weiteren Umkreis von Berlin, die zwischen Berlin und Brandenburg konsensfähig war. Das zunächst informelle Instrument eines Leitbildes Berlin-Brandenburg fand Eingang in die förmliche Planung. Für die künftige Raumstruktur wurde das „Raumordnerische Leitbild der dezentralen Konzentration" in das Gemeinsame Landesentwicklungsprogramm Berlin/Brandenburg integriert und im Gemeinsamen Landesentwicklungsplan für den engeren Verflechtungsraum Brandenburg-Berlin konkretisiert.

2.2 Teilraumgutachten

Mitte der 80er Jahre wurde in Bayern als neues Planungsinstrument zwischen Regional- und Bauleitplanung das Instrument der Teilraumgutachten eingeführt. Häufig auf Initiative aus dem kommunalen Bereich werden die Gutachten unter staatlicher Aufsicht meist an externe Planungsbüros vergeben, wobei auch bei der Erarbeitung eine intensive kommunale Beteiligung erfolgt, damit eine möglichst hohe Akzeptanz erreicht wird.

Die Teilraumgutachten für problemorientierte Untersuchungsräume besitzen als informelle Planungsinstrumente keine Bindungswirkung. Sie dienen als fachübergreifende Ordnungs- und Entwicklungskonzepte einheitlich zur Grundlagenermittlung, zur Erarbeitung von Leitlinien für die Entwicklung des Raumes und sollen schließlich integrierte Gesamtkonzepte erstellen (HAASE-LERCH 1994, S. 25).

Die stringenten Gliederungsvorgaben sehen methodisch Leitlinien für die einzelnen Fachbereiche vor, die in einem Rahmenkonzept zusammengeführt werden. Dabei können auch alternative Modelle diskutiert und aufgenommen werden. Zur Verwirklichung eines erarbeiteten Gesamtkonzeptes wird in der Regel ein abgestimmter Maßnahmenkatalog vorgeschlagen. Aufgrund der breiten Beteiligung an den Teilraumgutachten wird ein hoher Konsens erreicht.

Die Wirkungsmöglichkeiten der unverbindlichen Teilraumgutachten ergeben sich insbesondere durch die spätere Aufnahme einzelner Ziele in die Regional- und Fachplanung oder auf kommunaler Ebene in die Bauleitplanung durch die Beachtung im Rahmen von Raumordnungsverfahren im Einzelfall oder durch die freiwillige Umsetzung durch sonstige Planungs- und Maßnahmenträger (HAASE-LERCH 1994, S. 61).

Grundsätzlich basiert die gute Akzeptanz u.a. auf dem hohen Aufwand an Betreuung und Beteiligung sowie der fachlichen Qualität und erscheint auch auf andere Bundesländer übertragbar.

2.3 Regionale Entwicklungskonzepte

Zur Umsetzung des Raumordnungspolitischen Orientierungsrahmens empfiehlt die Ministerkonferenz für Raumordnung, die Leitbilder zu konkretisieren. Im Raumordnungspolitischen Handlungsrahmen vom März 1995 wird ein Schwerpunkt darin gesehen, „bestehende raumordnerische Leitbilder und Konzeptionen in konkrete Handlungs- und Aktionsprogramme bzw. Regionale Entwicklungskonzepte" umzusetzen (S. 5).

Regionale Entwicklungskonzepte bieten die Chance, für die räumliche Orientierung und als Rahmenvorstellungen auch dort, wo entsprechende Entscheidungsstrukturen fehlen, eine Gesamtstruktur vorzuschlagen. Dies gilt beispielsweise für die Stadtstaaten Hamburg und Bremen mit dem jeweiligen Umland. Aber auch für besondere Problemlagen oder neue räumliche Aufgabenstellungen sind Regionale Entwicklungskonzepte eine Chance, die Umsetzung raumordnungspolitischer Vorstellungen zu begünstigen.

Das ROG 1998 empfiehlt ausdrücklich „Entwicklungskonzepte für Teilräume", „durch die raumbedeutsame Planungen und Maßnahmen vorgeschlagen und aufeinander abgestimmt werden (regionale Entwicklungskonzepte)." (§ 13 BauROG)

Regionales Entwicklungskonzept Metropolregion Hamburg

Infolge der besonderen Problematik der Entwicklung im Hamburger Umland mit den Zuständigkeiten im Stadtstaat Hamburg und den zwei Flächenländern Schleswig-Holstein und Niedersachsen gab es keine Chance einer verbindlichen gemeinsamen Landesplanung. Daher wurde versucht, über das Instrument eines unverbindlichen „Regionalen Entwicklungskonzeptes für die Metropolregion Hamburg" eine erste Stufe einer angestrebten verstärkten Zusammenarbeit zu erreichen. Mit dem Regionalen Entwicklungskonzept soll ein Zielrahmen mit grundsätzlichen Festlegungen, Eckwerten und Prognosedaten geschaffen werden.

Dies erfolgt mit zunehmender Konkretisierung in drei Schritten:
- Leitbild,
- Orientierungsrahmen und
- Handlungsrahmen.

Ausgangspunkt sind zehn Leitsätze zur ökonomischen, funktionalen ökologischen und strukturellen Entwicklung der grünen Metropolregion von europäischem Rang. Die (gutachterliche) thematische Aufbereitung für die wichtigsten Themenbereiche, u. a. Bevölkerungsentwicklung, Wohnungsversorgung, Wirtschaft, Verkehr, Natur und Landschaft bis hin zur Abfallwirtschaft, erfolgt im Orientierungsrahmen.

In der dritten Stufe werden im Handlungsrahmen die strategischen und maßnahmenbezogenen Konsequenzen aufgezeigt. Exemplarisch werden dazu umsetzungsorientiert über dreißig Einzelprojekte aufgelistet. Der Handlungsrahmen schlägt schließlich eine neue Organisationsstruktur für eine gemeinsame trilaterale Landesplanung Hamburg, Niedersachsen, Schleswig-Holstein vor.

Aufgrund der landespolitischen Zuständigkeit entfaltet das Regionale Entwicklungskonzept keine Bindungswirkung, es ersetzt weder Raumordnungsprogramme oder -pläne noch Flächennutzungspläne, sondern soll für diese Orientierung und Rahmen sein.

Mit Hilfe der Regionalen Entwicklungskonzepte konnte für die Metropolregion Hamburg in einem fünfjährigen Bearbeitungs- und Diskussionsprozeß sukzessive über ein künftiges eigenständiges Profil, wichtige Eckwerte und regionale Entwicklungsziele sowie daraus zu ziehende Schlußfolgerungen bis hin zu konkreten Lösungsansätzen ländergrenzübergreifend Konsens erzielt werden.

Weitere Regionale Entwicklungskonzepte

Die im Rahmen der Wirtschaftsförderung entstandenen Regionalen Aktionsprogramme sollen zu Regionalen Entwicklungskonzepten weiterentwickelt und mit den Zielen der Raumordnung und Landesplanung umsetzungsorientiert zu einer integrierten Regionalpolitik zusammengeführt werden.

Als Mindestinhalt der Regionalen Entwicklungskonzepte gelten:

- Beschreibung und Analyse,
- bestehende Ziele und Aufgaben zur Entwicklung,
- bestehende Entwicklungsaktivitäten und Förderprogramme,
- Stärken und Schwächen,
- neue Leitbilder und Entwicklungsziele und
- regionsbezogenes Handlungs- und Entwicklungsprogramm.

Regionale Entwicklungskonzepte sind im Grundlagenteil mit den Bestandserhebungen der Regionalpläne oder Teilraumgutachten vergleichbar. Auf der Strukturanalyse aufbauend sind die Entwicklungspotentiale aufzuzeigen und muß ein gemeinsames Leitbild erarbeitet werden. Regionale Entwicklungskonzepte mit einer langfristigen Orientierung von 10 - 15 Jahren machen zur Umsetzung kurzfristigere Regionale Operationelle Programme von 4 - 6 Jahren erforderlich.

Organisatorisch sollte die Erarbeitung Regionaler Entwicklungskonzepte durch Regionalkonferenzen/-foren mit einem Lenkungsausschuß und thematisch orientierten Arbeitsgruppen abgestützt werden (vgl. ARL-Ad-hoc-Arbeitskreis „Regionale Entwicklungskonzepte" 1996).

Das Instrument der Regionalen Entwicklungskonzepte wurde bisher vor allem in Nordrhein-Westfalen eingesetzt und ist dort wohl unumstritten, wird jedoch für kleinere Räume auch in anderen Bundesländern aufgenommen.

Als zwei Beispiele kleinräumiger Regionaler Entwicklungskonzepte, die aus einer besonderen Problemlage heraus entwickelt wurden, seien die Konzepte für das Mittelrheintal und das Schwarzatal herangezogen.

Das „Handlungskonzept Mittelrhein von Bingen bis Lahnstein" (1997) orientiert sich an einem naturräumlich klar abgrenzbaren Raum, der nach dem Landesentwicklungsplan von Rheinland-Pfalz (LEP III) „als besonders planbedürftig" eingestuft wurde, und formuliert aus einer analytisch beschriebenen Problemlage ein gemeinsames Leitmotiv und anzustrebende Leitbilder, ohne daß daraus schon klare räumliche konkretisierte Raumnutzungen bestimmt würden.

Mit Hilfe eines Leitmotives, sich auf die eigenen regionalen Stärken zu besinnen, werden einzelne Leitbilder zur regionalen Identität, zur raumprägenden Kulturlandschaft und zur Sicherung eines multifunktionalen Lebens- und Erholungsraumes entwickelt. Für wichtige, mehr grundsätzliche Zielbereiche, wie Sicherung des Weinbaues, Ausbau des touristischen Profils, Erhalt von Burgen, Ortsbildern und Baudenkmälern bis hin zur Lärmbekämpfung und zur Imageverbesserung, werden weiterführende einzelne Ziele formuliert sowie erste strategisch bedeutsame Projekte empfohlen.

Methodisch wurde für das überschaubare Schwarzatal in Thüringen in ähnlicher Form ein „Regionales Entwicklungskonzept Schwarzatal" (1996) erarbeitet. Die besondere Problemlage wird in einer ausführlichen Bestandsaufnahme der ökonomischen, ökologischen und räumlichen Strukturen - teilweise durch thematische Karten im Maßstab 1:50.000 unterstützt - dargestellt. Orientiert an der Leitvorstellung, diesen Teilraum zu einem attraktiven Fremdenverkehrs- und Lebensraum mit hoher Umweltqualität zu entwickeln, werden die wesentlichen Handlungsfelder in einzelnen Bereichen formuliert und erläutert. Darauf baut das Handlungskonzept auf und schlägt einen umfangreichen tabellarischen Maßnahmenkatalog vom Straßenausbau bis zur touristischen Infrastruktur mit Angabe von Prioritäten sowie eines groben Zeit- und Kostenvolumens vor. Zur kurzfristigen Umsetzung sollen drei besonders herausgestellte Impulsprojekte führen.

Auf regionaler Ebene kann sich beispielsweise durch eine Neubaustrecke für den Hochgeschwindigkeitsverkehr problemorientiert das Erfordernis ergeben, die zu erwartenden Auswirkungen aufzuzeigen und konzeptionell zusammenzuführen. Mit Hilfe des Instrumentes eines Raumnutzungskonzepts wurden z. B. für 52 Gemeinden im Siedlungs- und Wirtschaftsraum Montabaur (1993) neue Entwicklungsmöglichkeiten infolge der Neubaustrecke (NBS) Köln-Rhein/Main-Gebiet, insbesondere bei Realisierung des NBS-Bahnhofes Koblenz/Montabaur, aufgezeigt. Auf der Basis einer Bestandsanalyse werden darin Potentiale abgeschätzt und weiterführende Planungsvorschläge unterbreitet, damit durch das Raumnutzungskonzept eine abgestimmte Standortvorsorge möglich wird. In Text und Karten im Maßstab 1: 25.000 werden Flächen für die Siedlungsentwicklung und deren Anbindung an das Verkehrsnetz sowie für oberflächennahe Rohstoffvorkommen und Freiräume dargestellt, bewertet und Aussagen über die Eignung von Flächen für bestimmte Nutzungsarten getroffen. Unter Beachtung der Nutzungsintensität und Empfindlichkeit der Flächen und möglichst weitgehender Vermeidung von Nutzungskonflikten ergäben sich im Siedlungs- und Wirtschaftsraum Montabaur große Entwicklungspotentiale.

Zusammenfassung

Bei den Zielen der Raumordnung und Landesplanung in förmlichen Raumordnungsplänen und -programmen handelt es sich als raumordnerische „Letztentscheidungen" um verbindliche Festlegungen. Wegen der Anpassungs- und Beachtenspflicht sind hohe Anforderungen an die Stringenz der Ziele, ihre sachliche und räumliche Bestimmtheit und Ausformung sowie an die Beteiligungsverfahren zu stellen. Damit korrespondiert die Methodik. Konkrete und verbindliche Aussagen erfordern auch Methoden, z. B. im Hinblick auf das prognostische Material, die solche Aussagen tragen können. Dadurch können die konkretisierten stringenten Ziele bei der Durchsetzung an Bedeutung gewinnen. Andererseits erfordert dies eine bewußte Konzentration auf wesentliche rahmensetzende raumordnerische Kernaussagen. Daher werden künftig allgemeine grundsätzliche Ausführungen und Auflistungen in förmlichen Planungen eher zurückgedrängt werden müssen. Durch die allgemeinen Vorschriften über Raumordnungspläne im neuen Bau- und Raumordnungsgesetz 1998 wird eine stärkere Vereinheitlichung der Raumordnungspläne im Bundesgebiet zu erwarten sein. Die wegen ihrer großen Informationsdichte häufig schwer lesbaren Programme und Pläne können in Zukunft durch entsprechende digitale Verarbeitung leichter abgerufen und zumindest in Ausschnitten auch besser lesbar präsentiert werden.

Zur Umsetzung von raumordnerischen Zielvorstellungen können entwicklungsorientierte informelle Mittel wie Leitbilder, Teilraumgutachten oder Regionale Entwicklungskonzepte als neue Instrumente treten, wo dies problemorientiert notwendig erscheint. Die Erstellung von „Entwicklungskonzepten für Teilräume" (§ 13 BauROG) gehört nach dem Bau- und Raumordnungsgesetz ausdrücklich zu den Instrumenten der Verwirklichung der Raumordnungspläne, um raumbedeutsame Planungen und Maßnahmen vorzuschlagen und aufeinander abzustimmen. Insbesondere dort, wo entsprechende Entscheidungsträger fehlen, können diese Instrumente argumentativ-überzeugend und konsensfördernd wirken, soweit eine gleichgerichtete Interessenslage vorliegt oder ein Interessensausgleich erreicht werden kann. Trotz des informellen Charakters darf einerseits der dafür erforderliche große organisatorische Aufwand nicht unterschätzt werden, andererseits eröffnen sich durch abgestimmte Handlungskonzepte neue Chancen teilräumlicher Zusammenarbeit.

Literatur

ARL (Hrsg.) (1995): Zukunftsaufgabe Regionalplanung, Forschungs- und Sitzungsberichte Bd. 200. Hannover.

ARL (1996): Ad-hoc-Arbeitskreis „Regionale Entwicklungskonzepte" (unveröffentlicht). Hannover.

Bau- und Raumordnungsgesetz 1998 (BauROG), Entwurf eines Gesetzes zur Änderung des Baugesetzbuches und zur Neuregelung des Rechts der Raumordnung, Deutscher Bundestag, Drucksache 13 A 588 vom 2.5.1997.

Brösse, U. (1982): Raumordnungspolitik, 2. Aufl. Berlin.

Brösse, U. (1995): Instrumente. In: ARL: Handwörterbuch der Raumordnung. Hannover, S. 507-511.

Bundesministerium für Raumordnung, Bauwesen und Städtebau (1975): Raumordnungsprogramm für die großräumige Entwicklung des Bundesgebietes (Bundesraumordnungsprogramm). Schriftenreihe 06.002. Bonn.

Bundesministerium für Raumordnung, Bauwesen und Städtebau (1993): Raumordnungspolitischer Orientierungsrahmen. Bonn.

Bundesministerium für Raumordnung, Bauwesen und Städtebau (1995): Raumordnungspolitischer Handlungsrahmen. Bonn.

Dietrichs, B. (1995): Konzepte der Raumordnung In: ARL: Handwörterbuch der Raumordnung. Hannover, S. 547-555.

Fürst, D. (1995): Planung. In: ARL: Handwörterbuch der Raumordnung. Hannover, S. 708-711.

Fürst, D.; Ritter, E.-H. (1993): Landesentwicklungsplanung und Regionalplanung. 2. Aufl. Düsseldorf.

Gesellschaft für Markt- und Absatzforschung mbH (GMA) (1996): Regionales Entwicklungskonzept Schwarzatal. Erfurt.

Goppel, K. (1995): Landesplanung. In: ARL: Handwörterbuch der Raumordnung. Hannover, S. 579-586.

Haase-Lerch, C. (1994): Teilraumgutachten als neues Instrument der Landesplanung. ARL-Arbeitsmaterial Nr. 209. Hannover.

Hoppe, W. (1994): Zum LEP-Entwurf NRW 1994, Städte- und Gemeinderat 10/1994, S. 332-338.

Landesregierung Nordrhein-Westfalen (1987): Leitentscheidungen zur künftigen Braunkohlepolitik. Düsseldorf.

Landesregierung Nordrhein-Westfalen (1991): Leitentscheidungen zum Abbauvorhaben „Garzweiler II". Düsseldorf.

LENDI, M. (1995): Leitbild der Räumlichen Planung. In: ARL: Handwörterbuch der Raumordnung. Hannover, S. 624-629.

MALCHUS, V. FRHR. V. (1983): Programme und Pläne im Planungssystem der Bundesländer der Bundesrepublik Deutschland. In: ARL: Daten zur Raumplanung, Teil B. Hannover, S. V 12, 1-12.

MALCHUS, V. FRHR. V. (1983): Synopse der Regionalplanung in den Bundesländern der Bundesrepublik Deutschland. In: ARL: Daten zur Raumplanung, Teil B. Hannover, S. VI, 8, 1-15.

MEYER, K. (1970): Planung. In: ARL: Handwörterbuch der Raumforschung und Raumordnung. Hannover, S. 2351-62.

Minister für Umwelt, Raumordnung und Landwirtschaft des Landes Nordrhein-Westfalen (1996): Gesamtkonzept zur Nordwanderung des Steinkohlebergbaus an der Ruhr. Düsseldorf.

MÜNZER, E. (1995): Raumordnungsrecht. In: ARL: Handwörterbuch der Raumordnung. Hannover, S. 759-766.

Planungsgemeinschaft Mittelrhein-Westerwald (Hrsg.) (1993): Raumnutzungskonzept für den Siedlungs- und Wirtschaftsraum Montabaur. Koblenz.

Planungsgemeinschaft Mittelrhein-Westerwald u.a. (Hrsg.) (1997): Handlungskonzept Mittelrheintal von Bingen bis Lahnstein. Köln.

Regionales Entwicklungskonzept für die Metropolregion Hamburg (REK), Leitbild und Orientierungsrahmen (1994), Handlungsrahmen (1996). Hamburg.

SCHEFER, G. (1995): Materielle Vorgaben der Raumordnung. In: ARL: Handwörterbuch der Raumordnung. Hannover, S. 634-645.

SCHMIDT-AßMANN, E. (1995): Planungsrecht. In: ARL: Handwörterbuch der Raumordnung. Hannover, S. 723-728.

SCHMITZ, G. (1995): Regionalplanung. In: ARL: Handwörterbuch der Raumordnung. Hannover, S. 823-830.

SPITZER, H. (1995): Einführung in die räumliche Planung. Stuttgart.

IV.1 Instrumente der Planung und Umsetzung

Axel Priebs

Inhalt

1. Einführung
2. Formelle Instrumente zur Planumsetzung
2.1 Bindungswirkung der Ziele der Raumordnung
2.2 Abstimmung zwischen Raumordnung und Fachplanung
2.3 Anpassungspflicht der kommunalen Bauleitplanung
2.4 Untersagung raumordnungswidriger Planungen und Maßnahmen
2.5 Planungsgebot
3. Raumordnung und raumwirksame Finanzmittel
3.1 Mangelhafte Finanzausstattung der Raumordnung
3.2 Raumordnung und regionale Strukturpolitik
3.3 Raumordnung und kommunaler Finanzausgleich
3.4 Weitere finanzielle Dotationsmöglichkeiten der Raumordnung
4. Kooperations- und Konsensstrategien der Raumordnung
4.1 Die „Entdeckung" der informellen Instrumente
4.2 Beratung, Information und Moderation
4.3 Regionale Entwicklungskonzepte
4.4 Modellprojekte der Raumordnung
5. Bilanz und Ausblick
5.1 Kombination formeller und informeller Instrumente
5.2 Plädoyer für eine verstärkte Konsensorientierung
5.3 Abschließende Thesen

■ IV. Instrumente der Plansicherung und -umsetzung

1. Einführung

Trotz einer weitreichenden Verbindlichkeit ihrer Ziele sieht sich die Raumordnung zunehmend dem Vorwurf des Vollzugsdefizits ausgesetzt. Dabei wird freilich gerne übersehen, daß Raumordnung als überfachliche räumliche Planung oberhalb der kommunalen Bauleitplanung im Planungssystem der Bundesrepublik Deutschland vorrangig als Rahmenplanung angelegt ist, die Angebote und Grenzen aufzeigt. Zeitpunkt und Art der Konkretisierung der Raumordnungsziele bis hin zu für den einzelnen Bürger verbindlichen Bebauungsplänen und insbesondere die Umsetzung z.B. in Form konkreter Infrastrukturvorhaben hat der Gesetzgeber primär anderen Akteuren, nämlich den Kommunen, den Fachbehörden sowie anderen Projektträgern vorbehalten. Allerdings verfügt die Raumordnung auch selbst über eine Reihe formeller Instrumente, mit denen sie ihre Planungen sichern bzw. rechtlich durchsetzen kann, in begrenztem Umfang auch über eigene finanzielle Mittel und schließlich über informelle Instrumente, mit denen sie auf der Handlungsebene Einfluß nehmen kann. Diese Instrumente sollen im folgenden vorgestellt und in ihrer Wirksamkeit und Bedeutung diskutiert werden.

2. Formelle Instrumente zur Planumsetzung

2.1 Bindungswirkung der Ziele der Raumordnung

Bei den Zielen der Raumordnung handelt es sich um verbindliche Festlegungen in den Plänen und Programmen der Landes- und Regionalplanung, die - im Gegensatz zu den Grundsätzen der Raumordnung - keiner weiteren Abwägung zugänglich sind. Sie sind materielle Rechtsnormen mit weitreichender Bindungswirkung, da sie von öffentlichen Stellen bei ihren raumbedeutsamen Planungen und Maßnahmen zu beachten sind (§ 4 ROG). Freilich setzt die Anpassungs- bzw. Beachtenspflicht voraus, daß die Ziele der Raumordnung in den nach Landesrecht unterschiedlich ausgeformten Plänen und Programmen der Landes- und Regionalplanung in formaler und inhaltlicher Hinsicht den notwendigen Bestimmtheitsgrad aufweisen, d.h. zum einen als Ziel erkennbar und zum anderen räumlich und sachlich bestimmbar sind (vgl. FOLKERTS 1988, S. 60 ff.).

In den Jahren 1995/96 hatte es vor dem Hintergrund des damals geltenden Raumordnungsrechts intensive Diskussionen über die Zielbindung privatrechtlich organisierter Planungträger gegeben.

Dabei ging es insbesondere um die Frage, inwieweit eine Bindungswirkung der Raumordnungsziele gegenüber den in private Rechtsformen überführten Unternehmen des Bundes, vor allem den Rechtsnachfolgern der Deutschen Bundesbahn und der Deutschen Bundespost, bestand. Die Deutsche Bahn AG und die Deutsche Telekom AG sind zwar Planungsträger für Infrastrukturvorhaben der Daseinsvorsorge mit weitreichender Raumbedeutsamkeit, waren aber nicht eindeutig als „öffentliche Planungsträger" im Sinne des ROG einzuordnen. F. ROER (1996) kam denn auch zu dem Ergebnis, daß eine unmittelbare Bindungswirkung für die genannten privatisierten Bundesunternehmen nicht und eine mittelbare Geltung - etwa über die Berücksichtigung der Ergebnisse eines Raumordnungsverfahrens in der Planfeststellung - nur teilweise und sehr eingeschränkt bestünde.

Mit der am 1.1.1998 in Kraft getretenen Novellierung des Raumordnungsgesetzes ist die Bindungswirkung der Raumordnungsziele ausgeweitet und präzisiert worden. So stellt § 4 Abs. 1 klar, daß die Bindungswirkung von öffentlichen Stellen auch bei Genehmigungen, Planfeststellungen und sonstigen behördlichen Entscheidungen über die Zulässigkeit raumbedeutsamer Maßnahmen öffentlicher Stellen sowie Planfeststellungen und Genehmigungen mit der Rechtswirkung der Planfeststellung über die Zulässigkeit raumbedeutsamer Maßnahmen von Personen des Privatrechts gilt. Bei raumbedeutsamen Planungen und Maßnahmen sind den öffentlichen Stellen nach § 4 Abs. 3 ferner die Personen des Privatrechts in Wahrnehmung öffentlicher Aufgaben gleichgestellt, wenn öffentliche Stellen an diesen Personen mehrheitlich beteiligt sind oder die Planungen und Maßnahmen überwiegend mit öffentlichen Mitteln finanziert werden.

Eine enge Berührung zwischen Raumordnungszielen und Einzelvorhaben besteht beim Bauen im Außenbereich nach § 35 BauGB. So dürfen nach § 35 Abs. 3 Satz 2 BauGB raumbedeutsame Vorhaben nicht den Zielen der Raumordnung und Landesplanung widersprechen; im Außenbereich können hinreichend konkretisierte Ziele der Raumordnung deswegen als öffentlicher Belang einem Vorhaben entgegengesetzt werden (FINKELNBURG/ORTLOFF 1995, S. 161, Fußn. 8). Somit können Ziele der Raumordnung bei Bauanträgen für privilegierte raumbedeutsame Vorhaben - hierzu zählen u.a. auch Windkraftanlagen - durchaus auch Auswirkungen auf die Beurteilung von Einzelvorhaben haben.

2.2 Abstimmung zwischen Raumordnung und Fachplanung

Die für raumbedeutsame Fachplanungen einschlägigen Fachgesetze enthalten in der Regel eine Raumordnungsklausel, welche die entsprechenden Fachbehörden bzw. Fachplanungsträger zur Abstimmung mit der Raumordnung verpflichtet. Dabei geht es nicht nur um die Beachtung der Raumordnungsziele, sondern auch die Berücksichtigung weiterer Erfordernisse der Raumordnung, d.h. in Aufstellung befindliche Ziele, Grundsätze sowie Ergebnisse von Raumordnungsverfahren. Ferner ist ein intensiver Kommunikations- und Kooperationsprozeß zwischen Raumordnung und den jeweiligen Fachplanungen erforderlich. Insofern sind diese Raumordnungsklauseln, die in mehrere Fachgesetze schon vor Erlaß des ROG eingefügt wurden, trotz ihres überwiegend deklaratorischen Charakters sehr hilfreich für den Umgang zwischen Raumordnung und Fachplanungsträgern (vgl. v. MALCHUS 1994).

Die Abstimmung zwischen Raumordnung und Fachplanungen erfolgt auf formellem und informellem Wege; letzteres etwa durch frühzeitige Informations- und Abstimmungsgespräche. Sofern nicht bestimmte Voraussetzungen gegeben sind, z.B. daß ein Vorhaben den räumlich und sachlich hinreichend konkreten Zielen der Raumordnung entspricht oder widerspricht (vgl. hierzu § 15 Abs. 2 Nr. 1 ROG), ist jedoch bei den meisten raumbedeutsamen Vorhaben zur Prüfung der Frage, ob das Vorhaben mit den Erfordernissen der Raumordnung vereinbar ist, ein förmliches Raumordnungsverfahren erforderlich (s. HÖHNBERG in diesem Band). Das Ergebnis eines Raumordnungsverfahrens, die Landesplanerische Feststellung, ist in den nach Fachplanungsrecht vorgeschriebenen Planfeststellungsverfahren zu berücksichtigen, allerdings nicht notwendigerweise zu beachten. Dies bedeutet, daß eine Umsetzung der Raumordnung letztlich - soweit nicht die Anpassungspflicht an hinreichend konkrete Ziele der Raumordnung greift - abhängig ist vom pflichtgemäßen Ermessen der Planfeststellungsbehörde. Ein Raumordnungsverfahren ist zwar als frühzeitiges Abstimmungsverfahren gut, als raumordnerisches Umsetzungsinstrument jedoch nur in begrenztem Umfang geeignet.

2.3 Anpassungspflicht der kommunalen Bauleitplanung

Die Vorschrift in § 1 Abs. 4 BauGB, wonach „die Bauleitpläne ... den Zielen der Raumordnung anzupassen" sind, ist von entscheidender Bedeutung für die Konkretisierung der Raumordnung auf der gemeindlichen Ebene. „Anpassung" bedeutet hierbei nach einem Beschluß des BVerwG vom 20.8.1992, „daß die Ziele der Raumordnung und Landesplanung in der Bauleitplanung je nach dem Grad ihrer Aussageschärfe konkretisierungsfähig sind, nicht aber im Wege der Abwägung nach § 1 Abs. 6 BauGB überwunden werden können" (NVwZ 1993, S. 167). Praktisch erfolgt die Anpassung der Bauleitplanung an die Ziele der Raumordnung in der Regel durch entsprechende Darstellungen im Flächennutzungsplan, aus dem dann die (auch gegenüber dem einzelnen verbindlichen) Bebauungspläne zu entwickeln sind. Erst über die Umsetzung und Konkretisierung in der kommunalen Bauleitplanung erlangen die Ziele der Raumordnung also Verbindlichkeit für den einzelnen, wobei die Frage, ob überhaupt und wann ein Bauleitplan aufzustellen ist und welche Konkretisierung bzw. Ausgestaltung innerhalb des raumordnerischen Rahmens vorgenommen wird, ein Kernbestandteil der kommunalen Selbstverwaltung ist (zum Planungsgebot in einzelnen Bundesländern vgl. jedoch Abschnitt 2.5).

Unterschiedlich ist in den Ländern geregelt, wie die Ziele der Raumordnung der Kommune, welche die Aufstellung eines Bauleitplanes beabsichtigt, mitgeteilt werden. Während in den meisten Ländern die Kommune selbst verpflichtet ist, aus den Plänen und Programmen des Landes und der Region die zu beachtenden Ziele zu entnehmen, und die zuständige Landesplanungsbehörde parallel zu den anderen Trägern öffentlicher Belange beteiligt wird, schreiben die Landesplanungsgesetze der neuen Länder (einschl. Landesplanungsvertrag der Länder Berlin und Brandenburg) sowie der Länder Nordrhein-Westfalen, Rheinland-Pfalz und Schleswig-Holstein den Kommunen eine direkte Anfrage bei der Landesplanung vor; die Kommune hat der zuständigen Landesplanungsbehörde die beabsichtigte Aufstellung eines Bauleitplanes anzuzeigen und dabei die allgemeinen Planungsabsichten mitzuteilen. Die Landesplanungsbehörde übermittelt der Kommune und der für die Genehmigung oder das Anzeigeverfahren zuständigen Behörde die einschlägigen und bei der Aufstellung des jeweiligen Bauleitplanes zu beachtenden Ziele der Raumordnung bzw. die zu berücksichtigenden sonstigen Erfordernisse der Raumordnung. Der Vorteil dieses Verfahrens besteht darin, daß die Kommune von Anfang an Klarheit über die Erfordernisse der Raumordnung erhält, während die Genehmigungsbehörde leichter die Beachtung bzw. Berücksichtigung der Erfordernisse der Raumordnung prüfen kann.

Die bisherigen Ausführungen bezogen sich auf die Anpassung neuer bzw. erstmalig aufzustellender Bauleitpläne an die Ziele der Raumordnung. In den Ländern Bayern, Niedersachsen, Nordrhein-Westfalen und Thüringen sowie im Bereich der gemeinsamen Landesplanung Berlin-Brandenburg besteht auf landesrechtlicher Grundlage zusätzlich die Möglichkeit, seitens der zuständigen Landesplanungsbehörden auch die nachträgliche Anpassung bereits genehmigter Bauleitpläne an die Ziele der Raumordnung zu verlangen. Allerdings ist die praktische Bedeutung dieses Instruments außerordentlich gering, weil Sanktionsmöglichkeiten nicht gegeben sind und die Durchsetzung der Anpassung im Zweifelsfalle über die politisch sehr sensiblen Mittel der Kommunalaufsicht erfolgen müßte. Hinzu kommt, daß Entschädigungsansprüche entstehen können, welche die Kommune an das Land weitergeben kann.

2.4 Untersagung raumordnungswidriger Planungen und Maßnahmen

Nach § 12 des novellierten ROG ist im Landesrecht vorzusehen, daß von der Zielbindung erfaßte raumbedeutsame Planungen und Maßnahmen zeitlich unbefristet untersagt werden können, wenn Ziele der Raumordnung entgegenstehen. Eine zeitlich befristete Untersagung ist - wie auch schon in der früheren Gesetzesfassung - vorgesehen, wenn zu befürchten ist, daß die Verwirklichung in Aufstellung, Änderung, Ergänzung oder Aufhebung befindlicher Ziele der Raumordnung unmöglich gemacht oder wesentlich erschwert werden würde.

Auch für die Untersagung gilt, daß unter Umständen Entschädigungsansprüche an das Land begründet werden können. Die Untersagung ist zwar ungeeignet zur (positiven) Umsetzung von Raumordnungszielen, sie kann jedoch unter bestimmten Voraussetzungen wirksam entgegenstehenden Entwicklungen vorbeugen. Allerdings wird die Untersagung in der Planungspraxis in nur sehr geringem Umfang angewandt - in einigen Ländern liegen bisher überhaupt keine Anwendungsfälle vor. Die Gründe hierfür sind sicherlich vielfältig; H.-G. NIEMEYER (1979, S. 128) sieht als ausschlaggebend an, daß in der Landesplanung nur öffentliche Stellen miteinander zu tun haben, in deren Umgang miteinander Zwangsmaßnahmen nicht besonders geeignet seien. Ferner sei die Untersagung nur „negativ", da sie zwar einen Aufschub, aber keine Entscheidung bringe. Außerdem darf nicht unterschätzt werden, daß eine Untersagung gerade im Umgang zwischen einer bei einem kommunal verfaßten Träger der Regionalplanung angesiedelten Landesplanungsbehörde und einer Kommune ein recht einschneidendes Ereignis darstellt und von daher nur als ultima ratio, evtl. auch auf Anweisung der oberen Landesplanungsbehörde, angewandt wird.

2.5 Planungsgebot

Ein in seinen möglichen Konsequenzen recht weitgehendes Instrument der Raumordnung stellt das in den Ländern Nordrhein-Westfalen und Saarland, für die gemeinsame Landesplanung Berlin-Brandenburg sowie - beschränkt auf die Region Stuttgart - im Land Baden-Württemberg landesrechtlich normierte Planungsgebot dar. Die Gemeinden können demnach in den genannten Ländern unter bestimmten Voraussetzungen zur erstmaligen Aufstellung von Bauleitplänen entsprechend den Zielen der Raumordnung verpflichtet werden. Als Voraussetzung nennt etwa der Landesplanungsvertrag der Länder Berlin und Brandenburg, daß die Aufstellung von Bauleitplänen „zur Verwirklichung von Planungen mit hervorragender Bedeutung für die überörtliche Wirtschaftsstruktur oder allgemeine Landesentwicklung erforderlich ist" (Art. 12 Abs. 5 LaPlaV). Auch bei diesem Instrument ist einschränkend anzumerken, daß es sehr selten angewendet wird, weil es wiederum nur indirekt wirkt (also eine Bauleitplanung auslösen, nicht jedoch die konkrete Projektrealisierung durchsetzen kann), einen politisch sensiblen Bereich berührt und zu seiner Durchsetzung wiederum auf Mittel der Kommunalaufsicht angewiesen ist. Auch bezüglich der Regelung in § 15a LaplaG Baden-Württemberg, mit der das Planungsgebot für die Region Stuttgart eingeführt wurde, ist Skepsis angebracht. Zwar wurde dieses „neue" Instrument, das hier dem (kommunal verfaßten) Träger der Regionalplanung an die Hand gegeben wurde, in Teilen der Fachwelt als Durchbruch für die Raumordnung begrüßt - in der Praxis zeigt sich schon jetzt, daß mit einer Anwendung des Instruments kaum zu rechnen ist. Eine in der ROG-Novelle vorgesehene bundesgesetzliche Normierung des Planungsgebots wurde in der Ausschußberatung des Bundestages zurückgenommen (Bundestags-Drucksache 13/7588, S. 66).

3. Raumordnung und raumwirksame Finanzmittel

3.1 Mangelhafte Finanzausstattung der Raumordnung

Obwohl die Bindung der Fachplanungen an die Ziele der Raumordnung juristisch eindeutig ist, zeigt die Praxis doch, daß die Fachbehörden im politischen Entscheidungsprozeß Möglichkeiten haben, Erfordernisse der Raumordnung zu überwinden bzw. gegen konkrete Investitionen auszuspielen. Dabei haben sie zum einen ihre eigenen Finanzmittel im Rücken, zum anderen können sie häufig regionalpolitisch bedeutsame Investitionen anderer Akteure und Arbeitsmarktaspekte als Argumentationshilfe auch gegen die Raumordnung anführen. Ohne Zweifel liegt eine zentrale Schwäche der Raumordnung darin, daß sie selbst nur in sehr begrenztem Umfang Einfluß auf den Mitteleinsatz der Fachpolitiken und der regionalen Strukturpolitik besitzt und Raumordnungsziele nur in sehr begrenztem Umfang mit Finanzzuweisungen gekoppelt sind. Raumordnung ist daher nicht nur in der Situation, häufig unpopuläre Belange und Bewertungen zu vertreten, sondern sie ist durch die weitgehend fehlende eigene Finanzausstattung auch in einer ungünstigeren Verhandlungsposition gegenüber den in der Regel mit eigenen Mitteln ausgestatteten Fachpolitiken.

3.2 Raumordnung und regionale Strukturpolitik

Durch ihre regionalpolitischen Förderinstrumente (Infrastrukturförderung, Investitionsbeihilfen etc.) nimmt die bei den Wirtschaftsressorts angesiedelte regionale Strukturpolitik einen vergleichsweise direkten (wenn auch in ihrer Wirksamkeit nicht unumstrittenen) Einfluß auf die Regionalentwicklung. Obwohl die Raumordnung verbindliche Ziele auch zur wirtschaftlichen Entwicklung des jeweiligen Planungsraums festlegt, sind die Querverbindungen zwischen Raumordnung und regionaler Wirtschafts- bzw. Strukturpolitik in der Realität bislang eher unbefriedigend. Ansätze zu einem konstruktiven Zusammenwirken von Regionalplanung und regionaler Strukturpolitik sind jedoch dort erkennbar, wo innerhalb des bestehenden Verwaltungsaufbaus, etwa in den Bezirksregierungen des Landes Nordrhein-Westfalen, eine institutionelle Zusammenführung der Zuständigkeiten erfolgt ist. Zusätzlich sei hier auch auf die Regelung des § 7 Abs. 2 LplG NW hingewiesen, der den Bezirksplanungsräten ein Beratungsrecht für raumbedeutsame und strukturwirksame Planungen und Förderprogramme von regionaler Bedeutung einräumt (vgl. zur Praxis im Regierungsbezirk Düsseldorf KONZE 1995).

Eine bessere Abstimmung könnte bundesweit ermöglicht werden durch interessante Neuerungen im Instrumentarium der Gemeinschaftsaufgabe „Verbesserung der regionalen Wirtschaftsstruktur". Zeitgleich mit der Erarbeitung des Raumordnungspolitischen Handlungsrahmens (MKRO 1995) hat nämlich der von den Wirtschaftsressorts beschickte Bund-Länder-Planungsausschuß für regionale Wirtschaftsstruktur im März 1994 beschlossen, das gesamte regionalpolitische Förderinstrumentarium zu überprüfen. Als ein hier besonders interessierendes Ergebnis wurden im 24. Rahmenplan erstmals Festlegungen über Regionale Entwicklungskonzepte (REK) getroffen (vgl. Tetsch 1996). Diese sollen im regionalen Konsens zur besseren Koordinierung und sinnvolleren Prioritätensetzung erarbeitet werden, wobei die Erarbeitung eines REK zwar empfohlen wird, jedoch keine verbindliche Fördervorgabe darstellt. Interessanterweise wird die Abgrenzung der Regionen ebenso der regionalen Initiative und Konsensfindung überlassen wie die Regelung der Federführung; dies bedeutet, daß hier grundsätzlich ein Aktionsfeld der Regionalplanung liegt, da diese bereits über die notwendigen institutionellen und fachlichen Voraussetzungen verfügt (vgl. hierzu Abschnitt 3.3 sowie insbesondere den Beitrag von Hein in diesem Band).

3.3 Raumordnung und kommunaler Finanzausgleich

In einigen Ländern ist der kommunale Finanzausgleich unmittelbar an raumordnerische Ziele, namentlich die Einstufung von Kommunen im zentralörtlichen System, gekoppelt. Obwohl das zentralörtliche System als Raumordnungsinstrument in den letzten Jahren immer wieder grundsätzlicher Kritik ausgesetzt war, führt es in denjenigen Ländern, die eine derartige Kopplung kennen, zu einem vergleichsweise hohen Einfluß der Raumordnung. Die finanzielle Dotation, die z.B. in Schleswig-Holstein jährlich mit dem Finanzausgleichsgesetz festgelegt wird, führt zusammen mit der Bedeutung, die das zentralörtliche „Etikett" für eine Kommune haben kann (zu denken ist hier an die Auswirkungen auf die Standortentscheidungen von Behörden und privaten Investoren sowie die rechtlichen Konsequenzen bei der Beurteilung von Einzelhandelsgroßprojekten), zu einem nicht unerheblichen „Tauschpotential" für die Raumordnung. Dies wiederum verschafft ihr eine bessere Ausgangsposition für eine Vereinbarung von Paketlösungen. Eine direkte Kopplung der FAG-Mittel an die zentralörtliche Einstufung ist derzeit gesetzlich in den Ländern Mecklenburg-Vorpommern, Rheinland-Pfalz und Schleswig-Holstein vorgesehen.

W. Erbguth (1996) hat jüngst auf der Grundlage einer Untersuchung in Mecklenburg-Vorpommern festgestellt, daß ein finanzieller Ausgleich für den Bedeutungsüberschuß zentraler Orte geboten erscheint, plädiert jedoch eher für eine Zuweisung der Mittel an die Raumordnungsbehörde, die dann direkt für die zentralörtlich gestufte Weitergabe zuständig wäre. Diese direkte Verantwortung der Raumordnung für die Vergabe zumindest der durch ihre eigenen Ziele begründeten finanziellen Dotationen dürfte in der Tat eine positive Wirkung auf die Verhandlungsposition der Raumordnung insbesondere gegenüber den Kommunen haben.

3.4 Weitere finanzielle Dotationsmöglichkeiten der Raumordnung

Die finanzielle Ausstattung der Raumordnungsstellen auf Landes- und Regionalebene weist im bundesweiten Vergleich erhebliche Unterschiede auf. Verfügen einzelne Ministerien oder Regionalverbände über relativ umfangreiche Haushaltsmittel, aus denen zum

Beispiel Gutachten oder Moderationsprozesse finanziert werden, stehen vielen Raumordnungsstellen derartige Mittel überhaupt nicht zur Verfügung. Ein interessantes Instrument der Raumordnung zur direkten Mitfinanzierung von konkreten Einzelprojekten stellen die Förder- bzw. Aufbaufonds im Rahmen der gemeinsamen Landesplanungen der norddeutschen Stadtstaaten mit ihren Nachbarländern dar. Während in der Gemeinsamen Landesplanung Bremen/Niedersachsen die Fördermöglichkeiten Anfang der 90er Jahre auf Gutachten und konzeptionelle Maßnahmen reduziert wurden, werden über den Förderfonds Hamburg/Schleswig-Holstein sowie den Aufbaufonds Hamburg/Niedersachsen weiterhin unter Federführung der Landesplanungsbehörden der drei Länder insbesondere Maßnahmen der Wassergewinnung, des Gewässerschutzes, der Abfallwirtschaft, des ÖPNV, der Naherholung und des Naturschutzes finanziell gefördert.

4. Kooperations- und Konsensstrategien der Raumordnung

4.1 Die „Entdeckung" der informellen Instrumente

Wie bereits dargestellt wurde, handelt es sich bei den formellen Plänen und Programmen um mittel- bis langfristige Rahmensetzungen mit weitgehend passivem Charakter. Während diese Eigenschaft auf der Ebene der Landes- und Regionalplanung zum Beispiel für die Abgrenzung von Siedlungsbereichen und Freiräumen durchaus sinnvoll ist und auch den Kommunen und anderen Planungsträgern die erforderliche mittelfristige Sicherheit für ihre eigenen Dispositionen gibt, kann sich die Raumordnung mit diesen Dokumenten kaum gestaltend in kurz- bis mittelfristig anstehende Entwicklungsprozesse und -projekte einbringen. Angesichts der politischen Sensibilität und der nicht immer befriedigenden Wirkung der vorgestellten formellen Durchsetzungsinstrumente (insbesondere deren vornehmlich restriktivem und nur sehr begrenzt gestaltendem Charakter) sowie der begrenzten Einflußmöglichkeit der Raumordnung auf die Mittelvergabe rücken die informellen, d. h. persuasiven und konsensorientierten Instrumente der Raumordnung seit einiger Zeit verstärkt in den Vordergrund. Diese werden zwar häufig als „neue" Instrumente der Raumordnung bezeichnet, doch handelt es sich überwiegend um eine Neubewertung von durchaus bewährten Instrumenten, die von „sensiblen" Akteuren der Raumordnung schon immer eingesetzt worden sind.

Wenn im folgenden von informellen Instrumenten die Rede ist, dann sollen darunter insbesondere solche Verfahren bzw. Handlungsweisen verstanden werden, die - weitgehend abseits der formellen Wege - auf Konsenserzielung und Kooperation zwischen den regionalen Akteuren abzielen. Dies kann über temporäre „Runde Tische" bzw. die schon erwähnten regionalen Strukturkonferenzen erfolgen, insbesondere aber durch den Aufbau, die Pflege und die Nutzung dauerhafter regionaler Netzwerke. Angesichts der weitgehend nur sehr sektoralen Sichtweise der Fachpolitiken und der - letztendlich durch das Steuersystem provozierten - Egoismen der Kommunen liegt die Notwendigkeit eines integrativen, kooperativen Ansatzes auf der Hand. Da dieses Feld der „Regionaldiplomatie" kaum von anderen Akteuren des administrativen Systems reklamiert wird, hat die Regionalplanung hier ein dankbares und weitgehend unbestrittenes Arbeitsfeld, das freilich noch nicht durchweg zufriedenstellend bearbeitet wird. Da die größten Chancen zur Entfaltung der informellen Instrumente und der damit beabsichtigten Einflußnahme auf die

IV. Instrumente der Plansicherung und -umsetzung

Raumentwicklung auf der regionalen Ebene liegen, soll im folgenden vorrangig die Einsatzmöglichkeit informeller Instrumente auf dieser Ebene betrachtet werden.

Bei den regionalen Konsensstrategien wird nicht die (ohnehin utopische) Absicht verfolgt, eine vollständige Interessenkongruenz aller regionalen Akteure herzustellen. Vielmehr ist die Regionalplanung gefordert, „Konsensinseln" ausfindig zu machen, auf denen ein regionales Leitbild im Sinne eines gemeinsamen Grundkonsenses aufbauen könnte (vgl. z.B. das dem Regionalen Raumordnungsprogramm 1996 für den Großraum Hannover vorangestellte informelle „Gesamträumliche Leitbild für die Hannover Region"). Konzentriert sich die regionale Diskussion nämlich zu sehr auf Dissenspunkte, summieren sich die Reibungsverluste. Verhärtete Fronten zwischen regionalen Akteuren wirken sich belastend auf das Klima der Region aus und lähmen wertvolle Potentiale, die für eine aktive Regionalpolitik dringend benötigt werden. Mit Konsensstrategien verbindet sich sowohl die Erwartung, durch Bündelung von Interessen und Ressourcen die Umsetzung regional bedeutsamer Projekte vorantreiben zu können, als auch die Hoffnung, ein Vertrauensklima in der Region zu schaffen, das mittel- bis langfristig eine Aufweichung der Fronten auch bei den konfliktbeladenen Themen ermöglicht. Auch wenn diese Art einer „neuen Planungskultur" (vgl. BISCHOFF et al. 1995) auf regionaler Ebene noch nicht überall praktiziert wird, dürfte der Boden für ein solches kooperatives und konsensorientiertes Planungs- und Politikverständnis bereitet sein.

Für die Regionalplanung bedeutet eine verstärkte Konsensorientierung auch das Abschiednehmen von ihrem bislang dominierenden und das Konfliktpotential drastisch erhöhenden „Vollzähligkeitsprinzip". Dies kann beispielsweise in der Weise seinen Ausdruck finden, daß sich der Regionalplan selbst auf die langfristigen Ziele konzentriert und den normativen Rahmen für die Raumnutzung vorgibt, während die im möglichst breiten Konsens aller Beteiligten abgeleiteten kurzfristigen Handlungsansätze in Regionalen Handlungs- oder Entwicklungskonzepten verankert werden; hierauf wird unter 4.3 eingegangen. Daß ein solcher Weg der Raumordnung durchaus Sympathien einbringen könnte, läßt sich der Aussage von F. TETSCH (1996, S. 16) entnehmen, wonach „perfektionistische Lösungen, wie sie häufig von der Raumplanung versucht werden, ... nicht beabsichtigt und regionalpolitisch nicht einmal erwünscht" seien; viel wichtiger sei es aus regionalpolitischer Sicht insbesondere, „daß der Prozeß zur Erstellung eines regionalen Entwicklungskonzeptes zu konkreten Ergebnissen, d.h. vor allem zu einer Liste prioritärer Entwicklungsvorhaben und zu praktischen Konzeptionen führt...".

Ist die Raumordnung entschlossen, nicht nur rahmensetzend, sondern aktiv gestaltend auf die tatsächliche Raumentwicklung im Sinne ihres Leitbildes Einfluß zu nehmen, so ist sie auf Kooperationspartner angewiesen. Die Bandbreite potentieller strategischer Kooperationen der Regionalplanung ist erheblich und reicht von den Kommunen über Fachverwaltungen bis zu privaten Planungs- und Projektträgern („private-public partnership"). Voraussetzung für die Suche nach erfolgversprechenden Kooperationen ist freilich eine grundsätzliche Aufgeschlossenheit und Kontaktfreude der regionalplanerischen Akteure sowie der Wille, regionale Netzwerke aufzubauen und zu pflegen. Es liegt auf der Hand, daß eine derartige, sich als „Regionaldiplomatie" verstehende Regionalplanung nicht vom Schreibtisch aus geleistet werden kann. Persönliche Netzwerke können nur über kontinuierliche persönliche Kontakte entstehen, nie über ausschließlich förmliche Beteiligungen und Stellungnahmen. In der Gemeinsamen Landesplanung Bremen/Niedersachsen haben sich beispielsweise regelmäßig tagende Ad-hoc-Arbeitskreise zu aktuellen regionalen Themen auch deswegen bewährt, weil durch die Zusammenarbeit und die persönlichen Kontakte der Regionalplaner(innen) und anderer Fachleute aus den verschiedenen Gebietskörperschaften des Planungsraumes eine tragfähige Vertrauensbasis geschaffen worden ist (vgl. PRIEBS 1995).

4.2 Beratung, Information und Moderation

Zu den Wesensmerkmalen einer kooperations- und konsensorientierten Raumordnung gehört es, daß die Durchsetzung normativer Vorgaben über formelle Instrumente an Bedeutung verliert und die Beratung und Überzeugung der Adressaten der Planung stärker in den Vordergrund rückt. Dabei ist auch von Bedeutung, daß die Raumordnung sich nicht nur auf Restriktionen konzentriert, sondern verstärkt auch Chancen der räumlichen Entwicklung aufzeigt. Gelingt es ihr, sich insbesondere bei den Kommunen eine noch stärkere Akzeptanz als Berater, vielleicht sogar als Partner, zu verschaffen, ist auch eine Erhöhung ihres faktischen Einflusses zu erwarten – ohnehin gilt natürlich auch in der Regionalplanung, daß Einsicht immer besser ist als Zwang. Einer Herausbildung oder gar Verhärtung kann am ehesten durch ein Klima des Vertrauens vorgebeugt werden, in dem auch die Wahrscheinlichkeit wächst, daß Konfliktpunkte, etwa zwischen regionalplanerischen Vorgaben und gemeindlichen Entwicklungsvorstellungen, sachlich und konstruktiv erörtert werden können.

Wichtige Beratungsfunktionen übt die Regionalplanung insbesondere bei solchen Problemen aus, die entschlossenes Handeln erfordern, jedoch außerhalb traditioneller Verwaltungserfordernisse liegen und deswegen das personelle Know-how einzelner Gemeinden übersteigen. Beispiele dafür, wie sich die Regionalplanung in vielen Regionen früh und kompetent neuen Herausforderungen gestellt hat, liefern die Konversionsproblematik und die Regionalisierungsdiskussion im Schienenpersonennahverkehr. Wenn die Regionalplanung in diesen und anderen aktuellen Problemfeldern Lösungsmöglichkeiten anbieten kann, so muß sie natürlich selbst über breite Kenntnisse innovativer Problemlösungsansätze aus anderen Regionen verfügen. Voraussetzung hierfür ist ein intensiver Informationsaustausch zwischen den Regionalplanungsträgern. Dadurch wird bei der Regionalplanung ein regionaler „braintrust" geschaffen, der auch den einzelnen Kommunen der Regionen zur Verfügung steht – die Regionalplanung wird zur regionalpolitischen „Innovationsbörse". In diesem Sinne sollte auch die Bedeutung einer aktiven Politikberatung durch raumbezogene Informationen über die jeweils eigene Region stärker erkannt werden. Für die Regionalplanung eröffnen sich hiermit interessante Möglichkeiten – insbesondere die „problemorientierte Montage" von Daten und Informationen dürfte eine Dienstleistung sein, bei der sie mit starker Nachfrage und positiven Rückmeldungen aus der Region rechnen kann. Hierbei ist auch der Aspekt zu beachten, daß durch die Publikation von Daten durch die Regionalplanung einer einseitigen „Privatisierung" dieses Aufgabenfeldes vorgebeugt wird.

Die Moderationstätigkeit der Regionalplanung kann zwar auf einer langjährigen Praxis aufbauen, bewegt sich jedoch immer noch auf einem relativ schwachen politischen und methodischen Fundament. Daß eine regionale Moderation sinnvoll und unter dem Eindruck gegenläufiger Interessenlagen staatlicher, kommunaler und sonstiger Planungs- und Vorhabenträger notwendig ist, wird kaum noch bestritten; nicht durchweg unumstritten ist freilich, daß die Federführung auf regionaler Ebene der Regionalplanung zufällt. Trotzdem lassen sich zahlreiche Beispiele finden, bei denen die Regionalplanung ganz selbstverständlich die Moderation regionaler Themen übernommen hat, so etwa in der schon erwähnten Konversionsproblematik, beim Zustandekommen interkommunaler Kooperationen, bei der Vorbereitung von regionalen Verkehrsverbünden, bei Konflikten um den Rohstoffabbau und schließlich bei der Standortsuche für regionale Ver- und Entsorgungsprojekte.

Um möglichst allen Beteiligten die Vorteile regionaler Kooperations- und Konsensstrategien deutlich zu machen, zielen neuere Strategien - im Sinne von „all winner games" - darauf ab, über das Prinzip der „Verhandlungsplanung" regionale Paketlösungen zu schaffen. Als Beispiel sei die Rahmenvereinbarung zwischen Hamburg und Schleswig-Holstein aus dem Jahr 1984 genannt, mit der ein Paket zur Lösung drängender Stadt-Umland-Probleme im Norden Hamburgs geschnürt wurde (vgl. Raumordnungsbericht Schleswig-Holstein 1985, 100f.). Auch die Erstellung von Teilraumgutachten in Bayern (vgl. LAVEN 1997) stellt einen interessanten Ansatz dar, komplexe Planungsprobleme in einem begrenzten Raumausschnitt durch Moderation einer Lösung zuzuführen.

Zu den tatsächlich „neueren" Instrumenten regionaler Moderation zählen die angesprochenen Regional- bzw. Strukturkonferenzen, die seit Ende der 80er Jahre in mehreren Bundesländern - meist als Reaktion auf wirtschaftliche Strukturkrisen - einberufen wurden, um neue Wege der Problemlösung zu finden. Komplexe und regionsspezifische Entwicklungshemmnisse sollen unter Aktivierung der sogenannten endogenen Entwicklungspotentiale durch abgestimmtes Handeln der für die regionale Entwicklung „entscheidenden" Akteure aufgelöst werden. Zielsetzung für Regionalkonferenzen ist, die örtlichen Kräfte in den regionalen Politikprozeß einzubeziehen und örtliche mit regionalen Belangen zu verknüpfen. Insbesondere soll eine Einbindung auch derjenigen regionalen Akteure erreicht werden, die üblicherweise nicht beteiligt werden, um gemeinsame regionsspezifische Problemlösungsvorschläge zu erarbeiten und damit regionale Verantwortungsgemeinschaften wachsen zu lassen. Auf diese Weise soll regionales Bewußtsein geformt und die Erkenntnis regionaler Zusammenhänge gefördert werden. Selbstkritisch ist einzugestehen, daß die Regionalplanung in vielen Fällen die Einberufung von Regionalkonferenzen anderen Akteuren überlassen hat; will sie ihre Moderationsfunktion in einer Region wahrnehmen, sollte sie auch in solchen Regionen die Initiative ergreifen, die nicht unmittelbar mit Strukturkrisen konfrontiert sind.

Ein interessantes Beratungs- und Moderationsfeld für die Landes- und Regionalplanung eröffnet das in den letzten Jahren entwickelte Instrument der Städtenetze (vgl. RITTER 1995 und DANIELZYK/PRIEBS 1996). Nachdem ein von der Bundesregierung gefördertes Forschungsfeld mit 11 Modellvorhaben ermutigende Zwischenergebnisse erbracht hat, hat dieses Instrument nunmehr durch § 13 Satz 4 ROG Eingang in das Raumordnungsrecht gefunden. Allerdings wird die Raumordnung im Rahmen ihrer Beratungstätigkeit in besonderem Maße dafür Sorge zu tragen haben, daß die sinnvolle und unterstützungswürdige teilräumliche Vernetzung von Gemeinden nicht zu neuen, die Gleichwertigkeit der Lebensbedingungen konterkarierenden Disparitäten bezüglich der Teilhabe an derartigen Vernetzungen führt.

■ IV. Instrumente der Plansicherung und -umsetzung

Anzusprechen ist bezüglich der Moderationstätigkeit der Raumordnung schließlich ein spezielles Problem, das sich mit den damit verbundenen hochgesteckten Ansprüchen an ihre Kompetenz verbindet. Obwohl es gerade in der Regionalplanung zahlreiche Akteure gibt, die das für eine kompetente Moderation erforderliche Qualifikationsprofil erfüllen, ist es doch eine Tatsache, daß das Berufsbild des Regionalplaners bzw. der Regionalplanerin in der Vergangenheit überwiegend technisch geprägt war und die Arbeit mit Menschen im Sinne einer regionalen Moderationstätigkeit in den herkömmlichen Ausbildungsgängen für die Regionalplanung bis heute einen viel zu niedrigen Stellenwert besitzt. Hier sind die Hochschulen in besonderem Maße gefordert, die Ausbildungsinhalte und -formen den neuen Anforderungen entsprechend zu überprüfen.

4.3 Regionale Entwicklungskonzepte

Die Arbeit der Regional- und Strukturkonferenzen hat meist das Ziel, den regionalen Konsens über die angestrebte Regionalentwicklung und die hierzu vorrangig erforderlichen Projekte in Regionalen Entwicklungskonzepten zu dokumentieren (s. HEIN in diesem Band). Diese Handlungskonzepte bauen vor allem auf die freiwillige Selbstbindung der Akteure, sind jedoch in einigen Ländern, so etwa vor allem in Nordrhein-Westfalen, auch Ausdruck und Instrument einer regionalisierten Strukturpolitik der Landesregierungen.

Die Federführung für inzwischen vorliegende REKs dürfte bisher überwiegend bei der regionalen Wirtschaftspolitik gelegen haben, zum Teil - etwa in den Regionen um die Stadtstaaten Hamburg und Bremen - aber auch bei der Raumordnung. Dies ist auch darauf zurückzuführen, daß die Position der Raumordnung zum Einsatz von REKs bislang noch nicht einheitlich ist. Deswegen ist es besonders erfreulich, daß die Ministerkonferenz für Raumordnung im Raumordnungspolitischen Handlungsrahmen (Beschluß vom 8.3.1995) die Auffassung vertritt, daß die Aktivitäten der Raumordnung und Landesplanung über die Erarbeitung von Programmen und Plänen hinausgehen müßten; insbesondere hätten sie „dazu beizutragen, daß Entwicklungsprozesse vorangetrieben werden und regionale Konflikte bewältigt werden." Die Raumordnung müsse „dafür Sorge tragen, daß bestehende raumordnerische Leitbilder und Konzeptionen in konkrete Handlungs- und Aktionsprogramme bzw. Regionale Entwicklungskonzepte umgesetzt und mit Leben erfüllt werden, und zwar auf dem Wege regionaler Kooperation, durch Moderation und Koordinierung raumwirksamer Förderungen und Instrumente im Sinne eines Projektmanagements und in verantwortungsvoller Zusammenarbeit zwischen Bund und Ländern..." (MKRO 1995). Folgerichtig nimmt § 13 Satz 3 ROG nunmehr das Instrument der REK ausdrücklich auf.

Einen Weg für die Integration formeller Regionalpläne und informeller Entwicklungskonzepte zeigt der Arbeitskreis „Regionalplanung 2000" auf (vgl. ARL 1995), der oben bereits kurz angesprochen wurde. Während der eigentliche verbindliche Regionalplan nach diesem Modell in stark verschlankter Form vor allem die mittel- bis langfristig gültigen Ziele der Raumordnung enthält, werden die kurz- bis mittelfristig für vordringlich gehaltenen Projekte durch die Regionalplanung in einem laufend fortzuschreibenden Handlungskonzept zusammengefaßt, das als jeweils aktuelle Anlage zum Regionalplan zu verstehen ist. Die Umsetzung dieser im Sinne einer Selbstbindung vereinbarten regionalen Handlungsansätze ist dann vorrangige Aufgabe aller Beteiligten im Rahmen ihrer Kompetenzen und Möglichkeiten. Interessant erscheint auch die in Dänemark gesetzlich vorgeschriebene Praxis, den Regionalplan in jeder Wahlperiode - allerdings nicht notwendigerweise vollständig - fortzuschreiben und dabei politische Handlungsschwerpunkte jeweils neu zu beschließen.

Damit ist die Hoffnung nicht unrealistisch, daß sich über das Regionale Entwicklungskonzept die seit Jahrzehnten angestrebte engere Verzahnung von Raumordnung und regionaler Wirtschaftsförderung erreichen läßt; freilich wird dabei die Kooperationsbereitschaft von Raumordnung und regionaler Wirtschaftspolitik gleichermaßen vorausgesetzt.

4.4 Modellprojekte der Raumordnung

Nach einer bekannten Weisheit ist nichts so wirksam wie das gute Beispiel. In diesem Sinne hat die Bundesregierung in den vergangenen Jahrzehnten gute Erfahrungen mit der Förderung von Modellvorhaben des Experimentellen Wohnungs- und Städtebaus (ExWoSt) gesammelt. Bis vor kurzem standen derartige Experimentiermittel jedoch nur für den Städte- und Wohnungsbau i.e.S. und nicht für die Raumordnung zur Verfügung. Diese Ungleichbehandlung wurde erstmals mit dem erwähnten ExWoSt-Vorhaben „Städtenetze" überwunden - zwar firmiert dieses Forschungsfeld noch unter der alten Bezeichnung, doch liegt die Federführung auf Bundesebene (und überwiegend auch bei den beteiligten Ländern) bei der Raumordnung.

Die Ministerkonferenz für Raumordnung hat in ihrem Grundsatzbeschluß zum Raumordnungspolitischen Handlungsrahmen vom 8.3.1995 u.a. betont, daß sie „in der Schaffung einer geeigneten Finanzierungsmöglichkeit für Modellvorhaben der Raumordnung eine wichtige Voraussetzung für eine erfolgreiche Umsetzung des Raumordnungspolitischen Handlungsrahmens" sieht (MKRO 1995). Inzwischen weist der Bundeshaushalt einen eigenen Haushaltstitel für die Modellvorhaben aus, aus dem u.a. die Raumordnungskonferenz Bremen/Niedersachsen finanziert wird. Für zukünftige Vorhaben auf Ebene der Länder gibt es eine Reihe von denkbaren Themen für den Einsatz von Modellvorhaben, so etwa gemeinsame Gewerbegebiete mehrerer Gemeinden (beispielhaft sei auf das Gemeinschaftsprojekt „Grafschafter Gewerbepark Genend" hingewiesen; vgl. ARL 1995, S. 264) oder integrierte ländliche Entwicklungsprojekte unter Federführung der Raumordnung (wie etwa das Entwicklungsprojekt für die Eider-Treene-Sorge-Niederung; vgl. Raumordnungsbericht Schleswig-Holstein 1991, S. 114ff.).

In diesem Zusammenhang sei auch auf Beispiele aus dem Nachbarland Dänemark hingewiesen. Dort hatte die Landesplanungsbehörde Anfang der 80er Jahre die Sicherung der dörflichen Grundversorgung zum Handlungsschwerpunkt erklärt. Zur Erprobung integrierter Versorgungsstützpunkte mit sogenannten Zusatzfunktionen in dörflichen Einzelhandelsbetrieben hat die Landesplanung über 18 Monate 10 Modellvorhaben begleitet und daraus im Jahr 1985 ein landesweites Handlungsprogramm abgeleitet. Mit dieser von der Landesplanung moderierten Aktion, die jedoch nicht mit finanziellen Zuwendungen an Kommunen oder Betriebe verbunden war, konnten anerkannte und vielbeachtete Erfolge erzielt werden (vgl. PRIEBS 1990). Auch in den letzten Jahren hat die dänische Landesplanung auf das Instrument der Modellvorhaben zur Erprobung neuer raumordnungspolitischer Strategien gesetzt; zur Umsetzung der dänischen raumordnungspolitischen Vision „Dänemark auf dem Weg in das Jahr 2018" wurden 11 Schwerpunkte für Modellvorhaben ausgewählt, darunter Städtenetze und Projekte zu den Themen Entwicklung im ländlichen Raum, Landschaftsachsen, Naturerleben und Kulturgeschichte in der Landschaft sowie Entwicklung in touristisch belasteten Küstenräumen.

Ohne Zweifel stellen Modellvorhaben ein interessantes und zukunftsträchtiges Instrument der Raumordnung dar. Zwar setzt dieses in der Regel eine finanzielle Förderung durch eigene Mittel der Raumordnung voraus, doch sind mit vergleichsweise bescheidenem Mitteleinsatz durchaus interessante und über die Beispielregion hinaus wirksame Folgen zu erwarten. Es ist also der Landes- und Regionalplanung zu empfehlen, verstärkt auf die „Vorbildwirkung" des guten Beispiels zu setzen. Im Interesse einer verstärkten Handlungs- bzw. Umsetzungsorientierung sollte die Raumordnung die Möglichkeit haben (bzw. die entsprechende Mittelausstattung bekommen), über Modell- und Pilotprojekte - alleine oder in Abstimmung mit weiteren fachlich berührten Ressorts - vorbildliche bzw. modellhafte Beispiele der Umsetzung von Raumordnungszielen zu fördern.

5. Bilanz und Ausblick

5.1 Kombination formeller und informeller Instrumente

Eine der wesentlichen Aufgaben der Raumordnung besteht in der langfristigen Sicherung von Funktionen, Standorten und Trassen. Hierfür kann sie auf formelle Instrumente, insbesondere die angesprochenen Anpassungs- und Beachtungspflichten, nicht verzichten, um zumindest indirekt eine Umsetzung ihrer Ziele zu erreichen. Die förmliche Raumordnung ist in ihrer praktischen Ausformung als Rahmenplanung ausgelegt, die den konkretisierenden bzw. umsetzenden Planungsträgern einen Spielraum und die konkrete Disposition für die Implementation beläßt. Allerdings ist sie bei der Anwendung der dargestellten formellen Instrumente auf die für die Rechts- bzw. Kommunalaufsicht zuständigen Stellen und deren Kooperationsbereitschaft angewiesen. Problematisch in der Außenwirkung der Raumordnung ist vor allem, daß es ihr kaum möglich ist, über die formellen Anpassungs- und Durchsetzungsinstrumente flexibel und vor allem gestaltend an der Umsetzung ihrer Ziele mitzuwirken, da der Gesetzgeber den Schwerpunkt auf die rahmensetzende, restriktive Funktion gelegt hat. Auch das Planungsgebot, das der Raumordnung in einigen Ländern schon seit geraumer Zeit zur Verfügung steht, hat in der Praxis nur eine begrenzte Bedeutung erlangt. Die Darstellung der in jüngster Zeit verstärkt diskutierten „informellen" Instrumente der Raumordnung zeigt, daß die Raumordnung durchaus eine Reihe von Betätigungsfeldern und Instrumenten besitzt, über die sie sehr direkt auf der Handlungsebene tätig werden kann. Angesichts zunehmender fachlicher Spezialisierung und Fragmentierung wird die integrative und moderierende Funktion der Raumordnung zunehmend akzeptiert oder sogar gefordert. Allerdings setzt dies voraus, daß die Verantwortlichen in Politik und Planung die Chancen kommunikativer und konsensorientierter Verfahren kennen und vor Ort bei der Landes- und Regionalplanung auch Bereitschaft und Kompetenz zur Übernahme von Moderationsfunktionen vorhanden sind.

5.2 Plädoyer für eine verstärkte Konsensorientierung

Auch wenn Konflikte zwischen Gebietskörperschaften - nicht zuletzt wegen unterschiedlicher Interessen, gelegentlich auch politischer Mehrheiten - durchaus real sind, sollte die Raumordnung verstärkt auf eine Konfliktlösung ohne Zwangsmittel setzen. Auf jeden Fall werden auf diese Weise Blockaden vermieden, die häufig auf lange Zeit jede Kommunikation oder gar Kooperation zwischen regionalen Akteuren unmöglich machen. Ohne Einschränkung ist H.-G. NIEMEYER (1979) zuzustimmen, für den Landesplanung im Rechtsstaat eine Sache der Überzeugung, nicht der Zwangsmittel ist.

Will die Raumordnung nicht nur über ihre Normen - und dabei eher als „Verhinderer" bzw. „Störfaktor" denn als konstruktiver Akteur der Regionalentwicklung - zur Kenntnis genommen werden, sondern von den regionalen Akteuren als konstruktiver Partner anerkannt werden und auf diese Weise Einfluß auf die konkrete Ausformung der Raumentwicklung nehmen, muß sie den informellen Instrumenten eine verstärkte Bedeutung beimessen. Dabei sollten die persuasiven Instrumente, d.h. Beratung, Überzeugung, Konfliktmoderation, sowie Verhandlung und Projektbegleitung im Mittelpunkt stehen; für die Charakterisierung dieser Tätigkeit erscheint der im Ausland, z.B. in Skandinavien, bereits sehr gebräuchliche Begriff „Verhandlungsplanung" besonders geeignet.

5.3 Abschließende Thesen

Der faktische Einfluß der Raumordnung auf informelle Instrumente, insbesondere die Verhandlungsplanung, dürfte zukünftig erheblich zunehmen, was freilich eine entsprechende Aus- und Fortbildung der in der Regionalplanung tätigen Menschen voraussetzt. Abschließend sollen zur zukünftigen Planumsetzung in der Raumordnung folgende Thesen formuliert werden:

- Formelle Instrumente, d.h. rechtlich verbindliche Pläne und Programme sowie die gesetzlichen Möglichkeiten zur Durchsetzung der Beachtungs- und Anpassungspflichten sind notwendig und auch zukünftig unverzichtbar, auch wenn nicht alle durch das Raumordnungsrecht normierten Instrumente gleichermaßen relevant für die praktische Arbeit sind.

- Die konkrete Einflußnahme auf der Handlungsebene ist nur erreichbar, wenn die Raumordnung die regionalen Akteure erreicht und in ihre Netzwerke einbindet. Die Ansprache von Menschen, die Pflege und Aktivierung von Netzwerken sowie die Schaffung von Vertrauen rücken verstärkt in den Mittelpunkt raumordnerischer Aktivitäten.

- Regionale Entwicklungsprozesse lassen sich am wirksamsten über Konsense und Paketlösungen initiieren. Dies bedeutet auch, daß aktuell nicht lösbare Probleme gelegentlich zurückgestellt werden müssen, um die Handlungsfähigkeit der Akteure nicht unnötig zu lähmen. Im übrigen liegt hierin auch ein Argument für die Verschlankung von formellen Plänen und Programmen der Raumordnung.

- Persuasive Instrumente klassischer Art (Stellungnahmen, Beratung usw.) sollten verstärkt ergänzt werden durch Modellvorhaben der Raumordnung, deren Breitenwirkung nicht zu unterschätzen ist.

Das Geheimnis erfolgreicher Landes- und Regionalplanung wird also zukünftig mehr denn je in einer optimierten Kombination formeller und informeller Instrumente liegen. Raumordnung braucht den durch ihre formellen (und in einem entsprechend formalisierten Verfahren aufgestellten) Pläne und Programme geschaffenen Rahmen und die Möglichkeit, für die Sicherung dieses Rahmens auf formelle Instrumente zurückgreifen zu können.

Für das Engagement der Raumordnung innerhalb dieses gesetzten Rahmens sind formelle Instrumente jedoch nur begrenzt tauglich. Hier kommt es vor allem darauf an, regionale Konsense zu initiieren, Handlungskonzeptionen sowie Paketlösungen zu vereinbaren und die Umsetzung regionaler Projekte moderierend zu begleiten; zukünftig dürfte eine Chance der Raumordnung darin liegen, sich als Verhandlungsplanung weiter zu profilieren.

Zusammenfassung

Eine der wesentlichen Aufgaben der Raumordnung besteht in der langfristigen Sicherung von Funktionen, Standorten und Trassen. Zur Umsetzung dieser Ziele sind im Bau- und Planungsrecht formelle Anpassungs- und Beachtungspflichten normiert. Allerdings ist die Raumordnung als Rahmenplanung konzipiert; Zeitpunkt und konkrete Ausformung der Umsetzung raumordnerischer Ziele sind weitgehend den Kommunen und Fachplanungsträgern überlassen. Da die Raumordnung wenig Möglichkeiten besitzt, die Umsetzung ihrer Ziele auf formellem Wege aktiv zu beeinflussen, sind die informellen Instrumente der Raumordnung verstärkt in ihrer Bedeutung für die aktive Begleitung der Raumentwicklung erkannt worden. Insbesondere die Regionalplanung ist zukünftig stärker gefordert, ihre Beratungstätigkeit auszubauen, eine aktive Moderationsfunktion in raumbedeutsamen Politikfeldern zu übernehmen und auf dem Wege der Verhandlungsplanung Konsense zu erzielen bzw. Paketlösungen zu vermitteln.

Literatur

ARL (Hrsg.) (1982): Verwirklichung der Raumordnung. ARL-FuS, Bd. 145. Hannover.

ARL (Hrsg.) (1995): Zukunftsaufgabe Regionalplanung. ARL-FuS, Bd. 200. Hannover.

Bischoff, A.; Selle, K.; Sinning, H. (1995): Informieren, Beteiligen, Kooperieren - Kommunikation in Planungsprozessen. Dortmund.

Danielzyk, R. (1995): Regionalisierte Entwicklungsstrategien - „modisches" Phänomen oder neuer Politikansatz? In: Regionalisierte Entwicklungsstrategien. Material zur Angewandten Geographie 30, Bonn, S. 9-17.

Danielzyk, R.; Priebs, A. (Hrsg.) (1996): Städtenetze - Raumordnungspolitisches Handlungsinstrument mit Zukunft? Material zur Angewandten Geographie, Bd. 32. Bonn.

Erbguth, W. (1996): Berücksichtigung zentralörtlicher Funktionen durch den kommunalen Finanzausgleich. In: DÖV 1996, S. 906-911.

Finkelnburg, K.; Ortloff, K.-M. (1995): Öffentliches Baurecht, Bd. I: Bauplanungsrecht, 3. Aufl. München.

Folkerts, U. (1988): Raumordnungsziele im Ländervergleich. Beiträge zum Siedlungs- und Wohnungswesen und zur Raumplanung, Bd. 124. Münster.

Höhnberg, U. (1994): Instrumente zur Verwirklichung von Raumordnung und Landesplanung. In: ARL (Hrsg.): Handwörterbuch der Raumordnung, Hannover, S. 511-515.

Konze, H. (1995): Regionalplanung und regionale Strukturpolitik - Erfahrungen aus dem Regierungsbezirk Düsseldorf. In: Regionalisierte Entwicklungsstrategien. Material zur Angewandten Geographie 30, Bonn, S. 75-80.

Laven, G. (1997): Das Teilraumgutachten - modernes Instrument bayerischer Landes- und Regionalplanung. In: Regionale Entwicklungskonzepte und Städtenetze. ARL (Hrsg.): Arbeitsmaterial Nr. 235, Hannover, S. 51-63.

Malchus, V. Frhr v. (1994): Fachplanungen, raumwirksame. In: ARL (Hrsg.): Handwörterbuch der Raumordnung, Hannover, S. 283-286.

MKRO (1995): Raumordnungspolitischer Handlungsrahmen. Bonn.

Niemeyer, H.-G. (1979): Die Untersagung raumordnungswidriger Planungen und Maßnahmen. In: Raumforschung und Raumordnung, Jg. 37, S. 121-128.

Priebs, A. (1990): Dorfbezogene Politik und Planung in Dänemark unter sich wandelnden gesellschaftlichen Rahmenbedingungen. Kieler Geographische Schriften, Bd. 75. Kiel.

Priebs, A. (1995): Bremen und seine Region - über grenzüberschreitende Kooperation und Regionaldiplomatie im Unterweserraum. In: Wahrnehmungsgeographische Studien zur Regionalentwicklung 14, Oldenburg, S. 33-55.

Raumordnungsbericht 1985 der Landesregierung Schleswig-Holstein (1985). Landesplanung in Schleswig-Holstein, Heft 20. Kiel.

Raumordnungsbericht 1991 der Landesregierung Schleswig-Holstein (1992). Landesplanung in Schleswig-Holstein, Heft 23. Kiel.

Ritter, E.-H. (1995): Raumpolitik mit „Städtenetzen" oder: Regionale Politik der verschiedenen Ebenen. In: Die Öffentliche Verwaltung 48, S. 393-403.

Roer, F. (1996): Die Bindungswirkung von Zielen der Raumordnung und Landesplanung nach der Privatisierung von Bahn und Post. Beiträge zum Siedlungs- und Wohnungswesen und zur Raumplanung, Bd. 171. Münster.

Tetsch, F. (1996): „Verbesserung der regionalen Wirtschaftsstruktur" - Regionale Entwicklungskonzepte in der Gemeinschaftsaufgabe. In: Die Neue Verwaltung, S. 14-16.

IV.2 Raumordnungsverfahren

Ulrich Höhnberg

Inhalt

1. Einführung
2. Zweck und Aufgabe des Raumordnungsverfahrens
2.1 Rechtliche Grundlagen
2.2 Beurteilung der Raumverträglichkeit von raumbedeutsamen Einzelvorhaben (Raumverträglichkeitsprüfung)
3. Gegenstand des Raumordnungsverfahrens
3.1 Raumbedeutsame Einzelvorhaben von überörtlicher Bedeutung
3.2 Prüfung von Standort- oder Trassenalternativen
4. Durchführung des Raumordnungsverfahrens (Verfahrensablauf)
4.1 Vorbereitung der Projektunterlagen
4.2 Einleitung des Raumordnungsverfahrens
4.3 Anhörung der beteiligten Stellen und Einbeziehung der Öffentlichkeit
5. Abschluß des Raumordnungsverfahrens
5.1 Die landesplanerische Beurteilung des Vorhabens
5.2 Wirkung der landesplanerischen Beurteilung
6. Raumordnungsverfahren und Umweltverträglichkeitsprüfung (UVP)
6.1 Raumordnerische UVP
6.2 Formelle Elemente der UVP im Raumordnungsverfahren
7. Verhältnis des Raumordnungsverfahrens zu planerischen Festlegungen und zu anderen Verfahren
8. Ausblick: Das Raumordnungsverfahren als moderne Form des Verwaltungshandelns

Anhang: Rechtsgrundlagen des Raumordnungsverfahrens

IV. Instrumente der Plansicherung und -umsetzung

1. Einführung

Den Behörden, die in den Ländern der Bundesrepublik Deutschland für die Raumordnung und Landesplanung zuständig sind, wurden durch das Raumordnungsrecht zwei große Aufgabenbereiche zugewiesen: Der eine Bereich umfaßt die Aufstellung und Fortschreibung von übergeordneten, zusammenfassenden Raumordnungsplänen, in denen insbesondere die Ziele der Raumordnung festgelegt werden. Die andere Aufgabenstellung erwächst den Landesplanungsbehörden aus dem Auftrag, einzelne raumbedeutsame Planungen und Maßnahmen öffentlicher und sonstiger Planungsträger zu koordinieren und mit den Erfordernissen der Raumordnung abzustimmen.

Zwischen der Planungs- und der Abstimmungsaufgabe besteht ein enger Sachzusammenhang, da auch die Aufstellung von Raumordnungsplänen der Koordinierung der davon erfaßten raumbezogenen Fachplanungen dient. Die Landesplanungsbehörden können jedoch ihrem umfassenden Koordinierungsauftrag nur dann voll gerecht werden, wenn sie darüber hinaus auch die zahlreichen raumbedeutsamen Einzelvorhaben aus den verschiedenen Fachbereichen, zu denen die Raumordnungspläne entweder gar keine oder keine detaillierten Aussagen enthalten, unter Gesichtspunkten der Raumordnung aufeinander abstimmen.

2. Zweck und Aufgabe des Raumordnungsverfahrens

Als Instrument zur raumordnerischen Überprüfung und Koordinierung von raumbedeutsamen Einzelvorhaben hat sich in der Praxis der Landesplanungsbehörden einzelner Flächenstaaten wie Bayern, Niedersachsen, Rheinland-Pfalz und Schleswig-Holstein schon seit den 50er Jahren dieses Jahrhunderts das Raumordnungsverfahren herausgebildet. Dieses Verfahren vermag durch seinen fachübergreifenden Ansatz und seinen Einsatz in einem Planungsstadium, in dem man noch ohne großen Aufwand umdisponieren kann, sowohl den beteiligten Behörden als auch dem Projektträger einen Überblick darüber zu verschaffen, welche Belange von einem Vorhaben schwerpunktmäßig berührt sind und wie der Realisierung entgegenstehende Hindernisse erforderlichenfalls durch Änderungen oder Umplanungen des Projekts ausgeräumt werden können.

2.1 Rechtliche Grundlagen

Das in der Verwaltungspraxis entwickelte Raumordnungsverfahren entfaltete seine Wirkung zunächst vorwiegend im inneradministrativen Raum. Die planende Verwaltung hat von diesem Verfahren bereits in erheblichem Umfang Gebrauch gemacht, bevor es im Jahre 1957 in Bayern zum ersten Mal einer gesetzlichen Regelung zugeführt worden ist. Inzwischen haben alle deutschen Flächenstaaten in ihren Landesplanungsgesetzen Regelungen zum Raumordnungsverfahren erlassen (s. dazu die Zusammenstellung im Anhang 1).

Im Zusammenhang mit der Umsetzung der EG-Richtlinie über die Umweltverträglichkeitsprüfung bei bestimmten öffentlichen und privaten Projekten vom 27. Juni 1985 (85/337/EWG, ABl. EG Nr. L175 vom 5. Juli 1985, S. 40) wurde das Raumordnungsverfahren im Jahre 1989 in § 6a des Raumordnungsgesetzes (ROG) des Bundes auch rahmenrechtlich verankert. Im Zusammenhang mit der Neuregelung des Rechts der Raumordnung durch das Bau- und Raumordnungsgesetz 1998 wurde diese Regelung mit geringfügigen redaktionellen Änderungen als § 15 in die Neufassung des ROG übernommen.

2.2 Beurteilung der Raumverträglichkeit von raumbedeutsamen Einzelvorhaben (Raumverträglichkeitsprüfung)

Das Raumordnungsverfahren dient dazu, vor der abschließenden Entscheidung in den fachgesetzlich vorgeschriebenen Verwaltungsverfahren (z.B. Genehmigungs- oder Planfeststellungsverfahren) "als Vorfrage die raumordnerische Verträglichkeit des Vorhabens zu klären" (so BVerwGE 68, 311/318).

Nach § 15 Abs. 1 ROG sind im Raumordnungsverfahren die raumbedeutsamen Auswirkungen der Planung oder Maßnahme auf die in den Grundsätzen der Raumordnung (§ 2 Abs. 2 ROG) genannten Belange unter überörtlichen Gesichtspunkten zu prüfen. Durch das Raumordnungsverfahren wird festgestellt, ob raumbedeutsame Planungen oder Maßnahmen mit den Erfordernissen der Raumordnung übereinstimmen und wie raumbedeutsame Planungen und Maßnahmen unter Gesichtspunkten der Raumordnung aufeinander abgestimmt oder durchgeführt werden können, wobei diese Feststellung die Prüfung der vom Träger der Planung oder Maßnahme eingeführten Standort- oder Trassenalternativen einschließt.

Den Prüfungsmaßstab für die Beurteilung der Raumverträglichkeit von raumbedeutsamen Einzelvorhaben bilden die Erfordernisse der Raumordnung. Dieser Oberbegriff umfaßt nach den in § 3 ROG enthaltenen Begriffsbestimmungen

- die in den Raumordnungsplänen festgelegten Ziele der Raumordnung,
- die in § 2 Abs. 2 ROG und in Landesgesetzen oder Raumordnungsplänen enthaltenen Grundsätze der Raumordnung sowie
- sonstige Erfordernisse der Raumordnung wie z.B. in Aufstellung befindliche Ziele oder Ergebnisse von Raumordnungsverfahren zu anderen Projekten.

Während Grundsätze und sonstige Erfordernisse der Raumordnung in der bei der landesplanerischen Beurteilung vorzunehmenden Abwägung zu berücksichtigen sind, stellen die Ziele der Raumordnung strikt zu beachtende Vorgaben dar, die nicht im Wege der Abwägung (s. dazu PEINE in diesem Band) überwunden werden können.

3. Gegenstand des Raumordnungsverfahrens

Aus Zweck und Aufgabe des Raumordnungsverfahrens sowie aus dessen rechtlicher Ausgestaltung in § 15 ROG in Verbindung mit der Raumordnungsverordnung und den Landesplanungsgesetzen der Länder (s. Anhang 1) ergeben sich auch die Kriterien, nach denen sich der Verfahrensgegenstand bestimmt.

3.1 Raumbedeutsame Einzelvorhaben von überörtlicher Bedeutung

Gegenstand von Raumordnungsverfahren können grundsätzlich alle raumbedeutsamen Einzelvorhaben von überörtlicher Bedeutung sein. Raumbedeutsam sind Vorhaben, durch die Raum in Anspruch genommen oder die räumliche Entwicklung oder Funktion eines Gebietes beeinflußt wird (vgl. § 3 Nr. 6 ROG). Überörtliche Bedeutung haben Vorhaben, die über das Gebiet einer Gemeinde hinaus Raum in Anspruch nehmen oder deren tatsächliche Auswirkungen über das Gebiet einer Gemeinde hinausreichen.

Nach der Raumordnungsverordnung umfaßt der Anwendungsbereich des Raumordnungsverfahrens insbesondere Vorhaben im Bereich

- des Siedlungswesens (z.B. Feriendörfer, Hotelkomplexe und große Freizeitanlagen),
- der gewerblichen Wirtschaft (z.B. industrielle Anlagen im bisherigen Außenbereich, Einzelhandelsgroßprojekte, Vorhaben zum Abbau von Kies, Sand und anderen Bodenschätzen),
- des Verkehrs (z.B. Bundesfernstraßen, Schienenstrecken, Rangierbahnhöfe, Magnetschwebebahnen, Flugplätze, Wasserstraßen, Häfen),
- der Energieversorgung (z.B. große Wärme- und Wasserkraftwerke, Hochspannungsleitungen, Gasleitungen) sowie
- der Entsorgung (z.B. Abfallbeseitigungs- und größere Abwasserbehandlungsanlagen),

soweit sie im Einzelfall raumbedeutsam sind und überörtliche Bedeutung haben (zur bisherigen Praxis vgl. BUSSEK 1987, S. 25 ff. mit weiteren Beispielen).

3.2 Prüfung von Standort- oder Trassenalternativen

Das Raumordnungsverfahren ist grundsätzlich projektbezogen. Das bedeutet, daß Gegenstand der Raumverträglichkeitsprüfung ein Vorhaben in der Form ist, wie es sich aus den vom Träger des Vorhabens eingereichten Projektunterlagen ergibt. Nach § 15 Abs. 1 Satz 4 ROG schließt das auch die Prüfung der vom Träger der Planung oder Maßnahme eingeführten Standort- oder Trassenalternativen ein.

Die von der Rechtsprechung zum Fachplanungsrecht entwickelten Grundsätze des Abwägungsgebots, die auch für die Prüfung von Standort- oder Trassenalternativen maßgebend sind, lassen die Einbeziehung von ernsthaft in Betracht kommenden Alternativlösungen in das Raumordnungsverfahren als zumindest zweckmäßig erscheinen. Die Rechtsprechung verlangt nicht, die Alternativenprüfung bis zur Entscheidung im Zulassungsverfahren offen zu halten oder alle in die Prüfung einbezogenen Alternativen gleichermaßen detailliert und umfassend zu untersuchen (vgl. BVerwG, Urteil vom 25. Januar 1996, DVBl. 1996, S. 677/681 m. w. Nachw.). In einem gestuften Planungsverfahren ist es im Interesse einer schrittweisen Reduzierung der Komplexität vielmehr zulässig, diejenigen Alternativen, die aufgrund der raumordnerischen Prüfung und Bewertung als weniger geeignet erscheinen, schon in diesem Verfahrensstadium auszuscheiden und das Zulassungsverfahren mit der dafür notwendigen Prüfungsintensität auf die raumordnerisch positiv beurteilte Vorhabensalternative zu konzentrieren (vgl. BVerwG, Beschluß vom 21. Dezember 1995, NVwZ 1996, S. 896/900). Die Genehmigungs- oder Planfeststellungsbehörde ist befugt, sich planerische Entscheidungen, die auf vorgelagerten Planungsstufen bereits getroffen worden sind, zu eigen zu machen. Sie darf diese allerdings nicht unbesehen übernehmen, sondern muß erforderlichenfalls auch darauf hinwirken, daß etwaige von ihr erkannte Mängel in den Ergebnissen des vorausgegangenen Verfahrens noch behoben werden.

IV. Instrumente der Plansicherung und -umsetzung

4. Durchführung des Raumordnungsverfahrens (Verfahrensablauf)

Die Durchführung von Raumordnungsverfahren obliegt den dafür zuständigen Landesplanungsbehörden. Soweit - wie in den meisten Flächenstaaten - zwischen der Ministerialebene und der Ebene der Kreisverwaltungsbehörden eine mittlere Verwaltungsebene (Regierungspräsidien, (Bezirks-)Regierungen) besteht, sind die auf dieser mittleren Ebene eingerichteten Landesplanungsbehörden (obere/höhere Landesplanungsbehörden) in der Regel für die Einleitung und Durchführung von Raumordnungsverfahren zuständig. Aufgrund der Bündelungsfunktion, die den Verwaltungsbehörden der Mittelstufe zukommt, sind diese für eine solche Koordinierungsaufgabe auch besonders gut geeignet. Den für die Raumordnung zuständigen obersten Landesbehörden ist zumeist nur die Durchführung von Raumordnungsverfahren bei denjenigen Vorhaben vorbehalten, die für die Entwicklung des ganzen Staatsgebiets oder größerer Teile desselben raumbedeutsam sind.

4.1 Vorbereitung der Projektunterlagen

Vor Einleitung des Raumordnungsverfahrens kann sich eine Erörterung hinsichtlich des Verfahrensgegenstandes und der Projektunterlagen als zweckmäßig erweisen. Zu einer solchen Erörterung, die in den Landesplanungsgesetzen einzelner Länder in der Form einer "Antragskonferenz" ausdrücklich vorgeschrieben ist (vgl. z.B. § 20 Abs. 2 NROG), wird die Landesplanungsbehörde neben dem Träger des Vorhabens auch berührte Fachbehörden und Planungsträger hinzuziehen. Mit dem Träger des Vorhabens kann dabei z.B. geklärt werden, ob und welche bei der Vorauswahl ermittelten Standort- oder Trassenalternativen in das Raumordnungsverfahren eingebracht werden sollen. Die Hinzuziehung von Fachstellen dient vor allem der Klärung der Frage, welche Anforderungen die einzureichenden Projektunterlagen zu erfüllen haben, um die raumbedeutsamen Auswirkungen des Vorhabens, insbesondere auf die Umwelt, beurteilen zu können. Insoweit handelt es sich auf der Stufe des Raumordnungsverfahrens um einen der Unterrichtung über den voraussichtlichen Untersuchungsrahmen (§ 5 UVPG) entsprechenden Verfahrensschritt.

Die für die Durchführung eines Raumordnungsverfahrens notwendigen Projektunterlagen bestehen im allgemeinen aus einer zeichnerischen Darstellung (z.B. Lageplan im Maßstab 1:25.000) und einem das Vorhaben und seine Auswirkungen beschreibenden Erläuterungsbericht. Diese Unterlagen sollen sich auf die Darstellungstiefe beschränken, die notwendig ist, um eine Bewertung der unter überörtlichen Gesichtspunkten raumbedeutsamen Auswirkungen des Vorhabens zu ermöglichen. In der Regel werden folgende Angaben benötigt:

- Beschreibung des Vorhabens nach Art und Umfang sowie Bedarf an Grund und Boden einschließlich der vom Träger des Vorhabens eingeführten Standort- oder Trassenalternativen unter Angabe der wesentlichen Auswahlgründe,
- Beschreibung der entsprechend dem Planungsstand zu erwartenden erheblichen Auswirkungen des Vorhabens, insbesondere auf die Wirtschafts-, Siedlungs- und Infrastruktur sowie auf die Umwelt, und der Maßnahmen zur Vermeidung, Verminderung oder zum Ausgleich erheblicher Umweltbeeinträchtigungen sowie der Ersatzmaßnahmen bei nicht ausgleichbaren Eingriffen in Natur und Landschaft (vgl. auch § 6 Abs. 3 und 4 UVPG).

4.2 Einleitung des Raumordnungsverfahrens

Das Raumordnungsverfahren kann von Amts wegen oder auf Antrag eines Planungsträgers eingeleitet werden. Den Antrag auf landesplanerische Überprüfung raumbedeutsamer Vorhaben können entweder die jeweiligen Projektträger selbst oder auch andere Planungsträger, die durch das Vorhaben berührt werden, stellen.

Auf die Einleitung eines Raumordnungsverfahrens besteht allerdings kein Rechtsanspruch. Das Bundesverwaltungsgericht hat im Zusammenhang mit dem luftverkehrsrechtlichen Genehmigungsverfahren für den neuen Flughafen München entschieden, daß Gemeinden "unter keinem rechtlichen Gesichtspunkt einen Anspruch auf die Durchführung eines förmlichen Raumordnungsverfahrens geltend machen können" (BVerwG, Beschluß vom 21. Februar 1973, BayVBl., 1973, S. 274/276). Da das Raumordnungsverfahren als ein der Landesplanung als öffentlicher Aufgabe dienendes Instrument allein im staatlichen Interesse durchgeführt wird, kann auch aus der (objektiv-rechtlichen) Verpflichtung der Landesplanungsbehörden, bei bestimmten Vorhaben ein Raumordnungsverfahren durchzuführen, kein subjektives öffentliches Recht der berührten Planungsträger abgeleitet werden.

Bei der Entscheidung über die Einleitung eines Raumordnungsverfahrens, die nach § 15 Abs. 7 Satz 1 ROG innerhalb einer Frist von vier Wochen nach Einreichung der hierfür erforderlichen Unterlagen zu treffen ist, haben die Landesplanungsbehörden insbesondere zu prüfen, ob das Vorhaben raumbedeutsam ist, überörtliche Bedeutung hat und hinreichend konkret erscheint. Je nach Art und landesplanerischer Bedeutung des Vorhabens sowie unter Berücksichtigung der zu erwartenden Zahl von Beteiligten ist im Einzelfall zu entscheiden, ob die Einleitung eines förmlichen Raumordnungsverfahrens geboten ist oder ob die erforderliche landesplanerische Abstimmung auf andere, einfachere Weise gewährleistet werden kann (vgl. auch § 15 Abs. 2 ROG). Ist z.B. bereits ein Genehmigungsverfahren eingeleitet worden und kommen für das betreffende Vorhaben auch keine Standortalternativen in Betracht, so kann die Landesplanungsbehörde auch unter Beiziehung der im Genehmigungsverfahren abgegebenen Stellungnahmen eine landesplanerische Abstimmung und Beurteilung vornehmen.

4.3 Anhörung der beteiligten Stellen und Einbeziehung der Öffentlichkeit

Das Raumordnungsverfahren ist von seinem Ablauf her als ein Anhörungsverfahren ausgestaltet. Die am Verfahren beteiligten Stellen erhalten von der Landesplanungsbehörde die zur Beurteilung der raumbedeutsamen Auswirkungen des Vorhabens notwendigen Unterlagen und sollen sich innerhalb einer bestimmten Frist dazu äußern.

Der Kreis der am Verfahren beteiligten Stellen umfaßt in jedem Fall die betroffenen Gemeinden und Kreisverwaltungsbehörden sowie die Träger der Regionalplanung. Die umfangreichste Gruppe von Beteiligten bilden die Fachbehörden und Stellen, die für die Wahrnehmung raumbedeutsamer Belange in den verschiedenen Fachbereichen (z.B. Naturschutz und Landschaftspflege, Land- und Forstwirtschaft, gewerbliche Wirtschaft, Verkehr, Energieversorgung, Wasserwirtschaft) zuständig sind. Dazu kommen die für diese Bereiche zuständigen Verbände und Organisationen (z.B. nach § 29 BNatSchG anerkannte Vereinigungen, Bauernverband, Industrie- und Handelskammer u. dgl.), so daß die bei der Abwägung zu berücksichtigenden Belange jeweils durch entsprechende Beteiligte abgedeckt sind.

■ IV. Instrumente der Plansicherung und -umsetzung

Die Anhörung der beteiligten Stellen wird regelmäßig in der Weise durchgeführt, daß die zuständige Landesplanungsbehörde den Beteiligten die Projektunterlagen zuleitet mit der Aufforderung, innerhalb einer bestimmten Frist zu dem Vorhaben schriftlich Stellung zu nehmen. Für die Äußerungsfrist wird im Hinblick auf die durch § 15 Abs. 7 Satz 2 ROG vorgegebene Verfahrensdauer von höchstens sechs Monaten sowie mit Rücksicht auf Beteiligte, über deren Stellungnahmen Kollegialorgane zu beschließen haben (wie z.B. bei Gemeinden oder regionalen Planungsgemeinschaften), im allgemeinen ein Zeitraum von sechs Wochen angemessen sein. Darüber hinaus kann die Landesplanungsbehörde bei Bedarf zusätzlich Erörterungen mit den Beteiligten abhalten und Ortsbesichtigungen durchführen.

Im Hinblick auf die Teilfunktion, die dem Raumordnungsverfahren für die Umweltverträglichkeitsprüfung zukommt (s.u. Kap. 6.), aber auch im Interesse einer besseren Akzeptanz des Vorhabens sehen die meisten Landesplanungsgesetze jedenfalls bei solchen Vorhaben, die erhebliche Auswirkungen auf die Umwelt erwarten lassen, grundsätzlich auch eine Einbeziehung der Öffentlichkeit vor. Entsprechend § 16 Abs. 3 Satz 2 in Verbindung mit § 9 Abs. 3 UVPG werden dazu die Projektunterlagen auf Veranlassung der Landesplanungsbehörde von den Gemeinden, in denen sich das Vorhaben voraussichtlich auswirkt, während eines angemessenen Zeitraums (in der Regel einen Monat) nach ortsüblicher Bekanntmachung öffentlich ausgelegt mit dem Hinweis, daß Gelegenheit zur Äußerung gegeben wird. Die Gemeinden leiten die vorgebrachten Äußerungen der Landesplanungsbehörde zu, wobei sie dazu eine eigene Stellungnahme abgeben können.

5. Abschluß des Raumordnungsverfahrens

Unter Berücksichtigung der Ergebnisse der Anhörung und sonstiger ermittelter Tatsachen sowie anhand der einschlägigen Erfordernisse der Raumordnung schließt die Landesplanungsbehörde das Raumordnungsverfahren mit einer landesplanerischen Beurteilung ab (in Baden-Württemberg, Nordrhein-Westfalen, Saarland, Sachsen und Schleswig-Holstein: Raumordnerische Beurteilung; in Niedersachsen: Landesplanerische Feststellung; in Rheinland-Pfalz: Raumordnerischer Entscheid), deren Adressat regelmäßig der Träger des Vorhabens ist. Die am Verfahren beteiligten Stellen erhalten einen Abdruck der landesplanerischen Beurteilung, die Gemeinden unterrichten die Öffentlichkeit durch ortsübliche Bekanntmachung vom Ergebnis des Raumordnungsverfahrens.

5.1 Die landesplanerische Beurteilung des Vorhabens

Die landesplanerische Beurteilung als Ergebnis des Raumordnungsverfahrens hat ihrer Rechtsnatur nach gutachtlichen Charakter und unterscheidet sich deshalb auch in ihrer äußeren Form und in ihrem Aufbau von Genehmigungsbescheiden, Planfeststellungsbeschlüssen und anderen Verwaltungsakten.

Die landesplanerische Beurteilung enthält als Ergebnis der Raumverträglichkeitsprüfung die Feststellung, ob das Vorhaben, so wie es sich aus den von seinem Träger eingereichten Projektunterlagen ergibt, den Erfordernissen der Raumordnung

- entspricht,
- nicht entspricht

- oder - wie in den meisten Fällen - nur unter bestimmten Maßgaben entspricht.

Die in einer landesplanerischen Beurteilung enthaltenen Maßgaben sollen grundsätzlich nur das Ziel der betreffenden Änderungsvorschläge angeben, ohne die Mittel der technischen Durchführung vorzuschreiben (z.B. "Die Leitung ist so zu verlegen, daß die landwirtschaftliche Bodennutzung auch künftig ohne Einschränkung möglich bleibt"). Insbesondere sollen keine detaillierten fachspezifischen Aussagen getroffen werden, die als Auflagen, Bedingungen oder sonstige Nebenbestimmungen künftigen Verwaltungsakten vorbehalten sind.

Während hinsichtlich des untersuchten Vorhabens ggf. auf die Projektunterlagen verwiesen und hinsichtlich der Beteiligten und deren Stellungnahmen auf einen Anhang Bezug genommen werden kann, sind die Auswirkungen des Vorhabens, deren Bewertung anhand der Erfordernisse der Raumordnung und der Verfahrensergebnisse sowie die vorgenommene Abwägung in der Begründung eingehend und nachvollziehbar darzustellen.

5.2 Wirkung der landesplanerischen Beurteilung

Rechtsnatur und Rechtswirkung der landesplanerischen Beurteilung als Ergebnis des Raumordnungsverfahrens sind sowohl durch die höchstrichterliche Rechtsprechung als auch durch die rahmenrechtliche Regelung im ROG hinreichend geklärt.

Das Bundesverwaltungsgericht sieht in seiner Rechtsprechung den Zweck des Raumordnungsverfahrens darin, einer etwaigen Zulassungsentscheidung die verwaltungsinterne Abklärung der raumordnerischen Verträglichkeit des Vorhabens vorzuschalten. Dementsprechend hat es die das Raumordnungsverfahren abschließende landesplanerische Beurteilung wiederholt als eine bloße gutachterliche Äußerung charakterisiert, die keine unmittelbare Rechtswirkung nach außen entfaltet (vgl. BVerwG 68, 311/318; ebenso - nach Erlaß von § 6a ROG - Urteil vom 3. Dezember 1992, DVBl. 1993, S. 435/437).

§ 3 Nr. 4 ROG ordnet die Ergebnisse förmlicher landesplanerischer Verfahren wie des Raumordnungsverfahrens den "sonstigen Erfordernissen der Raumordnung" zu, die gem. § 4 Abs. 2 bis 4 ROG bei raumbedeutsamen Planungen und Maßnahmen nach § 4 Abs. 1, d.h. auch bei Genehmigungen, Planfeststellungen und sonstigen behördlichen Entscheidungen über die Zulässigkeit von Vorhaben in der Abwägung oder bei der Ermessensausübung nach Maßgabe der dafür geltenden Vorschriften zu berücksichtigen sind. Diese Regelung deckt sich mit der in § 6a Abs. 9 und 10 ROG a.F., durch die der Bundesgesetzgeber deutlich zum Ausdruck gebracht hatte, daß sich das Ergebnis des Raumordnungsverfahrens in seinen rechtlichen Wirkungen sowohl von Zielen der Raumordnung als auch von einem Verwaltungsakt im Sinne des § 35 VwVfG beträchtlich unterscheidet (vgl. BVerwG, Beschluß vom 30. August 1995, BauR 1995, S. 802). Der Charakter einer Regelung mit unmittelbarer Außenwirkung kommt erst der abschließenden behördlichen Entscheidung über die Zulässigkeit des Vorhabens (z.B. Genehmigung oder Planfeststellung) zu.

Da die §§ 3 und 4 ROG unmittelbar geltende Regelungen enthalten, wäre es den Ländern auch verwehrt, im Landesplanungsrecht eine weitergehende Bindungswirkung des Ergebnisses des Raumordnungsverfahrens vorzusehen. Davon unberührt bleibt die Frage der Fortgeltung der in Art. 2 des Gesetzes zur Änderung des Raumordnungsgesetzes vom 11. Juli 1989 (BGBl. I S. 1417) enthaltenen Sonderregelung zum Raumordnungsverfahren für Freileitungen nach § 14 des Landesplanungsgesetzes des Landes Baden-Württemberg (zu den Besonderheiten dieses Verfahrens s. Schmidt-Aßmann 1986, S. 3, und Brenken 1995, S. 773).

Aus dem Charakter der landesplanerischen Beurteilung als ein vorklärendes, die nachfolgenden Verwaltungsentscheidungen vorbereitendes Gutachten folgt auch, daß das Ergebnis eines Raumordnungsverfahrens als solches nicht verwaltungsgerichtlich anfechtbar ist. Damit wird jedoch der Rechtsschutz des Projektträgers oder der von dem beurteilten Vorhaben betroffenen Planungsträger (z.B. Gemeinden) nicht geschmälert. Diese haben durch die Anfechtung desjenigen Verwaltungsaktes, bei dessen Erlaß das Ergebnis des Raumordnungsverfahrens Berücksichtigung findet, die Möglichkeit, auch die landesplanerische Beurteilung inzident einer gerichtlichen Überprüfung unterziehen zu lassen (vgl. Höhnberg 1982, S. 722/724). Selbst wenn ein Vorhaben keinem fachgesetzlichen Zulassungsverfahren unterworfen sein sollte - wie es bei Hochspannungsfreileitungen in einzelnen Ländern noch der Fall ist -, steht den Planungsträgern bei Rechtsbeeinträchtigungen durch die Errichtung des Vorhabens ggf. öffentlich-rechtlicher Schutz aufgrund von Unterlassungs- oder (Folgen-)Beseitigungsansprüchen zu (BVerwG, Beschluß vom 30. August 1995, BauR 1995, S. 802/804; dazu krit. Blümel/Pfeil 1997, S. 353/377 ff., wegen der faktischen Auswirkungen auf Gemeinden).

6. Raumordnungsverfahren und Umweltverträglichkeitsprüfung (UVP)

Bei der Umsetzung der EG-Richtlinie über die UVP (s. o. 2.1) hat sich der deutsche Gesetzgeber dafür entschieden, die UVP als einen unselbständigen Teil in die bestehenden Verfahren (Raumordnungsverfahren und Zulassungsverfahren) zu integrieren, um die Einführung eines zusätzlichen, selbständigen Verwaltungsverfahrens zu vermeiden. Aus diesem Anlaß wurde das bis dahin nur landesrechtlich geregelte Raumordnungsverfahren im Jahre 1989 auch im Rahmenrecht des Bundes verankert (§ 6a ROG a.F.). Das bedeutet, daß bei überörtlich raumbedeutsamen Vorhaben die UVP - projektbegleitend - bereits auf der Stufe des Raumordnungsverfahrens einsetzt, aber erst auf der nachfolgenden Stufe des Zulassungsverfahrens mit der Gesamtbewertung aller Umweltauswirkungen ihren Abschluß findet.

6.1 Raumordnerische UVP

Für das Verhältnis von Raumordnungsverfahren und UVP ist neben § 15 (früher § 6a) ROG vor allem § 16 UVPG maßgebend, der an die Funktion des Raumordnungsverfahrens als vorgelagertes Verfahren im Vorfeld der nachfolgenden Zulassungsverfahren anknüpft (s. dazu Wahl 1991). Durch das Investitionserleichterungs- und Wohnbaulandgesetz vom 22. April 1993 (BGBl. I S. 466) wurde § 6a ROG a.F. insofern vereinfacht, als Regelungen, die zunächst im Vorgriff auf das erst 1990 erlassene UVPG in das ROG aufgenommen worden waren (insbesondere § 6a Abs. 1 Satz 2 und Abs. 6 Satz 2 und 3 ROG 1989), wieder entfallen konnten. Der Verzicht auf diese Regelungen, insbesondere der Wegfall der Aufzählung der in § 2 Abs. 1 Satz 2 UVPG genannten Schutzgüter, bedeutet aber keineswegs, daß deshalb im Raumordnungsverfahren künftig auf die "raumordnerische UVP" verzichtet werden kann. Die vereinzelt vertretene Auffassung, daß durch das Investitionserleichterungs- und Wohnbaulandgesetz "die UVP aus dem Raumordnungsverfahren wieder entfernt" worden sei (so z.B. die Fraktion BÜNDNIS 90/DIE GRÜNEN in der Begründung ihres Änderungsantrags zum BauROG, BT-Drs. 13/7670, S. 30), ist unzutreffend. In der Neufassung von 1993, die insoweit auch der ab 1998 geltenden Fassung des ROG entspricht, wird lediglich eine - im Verhältnis zu anderen raumbedeutsamen Belangen - einseitige Hervorhebung der Umweltschutzgüter vermieden (vgl. § 15 Abs. 1 Satz 3 in Verbindung mit § 2 Abs. 2 ROG). Da zu den in § 2 Abs. 2 ROG genannten Belangen eindeutig auch die Umweltbelange gehören, die den in der ursprünglichen Fassung aufgezählten Schutzgütern inhaltlich voll entsprechen (vgl. § 2 Abs. 2 Nr. 3 Satz 2, Nr. 8 und Nr. 13 Satz 2 ROG), ist die (materielle) Prüfung, d.h. die Ermittlung, Beschreibung und Bewertung der raumbedeutsamen Auswirkungen eines Vorhabens auf die Umwelt nach wie vor notwendiger Bestandteil eines jeden Raumordnungsverfahrens. Dadurch wird auch dem die UVP-Richtlinie beherrschenden Grundsatz der Frühzeitigkeit der Prüfung der Umweltauswirkungen Rechnung getragen. Dementsprechend sehen die Landesplanungsgesetze der deutschen Länder die Integration der UVP in das Raumordnungsverfahren - soweit es sich um die Prüfung der raumbedeutsamen Umweltauswirkungen handelt - zumeist ausdrücklich vor. Auch in den Landesplanungsgesetzen bedarf es dazu keiner Aufzählung der in § 2 Abs. 1 Satz 2 UVPG genannten Schutzgüter, da eine Bezugnahme auf die im ROG enthaltene Regelung ausreicht. Erforderlich für eine Integration der UVP sind allerdings Regelungen bezüglich der Verfahrensunterlagen, der - auch grenzüberschreitenden - Behördenbeteiligung und der Einbeziehung der Öffentlichkeit (s.u. 6.2).

Besondere Bedeutung kommt der im Raumordnungsverfahren enthaltenen raumordnerischen UVP bei der Problembewältigung in den Fällen zu, in denen mehrere Standort- oder Trassenalternativen zu prüfen sind (s.o. 3.2) oder bei denen komplexe Vorhaben in den nachfolgenden Zulassungsverfahren in Teilabschnitte aufgespalten werden, wie es etwa bei längeren Fernstraßen- oder Schienenwegeprojekten üblich ist. In solchen Fällen gewährleistet das abschnittsübergreifende Raumordnungsverfahren, das zugleich der Vorbereitung der Linienbestimmung (§ 16 FStrG) dient, die nach der Rechtsprechung notwendige großräumige Abwägung, die das Gesamtvorhaben mit seinen Alternativen und den gesamten davon betroffenen Raum in den Blick nimmt (siehe dazu BVerwG, Urteil vom 10. April 1997, DVBl., 1997, S. 1115 ff.). Dazu gehört auch die Prüfung, ob in der Abwägung unüberwindliche Belange dazu nötigen, von der Planung Abstand zu nehmen, was vom Bundesverwaltungsgericht als Prüfung der "Null-Variante" bezeichnet wird. Allerdings zwingen die Anforderungen der UVP ebensowenig wie das Vermeidungsgebot des § 8 Abs. 2 Satz 1 BNatSchG die Planungsbehörde zur Wahl der ökologisch günstigsten Planungsalternative (vgl. BVerwG, Urteil vom 7. März 1997, DVBl. 1997, S. 838 ff.).

6.2 Formelle Elemente der UVP im Raumordnungsverfahren

Das Raumordnungsrecht des Bundes überläßt es der Entscheidung der Länder, ob und inwieweit sie die vorklärende, spätere Entscheidungen vorbereitende Stufe des Raumordnungsverfahrens auch bereits mit den formellen Elementen der UVP ausstatten wollen (vgl. insbesondere § 15 Abs. 6 ROG). Nach § 16 Abs. 3 UVPG soll im nachfolgenden

Zulassungsverfahren hinsichtlich der im Raumordnungsverfahren ermittelten und beschriebenen Umweltauswirkungen von den Anforderungen der §§ 5 bis 8 und 11 insoweit abgesehen werden, als diese Verfahrensschritte bereits im Raumordnungsverfahren erfolgt sind. Die Anhörung der Öffentlichkeit nach § 9 Abs. 1 und die Bewertung der Umweltauswirkungen nach § 12 UVPG sollen auf zusätzliche oder andere erhebliche Umweltauswirkungen beschränkt werden, sofern die Öffentlichkeit im Raumordnungsverfahren entsprechend § 9 Abs. 3 UVPG einbezogen wurde (s. o. 4.3). Die mit § 16 Abs. 3 UVPG intendierte Verfahrenserleichterung und Abschichtung kann demgemäß nur zum Tragen kommen, wenn die landesrechtliche Ausgestaltung des Raumordnungsverfahrens auch die formellen Anforderungen der UVP erfüllt, wobei einer echten Abschichtung durch die Beteiligungsrechte Betroffener im Zulassungsverfahren jedoch Grenzen gesetzt sind (s. Wahl 1991, S. 220 f.).

Nach der UVP-Richtlinie ist es dem Gesetzgeber nicht verwehrt, die in § 16 Abs. 3 UVPG genannten Verfahrensschritte der UVP bei einem gestuften Ablauf des Planungsverfahrens ganz oder teilweise auf das Zulassungsverfahren selbst zu konzentrieren (vgl. BVerwG, Beschluß vom 28. November 1995, NVwZ 1996, S. 389/392 f.). So ist z.B. § 2 Abs. 2 des Verkehrswegeplanungsbeschleunigungsgesetzes, wonach bei der dort vorgesehenen Linienbestimmung die §§ 15 und 16 UVPG mit der Maßgabe Anwendung finden, daß die Einbeziehung der Öffentlichkeit im nachfolgenden Planfeststellungsverfahren stattfindet, mit den gemeinschaftsrechtlichen Vorgaben der UVP-Richtlinie vereinbar.

7. Verhältnis des Raumordnungsverfahrens zu planerischen Festlegungen und zu anderen Verfahren

Die Durchführung von Raumordnungsverfahren ist kein Selbstzweck, sondern sie erfüllt eine "Komplementärfunktion" zur planenden Tätigkeit der Verwaltung (Zoubek 1982, S. 718/719). Das Raumordnungsverfahren kann sich erübrigen, wenn die planungsrechtliche Zulässigkeit von raumbedeutsamen Vorhaben bereits aufgrund von Festlegungen in Programmen und Plänen vorgegeben ist oder wenn die Beurteilung der raumordnerischen Verträglichkeit solcher Vorhaben in anderen Verfahren hinreichend gewährleistet ist (vgl. § 15 Abs. 2 ROG).

Wenn die Raumordnungspläne, insbesondere die Regionalpläne, in einem Land oder einer Region so detailliert sind, daß sie im wesentlichen auch alle raumbedeutsamen Einzelvorhaben erfassen, wird die Koordinierung der Raumansprüche weitgehend im Rahmen dieser Pläne erfolgen können. So spielt das Raumordnungsverfahren in der Praxis der nordrhein-westfälischen Landesplanung nur eine untergeordnete Rolle, weil in diesem Land die Gebietsentwicklungspläne ein flächendeckendes, alle fachlichen, regional bedeutsamen Bereiche umfassendes landesplanerisches Zielsystem enthalten, bei dem auch durch neue Vorhaben auftretende Probleme zumeist im Wege der Planänderung bewältigt werden können.

Desgleichen kann von einem Raumordnungsverfahren abgesehen werden, wenn beispielsweise der Standort eines Vorhabens bereits in einem fachlichen Plan (z.B. Abfallwirtschaftsplan) unter Beteiligung der Landesplanungsbehörde festgelegt worden ist oder wenn ein - nicht planfeststellungspflichtiges - Vorhaben den Darstellungen oder Festsetzungen eines den Zielen der Raumordnung angepaßten Bauleitplans entspricht oder widerspricht. Wenn ein Vorhaben den Festsetzungen eines qualifizierten Bebauungsplans entspricht oder im Innenbereich nach § 34 BauGB zulässig ist und die Erschließung gesichert ist, hat der Projektträger einen Rechtsanspruch auf Genehmigung. In einem solchen Fall ginge ein Raumordnungsverfahren ins Leere, sofern und soweit dessen Ergebnis bei der Genehmigungsentscheidung nicht mehr berücksichtigt werden könnte.

Als Alternative zur Durchführung eines förmlichen Raumordnungsverfahrens kann in einfach gelagerten Fällen auch eine landesplanerische Abstimmung auf andere Weise im Rahmen eines Genehmigungs-, Planfeststellungs- oder sonstigen fachlichen Zulassungsverfahrens in Betracht kommen. In diesen Fällen verwertet die Landesplanungsbehörde die im Zulassungsverfahren abgegebenen Stellungnahmen der Träger öffentlicher Belange und gibt auf dieser Grundlage und einer evtl. ergänzenden Anhörung eine landesplanerische Beurteilung zu dem betreffenden Vorhaben ab.

8. Ausblick: Das Raumordnungsverfahren als moderne Form des Verwaltungshandelns

Der anerkannt hohe Stellenwert des Raumordnungsverfahrens liegt insbesondere darin begründet, daß es als ein Verfahren im Vorfeld der fachlichen Zulassungsverfahren Raum zur Diskussion und Variation eines Projekts eröffnet und damit den Bedürfnissen unserer Zeit in optimaler Weise entgegenkommt (GOPPEL 1982, S. 716/717):

- Das Raumordnungsverfahren bietet die Möglichkeit, in einem frühen Planungsstadium zwischen verschiedenen in Betracht kommenden Standort- oder Trassenalternativen abzuwägen, während die einem Zulassungsverfahren (z.B. Genehmigungs- oder Planfeststellungsverfahren) zugrundeliegende Detailplanung regelmäßig bereits eine Eigendynamik entwickelt hat, die eine solche Alternativendiskussion zumindest faktisch ausschließt.

- Das Raumordnungsverfahren beurteilt die Auswirkungen überörtlich raumbedeutsamer Vorhaben auf der Grundlage eines auf Konsensfindung und Akzeptanz angelegten Anhörungsverfahrens, in das alle im Raum Betroffenen, angefangen von den belegenen Gemeinden über die Fachstellen bis hin zur Öffentlichkeit einbezogen sind.

- Das Raumordnungsverfahren schließt mit einer landesplanerischen Beurteilung ab, der wegen ihres gutachtlichen Charakters keine unmittelbare Rechtswirkung nach außen zukommt, deren faktische Wirkung jedoch auf der Objektivität und Überzeugungskraft der in ihrer Moderator-Funktion gegenüber fachlichen Belangen neutralen Landesplanungsbehörde beruht.

Zusammenfassung

Das Raumordnungsverfahren ist ein aus den Bedürfnissen der Verwaltungspraxis entstandenes Instrument zur Erfüllung der Abstimmungsaufgabe der Raumordnung. Es dient dazu, vor der Entscheidung über die Zulässigkeit überörtlich raumbedeutsamer Einzelvorhaben als Vorfrage die raumordnerische Verträglichkeit dieser Vorhaben zu klären. Die Raumverträglichkeitsprüfung umfaßt auch die raumbedeutsamen Auswirkungen eines Vorhabens auf die Umwelt und schließt die Prüfung der vom Projektträger eingeführten Standort- oder Trassenalternativen ein.

Das Raumordnungsverfahren ist von seinem Ablauf her als ein Anhörungsverfahren ausgestaltet. Die am Verfahren beteiligten Stellen (Kommunen, Träger der Regionalplanung, Fachbehörden, Verbände) erhalten von der Landesplanungsbehörde die zur Beurteilung der raumbedeutsamen Auswirkungen des Vorhabens notwendigen Unterlagen mit der Aufforderung, sich innerhalb einer bestimmten Frist dazu zu äußern. Wegen der Teilfunktion, die dem Raumordnungsverfahren für die Umweltverträglichkeitsprüfung zukommt, sehen die meisten Landesplanungsgesetze eine Einbeziehung der Öffentlichkeit vor.

Das Raumordnungsverfahren schließt mit einer landesplanerischen Beurteilung des Vorhabens ab, deren Maßstab die einschlägigen Erfordernisse der Raumordnung (Ziele, Grundsätze und sonstige Erfordernisse) bilden und in der die Ergebnisse der Anhörung sowie sonstige ermittelte Tatsachen verwertet werden. Das Ergebnis des Raumordnungsverfahrens ist bei nachfolgenden Planungen sowie bei Entscheidungen über die Zulässigkeit des beurteilten Vorhabens in der Abwägung zu berücksichtigen. Obwohl der landesplanerischen Beurteilung wegen ihres gutachtlichen Charakters keine unmittelbare Rechtswirkung nach außen zukommt, ist sie für nachfolgende Planungs- und Genehmigungsentscheidungen von erheblicher faktischer Bedeutung, die nicht zuletzt auch auf der Objektivität der gegenüber fachlichen Belangen neutralen Landesplanungsbehörde beruht.

Literatur

BLÜMEL, W.; PFEIL, M.R. (1997): Kommunale Planungshoheit und Ergebnis des Raumordnungsverfahrens. In: Verwaltungs-Archiv (VerwArch) Bd. 88, S. 353-388.

BRENKEN, G. (1995): Raumordnungsverfahren. In ARL: Handwörterbuch der Raumordnung, Hannover, S. 766-774.

BUSSEK, M. J. (1987): Die Wirksamkeit von Raumordnungsverfahren. Konstanz.

DICKSCHEN, CH. (1987): Das Raumordnungsverfahren im Verhältnis zu den fachlichen Genehmigungs- und Planfeststellungsverfahren. Beiträge SWR Bd. 110. Münster.

GOPPEL, K. (1982): Das Raumordnungsverfahren als moderne Form des Verwaltungshandelns. In: Bayerische Verwaltungsblätter (BayVBl.) 1982, S. 716-718.

HÖHNBERG, U. (1982): Rechtsschutz gegenüber Maßnahmen der Landesplanung. In: Bayerische Verwaltungsblätter (BayVBl.) 1982, S. 722-726.

Informationen zur Raumentwicklung (IzR) 1979 Heft 2/3. (Themenheft zum Raumordnungsverfahren mit Beiträgen von BUCHNER W.; DEPENBROCK J.; ERBGUTH W.; FROMMHOLD G.; HÖHNBERG U.; LOSCH S.; KOCH T.P./MENKE A.; SCHEFER A.G.; SCHEURER H.; SCHNITKER R.).

SCHMIDT-AßMANN, E. (1986): Aufgaben, Rechtscharakter und Entwicklungstendenzen des Raumordnungsverfahrens. In: Verwaltungsblatt Baden-Württemberg (VBlBW) 1986, S. 2-10

SCHOENEBERG, J. (1984): Umweltverträglichkeitsprüfung und Raumordnungsverfahren. Beiträge SWR Bd. 96. Münster.

WAHL, R. (1991): Das Raumordnungsverfahren am Scheideweg. In: Festschrift für H. Sendler, München, S. 199-223.

ZOUBEK, G. (1978): Das Raumordnungsverfahren - Eine rechtsvergleichende Untersuchung des förmlichen landesplanerischen Abstimmungsinstrumentes. Beiträge SWR Bd. 45, Münster.

ZOUBEK, G. (1982): Das Raumordnungsverfahren - ein Instrument zur Verwirklichung der Raumordnung. In: Bayerische Verwaltungsblätter (BayVBl.) 1982, S. 718-722.

Anhang: Rechtsgrundlagen des Raumordnungsverfahrens

Bund

Raumordnungsgesetz (ROG) - Art. 2 des Bau- und Raumordnungsgesetzes 1998 (BauROG) vom 18. August 1997 (BGBl. I S. 2081, 2102)

§ 15 Raumordnungsverfahren

Verordnung zu § 6a Abs. 2 des Raumordnungsgesetzes (Raumordnungsverordnung - RoV) vom 13. Dezember 1990 (BGBl. I S. 2766), zuletzt geändert durch Gesetz vom 18. August 1997 (BGBl. I S. 2081, 2110)

Baden-Württemberg

Landesplanungsgesetz (LplG) i.d.F. vom 8. April 1992 (GBl. S. 229), zuletzt geändert durch Gesetz vom 7. Februar 1994 (GBl. S. 92, 99).

§ 13 Allgemeines Raumordnungsverfahren

§ 14 Raumordnungsverfahren für Freileitungen

Bayern

Bayerisches Landesplanungsgesetz (BayLplG) i.d.F. vom 16. September 1997 (GVBl. S. 500)

Art. 23 Raumordnungsverfahren

Berlin/Brandenburg

Vertrag über die Aufgaben und Trägerschaft sowie Grundlagen und Verfahren der gemeinsamen Landesplanung zwischen den Ländern Berlin und Brandenburg (Landesplanungsvertrag) vom 6. April 1995 (GVBl. Berlin S. 407/GVBl. I Brandenburg S. 210)

Art. 16 Raumordnungsverfahren

Verordnung über die einheitliche Durchführung von Raumordnungsverfahren für den gemeinsamen Planungsraum Berlin-Brandenburg

(Gemeinsame Raumordnungsverfahrens-Verordnung - GROVerfV) vom 24. Januar 1996 (GVBl. II Brandenburg S. 82)

Brandenburg

Vorschaltgesetz zum Landesplanungsgesetz und Landesentwicklungsprogramm für das Land Brandenburg vom 6. Dezember 1991 (GVBl. S. 616), geändert durch Gesetz vom 13. Mai 1993 (GVBl. I S. 170)

§ 17 Raumordnungsverfahren

§ 18 Erlaß einer Rechtsverordnung

Verordnung über die Durchführung von Raumordnungsverfahren (Raumordnungsverfahrensverordnung - ROVerfV) vom 28. Juni 1994 (GVBl. II S. 562).

Hessen

Hessisches Landesplanungsgesetz (HLPG) vom 29. November 1994 (GVBl. S. 707)

§ 13 Raumordnungsverfahren

Mecklenburg-Vorpommern

Gesetz über die Raumordnung und Landesplanung des Landes Mecklenburg-Vorpommern - Landesplanungsgesetz (LPlG) - vom 31. März 1992 (GVOBl. M-V S. 242), geändert durch Gesetz vom 5. Mai 1994 (GVOBl. M-V S. 566, 570)

§§ 17 bis 19 Raumordnungsverfahren

IV. Instrumente der Plansicherung und -umsetzung

Niedersachsen

Niedersächsisches Gesetz über Raumordnung und Landesplanung (NROG) i.d.F. vom 27. April 1994 (GVBl. S. 211)

§§ 17 bis 23 Raumordnungsverfahren

Nordrhein-Westfalen

Landesplanungsgesetz (LPlG) i.d.F. vom 29. Juni 1994 (GV.NW. S. 474, ber. S. 702)

Abschnitt III Raumordnungsverfahren (§§ 23a bis 23h)

Verordnung über den Anwendungsbereich für ein Raumordnungsverfahren nach § 23a Landesplanungsgesetz (6. DVO zum Landesplanungsgesetz) vom 17. Januar 1995 (GV.NW. S. 151)

Rheinland-Pfalz

Landesplanungsgesetz (LPlG) i.d.F. vom 8. Februar 1977 (GVBl. S. 5), zuletzt geändert durch Gesetz vom 18. Juli 1996 (GVBl. S. 268)

§ 18 Raumordnungsverfahren

Saarland

Saarländisches Landesplanungsgesetz (SLPG) vom 27. April 1994 (Amtsbl. S. 866)

§§ 12 bis 14 Raumordnungsverfahren

Sachsen

Gesetz zur Raumordnung und Landesplanung des Freistaates Sachsen (Landesplanungsgesetz - SächsLPlG) vom 24. Juni 1992 (SächsGVBl. S. 259), zuletzt geändert durch Gesetz vom 6. September 1995 (SächsGVBl. S. 281, 283)

§ 14 Raumordnungsverfahren

Sachsen-Anhalt

Vorschaltgesetz zur Raumordnung und Landesentwicklung des Landes Sachsen-Anhalt vom 2. Juni 1992 (GVBl. LSA S. 390), zuletzt geändert durch Gesetz vom 12. Dezember 1996 (GVBl. LSA S. 404)

§§ 13 bis 18 Raumordnungsverfahren

Schleswig-Holstein

Gesetz über die Landesplanung (Landesplanungsgesetz) i.d.F. vom 10. Februar 1996 (GVOBl.Schl.-H. S. 232)

§§ 14 bis 14b Raumordnungsverfahren

Thüringen

Thüringer Landesplanungsgesetz (ThLPlG) vom 17. Juli 1991 (GVBl. S. 210)

§ 17 Raumordnungsverfahren

IV.3 Projekt- und Regionalmanagement

Dietrich Fürst

Inhalt

1. Management - Projektmanagement - Regionalmanagement
2. Das Projektmanagement
3. Das Regionalmanagement
4. Managementansätze im Kontext der Fortentwicklung der Regionalplanung
5. Praktische Beispiele
5.1 Projektmanagement
5.2 Regionalmanagement
6. Schlußfolgerungen für die Rolle der Regionalplaner

1. Management - Projektmanagement - Regionalmanagement

"Management" ist ein Begriff der betrieblichen und administrativen Steuerung:

"Management ist ein eindeutig definierter Prozeß, bestehend aus den Phasen Planung, Organisation, Durchführung, Kontrolle, der über den Einsatz von Menschen zur Formulierung und Erreichung von Zielen führt." (Litke 1995, S. 18)

Die Tätigkeit des "Managers" ist dann: Koordination von Handlungsträgern, Stimulierung von neuen Handlungsrichtungen und Regieführung, um die verschiedenen Handlungen zielorientiert zu Ergebnissen zu führen.

In der Begriffskombination *"Projektmanagement"* ist i.d.R. die Anwendung moderner Managementfunktionen auf Projekte gemeint. Projekte sind zeitlich, räumlich und sachlich begrenzte Aufgaben, wobei auch Genehmigungsverfahren der öffentlichen Verwaltung "Projekte" sein können.

Regionalmanagement bezieht sich auf die Gestaltung regionaler Entwicklungsprozesse auf der Basis von Leitbildern (selbstdefinierten Entwicklungspfaden) und daraus abgeleiteten Aktionsprogrammen. "Region" bezeichnet dabei eine Steuerungsebene oberhalb der Gemeinden und unterhalb des Landes, wobei die Regionsabgrenzung pragmatisch, allerdings themen- und aktorenbezogen, verläuft. Die Diskussion zum Regionalmanagement ist weniger abgesichert als diejenige zum Projektmanagement. Sie wird von unterschiedlichen normativen, aber empirisch ungenügend geklärten Grundlagen gespeist, etwa aus der Wiederbelebung der Genossenschaftsidee, aus der Entwicklungshilfe-Forschung zur eigenständigen Regionalentwicklung ("self-reliance"), aber auch aus Ideen der Regionalismusforschung und aus Konzepten der "strategischen Planung" (vgl. BRYSON/ROERING 1988, GORDON 1993).

Bei der Übertragung des aus der Betriebswirtschaft abgeleiteten Managementkonzepts auf die öffentliche Verwaltung wird zudem die spezifische Kontextbindung dieses Ansatzes zum Problem, insbesondere seine Bindung

- an die betriebswirtschaftlichen Kontroll- und Führungsinstrumente (Kostenrechnung und "controlling"),
- an präzise Zielvorgaben,
- an die höhere Flexibilität des Personal- und Mitteleinsatzes in der Privatwirtschaft.

Projekt- und Regionalmanagement gewinnen in der öffentlichen Verwaltung an Bedeutung, weil sie einen Bedarf abdecken, der einerseits mit dem Wandel staatlicher (und gesellschaftlicher) Steuerung zusammenhängt (vgl. RITTER in diesem Band): Dezentralisierung und Pluralisierung der Steuerungsstrukturen lassen den Koordinationsbedarf wachsen, woraus wachsender Bedarf an "Querschnittmanagement" resultiert. Das gilt besonders für die regionale Ebene, weil hier häufig integrierende politische Handlungs-Institutionen fehlen. Meist können die staatlichen Mittelinstanzen diese Funktion nicht wahrnehmen (Reduktion auf staatliche Vollzugs-, Aufsichts- und Genehmigungsfunktionen), und soweit die Kommunen sich regional organisieren, so nur über sog. "weiche" Verbände, mit Kernaufgaben in der Regionalplanung und Verkehrskoordination (vgl. FÜRST/MÜLLER/SCHEFOLD 1994). Regionale Querschnittkoordination über Managementkonzepte gewinnt auch dadurch an Bedeutung, daß die staatliche regionale Wirtschaftspolitik in Deutschland und der Europäischen Union (EU) verstärkt "regionalisiert" wird, wobei die Regionen die Verwendung der dafür vorgesehenen Transferzahlungen über Regionale Entwicklungskonzepte (REK) "von unten" steuern sollen (vgl. NRW 1992).

Andererseits aktivieren solche Managementkonzepte den Einsatz bisher zu wenig genutzter Ressourcen:

- die Ressource Zeit durch effizientere und zeitsparende Verwaltungsabläufe,
- Selbsthilfepotentiale im Rahmen des Umbaus des Wohlfahrtsstaates,
- Synergieeffekte der "Aufgabenkooperation" (SCHUPPERT 1996, S. 238 f.) und Netzwerke von Akteuren gegenüber der zunehmenden Fragmentierung der Gesellschaft, der Pluralisierung von Macht, der wachsenden Komplexität (die einzelne Akteure allein nicht mehr beherrschen können) und der sinkenden Leistungsfähigkeit bestehender Institutionen (vgl. MAYNTZ 1992, S. 20 f.; SCHUPPERT 1996, S. 235 ff.).

2. Das Projektmanagement

Projektmanagement ist in der Privatwirtschaft ein seit langem gebräuchlicher Ansatz effizienter, problembezogener Arbeitsweise und hat - unter dem Druck der Verfahrensbeschleunigung (Genehmigungsverfahrensbeschleunigungsgesetz von 1996 (BGBl. I vom 18.9.1996); SRU, 1996, Tz. 55) - inzwischen auch in der öffentlichen Verwaltung Aufmerksamkeit erlangt. Wie etabliert das Verfahren ist, läßt sich an einigen Merkmalen deutlich machen:

- Was Projektmanagement ist, wurde über eine DIN-Vorschrift normiert (Deutsches Institut für Normung: DIN 69 901: Projektmanagement, Begriffe, Frankfurt 1987). Danach ist ein Projekt gekennzeichnet durch die Einmaligkeit der Realisierungsbedingungen, eine Zielvorgabe, zeitliche, finanzielle und personelle Restriktionen, eine klare Abgrenzung gegen andere Vorhaben sowie eine projektspezifische Organisation;
- für Projektmanagement gibt es spezialisierte Beratungsstrukturen (z.B. Deutsche Gesellschaft für Projektmanagement e.V. (München));
- es wird bereits über einen neuen Berufszweig des Projektmanagers nachgedacht.

Projektmanagement wird in der Privatwirtschaft üblicherweise eingesetzt, wenn es sich um eine begrenzte Aufgabe handelt, die interdisziplinär zu lösen ist, einen hohen Grad an Komplexität und Neuartigkeit aufweist und in den Routinen der betrieblichen Problembewältigung nicht mehr zu bearbeiten ist (LITKE 1995, S. 18). Daraus geht bereits hervor, daß wesentliche Elemente des Projektmanagements darin bestehen,

- hierarchische und sektorale Schnittstellen durch personelle Kooperation ("Netzwerke") zu überwinden sowie
- das kreative Potential der beteiligten Akteure systematisch zu mobilisieren und zu nutzen (HEINTEL/KRAINZ 1994).

Methodisch folgt Projektmanagement den formal-technischen Schritten der Planung schlechthin (LITKE 1995, S. 29 ff.): Problemanalyse und Ideenfindung ==> Projektziele ==> Lösungssuche ==> Lösungsauswahl ==> Umsetzungsplanung und Umsetzung ==> Evaluierung. Dabei sind die Problemanalyse und die Zielfindung die wichtigsten Phasen, weil diese das weitere Vorgehen weitgehend determinieren. Die über Problemanalyse und Zielfindung bestimmte Vorgehensweise wird häufig nach der Technik des "logical framework" (s.w.u.) betrieben.

Die Besonderheit liegt in der Verschränkung von Objektstruktur, Verrichtungs- und Verantwortungsstruktur (HEINTEL/KRAINZ 1994, S. 83 ff.): Es geht nicht nur um den auf das Objekt bezogenen Plan, sondern dieser muß mit den sozialpsychologischen Handlungsmöglichkeiten (Personalführung) und den organisatorischen Bedingungen zur Sicherung der Prozesse (Projektorganisation) verbunden werden. Projektmanagement kombiniert folglich vier Ebenen: die sach-logische Strukturierung, die aufbauorganisatorische Regelung (Aufgaben-, Kompetenzen- und Ressourcenverteilung), die ablauforganisatorische Regelung (z.B. Arbeitsschritte und Zeitstruktur, Informationsprozesse und Kommunikationsregeln, Kontrollverfahren etc.) sowie die Teamführung (Motivation, Qualifikation, Kooperation und Selbststeuerung).

Für Projektmanagement im öffentlichen Bereich spielt die sozialpsychologische und politische Komponente eine besondere Rolle. Einerseits müssen viele Interessen zusammengeführt und zu gemeinsamem Handeln vereint werden; andererseits sind behördliche Strukturen wegen ihrer hierarchischen Struktur, ihrer engen Bindung an Fachressorts und die Restriktionen des Dienst- und Haushaltsrechts weniger geeignet, ressortübergreifende "echte" Teams zu bilden. Echte Teams sind durch ein relativ hohes Maß an Kohäsion, Kooperation auf Basis von Vertrauen, offene und "herrschaftsfreie" Kommunikation, hohe Gruppenmotivation u.ä. gekennzeichnet. Meist bleibt es bei unechten Teams (z.B.

interministerielle Arbeitsgruppen), in denen die Mitglieder primär ihrer Herkunftsinstitution verpflichtet sind, weniger der Teamarbeit. Projektmanagement "lebt" aber von der Teamarbeit - von der darin liegenden motivierenden Kraft, ihrer Kreativität, ihrem Sach-Engagement, was voraussetzt, daß die Mitglieder untereinander enge Vertrauensbezüge aufbauen. Da echte Teams die emotionale Bindung der Mitglieder an ihr Team vertiefen und sie tendenziell zur Herkunftsorganisation entfremden, treten Spannungen zwischen Teammitglied und Herkunftsorganisation auf. Dieses Spannungsverhältnis muß vom Projektmanagement konstruktiv aufgefangen werden. Obwohl die politische und soziopsychologische Seite des Projektmanagements von großer Bedeutung ist, weil Projekte nicht durch Institutionen/Organisationen stabilisiert werden, sondern allein durch die Funktionsfähigkeit der personalen Netzwerke, findet die sozio-psychologische Seite des Projektmanagements erst in jüngeren Lehr- und Handbüchern zum Projektmanagement Beachtung (vgl. KUMMER et al. 1986). Ältere Handbücher reduzieren ihre Anleitungen primär auf den technisch-organisatorischen Ablauf, also

- die Zerlegung der Projektarbeit in Arbeitsschritte und deren zeiteffiziente Anordnung über Netzplantechniken,
- die Ressourcen- und Kapazitätskontrolle über Kosten-, Finanz-, Ressourcen- und Kapazitätspläne,
- die Techniken des dynamischen controlling, um flexibel auf Planabweichungen während des Verfahrens reagieren zu können.

Zwar sind Projekte zeitlich, räumlich und sachlich begrenzt. Gleichwohl kann Projektmanagement zeitlich unbegrenzt organisiert werden, wenn es sich um wiederkehrende Tätigkeiten handelt, wie es bei Genehmigungsverfahren der Fall ist.

3. Das Regionalmanagement

Auch für Regionalmanagement ist der Projektbezug wesentlich. Aber im Unterschied zum Projektmanagement hat Regionalmanagement es üblicherweise mit mehreren konkreten Projekten zu tun, deren Wechselwirkung auf der einen und deren regionale Synergie-Effekte auf der anderen Seite zu berücksichtigen sind. Die Projekte müssen folglich aus kollektiv zu erarbeitenden übergeordneten Entwicklungsperspektiven abgeleitet werden können. Entscheidende Merkmale sind deshalb:

- die kollektive Selbst-Organisation,
- die Kooperation über Projekte aus gemeinsamer Problembetroffenheit,
- die Einbindung der Projekte in eine Konzeption der Regionalentwicklung und
- der zentrale Stellenwert des Interaktionsprozesses, über den Gemeinsamkeiten erkannt und entwickelt, Vertrauen gebildet sowie Einigung im Handeln konstituiert werden sollen.

Die Bandbreite dessen, was unter Regionalmanagement in der Praxis abgehandelt wird, ist relativ weit, kann aber auf drei unterschiedliche Grundkonzepte reduziert werden:

- Eine mehr von der Mobilisierung der Selbsthilfe kommende Richtung des Regionalmanagement stellt auf die Animation und Koordination heterogener Akteure ab, um sie zu Maßnahmen kollektiv gestalteter Entwicklungsprozesse zu bewegen. Die Erarbeitung kollektiver Entwicklungsvisionen steht im Vordergrund. "Management" bezieht sich auf die Steuerung des Prozesses kollektiver Konsensbildung und Handlungsorientierung. Dieser Ansatz ist der am weitesten verbreitete und findet auch dort Resonanz, wo die Akteure aus unterschiedlichen Kultur-, Institutionen- und Rechtsbindungen kommen (z.B. grenzüberschreitende Problemlösungen).

- In einem mehr an der Privatwirtschaft orientierten Konzept wird Regionalmanagement weitgehend mit "Regionalmarketing" gleichgesetzt. Dieses Konzept findet sich noch ausgeprägter in dem vergleichbaren Ansatz des "City-Managements", der meist mit "Stadtmarketing" gleichgesetzt wird. In Analogie zum privatwirtschaftlichen Marketing sollen dabei die über Regionalmanagement steuerbaren Leistungen als "Produkte" verstanden werden, die "nachfragegerecht" angeboten werden, wobei es entscheidend auf die Beiträge der Produkte zur Regionalentwicklung ankommt (MANSCHWETUS 1995, MAIER/WEBER 1995)

- Ein dritter Ansatz des Regionalmanagements richtet sich auf zentrale, konflikthaltige Probleme einer Region ("Kernprobleme"), deren Bearbeitung in die Ermittlung von Entwicklungspfaden eingebettet wird, über welche der Korridor für Problemlösungen erweitert werden kann zugunsten von Lösungen, die allen oder wenigstens der Mehrzahl der betroffenen Akteure Vorteile bringen und/oder die potentiellen Verlierer kompensieren lassen (FÜRST 1995). Im Unterschied zu den Regionalkonferenzen ist dieser Typus primär projektorientiert und umsetzungsorientiert. In dieser Projekt- und Umsetzungsorientierung nähern sich Regional- und Projektmanagement.

Aber trotz aller Unterschiede arbeiten die diversen Regionalmanagementkonzepte mehr oder weniger nach folgendem Muster:

- *Organisatorisch* ist es wichtig, die politische Legitimationsfunktion von der fachlichen Entscheidungsvorbereitung zu trennen und folglich zwei unterschiedliche Funktionsgruppen zu organisieren, die miteinander eng zu verbinden sind: die "Fachpromotoren", die über den technischen Fachverstand verfügen, und die "Machtpromotoren", die durch ihre Funktion in der Lage sind, die Maßnahmen politisch abzusichern und in die Umsetzung zu bringen. Die Fachpromotoren (Experten) kommen aus den Institutionen der Region und sind für die sachliche vorbereitende Arbeit zuständig; ihre Auswahl kann nach fachlichen und persönlichkeitsbezogenen Kriterien erfolgen. Die Machtpromotoren (auch Lenkungsgruppe genannt) sind für die Übernahme der Ergebnisse in politisches und privatwirtschaftliches Handeln zuständig. Sind sie Politiker, müssen sie auch die formale Legitimation für die Umsetzung der Ergebnisse einwerben. Denn die formale Legitimation bleibt in jedem Falle in den Händen der politischen Entscheidungsgremien. Die Auswahl der Promotoren muß repräsentativ erfolgen, meist werden Anforderungen der paritätischen Besetzung damit verbunden. Da eine paritätische Besetzung aber sehr große Gruppen hervorbringen kann, bildet sich i.d.R. zusätzlich eine kleinere Gruppe einflußreicher Promotoren, die als Lenkungsgruppe die Dinge vorantreiben.

Die Koordination auf Landesebene muß meist ausgeklammert werden, weil das Land sich nicht wachsenden regionalen Forderungen aussetzen will. Aber angesichts der

IV. Instrumente der Plansicherung und -umsetzung

engen Politikverflechtung zwischen Region und Land sollte die Koordination nicht auf die Regionalebene beschränkt bleiben. Das wird zunehmend erkannt. So wurde beispielsweise im Falle des ExWoSt-Projektes "Städtenetz Prignitz" (Brandenburg), der Internationalen Bauausstellung Emscher Park (Nordrhein-Westfalen) und des Eider-Treene-Sorge-Projektes (Schleswig-Holstein) auf Landesebene ein interministerieller Arbeitskreis (Brandenburg) oder ein koordinierender Aufsichtsrat (IBA Emscher Park) oder ein "Manager" (Schleswig-Holstein) eingesetzt;

- *sach-logisch* folgt der Ansatz dem "logical framework-planning": Identifikation von Kernproblemen => Bestimmung ihrer Ursachen und Folgen => Stärken- und Schwächen-Analyse => Ableitung der zuzuordnenden Ziele und Maßnahmen/Instrumente. Dabei kann externer Sachverstand zugezogen werden;

- *prozessual* sollen Kernprobleme nicht eng sektoral bearbeitet werden, sondern in den Kontext übergeordneter Entwicklungslinien eingebettet sein, die als "Regionale Entwicklungskonzepte", "Teilraumgutachten" oder "Rahmenkonzepte" formuliert werden. Diese Entwicklungslinien müssen zunehmend konkretisiert werden, um schließlich auf Projekte zu kommen, mit denen sie operationalisiert werden können. Die Projekt-Identifikation kann entweder durch die Expertengruppe oder weitere (von dieser initiierte) Arbeitsgruppen oder durch externe Gutachter erfolgen.

Von diesem Grundmuster weichen die unterschiedlichen Regionalmanagement-Ansätze, die zur Zeit erprobt werden, in der Praxis in folgendem ab:

- *organisatorisch* können Expertengruppen und Promotorengruppen entweder einer weitgefaßten legitimierenden "Regionalkonferenz" gegenübergestellt werden, in der alle gesellschaftlichen Gruppen paritätisch abgebildet sein sollten (vgl. Brandenburg). Oder es werden lediglich diejenigen Akteure zu Foren zusammengezogen, die durch gemeinsame Problembetroffenheit verbunden sind (vgl. Fürst 1995);

- *sach-logisch* wird mitunter auf die Identifikation von Kernproblemen verzichtet und statt dessen aus einer differenzierten Stärken-Schwächen-Analyse auf Entwicklungskonzepte geschlossen, aus denen Projekte entwickelt werden, mit denen die Schwächen überwunden und die Stärken intensiviert werden sollen. Erfahrungen zeigen, daß ohne eine solche Prioritätensetzung über Kernprobleme die Integration der Akteure zu gemeinsamem Handeln zu abstrakt bleibt (Bryson/Roering 1988);

- *prozessual* wird die integrierende Gemeinsamkeit der Akteure entweder über Probleme/Projekte (*projektbezogene* Aktorengruppierung) oder über den gemeinsamen Regionsbezug gesucht (*regionsbezogene* Aktorengruppierung). Erfahrungsgemäß ist die Integrationskraft der gemeinsamen Problembetroffenheit größer als die des gemeinsamen Regionsbezugs;

- *Moderation*: Einige Regionalmanagement-Ansätze arbeiten mit, andere ohne externe Moderatoren. Externe Moderatoren haben den Vorteil, Quasi-Führungsfunktion übernehmen zu können und den Prozeß straffer ergebnisorientiert zu gestalten. Führung aus der Mitte der Beteiligten selbst heraus ist möglicherweise "authentischer", hat aber mit der Schwierigkeit zu kämpfen, daß die Funktion des gewählten Vorsitzenden durch seine schwache Position als "primus inter pares" und durch widersprüchliche Rollenerwartungen (neutraler Moderator, interessengebundener Betroffener) restringiert wird. Da das Netzwerk ihm keine institutionellen Machtressourcen der Führung verleiht, wird Führung persönlichkeitsabhängig (natürliche Autorität), so daß die Qualität und Effektivität der Führung einer gewissen Zufälligkeit unterliegt. Professionelle Moderatoren können diese Schwächen ausgleichen.

Im Unterschied zum Projektmanagement, das eine konkrete Aufgabe zu lösen hat, ist Regionalmanagement folglich stärker auf die Identifikation kollektiver Entwicklungspfade verschiedener Akteure und darauf bezogener Projekte in einer Region ausgerichtet. Die Ansätze des Regionalmanagements unterscheiden sich in

- der Motivation der Akteure zu kollektivem Handeln (*Projekt-* vs. *Regions*bezug),
- der Auswahl der relevanten Machtpromotoren (*paritätische* Abbildung regionaler Akteurenstrukturen vs. *problembezogene* Selektion).

Regionalmanagement braucht zudem eine stärkere Institutionalisierung als Projektmanagement. Denn die Ergebnisse, nämlich umzusetzende Projektvorschläge, bedürfen einer begleitenden Unterstützung - ohne eine institutionalisierte "treibende Kraft" erlahmt der Anfangs-Elan schnell, so daß große Pläne in kurzer Zeit nur noch Archiv-Material sind. Es hängt vom ernsthaften Willen der Akteure ab (und ist gleichzeitig ein Test für die Ernsthaftigkeit), ob sie diese Institutionalisierung (z.B. über eine regionale Entwicklungsagentur oder ein Regionalbüro) realisieren. Festere Institutionalisierung wird vor allem zur Sicherung der Selbstbindung der Akteure wichtig. Denn üblicherweise fehlen regionale Legitimationsorgane, so daß die Legitimation auf lokaler Ebene (Gemeinderäte) erfolgen muß. Das führt nicht selten dazu, daß knappe kommunale Mehrheiten informale regionale Konsense aufbrechen. Damit verbindet sich ein Rückkopplungsprozeß zwischen den Akteuren des Regionalmanagements und deren legitimierenden Strukturen, der nicht frei von Spannungen und Verwerfungen ist. Die daraus resultierenden Konflikte können dazu führen, daß die Beteiligten am Regionalmanagement sich in ihrem Engagement zurückhalten und damit sich selbst verstärkende, demotivierende Prozesse in Gang setzen, die das Potential des Regionalmanagements nicht mehr entfalten lassen.

4. Managementansätze im Kontext der Fortentwicklung der Regionalplanung

Regionalmanagement ist zunächst nur Ausdruck der Fortentwicklung der Planung und des Planungsverständnisses:

- Planung ohne Umsetzungsbezug ist in einer schnellebigen Zeit mit schnellem Wandel der planerischen Rahmenbedingungen immer weniger wirksam. Andererseits kann ein Handlungskonzept, das zu eng auf akute Problembearbeitung ausgerichtet wird, strukturell konservativ wirken, weil der damit verbundene Erfolgszwang das verfügbare Zeitbudget verkleinert und Kompromisse in der Nähe des Status quo begünstigt, ohne daß der mögliche Gestaltungsspielraum bei längerfristiger Perspektive und breiterer Optionensuche zielbezogen ausgeschöpft wird. Benötigt wird (und in der Praxis ist es bereits etabliert) ein Planungskonzept, das Planung als Prozeß rationaleren kollektiven Handelns versteht, wobei der Plan immer nur Zwischenresümee einer dynamisch angelegten Problembearbeitung sein kann und meist schon mit der Fertigstellung überarbeitungsbedürftig wird. Entscheidend ist, daß die Akteure ihre Handlungen stärker wechselseitig aufeinander beziehen, gemeinsame Entwicklungslinien verfolgen und ihren Grundkonsens des Handelns zunehmend differenzierter vertiefen.

- Die Sektoralisierung unserer politisch-administrativen Strukturen erweist sich in immer mehr Handlungsfeldern als kontraproduktiv, weil sie nicht nur (sektoral verengte) suboptimale Lösungen hervorbringt, sondern den wachsenden Bedarf an Querbezügen, an Nutzung von "Synergieeffekten" und an Minimierung von Reibungsverlusten zu wenig befriedigt. Ein ziel- und effizienzorientierterer Umgang mit knappen Ressourcen (Fläche, Naturraumpotentiale, Finanzen) wird - auch vor dem Hintergrund höherer ökologischer Anforderungen und härterer internationaler Konkurrenzbeziehungen - erforderlich, läßt sich aber immer weniger noch sektoral erreichen, sondern bedarf intersektoraler Verknüpfungen.

- Die interkommunale Arbeitsteilung nimmt in dem Maße zu, wie private Akteure sich über die Gemeindegrenzen hinweg "vernetzen". Das ist nicht mehr nur Thema der Verdichtungsräume (Suburbanisierungsprozesse), sondern zunehmend aller Regionen, weil auch Betriebe über "lean production" und "out-sourcing" sowie "just-in-time"-Bezüge gemeindeübergreifende Vernetzungsstrukturen durch intensivierte interkommunale Arbeitsteilung forcieren. Wachsende interkommunale Arbeitsteilung fördert aber auch im politisch-administrativen Bereich "regionale Gemeinschaftsaufgaben", d.h. regionale Kollektivgüter, die von der Summe der Einzelgemeinden allein nicht mehr hervorgebracht werden können.

- Immer häufiger werden Regionalentwicklungen über (private oder öffentliche) Großprojekte vorangetrieben, wie größere Umwidmungen von Altindustrieflächen, Bürokomplexe, Einzelhandelszentren, komplexe Vergnügungseinrichtungen, infrastrukturelle Großprojekte u.ä. Diese liegen regelmäßig "quer" zu den Behördenstrukturen und benötigen ein komplexes Verfahren der Realisierung und Einpassung in die bereits "verplante" Raumstruktur.

Darauf stellt sich auch die Regionalplanung ein, die sich an den (staatlich initiierten) Regionalkonferenzen beteiligt, neue Verfahren der Planung erprobt (Einbindung der Regionalplanung in eine kollektive übergeordnete Leitbildfindung und nachgeordnete Aktionsplanungen) und zunehmend auf die Vollzugsbehörden (Gemeinden, Fachressorts) einzuwirken versucht (vgl. ARL 1995). Der Regionalplan wird dabei nicht überflüssig, aber in der Bedeutung reduziert: Er gibt den Orientierungsrahmen ab, innerhalb dessen die "Managementkonzepte" stattfinden. Bisher fehlte der Raumplanung das Bindeglied zwischen der längerfristig ausgerichteten Ordnungsplanung (Regionalplan, Regionalentwicklungsplan) und der Umsetzungsebene Gemeinde/Fachressort, zunehmend auch: Privatwirtschaft. Über Managementansätze soll diese Distanz überbrückt werden.

Regionalmanagement hat in der Praxis einen bunten Strauß von Vorgehensweisen hervorgebracht, die neben den (oben skizzierten) grundsätzlichen Gemeinsamkeiten dadurch gekennzeichnet sind, daß

- Bezug die (wirtschaftliche) Entwicklung eines Kollektivs im regionalen Bezug ist,
- der Prozeß der Interaktion und Netzwerkbildung der Akteure untereinander im Vordergrund steht, weil diese Netzwerkstruktur tragende Basis für ein kooperatives und

"Synergieeffekte nutzendes" kollektives Handeln sein soll: Entwicklungsprozesse werden nicht mehr als "final geplant" betrachtet, sondern als permanenter Prozeß der Angleichung und Kompromißbildung von Handlungen verschiedener Akteure, die durch gemeinsame wirtschaftliche Bezüge besonders eng miteinander verkoppelt sind. Solche Prozesse entwickeln sich nur dann, wenn zwischen den Akteuren Vertrauen, Verläßlichkeit und Berechenbarkeit sowie Kompromißfähigkeit besteht.

Dabei können die Ansätze mit der traditionellen Regionalplanung in ein Spannungsverhältnis treten, wenn die Regionalentwicklung über räumliche Koordination von Raumansprüchen führen soll, aber Regionalmanagement von einem anderen Träger wahrgenommen wird (z.B. einer Entwicklungsgesellschaft). Regionalmanagementansätze können sich zudem gegenüber der räumlichen Planung verselbständigen, vor allem dann, wenn sie vom Land initiiert wurden, und dabei von einem anderen als für die Raumplanung zuständigen Ressort (meist: Wirtschaftsministerium). Aber solche Spannungen sind institutionell bedingt (und ausräumbar).

5. Praktische Beispiele

5.1 Projektmanagement

Immer mehr Bezirksregierungen gehen dazu über, die Genehmigungsverfahren (vor allem bei umweltrelevanten Großvorhaben nach BImSchG) über "Projektmanagement" zu beschleunigen (Beispiele finden sich u.a. in den bayerischen, hessischen und niedersächsischen Bezirksregierungen, in Düsseldorf, Leipzig, Karlsruhe). Das Grundkonzept ist weitgehend ähnlich. Das folgende Beispiel bezieht sich auf die Bezirksregierungen in Niedersachsen (Bezirksregierung Braunschweig 1996). Hier wurde - initiiert durch Preussag AG und den Regierungspräsidenten des Bezirks Braunschweig - mit Erlaß des Innenministers vom 4.9.1995 ein Pilotprojekt "Projektmanagement" durchgeführt, das inzwischen auf alle Bezirksregierungen übertragen wurde. Es bezieht sich auf zwei unterschiedliche Verfahren: ein förmliches Genehmigungsverfahren nach BImSchG (hier: thermische Restabfallbehandlungsanlage) und ein nicht-förmliches Genehmigungsverfahren nach BImSchG (hier: Änderung einer organischen Prozeßwasseranlage). Das Management basiert auf einer eingehenden Schwachstellenanalyse bisheriger Genehmigungsverfahren (Auswertung von 11 Verfahren) sowie der Erfahrungsauswertung bisheriger Ansätze zur Verfahrensbeschleunigung (z.B. Sternverfahren, behördlicher Verfahrensbevollmächtigter, Terminplanung und Fristsetzungen, Abschichten von Behördenentscheidungen) und hat folgende Struktur:

- aus der Verwaltung (oder extern) wird ein Projektmanager bestellt, der i.d.R. der federführenden Genehmigungsbehörde zugeordnet wird;

- er erhält Kompetenzen, den Genehmigungsprozeß zeitlich und organisatorisch zu gestalten, jedoch im Rahmen der bestehenden Rechtsnormen;

- er verfügt i.d.R. über keine Sanktionen oder Durchgriffsrechte auf andere Behörden, kann allerdings von der Autorität des Regierungspräsidenten Gebrauch machen ("Autoritätsleihe"), dessen Unterstützung er braucht;

- seine wesentlichen Instrumente sind:
  - ablauforganisatorische Mittel zur Bündelung von Entscheidungsschritten und Reduktion von Entscheidungshindernissen,
  - Beratungshilfe (Know-How-Transfer, Kommunikation und Persuasion),
  - Aufbau von Netzwerken auf der sog. "Arbeitsebene",
  - Zeitmanagement über EDV-gestützte Verfahren der Netzplantechnik und "Verfahrenskonten", in denen die Soll-Zeit der Ist-Zeit gegenübergestellt wird, so daß jeweils verlaufsspezifische Zeit-Defizite kenntlich gemacht werden können,
  - Zielvereinbarungen mit anderen Behörden und mit Antragsteller,
  - nur vereinzelt wird Projektmanagement mit Konflikt-Mediation verbunden.

Projektmanagement ohne Konfliktmediation kann die Zeiteffizienz lediglich dort erhöhen, wo aufgrund

- schlechter Antragsvorbereitung des Betreibers,
- mangelhafter Kontinuität der Vorhabensbearbeitung,
- der Nichtanwendung des Sternverfahrens,
- zeitverzögernder anderer Prioritäten der Träger öffentlicher Belange,
- mangelhafter Arbeitsplanung der zu beteiligenden Genehmigungsbehörden,
- der Verzögerung der Prozesse wegen unklarer interbehördlicher Anfragen entscheidungsunsicherer Behörden oder
- unnötiger weiterer Gutachten und fehlender Termin-Disziplin

die Zeitverluste weitgehend technisch entstehen. Die hier vom Projektmanager erwarteten Leistungen gehören zwar zum eher traditionellen Bestand administrativer Führungsaufgaben, können aber offenbar von den Führungskräften immer weniger wahrgenommen werden. Diese Form des Projektmanagements könnte allerdings im Zuge der Modernisierung der Verwaltung an Bedeutung verlieren, wenn "strategisches Management" in Verbindung mit Selbststeuerungs- und Selbstkoordinationsstrukturen stärker institutionalisiert wird (vgl. SCHUPPERT 1996, S. 242 ff.).

Solange Projektmanagement lediglich technisch-administrative Effizienzsteigerung bewirken darf, findet es seine Grenzen dort,

- wo die Gründe der Verzögerung in widerstreitenden Interessen liegen, die institutionell unterstützt werden (z.B. durch Verbände, durch Ministerien, durch Abgeordnete),
- wo die Entscheidungslage emotional aufgeladen und politisiert wurde und es deshalb zu Entscheidungsschwächen kommt,
- wo institutionelle Eigeninteressen ("Fachegoismen") und leerlaufende "Beteiligungsrituale" (z.B. Akten weiterreichen) zeitverzögernd wirken oder
- wo Verzögerungen bedingt sind durch Änderungen des "Standes der Technik" oder der Rechtsnormen.

Hier sind weitergehende Ansätze (z. B. Fortbildungsmaßnahmen in Verwaltungsmanagement, Mediation) erforderlich. Vor allem Mediation kann die Verfahrenseffizienz erhöhen, wird aber in der deutschen Verwaltung - im Gegensatz zur amerikanischen oder japanischen - nur zögernd angenommen, weil es an geeigneten Mediatoren fehlt, vor allem aber wegen der problematischen behördlichen Bindungswirkung solcher Verfahren.

5.2 Regionalmanagement

Im folgenden wird Regionalmanagement auf *projekt*bezogene Ansätze eingegrenzt. *Regions*bezogene Ansätze (Prozesse zur Erstellung von "Regionalen Entwicklungskonzepten") werden nicht behandelt. Die Beispiele wurden so ausgewählt, daß die gegenwärtige Bandbreite der projektbezogenen Ansätze des Regionalmanagements deutlich wird:

- Regionalmanagement über eine "Entwicklungsagentur": Eine besonders leistungsfähige Variante stellt das Projekt "Internationale Bauausstellung Emscher Park" (IBA Emscher Park) dar. Es wurde von der nordrhein-westfälischen Landesregierung initiiert und finanziell unterstützt. Konzeptionell setzt es an einem regionalen Strukturproblem an (Umstrukturierung des Altindustrieraumes Emscherzone) und arbeitet projektorientiert, mit hoher professioneller Planungs- und Managementkapazität und strategischen Konzepten zur Konzentration auf wenige Detailprojekte, die im Rahmen von sieben "Leitprojekten" koordiniert werden. "Leitprojekte" sind integrierende Projektkonzepte, die mehrere Detailprojekte einer gemeinsamen Problemlösung unterordnen. Die Macht- und Fachpromotoren werden über eine "Entwicklungsagentur" (IBA Planungsgesellschaft) organisiert, wobei Machtpromotoren (Staatsminister, Leiter einflußreicher Institutionen) über Aufsichtsrat und Kuratorium eingebunden werden, während die Fachpromotoren projektorientiert zu Netzwerken zusammengeführt werden.

Strukturell ähnliche Ansätze werden gegenwärtig bei Prozessen grenzüberschreitender Kooperation praktiziert (z.B. Euregio Egrensis 1996). Die "Entwicklungsagentur" wird hier durch ein Regionalbüro mit Regionalmanager ersetzt, der Kooperationsansatz erfolgt aber ebenfalls projektorientiert, wobei public-private partnerships angestrebt werden.

- Regionalmanagement über moderierte Regionalkonferenzen: Ein Beispiel dafür ist das "Regionalmanagement" in Schleswig-Holstein (Staatskanzlei 1996). Es setzt an einem regionalen Raumnutzungs-Konflikt an. Im Beispielsraum Eider-Treene-Sorge war es der Konflikt Naturschutz vs. Landwirtschaft (sowie Wasserwirtschaft und Tourismus). Initiator war die Landesplanung, die auch die Finanzierung weitgehend übernahm. Denn infolge der verstaatlichten Regionalplanung war das ein Konfliktfeld, das die Landesadministration mitbetraf. Die Lösung sollte über ein Entwicklungskonzept erfolgen, das institutionell auf Landes- und Regionalebene abgesichert wurde: Auf Landesebene wurde ein Koordinator als Projektmanager bestimmt; auf regionaler Ebene organisierte ein Regionalbüro mit zwei hauptamtlichen Mitarbeitern "Runde Tische". Wesentliche Inputs der Problemlösung wurden auf externe Gutachter verlagert (Staatskanzlei Schleswig-Holstein 1996).

Eine Variante wird im ExWoSt-Städtenetz im Raum Prignitz/Brandenburg eingesetzt: Dort wurden auf Initiative des Landes sieben Gemeinden aus zwei Landkreisen zu einem Städtenetz im ländlichen Raum zusammengebunden. Ziel ist es, gemeinsame Projekte zu identifizieren und durchzuführen, um darüber die regionalen Entwicklungsprozesse zu fördern. Organisatorisch werden die "Machtpromotoren" zum (vierteljährlich tagenden) "Rat der Bürgermeister(innen)" und die Fachpromotoren zur (monatlich tagenden) "Lenkungsgruppe" zusammengeschlossen, wobei beide Gruppen extern moderiert werden. Die Fachpromotoren können themenbezogen weitere Experten hinzuziehen. Sie identifizieren die im Städtenetz zu bearbeitenden Projekte und organisieren dazu Arbeitskreise. Den Fach- und Machtpromotoren zugeordnet ist eine Art "Regionalversammlung", Forum Prignitz genannt, in dem übergeordnete Behörden, örtliche und regionale Institutionen, Vereine und wichtige Persönlichkeiten zu Wort kommen können. Die unterstützende Sekretariatsfunktion wird von einem privaten Planungsbüro übernommen.

Zu diesem Typus des Regionalmanagements ist auch das bayerische Teilraumgutachten zu rechnen, das auf regionale Strukturprobleme bezogen ist. Initiiert wird der Ansatz vom für Raumplanung zuständigen Staatsministerium, das auch die Grundfinanzierung übernimmt. Wesentliches Kernstück ist die Erarbeitung eines Lösungsansatzes im Wege eines Gutachtens (meist von einem externen Planungsbüro erstellt), das von den politischen Handlungsträgern nach intensiver Diskussion angenommen werden soll. Der institutionelle Rahmen ist sehr schwach ausgebildet: Vergabe der Gutachtenaufträge durch den Staat oder einen Landkreis; Runde Tische zur Abstimmung der Gutachten mit den politischen Belangen; Umsetzung in den traditionellen Umsetzungsstrukturen (HAASE-LERCH 1994).

Vergleicht man diese unterschiedlichen Ansätze, so wird deutlich:

- Die Kooperationsanreize gehen von konkreten Problemen aus; damit wird die Kooperationsarbeit aber unter den Druck gesetzt, möglichst schnell konkrete Projekte vorweisen zu können, um die Kooperationsbereitschaft der Beteiligten nicht zu verlieren.

- Kommunen sind selten von sich aus initiativ, Regionalmanagement zu nutzen. I.d.R. sind es staatliche Stellen, die den Anstoß (und meist die Finanzierung!) geben. Die Gefahr ist groß, daß die regionale Kooperation in dem Maße erlahmt, wie das Land sich aus der Unterstützung zurückzieht.

- Staatliche Unterstützung kann verhindern, daß die Problembearbeitung als regionale Angelegenheit wahrgenommen wird - die Identifikation der Akteure mit dem Ansatz und der Arbeit bleibt dann ungenügend. Hier bedarf es einer wirksamen Moderation.

- Entscheidend sind die Netzwerke der Promotoren (Entscheiderebene) und - noch wichtiger - der Experten ("Arbeitsebene"). Während die Experten nach ihren besonderen Fähigkeiten ausgewählt und in der Zahl in Abhängigkeit von einer funktionsfähigen Gruppengröße (üblicherweise: maximal 15 Personen) begrenzt werden können, sind Promotoren-Gruppen paritätisch zu besetzen. Damit entsteht ein Problem der Gruppengröße. Denn große Gruppen führen dazu, daß sich "Trittbrettfahrerverhalten" einstellt (die Mitarbeit in der Gruppe wird auf das unbedingt Notwendige beschränkt).

Darüber hinaus müssen die Gruppen - um Netzwerke entstehen zu lassen - ad personam gebildet werden; d.h. die Mitglieder dürfen sich nicht vertreten lassen. Damit entsteht ein Terminproblem. Denn die Gruppen müssen häufig genug zusammentreten, um die für Netzwerke typischen Vorteile der Transaktionskosten für Kooperation und Konsensbildung auszubilden. Je kleiner die Gemeinden sind, die kooperieren müssen, um so schwieriger wird es, die für die Promotoren und Experten notwendige Arbeitsentlastung im Hauptberuf zu finden.

- Ohne einen sicheren finanziellen Rahmen und ein für Regionalmanagement einsetzbares "Sekretariat" (Regionalbüro, Entwicklungsagentur) ist Regionalmanagement nicht zu gestalten. Das Sekretariat muß die Arbeitseffizienz unterstützen: Termine organisieren, Materialien aufbereiten, Expertenvorschläge klein-arbeiten etc. Die dabei auftretenden Kosten (Bürokosten, Personalkosten, Kosten für externe Kurz-Expertisen resp. Referenten, für Publikationen etc.) können je nach Organisationsmodell und Aufgabenumfang des Regionalmanagements sehr unterschiedlich sein.

- Regionalmanagement kann Legitimationsprobleme aufwerfen. Denn es wird ein Forum etabliert, das Entscheidungen zwar nur vorbereiten kann, faktisch aber erhebliche Vorentscheidungen auslöst. Damit können sich einerseits etablierte Machtstrukturen herausgefordert fühlen; zum anderen können Entscheidungen präjudiziert werden, ohne daß die "Vorentscheider" politisch ausreichend kontrolliert werden. Über die paritätische Besetzung der Promotorengruppe kann dieses Problem zwar erheblich reduziert werden, aber dann möglicherweise zu Lasten der Funktionsfähigkeit dieser Gruppe.

- Moderation bedarf zur Sicherung effizienter Arbeit, zur Reduktion des Legitimationsproblems und zur Verstärkung der Interaktions-Intensität eines Mindestmaßes an Institutionalisierung, die über eine Reihe von Regeln läuft, die von den Beteiligten konsensual entwickelt und sanktioniert werden. Dabei gibt es keine Idealform der Institutionalisierung - gleichwohl scheinen sich in der Praxis Vereins-Konstruktionen durchzusetzen.

- Je mehr sich die Kooperation institutionalisiert, um so mehr gerät sie in Konflikt zu bestehenden Institutionen mit ähnlichen Aufgabenstellungen, z.B. Landkreise, Bezirksregierungen, Zweckverbände, oder - z.B. bei Tourismusfragen - Fremdenverkehrsvereinen.

- Regionalmanagement kommt ohne Moderation nicht aus. Diese hat die Aufgabe, die nicht institutionalisierte Führungsfunktion wahrzunehmen: die Arbeit ergebnisorientiert zu steuern und Konflikte zu regeln. Dabei empfiehlt es sich zwar - aus Gründen der Neutralität und der damit verbundenen Chance effektiverer Steuerung - einen externen Moderator zu nehmen. "Extern" in diesem Sinne kann auch der Leiter des für das Regionalmanagement geschaffenen Sekretariats sein. Aber da externe Moderation teuer ist und auch die Gefahr in sich birgt, daß das Eigen-Engagement der Beteiligten zurückgeht und das Verfahren als "Projekt des Moderators" identifiziert wird, muß im Einzelfall geprüft werden, wie verfahren werden soll. Soll das Regionalmanagement nur für eine bestimmte Phase oder ein bestimmtes Problem und nicht dauerhaft durchgeführt werden, so bietet sich an, mit der Moderations- und Sekretariatsfunktion ein Planungsbüro zu beauftragen.

6. Schlußfolgerungen für die Rolle der Regionalplaner

Projekt- und Regionalmanagement werden zunehmende Bedeutung in der Praxis der Regionalplanung bekommen - allein schon wegen des wachsenden Vernetzungsbedarfs zwischen sektoralisierten Handlungsträgern und wegen des beträchtlichen Innovationsdrucks, der mit den traditionellen Hierarchie- und Routinestrukturen nicht mehr bearbeitet werden kann. Diese Aufwertung der "Managementkomponenten" im Institutionensystem des Staates hat sich seit einigen Jahren bereits gleitend vollzogen: formale Strukturen und Verfahrensordnungen werden durch informale Verhandlungssysteme sowie Netzwerke anpassungsgeschmeidiger gemacht, regionale Selbststeuerungssysteme werden über "Regionalisierungsstrategien" gestärkt, die binnenadministrativen Steuerungsmuster werden an erfolgreichen betriebswirtschaftlichen Erfahrungen ausgerichtet ("new public management") u.ä.

Aber Projekt- und Regionalmanagementkonzepte haben im öffentlichen Bereich mit relativ hohen "Transaktionskosten" zu rechnen, d.h. Widerständen und Wirkungsverlusten, die auf Eigenheiten des politisch-administrativen Systems zurückzuführen sind und erst dann reduziert werden, wenn dort Veränderungen auftreten:

- Das inputbezogene paradigmatische Denken der Verwaltung (Kompetenz- und Ressourcenbezug) prononciert in der intersektoralen Zusammenarbeit Verteilungskonflikte: Autonomieängste, Verlust von Ressourcen an eine neue Institution, erhöhte Koordinationsaufwendungen etc. wirken kooperationsmindernd.

- Die Vorteile kollektiven Handelns werden politisch-administrativ unterbewertet, weil sie einzelnen Akteuren nicht zurechenbar sind oder nur über Umwegproduktivität wirksam werden (z.B. Förderung privater Investitionen). Die Unterbewertung ist strukturell angelegt, weil es sich um ein "regionales Kollektivgut" handelt, dessen Nutzen diffus der ganzen Region zukommt, dessen Lasten aber auf die einzelnen Beteiligten ungleich verteilt werden.

- Die für Projekt- und Regionalmanagement typische schwache Institutionalisierung stellt höhere Anforderungen an die Managementleistung: Während eine starke Institutionalisierung eine gewisse strukturelle Steuerung übernimmt (z.B. Routinen zuläßt, einen Teil der Konflikte strukturell regelt, klare Rollen zuweist, externe Einflüsse institutionell ausblendet), transferiert eine schwache Institutionalisierung eine hohe Last der Komplexitätsverarbeitung, Konsensbildung und Entscheidungsfindung auf Personen. Entsprechend anspruchsvoll werden die Anforderungen an Mitglieder solcher Gruppen, speziell an die Projekt-/Regionalmanagement-Leitung (LITKE 1995, S. 169 ff., HEINTEL/ KRAINZ 1994, S. 151 ff.) Trotz aller Rhetorik über den "unternehmerischen Staat" ist Führung im öffentlichen Bereich immer noch stärker auf "Verwalten" denn auf innovatives Handeln ausgerichtet.

- Projekt- und Regionalmanagement stehen zudem im Spannungsverhältnis sach-rationaler Effizienz und politischer Legitimation. Auf der einen Seite unterstützen solche Ansätze die gleitenden Prozesse "exekutiver Führerschaft", die zur "Flucht aus politischen Gremien" im Wege des informalen Verwaltungshandelns, der Verfahrensbeschleunigungs-Regelungen, des Ausbaus von Vorentscheiderstrukturen, der zunehmenden neo-korporatistischen Politikgestaltung auch auf regionaler Ebene oder der Privatisierungsstrategien führen. Denn unter dem Zwang der internationalen Standortkonkurrenz werden mit zeitsparendem "new public management" immer mehr Entscheidungen im politischen Vorfeld festgelegt. Andererseits wächst das Bedürfnis nach Kontrolle politischer Entscheidungen, was dieser Form der "Entpolitisierung" entgegensteht. In diesem Spannungsverhältnis kann Regionalmanagement geschwächt werden. Denn je schneller sich der Themenzyklus im immer schnelleren Aufmerksamkeitswechsel des politischen Alltagsgeschäftes dreht, um so mehr wird auch Regionalmanagement dem "Opportunismus" der Politik unterworfen. Das kann dann dazu führen, daß Regionalmanagement vom kurzfristigen kommunalen Prioritätenwandel dominiert wird, was seinen Zugang zur Umsetzung verzögert, weil temporär keine Entscheidungen zu erlangen sind.

Diese höheren Transaktionskosten des Regionalmanagements erfordern gegenüber traditionellem Verwaltungshandeln ein Mehr an Kommunikation und Diplomatie, um die Interessenvielfalt und -heterogenität ergebnisorientiert zu koordinieren. Regionalplaner können solche Managementgeschäfte nicht nebenher erledigen. Aber je mehr die Behörden auf "Kernaufgaben" und höhere Effizienz getrimmt werden, um so weniger finden Regionalmanager auch in den anderen Ressorts für ihre Belange noch Resonanz: Das auf Netzwerkstrategien basierende Konzept des Regionalmanagements benötigt ein gewisses Maß an "Verschwendung" in der Verwaltung (vgl. GRABHER 1993).

Nebenamtlich, ohne ein Mindestmaß an institutionalisierter Professionalität (z.B. Einsatz eines professionellen Regionalmanagers, Gründung eines Regionalbüros), ist Regionalmanagement kaum zu leisten. Aber Regionalmanagement ist auch mehr als ein Modell der administrativen Effizienzsteigerung. Vielmehr benötigt es politische Unterstützung, um in die Umsetzungsstrukturen zu gelangen. Diese zu gewinnen, hängt zwar zu einem beträchtlichen Teil vom Thema und von der Innovationsbereitschaft der relevanten Akteure ab; aber politische Unterstützung wird auch vom diplomatischen Geschick des Regionalmanagers beeinflußt. Das wiederum ist nur zum kleineren Teil über akademische Ausbildungsgänge zu vermitteln und zum größeren Teil Lernen aus Erfahrung.

Regionalmanagement ist deshalb zwar eine Aufgabe, für die Regionalplaner der Funktion nach prädestiniert sind, aufgrund der institutionellen Umfeldbedingungen aber nur eingeschränkt befähigt werden. Ihre Restriktionen sind zusammengefaßt:

- häufig die organisatorische Einbindung der Regionalplaner: Regionalmanagement hat etwas mit regionalen Führungsfunktionen zu tun. Regionalplaner, die in schwachen Organisationen und meist außerhalb der Linienverwaltungen agieren müssen, können kaum die notwendige Autorität "impliziter Führerschaft" einbringen - hier sind Planer in der Mittelinstanz mitunter in besserer Position, weil sie die "Autorität" des Regierungspräsidenten "leihen" können;
- vielfach die unzureichende Vorbildung für diese Funktion: Regionalmanagement ist nicht ganz frei vom Risiko des Scheiterns. Die für Regionalplanung zuständigen Ausbildungsstätten haben sich bisher mit dem Thema "Regionalmanagement" kaum befaßt. Wenn die notwendige Ausbildung fehlt, ist in der Anwendung des Regionalmanagements mit erhöhtem Risiko zu rechnen. Also werden die in Regionalmanagement ungeübten Regionalplaner solche Aufgaben nur sehr zurückhaltend an sich ziehen, weil Scheitern auch gravierende Image- und Autoritätsverluste nach sich ziehen kann;

IV. Instrumente der Plansicherung und -umsetzung

- meist auch die unzureichende politische Unterstützung: Regionalplaner müssen das Feld "Regionalmanagement" weitgehend aus eigenen Kräften entwickeln. Politiker und insbesondere Hauptverwaltungsbeamte sind kaum geneigt, dem Regionalplaner einen förmlichen Auftrag dazu zu geben - schließlich fördern sie damit konkurrierende Führerschaft. Ohne politische Unterstützung kommt der Prozeß des Regionalmanagements nur langsam voran und gerät in ein Dilemma: Je erfolgreicher der Regionalplaner ist, um so mehr wachsen die Widerstände der Hauptverwaltungsbeamten; je weniger erfolgreich er ist, um so weniger findet er politische Unterstützung;
- konkurrierende Regionalmanager: Häufig erhalten Regionalplaner auch gar nicht die Chance des Regionalmanagements, weil andere sich der Aufgabe bemächtigen. Das gilt häufig für die Konkurrenz aus den Wirtschaftsressorts, die über "Regionale Entwicklungskonzepte" ebenfalls Regionalmanagement anstoßen, aber dabei Konkurrenzvorteile haben, weil sie meist den Anreiz finanzieller Förderung einbringen können.

Regionalmanagement gewinnt zwar wachsende Bedeutung, weil es auf einen gesellschaftlichen Bedarf reagiert. Aber seine Wirksamkeit unterliegt einem Entwicklungsprozeß, der nicht nur auf inhaltliche und methodische Fragen, sondern auch auf institutionelle Rahmenbedingungen bezogen ist. Die laufende Diskussion zur Regionalisierung und Aufwertung der Region als gesellschaftliche Steuerungsebene und die sich in Reaktion darauf wandelnden Institutionen (Stärkung regionaler Selbststeuerung durch die regionale Wirtschaftspolitik auf nationaler und supranationaler Ebene, Wandel des regionalen Institutionensystems zumindest in einzelnen Verdichtungsräumen) lassen jedoch hoffen, daß sich dieser Prozeß beschleunigen wird.

Zusammenfassung

Mit "Management" soll die Gestaltung von Prozessen der Problembearbeitung bezeichnet werden. Mit Managementkonzepten sollen bisher zu wenig genutzte Ressourcen aktiviert werden: Zeit, Selbsthilfepotentiale und Synergieeffekte. Projektmanagement bezieht Management dann auf zeitlich, räumlich und sachlich begrenzte Aufgaben, Regionalmanagement auf die Steuerung regionaler Entwicklungsprozesse. Projektmanagement gewinnt in der öffentlichen Verwaltung unter den Vorzeichen der "Verfahrensbeschleunigung" und des "new public management" wachsende Bedeutung, indem es hierarchische und sektorale Schnittstellen durch personale Kooperation überwindet und kreative Potentiale nutzt, wobei vor allem die sozio-psychologische Seite des Projektmanagements (Netzwerke) wichtig ist. Regionalmanagement basiert ebenfalls auf Netzwerken, ist inhaltlich aber stärker auf kollektive Selbst-Organisation, Kooperation über Projekte und Einbindung der Projekte in regionale Entwicklungspfade ausgerichtet. Der Begriff ist noch unscharf und umfaßt wenigstens drei verschiedene Ansätze: a) Animation und Koordination von Akteuren, b) Regionalmarketing und c) Identifikation und Bearbeitung neuer regionaler Entwicklungspfade. Kennzeichnend für Regionalmanagement ist die Arbeitsteilung zwischen "Fachpromotoren" (materielle Entscheidungsvorbereitung) und "Machtpromotoren" (politische Absicherung und Umsetzung der Ergebnisse), die Konzentration auf thematische Schwerpunkte von hoher Integrationskraft sowie ein moderierter Prozeß zunehmend dichterer Interaktion. Regionalmanagement entspricht dem Wandel der Regionalplanung zur Moderation regionaler Akteure zur kollektiven Gestaltung der regionalen Zukunft. Die Vielfalt der Projekt- und Regionalmanagement-

Praxis wird an Beispielen verdeutlicht. Abschließend werden die Bedingungen des funktionsfähigen Regionalmanagements (und damit auch die praktischen Probleme) skizziert: die Schwierigkeiten der regionalen Kooperation in einem politischen Umfeld, das primär input- und kostenorientiert denkt; der latente Zwang zur Institutionalisierung der Kooperation im Kontext legitimationsabhängiger politischer Prozesse; die Notwendigkeit einer Mindestausstattung mit Ressourcen, um die Managementfunktion effektiv werden zu lassen.

Literatur

ARL (Hrsg.) (1995): Zukunftsaufgabe Regionalplanung. ARL-FuS, Bd. 200. Hannover.

BENZ, A. (1994): Kooperative Verwaltung. Funktionen, Voraussetzungen und Folgen. Baden-Baden.

Bezirksregierung Braunschweig (1996): Verwaltungsreform Niedersachsen, Projekt 48, Zwischenbericht. Braunschweig.

BRYSON, J.M.; ROERING, W.D. (1988): Applying private-sector strategic planning in the public sector. In: BRYSON, J.M.; EINSWEILER, R.C. (Hrsg.): Strategic planning: Threats and opportunities for planners, Chicago: American Planning Association.

EUREGIO EGRENSIS (Arbeitsgemeinschaft Bayern e.V.) (1996): Umsetzung des Trilateralen Entwicklungskonzepts für das Dreiländereck Bayern-Sachsen-Böhmen, 1. Bericht zur Umsetzung. Marktredwitz.

FÜRST, D. (1995): Regionalmanagement zwischen Regionalkonferenz und Regionalplanung. In: Nordrhein-Westfälische Verwaltungsblätter, Jg. 9, 1995, S. 416-20.

FÜRST, D; MÜLLER, B.; SCHEFOLD, D. (1994): Weiterentwicklung der gemeinsamen Landesplanung Bremen/Niedersachsen. Baden-Baden.

GORDON, G. L. (1993): Strategic planning for local government. Washington, D.C.: International City/County Managers Association.

GRABHER, G. (1993): Lob der Verschwendung. Redundanz in der Regionalentwicklung: Ein sozioökonomisches Plädoyer. Berlin.

HAASE-LERCH, C. (1994): Teilraumgutachten als neues Instrument der Landesplanung. ARL-Arbeitsmaterialien, Nr. 209. Hannover.

HEINTEL, P.; KRAINZ, E. E. (1994): Projektmanagement - eine Antwort auf die Hierarchiekrise? Wiesbaden.

KUMMER, W.; SPÜHLER, R.W.; WYSSEN, R. (1986): Projektmanagement. Leitfaden zu Methode und Teamführung in der Praxis. Zürich.

LITKE, H.-D. (1995): Projektmanagement - Methoden, Techniken, Verhaltensweisen. 2. Aufl. München.

MAIER, J.; WEBER, W. (1995): Planungsmarketing. In: ARL (Hrsg.): Handwörterbuch der Raumordnung, Hannover, S. 715-23.

MANSCHWETUS, U. (1995): Regionalmarketing: Marketing als Instrument der Wirtschaftsentwicklung. Wiesbaden.

MAYNTZ, R. (1992): Modernisierung und die Logik von interorganisatorischen Netzwerken. In: Journal für Sozialforschung, Jg. 32, 1992, S. 19-32.

MWMT NRW (Ministerium f. Wirtschaft, Mittelstand u. Technologie) (1992): Regionalisierung. Neue Wege in der Strukturpolitik Nordrhein-Westfalens. Düsseldorf.

SRU (Sachverständigenrat für Umweltfragen) (1996): Umweltgutachten 1996: Zur Umsetzung einer dauerhaft-umweltgerechten Entwicklung. Bonn, BT-Drs 13/4108.

Staatskanzlei Schleswig-Holstein (1996): Bericht zum Eider-Treene-Sorge-Projekt. Kiel, Landtags-DS 14/355 vom 18.11.96.

V.1 Zur Theorie der Planungskontrolle

Arthur Benz

Inhalt

1. Grundlagen einer Theorie der Planungskontrolle
1.1 Kontrolle und institutionalisierte Verantwortung
1.2 Theorien staatlicher Steuerung und Kontrolle
2. Ansatzpunkte der Kontrolle
2.1 Gegenstände der Kontrolle
2.2 Begleitende und nachträgliche Kontrolle
3. Kontrollprobleme
3.1 Probleme der Informationsbeschaffung und -verarbeitung
3.2 Probleme der Durchsetzung
4. Formen der Planungskontrolle
4.1 Interaktionsformen
4.2 Organisationsformen
5. Zur Integration von Planung und Kontrolle (Plancontrolling)

Der Begriff "Kontrolle" ist mehrdeutig. Zum einen bezeichnet er den Vergleich zwischen den Ergebnissen zielgerichteter Aktivitäten und den ursprünglichen Zielen (diese Bedeutung ist zurückzuführen auf den französischen Ausdruck "contre rôle", d.h. Gegen- oder Zweitliste). Zum anderen bedeutet Kontrolle einen Prozeß oder Aktivitäten der Beeinflussung eines fremden Verhaltens, der Steuerung, Lenkung und Führung (dieser Aspekt wird im englischen Begriff von "control" betont; vgl. Loschelder 1995).

Ein angemessenes Verständnis von Kontrolle faßt beide Bedeutungsaspekte zusammen. In diesem Sinne definiert Werner Thieme: "Kontrolle will die Richtigkeit der Verwaltungsleistungen sichern durch Feststellung von Fehlern und Verfahren zur Abstellung von Fehlern" (Thieme 1984, S. 331). Sie beinhaltet damit einerseits Prozesse der Informationsverarbeitung, andererseits Prozesse der Durchsetzung von Entscheidungen. Beide Dimensionen sind im kybernetischen Regelkreismodell enthalten, das aber eine zu grobe Abbildung der Realität von Kontrolle und Kontrollproblemen bietet (Becker 1989, S. 331-334).

Kontrolle ist Voraussetzung einer rationalen Entscheidung und damit auch wichtiger Bestandteil einer vernünftigen Planung, die je selbst der Steigerung der Rationalität von Politik und Verwaltung dienen soll. Sie trägt zum einen zur Legitimation von Planung und ihren Ergebnissen bei, indem sie deren Richtigkeit bestätigt oder die Korrektur von Fehlern ermöglicht. Zum anderen soll sie einen Beitrag zur inhaltlichen Verbesserung von

Planung leisten, indem sie zusätzliche Informationen liefert und durch Rückkopplung zwischen Entscheidungen und den Folgen von Entscheidungen Lernprozesse auslösen kann.

Die Bedeutung der Kontrolle in der Planung ist aus diesen Gründen nicht zu bestreiten. Dennoch ist festzustellen, daß sie in der Praxis häufig vernachlässigt wird. Daß dies so ist, liegt vermutlich auch am mangelnden Wissen über die Ziele, Verfahren und Methoden der Kontrolle. Es ist Aufgabe einer Theorie der Planungskontrolle, zur systematischen Erarbeitung dieses Wissens beizutragen. Eine solche Theorie existiert allerdings bislang nicht, bestenfalls können wir Bausteine finden, die erst noch zusammenzufügen sind. Die folgenden Überlegungen stellen den Versuch dar, wichtige Elemente einer Theorie der Planungskontrolle zusammenzustellen, ohne daß damit der Anspruch erhoben wird, eine vollständige Theorie zu entwickeln. Ziel ist es, die Merkmale, Bestandteile, Probleme und organisatorischen Voraussetzungen einer Planungskontrolle zu systematisieren und soweit zu konkretisieren, daß sich daraus Schlußfolgerungen für die Planungspraxis ableiten lassen.

1. Grundlagen einer Theorie der Planungskontrolle

1.1 Kontrolle und institutionalisierte Verantwortung

„Der Angelpunkt der Funktion der politischen Kontrolle liegt in der Geltendmachung und Erzwingung der politischen Verantwortlichkeit. Sie ist gegeben, wenn ein bestimmter Machtträger einem anderen Machtträger Rechenschaft über die Erfüllung der ihm zugewiesenen Funktionen ablegen muß..." (LÖWENSTEIN 1959, S. 48). Kontrolle im Bereich staatlichen Handelns ist also mehr als bloßes Überwachen. Sie bezieht sich auf das Handeln von Amtsinhabern, die Verantwortung tragen. Verantwortung bzw. Verantwortlichkeit stellen ein zentrales Prinzip des demokratischen Staates dar (SALADIN 1984). Es bedeutet, daß die als Organe oder als Beauftragte handelnden Personen Pflichten und Aufgaben übernehmen, über deren Erfüllung sie Rechenschaft ablegen müssen.

Verantwortlichkeit und Rechenschaftspflicht richten sich an Personen, jedoch an Personen in ihrer Eigenschaft als Amtsinhaber. Sie ergeben sich also letztlich aus dem Amt, das als Teil einer Institution die Verantwortung der einzelnen Personen definiert. Grundlage des verantwortlichen Handelns staatlicher Amtspersonen ist damit die Institutionalisierung der Aufgabenerfüllung (SOMMER 1997). Die institutionellen Strukturen weisen Verantwortung auf einzelne Stellen und damit auf die Stelleninhaber zu und grenzen sie gegeneinander ab. Nur eine so definierte Verantwortungsstruktur macht eine Kontrolle möglich, die die Effektivität wie Legitimität staatlichen Handelns unterstützt. Verantwortungsträger sind diejenigen, an die sich die Ergebnisse eines Kontrollprozesses richten und die für die notwendigen Reaktionen darauf zuständig sind bzw. die bei Pflichtverletzungen mit Sanktionen zu rechnen haben.

All dies gilt auch für die Planung im öffentlichen Sektor. Sie bedarf daher nicht nur der Organisation, d.h. der zweckmäßigen Strukturierung von Informationsverarbeitungs-, Koordinations- und Entscheidungsprozessen, sondern auch der Institutionalisierung, d.h. der Festlegung von Verhaltensnormen und der Bestimmung und Zuordnung von Verantwortung. Institutionalisierung bedeutet konkret, daß Planung auf der Grundlage von Gesetzen eingerichtet und in geregelten Verfahren praktiziert werden muß. Dies trifft für alle Bereiche der Raumplanung zu, die im Raumordnungsgesetz des Bundes und in den Landesplanungsgesetzen eine hinreichende Rechtsgrundlage besitzen. Im Hinblick auf die Verwirklichung der Kontrolle ist dabei entscheidend, daß diese Regeln klare Definitionen von Verantwortung und eindeutige Zuordnungen auf Verantwortungsträger enthalten. Eine Verrechtlichung der Planung selbst ist deswegen nicht erforderlich (dazu Lendi in diesem Band).

In der räumlichen Planung bereitet allerdings weniger die Festlegung der formalen Verantwortung als vielmehr die Sicherung der materiellen Verantwortung Schwierigkeiten (zu dieser Unterscheidung Kevenhörster 1983, S. 442). Gemeint ist damit die Tatsache, daß Verantwortung so zu institutionalisieren ist, daß die formal für bestimmte Tätigkeiten zuständigen Akteure auch die tatsächliche Herrschaft über die zu verantwortenden Aufgaben besitzen. Hierbei können sich in Planungsprozessen erhebliche Zurechnungsprobleme stellen, da sie auf die Zukunft gerichtet sind, komplexe Verursachungszusammenhänge betreffen und die Koordination verschiedener Aufgabenfelder innerhalb des öffentlichen Sektors erfordern (Mayntz 1973, S. 105). Um so notwendiger ist es, daß der Praxis ein Planungsverständnis zugrunde liegt, aus dem sich gleichermaßen präzisierbare und realisierbare Erwartungen an die verantwortlichen Stellen ableiten lassen.

1.2 Theorien staatlicher Steuerung und Kontrolle

Allgemeine Aussagen über die Möglichkeiten und Grenzen von Kontrolle können aus Theorien gesellschaftlicher und politischer Steuerung gewonnen werden. Der wissenschaftlichen Diskussion über Steuerungstheorien liegen gegenwärtig zwei konkurrierende Paradigmen zugrunde: die Systemtheorie und die Akteurstheorie. Die in diesen beiden Kontexten entworfenen Theorien politischer Steuerung befassen sich mit der Frage, wie, unter welchen Voraussetzungen und mit welchen Wirkungen in bestehende Strukturen oder ablaufende Prozesse zielgerichtet interveniert werden kann. Der Begriff Steuerung, der hierbei verwendet wird, umfaßt auch die Kontrolle im oben definierten Sinn, die als integraler Bestandteil von Steuerung betrachtet wird.

Die Systemtheorie (Luhmann 1984; Luhmann 1986; Willke 1983; Willke 1995; Ulrich 1994) stützt sich auf die Annahme, daß moderne Gesellschaften in mehrere Teilsysteme differenziert sind, die der Erfüllung spezifischer Funktionen dienen. Durch die Spezialisierung der Teilsysteme auf ihre eigenen Funktionen gewinnt die Gesellschaft ihre Leistungsfähigkeit. Spezialisierung bedeutet aber, daß die einzelnen Systeme besondere „Operationsweisen" ausbilden, die auf ihre Funktionen zugeschnitten sind. Dadurch unterscheiden sie sich nicht nur von anderen Systemen, sondern sind auch gegen diese abgeschlossen.

Für die Steuerung und Kontrolle hat dies zur Konsequenz, daß ein aktives Intervenieren in Systeme von außen nicht erfolgversprechend erscheint. Systeme können nicht nach extern gesetzten Zielen gestaltet, sondern nur in ihrer eigenen Funktionsweise beeinflußt werden. Steuerung und Kontrolle sind danach nicht prinzipiell unmöglich, sie verändern aber nur die Umweltbedingungen der zu steuernden Systeme, die auf diese Änderungen im Rahmen ihres eigenen Funktionsmodus reagieren. Sie setzen also die Impulse der

Steuerung in ihr eigenes Handeln um, transformieren sie entsprechend ihren internen Regeln und passen ihre Entscheidungen und Aktivitäten an.

Selbst wenn die Prämissen der Systemtheorie in Zweifel gezogen werden, so sind zumindest zwei ihrer Aussagen für eine Theorie der Planungskontrolle bedenkenswert: Zum einen betont die Systemtheorie die Tatsache, daß eine Kontrolle, die sich auf den Vergleich der gesetzten Ziele mit den erreichten Wirkungen beschränkt, unzureichend, wenn nicht problematisch ist, weil dadurch nicht realisierbare Maßstäbe gesetzt werden. Realistischerweise müssen auch die internen Bedingungen der Informationsverarbeitung und Entscheidungsfindung in dem zu kontrollierenden Teilsystem berücksichtigt werden. Kontrolle darf sich daher nicht allein auf die Ergebnisse erstrecken, sondern muß auch Verfahrensweisen und Entscheidungsstrukturen einschließen.

Zum zweiten verweist die Systemtheorie auf die Unterscheidung zwischen interner und externer Kontrolle. Externe, das heißt außerhalb des betroffenen Teilsystems praktizierte Kontrollen, die eigenen Maßstäben folgen, treffen auf die spezifischen Funktionsweisen relativ geschlossener Systeme und brechen sich an deren Grenzen. Dadurch wird ihre Wirkung beeinträchtigt. Vertreter der Systemtheorie betonen deshalb die Bedeutung der systeminternen Kontrollen. Gemeint sind dabei Mechanismen der „Reflexion" der eigenen Arbeitsweise aufgrund veränderter externer Bedingungen, die bei Bedarf Anpassungsprozesse auslösen. Die ständige Überprüfung der Funktionsweise und Funktionserfüllung des Systems gilt als entscheidende Voraussetzung für den Bestand von Systemen. In der Sprache der Systemtheorie formuliert heißt dies: Kontrolle besteht im wesentlichen in der „Selbstreferenz" eines Systems, in der Tatsache also, daß dieses sich ein Bild von sich selbst machen und anhand dieses Bildes seine eigene Wirklichkeit prüfen und korrigieren muß.

Die von der Systemtheorie hervorgehobenen Schwierigkeiten einer externen Steuerung und Kontrolle werden von Vertretern einer akteurszentrierten Steuerungstheorie (vgl. besonders: MAYNTZ/SCHARPF 1995, ferner: MAYNTZ 1987 und 1995) nicht geleugnet, allerdings beurteilen sie die Möglichkeiten eines gezielten Einwirkens von außen optimistischer. Statt von Teilsystemen spricht diese Theorie von Strukturen, auf die sich Steuerungsaktivitäten richten bzw. von denen Steuerung oder Kontrollen ausgehen. RENATE MAYNTZ und FRITZ W. SCHARPF unterscheiden neuerdings zwischen einer Regelungsstruktur und einer Leistungsstruktur. Erstere umfaßt Institutionen und Akteure, die nach eigenen Zielen gegenüber den in der Leistungsstruktur zusammengefaßten Akteuren Verhaltensanreize setzen. Steuerung und Kontrolle findet nach dieser Theorie in Beziehungen zwischen Akteuren statt, aber diese arbeiten im Rahmen von Strukturen (Institutionen), die ihr Handeln ebenso beeinflussen wie die in Steuerungs- und Kontrollprozessen gesetzten Entscheidungsprämissen.

Durch die Berücksichtigung des institutionellen Kontextes gelangt die Akteurstheorie im Prinzip zu ähnlichen Schlußfolgerungen über die Grenzen externer Steuerung und Kontrolle wie die Systemtheorie. Allerdings unterliegen nach ihren Prämissen Institutionen nicht den Imperativen systemspezifischer Funktionen, sondern sind durch Akteure gestaltet und gestaltbar. Zudem sieht sie in den Beziehungen zwischen kontrollierenden und kontrollierten Akteuren keine unüberwindbaren Verständigungsbarrieren, wie sie zwischen operationell geschlossenen Systemen bestehen, sondern geht von kommunikationsfähigen Akteuren aus, deren Handlungen durch Interdependenzen und interaktive Strategien geprägt sind. Steuerungs- und Kontrollprobleme resultieren dann primär aus den Restriktionen der jeweiligen institutionellen Kontexte (die also auch nach dieser Theorie Gegenstand einer adäquaten Kontrolle sein müssen; vgl. zu entsprechenden Überlegungen für die Kontrolle der regionalen Wirtschaftspolitik: MÄDING 1986) und aus divergierenden Interessen der beteiligten Akteure.

Was diese Theorie für unsere Überlegungen zu einer Theorie der Planungskontrolle wichtig macht, ist die Tatsache, daß sie auf die „politische" Dimension von Kontrolle hinweist. Kontrollbeziehungen sind durch spezifische Eigeninteressen der kontrollierenden und kontrollierten Akteure geprägt, die Konflikte auslösen. Diese Konflikte werden nicht durch bloße Informationsverarbeitung überwunden, sondern erfordern Konsensfindung und Entscheidungen, aber auch geeignete Durchsetzungsstrategien und den Einsatz von Macht.

2. Ansatzpunkte der Kontrolle

Durch Kontrolle wird die Planung reflexiv. Im Informationsverarbeitungs- und Entscheidungsprozeß werden Rückkopplungsschleifen eingebaut, durch die die Planer mit ihren eigenen Zielen und Regeln konfrontiert werden. Auf diese Weise werden Lernprozesse ausgelöst, die die Rationalität der Planung steigern.

Diese Rückkopplungsschleifen beschränken sich nicht auf eine Verbindung zwischen dem Ende und dem Beginn des Planungsprozesses, indem einfach nachträglich Ergebnisse und Ausgangsziele verglichen werden. Vielmehr lassen sich verschiedene Ansatzpunkte denken. Je mehr solcher Ansatzpunkte in der Planungskontrolle genutzt werden, desto effektiver ist die Kontrolle. Nur durch eine umfassende, alle Aspekte der Planung einbeziehende Kontrolle lassen sich die Schwierigkeiten überwinden, auf welche die systemtheoretischen und akteurstheoretischen Analysen politischer Steuerung aufmerksam machen. Wir können zwischen sachlichen und zeitlichen Ansatzpunkten unterscheiden.

2.1 Gegenstände der Kontrolle

In sachlicher Hinsicht ist zu kontrollieren, auf welchem Wege eine Planung zustande kommt, welche Ziele und Inhalte in der Planung festgelegt, wie sie vollzogen und welche Wirkungen durch sie erreicht werden.

Kontrolle des Planungsprozesses und der Planungsorganisation: Planung ist kein technischer Vorgang, sondern ein politischer Prozeß, in dem vielfältige Interessen zu berücksichtigen und Konflikte zu regeln sind (LAU 1975; SCHARPF 1973). Dieser Prozeß unterliegt Verfahrensregeln und institutionellen Strukturen, die bewirken sollen, daß möglichst alle relevanten Interessen einbezogen werden und daß die Konfliktregelung in einer sachlichen Weise erfolgt. Als wichtigste Elemente sind die Zuständigkeitsordnung, Beteiligungsverfahren und Abwägungsregeln zu nennen.

Zu den primären Aufgaben der Prozeßkontrolle gehört zweifellos die Überprüfung, ob Verfahrensregeln eingehalten werden. Darüber hinaus ist jedoch zu berücksichtigen, daß im Rahmen der formalen Regeln der politische Prozeß der Planung beträchtliche Freiheitsgrade bietet. Im Zusammenspiel formaler und informeller Verfahrenselemente entfaltet sich die eigentliche Dynamik des Prozesses, die den besonderen Charakter politischer Planung ausmacht und seine Ergebnisse entscheidend prägt. Die Gewichtung von Interessen und die Austragung von Konflikten erfolgen in weitem Maße in informellen Verhandlungen außerhalb des förmlichen Beteiligungsverfahrens. Anders als durch eine „kooperative Planung" (RITTER 1987) können die komplexen Informationen und die vielfältigen Interessen nicht verarbeitet werden.

Wichtiger als die Frage, ob Verfahrensregeln eingehalten werden, ist damit eine Kontrolle, die auch die informellen Aspekte des Planungsprozesses erfaßt. In ihr soll nicht nur die Eignung der tatsächlichen Verfahrensweisen ermittelt, sondern auch die Brauchbarkeit der formalen Planungsorganisation, d.h. die Kompetenzen und Ressourcen der beteiligten Organisationseinheiten und die Verfahrensregeln überprüft werden.

Kontrolle des Plans: Im Planungsprozeß werden Entscheidungen getroffen, die am Ende in einem Plan dokumentiert werden. In der Raumplanung müssen die Pläne den Regelungen des Bundesraumordnungsgesetzes und der jeweiligen Landesplanungsgesetze sowie den Festsetzungen höherstufiger Pläne entsprechen. Neben der Übereinstimmung der Pläne mit verbindlichen Vorgaben ist die sachliche Konsistenz und Zweckmäßigkeit der Planinhalte zu prüfen. Im Mittelpunkt stehen die Ziele des Plans, wobei neben der sachlichen "Begründetheit" auch die Frage zu stellen ist, ob Planziele von den Adressaten "verkraftet" werden können. Beide Kontrollaufgaben, d.h. die Prüfung der Rechtmäßigkeit und der sachlichen Richtigkeit, können bereits bei einzelnen Planentscheidungen ansetzen oder auch den Plan als Ganzes betreffen.

Kontrolle des Planvollzugs: Pläne wirken erst, wenn sie vollzogen werden. Bekanntlich gibt es hier beträchtliche Probleme, auf die die verwaltungswissenschaftliche Implementationsforschung aufmerksam gemacht hat (MAYNTZ 1980; MAYNTZ 1983; für die Raumplanung: KONUKIEWITZ 1985). Dies gilt in besonderem Maße für die Raumplanung, die als Querschnittsaufgabe nicht nur in eine Vielzahl von Fachaufgaben hineinwirken muß, sondern in der auch die organisatorische Trennung von Planung und Vollzug in besonderer Weise ausgeprägt ist.

Eine Kontrolle des Planvollzugs ist erforderlich, um Implementationsdefizite zu erkennen und zu beseitigen. Darüber hinaus ermöglicht sie eine informationelle Rückkopplung zwischen den planenden Verwaltungsorganisationen und den von der Planung unmittelbar betroffenen Stellen. Es geht also nicht nur um die Überwachung der Aktivitäten von Vollzugsinstitutionen, sondern zugleich um die Überprüfung der Planung selbst unter Berücksichtigung der Erfahrungen, die im Implementationsprozeß gewonnen werden. Kontrolle des Planvollzugs ist damit immer auch eine Kontrolle der Planung unter dem Aspekt ihrer Vollziehbarkeit. Eine dogmatische Fixierung von Planzielen, die sich als nicht realisierbar erweisen, wird dadurch verhindert.

Kontrolle der Zielerreichung: Schließlich ist zu kontrollieren, inwieweit die Ziele der Planung erreicht werden bzw. welche Wirkungen von der Planung ausgehen (ARL 1984; DERLIEN 1976; MÄDING 1996; SCHOLICH/WINKELBRANDT 1988; VOLZ 1980). Die Evaluierungsforschung (HELLSTERN/WOLLMANN 1983) unterscheidet hierbei zwischen dem impact und dem outcome eines Programms. Als impact werden die unmittelbaren Wirkungen durch den vollzogenen Plan bezeichnet, die sich in den Handlungen bzw. Reaktionen der Adressaten zeigen. Wichtiger, aber schwerer zu ermitteln, ist der outcome, d.h. die Wirkung auf die Problemfelder, auf welche der Plan zielt. Zu berücksichtigen sind hierbei auch indirekte und nicht intendierte Wirkungen. In der Raumplanung ergibt sich der outcome aus der tatsächlichen Entwicklung räumlicher Strukturen.

Ohne Zweifel ist eine auf einzelne Aspekte der Planung beschränkte, also spezialisierte Kontrolle leichter durchzuführen: Sie erfordert ein geringeres Maß an Informationsverarbeitung; korrigierende Interventionen einer solchen Kontrolle lassen sich besser durchsetzen. Allerdings ist erst eine Kontrolle, die alle der hier aufgeführten Aspekte des Planungsprozesses erfaßt, geeignet, die Rationalität der Planung zu steigern, weil sie sowohl die institutionellen und prozeduralen Bedingungen als auch die materiellen Kontextbedingungen der Zielerreichung einschließt.

2.2 Begleitende und nachträgliche Kontrolle

Die Planungskontrolle kann sich nicht nur auf unterschiedliche Gegenstände beziehen, sondern auch in unterschiedlichen Zeitphasen des Planungsprozesses einsetzen. Wir können zwischen einer den Planungsprozeß begleitenden Kontrolle und einer nachträglichen, an den Strukturen, Ergebnissen und Wirkungen der Planung ansetzenden Kontrolle unterscheiden:

Begleitende Kontrolle: Kontrollen der Planung tragen um so mehr zu einer Rationalitätssteigerung bei, wenn sie rechtzeitig Fehler aufdecken und korrigieren. Dies leisten prozeßbegleitende Kontrollen. Sie können den Prozeßverlauf, die Handlungen der Vollzugsinstanzen oder die Inhalte der Planung selbst zum Gegenstand haben und dienen der unmittelbaren Beobachtung, Reflexion und Revision der Planung in allen ihren Phasen. Begleitende Kontrollen sind „vorwärts gerichtet" (COLEMAN 1995, S. 140 f.), d.h. sie greifen in laufende Verfahren, Handlungen und Entscheidungen ein, um eine Verbesserung der Ergebnisse der Planung zu erreichen. Damit wirken sie präventiv.

Nachträgliche Kontrolle: Kontrollen, die am Ende einzelner Phasen des Planungsprozesses einsetzen, dienen dem Vergleich zwischen ursprünglichen Absichten und Resultaten. Sie setzen an Ergebnissen oder Zwischenergebnissen an, die auf die Ausgangsziele bezogen werden. Insofern sind sie „rückwärts gerichtet" (COLEMAN 1995, S. 141), also reaktive Korrekturen von Defiziten erfordern ein Zurückgehen im Prozeß, wobei die kon-

Abb. 1: Ansatzpunkte von Planungskontrolle

	begleitend	nachträglich
Organisations- und Prozeßkontrolle	Verfahrenskontrolle	Kontrolle der Planungsorganisation
Plankontrolle	Kontrolle der Entscheidungen	Kontrolle der Planinhalte
Vollzugskontrolle	Handlungskontrolle	Ergebniskontrolle
Zielerreichungskontrolle	Zielüberprüfung	Wirkungsevaluierung

trollierten Akteure zu einer Rücknahme bereits getroffener Entscheidungen veranlaßt werden müssen.

Es ist zu vermuten, daß eine nachträgliche Korrektur von Entscheidungen gegen größere Widerstände durchzusetzen ist als eine prozeßbegleitende Intervention einer Kontrollinstanz. Je früher also die Kontrolle einsetzt, desto leichter lassen sich Fehler verhindern. Allerdings haben später einsetzende Kontrollen den Vorteil, daß Diskrepanzen zwischen Ist- und Soll-Zustand dann klarer erkennbar sind. Nachträgliche Kontrollen beruhen in der Regel auf besseren Informationen, begleitende Kontrollen begünstigen die Durchsetzbarkeit von Veränderungen. Um effektiv zu sein, muß die Kontrolle daher begleitend und nachträglich ansetzen.

3. Kontrollprobleme

Eine praxisorientierte Theorie der Planungskontrolle muß Aussagen darüber treffen, mit welchen Problemen die Kontrolle im Regelfall konfrontiert ist. Natürlich stellen sich für jeden der bisher dargestellten unterschiedlichen Ansatzpunkte der Kontrolle, für jede der damit verbundenen Kontrollaufgaben unterschiedliche Probleme. Ausgehend von unserer Definition von Kontrolle können wir diese in zwei Gruppen zusammenfassen: Die erste Gruppe betrifft die Informationsgrundlagen der Kontrolle, die zweite die Durchsetzung von Korrekturen und Änderungen.

3.1 Probleme der Informationsbeschaffung und -verarbeitung

Grundvoraussetzung jeder Kontrolle ist die Verfügung über Informationen zu den zu kontrollierenden Gegenständen, denn ihre Wirkung beruht zuallererst darauf, daß sie in die Planung Erkenntnisse über die Planung und über ihre Folgen einspeist. Die Qualität der Informationen entscheidet über die Leistungsfähigkeit der Kontrolle. Im einzelnen sind folgende Anforderungen an die Informationsbeschaffung und -verarbeitung zu erfüllen:

Daten: Zunächst benötigen die kontrollierenden Instanzen Daten über alle Aspekte der Planung. Sie stehen dabei vor dem Problem, daß sie in beträchtlichem Maße von Daten und Informationen der planenden und der die Planung vollziehenden Stellen abhängig sind. Je umfassender die Kontrollaufgabe angelegt ist, desto größer ist die erforderliche Datenmenge, die die Kontrolleure zu verarbeiten haben. Die damit verbundenen Anforderungen können nur dadurch gelöst werden, daß einzelne Kontrollaufgaben in Arbeitsteilung zwischen mehreren Kontrollinstanzen erfüllt werden. Diese können sich dann auf die Beschaffung und -verarbeitung begrenzter Informationen spezialisieren. Des weiteren ist der Aufbau und die Nutzung von Informationssystemen (dazu STREICH in diesem Band) zu fordern, zu denen die Kontrollinstanzen Zugang haben müssen.

Operationalisierung: Daten sind für die Kontrolle nur nützlich, wenn sie in operationalisierte Indikatoren umgesetzt werden, mit welchen Diskrepanzen zwischen Ist- und Sollzuständen gemessen werden kann. Vor allem die Wirkungskontrolle der Planung ist auf solche Indikatoren angewiesen. Im Bereich der Raumplanung gibt es inzwischen Indikatorensysteme, die für die Kontrolle genutzt werden können. Allerdings sind sie um so weniger brauchbar, je weiter man sich der outcome-Evaluierung nähert. Outcomes hängen in der Raumplanung nicht nur von Gesetzen der Naturwissenschaften unterliegenden Entwicklungen ab, sondern ergeben sich aus sozialen Prozessen, die schwerlich genau meßbar sind.

Kausalität: Noch schwieriger ist es, festgestellte Defizite auf bestimmte Ursachen zurückzuführen. Dies aber ist erforderlich, um aus Kontrollinformationen handlungsleitende Empfehlungen oder Anweisungen abzuleiten. In den komplexen gesellschaftlichen Handlungsfeldern, mit denen die Raumplanung befaßt ist, sind klare Kausalitätszuschreibungen oft nicht möglich. Der Zusammenhang zwischen Planungsorganisation, Verfahren und Ergebnissen ist alles andere als eindeutig; Vollzugsprobleme resultieren aus netzwerkartigen Interaktionsstrukturen, können daher selten einzelnen Akteuren zugerechnet werden; Wirkungen von Plänen sind Ergebnis komplizierter Zusammenhänge, die oft nicht bekannt sind. Bestenfalls können aus hypothetischen Kausalmodellen Vermutungen hergeleitet werden.

Bewertung (Kontrollmaßstäbe): Kontrollinstanzen müssen Informationen über festgestellte oder erwartbare Ergebnisse der Planung mit den Zielen vergleichen. Die Ziele, die Maßstab der Kontrolle sein können, sind allerdings oft nicht präzise definiert (PÜTTNER 1996/97, S. 665). Kriterien der Bewertung können sich aus der Planung selbst wie aus externen Normen ergeben.

Externe Normen sind in der Regel vorgegeben, müssen also nicht erst definiert werden. Für die Kontrolle externer Normen sind spezialisierte Institutionen zuständig: die Gerichte, die die Rechtmäßigkeit der Planung prüfen, oder die Rechnungshöfe, die die Beachtung der Wirtschaftlichkeit und Sparsamkeit überwachen. Kontrovers diskutiert wird in diesem Zusammenhang insbesondere die Frage der „Kontrolldichte" (FROWEIN 1993). Gemeint ist damit der Umfang und Konkretisierungsgrad der Bewertungsmaßstäbe, denen die Planung unterworfen wird.

Planungsinterne Maßstäbe sind die Ziele, die in Plänen oder in übergeordneten Programmen festgelegt sind. Sie sind oft nicht hinreichend klar und müssen von den kontrollierenden Instanzen erst präzisiert werden. Kontrolle wird dadurch zu einem Abwägungs- und Entscheidungsprozeß, dessen Ergebnisse nicht mit dem Anspruch auf absolute Richtigkeit verbunden werden können, sondern einer eigenen Rechtfertigung bedürfen. Damit stellt sich die Schwierigkeit, zwischen der Flexibilität und Offenheit der Planung und der Bestimmtheit der Ziele abzuwägen. Im Unterschied zu externen Normen sollten interne Normen nicht von den kontrollierenden Institutionen selbst gesetzt werden, da diese hierfür nicht zuständig sind. Die Anwendung planungsinterner Kriterien erfordert deshalb eine enge Verkoppelung von Planungs- bzw. Vollzugsprozessen und Kontrollprozessen, weil nur so eine Kontrollpraxis gewährleistet ist, die den Intentionen der für die Planung zuständigen Entscheidungsträger entspricht.

Übermittlung: Informationen beruhen in der Planung und in der Planungskontrolle nur zum Teil auf objektiven Daten und meßbaren Fakten, vielfach geht es um subjektive Überzeugungen und Bewertungen. Hierbei stellt sich die Aufgabe, diese zu ermitteln, was oft schwierige methodische Probleme aufwirft. Ermittlung bedeutet jedoch gleichzeitig Übermittlung, da Interpretationen nur in dem Maße Gültigkeit beanspruchen können, wie sie der intersubjektiven Prüfung zugänglich gemacht werden. Informationsverarbeitung erfolgt dann in Kommunikationsprozessen, in denen sich die Beteiligten wechselseitig verständlich machen müssen, indem sie ihre Interpretationen und Überzeugungen den Kommunikationspartnern übermitteln.

3.2 Probleme der Durchsetzung

Durch Informationen über die Planung erfüllt Kontrolle einen Teil ihrer Funktionen. Sie kann dadurch Lernprozesse auslösen, die die kontrollierten Akteure zur freiwilligen Revision fehlerhafter Entscheidungen veranlassen. Sowohl die Systemtheorie als auch die akteurszentrierte Steuerungstheorie machen darauf aufmerksam, daß man mit einem freiwilligen Lernen der Kontrollierten nicht immer rechnen kann. Während die Systemtheorie die spezifischen Operationsweisen dafür verantwortlich macht, begründet die Akteurstheorie dies mit institutionellen Restriktionen oder Eigeninteressen der Akteure. Damit geht die Akteurstheorie davon aus, daß die Absichten der Kontrolleure zumindest grundsätzlich auch gegen die Interessen und Restriktionen im kontrollierten Bereich durchgesetzt werden können. Allerdings sind dazu einige Voraussetzungen zu erfüllen. Die Kontrolleure müssen über Eingriffskompetenzen, über Macht zur Durchsetzung ihrer Ziele und über eine geeignete organisatorische Basis verfügen.

Eingriffskompetenzen: Ohne formale Rechte, in Planungsprozesse und Vollzugsprozesse einzugreifen, ist eine Planungskontrolle schwach und unterliegt der Gefahr, zwar Defizite aufdecken zu können, aber wenig zu bewirken. Eingriffsrechte können unterschiedlich ausgestaltet sein. Nach ihrer Reichweite unterscheidet man:

- das Beanstandungsrecht, d.h. das Recht, auf Probleme und Fehler in der Planung oder im Planvollzug hinzuweisen,
- das Recht, spezifische Änderungen zu verlangen (Weisungsrecht), also konkrete Maßnahmen zur Verbesserung oder Fehlerkorrektur vorzugeben,
- die Ersatzvornahme, d.h. die Durchführung von Änderungen anstelle der ursprünglich zuständigen Stelle,
- Sanktionen gegen kontrollierte Akteure (bis hin zu ihrer Entfernung aus ihrem Amt), durch deren Androhung diese zu bestimmten Maßnahmen veranlaßt werden sollen.

Weitreichende Eingriffsrechte wie Sanktionen oder Ersatzvornahme kommen selten zum Einsatz. Sie wirken in der Regel als Drohung und schaffen den „Schatten der Hierarchie" (SCHARPF 1993, S. 67 ff.), in dem sich eine kooperative Beziehung zwischen Kontrolleuren und Kontrollierten leichter entwickeln und stabilisieren läßt.

Kontrollmacht: Um die Kontrollkompetenzen wirksam einsetzen zu können, müssen Kontrollinstanzen über hinreichend Macht verfügen. Macht bedeutet die Fähigkeit, die kontrollierten Akteure und Organisationen auch gegen deren Willen zu einem den Kontrollzielen entsprechenden Verhalten veranlassen zu können. Eingriffsrechte sind eine notwendige, aber keine hinreichende Bedingung für Kontrollmacht. Entscheidend ist, daß diese Rechte auch tatsächlich genutzt werden können. Dazu bedarf es spezifischer Mittel, insbesondere Personal und Finanzen, um Kontrollen auch wirksam durchführen und Sanktionen bzw. Eingriffsrechte einsetzen zu können. Erforderlich ist aber auch, daß die verantwortlichen Kontrollinstanzen auf politische Unterstützung vertrauen können.

Organisation der Kontrolle: Wichtige Voraussetzung einer funktionsfähigen Kontrolle ist eine Organisation, die die Beziehung zwischen Kontrolleuren und Kontrollierten regelt. Nach dem traditionellen Verständnis ist die Kontrolle durch eine hierarchisch übergeordnete Aufsichtsinstanz auszuüben. Dies wird aber den besonderen Aufgaben und Anforderungen, die sich in der Planungskontrolle stellen, nicht gerecht. Wichtiger als die Überordnung sind Strukturen der Kommunikation und Kooperation, in denen sich prozeßbegleitende und nachträgliche Kontrollen verbinden lassen. Ferner bedarf es einer hinreichend differenzierten Kontrollorganisation, in der unterschiedliche Kontrollaufgaben, die sich aus den Gegenständen der Kontrolle ergeben, von spezialisierten Kontrollinstitutionen übernommen werden.

Abb. 2: Kontrollprobleme

Informationsbeschaffung und -verarbeitung	Durchsetzung
• Daten	• Eingriffskompetenzen
• Operationalisierung	• Macht
• Kausalitätszuschreibung	• Organisation
• Bewertung	
• Übermittlung	

4. Formen der Planungskontrolle

Eine präzise Analyse der genannten Kontrollprobleme liefert wichtige Erkenntnisse darüber, wie die Planungskontrolle in geeigneter Weise organisiert werden soll und welche Verfahren geeignet sind. In der Praxis werden meist unterschiedliche Interaktions- und Organisationsformen kombiniert (PÜTTNER 1996/97). Als Interaktionsformen sollen institutionalisierte oder informelle Verfahren bezeichnet werden, die die Beziehungen zwischen der Kontrollinstanz und den kontrollierten Planungs- und Vollzugseinheiten betreffen. Die Organisation der Kontrolle wird primär durch die Trägerschaft bestimmt. Dabei sind einzelne Träger nicht nur auf einzelne Aufgaben spezialisiert, sie üben ihre Kontrolle in der Regel auch in bestimmten Interaktionsformen aus, wobei sie vor jeweils besonderen Problemen stehen.

4.1 Interaktionsformen

Interaktionsformen können danach eingeteilt werden, ob der Informations- oder der Durchsetzungsaspekt von Kontrolle im Vordergrund steht. Im Idealfall beruht die Planungskontrolle auf einer Kombination aller drei Formen in einem Verfahren, in dem zunächst die Reflexion über die Planung, sodann die Kommunikation zwischen Planungsverantwortlichen und Kontrolleuren und schließlich die Konfliktregelung und Durchsetzung von Kontrollentscheidungen im Vordergrund steht. Alle drei Phasen der Kontrolle müssen aber eng verbunden bleiben. Die folgende Unterscheidung hat primär theoretisch-analytische Bedeutung (s. Abb. 3).

Kontrolle als Reflexionsprozeß: Kontrolle dient zuallererst der Reflexion der Planung. Dies bedeutet, daß eine Metaebene der Informationsverarbeitung etabliert wird, auf der unter Kenntnis der feststellbaren Folgen der Planung und unter einer veränderten Perspektive der eigentliche Planungsprozeß kritisch durchleuchtet wird. In diesem Sinne ist Kontrolle primär ein Vorgang der Prüfung von Planungsentscheidungen und -wirkungen.

Die Analyse des Planungsprozesses und seiner Ergebnisse erfolgt in einer Arena, die Distanz zu den Konfliktregelungs- und Entscheidungsverfahren, eine gewisse Neutralität bzw. eine spezifische fachliche Ausrichtung ermöglicht.

Abb. 3: Interaktionsformen im Kontrollverfahren

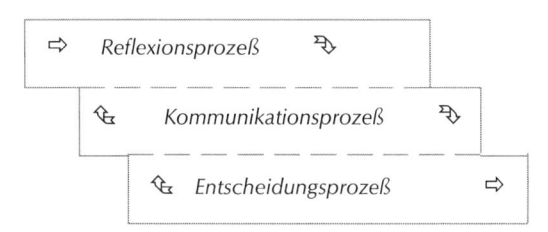

⇨ *Reflexionsprozeß* ⇨
⇦ *Kommunikationsprozeß* ⇨
⇦ *Entscheidungsprozeß* ⇨

Der Begriff Reflexion verweist zum einen auf den Aspekt der Informationsverarbeitung, zum anderen auf die Rückkopplung mit den an der Planung Beteiligten. Die politische Durchsetzung ist in dieser Phase noch nicht relevant. Allerdings ist eine Optimierung der Informationsbasis immer auch als Machtressource zu betrachten. Die Legitimität der Kontrollinterventionen hängt in entscheidendem Maße von der Qualität der Entscheidungen und der Informiertheit der Kontrolleure ab. Insofern werden mit der Reflexion notwendige Bedingungen einer effektiven Kontrolle geschaffen.

Kontrolle als Kommunikationsprozeß: Die Rückkopplung zwischen den planenden Stellen und den Kontrollinstitutionen erfolgt im wesentlichen durch Kommunikation. WALTER KREBS (1984) hat die Kommunikation zu Recht als den Kern der Kontrolle identifiziert. Kommunikation ist ein wechselseitiger Prozeß der Informationsvermittlung. Sie setzt Transparenz der zu kontrollierenden Planungs- und Vollzugsprozesse voraus, die durch formale Verfahren gesichert werden soll. Darüber hinaus ist ein laufender Informationstransfer zu den kontrollierenden Instanzen erforderlich, der auslösendes Moment für Lernprozesse sein kann. Ferner sind Kontrollentscheidungen den kontrollierten Akteuren in verstehbarer Weise zu übermitteln und mit ihnen zu erörtern. Als Kommunikationsprozeß bedeutet Kontrolle eine informationelle Verkopplung der Planung mit den Reflexionsprozessen über die Planung.

Kontrolle als politischer Prozeß: Kontrolle erzeugt Konflikte, die aus der Divergenz zwischen Zielen und Interessen von Kontrolleuren und Kontrollierten resultieren. Darüber hinaus sind sie angelegt in dem Bestreben der Planer, ihre Gestaltungsspielräume zu erhalten und Kontrolle abzuwehren. Mit Konflikten ist daher immer zu rechnen. Kommunikation im Kontrollprozeß stellt nie einen herrschafts- oder interessenfreien Diskurs dar. Ferner geht es letztlich darum, Konflikte zu überwinden und Kontrollentscheidungen bzw. -maßnahmen durchzusetzen.

In der Praxis beruht die Kontrolle meist auf einem Verhandlungsprozeß, in dem Kontrolleure und Kontrollierte versuchen, ihre Ziel- und Interessendivergenzen auszugleichen. Kommunikation von Informationen und Verhandlungen über Konflikte gehen dabei unmittelbar ineinander über. Insbesondere begleitende Kontrollen zielen grundsätzlich auf Konsensfindung, da hierarchische Interventionen den Planungsprozeß beträchtlich stören. Die Anwendung von Eingriffsrechten erfolgt nur als „ultima ratio", wenn eine Einigung scheitert, und wird daher nur in nachträglicher Kontrolle relevant. Allerdings stehen die Konsensfindungs- und Verhandlungsprozesse immer unter der Prämisse, daß die Kontrollinstanzen im Zweifelsfall auf Eingriffsrechte zurückgreifen können, sofern sie über die dafür erforderliche Macht verfügen.

4.2 Organisationsformen

Als Träger der Planungskontrolle kommen interne wie externe Organisationen in Frage (THIEME 1983). Interne Kontrollen werden durch die für die Planung zuständigen Organisationen selbst durchgeführt. Je nach Planungsorganisation können diese durch die Verwaltung des Planungsträgers oder durch ein (Landes- oder Regional-)Parlament bzw. eine Vertreterversammlung erfolgen. Externe Kontrollinstanzen sind fachlich spezialisierte Organisationen oder Gremien außerhalb der Planungsorganisation. Für die Planung sind wiederum Verwaltungsbehörden und Parlamente, daneben Verwaltungsgerichte und Expertengremien relevant. Die Rechnungshöfe, die den effizienten Einsatz öffentlicher Finanzen und die Wirtschaftlichkeit der Verwaltung überprüfen, treten in der Planungskontrolle in der Regel nicht in Erscheinung.

Auch die Öffentlichkeit (organisiert in Medien, Verbänden oder Bürgerinitiativen) kann im Rahmen der Planungskontrolle Funktionen erfüllen und ist zu beachten. Öffentliche Kritik wirkt oft als auslösendes Moment für formale Kontrollen. Sie soll hier dennoch nicht weiter behandelt werden, da sie nicht organisierbar ist. Hinzuweisen ist aber darauf, daß die Effektivität der Planungskontrolle erhöht wird, wenn die Planung im Lichte der Öffentlichkeit erfolgt.

Verwaltungskontrolle: Verwaltungskontrollen (SCHARPF 1970) dienen der umfassenden Überprüfung und Verbesserung der Planung. Sie spielen in der Planung eine zentrale Rolle, wenngleich ihre Wirkung und ihre Leistungsfähigkeit schwer zu beurteilen sind.

Verwaltungskontrollen sind bereits innerhalb der Organisation des Planungsträgers denkbar und sinnvoll. Der Leiter einer Planungsstelle übernimmt Kontrollverantwortung gegenüber seinen Mitarbeitern. Darüber hinaus können eigene Kontrollverfahren institutionalisiert werden, die die Planung insgesamt, ihren Vollzug und ihre Wirkungen erfassen. Eine wichtige Bedeutung haben in diesem Zusammenhang Planungsinformationssysteme (vgl. DOSCH in diesem Band), die als Basis einer internen Kontrolle der Planung dienen können.

Externe Verwaltungskontrollen werden im Bereich der regionalen Planung und der kommunalen Bauleitplanung von den Institutionen der Rechts- und der Fachaufsicht ausgeübt. Zuständig dafür sind die höheren oder obersten Landesplanungsbehörden. Bewertungsmaßstab dieser Kontrolle ist das Planungsrecht des Bundes und der Länder sowie die Pläne und Programme der höherstufigen Raumordnung und Landesplanung. Die in der Regel weitgehend routinisierte Aufsicht wird informell als begleitende und formell als nachträgliche Kontrolle praktiziert.

Parlamentarische Kontrolle: Planung ist ein politischer Prozeß (SCHARPF 1973), der in einer Demokratie durch parlamentarische Verfahren legitimiert werden muß. Die Beteiligung der Parlamente an der Planung gilt daher allgemein als notwendig. Diese verwirklicht sich in der Praxis primär über die Kontrolle der Planung. Den Parlamenten der Länder werden in der räumlichen Planung entweder Beteiligungsrechte eingeräumt oder sie sind für den Beschluß über einen Plan zuständig. Ferner dienen regelmäßige Berichte über die Raumentwicklung, die Aussagen über die Umsetzung und Wirkung von Plänen enthalten sollen, der parlamentarischen Kontrolle. Auf der regionalen Ebene existieren in den meisten Regionen Vertreterversammlungen, die zwar formal keine Parlamente sind, aber die entsprechenden Kontrollfunktionen in der Planung erfüllen (BENZ 1983).

Welches Gewicht den Parlamenten als Kontrollinstanzen faktisch zukommt, ist umstritten (FRANK 1976; LANZ 1977; MAYNTZ 1985, S. 73 ff.; RITTER 1980; SCHÄFER 1994). Das entscheidende Kriterium der Fähigkeit parlamentarischer Versammlungen, die Planung effektiv zu kontrollieren, liegt in ihrer Informationsverarbeitungsfähigkeit. Landesparlamente, die für alle Politikfelder zuständig sind und sich bevorzugt mit aktuellen Themen befassen, die in der Öffentlichkeit Aufmerksamkeit erwecken, sind mit den Kontrollaufgaben im Bereich der Planung oft überfordert. Regionalparlamente, die sich auf die Planung konzentrieren können, sind wesentlich leistungsfähiger.

Allerdings liegen die Mängel einer parlamentarischen Kontrolle oft nicht in unzureichenden Informationen und Fachkenntnissen der Politiker, sondern in den falschen Erwartungen, die an sie gerichtet werden. Maßstab der parlamentarischen Kontrolle sind politische Bewertungen. Hier sind die allgemeinen Ziele der Planung zu erörtern, im Konfliktfall sind Entscheidungen zwischen alternativen Zukunftsentwürfen und Entwicklungsstrategien zu treffen. Parlamente sind für die Kontrolle der „Richtung" der Planung zuständig, während die rechtlichen und fachlichen Aspekte durch andere Kontrollinstanzen geprüft werden können. Die Zielrichtung einer Planung kann nur nach den Kriterien einer „kommunikativen Rationalität" beurteilt werden (RITTER 1987, S. 342).

Die wichtigste Funktion der Parlamente im Planungsprozeß besteht deshalb darin, öffentliche Diskussionen auszulösen. In jeder Phase des Planungs- und Vollzugsprozesses können sie die Kommunikation erzeugen, welche entscheidende Bedingung einer lernfähigen Planung ist. Parlamentarische Beschlüsse wirken darüber hinaus als Durchsetzungsinstrumente, selbst wenn sie mit keinen Sanktionsdrohungen verbunden sind. Der im Parlament öffentlichkeitswirksam formulierten Kritik an der Planung kann sich die betroffene Verwaltung kaum entziehen.

Kontrolle durch Gerichte: Jede Planung unterliegt der Rechtmäßigkeitskontrolle, die neben den Aufsichtsbehörden durch die Gerichte ausgeübt wird. Sie richtet sich zum einen auf die Einhaltung von Verfahrensregeln, etwa von Beteiligungsvorschriften, zum anderen geht es um die Vereinbarkeit der Planung mit materiellen Rechtsnormen, wie sie etwa in übergeordneten Programmen und Plänen oder in Gesetzen enthalten sind. Wichtig sind hierbei vor allem Schutznormen, die durch die Planung verletzt sein können, etwa die Garantie der kommunalen Selbstverwaltung oder Eigentumsrechte von Privaten.

Ausgelöst wird die gerichtliche Kontrolle dadurch, daß die in ihren Rechten Betroffenen Klage erheben. Raumordnungspläne bis zur Stufe der Flächennutzungspläne entfalten keine Rechtswirkung gegen Private, die deshalb bestenfalls im Wege der Normenkontrolle gegen sie vorgehen können. Kläger sind hier normalerweise Kommunen, die ihre Planungshoheit verletzt sehen (WEIDEMANN 1983). Ferner können Verletzungen von Beteiligungsrechten von den betroffenen „Trägern öffentlicher Belange" zu Gerichtsverfahren führen.

Die Kontrolle durch die Gerichte setzt grundsätzlich nachträglich an. Sie löst gleichwohl erhebliche Wirkungen aus, weil ein Gerichtsbeschluß den Vollzug einer Planung stoppen kann. Dadurch kann es zu gravierenden Zeitverzögerungen kommen, die für eine auf fortlaufende Entwicklungen ausgerichtete Planung äußerst nachteilig sein können. Für den Kläger gegen eine Planung bergen Gerichtsverfahren erhebliche Unsicherheiten und Kostenrisiken in sich. Deshalb bemühen sich alle Akteure, durch eine frühzeitige Einigung in Rechtsstreitigkeiten den Gang zu den Gerichten zu vermeiden (BENZ 1994). Die Kontrolle durch die Gerichte hat auf diese Weise eine indirekte Vorwirkung, d.h. sie greift faktisch bereits während der Planungsverfahren.

Kontrolle durch Experten: Einen wichtigen Beitrag zur Rationalitätssteigerung der Planung leisten Kontrollen, die durch unabhängige Experten ausgeübt werden. Besonders die methodisch komplizierte und aufwendige Evaluierung von Zielerreichung und Wirkung (Erfolgskontrolle) kann nicht durch die etablierten Organisationen der externen Verwaltungskontrolle erarbeitet werden.

Experten können zum einen durch Gutachten an der Planungskontrolle beteiligt sein. Durch diese punktuellen Evaluierungen wirken sie an der Reflexion und Kommunikation über die Planung mit. Eine besonders geeignete, wenngleich mit höheren Kosten verbundene Form der Expertenkontrolle stellt die Begleitforschung dar, die nicht erst nachträglich einsetzt und in allen Phasen des Planungsprozesses Kontrollinformationen liefern kann. Die Lernfähigkeit der Planung kann dadurch beträchtlich erhöht werden.

Die genannten Formen der Kontrolle bilden ein arbeitsteilig organisiertes System der Planungskontrolle. In ihm können die spezifischen Leistungen der einzelnen Träger kombiniert werden. Dies setzt allerdings voraus, daß die einzelnen Kontrollaktivitäten aufeinander abgestimmt werden. Problematisch wird die Planungskontrolle, wenn von den einzelnen Instanzen widersprüchliche Anforderungen gestellt bzw. inkonsistente Maßstäbe zugrunde gelegt werden.

Abb. 4: Formen der Kontrolle

	Reflexion	Kommunikation	Durchsetzung
verwaltungsinterne Kontrolle	●	●	●
parlamentarische Kontrolle		●	●
gerichtliche Kontrolle	●		●
Kontrolle durch Experten	●	●	

Abb. 5: Arbeitsteilige Organisation der Planungskontrolle

	begleitend	nachträglich
Kontrolle des Planungsprozesses	Verwaltung	Verwaltung (extern), Gerichte
Plankontrolle	Verwaltung	Verwaltung(extern); Parlamente; Gerichte
Vollzugskontrolle	Verwaltung	Verwaltung; Gerichte
Zielerreichungskontrolle	Verwaltung; Experten	Verwaltung; Experten

5. Zur Integration von Planung und Kontrolle (Plancontrolling)

Jede Form der Kontrolle muß den Besonderheiten der Aktivitäten und Prozesse, die kontrolliert werden, gerecht werden. Die Praxis der Planungskontrolle steht damit in einem notwendigen Zusammenhang mit der spezifischen Ausgestaltung der Planung. Verändert sich diese, so muß auch die Kontrolle angepaßt werden.

Heute ist anerkannt, daß sich Raumplanung nicht auf die Aufstellung eines Planes beschränkt, der von einer übergeordneten Institution überprüft werden kann. Eine moderne Planung zeichnet sich vielmehr durch folgende Merkmale aus:

- in zeitlicher Hinsicht durch Offenheit für künftige Entwicklungen, was eine hohe Gestaltungsfähigkeit wie eine hohe Flexibilität und Lernfähigkeit erfordert (Prozeßhaftigkeit der Planung, vgl. SCHMIDT-AßMANN 1996);
- in sachlicher Hinsicht durch umfassende Berücksichtigung von relevanten Handlungsfeldern, die durch eine Kombination von „positiver Koordination" (d.h. simultane wechselseitige Abstimmung von zentralen Politikbereichen in Kooperationsprozessen) und „negativer Koordination" (d.h. Erkennen und Vermeiden negativer Auswirkungen von Planungsentscheidungen auf weitere Politikbereiche in Beteiligungsverfahren, SCHARPF 1993, S. 69 ff.);
- in sozialer Hinsicht durch Auseinandersetzung mit alternativen Bewertungen, Zielen und Interessen (Planung als politischer Prozeß).

Einem solchen Verständnis von Planung wird eine Kontrolle, die sich auf die traditionellen Formen der Aufsicht beschränkt, nicht gerecht. Diese wirkt lediglich reaktiv, nachträglich und erfaßt nur begrenzte Aspekte der Planung und ihrer Wirkungen. Ferner schränkt sie häufig in unangemessener Weise die Gestaltungsspielräume der Planung ein und reduziert die Flexibilität.

Kontrolle einer prozeßhaften, kooperativen, politischen Planung muß eng mit dem Planungsprozeß selbst verbunden sein. Sie muß Transparenz im Planungs- und Vollzugsprozeß herstellen und geeignet sein, bei Fehlentwicklungen unmittelbar, aktiv und konstruktiv zu intervenieren. Dies kann nur durch eine Verdichtung von Kommunikation zwischen Planungs- und Kontrollinstanzen und durch Stärkung der prozeßbegleitenden Kontrollen erreicht werden. Eine externe Kontrolle, die durch eine hierarchisch übergeordnete Instanz ausgeübt wird, ist unzureichend, weil sie zum einen immer unter einem Informationsrückstand gegenüber den Akteuren in der Planung leidet und weil sie zum anderen von den Planern als störende Intervention empfunden wird, der mit Abwehrstrategien begegnet wird. Lernprozesse werden dadurch eher blockiert als stimuliert.

Diese Überlegungen sprechen für eine stärkere Integration von Planung und Kontrolle in einem die Planung unterstützenden und sie ergänzenden Informations-, Steuerungs- und Kontrollsystem (Controlling). Das in der Privatwirtschaft entwickelte, inzwischen auch für den öffentlichen Sektor erörterte Konzept des Controlling (BUDÄUS 1994; BRÜGGEMEIER 1993; SCHMIDBERGER 1993; WEBER/TYLKOWSKI 1990) geht von Prämissen aus, die es für die räumliche Planung geeignet machen (POSTLEP 1994, S. 31 f.):

V. Kontrolle und Evaluation

- Planung, Planvollzug und Planwirkungen gelten als Prozeßphasen, die nach dem Modell eines Regelkreises verbunden sind;
- im Rahmen der Steuerung werden die strategischen, längerfristigen Ziele betont, diese aber in ihrer Beziehung zu den operationellen, umsetzungsbare Projekte betreffenden konkreten Zielen gesehen;
- Entscheidungsstrukturen sollen nicht hierarchisch, sondern kooperativ und dezentralisiert sein;
- Grundlage der Entscheidung sind nicht selektive, punktuell verfügbare, sondern vernetzte Informationen, die Zusammenhänge und längerfristige Wirkungsketten wiedergeben;
- erforderlich ist eine laufende Überprüfung und Steuerung über das gesamte Spektrum der Entscheidungen hinweg.

Controlling besteht aus einer Kombination von einem Informationssystem und einem Steuerungssystem, das auf unterschiedliche Funktionsbereiche bezogen werden kann. Erforderlich erscheint in jedem Fall, daß auch die organisatorischen Rahmenbedingungen einbezogen werden. Wenn man die bisher vielfach abstrakten Überlegungen zum Controlling in Richtung auf ein Planungscontrolling weiterdenkt und sie auf den Bereich der Raumplanung überträgt, so erscheinen folgende Elemente bedeutsam:

- Das Informationssystem umfaßt (a) Daten über den Zustand des Raumes in allen relevanten Aspekten, (b) eine systematische Zusammenfassung der Planungsziele und ihrer Beziehung zueinander, die positive Relationen wie Zielkonflikte erkennbar macht, Zusammenhänge zwischen Zielen und Mitteln darstellt und operationalisierbare Indikatoren über mögliche Zielwirkungen enthält, (c) Informationen über Beteiligte, Interessen sowie zu berücksichtigende Planungen und Vorhaben der von der Planung tangierten Behörden und (d) Informationen über Wirkungen von Planungsentscheidungen. Es muß in einer Weise aufgebaut und organisatorisch verankert werden, daß es den Planern wie den politischen und administrativen Kontrollinstanzen zur Verfügung steht. Der Aufbau und die Pflege des Informationsbestandes müssen grundsätzlich der planenden Verwaltung überlassen bleiben. Es empfiehlt sich jedoch, unabhängige Evaluierungsgruppen zu schaffen, die für eine Überprüfung der Planung und ihres Erfolgs aus neutraler Sicht sorgen.

- Das Steuerungssystem setzt sich aus Verfahren der Informationsvermittlung, der Kommunikation, der Entscheidung und der Intervention zusammen. Es ist unterteilt in die strategische Steuerung und Kontrolle, die sich auf die grundlegenden Ziele und Konzepte richtet, und in die operationelle Steuerung und Kontrolle, die konkrete Ziele und Maßnahmen betrifft und mit einem raumordnungspolitischen Projektmanagement (siehe FÜRST in diesem Band) verbunden werden kann. Zuständig für die strategische Steuerung sind grundsätzlich die demokratisch legitimierten Organe, als Führungsaufgabe muß sie in der Praxis von den Parlamenten bzw. Vertreterversammlungen an einen Planungsausschuß delegiert werden, der eng mit der planenden Verwaltung kooperiert. Die Verantwortung für die operationelle Steuerung und Kontrolle gilt üblicherweise als Verwaltungsaufgabe, sie sollte aber eher einem politisch besetzten Lenkungsausschuß übertragen werden.

- Das Organisationscontrolling bezieht sich auf die institutionellen Bedingungen der Planung, die laufend überprüft und bei Bedarf angepaßt werden. Ferner geht es hier um die Mobilisierung von Unterstützung für die Verwirklichung der Planung, um die Moderation von Konflikten und die Gestaltung von Koordinations- und Beteiligungsverfahren. Diese Aufgabe fällt ebenfalls in die Verantwortung der politischen Führung, daneben sollten die externen Instanzen der Verwaltungskontrolle sich um sie bemühen.

Beim Aufbau eines integrierten Planungs- und Kontrollsystems ist zu vermeiden, daß die technischen Aspekte von Planung ein Übergewicht gewinnen bzw. politische Entscheidungen nicht mehr als solche erkennbar sind. Die Gefahr hierzu besteht, wenn aus der Privatwirtschaft Controllingkonzepte einfach übertragen werden, ohne daß Fragen der Zuständigkeit und des Zugangs zum Informations- und Kontrollsystem geklärt werden, und wenn die Fachkompetenz zu Lasten der politischen Kontrollinstanzen erweitert wird.

Zusammenfassung

Kontrolle der Planung ist erforderlich, um deren Qualität zu steigern und Fehlentwicklungen zu vermeiden. Sie erfordert ein hohes Maß an Informationsverarbeitung wie auch die Fähigkeit zur Durchsetzung korrigierender Eingriffe in Planungsprozesse. Grundlegende Voraussetzungen einer Planungskontrolle sind institutionalisierte Regeln, die Verantwortlichkeiten festlegen, sowie ein Planungsverständnis, das realistische Vorstellungen über die Möglichkeiten und Grenzen öffentlicher Planung enthält.

Planungskontrolle muß unterschiedliche Aspekte der Planung erfassen: die Organisation und das Verfahren der Planung ebenso wie die Ziele, deren Vollzug und die Wirkungen der Ziele. Sie sollte begleitend und nachträglich ansetzen. Dabei sind - je nach Ansatzpunkt unterschiedlich ausgeprägte - Probleme der Informationsbeschaffung und der Durchsetzung von Kontrollentscheidungen zu bewältigen. Planungskontrolle wird damit zu einer komplexen Aufgabe, die nur in Arbeitsteilung zwischen unterschiedlichen Trägern bewältigt werden kann. Diese Aufgabe beinhaltet die kritische Reflexion der Planung und ihrer Ergebnisse, die Kommunikation zwischen Kontrollinstanzen und kontrollierten Akteuren sowie die Durchsetzung von Kontrollentscheidungen in politischen Prozessen. An ihr sind Verwaltungseinheiten, Parlamente, Gerichte, Experten und die Öffentlichkeit mit spezifischen Funktionen beteiligt.

Die Praxis der Planungskontrolle steht in einem engen Zusammenhang mit der Ausgestaltung der Planung. Je mehr sich die Raumplanung in Richtung auf eine kooperative Planung entwickelt, desto weniger passen die traditionellen Formen der Aufsicht durch übergeordnete Instanzen. Kontrolle sollte dazu beitragen, die Lernfähigkeit der Planung zu erhöhen. Hierzu bedarf es der Stärkung von Kommunikation zwischen Planungsträgern und Kontrollinstanzen, der Erhöhung von Transparenz im Planungsprozeß wie im Planungsvollzug sowie der Verbesserung prozeßbegleitender Kontrollen. Die Weiterentwicklung der arbeitsteilig organisierten Planungskontrolle zu einem Planungscontrolling, das Planungs- und Kontrollfunktionen integriert, könnte hierzu einen Beitrag leisten.

V. Kontrolle und Evaluation

Literatur

Akademie für Raumforschung und Landesplanung (ARL) (Hrsg.) (1984): Wirkungsanalysen und Erfolgskontrolle in der Raumordnung. ARL-FuS Band 154, Hannover.

Becker, B. (1989): Öffentliche Verwaltung. Percha b. München.

Benz, A. (1983): Parlamentarische Formen in der Regionalplanung. Münster.

Benz, A. (1994): Kooperative Verwaltung. Funktionen, Voraussetzungen und Folgen. Baden-Baden.

Bohne, E.; König, H. (1976): Probleme der politischen Erfolgskontrolle. In: Die Verwaltung 9, S. 19 ff.

Brüggemeier, M. (1993): Controlling in der öffentlichen Verwaltung. München 1991.

Budäus, D. (1994): Public Management. Konzepte und Verfahren zur Modernisierung öffentlicher Verwaltungen. Berlin.

Bunde, J.; Postlep, D. (Hrsg.) (1994): Controlling in Kommunalverwaltungen. Marburg.

Coleman, J. G. (1995): Theorie sozialer Systeme. München, Wien.

Derlien, H.-U. (1976): Die Erfolgskontrolle staatlicher Planung. Eine empirische Untersuchung über Organisation, Methoden und Politik der Programmevaluation. Baden-Baden.

Frank, D. (1976): Politische Planung im Spannungsverhältnis zwischen Regierung und Parlament. Meisenheim.

Frowein, J. A. (Hrsg.) (1993): Die Kontrolldichte bei der gerichtlichen Überprüfung von Handlungen der Verwaltung. Berlin.

Hellstern, G.-M.; Wollmann, H. (Hrsg.) (1983): Evaluierungsforschung. Basel u.a.

Kevenhörster, P. (1983): Kontrolle der Aufgabenerfüllung. In: Handbuch der kommunalen Wissenschaft und Praxis, hrsg. von G. Püttner, Band 3, Berlin, S. 441 ff.

Konukiewitz, M. (1985): Die Implementation räumlicher Politik. Opladen.

Krebs, W. (1984): Kontrolle in staatlichen Entscheidungsprozessen. Heidelberg.

Lanz, Ch. (1977): Politische Planung und Parlament. Bern.

Lau, Ch. (1975): Theorien gesellschaftlicher Planung. Stuttgart u.a.

Levine, R. A. et al. (Hrsg.) (1981): Evaluation Research and Practice. Beverly Hills, London.

Loschelder, W. (1995): Kontrolle. In: Staatslexikon, hrsg. von der Görres-Gesellschaft, Freiburg (Sonderausg. der 7. Aufl.), Bd. 3, Sp. 650 ff.

Löwenstein, K. (1959): Verfassungslehre. Tübingen.

Lüder, K. (1993): Verwaltungscontrolling. In: Die Öffentliche Verwaltung 7, S. 265 ff.

Luhmann, N. (1984): Theorie sozialer Systeme. Frankfurt a.M.

Luhmann, N. (1986): Ökologische Kommunikation. Opladen.

Mäding, H. (1986): Rahmenkonzept für eine umfassende Beurteilung der regionalen Wirtschaftspolitik. In: Informationen zur Raumentwicklung, S. 749 ff.

Mäding, H. (1996): Erfolgskontrolle. In: ARL (Hrsg.): Handwörterbuch der Raumordnung, Hannover, S. 226 ff.

Mayntz, R. (1973): Probleme der inneren Kontrolle in der planenden Verwaltung. In: R. Mayntz; F. W. Scharpf (Hrsg.): Planungsorganisation. München, S. 98 ff.

Mayntz, R. (1985): Soziologie der öffentlichen Verwaltung. Heidelberg.

Mayntz, R. (1987): Politische Steuerung und gesellschaftliche Steuerungsprobleme - Anmerkungen zu einem theoretischen Paradigma. In: Jahrbuch zur Staats- und Verwaltungswissenschaft, Band 1, Baden-Baden, S. 89 ff.

MAYNTZ, R. (1996): Politische Steuerung: Aufstieg, Niedergang und Transformation einer Theorie. In: K. VON BEYME; C. OFFE (Hrsg.): Politische Theorien in der Ära der Transformation (PVS-Sonderheft 26). Opladen, S. 148 ff.

MAYNTZ, R. (Hrsg.) (1980): Implementation politischer Programme. Königstein.

MAYNTZ, R. (Hrsg.) (1983): Implementation politischer Programme II. Opladen.

MAYNTZ, R.; SCHARPF F. W. (Hrsg.) (1995): Gesellschaftliche Selbstregelung und politische Steuerung. Frankfurt a.M., New York.

POSTLEP, D. (1994): Controlling zur Rationalisierung der Kommunalpolitik. In: J. BUNDE; D. POSTLEP (Hrsg.): Controlling in Kommunalverwaltungen. Marburg, S. 31 ff.

PÜTTNER, G. (1996/97): Netzwerk der Verwaltungskontrolle. In: K. KÖNIG; H. SIEDENTOPF (Hrsg.): Öffentliche Verwaltung in Deutschland. Baden-Baden, S. 663 ff.

RITTER, E.-H. (1980): Theorie und Praxis parlamentarischer Planungsbeteiligung. In: Der Staat 19, S. 413 ff.

RITTER, E.-H. (1987): Staatliche Steuerung bei vermindertem Rationalitätsanspruch? Zur Praxis der politischen Planung in der Bundesrepublik Deutschland. In: Jahrbuch zur Staats- und Verwaltungswissenschaft, Band 1, Baden-Baden, S. 321 ff.

SALADIN, P. (1984): Verantwortung als Staatsprinzip. Bern u.a.

SCHÄFER, I. E. (1994): Bürokratische Macht und demokratische Gesellschaft. Kontrolle der öffentlichen Verwaltung. Opladen 1994.

SCHARPF, F. W. (1970): Die politischen Kosten des Rechtsstaats. Tübingen.

SCHARPF, F. W. (1973): Planung als politischer Prozeß. In: Ders.: Planung als politischer Prozeß. Frankfurt a. M., S. 33 ff.

SCHARPF, F. W. (1993): Positive und negative Koordination in Verhandlungssystemen. In: A. HÉRITIER (Hrsg.): Policy-Analyse (PVS-Sonderheft 24). Opladen, S. 57 ff.

SCHMIDBERGER, G. (1993): Controlling für die öffentliche Verwaltung: Funktionen, Aufgabenfelder, Instrumente. Wiesbaden.

SCHMIDT-AßMANN, E. (1996): Planung als administrative Handlungsform und Rechtsinstitut. In: J. BERKEMANN et al. (Hrsg.): Planung und Plankontrolle (Festschrift für Otto Schlichter). Köln u.a., S. 3 ff.

SCHOLICH, D.; WINKELBRANDT, A. (1988): Zum Stand der Diskussion über Erfolgskontrolle in der Landschafts- und Raumplanung. In ARL-FuS (Hrsg.): Integration der Landschaftsplanung in die Raumplanung, Band 180, Hannover, S. 25 ff.

SOMMER, G. (1997): Institutionelle Verantwortung. München, Wien.

THIEME, W. (1983): Binnen- und Außenkontrolle. In: Verwaltungsarchiv 74, S. 305 ff.

THIEME, W. (1984): Verwaltungslehre. Köln (4. Aufl.).

ULRICH, G. (1994): Politische Steuerung. Staatliche Intervention aus systemtheoretischer Sicht. Opladen.

VOLZ, J. (1980): Die Erfolgskontrolle kommunaler Planung. Köln, Berlin.

WEBER J.; TYLKOWSKI, O. (1990): Perspektiven der Controllingentwicklung in öffentlichen Institutionen. Stuttgart.

WEIDEMANN, C. (1983): Gerichtlicher Rechtsschutz der Gemeinden gegen regionale Raumordnungspläne. Münster.

WILLKE, H. (1983): Entzauberung des Staates. Königstein.

WILLKE, H. (1995): Systemtheorie III - Steuerungstheorie. Stuttgart.

V.2 Planungsfälle im Vergleich

Hartwig Spitzer

Inhalt

1. Orientierung in der Planungswirklichkeit
1.1 Rahmen und Ziele des Vergleichs praktischer Planungen
1.2 Die Fallstudie als Informationsquelle und Kontrollmittel
1.3 Institutionelle Einordnung, Vergleichsebenen
2. Ansätze und Formen des Vergleichs
2.1 Hauptsächliche Vergleichsgegenstände
2.2 Vergleich der Planungsarten untereinander
3. Diskussion von Tendenzen bei Organisation und Inhalten
3.1 Zur Struktur und Organisation
3.2 Planungsbedeutsame Inhalte
3.3 Akzeptanz, ökologische und ökonomische Verträglichkeit
3.4 Wirkung neuer Techniken und Medien
4. Fortschreibung, Fortbildung und Dokumentation

1. Orientierung in der Planungswirklichkeit

1.1 Rahmen und Ziele des Vergleichs praktischer Planungen

Räumliche Planung ist öffentliche Planung auf der Basis von Gesetzen und unterliegt damit zunächst der daraus abgeleiteten Kontrolle der Parlamente und kommunalen Vertretungen, der Verwaltung und der Gerichte. Neben dieser planungsexternen und institutionalisierten kommt es aber auch zur planungsinternen, nicht institutionalisierten Kontrolle. In ihr vergleichen sich zum einen die Planungspartner untereinander, vor allem hinsichtlich der Methodik und der Planungsinhalte, und zum anderen findet auch eine Selbstkontrolle der Planer bezüglich ihrer Arbeitsweise, gewissermaßen ein autonomer Nachvollzug der Funktionsfähigkeit statt; s. auch Benz in diesem Band.

Die Ziele von Kontrolle und Vergleich sind die Überprüfung der Rechtmäßigkeit des Vorgehens, sowie die Bewertung der fachlichen Qualität der Planungsvorschläge und der Effizienz des Planungsvollzugs. Man muß von sich stetig ändernden Planungsbedingungen ausgehen. Innerhalb dieses Ablaufes gilt als grundsätzliches Ziel die Erhaltung der Leistungsfähigkeit der Planung. Diese Zielsetzung genügt jedoch nicht, vielmehr besteht darüber hinaus die Absicht, die Qualität und die Effizienz zu *steigern* und über die Modernisierung der Methodik, der Verbesserung der Instrumente sowie der Vervollkommnung der Inhalte einen planerischen Mehrwert zu schaffen.

Jede Planung folgt einer *Idee*, für die die Planungsziele formuliert werden. Sie ist in gedrängter Form in die gesetzliche Vorgabe eingegangen und besteht unterhalb der Gesetze - und dort meistens breiter diskutiert - als fachwissenschaftliche Vorstellung. Wichtig für die spätere Kontrolle ist allerdings die Realitätsnähe von politisch vorgegebenen *Zielen*. Soweit sie ideale, hoch gesteckte und in absehbarer Zeit kaum realisierbare Wunschvorstellungen betreffen, sind sie eine ungeeignete Basis für spätere Wirkungskontrolle. Für diese müssen Idee und Ziele realistisch formuliert sein. Damit läßt sich dann im Verlauf des Planungsprozesses eine *Konzeption* für die Realisierung entwickeln. In dem darauf folgenden praktischen Planungsfall ergibt sich die Konkretisierung von Idee und Konzeption. Der praktizierende Planer ist aufgabengemäß vielseitig orientiert. Dennoch haben in seiner Perspektive wohl die Machart und die Effizienz der durchgeführten Planung den höchsten Stellenwert. Beide geben ihm unmittelbare Informationen einerseits über sein Handwerk und andererseits über die Zielerreichung insgesamt sowie in den einzelnen Planungsbereichen. Im quantifizierbaren Fall läßt sich der *Zielerreichungsgrad* ermitteln. Für diesen besteht ein allgemeines raumordnerisches Interesse, den praktischen Planer betrifft er indessen unmittelbar, nämlich mit der Auskunft, inwieweit er richtig gearbeitet hat bzw. arbeiten konnte. Schon daraus ergibt sich sein naheliegendes Interesse an einer differenzierten Orientierung seiner Möglichkeiten.

1.2 Die Fallstudie als Informationsquelle und Kontrollmittel

Als Besonderheit des Vergleichs räumlicher Planung muß die in der Regel kleine Zahl der verfügbaren Planungsfälle gelten. Räumliche Planung tendiert mehr zum Unikat als zum Massenprodukt. Das wird bereits an Beispielen wie der Landesentwicklungsplanung oder der Planung von Biosphärenreservaten deutlich. Landesentwicklungsplanung tritt definitionsgemäß in jedem Bundesland nur als (allerdings fortgeschriebener) Einzelfall auf und bei Biosphärenreservaten handelt es sich jeweils um ein räumlich und ökologisch gänzlich eigenständiges Planungsobjekt. Auch bei Rahmenplanungen für Wasserwirtschaft oder Landschaft sowie bei den Regionalen Raumordnungsplänen innerhalb eines Bundeslandes handelt es sich um kleine Zahlen. In Fällen kleiner Zahl und großer Diversifikation müssen die Vergleichsverfahren eigene Wege gehen. Es ist bei ihnen unmöglich, über eine statistisch abgesicherte Repräsentation informiert zu werden. Man ist im Bereich der Fallstudie oder ihr verwandter Verfahren und befindet sich damit auch in der Diskussion über den wissenschaftlichen Wert ihrer Aussagen.

Die reine Fallstudie befaßt sich mit einer einzigen Beobachtungseinheit; hier mit einem Planungsraum. Sie kann nur gebietsinterne Analyse betreiben und muß den Vergleich auf die Zustände im Gebiet zu verschiedenen Zeitpunkten beschränken, kann somit immerhin Entwicklungen feststellen. Dazu wird kritisch angemerkt, daß zur *Erklärung* der vorgefundenen Entwicklungen und Zustände zu viele Möglichkeiten offen bleiben. Sie ständen deswegen auf theoretisch unsicherem Grund. Zweifellos bestehen Gefahren dieser Art, man muß jedoch die unterschiedlichen *Zwecke der Fallstudien* unterscheiden. In Anlehnung an EEKHOFF (1981, S. 160) wären dazu zu nennen:

V. Kontrolle und Evaluation

1. die erklärende Beschreibung der allgemeinen Gestalt von Beobachtungseinheiten, bei der es vor allem um das Verstehen der Problemlage geht;
2. die auf Theorien und Hypothesen basierende erklärende Beschreibung, mit der bereits begrenzte Möglichkeiten der Verallgemeinerung versucht werden;
3. die Technik der Blockbildung, bei der mehrere Fallstudien aufeinander aufbauen und somit die Abhängigkeit von Zufälligkeiten abnimmt und die Plausibilität der Aussagen zunimmt;
4. die heuristische Fallstudie, mit der bewußt Probleme, Lösungsansätze und Ideen gesucht werden.

Will man mit der Fallstudie mehr erreichen als einfache Beschreibung, so kommt es letztlich auf "die Schlüssigkeit des gesamten Interpretationsergebnisses an", wie POHL (1986, S. 187) - im Zusammenhang mit Interviews - sagt. Ist sie hoch, dann genüge im Prinzip auch ein einziger Fall. Das gilt allgemein und speziell auch für die auf sichererer statistischer Grundlage arbeitenden quantifizierenden Modelle. Realitätsnähe der Annahmen für die Parameter und Plausibilität der Ergebnisse sind auch bei ihnen ausschlaggebend.

Ebenso wichtig ist die *Auswahl* der Testfälle. Um die planerische Behandlung eines Problemfalles, etwa die des peripheren ländlichen Raumes, zu erproben, bietet es sich an, einen Extremfall der peripheren Lage auszuwählen. Der praktische Planungsfall ist dann zunächst ein Test. Das ist auch der Sinn von Pilotstudien. Weisen deren Ergebnisse eine genügende Plausibilität auf, so kann ein Schritt zur Verallgemeinerung gemacht werden, "indem der Fall zum System erhoben wird und durch vereinfachte Annahmen Typen und Modelle gebildet werden" (WIRTH 1979, S. 101). Man kommt zu Raumtypen, deren Planungen sich mit größerer Sicherheit als die der isolierten Einzelfälle vergleichen lassen.

Die Fallstudienbasis läßt sich also absichern und vertiefen. Anwendungen dieser Art sind nicht nur weit verbreitet, sie sind - sorgsame Behandlung, wie stets, unterstellt - wissenschaftlich legitim und ergiebig. Deswegen ist zum Beispiel auch die Fall-Methode (case method) eine bewährte Ausbildungs- und Fortbildungsmethode, mit der praktische Fälle durchgespielt werden, was den Weg zu Planspielen für die Unternehmung (hier: des Raumes) öffnet (SELLIEN 1979).

Die theoretische Unsicherheit läßt sich außerdem durch Gründlichkeit und Realitätsnähe der Aussage ausgleichen. Man muß dazu bei der räumlichen Planung noch bedenken, daß die Erstellung einer Planung in der Regel mehrere Jahre dauert und auch ihr Vollzug von dem zuständigen Planer in vielen Jahren begleitet wird. Dadurch ist die Zahl seiner Fälle zwar klein, die intime Kenntnis der Fälle jedoch groß.

Die Praxis geht diese Wege mit Erfolg. Aus den analytischen Fallstudien werden planerische *Erprobungsfälle*. Das führt zu Pilot*studien* der räumlichen Planung, auf deren Ergebnissen aufbauend dann, für die aussichtsreichsten Fälle, Pilot*projekte* zur Durchführung gelangen. Mit ihnen soll die Planung solcher Maßnahmen sowie vor allem die Wirkung der durchgeführten Förderungsmaßnahmen erprobt werden. Ehe beispielsweise die Umweltverträglichkeitsprüfungen offiziell eingeführt werden konnten, mußten mit Pilotstudien planungsgeeignete Bewertungsverfahren für derartige Prüfungen ermittelt werden. Aus Pilotprojekten können dann Beispielsmaßnahmen für eine schon größere, aber immer noch begrenzte Zahl von Fällen entstehen, wie das etwa bei der Einführung der Dorferneuerung geschehen ist. In noch stärkerer Erweiterung des Einzelfall-Charakters entstehen öffentliche, vor allem auch von Bund und/oder Ländern geförderte *Modellvorhaben*, etwa zur Entwicklung von Städtenetzen; s. PRIEBS in diesem Band. Gleiches gilt für die Verbindung von Naturschutz und Landbau (AUTSCH 1992). Derartige Vorhaben werden begrenzt, und zwar zeitlich, weil sich ihre Wirkung erst zeigen muß, und finanziell, weil die Fördermittel knapp sind. Es ist fast selbstverständlich, daß die Mittel für eine allgemeine Einführung solcher Vorhaben, wie die Erneuerung aller Dörfer der Bundesrepublik oder die naturschutzgerechte Umstellung des gesamten Landbaus, in wenigen Jahren nicht ausreichen. Für das Anliegen des Planungsvergleichs sind solche fallstudienbegründeten Projekte jedoch von besonderem Wert. Mit ihnen lassen sich die Methoden für einzelne Planungsabschnitte testen und die Planungen insgesamt weiterentwickeln. - Auch die Frage der Einführung einer neuen selbständigen Planungsart und die Gegenfrage nach Integration ihrer Planungsinhalte in bereits bestehende Planungen läßt sich nur durch fallstudiengestützte Erprobungen beantworten.

1.3 Institutionelle Einordnung, Vergleichsebenen

Räumliche Planung erfährt ihre institutionelle und damit verbunden ihre fachspezifische Einordnung. Als öffentliche Planung wird ihr Platz innerhalb der *Behördenstruktur* durch Gesetz und Verordnung festgesetzt. Dieser ist jedoch nicht einheitlich, sondern im Gegenteil recht verschieden positioniert. Das ist für die unterschiedlichen Planungsarten und Planungsebenen am leichtesten verständlich. Beispielsweise haben Bauleitplanung und wasserwirtschaftliche Planung voneinander abweichende Planungsräume und dazugehörige Institutionen. Aber auch für die gleiche Planungsart liegen unterschiedliche institutionelle Regelungen vor. Die Regionalplanung kann nach dem Verbandsmodell oder nach dem Behördenmodell organisiert sein. Es gibt behördeninterne Planung, aber auch Auftragsplanung an Private. Auch die behördliche Zuständigkeit für die Planung variiert. Fachplanungen können beispielsweise innerhalb einer Spezialverwaltung angesiedelt sein, wie etwa die Forstplanung; andererseits ist eine Integration in die allgemeine Verwaltung möglich, wie das bei der Abfallplanung der Fall ist. Die jeweilige Positionierung ergibt sich aus Unterschieden im föderalen System und nimmt auf regional unterschiedliche Behördenstruktur und Traditionen Rücksicht. Es zeigen sich dabei wechselnde Vor- und Nachteile. Wichtig ist hier zunächst nur die Auswirkung auf die Planungstätigkeit. Für den praktizierenden Planer handelt es sich meistens um recht einschneidende Bedingungen (weiter s. unten Abschn. 3.4).

Dem Planer wird diese Einordnung vorgegeben. Er muß seine Arbeit darauf einstellen. Das gilt auch für die Einordnung in die Behörden*hierarchie*. In diese Hierarchie ist jede Planung eingebunden und muß sich nach deren Vorgaben richten. Ihre Position ist allerdings nicht einseitig diejenige einer Unterordnung oder Überordnung, sondern muß in einem Zusammenspiel der Behörden innerhalb ihrer Struktur gesehen werden. Der Planer erhält zwar Vorgaben hinsichtlich zu behandelnder Inhalte, verbindlicher Definitionen und anzulegender Richtwerte; er hat jedoch auch seinerseits die Möglichkeit der

Gegenargumentation. Eine übergeordnete Behörde würde unklug handeln, wenn sie sich den fachlich begründeten Korrekturvorschlägen der unteren Ebene auf Dauer verschlösse. Man kann sich also auch in diesem Bereich eine Wirkung des Gegenstromprinzips denken.

Die Vergleiche hinsichtlich der institutionellen Position werden schnell mit denen über Inhalt und Methoden verbunden. Sie lassen sich (wie alle Planungsvergleiche) in unterschiedlichen *Vergleichsebenen* vornehmen. Einmal gibt es den *horizontalen Vergleich* mehrerer Planungen zu einem bestimmten Zeitpunkt. Das wird besonders mit den räumlichen Planungen innerhalb eines Bundeslandes geschehen. Daraus ergeben sich dann meistens Verfahrensanpassungen, wie es sich im Beispiel der Regionalen Raumordnungspläne deutlich zeigt. Aber auch der Vergleich über die Grenzen der Bundesländer hinaus ist fachlich ergiebig, allerdings kann er nur langsamer zu einer Angleichung führen, da die rechtlichen und institutionellen Rahmenbedingungen bereits unterschiedlich sind. Sodann ist der *vertikale Vergleich* innerhalb einer Zeitreihe informativ. Bei ihm zeigt sich die Weiterentwicklung der Planung, einmal die des ganzen Planungssystems und zum anderen die der einzelnen Planungsart. Keine der Planungsarten, auch diejenige für dasselbe Gebiet, ist im Laufe der Jahrzehnte gleich geblieben; man betrachte nur frühere und heutige Bauleitplanungen. Inhaltliche Verschiebungen sind unverkennbar, ebenso der Bedeutungswandel in der raumordnerischen Zielsetzung. Der Ausbau der Landschaftsplanung und ihre Berücksichtigung in der Stadtplanung ist ein Beispiel für Bedeutungszunahme (ERMER/HOFF/MOHRMANN 1996). Die fachliche Reduktion der Agrarstrukturplanung und ihre geringe planungsgesetzliche Verankerung zeigt dagegen eine Bedeutungsabnahme.

Insgesamt gesehen sind solche Änderungen im Bereich der Planung fachlich erforderliche Reaktionen auf den Wandel in Staat, Wirtschaft und Gesellschaft. Weil der gesamte Prozeß voranschreitet, muß sich auch die räumliche Planung als dessen Glied ändern. Und daraus erklärt sich ebenfalls die wechselnde Ressortzuordnung der räumlichen Planung. Vordergründig ergibt sich diese im politischen Kräftespiel mit Kabinettsbildungen und Koalitionsverhandlungen, letztlich folgen diese jedoch auch dem Anpassungsdruck an den gesamten Prozeß.

2. Ansätze und Formen des Vergleichs

2.1 Hauptsächliche Vergleichsgegenstände

Auf welche Gegenstände, Sachverhalte, Planungsobjekte bezieht sich der Vergleich hauptsächlich? Zunächst sind dazu die *rechtlichen Vorgaben* zu nennen; s. BENZ in diesem Band. Die Parlamente des Bundes und der Länder erlassen und novellieren die Gesetze, die für die räumliche Planung verbindlich sind. Das Bundesraumordnungsgesetz (ROG) nennt die raumordnerischen Ziele, die erreicht werden sollen, wozu die Planungen den entscheidenden Beitrag leisten müssen. Daneben bestehen für Fachgesetze Raumordnungsklauseln, die die Fachpolitik an die Raumordnungspolitik binden. In dem vom Raumordnungsgesetz gesteckten Rahmen erlassen die Parlamente der Bundesländer Landesplanungsgesetze, in denen die Besonderheiten des jeweiligen Bundeslandes berücksichtigt werden, wie BRENKEN (1995) an drei Länderbeispielen zeigt. Speziell wird auch die

Organisation der Landes- und Regionalplanung geregelt, und das hat direkten und unterschiedlichen Einfluß auf die Planungspraxis. Diese wird außerdem unmittelbar und recht differenziert durch die untergesetzlichen Rechtsnormen beeinflußt (s. BROHM 1994). Dabei handelt es sich zum Beispiel um Rechtsverordnungen und Satzungen, die erlassen, oder Planungsgenehmigungen, die erteilt werden. Erlasse legen auch etwa einzuhaltende Richtwerte fest, was besonders für die Fachplanung wichtig ist. Hinsichtlich der Überprüfung der Einhaltung der vorgegebenen Normen lassen die Gesetze aus guten Gründen einen erheblichen Ermessensspielraum, welcher behördlicherseits ausgefüllt werden muß. Zum Beispiel ist die Frage, inwieweit es sich bei einer baulichen Maßnahme um einen nach dem Bundesnaturschutzgesetz ausgleichspflichtigen Eingriff handelt und welcher Art die Ausgleichsmaßnahme zu sein hat, nur fallweise zu beantworten.

Der nächste hauptsächliche Vergleichsgegenstand ist der *Planungsinhalt*. Welche Sachverhalte sind es, die die jeweilige Planungsart konkret behandelt? Diese Frage erscheint so selbstverständlich, daß Gefahr besteht, sie zu wenig zu bedenken. Die Wahl der Planungsinhalte - die sich am einfachsten zunächst aus der Gliederung des Textteils einer Planung ersehen läßt - ist jedoch eine wesentliche planerische Vorentscheidung. Ein nicht aufgenommener Fall kann gar nicht und ein nur zur kursorischen Berücksichtigung vorgesehener Fall nicht gründlich behandelt werden. Auch gibt es reichlich Beispiele für überflüssig aufgenommene Planungsinhalte. Charakteristisch dafür sind die viel zu umfangreichen Bestandsaufnahmen von Fakten des Planungsgebietes, oft ohne ersichtlichen Planungsbezug und ohne planungseinführende Bewertung. Ein Teil der zu behandelnden Inhalte wird bereits durch Gesetz vorgegeben, ein anderer Teil durch Rechtsordnung und Erlaß. Dem Planer verbleiben aber immer noch fachliche Ermessensbereiche, besonders hinsichtlich des Intensitätsgrades der Bearbeitung.

Die Auswahl der Planungsinhalte betrifft bereits die angewendete *Methode*, wenngleich bei dieser weniger an Inhalte gedacht wird als an die Wahl der rechnerischen Verfahren und die für sie erforderlichen planungstechnischen Vorgehensweisen. Welche statistischen Werte liegen vor, welche Qualität haben sie und mit welchen statistischen Methoden können sie bearbeitet werden? Lassen sich monetäre Verfahren einsetzen oder liegen nichtmonetäre Bewertungen vor? Letztere haben bei ökologischen Bewertungen und Umweltverträglichkeitsprüfungen herausragende Bedeutung in der Planung erlangt. Wie sind diese Bewertungen seitens der Planung zu handhaben und auch behördlicherseits zu beurteilen? In diesem Bereich unterscheiden sich die Planungen wohl am stärksten, und das hat gute Gründe. Der Vergleich ist deswegen hier auch besonders ergiebig.

Schließlich ist das *Ergebnis des Planungsvollzugs* Gegenstand des Vergleichs. Es ist naheliegend zu fragen, was aus den gemachten Planungsvorschlägen geworden ist, inwieweit sie umgesetzt worden sind. Allerdings wird sich diese Frage nicht immer umfassend und nie leicht beantworten lassen. Ob ein gesetztes politisches Ziel erreicht worden ist oder inwieweit man sich ihm genähert hat, läßt sich noch am ehesten beantworten. Eine konkrete Erfolgskontrolle über das ganze Planungsvorhaben stößt dagegen auf erhebliche sachliche Schwierigkeiten. Die einzelnen Maßnahmen haben eine sehr unterschiedliche Wirkungsdauer. Die Planungszeiträume sind außerdem vielfach nicht konkret angegeben. Es handelt sich in der Regel um mittlere bis lange Zeiträume, in denen Wechselwirkungen zwischen den Planungsmaßnahmen und dem allgemeinen sozialökonomischen

Prozeß eintreten. Rückschauend ist die Planungswirkung von der Wirkung des allgemeinen Entwicklungsprozesses nur schwer zu trennen. Primäreffekte, Sekundäreffekte und Folgewirkungen lassen sich lediglich zum Teil feststellen (s. auch MÄDING 1994). Dagegen ist es meistens möglich, deskriptive Vollzugskontrollen, die dann auch Vollzugsdefizite beschreiben, zutreffender zu erstellen.

2.2 Vergleich der Planungsarten untereinander

Der Planungsvergleich dient der Orientierung und damit der gewollten, jedoch auch der ungewollten Kontrolle. Allerdings erweckt der Begriff der Kontrolle den Eindruck schärfer Bedingungen, die indessen nicht für alle Sachverhalte erforderlich sind und auch nicht bestehen. Jedoch können aus dem Vergleich immer Anregungen entstehen, und das ist tatsächlich fachlich der ergiebigste Fall. Ausgangspunkt mag zuerst der eigene Fall mit seiner Planungsart und das eigene Fach sein. Ebenso wird man zunächst möglichst nur im zusammenhängenden Gebiet vergleichen und damit, wie erwähnt, in den Grenzen des eigenen Bundeslandes bleiben. Aber die Erweiterung des *Vergleichshorizontes* ist durchaus angebracht, wie sich das bei der Stadtplanung deutlich zeigt. Zum Teil ist der erweiterte Vergleich offiziell geboten, etwa bei der überregionalen Verkehrsplanung. Es muß hier auch die allmähliche Anhebung der nationalen Planungsebene auf die Ebene der Europäischen Union bedacht werden.

Dennoch darf selbstverständlich nur Vergleichbares miteinander verglichen werden. Die sinnvollen *Vergleichsmuster* sind in der räumlichen Planung ein komplexer Sachverhalt, der für eine nähere Betrachtung folgendermaßen zu gliedern ist:

1) Planungsarten intern
   Die Planungen derselben Planungsart werden miteinander verglichen
   a) Auf gleicher Planungsebene
      Beispiel für Gesamtplanungen: Regionalplanung A
      verglichen mit Regionalplanungen B, C und D
      Beispiel für Fachplanungen: Landschaftsrahmenplan A
      verglichen mit Landschaftsrahmenplänen B, C und D
   b) Auf ungleicher Planungsebene
      Beispiel nur für Fachplanungen: Landschaftsrahmenplan A
      mit Landschaftsplänen A, B, C und D
      Dieser Vergleich ist am leichtesten bei klarer Dreigliederung der Planungsebenen
      für Land, Region und Kommune möglich
2) Planungsarten extern
   Die Planungen unterschiedlicher Planungsart werden miteinander verglichen
   a) Auf gleicher Planungsebene
      Beispiel für Fachplanungen: Wasserwirtschaftliche Rahmenplanung A
      verglichen mit Agrarstruktureller Rahmenplanung A
      Dieser fach*unterschiedliche* Vergleich hat vor allem für die Fälle mit *verwandten*
      Planungsinhalten Bedeutung

b) Auf ungleicher Planungsebene
Beispiel nur für Gesamtplanungen: Regionalplanung A
verglichen mit Landesplanung A und mit Stadtplanungen A, B, C und D
Für Fachplanungen wäre dieser Vergleich die Ausnahme.

Wenn fachliche Eigentümlichkeiten den Planungsprozeß modifizieren und (dann häufig) von der Dreiteilung der Planungsebenen abgewichen wird, erhöht sich die Zahl der Vergleichsfälle, die für eine gründliche Durchdringung des Sachverhaltes erforderlich sind. Bedenkt man außerdem die große Zahl der sich gegenseitig bedingenden Fachplanungen - mindestens sieben, unter Umständen zehn und mehr - dann wird deutlich, wie sehr sich die Vergleichsvielfalt und damit die Kontrollansätze erweitern.

3. Diskussion von Tendenzen bei Organisation und Inhalten

3.1 Zur Struktur und Organisation

Räumliche Planung befindet sich im Politikfeld und ist den darin wirkenden Konkurrenzen ausgesetzt. Um sich in diesen zu behaupten, müssen ihre Aufgaben politisch anerkannt werden. Vor allem müssen die Parlamente von der Bedeutung der räumlichen Planung überzeugt sein. Die Behauptung des politischen Stellenwertes wird am besten bei hoher Planungseffizienz gelingen. Es sind also rationale Verbesserungsbemühungen um das installierte Planungssystem und seine innere Organisation erforderlich. Grundsätzlich sind Verbesserungen in zwei Richtungen möglich. Einmal kann versucht werden bei gleichbleibender Organisation und Aufwandshöhe die Qualität der Planung zu verbessern, zum anderen mag es angebracht sein, bei Gleichbleiben der Planungsqualität die Organisation zu vereinfachen und die Aufwandshöhe zu verringern. Beides erfordert die Analyse der Stärken und Schwächen des Planungssystems.

Dazu gehört zunächst die kritische Diskussion der Zuständigkeiten. Wer soll für welche Planung in welchem Maße zuständig sein? Die Antworten auf diese Fragen erweisen sich - zumindest bei wissenschaftlicher Betrachtung - als weniger entschieden, als es eine einmal vorgegebene Struktur der Institutionen auf den ersten Blick mitzuteilen scheint. Öffentliche Planung liegt zunächst in der Zuständigkeit der Parlamente. Diese erschöpft sich allerdings nicht im Erlaß von Planungsgesetzen. Es ist eine Ermessensfrage, inwieweit die *Entscheidungen* über räumliche Maßnahmen und damit über deren Planungen an die Behörden und deren Planungsämter delegiert oder von den Parlamenten selbst gefällt werden.

Ebenfalls diskussionswürdig ist die Frage der *Trägerschaft*. Das Beispiel der Regionalplanung zeigt, daß diese bei dem sogenannten Behördenmodell von der Behörde selbst - meist eine Abteilung beim Regierungspräsidenten - durchgeführt werden kann. In wenigen Bundesländern wird dagegen die Regionalplanung nach dem Verbandsmodell erstellt, bei dem ein Regionalverband oder eine regionale Planungsgemeinschaft Träger der Regionalplanung sind. Bei letzterem erhält die Regionalplanung größere Eigenständigkeit, im Behördenmodell gelingt dagegen oft die Vereinfachung der Koordination. Auch bei den anderen Planungsarten ist es eine Ermessensfrage, ob die Planung von der Behörde selbst oder von einer durch sie beauftragten Institution erstellt wird. Besonders hierbei spielen fachliche Traditionen eine Rolle. Auch Größenordnungen bestimmen mit. Großstädte sind in der Lage, sich leistungsfähige Planungsämter einzurichten, während Kleinstädte dahin tendieren, private Planungsbüros mit der Bauleitplanung zu beauftragen.

Behörden sind auch für die *Koordination* der räumlichen Planung verantwortlich. Der Querschnittcharakter der Raumordnung bedingt in der Regel die Betroffenheit einer großen Anzahl von Fachbehörden durch eine zu erstellende Planung. Die Befolgung der Ziele der Raumordnung und die Berücksichtigung von Raumordnungsklauseln müssen überprüft und bei den einzelnen Maßnahmen konkret festgestellt werden.

Hierbei, wie auch in den anderen Fällen der Zuständigkeit, wirken allerdings *differenzierende und integrierende Tendenzen*. Mit zunehmender Zahl von Institutionen, Planungsarten und Planungsschritten differenziert das System entsprechend aus.Die Verfahren werden diffiziler und dauern länger. Das gilt zum Beispiel bei der Aufeinanderfolge von Umweltverträglichkeitsprüfung, Raumordnungsverfahren (bekanntlich ohne verbindliche Festlegung) und der dann später folgenden Planfeststellung. Die integrierende Tendenz ergibt sich bei eventueller Konzentration von Behörden und neuerdings durch die Beschleunigungsgesetze. Auch können Planungsarten vereinfacht werden oder gar entfallen, wenn etwa ein Bundesland das Landesentwicklungsprogramm und den Landesentwicklungsplan zusammenlegt und nur noch ein erweitertes Landesentwicklungsprogramm erstellt, wie das für Rheinland-Pfalz gilt.

3.2 Planungsbedeutsame Inhalte

Die inhaltliche Verbesserung der räumlichen Planung bleibt ein ständiges Bemühen. Allgemein geht es um eine ausgewogene und ausreichende Behandlung der Sachverhalte. Es müssen alle raumbedeutsamen Fälle bearbeitet, wenig bedeutsame dagegen ausgelassen werden. Die *Aussagebreite* soll also stimmen. Das ist für die Gesamtplanungen definitionsgemäß leichter als für die Fachplanungen. Bei diesen ist vielfach die Tendenz zu fachlichen Übergriffen mit dann zweifelhaftem Ergebnis für das räumliche Planungssystem insgesamt feststellbar. Die Landschaftsplanung versteht sich nicht nur als Fachplanung, die Forstplanung dehnt mit ihrem komplexen System der Waldfunktionen ihre Aussagen aus, und die Agrarstrukturplanung behandelt auch Landschafts- sowie Erholungsfragen. Das ist durch die tatsächlich hohe Komplexität räumlicher Funktionen zum Teil sachlich verständlich, wird aber auch von der Konkurrenz der Institutionen um Kompetenzen getragen. Die Konsequenz solcher Überaktivität ist die Erhöhung des Aufwandes für die Planerstellung und für die Koordination. Es kommt zu Wiederholungen und fachlich nicht genügend professionell behandelten Widersprüchen in den Planungsaussagen. Das macht insgesamt einen Planungsvergleich schwieriger.

Eine Harmonisierung der Planungsinhalte kommt auch der Vergleichbarkeit zu Gute. Sie ist bisher in einem noch zu geringen Maße erreicht worden, weil das System der räumlichen Planung nicht als geschlossenes Ganzes zugleich entstehen konnte, sondern aus einer Vielzahl unterschiedlicher Planungsaktivitäten entstanden und zusammengefügt worden ist. Es entwickelt sich auch in dieser Weise weiter. Der Weg zu einer Angleichung erfolgt ebenfalls über die in Abschn. 2.2 dargestellten Vergleichsmuster. Eine begrenzte, möglichst genau auf die Planungsaufgabe zugeschnittene Aussagebreite und eine gebührende Aussagetiefe rationalisieren nicht nur die Organisation der räumlichen Planung und senken den Planungsaufwand, sie sind auch der richtige Weg, die Spezialität der jeweiligen Planungsart und des jeweiligen Planungsfalles herauszuarbeiten. Das ergibt Qualitätssteigerung.

Der Planungsvergleich zeigt auch, daß die *Raumbedeutsamkeit* eines Falles sich im Zeitablauf ändern kann. Dies hat bei der Planerstellung vor allem Einfluß auf die Indikatorwahl. Es kommt stets darauf an, die die Raumbedeutsamkeit am treffendsten kennzeichnenden Indikatoren auszuwählen. Gleiches gilt für die von den Indikatorwerten abgeleiteten Standards, etwa für Maximalbelastungen der Umweltmedien oder die Mindestausstattung der Infrastruktur (Mindeststandards) (s. THOSS 1982). Auch die Bedeutung der Politikbereiche und damit die der mit ihnen verbundenen räumlichen Planung wechselt. Das kann zur Reduktion, aber auch zur Aufwertung einzelner Planungsarten führen. Letzteres ist bei der Wiederherstellungsplanung für Recycling und Konversion zu beobachten. Ehe es aber zu der erwähnten Einführung einer neuen Planungsart kommt, muß geprüft werden, ob sich die bedeutsamer gewordenen Anliegen nicht in bestehende Planungsarten einbringen lassen. Der Vorschlag zu einer Umwelt*leit*planung hat beispielsweise ergeben, daß deren Anliegen auch von der Landschaftsplanung wahrgenommen werden können (vgl. ARL 1994). Ein Gegenbeispiel wäre die Schaffung einer eigenständigen Fachplanung für Erholung, Sport und Spiel (vgl. SPITZER 1995, S. 171f.).

3.3 Akzeptanz, ökologische und ökonomische Verträglichkeit

Gegenstand von Planungsvergleichen muß auch die Akzeptanz der räumlichen Planungen sein. Es geht zunächst um die politischen Entscheidungsträger im Planungsgebiet. Um sie bemüht sich der Planer schon seit jeher. Bei steigender Sensibilisierung der Öffentlichkeit gegenüber räumlicher, umweltbetreffender Planung genügt das jedoch nicht mehr. Die interessierte Öffentlichkeit und alle Planungsbetroffenen müssen überzeugt werden. Information und Beratung der Bürger, Bürgerbeteiligung sind inzwischen für viele Planungsfälle gesetzlich vorgeschrieben. Es gibt auch Anhörungstermine und Erörterungstermine zu festgelegten Abschnitten des Planungsprozesses. Darüber hinaus steht der Planer vor der Frage zusätzlicher Aktivitäten, zum Beispiel der Gründung von planungsbegleitenden Arbeitsgemeinschaften. Im Grunde sind hinsichtlich der *Öffentlichkeitsarbeit* zwei entgegengesetzte Tendenzen zu beobachten. Zum einen ist es die Tendenz der Transparenz mit der Absicht, die Gründe für das Planungsvorhaben und das einzuschlagende Verfahren möglichst offen, frühzeitig und vollständig darzulegen. Je stärker sich die Politikfelder ausbreiten, desto besser wird der Planer beraten sein, dieser Tendenz zu folgen. Das bedeutet Öffentlichkeitsarbeit während des gesamten Planungsprozesses; vgl. dies am Beispiel der Planungen für Abfallbeseitigung (BUNDESMINISTER und PROGNOS AG 1987). Dem steht die Tendenz der Abkapselung gegenüber, mit der die Planung zwar korrekt, jedoch zumindest in der Anfangsphase möglichst im Verborgenen durchgeführt wird. Die Öffentlichkeitsarbeit beschränkt sich dann auf die gesetzlich vorgeschriebenen Termine. Diese Tendenz beruht manchmal auf einer traditionell bedingten fachspezifischen Isolation. Sachlich wird sie von der Sorge getragen, daß breitere Öffentlichkeitsarbeit unerwünscht starke Gegenkräfte wecken würde. Eine solche Sorge mag manchmal berechtigt sein, wenn etwa Bürgerinitiativen Interessen vertreten, die weit über das konkrete Planungsanliegen hinausgehen. Dennoch muß die Abkapselungstendenz als wenig zeitgemäß gelten. Sie wird heute schnell das Gegenteil der Absicht, nämlich eine Senkung der Akzeptanz bewirken.

V. Kontrolle und Evaluation

Wenn die Umweltwirkungen der Planungsmaßnahmen verträglich erscheinen, wird sich das entsprechend positiv auf die Akzeptanz auswirken. Mit der Ermittlung derartiger *ökologischer Verträglichkeiten* sind jedoch nicht zu unterschätzende fachlich-methodologische Schwierigkeiten verbunden. Es ist für manche Fälle nicht leicht, die Auswirkungen der Maßnahmen *vorausschauend* einzuschätzen. Also liegt es im methodologischen Interesse - dient aber ebenfalls der Akzeptanz -, wenn die ökologischen Folgewirkungen auch *rückschauend* ermittelt werden. Wie waren die ökologischen Auswirkungen tatsächlich? Hat es stärkere oder geringere Belastungen als angenommen gegeben? Sind Ausgleichswirkungen innerhalb der Ökosysteme in Kraft getreten? Eine Kontrolle dieser Art mag bereits außerhalb des engeren Planungsprozesses liegen, sie dient aber zukünftigen Planungen. Insoweit ist der Vergleich bestimmter Planungen in einer Zeitreihe von Aussagekraft.

Gleiches gilt für die ökonomischen Wirkungen. Es ist an sich selbstverständlich, daß die Akzeptanz mit zunehmender Wirtschaftlichkeit zunimmt. In der Privatwirtschaft ist dieser Sachverhalt die wichtigste Verhandlungsgrundlage, er hat jedoch bei dem Einsatz öffentlicher Mittel nicht diese Ausschließlichkeit. Dennoch wird sich mit verschärfter Knappheit öffentlicher Finanzen auch für die räumliche Planung und ihre Maßnahmen die Frage der Finanzierbarkeit und Wirtschaftlichkeit drängender stellen. Beim Vergleich fällt der relativ geringe Stellenwert der Ökonomik in den Planungstexten auf. Räumliche Planung führt jedoch zu massiven materiellen Eingriffen. Sie steuert über ihren Vollzug erhebliche Anteile der öffentlichen Haushalte und beeinflußt auch die Privatwirtschaft. Es gibt also nicht nur eine ökologische, sondern ebenfalls eine *ökonomische Verträglichkeit* räumlicher Maßnahmen. Dieser Begriff soll der Veranschaulichung dienen, obgleich er unüblich ist. Man kann für ihn auch den klassischen Begriff der Wirtschaftlichkeit setzen. Angesichts der großen wirtschaftlichen Bedeutung und der Überlastung der öffentlichen Haushalte werden fehlende Aussagen und Berechnungen über die ökonomischen Effekte der öffentlichen Planung bald nicht mehr hingenommen werden. Auch für öffentliche Organisationen können nämlich wirtschaftliche Prüfverfahren eingesetzt werden, zum Beispiel mit dem sogenannten Controlling (WEBER 1991, S. 297ff.). Zwar lassen sich nicht alle Wirkungen ökonomisch fassen (was analog für die ökologischen Wirkungen gilt), aber für den Teil, für den das möglich ist, muß zukünftig eine stärkere Durchdringung vorgenommen werden. Hierbei ist wieder zwischen Gesamtplanung und Fachplanung zu differenzieren. Gesamtplanerische Anliegen sind so umfassend, daß sie nicht vollständig einer ökonomischen Berechnung unterzogen werden können. Wohl aber gilt das für Teile. Bei den Fachplanungen wird, vor allen Dingen dann, wenn sie spezielle Projekte betreffen, etwa den Bau von Verkehrswegen, bereits in stärkerem Maße ökonomisch bewertet. Zumindest werden Kostenermittlungen gemacht, denen dann auch Finanzierungsplanungen folgen. Die Wirtschaftlichkeit der Projekte ist damit aber noch nicht entschieden. Man versucht sie, wiederum bei klar eingrenzbaren Projekten, mit der Nutzen-Kosten-Analyse zu ermitteln. Aber auch die klassischen Wirtschaftlichkeitsberechnungen mit vergleichenden Aufwands- und Ertragsrechnungen könnten mehr Eingang finden.

Zu dem ganzen ökonomischen Fragenkomplex hätten die Planungen der deutschen Raumplanung die seltene Gelegenheit, Anregungen von der internationalen Projektplanung, besonders von derjenigen für Entwicklungsländer aufzunehmen. In diesem Bereich steht die Planung nämlich von Anbeginn stärker unter dem Primat der wirtschaftlichen Durchführbarkeit. Dazu werden vorbereitend Feasibility Studies, also Machbarkeitsstudien erstellt, die die als möglich erscheinenden Planungsalternativen konkret durchspielen. Die darauf aufbauende Projektplanung enthält als Kernstücke Wirtschaftlichkeitsrechnung und Finanzierungsplan, die über den Vollzug der Planung entscheiden. Dazu sei etwa auf die laufenden Informationen der Weltbank hingewiesen, in denen periodisch Werkstattberichte, Diskussionen über Planung und Entwicklung sowie über die Durchführung von Maßnahmen mitgeteilt werden. Durch die zu geringe fachliche Breite der Planung in Entwicklungsländern ist sie als Ganzes für eine Übernahme in die Europäische Raumordnung nicht geeignet - diese erfährt vielmehr von jener Anregungen zu größerer Aussagebreite -, ihre ökonomische Vorgehensweise kann jedoch für wichtige Raumordnungsbereiche beispielhaft sein. Es verwundert ohnehin, wie wenig die beiden großen Planungsbereiche - die Projektplanung und die Raumplanung - voneinander Kenntnis nehmen, denn trotz aller Unterschiede in den räumlichen Ausgangslagen liegt doch eine gleichgeartete Methodik vor. Dies wäre eine sehr weitreichende, aber dennoch ergiebige Art des Planungsvergleichs.

3.4 Wirkung neuer Techniken und Medien

Die auf den Computer und die Elektronische Datenverarbeitung gestützte Arbeitsmöglichkeit hat auch diejenige des Planers grundlegend geändert. Diese ist nicht nur leistungsfähiger geworden, sondern führt auch zu Planungen neuer Qualität. Die Kapazität der neuen Informationssysteme ist unvergleichlich größer geworden. Über Fernerkundung und Telekommunikation, verbunden mit weiträumigen Computernetzen, ergeben sich zusätzliche Dimensionen. Darüber wird in anderen Beiträgen des Bandes berichtet (vgl. aber auch GRAUTE 1995). Hier interessiert die Veränderungswirkung auf die herkömmlichen Planungsarten. Es bestehen bereits genügend Beispiele, etwa bei Verfahren der Bodenordnung, des großräumigen Flächennutzungsplanes und der städtebaulichen Entwürfe, die mit den neuen Planungstechniken arbeiten und dabei auch zu ganz neuen Planungsformen kommen (s. UMLANDVERBAND FRANKFURT 1989). Beim Vergleich der Planungsfälle ergibt sich zumindest mittelfristig noch die Unterscheidung in Planungen, die nach herkömmlicher, und solche, die nach neuer Technik erstellt worden sind. Wichtig ist, daß mit den computergestützten Verfahren bisher vorhandene Grenzen zwischen den Planungsarten leicht übersprungen werden können. Ein Landesentwicklungsplan läßt sich nun so datengenau erstellen, daß er mit den Aussagen der ihm untergeordneten Regionalplanung konkurriert. Das gleiche Verhältnis besteht jedoch zwischen Regionalplanung und Stadtplanung. Hier zeigt sich eine integrierende Wirkung der neuen Techniken, die schnell die Frage nach der Einsparung einer Planungsart aufwerfen kann. Daneben besteht aber auch eine differenzierende Tendenz. Es lassen sich neue Planungsarten, zumindest neue Typen bestehender Planungsarten, entwickeln. Die Möglichkeiten, Daten für Karten und Planungsentwürfe in digitale, maschinenlesbare Form zu bringen, verbunden mit digitaler Visualisierung, erlauben das Durchspielen einer Vielzahl von Alternativen für die einzelnen Planungsabschnitte. Simulationsmodelle für Analysen und Prognosen können das unterstützen. Insgesamt ergeben sich positive, innovative Möglichkeiten für die räumliche Planung. Diese Entwicklung ist in der Fachplanung bereits weiter fortgeschritten als in der räumlichen Gesamtplanung. Bei dieser wird es besonders darauf ankommen, die Planungskompetenzen auf die neuen Bedingungen einzustellen. Ein Beispielsfall ist die bereits angedeutete schwierige Stellung der Regionalplanung zwischen Landesplanung und Stadtplanung neuen Typs. Wenn die Digitalisierung der Planungen durchgehend eingeführt ist, dürfte es jedenfalls technisch sehr viel einfacher sein, Planungsvergleiche durchzuführen.

4. Fortschreibung, Dokumentation und Fortbildung

Grundsätzlich steht der Planer immer vor der Entscheidung, für neu eingetretene Bedingungen im Raum eine Variation der bisher erstellten Planung vorzulegen. Die Kontrolle der eigenen Planung als möglicher letzter Schritt des Planungsprozesses und der Vergleich mit anderen Planungen legen die spätere Fortschreibung nahe. Bedient man sich dieser Möglichkeit ausführlich, dann geraten die Planungsaussagen leicht in die Nähe der Unverbindlichkeit, sie gelten als nicht abgeschlossen, denn sie könnten mit neuen Daten und Annahmen laufende Abwandlung erfahren. Im Extrem kann der Planungsprozeß damit zu einem "rollenden" Verfahren werden. Das ist vielleicht theoretisch ein attraktiver Gedanke, jedoch nicht immer die praktischste Vorgehensweise. Hier kommt es sehr auf den Planungsfall an. In manchen komplexen Fällen bietet sich die Fortschreibung an, sie wird sogar oftmals vorgeschrieben. Die Regionale Raumordnungsplanung stellt ein solches Beispiel dar, allerdings mit einem Fortschreibungszeitraum von 10-15 Jahren. Es kommt auf Art und Ausmaß von Änderungen der Planungsbedingungen an. Sie können in Form veränderter gesetzlicher Vorgaben oder gewandelter sozialer und wirtschaftlicher Bedingungen aufgetreten sein. Wenn der Rahmen der Planung bestehen bleiben kann und die erforderlichen Änderungen nur Teilinhalte betreffen, läßt sich leichter fortschreiben. Wenn dagegen die Veränderungen erheblich sind, wird es zweckmäßiger sein, die Planung und ihre Durchführung nach gesetzter Frist endgültig abzuschließen und mit einem neuen Ansatz zu beginnen. Die Gewißheit der Fortschreibung könnte nämlich auch zu einer schleichenden Verschiebung von Planungsentscheidungen beitragen. Das würde die Durchschlagskraft räumlicher Planung vermindern. Je geringer die Aussagebreite einer Planung ist und je mehr sie sich dem Einzelprojekt nähert, desto eher wird man sich ohnehin für eine Neuplanung entscheiden.

Planungsvergleich setzt die Information über den Stand der räumlichen Planung voraus. Nur wenn bekannt ist, welche Planungen in den einzelnen Gebieten erstellt worden sind und gelten und welche sich in Vorbereitung befinden, ist ein schneller und sicherer Rückgriff möglich. Dieser an sich selbstverständliche Umstand stellt sich in der Planungswirklichkeit offenbar nicht so einfach ein. Für eine Planungsart in einem Bundesland wird der aktuelle Planungsstand noch am ehesten bekannt sein. Für alle Planungsarten eines Bundeslandes ist das schon seltener der Fall. Zumindest fehlen allgemein zugängliche Informationen darüber. Es geht aber um eine umfassende Dokumentation der räumlichen Planung der Bundesrepublik. Ein Anfang ist die neuerlich von der Bundesregierung vorgelegte Übersicht (s. BUNDESMINISTER 1995). Darin werden die geltenden Programme und Pläne der Landesplanung und Regionalplanung und in Zusammenfassung auch die der Fachplanung ausgewiesen. Ihre Ergänzung durch Differenzierung der Fachplanung und um den Stand der *noch im Verfahren* befindlichen wichtigen Planungen wäre hilfreich. Die erforderlichen Meldungen darüber sind allerdings nicht leicht zu erlangen. In der Fachliteratur sind derartige Sammlungen kaum zu finden, da Planungsberichte in der Regel nicht als allgemein zugängliche Veröffentlichungen erscheinen, sondern Bestandteil der "grauen" Literatur sind. Hierzu gibt es aber wissenschaftliche Dokumentationen. So besteht an der Universität Gießen eine Regionalplansammlung, mit derzeit 5000 Exemplaren internationaler und nationaler Herkunft, die seit Mitte der 70er Jahre gesammelt werden und ein beachtliches Vergleichsmaterial darstellen (s. ZENTRUM 1975-1997).

Die sachbedingt starke institutionelle Streuung räumlicher Planung ist einem generellen Informationsaustausch nicht günstig. Es lassen sich aber auch hier mit Hilfe computergestützter Dokumentation Verbesserungen erreichen. Außerdem kann im Rahmen der Planerfortbildung ein wirksamer Informationsaustausch betrieben werden. Dazu dienen bereits erweiterte Dienstbesprechungen. Im größeren Rahmen geschieht das in Tagungen und Seminaren für Landes- und Regionalplanung, wie sie die Akademie für Raumforschung und Landesplanung gemeinsam mit den Landesregierungen inzwischen regelmäßig durchführt. Jedenfalls fördern die umfassende, aktuelle Dokumentation und die fachlichen Zusammenkünfte das Anliegen des Planungsvergleichs und damit die Effizienz der räumlichen Planung.

Zusammenfassung

Der Vergleich räumlicher Planung dient neben der rechtlichen Kontrolle der Erhaltung und möglichst der Steigerung der Planungseffizienz. Mit ihm ergibt sich, ob die Ziele erreicht und wie die praktischen Planungsarbeiten verbessert werden können. Da die Zahl der verfügbaren Vergleichsfälle stets klein ist, befindet man sich im Bereich von Fallstudien. Die Arbeit mit diesen läßt sich wissenschaftlich absichern und vertiefen. Sie schafft die Basis für die Erstellung von Pilotstudien und den darauf gestützten Beispielsmaßnahmen des Planungsvollzugs. Die räumliche Planung ist institutionell und fachlich in die Behördenhierarchie eingebunden. Diese Struktur setzt den Rahmen für den internen Vergleich innerhalb einer Planungsart und den externen Vergleich von unterschiedlichen Planungsarten. Mit deren Ergebnissen lassen sich die Fragen der Organisation räumlicher Planung und der raumbedeutsamen Inhalte diskutieren. Zur Effizienz gehört auch die Akzeptanz der Planung und mit ihr die ökologische *und* die ökonomische Verträglichkeit. Die neuen Techniken und Medien verändern die Formen der Planung maßgeblich und fordern zu speziellen Vergleichen heraus. Sie können durch moderne Dokumentation des Standes räumlicher Planung und mit der Fortbildung der Planer unterstützt werden.

Literatur

AKADEMIE FÜR RAUMFORSCHUNG UND LANDESPLANUNG (ARL) (Hrsg.) (1994): Integration einer Umweltleitplanung in die Raumplanung. ARL-Einzeltitel. Hannover.

AUTSCH, J. F. (1992): Wirkungen und Akzeptanzen von landwirtschaftlichen Förderungsprogrammen mit umweltgerechter Zielsetzung - dargestellt an einem Beispiel im Saarland. Regionalpolitik und Umweltschutz im ländlichen Raum (Hrsg. H. SPITZER). Bericht Nr. 26, Justus-Liebig-Universität Gießen.

BRENKEN, G. (1995): Vergleich der neuen Planungsgesetze von Hessen, Rheinland-Pfalz, Saarland. In: Raumforschung und Raumordnung, 1995, H. 4, S. 278ff.

BROHM, W. (1994): Planungskontrolle, gerichtliche. In: ARL (Hrsg.): Handwörterbuch der Raumordnung, S. 711 ff. Hannover.

BUNDESMINISTER FÜR RAUMORDNUNG, BAUWESEN UND STÄDTEBAU (Hrsg.) (1995): Dokumentation über geltende Programme und Pläne in den Bundesländern. Stand Januar 1995, Manuskriptvervielfältigung. Bonn.

BUNDESMINISTER FÜR RAUMORDNUNG, BAUWESEN UND STÄDTEBAU; PROGNOS AG (Hrsg.). Bearbeiter: MULLER, K. u. HOLST, M. (1987): Raumordnung und Abfallbeseitigung. Schriftenreihe 06.065, Bundesminister für Raumordnung, Bauwesen und Städtebau. Bonn.

EEKHOFF, J. (1981): Zu den Grundlagen der Entwicklungsplanung - Methodische und konzeptionelle Überlegungen am Beispiel der Stadtentwicklung. ARL-Abhandlungen, Bd. 83. Hannover.

ERMER, K.; HOFF, R.; MOHRMANN, R. (1996): Landschaftsplanung in der Stadt. Stuttgart.

GRAUTE, U. (1995): Weiträumige Computernetze in Raumwirtschaft und Raumplanung - Möglichkeiten und Grenzen eines neuen Arbeitsinstruments. In: Raumforschung und Raumordnung, 53. Jg., H. 6, S. 460ff.

MÄDING, H. (1994): Erfolgskontrolle. In: ARL (Hrsg.): Handwörterbuch der Raumordnung, S. 225f., Hannover.

POHL, J. (1986): Geographie als hermeneutische Wissenschaft - Ein Rekonstruktionsversuch. Speziell: Kap. 5.2: Verstehen anderer Lebenswelten mittels qualitativer Sozialforschung, S. 173ff. Regensburg.

SELLIEN, R.; SELLIEN, H. (Hrsg.) (1979): Fallmethode. In: Gablers Wirtschaftslexikon, 10. Aufl. Wiesbaden.

SPITZER, H. (1995): Einführung in die räumliche Planung. Stuttgart.

THOSS, R. (1982): Die Dosierung der Maßnahmen zur Steuerung des räumlichen Entwicklungsprozesses. In: ARL (Hrsg.): Grundriß der Raumordnung, S. 398 ff. Hannover.

UMLANDVERBAND FRANKFURT A.M. (Hrsg.) (1989): Informations- und Planungssystem (IPS). Geographisches Informationssystem (GIS). Frankfurt a.M.

WEBER, J. (1991): Controlling in öffentlichen Organisationen (Non Profit Organisations). In: Controlling - State of the Art und Entwicklungstendenzen, Hrsg. RISAK u. DEYHLE. Wiesbaden.

WIRTH, E. (1979): Systeme und Modelle der Geographie - Versuch eines raumbezogenen Forschungsansatzes. In: Theoretische Geographie, S. 101 ff. Stuttgart.

Zentrum für regionale Entwicklungsforschung der Justus-Liebig-Universität Gießen, Projektleitung THIMM, H. U. (Hrsg.) (1975-1997): Regionalplansammlung (5000 Planungen liegen vor, sind bibliographisch erfaßt, auch mit Schlagworten (key words)).

VI.1 Methoden zur Unterstützung von Planungsprozessen durch Computersysteme

BERND STREICH

Inhalt

1. Planung und Prozeß
2. Computergestützte Methoden im System des Planungsablaufs
2.1 Zustandsbeobachtung, Informationsgewinnung und -verdichtung
2.2 Ziel- und Problemstrukturierung
2.3 Prognosen
2.4 Planentwicklung und Entwurf von Planungsalternativen
2.5 Alternativenbewertung und Entscheidung
2.6 Planverwirklichung und Erfolgskontrolle
3. Beispiel für ein intelligentes Assistenzsystem zur Unterstützung von Kommunikationsvorgängen, Arbeitsabläufen und Planungsprozessen

1. Planung und Prozeß

Planung und Prozeß sind begrifflich untrennbar miteinander verbunden, bedingen sich gegenseitig. Weder ist Planung ohne prozessuales Vorgehen denkbar, noch sind Prozesse ohne vorhergehende Planung sinnvoll vorstellbar. Planung als Prozeß ist eine zeitgemäße Metapher für Planung überhaupt.

Wenn vom Planungsprozeß die Rede ist, so scheint dies auf den ersten Blick begrifflich redundant. Dennoch wird der Begriff des Planungsprozesses gern verwendet, um damit speziell die zeitliche Abfolge des planerischen Vorgehens nach einem durch die Planungstheorie entwickelten idealtypischen Ablauf zu kennzeichnen. Diese aufeinanderfolgenden Schritte der Planung sind seit langem als feste Bestandteile der grundlegenden Fachterminologie in den planungsbezogenen Wissenschaften akzeptiert. Häufig wird der Begriff des Planungsprozesses mit diesem idealtypischen Ablauf der Planung gleichgesetzt.

Doch schon die einschränkenden Hinweise darauf, daß dieser idealtypische Ablauf der Planung dem üblichen planungsbezogenen Procedere, wie wir es etwa aus dem Bereich der öffentlichen Verwaltungen mit den dort anzutreffenden besonderen Bedingungen der Vorgangs- oder Projektbearbeitungen kennen, nicht entspricht, zeigt die Grenze dieser begrifflichen wie methodischen Konstruktion. Gerade wenn wir die tatsächlichen Arbeitsweisen von Planungsorganisationen zu Grunde legen wollen, bedarf der Begriff des Planungsprozesses einer Erweiterung. Dies gilt vor allem mit Blick auf neue, zeitgemäße Verwaltungsorganisationen, die mit den Stichworten „Lean Management" und „Lean Administration" im Zusammenhang stehen. Diese wiederum weisen deutliche Affinitäten zu modernen Computersystemen auf (vgl. dazu etwa REINERMANN 1995 oder STREICH/ SCHMIDT 1996).

Der Begriff des Planungsprozesses ist aufgrund dieser neuartigen Umstände deshalb um den Aspekt der Unterstützung von Arbeitsabläufen und Informationsflüssen in bestimmten Organisationsstrukturen, die nicht unbedingt mit dem idealtypischen Planungsablauf der allgemeinen Planungstheorie korrespondieren, zu erweitern.

Planungsprozeß beinhaltet deshalb im vorliegenden Fall zweierlei, nämlich

a) Planungsprozeß im traditionellen Sinne der allgemeinen Planungstheorie als einer in Arbeitsschritten zerlegten Planungsmethodik sowie

b) Planungsprozeß im Sinne der Durchführung von Arbeitsabläufen und Kommunikationsvorgängen in Planungsinstitutionen bei durchaus auch wechselnden Organisationsstrukturen.

Im ersten Fall haben wir es mit einer weitgehend sequentiellen Prozedur zu tun, die - selbst unter Beachtung etwaiger Rückkoppelungen und Rekursionen im Verfahrensablauf - tendenziell wie ein Algorithmus abläuft. Dahinter steht im Prinzip die Vorstellung einer weitgehend cartesianisch zu durchdringenden Rationalität des Planungsgeschehens, was wiederum als Ausdruck der Moderne interpretiert werden kann.

Im zweiten Fall hingegen steht die Vorstellung im Vordergrund, daß es sich bei der Planung überwiegend um Kommunikationsvorgänge unter den Handlungsbeteiligten (Planungsakteure etwa) handelt, deren Einzelaktivitäten komplex - d.h. vor allem nicht-sequentiell - miteinander verknüpft sind.

Interessanterweise korrespondiert diese Fallunterscheidung mit sehr ähnlichen Überlegungen im Bereich der Informatik, die sich seit etwa Mitte der 80er Jahre herauskristallisiert haben. Angestoßen durch die Publikation von TERRY WINOGRAD und FERNANDO FLORES werden auch hier zwei Sichtweisen unterschieden:

- die in eine „rationalistische Tradition" eingebundene Rolle des Computers, bei der es letztendlich um Algorithmisierung und Automatisierung von Problemlösungen geht, sowie

- ein „post-rationalistischer" Entwurf, bei dem Computer als „strukturierte, dynamische Kommunikationsmedien" in Erscheinung treten.

In einem Satz verdichtet kann dieser Unterschied wie folgt charakterisiert werden: „Die Frage nach dem Computer ist nicht die Frage nach der Automatik, sondern vor allem anderen die Frage nach der Organisation menschlicher Arbeit." (WINOGRAD/FLORES 1989) Wenn beim Computereinsatz nunmehr aber die Organisation menschlicher Arbeit im Vordergrund steht, hat dies auch erhebliche Konsequenzen in bezug auf die Methoden zur Unterstützung von Planungsprozessen. Eine Ergänzung der bislang gängigen Verfahren ist unumgänglich.

Wenn in den folgenden Abschnitten die für Planungsprozesse in Betracht kommenden computergestützten Methoden dargestellt werden, so wird dies im Hinblick auf die in Arbeitsschritten zerlegte Planungsmethodik nur überblickartig geschehen können. Die Fülle der unterschiedlichen Methoden macht es unmöglich, sie hier im einzelnen zu behandeln. Der Leser wird sich bei Bedarf auf weiterführende Literatur stützen müssen. Ergänzt werden die herkömmlichen Methoden durch Verfahren der computergestützten Assistierung von Arbeitsabläufen und Kommunikationsvorgängen im Rahmen planerischen Handelns, um dadurch die Neuartigkeit und die Potentiale dieser neuen Sichtweise zu verdeutlichen.

Es sollte an dieser Stelle der Hinweis nicht fehlen, daß der Planungsprozeß im traditionellen Sinne in die Arbeitsabläufe der jeweiligen Organisationsstruktur eingebettet ist. Aus diesem Grunde werden wir nicht ausschließen können, daß bei größer werdender Bedeutung von neuen Managementmethoden auch innerhalb von Planungsorganisationen der traditionelle Begriff von Planungsprozeß langsam verblaßt oder nur noch einen akademisch-didaktischen Wert besitzt.

2. Computergestützte Methoden im System des Planungsablaufs

Computergestützte Methoden bzw. allgemein Methoden der digitalen Informationsverarbeitung im System des Planungsablaufs sind vielfach dargestellt. So finden wir etwa im Methodenhandbuch von JÖRG MEISE und ANDREAS VOLWAHSEN eine Zusammenstellung aller relevanten und gängigen Methoden, die in den einzelnen Stufen der Planung verwendet werden können. Vor allem sind darin quantitative Methoden angesprochen.

Wie bereits ausgeführt, haben wir es zwischenzeitlich mit zwei Paradigmen des Computereinsatzes zu tun, nämlich zum einen mit dem "klassischen", rationalistischen Paradigma einer weitgehenden Algorithmisierung und Automatisierung von Teilaufgaben der Planung sowie zweitens mit dem post-rationalistischen Paradigma des Kommunikationsmediums und der intelligenten Assistierung von Arbeitsabläufen.

Besonders soll das Augenmerk aber auch darauf gerichtet werden, inwieweit die neuen technischen Möglichkeiten, die sich zum Teil erst in den letzten drei bis vier Jahren entwickelt haben, das Methodenrepertoire beeinflußten. Dazu gehören insbesondere die Techniken des World Wide Web (WWW), die den vorläufigen Höhepunkt eines fast als revolutionär zu bezeichnenden Paradigmawechsels vom Computer als Rechenautomat oder Zeichenknecht mit weitgehend homogenen Datensätzen (nur Zahlenkolonnen oder nur Textinformationen etc.) zu einem universellen Informations- und Kommunikationsmedium mit weitgehend heterogenen Datensätzen kennzeichnen.

Darüber hinaus sind die Entwicklungen im Bereich der Wissensbasierten Systeme bzw. Expertensysteme, einer Domäne der Künstlichen Intelligenz (KI), zwischenzeitlich so weit vorangetrieben, daß deren Methoden auch für planerische Zwecke - vor allem im Hinblick auf die Modellierung von prozessualen Abläufen - genutzt werden können. In diesem Zusammenhang sollte aber, um Mißverständnissen vorzubeugen, hinzugefügt werden, daß es sich bei diesen Systemen nicht mehr um Expertensysteme früherer Ausprägungen handelt, bei denen die Hoffnung mitschwang, menschliche Experten durch maschinelle Verfahren bis hin zu den letztendlich zu treffenden Entscheidungen zu substituieren. Die KI-Systeme der Gegenwart sind auf der Grundlage von deutlich bescheideneren Ansprüchen entwickelt worden, nämlich eine Wissensbasis und Werkzeuge bereitzustellen, mit denen etwa prozessuale Vorgänge oder bestimmte Arbeitsabläufe modelliert werden können. Damit dienen solche Systeme vor allem der Assistierung von Prozessen, wie wir sie etwa auch in der Planung fast durchgehend antreffen. Man spricht deshalb heute auch vorzugsweise von intelligenten Assistenzsystemen.

Nach diesen notwendigen Präliminarien werden nun der Planungsprozeß und die allgemeine Planungsmethodik dargelegt, und zwar in der für Planer gewohnten Art und Weise, doch werden die Methoden der computergestützten Informationsverarbeitung um die Möglichkeiten der neuen Technologien, auch was den KI-Bereich anbetrifft, erweitert.

2.1 Zustandsbeobachtung, Informationsgewinnung und -verdichtung

(vgl. dazu auch STEINGRUBE in diesem Band)

Methoden der Informationsverarbeitung im allgemeinen:

Zu Beginn planerischer Aktivitäten geht es zunächst um die Herstellung einer geeigneten, möglicherweise direkt auf das Planungsproblem zugeschnittenen Datenbasis, die es später erlaubt, Analysen und Prognosen durchzuführen oder alternative Planungskonzepte zu entwickeln. Je nach Planungsproblem müssen zum Teil recht heterogene oder komplex miteinander verknüpfte Datenbestände erzeugt, gespeichert und fortgeführt werden.

Zur Informationsgewinnung gehört auch die Informationsverdichtung. Hierbei geht es im wesentlichen darum, daß die Gesamtheit der zur Verfügung stehenden Daten problembezogen aggregiert wird. Das wiederum stellt hohe Anforderungen an den Planer, der für die Selektion und Aggregation sowie für die komplexe Verknüpfung und geeignete Präsentationen der Informationen verantwortlich ist. In dieser Phase des allgemeinen Planungsablaufs werden an den Planer hohe Anforderungen an eine Planungsethik gestellt, die gerade im Zusammenhang mit dem Computereinsatz von nicht zu unterschätzender Bedeutung ist.

Herkömmliche Methoden der computergestützten Informationsverarbeitung:

Bei der Zustandsbeobachtung und Bestandsaufnahme für Aufgaben der räumlichen Planung standen im Hinblick auf die Möglichkeiten des Computereinsatzes bislang im wesentlichen quantitative, rein numerische, häufig überwiegend statistische Methoden im Vordergrund. Ergänzt wurden diese Methoden durch computergraphische Verfahren, um in Histogrammen, Tabellen oder kartographischen Darstellungen die Ergebnisse der Informationsgewinnung zu veranschaulichen. Qualitative Aspekte, etwa umfangreichere Textbestandteile mit ihren komplexen Verknüpfungen zu anderen qualitativen Aussagen oder quantitativen Informationen, konnten darin nur sehr schwer und umständlich eingebunden werden.

Neue methodische Möglichkeiten:

Der Computereinsatz nach dem Paradigma des Kommunikationsmediums eröffnet den Blick für neue methodische Möglichkeiten. Im Mittelpunkt stehen sehr leistungsfähige, flexible und auf weiten Strecken selbsterklärende Benutzeroberflächen, mit denen die Kommunikation erheblich erleichtert wird. Hyper-Techniken, mit denen sehr heterogene Informationen zur Verfügung gestellt werden können, ergänzen diese Verfahren.

Gerade im Bereich der Informationsgewinnung und -verdichtung können Wissensbasierte Systeme eine wichtige Rolle spielen, die künftig auch im Planungsbereich noch an Bedeutung gewinnen dürfte. Im wesentlichen geht es um geeignete Methoden der Wissensakquisition als einem wichtigen Aufgabenfeld des Knowledge Engineering, bei dem jedoch bislang die räumliche Planung kaum in Erscheinung getreten ist.

2.2 Ziel- und Problemstrukturierung

Methoden der Informationsverarbeitung im allgemeinen:

Die Ziel- und Problemstrukturierung besteht im wesentlichen aus der Definition von Sollzuständen, deren Erreichen für alle oder einen Teil der Planungsakteure wünschenswert erscheint. Da die planerische Zielsetzung als normativer und problemorientierter Prozeß zu verstehen ist, ist dem Verfahren der Zielsetzung ein hoher Stellenwert beizumessen. Grundsätzlich sind solche Zielsetzungen im demokratischen Willensbildungsprozeß an zwei wesentliche Voraussetzungen gebunden. Sie verlangen die ständige, umfassende Information der Betroffenen ebenso wie die aktive Beteiligung der Betroffenen. Dies ist nur möglich, wenn die Willensbildung in einen Kommunikationsprozeß eingebettet ist, so daß sich im Diskurs unter den Handlungsbeteiligten wünschenswerte, möglichst weitgehend von Konsens getragene Zielvorstellungen für die Planung herausbilden können. Was die Informationsbereitstellung anbetrifft, so erlangt die Forderung nach "informationeller Waffengleichheit" unter den Handlungsakteuren als Ausdruck eines planungsethischen Prinzips des Informationszeitalters besonderes Gewicht.

Herkömmliche Methoden der computergestützten Informationsverarbeitung:

Die herkömmlichen, auf digitalen Informationssystemen implementierten Methoden zur Problem- und Zielstrukturierung beschränkten sich im wesentlichen auf Algorithmen, mit denen etwa die Erfassung einer großen Vielzahl von Einzelzielen strukturierbar wird. Als Methode wurde etwa eine analytisch-algorithmische Zielfindung über paarweise Subordinationsbeziehungen vorgeschlagen, aus der sich Zielhierarchien ermitteln lassen. Darüber hinaus können statistische Verfahren für die Auswertung empirischer Erhebungen zur Feststellung von Präferenzstrukturen bestimmter Gruppen von Akteuren zur Anwendung kommen.

Neue methodische Möglichkeiten:

Vor allem aus dem Blickwinkel der Ziel- und Problemstrukturierung stellt die Sicht, den Computer als Kommunikationsmedium nutzbar zu machen, eine wesentliche Erweiterung dar. Wir sind im Besitz eines Instruments, mit dem die Vielzahl gerade von sehr komplexen, heterogenen Informationen, die bei planerischen Zielformulierungen typisch sind, handhabbar gemacht werden kann. Die Vernetzung der Computersysteme mit modernen Hypertext- und Multimedia-Benutzeroberflächen sowie die mit dem Internet und dem World Wide Web im Zusammenhang stehenden Softwareangebote machen die Bedienung der Informationssysteme auch für Nichtexperten möglich. Die Möglichkeiten der verwendeten Methoden sind beinahe unbegrenzt. Die herkömmlichen statistischen oder analytisch-algorithmischen Zielfindungsmethoden lassen sich darin ebenso integrieren wie die in jüngster Zeit vermehrt propagierten Mediationsverfahren. In nicht allzu ferner Zukunft werden auch die zur Zeit entwickelten Entscheidungsunterstützungssysteme (Group Decision Support Systems - GDSS) zur Bearbeitung unstrukturierter oder schwach strukturierter Probleme bei Verhandlungen und Entscheidungsprozessen in einer Gruppe zum Einsatz kommen dürfen.

2.3 Prognosen

Methoden der Informationsverarbeitung im allgemeinen:

Da Planung stets ein in die Zukunft gerichtetes Handeln bedeutet, sind Prognosen im Prozeß der räumlichen Planung unverzichtbar. Grundsätzlich geht es bei Prognoseverfahren um die antizipative oder extrapolative Bestimmung künftiger Entwicklungsrichtungen (s. auch STIENS in diesem Band). Da sich Prognosen zunächst aus der Notwendigkeit ergaben, Bevölkerungszahlen und -strukturen oder ökonomisch-quantitative Kennziffern vorauszuschätzen, um sie dann für planerische Überlegungen nutzbar zu machen, schenkte man in der Vergangenheit zunächst den quantitativen Verfahren große Aufmerksamkeit. Aufgrund der Einsicht, daß quantitative Daten für die Beschreibung bestimmter Entwicklungen häufig nur eine sehr unzureichende Aussagekraft besitzen, wurden die quantitativen Verfahren später um nichtquantitative, qualitative Methoden ergänzt. Im Prozeß der räumlichen Planung gehörten Prognoseverfahren schon immer zur wichtigsten Einsatzdomäne der Informationsverarbeitung und des Einsatzes von digitalen Informationssystemen.

Herkömmliche Methoden der computergestützten Informationsverarbeitung:

Solange Prognosen fast ausschließlich oder überwiegend auf quantitativen Methoden basierten, stellte die herkömmliche computergestützte Informationsverarbeitung nach dem Prinzip automatisch ablaufender Algorithmen eine ausgezeichnete Art der Prognosebearbeitung dar. Statistische Verfahren, bei denen die für bestimmte Entwicklungen verantwortlichen Parameter in die Zukunft geschätzt wurden (z.B. Parameterschätzung durch Anwendung der linearen Regression), spielten immer schon eine herausragende Rolle. Diese wurden ergänzt durch Delphi-Verfahren, d.h. mit Methoden der Sozialwissenschaften durchgeführte Expertenbefragungen zu bestimmten Entwicklungslinien, die dann ebenfalls statistisch ausgewertet wurden. Darüber hinaus wurden Simulationsmodelle entwickelt, mit denen das komplexe Geschehen in Städten und Regionen durch Veränderung der Einflußparameter durchgespielt werden konnte. Sowohl spieltheoretische Ansätze wie auch die Szenariotechnik orientierten sich an dem Grundprinzip der Simulation, die Konsequenzen gewisser Vorgaben für Einflußgrößen oder das Eintreffen von wahrscheinlichen oder zufälligen Ereignissen über den Prognosezeitraum hinweg abzuschätzen.

Neue methodische Möglichkeiten:

Da sich Prognosen im Planungsbereich in aller Regel auf Experteneinschätzungen stützen, wie dies traditionell schon bei Delphi-Techniken erkennbar ist, könnten künftig Wissensbasierte Systeme oder - zwischenzeitlich begrifflich vorsichtiger und zurückhaltender verwendet - Expertensysteme eine wichtige Rolle spielen (zu den sog. qualitativen Verfahren vgl. POHL in diesem Band). In Wissensbasierten Systemen werden Sachverhalte mittels einer Wissensrepräsentationssprache vorgelegt. Ziel ist die Nutzbarmachung dieses Wissens, um bestimmte Anfragen zu beantworten, auch wenn unvollständige und eventuell unsichere, diffuse oder vage Informationen vorliegen. Ein Wissensbasiertes System besteht im wesentlichen aus einer ständig aktualisierbaren Wissensbasis, einer Problemlösungskomponente zur Bearbeitung des jeweiligen Problems, einer Erklärungskomponente zur Kommentierung und Bewertung des aus der Wissensbasis extrahierten Wissens sowie aus der Dialogkomponente, über die der Benutzer mit dem System kommuniziert. Da gerade planerische Prognosen auf profundes Expertenwissen aufbauen, könnten computergestützte Expertensysteme künftig eine wesentliche Rolle spielen, wobei auch das Wissen verschiedener, sogar kontroverse Standpunkte vertretender Fachexperten repräsentiert werden könnte, ohne daß es unbedingt zu einer statistischen Nivellierung der unterschiedlichen Auffassungen - wie bei der Auswertung von Delphi-Verfahren - kommen müßte. Unterstützt werden können solche Prognosen zudem mit multimedialen Techniken graphischer, textlicher oder zahlenmäßiger Ausgestaltung ebenso wie mit Geographischen Informationssystemen, um räumliche Entwicklungstrends anschaulich zu visualisieren.

2.4 Planentwicklung und Entwurf von Planungsalternativen

Methoden der Informationsverarbeitung im allgemeinen:

Die Entwicklung von planerischen Lösungsvorschlägen für ein gegebenes Planungsproblem ist eine der wichtigsten kreativen Aufgaben im Planungsprozeß. Die Planentwicklung und der Entwurf von Planungsalternativen entziehen sich auf weiten Strecken der wissenschaftlichen Durchdringung und damit auch computergestützten Methoden, sofern dadurch Entwurfsalternativen maschinell generiert werden sollen. Gleichwohl spielen Informationsverarbeitungsprozesse im Planentwurf eine überaus gewichtige Rolle, da ein Entwurfsvorschlag immer unter den jeweils gegebenen Bedingungen komplexer Informationszusammenhänge Gültigkeit besitzt oder als akzeptabel in Betracht kommt. Die Kreativität im Entwurfsprozeß besteht darin, daß unter gegebenen Bedingungen bestimmte Sachverhalte oder Objekte in einer bislang noch nicht bekannten Art und Weise durch einen innovativen und heuristischen Suchvorgang miteinander verknüpft werden.

Herkömmliche Methoden der computergestützten Informationsverarbeitung:

Digitale Informationssysteme sind geeignete Hilfsmittel zur Unterstützung des Entwurfsprozesses. Bestimmte Teilaufgaben innerhalb des Entwurfsprozesses lassen sich bis zu einem bestimmten Grad auch automatisieren, so z. B. bei der Optimierung spezieller Objektverknüpfungen, wie wir sie in der Flächennutzungsplanung etwa bei der optimalen Zuordnung verschiedener Nutzungsarten kennen. Als flexibles Entwurfsinstrument der räumlichen Planung haben sich zwischenzeitlich Geographische Informationssysteme (s. DOSCH in diesem Band) erwiesen, mit denen rasch neue Entwurfsalternativen entworfen und computerkartographisch visualisiert werden können.

Neue methodische Ansätze:

Die Planentwicklung und der Entwurf von Planungsalternativen stellen in weiten Bereichen einen kreativen Akt dar, der häufig von einzelnen Personen ausgeübt wird. Doch kennen wir vor allem in der räumlichen Planung auch Planentwürfe, die als Gruppenarbeit entstehen. Computergestützte Techniken, mit denen solche Gruppenaktivitäten im Entwurfsprozeß unterstützt werden, befinden sich zur Zeit in einer rasanten Entwicklung. Die Notwendigkeit dazu ergibt sich, weil sich die am Entwurfsprozeß beteiligten Stellen oder Personen häufig an räumlich unterschiedlichen Plätzen befinden, deren Einzelaktivitäten aber durch geeignete Infrastrukturen des Informationsaustausches koordiniert werden müssen. Man denke etwa an räumliche Pläne, die von verschiedenen Verwaltungsstellen gemeinsam erstellt werden müssen. Moderne digitale Methoden des Informationsaustausches können hier Unterstützung leisten und die entwurfliche Bearbeitung solcher Pläne erheblich beschleunigen. Methoden des Workgroup Computing und der Einsatz von Computer Supported Collaborative Work (CSCW) haben auf dem Entwurfssektor zwischenzeitlich einen hohen Stand erreicht, etwa in der unmittelbaren Nachbardisziplin zur räumlichen Planung, der Architektur. Technisch umgesetzt werden diese räumlich verteilten Entwurfssysteme durch das global nutzbare Internet oder durch Intranet-Verfahren, bei dem sich das Internet als geschlossene Topologie einer informationellen Vernetzung innerhalb einer bestimmten Organisationsstruktur (z.B. einer Stadtverwaltung oder einer Regionalplanungsbehörde) darstellt.

2.5 Alternativenbewertung und Entscheidung

Methoden der Informationsverarbeitung im allgemeinen:

Alternativenbewertungen und sich daran anschließende Entscheidungen zur Auswahl einer bestimmten Planungsalternative waren schon immer durch einen hohen Grad an Informationsverarbeitung gekennzeichnet. Da sich in der Alternativenbewertung und im Prozeß der planerischen Entscheidung politische Willensbildung manifestiert, sind mit zunehmender Forderung nach Legitimation des Planungshandelns Bemühungen um größere Transparenz und Nachvollziehbarkeit sowie Rationalität von Bewertungs- und Entscheidungsvorgängen unabdingbar. Aus diesem Grunde haben in der räumlichen Planung formale Bewertungsverfahren zunehmend an Bedeutung gewonnen (s. auch KISTENMACHER/JACOBY in diesem Band).

Aufgrund ihrer besonderen Bedeutung für den Planungsprozeß insgesamt - vor allem auch hinsichtlich der planerischen Abwägung - ist den formalisierten Bewertungsverfahren hier etwas mehr Raum zu schenken. Dies gilt auch mit Blick auf den Computereinsatz.

Zunächst darf in ganz allgemeiner Formulierung festgehalten werden, daß Bewertungsverfahren der Selektion bzw. Auswahl unter *vorgegebenen* Alternativen dienen. Die Bewertungsverfahren selbst bestehen aus folgenden Elementen:

- dem *Bewertungsgegenstand*, d.h. dem Objekt der Bewertung selbst (bei einem solchen Objekt kann es sich beispielsweise um eine Straßentrasse oder etwa um eine Müllentsorgungsanlage handeln);
- den vorgegebenen, in die Bewertung einzubeziehenden *Alternativen* (z.B. verschiedene Varianten einer Straßentrassenführung oder Verfahrensalternativen im Falle der Müllentsorgung);
- den *Bewertungskriterien*, d.h. denjenigen Gegenstandsbereichen, nach denen die Alternativen bewertet werden können (z.B. aus ökologischen Gründen zu schützende Flächen bei der Straßenplanung oder der Müllentsorgung);
- den *Präferenzen bzw. Gewichtungen*, d.h. Unterschieden, die man im Zuge der Bewertung den einzelnen Bewertungskriterien einzuräumen bereit ist;
- den *Aggregationsmodalitäten*, d.h. den Vorschriften (oder Methoden) darüber, in welcher Art und Weise Kriterien und Gewichtungen in bezug auf die vorgegebenen Alternativen des Bewertungsgegenstands zusammenzuführen sind, damit sich Aussagen über die Reihenfolge der zu präferierenden Alternativen herleiten lassen;
- der *Sensitivitätsanalyse*, mit der die Stabilität bzw. Instabilität des Bewertungsergebnisses bei unterschiedlichen Gewichtungen unter die Lupe genommen werden kann.

Hinsichtlich der Aggregationsmodalitäten können die Bewertungsverfahren überdies eingeteilt werden in:

- *quantifizierende* Verfahren (z.B. Kosten-Nutzen-Analyse, Nutzwertanalyse etc.),
- *qualitativ-argumentative* Verfahren sowie
- Verfahren, in denen eine *Kombination* beider zu Grunde gelegt wird.

Was ist nun unter formalisierten Bewertungsverfahren zu verstehen? Zunächst ist dafür die Frage zu beantworten, was *Formalisierung* bedeutet. Ganz allgemein wäre dazu festzustellen:

a) Formalisierung bedeutet, daß eine gewisse *Regelhaftigkeit* eingehalten wird, vor allem was die Aggregationsmodalitäten anbetrifft;

b) Anlässe zur Formalisierung ergeben sich aus den Notwendigkeiten einer besseren *Nachvollziehbarkeit* und der *Handhabung von Komplexität* sowie

c) Formalisierung zwingt dazu, die Regeln der Bewertung *explizit* zu machen.

Der dritte Punkt ist für das hier dargelegte Thema von besonderer Bedeutung, weil durch die Explizierung von Regeln - und nur dadurch - Bewertungsverfahren letztendlich auch dem Computereinsatz zugänglich gemacht werden können (an dieser Stelle sollte der Hinweis nicht fehlen, daß mit Computern stets nur explizite Informationen verarbeitet werden können; auch die Methoden der sog. Künstlichen Intelligenz haben hierin ihre begründeten Grenzen). Wissen - neben explizitem Wissen gibt es auch implizites Wissen, was zumeist den eigentlichen Experten ausmacht - muß zu diesem Zweck immer erst in eine explizite Form gebracht werden. Konkret können Bewertungsverfahren dem Computereinsatz in dreifacher Weise zugänglich gemacht werden, und zwar:

a) durch *Implementierung quantifizierender Verfahren*, d.h. hier haben wir es mit einem Computereinsatz nach dem Paradigma des "number crunchers" zu tun, wie wir es vor allem aus den 60er und 70er Jahren her kennen;

b) durch *Implementierung von Regeln im Sinne wissensbasierter Techniken*, d.h. hier wird die Computertechnologie nach dem Paradigma der Künstlichen Intelligenz (KI) oder nach Prinzipien des Computer Supported Collaborative Work (CSCW) zum Einsatz gebracht;

c) als *Medium zur Kommunikation von Menschen untereinander*, also in dem Sinne, Computer als Werkzeuge zur Unterstützung menschlicher Kommunikationsvorgänge aufzufassen und zu nutzen (WINOGRAD/FLORES 1986/1989 oder RITTEL 1976).

Herkömmliche Methoden der computergestützten Informationsverarbeitung:

Wie bereits dargelegt, besteht das ältere, vor allem in den 60er und 70er Jahren vorherrschende Nutzungsparadigma in bezug auf den Computer darin, ihn als eine Maschine anzusehen, mit der Berechnungen oder numerische Simulationen auf der Grundlage von weitgehend homogenen Daten (vornehmlich Zahlenmaterial) ausgeführt werden. Als Konsequenz für formalisierte Bewertungsverfahren ergibt sich, daß man sie praktisch nur auf quantitative Verfahren anzuwenden verstand, ja daß man formalisierte Bewertungsverfahren mit numerischen Verfahren, die in Computern implementiert werden, als eine Art Identität ansah [vgl. etwa den Beitrag von EBERLE im Handwörterbuch zur Raumplanung unter dem Stichwort „Bewertungs- und Entscheidungsmethoden"]. Nicht nur die aufgrund einer solchen Sichtweise implementierten - quantifizierenden - Bewertungsverfahren wie etwa die Nutzen-Kosten-Analyse oder nutzwertanalytische Methoden sind in die Kritik geraten, sondern mit ihnen die Anwendung der Computertechnik für Planungsprobleme insgesamt.

Neue methodische Ansätze:

Die gegenwärtige Sicht in bezug auf die Computertechnik geht dagegen in die Richtung eines Informationskoordinators und -manipulators (letzteres im Sinne der Möglichkeit zu Bitmanipulationen für experimentelle Studien - man denke etwa an computergraphische Visualisierungsverfahren im Entwurfsprozeß) auf der Basis von äußerst heterogenen Datensätzen. Die Folgerungen für formalisierte Bewertungsverfahren sind mithin beträchtlich, da nun jedwede Art von Bewertung unterstützt werden kann, sofern, wie dargelegt, diese in irgendeiner Weise explizit gemacht wurde.

Wie schon bei den computergestützten Planentwurfsmethoden wird bei den Methoden zur Unterstützung von Bewertungs- und Entscheidungsprozessen durch Computer davon ausgegangen, daß wir es vor allem immer auch mit gruppenbasierten Entscheidungsprozessen zu tun haben. Im internationalen Sprachgebrauch ist dies gleichbedeutend mit der in der Informatik höchst virulenten Domäne, die als „Computer Supported Collaborative Work" (CSCW) oder als Workgroup Computing bezeichnet wird. Workgroup Computing bedeutet letztendlich nichts anderes als die Anwendung einer gemeinschaftlich nutzbaren computerbasierten Umgebung, die eine Gruppe von Personen bei der Erfüllung einer gemeinsamen Aufgabe unterstützt. Genau diese Aufgaben- und

Bearbeitungsstruktur finden wir im Bereich der Planung, speziell bei Bewertungs- und Entscheidungsaufgaben, vor.

Genannt werden sollen, ohne dies weiter vertiefen zu wollen, folgende Groupware-Kategorien, die für formalisierte Bewertungsverfahren oder für gruppenbasierte Arbeiten innerhalb von computergestützten Bewertungs- und Entscheidungsprozessen in Betracht kommen könnten:

- Systeme zum Nachrichtenaustausch (z.B. E-Mail)
- Entscheidungsunterstützungssysteme
- Computerkonferenzsysteme
- Koordinationssysteme
- Workflow-Managementsysteme
- Flexible, wissensbasierte Workflow-Managementsysteme
- Projektmanagementsysteme.

Drei der genannten Groupwaresysteme sollen kurz näher dargestellt werden:

a) *Entscheidungsunterstützungssysteme:* Entscheidungsunterstützungssysteme - oder im Englischen: Group Decision Support Systems (GDSS) - unterstützen die Bearbeitung unstrukturierter oder schwach strukturierter Probleme bei Verhandlungen und Entscheidungsprozessen in einer Gruppe, so wie wir es etwa bei Konsensbildungsprozessen im Zuge der Entwicklung von Leitbildern antreffen. Hierfür existieren Systeme zur Entscheidungsstrukturierung, zur Bewertung und Abstimmung sowie zur Ideenerzeugung.

Neuere Entwicklungen auf dem Gebiet der Entscheidungsunterstützungssysteme beinhalten auch Verfahren zur Mediation bzw. Moderation von Kooperation, Argumentation oder Diskussion.

b) *Koordinationssysteme:* Hierbei geht es um die Koordination von Einzelaktivitäten von Gruppenmitgliedern im Hinblick auf ein gemeinsames Ziel. Erforderlich ist dazu allerdings eine Vorstrukturierung des Arbeitsprozesses. Unterschieden werden formularbasierte Systeme, die den Dokumentenfluß in einer Organisation unterstützen, ablauforientierte Systeme, die den Geschäftsablauf als Programm behandeln, konservationsorientierte Systeme, die auf den Regeln des kommunikativen Gesprächs aufbauen („Speech Act Theory"), sowie „Communication Structured Models", die sich an rollenorientierten Verhaltensweisen orientieren.

c) *Flexible, wissensbasierte Workflow-Managementsysteme:* Bei derartigen Systemen findet eine Unterstützung von Arbeitsabläufen mit der Möglichkeit zur Modifizierung auch noch zum Zeitpunkt der Bearbeitung selbst statt. Ein Beispiel aus dem Bereich der Bauleitplanung erfolgt später in diesem Beitrag.

2.6 Planverwirklichung und Erfolgskontrolle

Methoden der Informationsverarbeitung im allgemeinen:

Planverwirklichung und Erfolgskontrolle ist weitgehend gleichbedeutend mit einem geeigneten Projektmanagement zur Realisierung des Planungsvorhabens, seiner ständigen zeitlichen Durchführungskontrolle sowie einer exakten Protokollierung des gesamten Planungsprozesses von Anbeginn an. Informationssysteme sind für solche Aufgaben eine unabdingbare Voraussetzung (zur Theorie der Planungskontrolle vgl. BENZ in diesem Band). Das methodische Instrumentarium für ein kommunales Projektmanagement ist zudem bereits seit den 70er Jahren grundsätzlich bekannt (vgl. etwa BUNDESMINISTER FÜR FORSCHUNG UND TECHNOLOGIE 1977).

Herkömmliche Methoden der computergestützten Informationsverarbeitung:

Bis in die Gegenwart beinhalteten computergestützte Verfahren im Bereich der Planverwirklichung und der Erfolgskontrolle im wesentlichen Standardsoftware zur Textverarbeitung für die Erstellung von Berichten oder zur Tabellenkalkulation für die Bilanzierung quantitativer Größen im Zuge von Erfolgskontrollen. In jüngster Zeit sind vermehrt auch Systeme zur zeitlichen Projektsteuerung von planerischen Vorhaben zum Einsatz gebracht worden. Auch wenn gewisse Grundinformationen etwa im Hinblick auf eine spätere Erfolgskontrolle bereits in vorhergehenden Planungsschritten digital erfaßt werden können, mangelt es bei den herkömmlichen Methoden an der Möglichkeit, den gesamten Planungsprozeß durch eine intelligente Assistierung über ein Computersystem kontinuierlich und strukturiert zu protokollieren. Herkömmliche Projektmanagementsysteme sind hierfür nur sehr beschränkt einsetzbar.

Neue methodische Ansätze:

Computergestützte Methoden der Erfolgskontrolle und der Planrealisierung werden sich künftig auf sehr flexible, jegliche Arbeitsprozesse unterstützende und zudem mit weitestgehend selbsterklärenden Benutzeroberflächen ausgestattete Assistenzsysteme stützen können, wie sie derzeit vor allem im Bereich der Anwendungsinformatik entwickelt werden. Objektorientierte Datenbanksysteme werden diese Systeme ergänzen, wodurch die Handhabung der Semantik von bestimmten Sachverhalten und Gegenständen vor allem im Hinblick auf deren gegenseitige Verknüpfung sehr erleichtert wird.

3. Beispiel für ein intelligentes Assistenzsystem zur Unterstützung von Kommunikationsvorgängen, Arbeitsabläufen und Planungsprozessen

Die neueren methodischen Ansätze zur Unterstützung von Planungsprozessen durch Computersysteme sollen abschließend an einem Beispiel dargestellt werden. Demonstriert werden die Möglichkeiten anhand eines Assistenzsystems für die kooperative Bearbeitung von räumlichen Plänen am Beispiel der Bebauungsplanung.

Bei der Erstellung von Bebauungsplänen - entsprechendes gilt für Flächennutzungspläne wie im Prinzip für alle anderen räumlichen Plankategorien - haben wir aus Methodensicht der Computeranwendung mit folgenden Problemen zu tun (vgl. auch STREICH/SCHMIDT 1995 oder MAURER/PEWS 1995):

- Der fertige Plan muß inhaltlich den rechtlichen Anforderungen genügen. Dazu müssen besonders die gesetzlichen Grundlagen für die einzelnen Arbeitsschritte der Planaufstellung und -bearbeitung bekannt sein. Zu jedem Schritt benötigt der Planer umfangreiches Wissen über die gerade benötigten Gesetze, Verordnungen, Kommentare, die aktuelle Rechtsprechung etc. Hinzu kommen weitere zu beachtende Informationen für den konkreten Planungsfall. Der Planer wird alle diese Informationen für die Planbearbeitung und für den Abwägungsvorgang präsent halten müssen. Planung bedeutet damit letztendlich für den Planer und alle an der Planung beteiligten Akteure komplexe Informationsverarbeitung.
- Die Erstellung von räumlichen Plänen ist nicht vollständig automatisierbar. Die Pläne sollen im Sinne von Recht und Gesetz aufgestellt werden und subjektiven Leitbildern der Planungsakteure entsprechen. Dies setzt große Mengen von Wissen über die "reale Welt" voraus. Einen Algorithmus, der in der Lage wäre, diese Aufgabe automatisch zu erledigen, kann es nicht geben.
- Bei Bebauungsplänen - ähnliches gilt für andere Plankategorien - bestehen komplexe Abhängigkeiten zwischen den einzelnen Festsetzungen. Müssen Änderungen im Plan vorgenommen werden - und das ist bei der Planaufstellung der Regelfall -, müssen solche gegenseitigen Abhängigkeiten berücksichtigt werden.
- An der Planaufstellung und Planbearbeitung sind unterschiedliche und im zeitlichen Ablauf wechselnde Akteure beteiligt. Daher werden Koordinationsstrukturen für mehrere beteiligte Personen benötigt. Grundsätzlich besteht außerdem die Notwendigkeit, daß die Gedankengänge, die bei der Erledigung von Bearbeitungsschritten stattgefunden haben, nachvollzogen werden können, sei es vom Planer selbst oder sei es von Außenstehenden, die den Plan und den Grund bestimmter Planinhalte bzw. -festsetzungen verstehen müssen. Es gibt daher auch Abhängigkeiten in bezug auf die Bearbeitungsschritte, die ähnlich verwaltet werden müssen wie die Koordination von gleichzeitig arbeitenden Planern.
- Das Verfahren der Erstellung muß nach den rechtlichen Bestimmungen ordnungsgemäß ablaufen, damit der Plan später seine Rechtsgültigkeit erlangen kann. Auch dies muß vom Informationssystem sichergestellt werden können.

Um die Anforderungen zu erfüllen, ist für die Bebauungsplanung ein System zur Unterstützung kooperativer Arbeitsabläufe - ein intelligentes Assistenzsystem für die Bauleitplanung - entwickelt worden. Zur Entwicklung dieses Computersystems war es notwendig, folgende Aspekte zu berücksichtigen:

- Erfassung aller Bearbeitungsschritte sowie aller Abhängigkeiten für den gesamten Arbeitsprozeß der Planaufstellung;
- Berücksichtigung von alternativen Methoden der Bearbeitung einzelner Aufgaben während der Planaufstellung;
- Erfassung des zur Problemlösung benötigten Wissens für jeden einzelnen Planungsschritt, darunter unter anderem Implementierung der Zugriffsmöglichkeiten auf Informationen zu rechtlichen Grundlagen;
- Aufarbeitung von inhaltlichen Querverweisen zwischen den einzelnen für die jeweilige Planung relevanten Informationen;

VI. Computereinsatz und Planung

- Zuordnung von Arbeitsschritten zu Bearbeitern und Realisierung der Möglichkeit der flexiblen Veränderung solcher Zuordnungen;
- Festlegung von Arbeitsschritten, die automatisch am Rechner ablaufen können oder vom menschlichen Bearbeiter durchzuführen sind.

Abb. 1 zeigt die Systemarchitektur eines solchen intelligenten digitalen Assistenten. Die grundsätzliche Modellierung erfolgte mit einem System namens CoMo-Kit, einem Modellierungswerkzeug für hypermediabasiertes Knowledge Engineering für verteilte wissensbasierte Systeme (MAURER 1993). Abb. 2 zeigt die zugehörige Benutzeroberfläche des Systems, die zugleich die Arbeitsumgebung des Planers darstellt. Im Zentrum erkennt man den zeichnerischen Teil des Plans, der mit Hilfe eines (im Prinzip beliebig andockbaren) Geographischen Informationssystems oder CAD-Systems realisiert wird. Rechts daneben befindet sich ein Bearbeitungsfenster mit allen erforderlichen rechtlichen Informationen zum aktuellen Festsetzungsaspekt. Darunter ist ein weiteres Fenster zu erkennen, das zusätzliche relevante Informationen zum jeweiligen Planungsfall liefert. Auf der linken Seite sind zwei weitere Bearbeitungsfenster zu sehen. Unten befindet sich das Fenster zur Aktivierung der Geometriewerkzeuge, die mit dem jeweiligen Bearbeitungsschritt korrespondieren, so daß nur solche Geometrieelemente verwendet werden können, die dem jeweiligen Bearbeitungsschritt entsprechen. Darüber befindet sich ein Fenster, in dem der oder die Bearbeiter die bereits abgearbeiteten und die noch ausstehenden Arbeiten im Planungsprozeß erkennen.

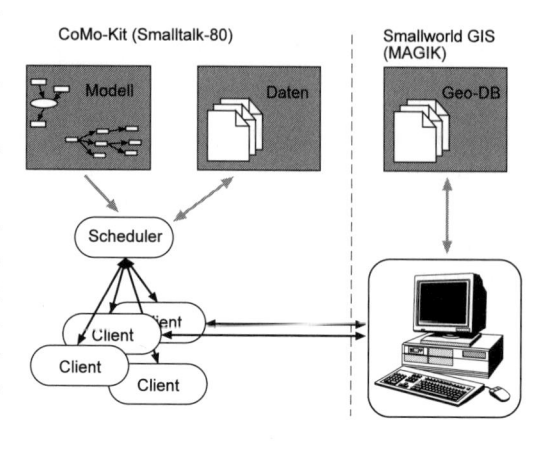

Bei der Realisierung der thematischen Unterstützung des Planbearbeitungs- und Rezeptionsvorgangs wurde auf ein durch das populäre World Wide Web (WWW) bekanntes Hypermedia-Werkzeug zurückgegriffen; einmal um die Flexibilität des Austausches von heterogenen Informationen, die im Planungsbereich stets anzutreffen sind, zu erhöhen, zum anderen um auf Informationen in einem beliebig verteilten Rechnernetz (Internet/Intranet) zurückgreifen zu können. Grundlage für die Erstellung von WWW-Dokumenten - bestehend aus Texten, Bildern, Klängen oder Video-Sequenzen - ist die Sprache HTML (Hypertext Markup Language), die zwischenzeitlich durch SGML (Standard General Markup Language) eine Erweiterung erfahren hat.

Bei dem vorgestellten System handelt es sich um einen Prototypen, der speziell auf die Bedürfnisse und Anforderungen der Bauleitplanung zugeschnitten ist. Das System ließe sich im Prinzip auch auf andere räumliche Planungsaufgaben, bei denen es insbesondere auf die Steuerung des Planungsprozesses und von planungsbezogenen Arbeitsabläufen ankommt, erweitern.

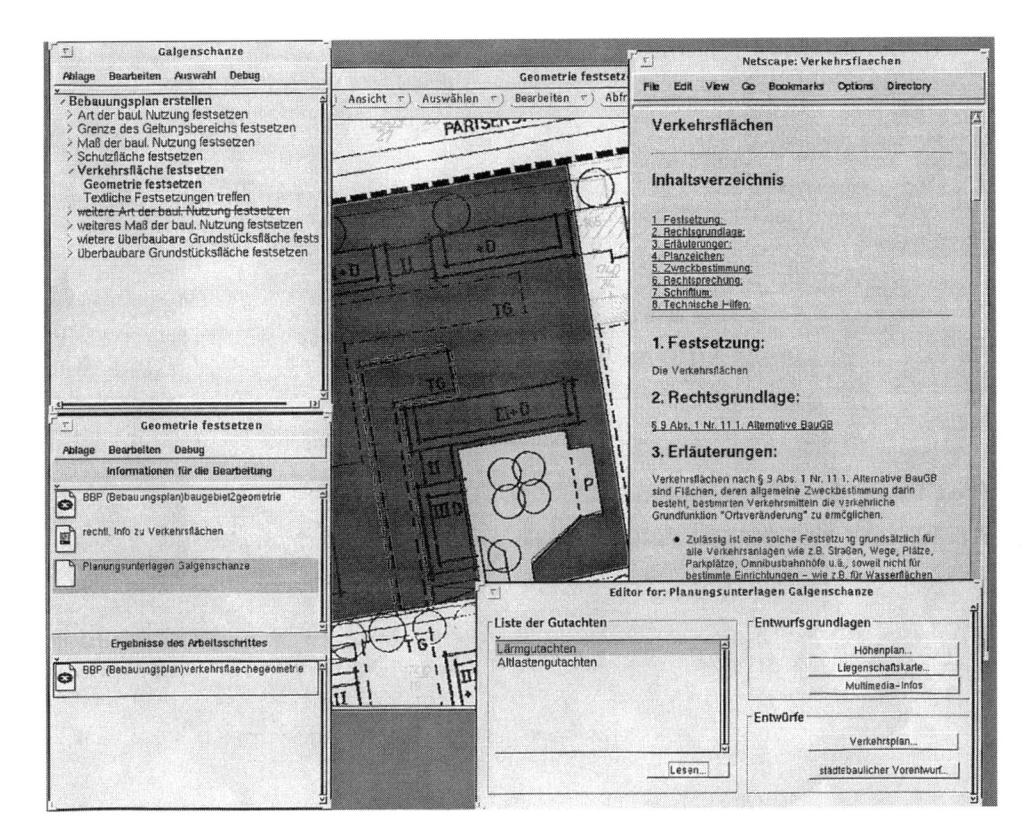

Abb. 2: Benutzeroberfläche eines intelligenten Assistenzsystems für die Bauleitplanung

Zusammenfassung

Der Beitrag behandelt die Methoden zur Unterstützung von Planungsprozessen vor allem im Hinblick auf die Einsatzmöglichkeiten von Computersystemen. Zunächst erfolgen einige begriffliche Darlegungen zum Planungsprozeß. Unterschieden wird in den Planungsprozeß der allgemeinen Planungstheorie sowie in den Planungsprozeß im Sinne der Durchführung von Arbeitsabläufen und Kommunikationsvorgängen in Planungsinstitutionen. Sodann werden computergestützte Methoden im System des Planungsablaufs erörtert. Dabei wird eine Dreiteilung vorgenommen: in Methoden der Informationsverarbeitung im allgemeinen, in herkömmliche Methoden der computergestützten Informationsverarbeitung sowie in neue methodische Möglichkeiten etwa durch Anwendung von Verfahren der Künstlichen Intelligenz (KI). Am Schluß des Beitrags findet sich ein Beispiel zu einem intelligenten Assistenzsystem, das zur Unterstützung von Kommunikationsvorgängen, Planungsabläufen und Planungsprozessen im Bereich der Bauleitplanung entwickelt wurde, aber auch auf anderen Planungsebenen prinzipiell einsetzbar wäre.

Literatur

AHRENS, P. P.; ZIEROLD, H. (1986): Entwicklungsplanung in Kommune und Region. Theoretische Zusammenhänge - Praktische Erfahrungen - Konzeptionelle Perspektiven. In: Dortmunder Beiträge zur Raumplanung, Bd. 40 (hrsg. vom Institut für Raumplanung - IRPUD - der Universität Dortmund).

ARL (1990): Einsatz graphischer Datenverarbeitung in der Landes- und Regionalplanung. ARL-FuS, Bd. 183. Hannover.

BUNDESMINISTER FÜR FORSCHUNG UND TECHNOLOGIE (1977): Kommunales Projektmanagement. Ein Handbuch zur Planung und Durchführung von Projekten. Unter fachlicher Beratung der Kommunalen Gemeinschaftsstelle für Verwaltungsvereinfachung - KGSt - in Köln. Köln etc.

EBERLE, D. (1994): Bewertungs- und Entscheidungsmethoden. In: ARL: Handwörterbuch der Raumordnung. Hannover.

MAURER, F. (1993): Hypermediabasiertes Knowledge Engineering für verteilte wissensbasierte Systeme. Dissertation Universität Kaiserslautern.

MAURER, F.; PEWS, G. (1995): Ein Knowledge-Engineering-Ansatz für kooperatives Design am Beispiel der Bebauungsplanung. In: Künstliche Intelligenz (KI) 1/1995.

MEISE, J.; VOLWAHSEN, A. (1980): Stadt- und Regionalplanung. Ein Methodenhandbuch. Braunschweig.

REINERMANN, H. (1995): Die Krise als Chance: Wege innovativer Verwaltungen. 4. Auflage. In: Speyrer Forschungsberichte, Bd. 139, Hrsg.: Forschungsinstitut für öffentliche Verwaltung bei der Hochschule für Verwaltungswissenschaften Speyer. Speyer.

RITTEL, H. (1976): Was ist „das System"? In: H. W. J. RITTEL: Planen - Entwerfen - Design. Stuttgart und Berlin 1992 (Originalbeitrag erschienen in Report Nr. 3 der Studiengruppe für Systemforschung e.V., Heidelberg 1976).

SCHMIDT, T.; STREICH, B. (1995): Computergestützte Bauleitplanung mit wissensbasierten Systemen. In: Vermessungswesen und Raumordnung (VR) 3/1995.

STREICH, B.; SCHMIDT, T. (1996): Chancen für die Kommunikation - Datenautobahnen und Vernetzung in der öffentlichen Verwaltung. In: Die Neue Verwaltung (DNV) 5/1996.

VOSS, H. (1996): WWW-basierte Planungsunterstützung mit ZENO. In: GMD-Jahresbericht 1995/96 des GMD-Forschungszentrums Informationstechnik GmbH. Sankt Augustin.

WINOGRAD, T.; FLORES, F. (1989): Erkenntnis - Maschinen - Verstehen. Zur Neugestaltung von Computersystemen. Berlin (amerik. Original: Understanding Computers and Cognition, 1986).

VI.2 Geo-Informationssysteme in der räumlichen Planung

Fabian Dosch

Inhalt

1. GIS: Entwicklung, Technik und methodische Anforderungen
1.1 Historische Entwicklung
1.2 Technik, Anwendung und Funktionalitäten für die räumliche Planung
1.3 Spezifische Anforderungen an Planungs-GIS
2. Raumbeobachtung mit GIS in der BfLR
2.1 Die „Laufende Raumbeobachtung" der BfLR
2.2 Ausgewählte GIS-Anwendungen in der BfLR
2.3 Kartographische Produkte mit GIS der BfLR
3. GIS-Anwendungsbeispiele auf den verschiedenen Ebenen räumlicher Planung
3.1 Anwendungsbeispiele auf überregionaler Ebene
3.2 Anwendungsbeispiele auf regionaler und kommunaler Ebene
3.3 GIS-Einsatz in sektoralen Planungskonzepten und Umsetzung
4. Perspektiven von räumlicher Planung mit GIS
4.1 Informationszugang und Datenstrukturen
4.2 Neue Anwendungen: 3-D-GIS, Simulationen und Hypermedia

1. GIS: Entwicklung, Technik und methodische Anforderungen

1.1 Historische Entwicklung

Informationssysteme dienen der Aufnahme, Speicherung, Verarbeitung und Wiedergabe von Daten und Verarbeitungsanweisungen zur Ableitung neuer Informationen. Sind diese Informationen raumbezogen und werden in einem rechnergestützten System vorgehalten, das aus Hardware, Software, Daten und Anwendungen besteht, spricht man von Geo-Informationssystemen (GIS). Mit GIS können also raumbezogene Daten digital erfaßt, redigiert, gespeichert, analysiert, generalisiert sowie alphanumerisch und graphisch präsentiert werden. Mit GIS lassen sich Planungsdaten räumlich darstellen, verarbeiten und modellieren.

Die Anfänge von GIS stammen aus der kanadischen Forstverwaltung der 60er Jahre. Nach der Pionierphase der 70er Jahre wurde GIS in den 80er Jahren vor allem in den Bereichen umweltbezogene Planungen und zum Landnutzungsmanagement eingesetzt.

VI. Computereinsatz und Planung

Dabei erfolgte die automationsunterstützte Herstellung von Karten und Plänen von der Kartierung über Digitalisierung von Informationen aus analogen Karten bis zum rechnergestützten Entwerfen (CAD) an einem graphisch-interaktiven Arbeitsplatz (GIAP) mit Anschluß an einen Großrechner. Mit der stürmischen Entwicklung der Informationstechnologie kam es erst Anfang der 90er Jahre zu einer geradezu explosionsartigen Verbreitung von Geodaten und damit zu einer starken Expansion des GIS-Anwendungsspektrums; der Weg für einen breiten Einsatz raumbezogener Informationsverarbeitung vorwiegend in Wirtschaft, Technik und Marketing war geebnet. Mit der Geoinformatik entstand eine neue wissenschaftliche Disziplin, deren Entwicklungsprioritäten sich von zunächst rein technischen Innovationen eindeutig in Richtung Anwendungen verschoben haben (SCHILCHER 1996). Vor der Jahrtausendwende befindet sich die GIS-Industrie am Beginn einer neuen Ära, die neben den klassischen GIS-Anwendungen militärisches Geowesen, Umweltschutz und räumliche Planung einen vielfältigen Einsatz in neuen Bereichen wie Handel, Tourismus, Finanzen, Immobilien, Geomarketing, Verkehrslogistik und Telekommunikation verheißt. Die rasante Entwicklung der Hardware ermöglicht den Einsatz von GIS und damit die Verarbeitung räumlicher Information bis zur Visualisierung aufwendiger Graphiken nun auch für den „Hausgebrauch". Ca. 80% aller Daten haben Raumbezug, und die GIS-Industrie ist mit dem Anspruch angetreten, künftig in fast allen Arbeitswelten Raumbewußtsein zu schaffen. Im Dienstleistungssektor wird GIS zunehmend zur Raum*überwindungs*planung eingesetzt: zur Verkehrssteuerung im motorisierten Individualverkehr mittels kostengünstig einbaubarer Navigationssysteme, in der Vertriebslogistik, aber auch zur zielgruppenspezifischen Werbung als zeitgemäßer Marketingstrategie. Gestillt wird der Datenhunger mit Satellitenempfängern, den GPS-Systemen, mit denen sich große Mengen vor Ort gewonnener Geodaten „just-in-time" verarbeiten lassen. Im weltweiten Trend „GIS für Jedermann" werden Zugangswege zu GIS-Daten und Anwendungen via Internet strategisch interessant. Nicht nur die wachsende Datengewinnung, auch die Technik zur Verarbeitung eröffnet neue Dimensionen zur Informationsgewinnung: so verschmelzen bei der Erzeugung von digitalen Stadtmodellen CAD-, GIS- und Techniken der digitalen Bildverarbeitung, und virtuelle Spaziergänge machen das Erkunden fremder Städte vom heimischen PC aus möglich. Künftig wird der Bedarf an 3-D-Graphiken (Raum) und 4-D-Animationen (Zeit) die Hardware-Entwicklung maßgeblich beeinflussen, die Entwicklung innovativer Visualisierungs-Techniken wird voranschreiten.

Mit wissensbasierter Informationsverarbeitung wird die GIS-Lösung somit zu einem neuen technischen Leitbild, das dem Anspruch „situativer" Planung nahekommen soll. Denn eine zeitgemäße Planungsphilosophie erfordert eine effiziente(re) nachhaltige Nutzung begrenzter Ressourcen und damit transparente Planungsentscheidungen bei geringem Personaleinsatz. So lassen sich durch direkten Zugriff auf entsprechende geometrisch-attributiv verknüpfte Daten, in Verbindung mit wissensbasierten Entscheidungsmethoden, komplexe Planungsprojekte in angemessener Zeit datentechnisch bearbeiten.

1.2 Technik, Anwendung und Funktionalitäten für die räumliche Planung

Geo-Informationssysteme sind Computersysteme aus den vier Komponenten Hardware (System), Software zum Analysieren, raumbezogene Daten und Anwendungen zur Auswertung (vgl. Tab. 1).

Die Hardware liefert die technischen Voraussetzungen für die Datenverarbeitung, die Software den technischen Umfang der Analysemöglichkeiten. Angetrieben wird das System von den Daten, die als alphanumerische Sachdaten, Vektor- oder Rasterdaten in das System eingespeist werden können. Dies können z.B. geometrische Primärdaten in Form von Liegenschaftskarten, soziodemographische Daten und klassifizierte Satellitenbilder zur Umweltbeobachtung oder aufbereitete Sekundärdaten sein. Lebendig wird das GIS erst durch die konkrete Anwendung, mit der der Anwender die Datenanalyse steuert. Freilich, „GIS is a `socially constructed technology`, that does not simply exists in terms of hardware, software and data, but incorporates institutional goals and practices" (vgl. MARTIN 1996). Der GIS-Einsatz und Nutzen wird also nicht nur durch Technik und Funktionalitäten geprägt, sondern von den Institutionen und deren Anwendern. Die Bandbreite des Einsatzes von GIS in der räumlichen Planung vergrößert sich mit der Datenverfügbarkeit und wachsenden PC-GIS-Anwendungen (vgl Tab. 2).

Noch immer werden viele Anwendungen von dem Leistungsspektrum der verschiedenen GIS-Software beeinflußt, das sich erheblich hinsichtlich der Hardwareunterstützung, Leistungsumfang der Datenerfassung -und speicherung, Verwaltung und Verarbeitung räumlicher Datenbasen, der analytischen Auswertungsmöglichkeiten, Modellierungswerkzeuge, Präsentation und (karto-)graphischer Ausgabe und Spezialanwendungen unterscheidet (vgl. Tab. 3).

Tab. 1: Komponenten von GIS

1. Hardware	2. Software	3. Daten	4. Anwendung
Datenerfassung	*Dateneingabe*	*Vektordaten*	*Verarbeitungskriterien*
¤ Digitalisiertableau	¤ Primärdaten	¤ Vermessung	¤ Informationsauswahl
¤ Scanner	¤ Sekundärdaten	¤ Kartenwerke	¤ Genauigkeit
¤ Photogrammetrische Auswertegeräte		¤ GPS-Daten	¤ Aktualisierung
	Datenmodellierung		
	¤ Geometrisch		*Datenanalyse*
Verwaltung/Verarbeitung	¤ Topologisch	*Rasterdaten*	¤ Verschneidung
¤ Rechner, Terminal	¤ Thematisch	¤ Luftbilder	¤ Transformation
¤ Drucker/Plotter	¤ Wissensbasiert	¤ Orthophotos	¤ Generalisierung
¤ spez. Bildverarbeitung		¤ Satellitenbilder	¤ Konvertierung
¤ Intranet/Internet	*Datenmanagement*	¤ klassifizierte Bilder	*Anwendungen*
	¤ Logisch		
Ausgabe	Relational/Objektbez.	¤ Scankarten	¤ Planungsimplementierung
¤ Drucker	¤ Physikalisch		¤ Simulation
¤ Zeichengeräte/Plotter	*Datenausgabe*	*Sachdaten*	¤ Animation
¤ Aufzeichnungsgeräte	¤ Karten	¤ Attributdaten	¤ Expertensysteme
¤ bald auch Fernseher	¤ Tabellen	¤ Objektinformation	*Nutzerstruktur*
	¤ Bilder/Animation		*Organisationsstruktur*

Quelle: Eigener Entwurf nach BILL 1991 und KONECNY 1996

Kernfunktionalität ist die gemeinsame Verwaltung von Geometrie und mit dieser verknüpfter Attributinformation zur Bildung geographischer Objekte. Die Modellierungs-Software stellt dem Anwender Methoden für räumliche Analysen und Simulationsrechnungen zur Verfügung. Das computerkartographische Systemteil dient zur maßstabsvariablen Erstellung und Fortführung digitaler Karten.

Die Datenhaltung in GIS erfolgt traditionell nach zwei geometrischen Darstellungsprinzipien: dem Vektor- und dem Rasterprinzip. Die *vektor*ielle Darstellung basiert auf den drei

Tab. 2: Räumliche Planung mit GIS - Anwendungsbeispiele

Planungsrelevanter Sektor	GIS-spezifischer Einsatz
• Abfallwirtschaft Deponiestandortsuche	Logistik
• Altengerechtes Wohnen	Standortsuche, Bewertungsmodelle
• Altlastenkataster	Topologie, Schadstoffausbreitung
• Biotopkartierung	Monitoring, Vernetzung, Sichtbarkeitsanalysen, Pufferkorridore
• Erreichbarkeitsanalysen	Netzwerkanalysen
• Digitale Stadtgrundkarte	Geodatenbasis, Monitoring, Buffer, Netzwerke
• Digitale Bodenbelastungskarten	geostatistische Interpolationsverfahren
• Floristische Kartierung	Raster-/Vektor Overlay
• Flächennutzungsplanung	Overlay, Monitoring
• Fremdenverkehrsmanagement	Routenplanung, Multimedia, Besucherinformationssysteme
• Forstwirtschaft	Monitoring, Buffer für Feuerschneisen
• Geodemographie	Standortsuche: Kundenpotentiale, zielgruppenspezifische Werbung
• Gewerbe- und Einzelhandelsplanung	Standortsuche: Einzugsbereiche, Logistikoptimierung
• Kanalkataster	Topologie, Monitoring, Flow-Management
• Klimaökologie	Überlagerung, z.B. Realnutzung/Thermaldaten, Kaltluftabflußmodelle
• Kommunale Informationssysteme	Verschneidung, Monitoring
• Landnutzung	Topologie, Monitoring: zeitlicher Wandel der Realnutzung
• Landschaftsökologie	Reliefanalyse, Zeitdynamische Modelle
• Lärmminderungsplanung	Ausbreitungsmodelle
• Liegenschaftskataster	Facility Management
• Logistikanwendungen	Verknüpfung mit Optimierungsmodellen, z.B. Verkehrsanalyse
• Multimediale Planung	Landschaftsinventarisierung
• Raumordnungskataster	Trassenplanung
• Regionalplanung	Lagebeziehung räumlicher Objekte, Realnutzungs-Monitoring
• Schadstoffeinträge	Geländemodellierung
• Schutzgebietsplanung	Flächenbilanzierung
• Sicherung oberflächennaher Rohstoffe	Volumenberechnung, Verkehrslogistik, Flächenmanagement
• Stadtplanung, dreidimensional	Raum-Zeit-Animationen
• Telekommunikation	Standortplanung, Geländemodellierung
• Umweltinformationssysteme	Monitoring, Simulation
• Umweltverträglichkeitsprüfungen	Feldstatistik, Überlagerung
• Umweltverträglichkeitsuntersuchungen	Musterkarten-Anwendung, Ökobilanzierung
• Umweltplanung / Ressourcenmanagement	Pufferbildung, Überlagerung
• Verkehrsplanung	GPS Adreßkonvertierung, Positionierung, Wegeplanung/-führung
• Wasserwirtschaft	Abflußsimulation

Quelle: Eigene Zusammenstellung

Grundprimitiven Punkt, Linie und Fläche, d.h. dem geschlossenen Polygonzug; auf den Grundprimitiven aufbauend auch Knoten und Segmente. Bei objektorientierter Datenorganisation lassen sich darüber hinaus Mehrfachpunkte, multiple Linien und verschachtelte Flächen durch Kennzeichnung der Objekteigenschaften speichern. Beim *Raster*prinzip wird ein Gitter über den Raum gespannt. Ein Punkt ist eine Rasterzelle, die mit Reihe und Spalte adressiert wird. Die Rasterdatenhaltung erweist sich bei der Verschneidung verschiedener Datenebenen sowie bei der Überlagerung umweltbezogener Daten, z.B. (rasterbasierter) Bildverarbeitungsdaten mit Geländemodelldaten, gegenüber vektorbasierter Datenhaltung als vorteilhaft. Durch speicherplatzsparende Datenhaltung mittels Quadtrees gehören verarbeitungstechnische Nachteile wie hoher Speicherplatzbedarf und lange Zugriffszeiten der Vergangenheit an. Bei vermessungstechnischen Aufgaben allerdings ist die vektorbasierte Datenhaltung vorteilhafter. In hybriden GIS sind beide Prinzipien in einem System kombiniert.

Ob Raster oder Vektor, den geometrischen Grundprimitiven können nun räumliche Eigenschaften zugeordnet werden, die neben Lage im Raum auch räumliche Relationen enthalten. Mit dem topologischen Konzept lassen sich Nachbarschaftsbeziehungen (Kontiguität), Verbundenheit (Konnektivität) und Eingeschlossenheit von Objekten darstellen. Unterschieden wird zwischen der Geometrie von räumlichen Objekten (Form und Lage), ihren topologischen Beziehungen zueinander sowie den ihnen zugeordneten Sachdaten, die auch als thematische Daten oder Attribute bezeichnet werden. Durch geometrische und topologische Kombination mehrerer Datenebenen können komplexe räumliche Probleme analysiert werden. Bei topologischen Beziehungen bleiben die metrischen Raumeigenschaften (Distanz, Richtung) gegenüber planaren Beziehungen unverändert, während diese sich bei geometrischen Objekten durch Transformation oder Projektion verändern.

In einem Planungs-GIS sind administrative, infrastrukturtechnische oder umweltbezogene Daten implementiert sowie dazugehörige thematische Daten, die sich auf diese geometrischen oder Lagedaten beziehen (vgl. STEINGRUBE in diesem Band). So können für eine sozialräumliche Analyse in einem GIS (vgl. MARTIN 1996) thematische Ebenen wie

Tab. 3: Funktionalitäten von GIS-Software

- Hardwareunterstützung: Funktionsfähigkeit unter verschiedenen Betriebssystemen - Plattformen: wie DOS, OS/2, UNIX, VAX, Windows 3.11/95/NT, -PCs, Macintosh, Workstations und Übergangsbereiche
- *Leistungsumfang der Datenerfassung*: Digitalisierung, Scannen, GPS, DBMS, Format-Konvertierung, FM, CAD, COGO, Fernerkundung
- *Erfassung, Editierung und Darstellung von Objekten*: Raster, Vektor (Topologie), TIN, 3-D; Selektieren, Transformieren, Rektifizieren, Projektion
- *Datenverarbeitung und -analyse*: Vektor: Messungen, Abfragen, Pufferung, Geostatistik, Kartenanalyse, Oberflächen, Netzwerkanalyse, (Polygon-)Overlay, Routenoptimierung, Thiessen-Polygone, Aggregation; Raster: Bildverarbeitungsfunktionen, Bildverbesserung, Klassifizierung
- *Modellierungs-Werkzeuge*: Boolsche / Fuzzy-Verknüpfungen, Nachbarschafts-/Konnektivitätsanalysen, Simulationsrechnungen
- *Präsentation: Plotting, Reports, Datenaustausch, Kartographische Modelle*: unterstützte Hardware, Graphik-Ausgabe-Formate, unterstützte Datenformate, Benutzerfreundlichkeit, Datendarstellung, Textdarstellung, Kombination Karte-Graphik-Text-Tabelle
- *spezielle Applikationen*: Animation, Multimedia, Relief; optionale Modelle für Spezialanwendungen; Szenarien, Künstliche Intelligenz, Einbindung externer Programme

Quelle: Eigene Darstellung nach GIS-International Yearbook Kriterienkatalog, BILL 1991.

demographische, einkommensspezifische, baulandpolitische und Arbeitsmarktdaten mit gleichem geometrischem Bezug vorgehalten werden, die mit Daten zum Verkehrsaufkommen zur Untersuchung des Mobilitätsverhaltens bestimmter Bevölkerungsschichten gekoppelt werden sollen; gegebenfalls kann die Analyse auf räumliche Korrelationen z.B. mit immissionsökologischen Daten erweitert werden. Die verschiedenen Datenebenen werden graphisch kombiniert und können über topologische Eigenschaften mit weiteren nichtgraphischen Daten, welche in Tabellen abgelegt sind, verknüpft werden. Damit lassen sich Fragestellungen untersuchen, z.B. wie verändert sich das Mobilitätsverhalten der Bevölkerungsschichten eines Stadtquartiers bei Ausbau der ÖPNV-Verkehrsanbindung? Welche visuellen Auswirkungen hat dies auf die Wohnumfeldqualität? Mit Hilfe von Verknüpfungs- und Analysemodellen können die Ergebnisse in einer Karte dargestellt oder mit anderen Medien, z.B. per Videoanimation, visualisiert werden. So lassen sich auch Planungsalternativen aufzeigen und für die öffentliche Diskussion transparent darstellen. GIS haben sich so für den graphisch interaktiven Arbeitsplatz zur Entwicklung von Plänen und zum Entwurf von Planungsalternativen als flexibles Entwurfsinstrument entwickelt (vgl. STREICH in diesem Band).

GIS-Planungskreislauf

Wie erfolgt der Planungsprozeß mit GIS idealtypisch (vgl. Abb. 1)? Er beginnt mit der Festlegung eines Geländeausschnitts, der Landschaft (1). Dann erfolgt die anwendungsbezogene Abstraktion der realen Welt, d.h. es müssen Daten erfaßt werden. Der kostspieligste Bereich an Informationsverarbeitung mit Geodaten ist nach wie vor die Datenaufnahme (2). Geodaten können entweder sekundär aus Karten digitalisiert, gescannt, photooptisch erhoben, via digitalem Datenaustausch gewonnen oder primär über Geländeaufnahmen, Vermessung, geostatistische Datenbanken oder Fachliteratur erhoben werden. Mit der Flut von Fernerkundungsdaten und der Datenerhebung per GPS gewinnt die On-line-Datenerfassung zunehmende Bedeutung.

Im dritten Schritt, dem Datenmanagement, erfolgt die Weiterverarbeitung der Rohdaten (3). Neben geometrischen und topologischen sind auch die semantischen Qualitätsmerkmale wie Entstehung der Daten, Aktualität und Vollständigkeit zu berücksichtigen. Hierbei ist eine Datenprüfung hinsichtlich Genauigkeit und Qualität erforderlich. Soweit erforderlich, werden die Daten projiziert und georeferenziert, d.h. die thematische Ausprägung wird mit den Lageparametern gekoppelt und gegebenenfalls mit der zeitlichen

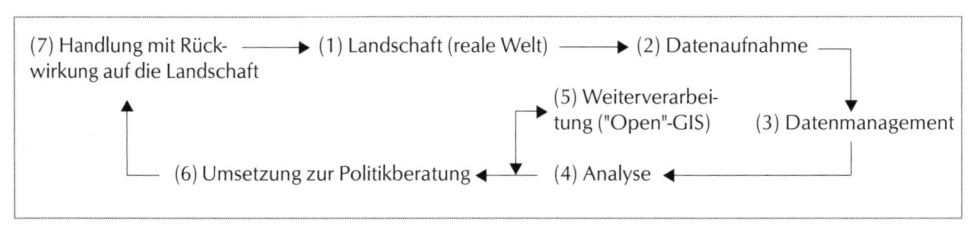

Abb. 1: Der GIS-Planungskreislauf

```
(7) Handlung mit Rück-  ──▶  (1) Landschaft (reale Welt)  ──▶  (2) Datenaufnahme
    wirkung auf die Landschaft
                                                    (5) Weiterverarbei-
                                                ──▶ tung ("Open"-GIS)      (3) Datenmanagement
          (6) Umsetzung zur Politikberatung  ◀──  (4) Analyse  ◀──
```

Quelle: Eigene Darstellung

Komponente der Datenaufnahme verknüpft. Die Verwaltung der Geodaten erfolgt vorwiegend relational oder seltener objektorientiert.

Nun haben die verschiedenen Datenebenen das gleiche geometrische Bezugssystem und eine vergleichbare Datenstruktur zur Analyse (4). Typische GIS-Analysen beziehen sich auf die Identifikation, Selektion und Aggregation von Datenebenen, die Analyse räumlicher Beziehungen (Nachbarschaft, Distanz), Optimierung (Kürzeste Wege, Netzlasten), Modellbildung und Simulation (Abflußmodelle, Klimaänderung). Gängige Analysemodule bieten Methoden zur Flächenverschneidung, Netzwerkmodellierung, Standortplanung, digitalen Geländemodellierung bis hin zu systemanalytischen Ansätzen an. Oft können fachspezifische Modellkomponenten zur Simulation und Prognose von Planungsprozessen, z.B. die Auswirkungen von Rückhaltemaßnahmen auf den Hochwasserspitzenabfluß oder die das Landschaftsbild verändernden Wirkungen eines Kulturlandschaftsprogramms, nur unter Nutzung externer Analyseprogramme eingesetzt werden, wenn keine umfangreichen Programmierungsmöglichkeiten im Sinne standardisierter Datenbankanfragen (z.B. SQL) innerhalb des GIS-Systems vorhanden sind. Solche Offenheit der Systeme („Open-GIS") ermöglicht auch die Einbindung von Individuallösungen via Schnittstelle in GIS-Industrieprodukte (5). Die Präsentation erfolgt schließlich mittels Karte oder multimedialer Ausgabe (Video, Animation etc.). Neben der Visualisierung dient die Berichtsvorlage zur Umsetzung der Analyseergebnisse zur Politikberatung (6). Die raumbezogene Handlung wiederum wirkt sich dann auf die Landschaft aus (7). Damit schließt sich der Planungskreislauf.

1.3 Spezifische Anforderungen an Planungs-GIS

Die Entwicklung der geographischen Informationsverarbeitung führte zu sehr komplexen Systemen auf leistungsfähigen graphischen Workstations bzw. Netzservern, durch die praktisch alle funktionalen Anforderungen einer GIS-Software in einem System abgedeckt wurden. Die GIS-Software erlaubte immer umfangreichere Auswertungen, die von den meisten Anwendern in der Praxis aber nicht benötigt wurden. Eine zweite Entwicklungslinie führte daher zu Desktop-GIS-Systemen, um kostengünstiger GIS-Funktionalität am Arbeitsplatz anbieten zu können. Als Systeme für Planungsanwendungen haben sich vor allem jene auf dem Markt durchgesetzt, die neben einfachen Analysewerkzeugen umfangreiche Präsentations-Werkzeuge bereitstellen. Auch der Bezug und die Verarbeitung von Fernerkundungsdaten wurden erleichtert. Einige Systeme bieten gezielt planungsbezogene Geodaten und verfügen über solche speziellen Module zur Verarbeitung raumbezogener Daten, z.B. für Flächennutzungs- oder Verkehrsplanung. Diese von der Funktionalität begrenzten Desktop-mapping-Programme erlauben für viele Planungsanwendungen eine kostengünstigere Alternative zu den teuren und aufwendig zu erlernenden GIS-Systemen. Strenggenommen handelt es sich allerdings bei diesen einfachen Systemen nicht um GIS, sondern um spezielle Kartographie-Software, manchmal innerhalb von Standard-Office-Paketen. Inzwischen verwischen sich sowohl hardwareseitig als auch softwarebezogen die Grenzen zwischen verschiedenen Plattformen und Betriebssystemen; GIS-Anbieter bieten ihre Software zunehmend modular und damit auf individuelle Bedürfnisse der Anwender ausgerichtet an. Die Programme sind menüorientiert, leichter erlernbar und werden mit dem Ziel einer auf die Bedürfnisse der Anwender ausgerichteten Technologie weiterentwickelt.

Als besondere Eigenschaften von GIS für Planungsaufgaben ist neben umfangreichen Möglichkeiten zum Datenaustausch ein breites Spektrum graphischer Analysemethoden und Visualisierungs-Tools zu nennen:

- Hardware: die anwendungsbezogene Abbildung der Landschaft in Objekten, Daten, Methoden und Modellkomponenten ist systemunabhängig; deren Integration in das GIS aber abhängig von Applikationen, Datenbanksystem und Tools. Auf Hardware-Seite genügen Desktop-GIS-Lösungen den meisten Anforderungen zur Unterstützung von Planungsprozessen, mit Ausnahme komplexer Simulationsaufgaben.

- Software: Wie auch bei umweltbezogenen GIS-Programmpaketen zählen im Bereich der Planungsanwendung hohe Anforderungen an geometrische Genauigkeit, topologische Analysemethoden, Verarbeitung unterschiedlicher Datencingabeformate sowie Vektor/Raster-Konversion, Verknüpfung mit relationalen oder objektorientierten Datenbanken, spezielle Analyse- und Modellierungsprogramme, Verknüpfung mit statistischer Software sowie die Möglichkeit zur Animation und Simulation von Veränderungen der realen Welt, schließlich die Erzeugung von komplexen Karten, Plänen und Animationen. Die Funktionalitäten sollten den spezifischen Planungserfordernissen durch eine Software mit modularer Ausbaufähigkeit angepaßt sein.

- Daten: GIS leben von Geodaten mit topologischen Eigenschaften. So wenig Daten wie möglich, da GIS-Daten aktualisiert und fortgeschrieben werden müssen; jedoch soviel Daten wie nötig, da nur möglichst vollständige Informationen Planungsfehler vermeiden. Kompatibilität der GIS-Software erforderlich. Zur Erleichterung des Datenzugangs und der Datenauswertung sollten diese objektorientiert im Rahmen eines Metadaten-Informationssystems gespeichert werden.

- Anwendungen: Informationsauswahl, Genauigkeitskriterien und Notwendigkeit zur Aktualisierung von Daten unterliegen den zunehmenden Kriterien der Normung und Standardisierung. GIS sollte Zugang zu Modellierungs-Werkzeugen, je nach Größe der Planungsaufgabe auch via Intra-/Internet Zugang beinhalten.

1997 gab es noch mehrere hundert GIS-Programmpakete auf einem unübersichtlichen Markt. Ein spezieller Software-Markt für Planungs-GIS hat sich, der Komplexität räumlicher Planung zufolge, nicht herausgebildet. Spezialisierungen im Planungsbereich lassen sich in die Sparten Ressourcenbewirtschaftung, Vermessungstechnik, Bildverarbeitung, Umweltanalyse und Naturschutz, Transport und Logistik kategorisieren.

Probleme bei der GIS-Implementation in den Planungsprozeß

Spätestens mit der Verfügbarkeit leistungsfähigerer und kostengünstiger Software auf Personalcomputern findet der GIS-Einsatz in praktisch allen Bereichen der räumlichen Planung statt.

Die anfängliche GIS-Euphorie in den Planungsinstitutionen ist inzwischen vielfach der Ernüchterung gewichen, da die GIS-Implementation in den Planungsprozeß häufig mit zusätzlichen Kosten und Problemen verbunden ist. Kosten-Nutzen-Rechnungen belegen für isolierte, kleinere Projekte oft keine Rentabilität, zumal der GIS-Einsatz nicht eo ipso mit einer Qualitätssteigerung der Produkte verbunden ist. Kaum eine Kommune arbeitet im großmaßstäblichen Bereich produktiv mit komplexen GIS. Selbst für fachbezogene Anwendungen wie im Ver- und Entsorgungsbereich ist der Aufbau und die Pflege von GIS-Datenbeständen für viele Firmen auf Dauer zu kostspielig. Denn derzeit gelten allgemeine Probleme der GIS-Praxis auch für den Planungsbereich: Defizite bei der Standardisierung, Normierung und Datenpflege, begrenzter Zugriff auf universell einsetzbare Geodaten, erhebliche Probleme beim Datenaustausch und unzureichende Modellierungssysteme; hinzu kommt eine zunehmende Diskrepanz zwischen dem technisch Möglichen und dem erforderlichen Know-how für die meisten Anwendungen. Auch mangelt es an Standards und Qualitätsnormen. Die Verbreitung von Geoinformationssystemen hat die Inflation schlechter Karten durch die Mühelosigkeit der mit ihnen möglichen Verschneidungs- und Pufferoperationen eher noch erhöht. Vereinzelt werden sogar Vorwürfe erhoben, GIS seien Instrumente zur Visualisierung von Planungsinteressen. Planungsabläufe mit GIS voll zu automatisieren, ist derzeit nicht vorstellbar. Trotz der integrativen und intersektoriellen Natur hat GIS nach Auffassung verschiedener Autoren bisher nur wenig praktischen Nutzen für die Planung gebracht (vgl. auch SCHILCHER 1996).

Gründe hierfür sind nicht nur technischer Natur. In Fachbeiträgen und auf Tagungen wird die vielfach fehlende GIS-technische Kooperation zwischen den Ämtern im kommunalen Bereich kritisiert, auch die Begrenzung des Daten-Zugriffs, bis hin zum Vorwurf fehlender Konzepte zur Raumanalyse. Dies mag mitunter auch an Kenntnisdefiziten durch fehlende oder unzureichende Schulung der Anwender liegen (vgl. Abschnitt 4.1). Viele Projekte zeigen, daß GIS in der Planung oft nur zur Datenverwaltung und Visualisierung projektunterstützend eingesetzt werden, GIS somit noch immer mehr sektoral fachplanungsbezogene Datensammlungen als integrative Methodenbanken darstellen. Die unspezifischen GIS-Systeme entsprechen häufig nicht den planungsspezifischen Erfordernissen.

Während Probleme der Hardwareausstattung, Verarbeitungsmöglichkeiten und Leistungsfähigkeiten weitgehend der Vergangenheit angehören, sind insbesondere im Bereich methodischer Standards Weiterentwicklungen erforderlich, damit GIS tatsächlich auch zu einem effektiven Planungsinstrument wird. Probleme des Datenaustausches sind vielfach nicht technischer, sondern organisatorischer Natur, insbesondere was die Urheberrechte betrifft. Wünschenswert wäre hier sicherlich auch eine bessere organisatorische Kooperation, vor allem Übereinkunft über zu erfassende Sachverhalte, verbindliche Klärung von Urheberrechten, Standardisierung des Datenaustausches (vgl. DEGGAU et al. 1997). Benutzerfreundlichkeit und wissensgestützte Systeme sollen die Problemverarbeitung künftig verbessern. Dabei ist auch eine Koordination der Planungsaktivitäten auf verschiedenen Ebenen erforderlich. Zukünftig müssen fortschrittliche analytische Werkzeuge entwickelt, Simulationsmöglichkeiten integriert, der Faktor Zeit stärker implementiert und die 3. Dimension (z.B. Höhendaten) in die GIS-Struktur eingefügt werden. Besonders verbesserungswürdig scheint der Datenaustausch und Netz-Datenverbund für räumliche Planungsanwendungen (vgl. Abschnitt 4.1).

Nicht die Technik allein, auch der organisatorische Kontext einer raumplanenden Institution bestimmt den Planungserfolg mit GIS. Dabei sind fünf Elemente kennzeichnend:

- Einheitliches Konzept zur Abbildung räumlicher Wirklichkeit: auf die Datenaufnahme folgt die Modellierung und Umsetzung in eine spezielle Datenstruktur; dabei werden die Daten georeferenziert, geocodiert (adressiert) und topologische Strukturen erzeugt; Daten sind in eine Arbeitsumgebung mit einer bestimmten technischen Ausstattung eingebunden.

- Datenmanagement: systematischer Zugang zu Planung, Datendesign, logische Strukturierung, Bildung von Objektklassen und räumliche sowie fachliche Beziehungen zwischen den Objekten; Datenhaltung in einheitlicher Projektion. Dezentrale, horizontale Datenverantwortlichkeit.

- GIS als komplexe Informationstechnologie: Aufgrund eines kontinuierlichen Wandels der Hardware und Software steigt der Umfang an Funktionalitäten schneller als die Modellierungstechniken. Dies erfordert ein langfristiges Engagement in Technologie und Anwendungen. Wirksame Kombination der verschiedenen Hardware- und Software-Komponenten sowie Konzepte zur Computersimulation räumlicher Systeme erforderlich. GIS-Anwendungen können den Planungsprozeß transparenter gestalten und maßgeblich beeinflussen.

- Organisatorische Einbindung in strategische Informationsverarbeitung: Datenmanagement und -austausch innerhalb der Organisationseinheiten. Offenheit des GIS-Systems zu geostatistischer und Modellierungs-Software. Hierarchische Systemadministration erforderlich.

- Qualifikation: Voraussetzung für einen effektiven GIS-Einsatz ist ein Team von gut ausgebildeten, motivierten und leistungsfähigen Experten, die nicht nur die Technik beherrschen, sondern auch die Umsetzung von Planungsaufgaben zur Modellbildung und Simulierung vollziehen können. Fortbildung als wichtiger Bestandteil eines GIS-Systems.

Fazit: GIS werden inzwischen in praktisch allen Ebenen räumlicher Planung eingesetzt. Mit der stürmischen Entwicklung der Informationstechnologie wächst die Funktionalität, steigt die Verfügbarkeit von Basis-Geodaten rapide an. Allerdings mangelt es im Bereich des Geodatenaustausches, der Standardisierung, Normierung und Modellierung raumbezogener Planung. Intensive Bemühungen zur Verbesserung des Datenaustausches laufen derzeit mit der Bildung eines nationalen Dachverbandes für den (kommerziellen) Vertrieb von Geodaten. Darüber hinaus geht die Entwicklung spezieller GIS-Softwaremodule und wissensbasierter Anwendungen für den Planungsbereich, z.B. zur Simulation von Flächennutzungsänderungen, voran (vgl. hierzu Kapitel 4). Doch weder Funktionalitäten noch Technikorientierung allein stellen den entscheidenden Faktor für den organisatorischen Erfolg von GIS dar: „The success of GIS implementations can be best explained by the social and political climate of an organisation, rather than its technical capabilities" (CAMPBELL et al. 1995).

2. Raumbeobachtung mit GIS in der BfLR
2.1 Die „Laufende Raumbeobachtung" der BfLR

Als ein konkretes Beispiel für die Raumbeobachtung mit Geo-Informationssystemen auf Bundes- und europäischer Ebene wird der GIS-Einsatz im Bundesamt für Bauwesen und Raumordnung (BBR), vormals Bundesanstalt für Landeskunde und Raumforschung (BfLR), vorgestellt. Das Informationssystem "Laufende Raumbeobachtung" wird mit Daten auf verschiedenen administrativen Ebenen geführt. Zu den wesentlichen Aufgaben zählen:

- zum einen gegenwärtige und künftige räumliche Entwicklungen in der Bundesrepublik zu beobachten und darüber zu berichten. Neben der Analyse des aktuellen Zustands und der Prozesse, die dazu geführt haben, zählt hierzu insbesondere die Präsentation der Ergebnisse in Form von Karten, Diagrammen, Tabellen und Text sowie Prognosen künftiger Entwicklungen im Raum und der Vergleich mit raumordnerischen Leitbildern;
- zum anderen wissenschaftliche Politikberatung im Rahmen einer Politik der Koordination durch Information. Dabei soll die Wirksamkeit geeigneter Instrumente durch Modellrechnungen überprüft werden können.

Wesentliches Kennzeichen der Raumbeobachtung Deutschland ist die flächendeckende Aufnahme bundesweit vergleich- und verfügbarer raumrelevanter Indikatoren. Mit Hilfe von Indikatorensystemen kann die Raumentwicklung möglichst umfassend und für unterschiedliche Raumgliederungsraster abgebildet werden. Die laufende Raumbeobachtung besteht aus verschiedenen in einem Metadateninformationssystem gespeicherten Teilkomponenten, wobei die laufende Raumbeobachtung Deutschland das Kernstück bildet. Die weiteren Teilkomponenten bilden die laufende Raumbeobachtung Europa, die innerstädtische Raumbeobachtung und laufende Umfragen. Diese vier Ebenen sind zunächst lediglich in einer Datenbank gespeichert. Erst bei Analysen mit veränderlicher geometrischer Grundlage und Untersuchung topologischer Aspekte, wie z.B. Netzwerkanalysen oder die geometrische Überlagerung verschiedener Ebenen, wird eine GIS-Software zur räumlichen Analyse, aber auch zur Vorbereitung von Produkten eingesetzt. Räumliche Perzeption durch Karten ist dabei ein zentrales Medium der Raumplanung. Kernstück der Raumbeobachtung bildet die geometrische Datenbasis zur Lage der Objekte im Raum (Geometrie und Topologie), zu den Beziehungen der Objekte (Raumbezüge) und zu den sachlichen Attributen für die Objekte.

Eine wesentliche Aufgabe im Rahmen der Laufenden Raumbeobachtung ist die Aktualisierung und Fortführung der geometrischen Datenbasis für Analysezwecke, also die laufende Anpassung des Raumbezugs; denn durch Gebietsreformen änderte sich der Raumbezug in der Vergangenheit häufig. Dadurch werden, insbesondere bei Zeitreihen, geometrische Verschneidungen erforderlich. Neben administrativen Raumeinheiten werden eine Reihe von nicht administrativen Analyserastern verwendet wie Raumordnungsregionen, Arbeitsmarktregionen oder Wirtschaftsräume. Zunehmend an Bedeutung gewinnen großmaßstäbliche Ausschnittsregionen zur Untersuchung von Stadt-Umland Beziehungen oder sehr differenzierte Lagedaten für die Verkehrswegeplanung, Rohstoffsicherung oder Erreichbarkeitsanalysen.

Aus der Tradition der amtlichen Statistik sind die demographischen, sozialen und ökonomischen Variablen gut vertreten, während für die Beobachtung der natürlichen Umwelt notwendige Variablen nur in geringem Maß vorhanden bzw. gar nicht statistisch erhoben werden. Dies sind z.B. Variablen zur Beschreibung und Bewertung ökologischer Qualitäten des unbebauten Raumes, des Landschaftsbildes, flächendeckender Bodenzustände und -versiegelung oder Variablen zum Regenerationspotential belasteter Ökosystemkompartimente, die sich zu Indikatoren wie Naturraumpotentialen oder nachhaltiger Landnutzung aggregieren lassen könnten. Noch seltener liegen Variablen zur Beschreibung der naturräumlichen Ausstattung als Zeitreihe vor, oder sie werden im Gegensatz zur amtlichen Statistik häufig einmalig und nur unter großem Kostenaufwand erhoben. Obwohl Raumordnung und Umweltschutz eng miteinander verzahnt sind, sind die Datengrundlagen für umweltrelevante Raumforschungsprojekte oft unzulänglich. Für die BfLR ist ein projektbezogener Datenaustausch mit anderen Bundesbehörden, vorwiegend dem Umweltbundesamt, dem Bundesamt für Naturschutz und der Bundesanstalt für Geowissenschaften und Rohstoffe, notwendig.

2.2 Ausgewählte GIS-Anwendungen in der BfLR

Die GIS-Anwendungen in der BfLR konzentrieren sich auf das Datenmanagement (a), einfache geometrische Verschneidungen (b), Modellierung für Potentialanalysen und Erreichbarkeitsmodelle (c) sowie Visualisierung (d) (vgl. Tab. 4).

Tab. 4: GIS-Anwendungsbeispiele aus der BfLR

GIS-spezifische Werkzeuge	Analyse	Aufgabenbereich
Datenbasis:		
Korrekturen, Projektionen, Generalisierung	Grenznetze	Geometrische Datenbasis
Sach- und Geometriedatenhaltung	Themadatenbank	Umwelt-Datenbasis
Anwendungsbeispiele:		
(a) Datenselektion	Hintergrundinformation	Naturräumliche Lageparameter
(a) Geostatistik	Lageproportionale Dichtewerte	Dasymetrische Karten
(b) Verschneidung	Bodenbelastung	Schadstoffbelastung
(b) Aggregation, Verschneidung	Bodenschutz	Bodenpotentiale
(b) Verschneidung, Pufferung	Bundesverkehrswegeplanung	Zerschneidungswirkungen
(b) Pufferung, Verschneidung, Topologie	räumlicher Bezug	Energieinfrastruktur
(b) Verschneidung, Monitoring	Versorgung, Stillegungen	Schienennetzmodell
(c) Themen-Überlagerung, Datenselektion	Lagekriterien	Raumordnerische Leitbilder
(c) GIS-modeling	Gewässerschutz	Wasserpotentiale
(c) Digitalisierung, Verschneidung	Potential-, Sicherungsgebiete	Sicherung oberflächennaher Rohstoffe
(c) GIS-modeling, Verschneidung, Aggreg.	Potentiale	Rückzugsgebiete der Landwirtschaft
(c) Netzanalysen	Regionale Versorgungslage	Stromnetz, Gasversorgung
(c) Netzwerk-Modellierung, Routenplanung	Transeuropäisches Verkehrsnetz	Erreichbarkeitsanalysen
(c) Overlay, Modellierung, Aggregation	Klimaökologische Attraktivität	Potentialanalysen
(d) Oberfläche	Landschaftsattraktivität	Potentiale ländlicher Räume
(d) Pyknomirastische Interpolation	Oberflächen	Visualisierung
(d) Visualisierung	Baulandpreise	Baulandmobilisierung

Quelle: Eigene Darstellung

Die Flächennutzung nimmt als Bindeglied zwischen den sozio-ökonomischen und natürlichen Faktoren eine zentrale Stellung ein. Eine starke Zunahme der Siedlungs- und Verkehrsflächen in den letzten Jahrzehnten hat zu einer großen Beeinträchtigung der natürlichen Faktoren, wie z.B. Boden, Klima und Wasserhaushalt, geführt und bestimmt somit den Handlungsspielraum für ökologisch orientierte Planungen und Maßnahmen. Für die Berechnung von Flächenbilanzen von ausgesuchten Regionen werden Satellitenbilder eingesetzt. Diese werden durch die flächendeckenden Daten des Liegenschaftskatasters ergänzt.

Im folgenden einige Beispiele aus Arbeiten der BfLR: In der BfLR werden neben den amtlichen Daten zur Flächennutzung Bodenbedeckungsdaten aus dem CORINE-landcover Projekt ausgewertet (Näheres Abschnitt 3.1). Dieses EU-Konzept unterscheidet 44 Bedeckungskategorien. Der Nachweis der konkreten geographischen Lage jeder homogen bedeckten oder genutzten Bodenfläche erfolgt bis zu einer Erfassungsuntergrenze von 25 ha. Diese grobe Auflösung eignet sich vornehmlich für Analysen auf Regionalplanungsebene und kleinmaßstäblicher. Zugrunde liegen in erster Linie Satellitenbilder (Landsat TM). Daneben kommen topographische Karten und panchromatische Luftbilder zum Einsatz. Durch Geokodierung und Orientierung an der topographischen Karte (TK 100) werden geographische Lage und Bodenbedeckung visuell interpretiert. Dadurch wird ein Datenbestand zur Bodenbedeckung aufgebaut. Aus diesem lassen sich weitergehende Untersuchungen durchführen, z.B. eine Karte der "Landschaftsgliederung" entwerfen, berechnet aus der Länge der Grenzlinien unterschiedlicher Nutzungsarten je Kreisfläche. Sie ist als "Computerkarte" visualisierbar (vgl. Abb. 2). Geometrische Verschneidungen sind erforderlich, wenn im Rahmen der Bundesverkehrswegeplanung die Zerschneidungswirkung von Bundesverkehrswegen untersucht wird (vgl. Abb. 3). Zum Thema potentielle Rückzugsgebiete der Landwirtschaft wurde mittels eines nutzwertanalytischen Bewertungsmodells, geometrischer Verschneidung sowie Aggregation und Generalisierung eine Potentialkarte berechnet (vgl. Abb. 4). Schließlich werden Erreichbarkeitsanalysen auf verschiedenen räumlichen Ebenen mit Hilfe von Netzwerkmodellen durchgeführt (vgl. Abb. 5), hier am Beispiel der Erreichbarkeit von Oberzentren Hessens im motorisierten Individualverkehr (MIV).

2.3 Kartographische Produkte mit GIS der BfLR

Neben den räumlich-topologischen Analysen ist die Möglichkeit, Objekte in einer Karte zu visualisieren, ein weiteres besonderes Kennzeichen von Geo-Informationssystemen (RASE u.a. 1993). Karten können als die zentralen Produkte von GIS angesehen werden. Die Visualisierung der Analyseergebnisse erfolgt zum überwiegenden Teil in den BfLR-eigenen Kartenprogrammen CHOROS und PROKAR sowie dem Analyse- und Visualisierungsprogramm KONKAR "Kontinuierliche Oberfläche". Selbst mit einem GIS vorgenommene Auswertungen werden überwiegend in diese BfLR-internen Programmpakete überführt. Wichtigste Zielgruppe für Karten aus dem raumplanerischen Aufgabenbereich sind Entscheidungsträger in Verwaltung und Politik. Um die Akzeptanz und Verwendungsbreite zu erhöhen, sind die Karten so einfach wie möglich zu gestalten.

Im folgenden werden einige Beispiele vorgestellt: sogenannte Kartographische Anamorphosen sind eine Möglichkeit, aufgrund des Überraschungseffekts der ungewohnten Form die Aufmerksamkeit auf besondere Probleme zu lenken (vgl. Abb. 6) In der Regel

VI. Computereinsatz und Planung

Abb. 2: Landschaftsgliederung

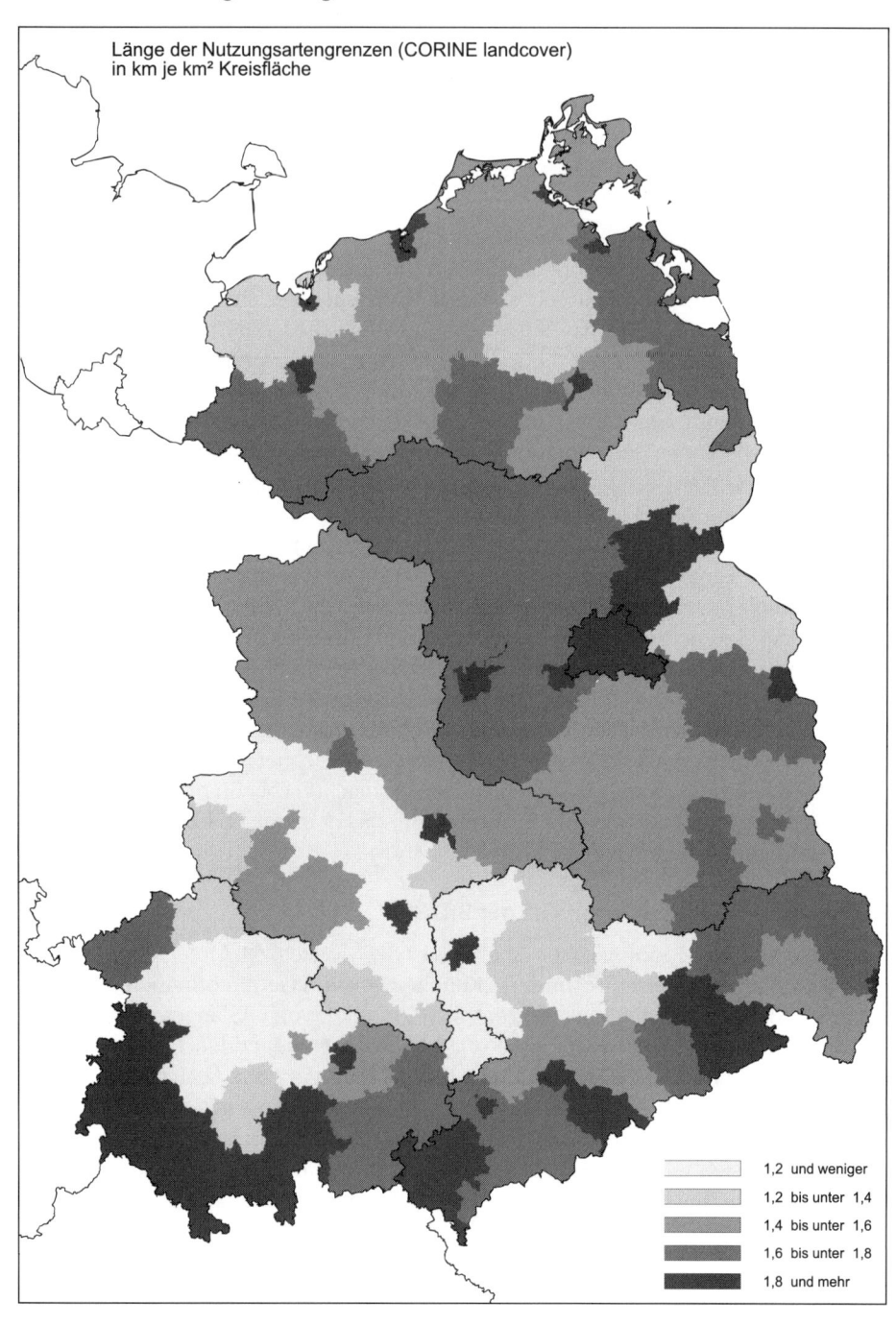

Länge der Nutzungsartengrenzen (CORINE landcover) in km je km² Kreisfläche

- 1,2 und weniger
- 1,2 bis unter 1,4
- 1,4 bis unter 1,6
- 1,6 bis unter 1,8
- 1,8 und mehr

Quelle: Statistisches Bundesamt 1996, Berechnung und Karte BfLR 1996

VI. Computereinsatz und Planung

Abb. 3: Zerschneidungen durch Bundesverkehrswege

BAB, Fernstraßen, Kanäle,
Schienen-Personenverkehr

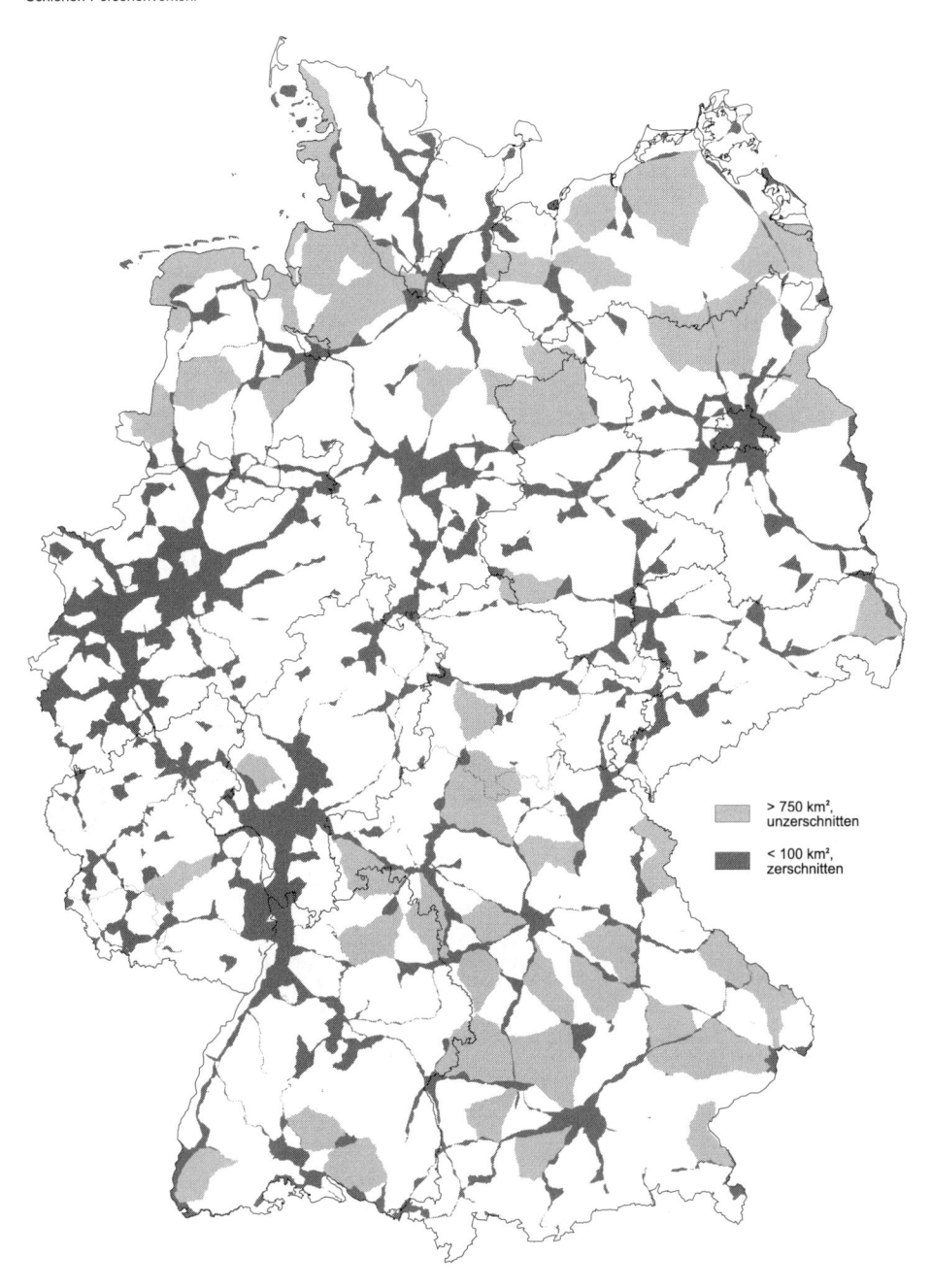

> 750 km², unzerschnitten

< 100 km², zerschnitten

Quelle: Laufende Raumbeobachtung der BfLR, Stand 1992

■ VI. Computereinsatz und Planung

Abb. 4: Potentielle Rückzugsgebiete der Landwirtschaft

Rückzugspotential in den Kreisen

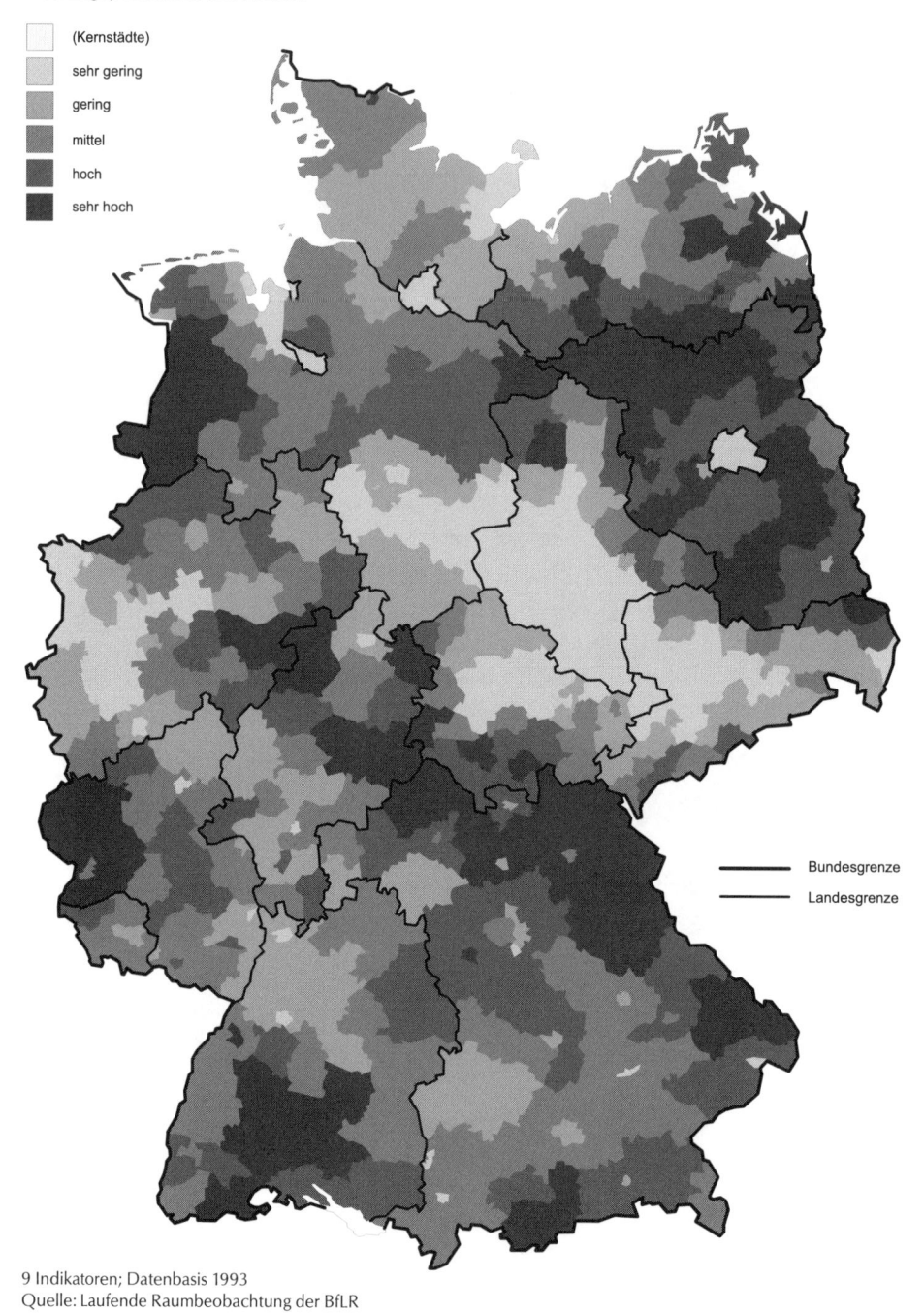

- (Kernstädte)
- sehr gering
- gering
- mittel
- hoch
- sehr hoch

— Bundesgrenze
— Landesgrenze

9 Indikatoren; Datenbasis 1993
Quelle: Laufende Raumbeobachtung der BfLR

VI. Computereinsatz und Planung

Abb. 5: Erreichbarkeit von Oberzentren im Individualverkehr

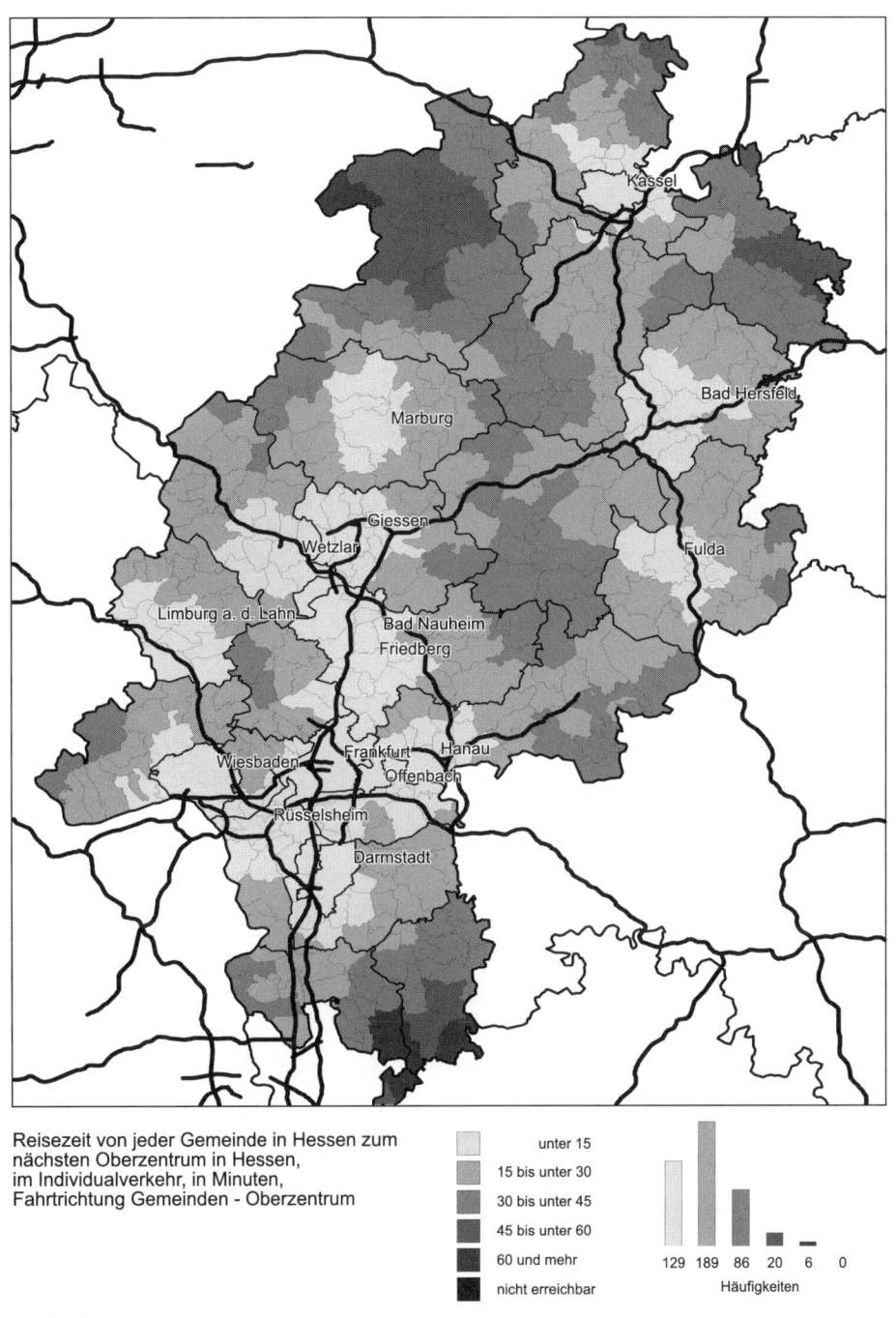

Reisezeit von jeder Gemeinde in Hessen zum
nächsten Oberzentrum in Hessen,
im Individualverkehr, in Minuten,
Fahrtrichtung Gemeinden - Oberzentrum

- unter 15
- 15 bis unter 30
- 30 bis unter 45
- 45 bis unter 60
- 60 und mehr
- nicht erreichbar

Häufigkeiten: 129 189 86 20 6 0

Quelle: BfLR, Bonn 1997

VI. Computereinsatz und Planung

Abb. 6: Wohnbevölkerung 1993

Die Flächen der Kreise sind proportional
zur Wohnbevölkerung 1993 verzerrt
Restfehler 1.89%

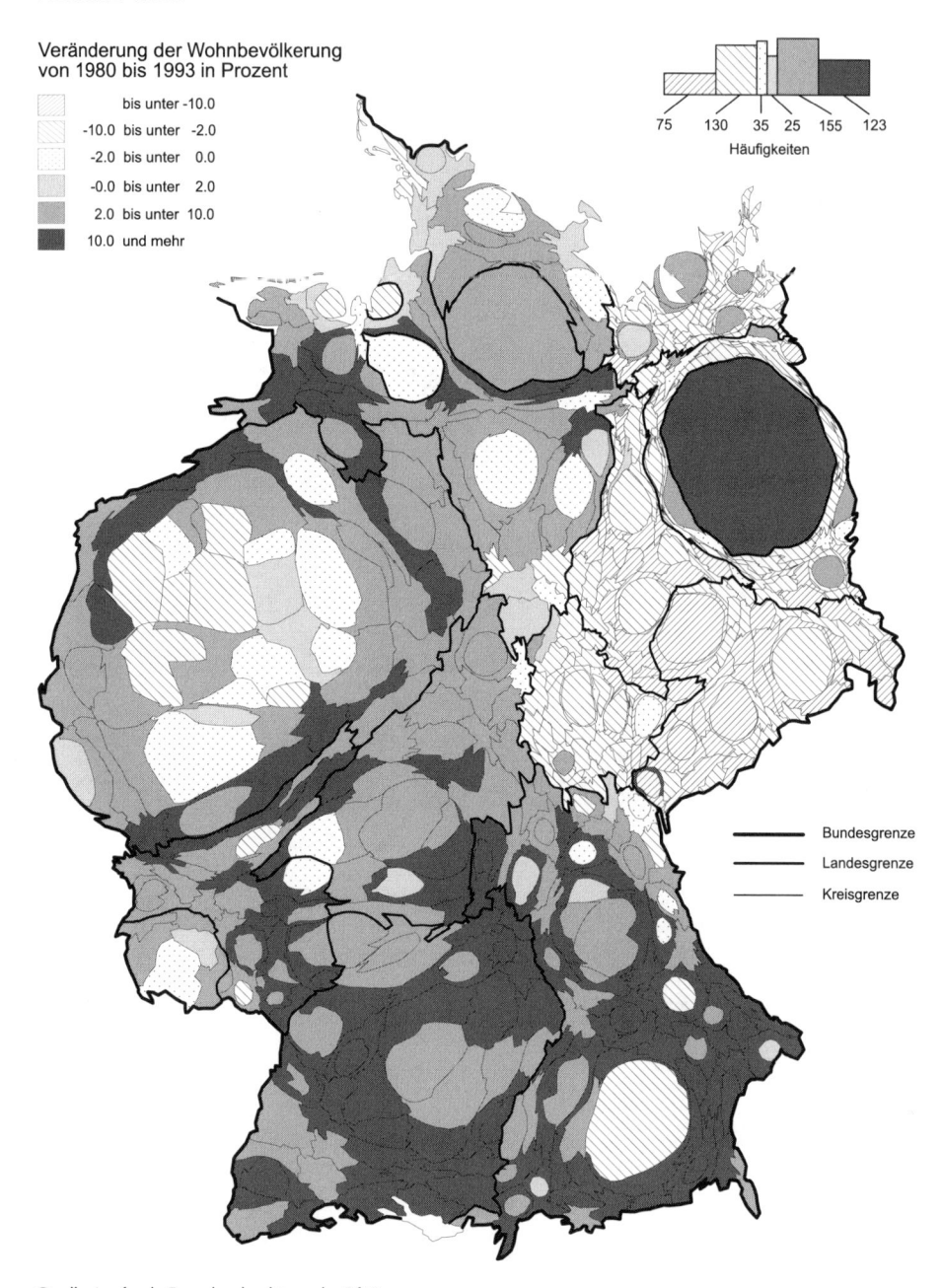

**Veränderung der Wohnbevölkerung
von 1980 bis 1993 in Prozent**

- bis unter -10.0
- -10.0 bis unter -2.0
- -2.0 bis unter 0.0
- -0.0 bis unter 2.0
- 2.0 bis unter 10.0
- 10.0 und mehr

Häufigkeiten: 75 130 35 25 155 123

- Bundesgrenze
- Landesgrenze
- Kreisgrenze

Quelle: Laufende Raumbeobachtung der BfLR

VI. Computereinsatz und Planung

Abb. 7: Touristische Landschaftsattraktivität

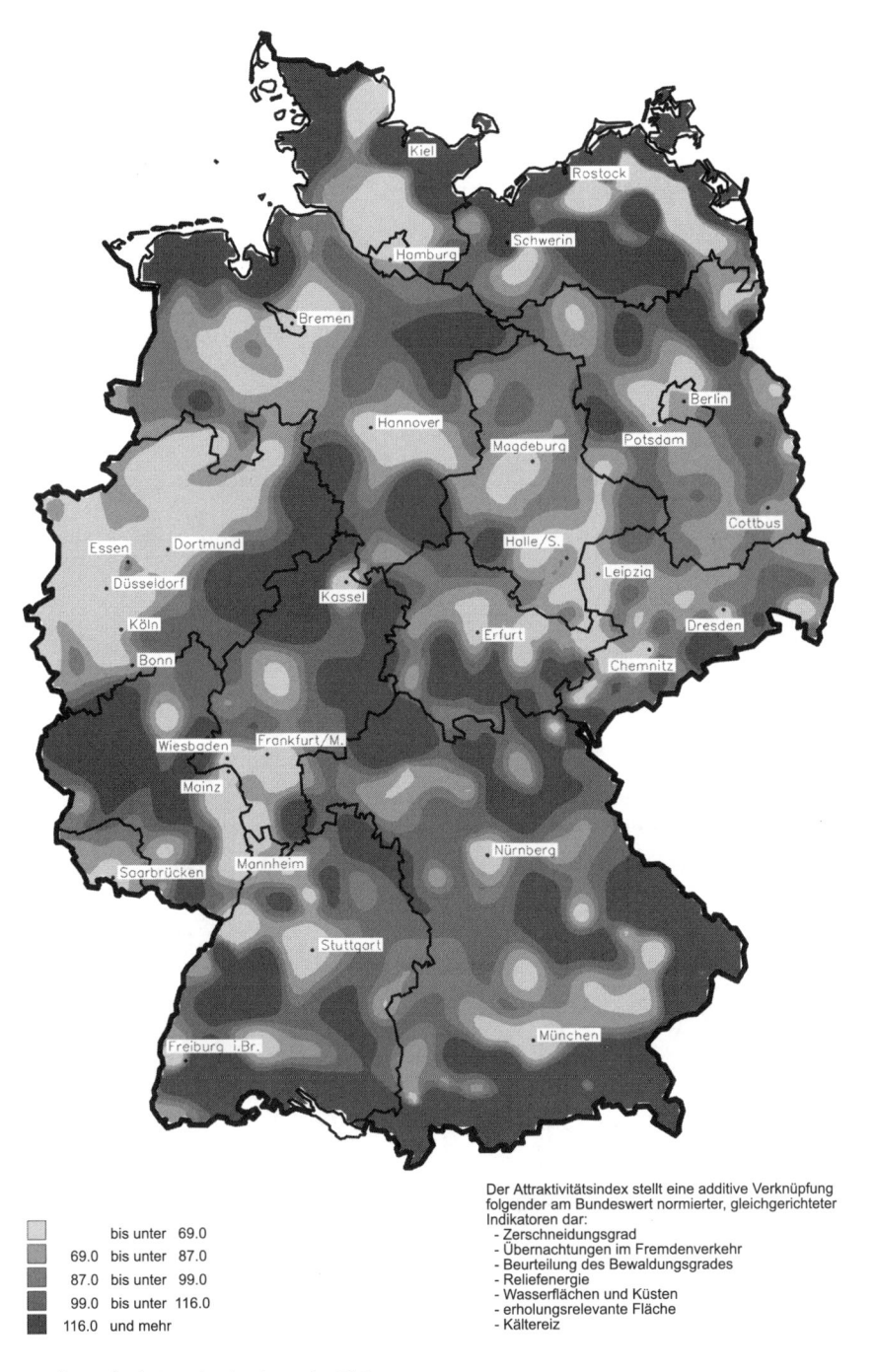

| | bis unter 69.0 |
| 69.0 bis unter 87.0 |
| 87.0 bis unter 99.0 |
| 99.0 bis unter 116.0 |
| 116.0 und mehr |

Der Attraktivitätsindex stellt eine additive Verknüpfung folgender am Bundeswert normierter, gleichgerichteter Indikatoren dar:
- Zerschneidungsgrad
- Übernachtungen im Fremdenverkehr
- Beurteilung des Bewaldungsgrades
- Reliefenergie
- Wasserflächen und Küsten
- erholungsrelevante Fläche
- Kältereiz

Quelle: Laufende Raumbeobachtung der BfLR

VI. Computereinsatz und Planung

Abb. 8: Kaufwerte für baureifes Land 1995

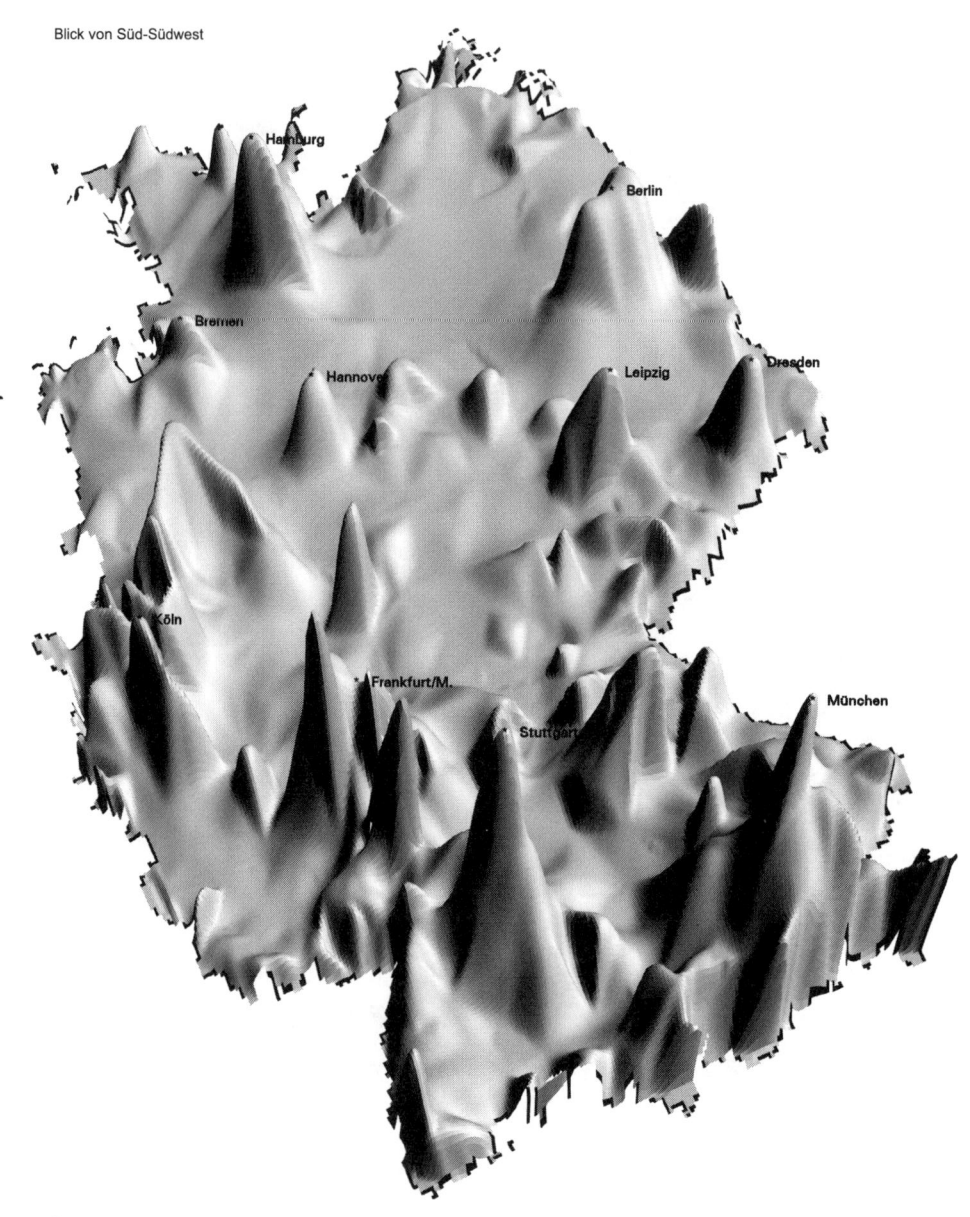

Blick von Süd-Südwest

Betrachtungswinkel 208°, Betrachtungshöhe 35°
Entfernung 1000 km, Überhöhung 500-fach
Beleuchtung 125°, Höhe 50°
Auflösung 3000 m, Darstellung 2000 m
© BfLR 1997

Fehlende Werte durch Mittelwert der Preisniveauräume ersetzt.
Einige kreisfreie Städte: frühere Jahresmittel oder Schätzwerte

Quelle: Laufende Raumbeobachtung der BfLR

VI. Computereinsatz und Planung

Abb. 9: Trendszenario Siedlungsflächenentwicklung

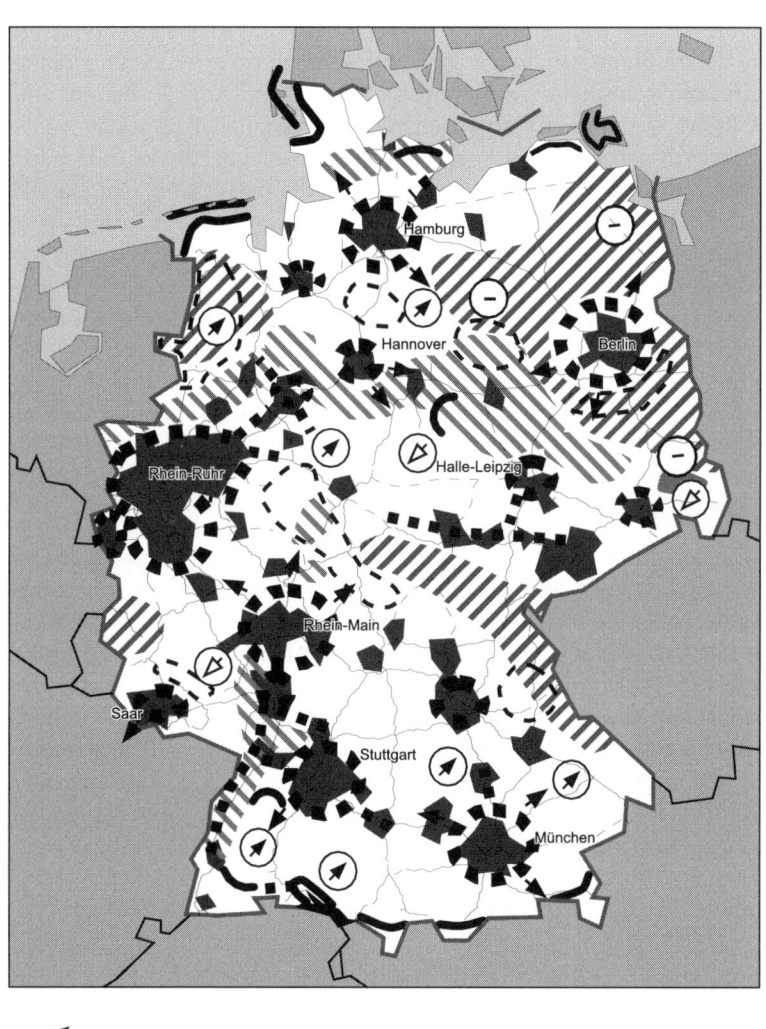

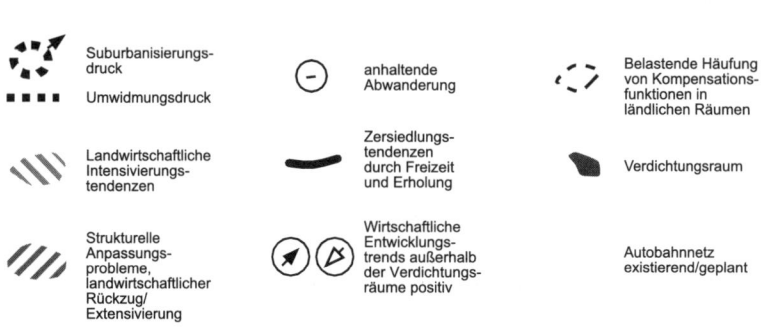

Suburbanisierungsdruck	anhaltende Abwanderung		Belastende Häufung von Kompensationsfunktionen in ländlichen Räumen
Umwidmungsdruck			
Landwirtschaftliche Intensivierungstendenzen	Zersiedlungstendenzen durch Freizeit und Erholung		Verdichtungsraum
Strukturelle Anpassungsprobleme, landwirtschaftlicher Rückzug/Extensivierung	Wirtschaftliche Entwicklungstrends außerhalb der Verdichtungsräume positiv		Autobahnnetz existierend/geplant

Quelle: Laufende Raumbeobachtung der BfLR

325

stellen jedoch Choroplethenkarten (Flächenstufenkarten) und - weitaus seltener - Kontinuakarten (Verlaufskarten) das kartographische Produkt von GIS-Auswertungen dar. In der Raumplanung muß häufig von Punktdaten auf eine (stetige) Oberfläche geschlossen werden, wenn der Datenverlauf weitgehend kontinuierlich ist. Eine solche Kontinuakarte ist die durch additive Verknüpfung von sieben am Bundeswert normierter, gleichgerichteter Indikatoren auf Kreisbasis ermittelte Landschaftsattraktivität (vgl. Abb. 7). Zunehmend bedeutend wird die Visualisierung von Oberflächen. Allerdings können geschickt gewählte 3-D-Darstellungen (Skalierungen, Farbwahl, Perspektive) auch sehr gut zur Hervorhebung, aber ebenso zur Unterdrückung räumlicher Information genutzt werden. Die Darstellungsformen unterscheiden sich je nach Datendichte, Interpolationsmethode und Visualisierungszweck. So gibt es volumenerhaltende Oberflächen, die dreidimensionale Choroplethe, oder durch Interpolation berechnete Geländemodelle (vgl. Abb. 8). Jede Darstellungsform hat ihre spezifischen Vor- und Nachteile: so entstehen durch die Visualisierung regionaler Unterschiede der Baulandpreise regelrechte "Baulandpreisgebirge", bei eingehender Betrachtung werden aufgrund fehlender Daten aber problematische Sprünge in der Oberfläche, Verzerrungen und Überdeckungen sichtbar. GIS dienen auch als ein Werkzeug zur Generalisierung und Filterung von Information. Als ein solches Beispiel kann die GIS-gestützte Auswertung im Rahmen des bundesdeutschen Beitrags für das europäische Trendszenario angeführt werden (vgl. Abb. 9).

Mit Tabellen, Graphiken und Bildern kombinierte Kartogramme kommen bei GIS-Produkten der BfLR allerdings seltener zum Einsatz. Die Kombination mit Fernerkundungsprodukten, z.B. georeferenzierten topographischen Bildern als Hintergrundinformation, wird in Zukunft die Kartengestaltung stärker beeinflussen. Aber auch für die Formulierung von Leitbildern ist die Abstrahierung und Generalisierung sachräumlicher Ebenen auf einem unterschiedlichen Niveau der Aggregation mit GIS erforderlich. Die methodischen Ansätze zur sachlichen und geometrischen Generalisierung von sozioökonomischen Phänomenen und die Synthese in einem kartographischen Bild sind bisher nicht ausreichend korrekt formuliert, um darauf die Realisierung von Programmsystemen aufzubauen. Die Nutzungen von CAD oder Freihand-Zeichenprogrammen für diesen Zweck sind nur unbefriedigende Lösungen, da das Kriterium der Nachvollziehbarkeit nicht erfüllt ist. Für die Synthese, die auch die Behandlung „unscharfer" Objekte und ihre Verknüpfung mit „fuzzy logic" einschließt, ist noch viel Grundlagenforschung notwendig, ehe rechnergestützte Verfahren routinemäßig für die kartographische Synthese eingesetzt werden können.

Fazit: GIS-Einsatz in der räumlichen Forschung auf Bundesebene

Die GIS-gestützte Generalisierung hilft somit, von der Informationsflut zur selektiven Informationsvermittlung zu gelangen. Tendenziell werden gerade in diesem Bereich, der kartographischen Generalisierung als Instrument der Politikberatung, die Anforderungen an ein GIS-gestütztes Informationssystem wachsen. Viele Routineaufgaben zur Datenverarbeitung aus der laufenden Raumbeobachtung auf Bundesebene können noch *ohne* GIS-Software bearbeitet werden. Für Fragestellungen, bei denen wechselnde Geometrien und/oder variierende Zeitreihen berücksichtigt werden müssen, sind die geometrischen Werkzeuge eines GIS aber unentbehrlich. Spezielle Untersuchungen wie Verschneidung verschiedener thematischer Ebenen, Aggregation, Generalisierung, Projektionen und Modellierung werden allerdings überhaupt erst durch den Einsatz von GIS möglich. Darüber hinaus ermöglicht der GIS-Einsatz eine Reihe von besonderen kartographischen Darstellungsformen, wie z.B. Oberflächen oder Animationen, z.B. der Siedlungsflächenentwicklung. Diese Modellierung räumlicher Information wird künftig weiter an Bedeutung gewinnen.

3. GIS-Anwendungsbeispiele auf den verschiedenen Ebenen räumlicher Planung

Geo-Informationssysteme sind auf allen Ebenen der räumlichen Planung, sowohl der querschnittsorientierten als auch der Fachplanungen implementiert. Hierzu im folgenden einige Beispiele auf den verschiedenen Ebenen räumlicher Planung.

3.1 Anwendungsbeispiele auf überregionaler Ebene

Der Ausbau GIS-gestützter europäischer Datenbestände - wie der deutschen Datenbestände - konzentriert sich vor allem auf den Umweltbereich, beispielsweise die europaweite Bodenkarte des Europäischen Bodenbüros der Europäischen Umweltagentur. Strenggenommen handelt es sich bei dem genannten Beispiel lediglich um Geodatenbestände. Daneben gibt es eine Vielzahl spezieller Datenmodelle, z.B. zur Erfassung der europäischen Verkehrsnetze. Als Basisdatensatz existiert heute schon EGT - European Geographic Technologies. Daneben befindet sich das GeoWeb-Europe-Projekt im Aufbau: Als Teil des EU-Programms Info2000 und unterstützt von der Generaldirektion XIII, zielt das GeoWeb-Europe-Projekt auf die Entwicklung eines multimedialen, vielsprachigen europäischen Info-Service mit geographischer Information ab; Informationen dazu finden sich auf einem vielsprachigen Web-Server.

Ein weiteres Beispiel für Bemühungen der europäischen Union zur Planungskoordination im Bereich von Umweltdaten bildet das CORINE-Projekt. Grundlage für neue lagetreue Daten sind klassifizierte Daten zur Bodenbedeckung aus den Jahren 1989-1992. Der Klassifikation sind neben den Hauptkategorien Bebaute Flächen, Landwirtschaftliche Flächen, Wälder usw. auch Kategorien von wesentlicher Bedeutung für den Natur- und Landschaftsschutz zu entnehmen, z.B. Heiden- und Moorheiden, Torfmoore oder natürliches Grünland. Im weiteren Sinne zählen im bebauten Bereich Daten zur Lage innerstädtischer Grünflächen dazu. Neben der (oben in Abschnitt 2) genannten laufenden Raumbeobachtung gibt es eine Vielzahl derzeit im Aufbau befindlicher raumbezogener Informationssysteme auf Bundesebene (vgl. Tab. 5).

Das Liegenschaftskataster ist das geographische Bezugssystem vieler GIS. Mit dem ALK, dem automatisierten Liegenschaftskataster, wird ein direkter Zugriff auf die Daten des Liegenschaftskatasters gewährleistet. Viele Kommunen setzen das ALK für GIS-Anwendungen im Vermessungswesen ein. Allerdings gibt es noch viele Ungenauigkeiten bei dem ALK, so daß die flächenhafte Verfügbarkeit noch Jahre dauern wird. Probleme bestehen beim Datenaustausch aufgrund unterschiedlicher Datenformate sowie einer fehlenden Nomenklatur für das LK. Auch sind die getrennten Modelle von ALK und ALB (automatisiertes Liegenschaftsbuch) aus technischen und wirtschaftlichen Gründen nicht mehr haltbar, das ALK-Modell zu wenig mit ATKIS abgestimmt. Andere Projekte wie

Tab. 5: Geoinformationssysteme auf Bund/Länderebene

System*	Organisation	Schwerpunkt	vorrangiger Maßstab	Genauigkeit	Ausbaustand
ALK/ALB	AdV/LVA	Liegenschaften	1:500 - 1:5.000	cm-dm	mittel
ATKIS	AdV/LVA/IfAG	Topographie	1:25.000 - 1:1.000.000	m-100 m	DLM 25/1 fast 100%
DSGK	Hamburg	Flächendatenbank	1:1.000-1:300.000	dm- m	vollständig
LANIS	Bundesamt für Naturschutz	Umweltdaten	1:25.000 - 1:5.000.000	m-100 m	hoch
LRB	BBR (BfLR)	Raumbeobachtung	NUTS1-NUTS4** (1:50.000 - 1.5.000.000)	dm-km	monitoring
NIBIS	NLfB	Flächen-/Labor-/Methodendatenbank	1:5.000-1:200.000	dm - 10 m	30-100%, 10^5Profile, 65 Module
UIS	Statistische Landesämter	Bodennutzung	1:25.000	m- 10 m	eingestellt

Quelle: Ergänzt nach BILL 1996; *Abkürzungsverzeichnis siehe Anhang; ** vgl. STEINGRUBE in diesem Band.

STABIS, das auf die flächendeckende Erfassung der realen Bodennutzung abzielte, mußten aus Kostengründen sogar eingestellt werden.

Demgegenüber fortgeschritten, wenngleich sehr kostenintensiv in der Datenbeschaffung ist das aus dem militärischen Geowesen hervorgegangene ATKIS. Das Projekt "Amtliches Topographisch-Kartographisches Informationssystem" ATKIS der AdV sieht in drei grundlegenden Maßstabsbereichen (1:25.000, 1:200.000 und 1:1.000.000) den Aufbau von Digitalen Landschaftsmodellen (DLM) vor. Als Datenquellen dienen neben der TK 10 und TK 25 die DGK 5 sowie in einigen Ländern Orthophotos und Luftbilder. (Zu den Kartographischen Quellen der räumlichen Planung vgl. STEINGRUBE in diesem Band). Die erste Ausbaustufe des DLM 25 umfaßt die digitale Aufnahme von 68 der insgesamt 180 Objektarten. Ende 1996 war in fast allen Ländern die Datenaufnahme abgeschlossen, einige Länder erfassen bereits weitere 44 Objektarten der zweiten Ausbaustufe. Daneben werden digitale Geländemodelle in einigen Ländern flächendeckend mit hoher Genauigkeit erfaßt. Die Modellierung der 3. Dimension im Digitalen Landschaftsmodell, der Erfassung der Höhe der Bebauung, die für analytische und Planungszwecke wie die Visualisierung bedeutsam ist, steht erst in der Erprobungsphase. Mit ATKIS wird demnächst ein bundeseinheitliches DLM vorliegen - die hohen Entwicklungskosten stehen einer kostengünstigen flächendeckenden Vermarktung dieser Geodaten allerdings entgegen. Im übrigen sind in der ersten Ausbaustufe, dem DLM 1, noch deutlich weniger Informationen enthalten als in der vergleichbaren herkömmlichen topographischen Karte. Mittelfristig aber dürften ATKIS-Daten für thematische und visuelle GIS-Produkte auf regionaler Ebene breite Verwendung finden.

Darüber hinaus laufen im Umweltbereich große Anstrengungen zum Aufbau einheitlicher Datenbanken. Hierzu wurde bereits vor etlichen Jahren eine eigene Bund-Länder-Arbeitsgemeinschaft eingerichtet. Einzelne Länder verfügen über große Datenbestände, wie das Umweltfachinformationssystem Berlin, das Umweltinformationssystem Brandenburg oder Umwelt(-führungs)informationssystem Baden-Württemberg, die mit GIS weiterverarbeitet werden. Hinzu kommen Fachinformationssysteme wie das NIBIS, aus dem bodenkundliche Fachbeiträge für Raumordnung und Landesplanung bereitgestellt werden, oder einer landesweiten GIS-gestützten Landschaftsrahmenplanung 1:25.000 in Rheinland-Pfalz. Andere Anwendungen wie das ROK-SA sind speziell auf raumordnerische Fragestellungen ausgerichtet.

Die stark wachsenden Geodatenbestände im Umweltbereich werden auf Bundesebene immer häufiger durch Satellitenbildszenen auf kostengünstigen CD-ROMs ergänzt. Dadurch erhält die geographische Informationsverarbeitung großmaßstäblicher Bereiche neue umfangreiche Datenquellen.

3.2 Anwendungsbeispiele auf regionaler und kommunaler Ebene

In Kommunen wird der Aufbau von Umweltinformationssystemen, einem der Haupt-Anwendungsgebiete von GIS, für Planung und Umweltschutzaufgaben - kurz KIS - vorangetrieben. Obwohl der Deutsche Städtetag bereits 1988 mit MERKIS Rahmendefinitionen zum Ausbau kommunaler Informationssysteme gab, befanden sich vor wenigen Jahren viele Kommunen erst in der Phase der Konkretisierung des umweltbezogenen Datenbedarfs. Die hohen Kosten, aber auch Koordinierungsprobleme und Kompetenzrangeleien innerhalb der Verwaltung erschwerten den Aufbau von KIS.

Inzwischen geht der Ausbau kommunaler Informationssysteme voran und umfaßt einen großen Aufgaben- und Maßstabsbereich (vgl. CUMMERWIE 1997). Das kommunale GIS gibt es nicht, kommunale Rauminformationssysteme stellen vielmehr individuelle Lösungsstrategien mit fachplanungsbezogenen Einsatzbereichen dar. Eingesetzt werden KIS meist für Auskunfts- und Bilanzierungszwecke: nach einer Umfrage der Uni Dortmund 1996 vornehmlich in den Bereichen Vermessung, Geostatistik, Entsorgung und Flächennutzungsplanung, demgegenüber vergleichsweise selten in den Bereichen Stadtentwicklung, Verkehrstechnik, Abfallwirtschaft, Bauordnung und soziale Infrastruktur. KIS sind in Deutschland im Vergleich zu Europa erst in wenigen Großstädten etabliert. Nach einer anderen Umfrage von 1996 arbeiten alle niederländischen Großstädte mit GIS. In den lokalen Körperschaften Großbritanniens bereits weit verbreitet, werden GIS zudem in den Bereichen Immobilienmarkt und Umfrageforschung eingesetzt. Allerdings belegen empirische Studien auch für Großbritannien einen sektoralen und behördenspezifischen Einsatz von GIS, weitgehend ohne Koordinierung innerhalb und zwischen den administrativen Ebenen (vgl. CAMPBELL et al. 1995).

Während die Datenerfassung voranschreitet, mangelt es noch auf der Methoden- und insbesondere der Modellebene. Diese zielt u.a. auf die Verbesserung kommunaler Verkehrsplanung und Simulierung von Umweltzuständen. Die weitgehende Integration des Raumbezuges im kommunalen Informationsmanagement erfolgt erst mit der Verfügbarkeit kostengünstiger desktop-GIS. Ein Beispiel hierfür ist das Strategische Informationssystem SIS-Köln, ein "Data Warehouse" mit integrierten GIS-Funktionalitäten. Spezielle Planungs-GIS bzw. GIS-Komponenten, die sich mit verbesserten Analyse- und Darstellungs-Werkzeugen für den Einsatz in der Bauleitplanung eignen, befinden sich derzeit in der Entwicklung. Zunehmend werden GIS in Kommunen als Informations- und Managementtechnologie für integrierte, transparente und wirtschaftliche Entscheidungen eingesetzt.

Eine besonders umfassende Flächendatenbasis auf regionaler Ebene hat die Stadt Hamburg mit der Digitalen Stadt(grund)karte (DSGK) aufgebaut. Flächendeckend liegen auf verschiedenen Maßstabsebenen digitale Karten und Stadtpläne, Höhendaten und Luftbilder nebst Adreßdatenbank vor. Die Produkte werden kostengünstig als Rasterdaten auf CD-ROMs oder "maßgeschneidert" vektorisiert vertrieben. Und die Stadt München verfügt über das sehr umfassende Informationssystem KOMPAS.

Stärker auf die Zwecke der übergemeindlichen Planung ausgerichtet sind das Landinformationssystem des Kommunalverbandes Ruhrgebiet sowie das Informations- und Planungssystem des Umlandverbandes Frankfurt. Beide Regionalverbände arbeiten mit tiefgegliederten Realnutzungsdatenbanken, die digital vorliegen und fortgeschrieben werden. So ist eine wesentliche Aufgabe des Umlandverbandes Frankfurt die Fortschreibung des Flächennutzungsplanes für das Verbandsgebiet.

Als erstes Flächenland hat Nordrhein-Westfalen seine Regionalpläne (Gebietsentwicklungspläne) auf digitale Bearbeitung umgestellt. Benutzt wird das vom Automatisierten Liegenschaftskataster (ALK) ausgehende System ALK-GIAP (Graphisch-interaktiver Arbeitsplatz). Die Regionalplanung verfügt damit über einen einheitlichen und durchgängigen elektronischen Weg von der Aufnahme der Daten bis zur druckfertigen Ausgabe der Pläne einschließlich der laufenden Aktualisierungen. Dies erleichtert die Planaufstellung und Planbearbeitung und beschleunigt den Planungsprozeß insgesamt. Auf der anderen Seite ist das aus der Vermessungsverwaltung stammende System ALK-GIAP auf sehr detaillierte Datenbestände zugeschnitten, was es für Zwecke großräumiger, gemeindeübergreifender Planungen etwas schwergängig macht.

Trotz hoher Preise für die Datengewinnung und -pflege, methodentechnischer Defizite wird der GIS-Einsatz für Planungsaufgaben in Kommunen und Regionalplanung zunehmen, da zum einen der Bestand an verwertbaren Geodaten stetig zunimmt und der Umgang mit GIS und GIS-Software sich zunehmend einer breiteren Anwenderschicht erschließt. Die virtuelle Verwaltung mit online-Behördengängen droht bald den "vergnüglichen Gang zum Amt nebenan" abzulösen.

3.3 GIS-Einsatz in sektoralen Planungskonzepten und Umsetzung

Der GIS-Einsatz erstreckt sich über fast alle Bereiche räumlicher Fachplanung (vgl. Tab. 2). Besonders umfangreich sind die GIS-Anwendungen im Transport- und Verkehrswesen. So werden Straßendatenbanken unter ökonomischen (Zeit, Kosten), ökologischen (Umweltbelastung) oder auch touristischen (Sehenswürdigkeiten) Aspekten mit dem Ziel einer optimalen Routengestaltung ausgebaut. Besondere GIS-Funktionalitäten umfassen dabei die Adreßkonvertierung, Positionierung und Wegeplanung/-führung. Die Fortentwicklung bestehender Verkehrsbeeinflussungssysteme und die Verknüpfung von GPS und Telematik in einem GIS trägt mit einer effizienteren Ausnutzung bestehender Verkehrsinfrastruktur und Verkehrsverlagerung in den ÖPNV zu einer nachhaltigeren Verkehrsentwicklung bei. Zur Datenerfassung eignen sich innerörtlich Baken als Meßstationen, außerhalb davon ist die GPS-Datenerfassung kostengünstiger. Großräumig wird an dem Ausbau eines integrierten Verkehrsmanagements gearbeitet. Voraussetzung hierfür sind aber Fortschritte in der Standardisierung der Datenaustauschformate.

Eine weitere treibende Kraft der GIS-Entwicklung bildet der Bereich geodemographischer Anwendungen. Für Planungsaufgaben sind insbesondere Immobilienmarktanalysen zu nennen, u.a. digitale Bodenpreiskarten, die eine Orientierungs- und Entscheidungshilfe auf dem

Bodenmarkt darstellen können. Allerdings ist die Modellierung von Bodenpreisen als Oberflächen nur ein visuelles Hilfsmittel. Sie sind kein Ersatz für Expertenschätzungen, z.B. mit Daten der Gutachterausschüsse, da Bodenpreise kein stetiges Phänomen darstellen.

Zunehmenden Einsatz erfährt GIS im sozialen Bereich und wird hier beispielsweise zur Standortoptimierung für altengerechtes Wohnen, Schuldistriktplanung oder auch kriminalstatistische Analysen eingesetzt. Weitere Fachinformationssysteme werden in den Bereichen Telekommunikation, insbesondere Sender-Standortplanung oder Landesverteidigung, vorwiegend zur Verknüpfung topographischer Daten entwickelt.

Speziell im Bereich des Ressourcenmanagements haben sich eine Reihe von GIS-Anwendungen ausgebildet. So werden in der ökologisch orientierten Planung Habitat-Analysen durchgeführt und Lebensräume bewertet. Dabei gewinnt die Qualität der Bewertungsmodelle vorrangig vor möglichst umfassender Massendatenverarbeitung an Bedeutung, denn nur durch eine Kombination von quantitativen und indikatorischen Verfahren lassen sich Umweltzustände nachvollziehbar mit GIS bewerten. Mittels Landschaftsinformationssystemen lassen sich durch Kombination abiotischer, biotischer und raumbeeinflussender Maßnahmen auch rechtsverwertbare Grundlagen - z.B. zur Verortung zulässiger Nutzungen in Schutzgebieten - für Planungs- und Entscheidungsprozesse ermitteln. Als ein weiterer Anwendungsbereich hat GIS für den Forstbereich eine lange Tradition. In der Forstwirtschaft müssen räumlich-zeitliche Parameter wie Produktion, Klima, Boden etc. berücksichtigt werden. Forst(ökologische) Informationssysteme (FIS) werden in Bundesländern aufgebaut, um Konfliktsituationen zu vermeiden und eine nachhaltigkeitsorientierte Langfristplanung durchzuführen. FIS werden durch Methodenbanken und Simulationen von Forstbetrieben ergänzt. Im Gewässerschutz dienen GIS zur Berechnung der potentiellen Grundwasserneubildung. Dazu werden klimatische, gelände- und bodenspezifische Grundlagenraster generiert, aufgerastert und über nutzungsspezifische Regressionsgleichungen miteinander verknüpft. Ergebnis sind flächenspezifische Sickerwasserraten. Nicht zuletzt tragen digitale Bodenbelastungskarten zu einer vorsorgenden Bauleitplanung bei.

4. Perspektiven von räumlicher Planung mit GIS

4.1 Informationszugang und Datenstrukturen

Metainformationssysteme und Standardisierung für den Datenaustausch

Spätestens mit der Verfügbarkeit leistungsfähiger und kostengünstiger Software auf Personalcomputern findet der GIS-Einsatz in praktisch allen Bereichen der räumlichen Planung statt. Kosten-Nutzen-Rechnungen belegen allerdings für isolierte, kleinere Projekte dem GIS-Einsatz oft keine Rentabilität. Die beschriebenen Probleme beim GIS-Einsatz (vgl. Kap. 1) liegen vor allem in den hohen Kosten der Datenselektion und -beschaffung.

Probleme bei der Datenverarbeitung hat auch die GIS-Software-Industrie längst erkannt. Mit der Entwicklung von „Open-GIS" sollen Schnittstellen oder Datenformate vereinheitlicht werden. Damit lassen sich heterogene Datenquellen unterschiedlicher Herkunft, zunehmend via Internet, breiteren Anwenderschichten erschließen und schließlich Geoprocessing, also die GIS-Datenverarbeitung, als integralen Bestandteil im WWW etablieren. Fast sämtliche großen GIS-Software- und Datenbankentwickler haben sich mit der Autoindustrie zusammengeschlossen, um ein „Application Programming Interface" (API) zu entwickeln. Das ambitionierte Standardisierungsvorhaben zielt auf hard- und softwareunabhängige Datenstrukturen im Navigationsbereich: Positionierung, dynamische Routenplanung und Adreßkodierung, eingebunden in ein Metadatenmodell.

Mit Standardisierungsbemühungen wie dem einheitlichen objektorientierten Datenmodell (OGIS) soll kein einheitliches Austauschformat, sondern ein Zugriffsmechanismus auf noch unbekannte Daten zur Verbesserung der Datenvermarktung entwickelt werden. Mit dem „data warehouse link" will die GIS-Software-Industrie zunehmend Zugriffsrechte auf Daten verkaufen und damit die Möglichkeiten zur zielgruppenspezifischen Informationsgewinnung erhöhen. Als umworbene Zielgruppe dieser Standardisierungsbemühungen nimmt der Planungsbereich aber eine wesentlich geringere Bedeutung ein als die Navigationstechnik, Tourismusbranche oder der Geomarketingbereich. Gleichwohl profitiert der Planungssektor davon.

In Deutschland wird insbesondere an Hochschulen (u.a. Universität Dortmund, Universität Rostock) an Metainformationssystemen geforscht: Systeme, die Informationen über Informationen bieten und daher weitgehend öffentlich zugänglich sind, da statt Datensätzen nur deren Inhalte beschrieben sind. Metainformationen werden in der strukturellen (Abhängigkeiten), syntaktischen (Datensatzbeschreibung), semantischen (Objektartenkatalog) und der navigatorischen (Beschreibung) Ebene erwartet; frei nach dem Motto „Wer bietet was und wieviel worüber wie in welchem Zusammenhang zu welchen Konditionen". Der Umweltdatenkatalog, zunächst in Niedersachsen entwickelt, ist ein Beispiel für ein Metadateninformationssystem. Eng verbunden mit dem Bestellkatalog (Metadaten) ist das Data Warehouse-Konzept, in dem nicht nur Daten, sondern auch Warenpakete (Infopakete) gezielt von/für den Anwender (Kunden) abgerufen werden können. Für diese gezielte Datenaquisition und -aufbereitung hat sich ein stetig wachsender Geo-Dienstleistungsmarkt entwickelt. Metainformationssysteme für Behördendaten werden in den Niederlanden mit dem „National Clearing house for GeoInformation" derzeit schon ausgebaut und erleichtern so die gezielte online-Datensuche.

Wachsender Geodatenmarkt

Neue Standards für den Datenaustausch auf multinationaler Ebene werden durch DIGEST - „Digital Geographic Information Exchange Standard" gesetzt. Anwender und Nutzer amtlicher Geo-Planungsdaten könnten hierbei über eine gemeinsame Gebühren-Preispolitik den Zugang zu Geodaten erleichtern oder zumindest verläßlicher gestalten. Als Beispiel für einen gelungenen Datenaustausch ist z.B. die CD-ROM des Statistischen Bundesamtes mit Landnutzungsdaten des CORINE Land-Cover-Projektes (1997) zu nennen. Die Vermarktung amtlicher Planungsdaten und -methoden ist eine wichtige Voraussetzung künftiger GIS-Anwendungen (vgl. HERDEG 1996). So sollen die Preise für ATKIS-Daten deutlich gesenkt werden. Prototypen eines browsergestützten requestorientierten selektiven Vertriebs von ATKIS-Informationen via Internet stehen vor der baldigen Realisierung: erst nach Klärung vertriebs- und urheberschutzrechtlicher Fragen sowie Unsicherheiten über den Preisbildungsmechanismus wird der Vertrieb vorläufig noch herkömmlich über physisches Datenmedium erfolgen. Daß kostengünstige Weltraumphotos auch einen breiten Markt im privaten Bereich finden können, wird mit dem Satellitenbildatlas der Bundesrepublik auf einer preiswerten CD-ROM belegt: in nur einem Jahr nach dem Erscheinen 1996 wurden mehr als 200.000 in der Bundesrepublik verkauft.

Die Ansprüche an die Datenverarbeitungsfunktionalität werden wachsen. Neuere Anwendungsfelder von GIS wie der Planungs- und Umweltbereich stellen deutlich höhere Ansprüche an das Vorhandensein und die Flexibilität der vier Komponenten eines GIS. „Auch der Nutzen - und damit in den meisten Fällen auch ein Rückfluß der hohen Investitionskosten - entsteht erst, wenn die Anwendungsdisziplinen zusammenarbeiten, Datengewinnungskosten teilen und Daten gemeinsam nutzen" (BILL 1996, S. 327). Insbesondere ist im Bereich des Datenaustausches die Kooperation beim Aufbau gemeinsamer Datenbanken voranzutreiben. Dabei werden zunehmend Aspekte des Zugangs, des Datenschutzes, der Datenkonsistenz, -aktualität und -verfügbarkeit bedeutsam.

Diese Entwicklung eines eigenständigen Geodatenmarktes steht erst am Anfang. Die fortschreitende Umsetzung der MERKIS-Empfehlungen zum Aufbau einer maßstaborientierten einheitlichen Raumbezugsbasis der bisher vielfach heterogenen Fachinformationssysteme wird die Position der Kommunen als dienstleistungsorientierter Geodatenanbieter, vermehrt im On-line-Zugriff, stärken (vgl. CUMMERWIE 1997). Dennoch, „die Dominanz der Vermessungsverwaltungen der Länder und der Kommunen als führender Geo-Datenanbieter wird vermutlich abnehmen. Das Gütesiegel „amtlich" wird einer Bewährungsprobe durch kommerzielle Mitbewerber ausgesetzt werden: private Datenanbieter und GIS-Betreiber (Verkehrsleitindustrie, Mobilfunkanbieter u.a.), die „die Vermarktung vorhandener Daten durch den Aufbau eines professionellen Datenmanagements und/oder durch Kooperation mit Vertriebspartnern forcieren" (BILL 1996, S. 374 f.); schließlich die GIS-Software Firmen selbst, von denen einige mitunter vertriebsrechtliche und urheberschutzrechtliche Probleme mit bestehenden Daten umgehen, indem sie eigene umfangreiche Geodatenbanken aufbauen. Allerdings erfüllen diese, gemessen an amtlich-topographischen Datenbeständen, nicht immer strenge Qualitätskriterien an Lagegenauigkeit und Digitalisierungspräzision.

In den Vereinigten Staaten können einmal gewonnene Geodaten auf dem deregulierten US-amerikanischen Geodatenmarkt (freedom of information act von 1992) weitgehend frei vertrieben werden. In Großbritannien demgegenüber, ebenso wie in Frankreich, hat die zentrale Vermessungsbehörde eine starke Stellung bei der Vermarktung amtlicher Geodaten. Auf internationaler Ebene werden von verschiedenen Gremien (DDGI, ADV, DIN, CEN, OGC) Bemühungen zu einer Festlegung von Standards und einem verbesserten Datenaustausch (ODBC, OLE/COM, CORBA, SQL3, MEGRIN) vorangetrieben. In Deutschland stellt sich im Zuge der Privatisierung öffentlicher Aufgaben der Datenaustausch aber selbst unter öffentlichen Körperschaften zunehmend als problematisch heraus. Gründe hierfür liegen u.a. in Datenmonopolen z.B. bei aufwendig ermittelten und nur durch Fachkenntnis zu verarbeitenden geowissenschaftlichen oder -naturräumlichen Datensätzen mit langfristiger Validität, aber auch einer uneinheitlichen Gebührenpolitik im Bereich des Geodatentransfers. Eine Koordinierung der Erfassungsbemühungen der vielfach räumlich und zeitlich heterogenen Datenbestände erfolgt durch den Bund-Länder-Arbeitskreis UIS. Die in Deutschland seit 1994 vereinbarte Kooperation der AdV und des DST zielt auf ein durchgängig objektorientiertes Datenmodell zum Austausch von Fachdaten innerhalb der Verwaltung und mit Dritten. Ein

Beitrag dazu ist auch die Integration der heute noch getrennt existierenden Systeme ALB, ALK und ATKIS. Es mehren sich Vorschläge zu einer Konzentration auf zentrale Geodaten-Vertriebsstellen oder Landesvermessungsämter, wie sie für das IfAG als Geodatenzentrum Deutschland im Mai 1996 bereits beschlossen wurden, bei denen die Datenerhebung und -verwaltung zentral koordiniert wird. Zunächst nur im großmaßstäblichen Bereich soll mit dem Ausbau der Basisinformationssysteme ALB/ALK/ATKIS in Verbindung mit grundstücksbasierten Informationen metadatengestützt neben einer Harmonisierung der Länderdatensätze eine Vereinfachung des Datenbezugs bewirkt werden. Nur unter der Prämisse der Koordination, nicht als Datenmonopolist könnten solche Geodatenzentralen z.B. als ALK/ATKIS-Broker dienen und dem Anwender nicht nur Daten, sondern vorpräparierte Informationen bieten. Voraussetzung für eine erfolgreiche Vermarktung von planungsrelevanten Geodaten ist in jedem Fall eine hinreichende Verfügbarkeit qualitativ geprüfter Geodaten, ein hoher Bekanntheitsgrad, Anwenderfreundlichkeit und ein marktgerechtes Preis-Leistungs-Verhältnis.

GIS-Planungsdaten im Internet

Ein besonderes Potential zur Verbesserung des Datenaustausches und als Informationsforum zum Thema GIS bietet das Internet. Um geographische Daten und kartographische Applikationen im Internet einfach zu verbreiten, bieten GIS Software-Hersteller sogenannte Internet Map Server an. Die Zahl der Adressen (URLs) zur GIS-Thematik überschreitet längst die 10.000, im Kontext der GIS-Thematik 1997 sogar mehr als ½ Mio. Einträge. Im Gegensatz dazu ist die Suche nach planungsbezogenen Adressen übersichtlicher. Ein Geodatenpool speziell für Planungsanwendungen gibt es nicht; Daten werden z.T. auf ftp-Servern projektspezifisch angeboten. Aktuelle und umfassende deutschsprachige Informationen für den GIS-Einsatz im Planungsbereich enthalten u.a. Web-Seiten des AK-GIS, Universität Karlsruhe, sowie der Universitäten Rostock oder Salzburg. Auch die statistischen Bundes- und Landesbehörden sind im WWW vertreten. Viele den kommunalen Spitzenverbänden angeschlossene Städte bieten inzwischen den Austausch planungsbezogener Daten via Internet an. Allerdings sind die Zugriffsbedingungen keineswegs verbindlich geregelt. Darüber hinaus werden immer mehr Hinweise und wissenschaftliche Arbeiten zur Modellierung und Simulation räumlicher Informationen, z.B. die "AGW Spatial Interaction Modelling Workstation", ins Web eingestellt.

Wechselseitiges Verhältnis der GIS-Technik und Anwenderausbildung

Die GIS-Methodenentwicklung lebt von der Anwenderausbildung. Anfang der 90er Jahre konnte der Themenbereich Informationsverarbeitung mit GIS nur als Aufbau- oder Zusatzstudium im deutschsprachigen Raum studiert werden, z.B. an der Universität Salzburg und an der Universität Vechta. Inzwischen hat allerdings an den deutschen Universitäten mit dem Aufbau von Geoinformatik-Studiengängen als Nebenfach ein deutlicher Ausbau der GIS-Ausbildung eingesetzt, der sich über Agrarwissenschaften, Vermessung, Raumplanung, Geographie bis hin zu Wirtschaftswissenschaften erstreckt. Fachhochschulen, wie in Mainz seit 1993, haben einen eigenen GIS-Studiengang eingerichtet. Eine Vertiefung des Studiums GIS wird z.B. an den Universitäten Münster, Karlsruhe, der Humboldt-Uni Berlin, aber auch im Bereich der Umweltplanung bzw. praktische Landschaftsplanung u.a. an der Uni Rostock angeboten. Einige Bildungsinstitute haben sich auch auf GIS-Aufbaustudiengänge von Hochschulabsolventen oder im Rahmen von Umschulungslehrgängen spezialisiert. Aktuelle Informationen sind neben den Studienordnungen auch über das WWW abrufbar.

Neben dem traditionellen Lehrbuch (vgl. u.a. BILL 1996, LIEBIG 1997) ist die Nutzung des Internets für die GIS-Ausbildung noch sehr jung. Für das vernetzte Schrifttum hat sich der Ausdruck „Hypermedia" eingebürgert. Bis vor wenigen Jahren stellte GIS in der Hochschulausbildung nur eine Arbeitsmethode unter vielen dar; die Ausbildung zielte zu wenig auf die potentiellen Anwendergruppen Entscheidungsträger, neue Anwender und Praktiker ab. Spezifische Bedürfnisse wie z.B. die GIS-Anwendung in Entwicklungsländern wurden nicht berücksichtigt. Erst mit dem Aufbau eines europäischen GIS-Curriculum, das sich an dem nordamerikanischen Standardwerk National Center for Geographic Information Analysis (NCGIA) orientiert, könnten Standards für die GIS-Ausbildung gesetzt werden. Im angelsächsischen Raum zeichnet sich bereits die Entwicklung einer eigenständigen „Geo-Information Science" ab.

Viele Absolventen einer GIS-Ausbildung finden ihren Arbeitsbereich in der räumlichen Planung. Die stark steigende Zahl der GIS-Nutzer wirkt sich auch auf den Planungsbereich aus. Vermessungs-, Bau- und Planungsämter sowie private Planungsbüros nutzen GIS nicht mehr nur zur Visualisierung von Geodaten, sondern bei der Konstruktion baulicher Anlagen bis hin zur öffentlichkeitswirksamen Darstellung der Planungsvorhaben via Internet. Damit kann auch die Transparenz von Planung über verstärkte Bürgerbeteiligung erhöht werden.

Objektorientierte Datenstrukturen und wissensbasierte Informationsverarbeitung

Für künftige GIS-Anwendungen ist die Organisation der Datenstrukturen entscheidend. Die traditionelle GIS-Software ist mit universellen Funktionalitäten, geringer multitasking Fähigkeit ausgestattet und deren Nutzung praktisch nur durch Spezialisten abgegrenzt; die Datenhaltung erfolgt relational, hierarchisch in Dateisystemen. In der realen Welt sind die Beziehungen zwischen den räumlichen Objekten aber vielschichtiger, verschachtelter. So liegt ein Haus in der Gemeinde XY, die der Region Z angehört und ein bestimmtes Preisniveau widerspiegelt; das Haus gehört einem bestimmten Eigentümer und ist an ein bestimmtes Kanalnetz angeschlossen.

Die rasante Steigerung der Verfügbarkeit von Geodaten erfordert flexiblere Speichermodelle: Integration unternehmensweiter Daten, bei Bedarf via Internet, damit volle Netzwerk-Unterstützung, Multi-user-Zugriffe, hohe Performance, blattschnittfreie Datenbasis und nicht zuletzt die Möglichkeit dynamischer temporärer Verschneidungen. Im Datenmodell lassen sich Objekte mit ähnlichen Eigenschaften gruppieren, denen eindeutige Objekt-Schlüssel in definierten Objektklassen (z.B. Spaghetti-Linien, Linienzüge, Ringförmige Linien) zugewiesen werden. Diese Objekte werden sowohl mit Attributen als auch Eigenschaften relational verknüpft. Dies erfolgt in Form von räumlichen Einheiten, Bildern, Texten, dreidimensionalen Daten und der Verknüpfung und „Konfliktregeln" zwischen verschiedenen Datenebenen. Im Gegensatz zur traditionellen Datenvorhaltung erfolgt keine Speicherung der Topologie: diese wird dynamisch bestimmt und erlaubt umfangreichere topologische Bezüge: unzusammenhängend, angrenzend, überlappend, ineinander, gemeinsame Grenzen, identisch und damit „mehr" als in einem traditionellen GIS (vgl. MARTIN 1996). Eigenschaften der Objekte lassen sich vererben, wenn sich die räumliche Struktur verändert; dieses erleichtert auch den Transfer von Attributen und Eigenschaften bei der Vice-versa-Konversion von Raster/Vektordaten. Eine solche raumbezogene Anfrage- und Regelsprache zielt auf eine leichtere Formulierung von Anfragen, Methoden, Vorgehensweisen und Randwerten im metrischen und topologischen Kontext der Planungsobjekte untereinander ab. Dabei wird der Planungsvorgang in gekapselte Bereiche zerlegt, um ein Geoinformationssystem zu erstellen, mit dessen Unterstützung eine Berücksichtigung wesentlicher Einflußfaktoren in der Planung, nebst Transparenz, Objektivierung, Fehlerkorrekturen und Rechtssicherheit ermöglicht werden soll. Der GIS-Anwender extrahiert somit nur die für ihn relevanten Objekte.

Mit objektorientierter Datenhaltung lassen sich somit Daten räumlich effizienter indizieren, verwalten, Eigenschaften vererben oder an mehrere Datenebenen gleichzeitig abgeben. Dies gilt nicht nur für Vektor-, sondern auch für Rasterdatenmodelle. Eingesetzt werden solche Systeme z.B. zur Verwaltung großer Datenmengen und Optimierung des Zugriffs, so beim Umweltinformationssystem Brandenburg; im Ausbau befinden sich solche Geo-Datenbankserver in Datenzentralen, im Bereich der Einsatzdienste, Logistik, Telekommunikation und Datenprovider. Durch die stark expandierende Bedeutung objektorientierter Datenmodelle wird die Entwicklung von Standards und definierten Abfrageregeln vorangetrieben. Insgesamt wird durch die Verwendung objektorientierter Software und Methoden der künstlichen Intelligenz die Modellbildung für spezielle Planungsaufgaben erheblich verbessert werden.

4.2 Neue Anwendungen: 3-D-GIS, Simulationen und Hypermedia

Weiterentwicklungen der GIS-Technologie werden auch die Verwendungsmöglichkeiten für den Planungsbereich erweitern. Neben objektorientierten Datenmodellen geht es vor allem um die Einbeziehung neuer Medien; u.a. durch Video-Animationen oder WWW-Datenaustausch ist mit einer technischen "Dimensionserweiterung" zu rechnen. Dabei geht es nicht nur um die Integration von Höhendaten als 3. Ebene, die sog. 2,5-D-GIS-Datenstruktur. Hierzu werden die drei Raumdimensionen (x,y,z) durch die Zeit als vierte Dimension und Attribute als fünfte bzw. höhere Dimensionen erweitert. Derzeit allerdings sind 3-D-Anwendungen noch weitgehend dem CAD-Bereich zuzuordnen. Vom GIS zu multimedialen Cyber-Cities - für die räumliche Planung ergeben sich neue Möglichkeiten. Z.B. können mit echten 3-D-GIS neben den üblichen statistischen Auswertungen Wanderungs- und Ausbreitungsmodelle, z.B. der Abstrombereich eines Kühlturmes oder die klimaverändernden Wirkungen eines geplanten Baugebietes, untersucht werden. Die Ergebnisse können facettenreich visualisiert werden, wobei auch verdeckte Kanten, Flächen und Schattierungen dargestellt sowie Sichtbarkeitsuntersuchungen, z.B. zur Trassenplanung, durchgeführt werden können. Neben der Geometrie wird die Texturerfassung eine neue Datendimenison eröffnen. Die technischen Anforderungen an solche mehrdimensionalen GIS allerdings sind derzeit noch immens.

Zur Bearbeitung räumlicher Fragestellungen werden zukünftig Techniken zur qualitativen Simulation und Experimente mit räumlichen Systemen besonders wichtig (vgl. MANDL 1996). Gegenüber herkömmlichen GIS als „Programmgruppe zur Bearbeitung räumlicher Daten" sollen damit GIS zu Simulationsmaschinen für räumliche Sachverhalte erweitert werden. Als ein Beispiel für fuzzy-Simulationssysteme für räumliche Sachverhalte kann ein Forschungsprojekt zur „regelgesteuerten Ausgrenzung und Bewertung von Kulturlandschaftstypen in Österreich bezüglich ihrer Nachhaltigkeit" der Universität Klagenfurt genannt werden. Hinter der räumlichen Computersimulation verbirgt sich die Idee, räumliche Entscheidungsprozesse abbilden, Systemverhalten erkunden und Zielzustände durch sequentielle Veränderung von Parametern - "das Modell lernt" - erreichen zu können. Dazu können Modelle formuliert werden, mit denen über Attribute, Relationalinformationen, Nachbarschaftsbeziehungen und Anweisungen kausale Zusammenhänge formuliert sowie gewichtet und über iterative Simulationsschritte prognostiziert werden können: z.B. eine Voraussage der Erosionsgefahr oder Wahrscheinlichkeit von Landnutzungsänderungen. Während der Datenaustausch für diese mehr oder minder komplexen Simulationsprogramme derzeit noch weitgehend durch lose Kopplung zwischen GIS und der externen Prozedur erfolgt, wird in bereits marktüblichen Software-Paketen Geographische Informations-Modellierung implementiert. Die Kombination ausgewählter Daten wird um Wissen zwischen den Datenelementen erweitert, in das System eingespeist, was logisch-deduktiv oder empirisch-induktiv erfolgen kann, und prozessual weiterverarbeitet. Zur Systematisierung der Geographischen Informations-Modellierung und -Simulation, den GI-Projekten, widmet das National Center for Geographic Information and Analysis (NCGIA) eine eigene Tagungsreihe dem Thema „GIS und Modellbildung".

Eine große Zukunft wird auch dem Bereich der Entwicklung von Geoinformationssystemen und Hypermedia prophezeit. Im weiteren Sinne ist darunter die Integration von digitalen Karten mit Bildern, Video-Techniken, Animation und neuen Instrumenten zur Bearbeitung dieser Multi-Media-Anwendungen zu verstehen. In Verbindung mit computergestützten Bewertungs- und Entscheidungsmethoden (vgl. KISTENMACHER/JACOBY in diesem Band) sowie mit wissensbasierten Techniken (vgl. STREICH in diesem Band) werden sich die Anwendungsmöglichkeiten von GIS für die räumliche Planung deutlich ausweiten. Eine ambivalente Entwicklung: verheißt die „GIS-Lösung" in der Informationsgesellschaft strategische Ordnungsstrukturen für eine immer komplexer werdende Wahrnehmung räumlicher Phänomene, eine flexible Steuerung von Raum und Zeit und vor allem enorme ökonomische Wachstumspotentiale. Der rationale Umgang mit begrenzten Ressourcen aber wird durch das Privileg des Zugangs zu Technik, Daten und Modellen bestimmt. Es gibt nicht wenige Zweifler, ob durch Informationsverarbeitungs-Techniken gemanagetes inflationäres räumliches Wissen auch ökologisch nachhaltig und sozial gerecht sein wird.

Zusammenfassung

Die Informationsverarbeitung mit Geodaten boomt. Die meisten Planungsprojekte werden mit Techniken der Geoinformationsverarbeitung konzipiert, analysiert, modelliert und visualisiert. Sind Geoinformationssysteme das technische Werkzeug, das dem Anspruch nach „situativer" Planung nahekommt?

Der Beitrag skizziert Entwicklung und Technik von Geoinformationssystemen sowie methodische Anforderungen an räumliche Planung mit GIS. Während die stürmische Entwicklung der Informationstechnologie die Breitenanwendung von GIS ermöglicht und Informationsverarbeitung mit Geodaten den Alltag zu durchdringen beginnt, mangelt es im Bereich des Geodatenaustausches, der Standardisierung, Modellierung und Simulation raumbezogener Planung. Die Entwicklung konzentriert sich daher auf anwendungsorientierte und methodisch verbesserte Planungsprogramme. Doch wie effizient sind GIS in der Planungspraxis?

An Beispielen werden typische kleinmaßstäbliche GIS-Anwendungen aus dem Bereich räumlicher Planung von der europäischen bis zur kommunalen Planungsebene gegeben; einen Schwerpunkt bilden GIS-Anwendungen für die Politikberatung am Beispiel der Raumplanung auf Bundesebene. Der Beitrag schließt mit Überlegungen zu Perspektiven für den GIS-Einsatz in der räumlichen Planung: Metainformationssysteme für einen wachsenden Geodatenmarkt, Austausch räumlicher Daten und Analysetechniken über das Internet sowie Geodatenverarbeitung mit Methoden der Künstlichen Intelligenz versprechen, daß GIS nicht wie vielerorts als „Datendinosaurier mit Malkasten", sondern zunehmend als hilfreiches methodisches Analyseinstrument und Entscheidungsprogramm eingesetzt werden.

Literatur

ARONOFF, S. (1995): Geographic Information Systems. A management perspective. Ottawa.

BILL, R.: Grundlagen der Geo-Informationssysteme. Bd. 1., Hrsg. BILL, R.; FRITSCH, D. (1991): Hardware, Software und Daten. Karlsruhe. Bd. 2. 1996: Analysen, Anwendungen und neue Entwicklungen. Heidelberg.

BILL, R.; GLEMSER, M.; GRENZDÖRFFER, G. (1994): Software - Vergleichsstudie für den Aufbau umweltbezogener Geographischer Informationssysteme. UBA-Texte 36/1994.

BLASCHKE, T. (1996): GIS-Einsatz in Analyse und Bewertung, Naturschutz und Landschaftsplanung. Jg. 28, Heft 8/1996, 243-248.

BUHMANN, E.; BACHHUBER, R.; SCHALLER, J. (1996): ArcView. GIS - Arbeitsbuch. Heidelberg.

BUZIEK, G. (1995): GIS in Forschung und Praxis. Stuttgart.

CAMPBELL, H.; MASSER, I. (1995): GIS and Organisations: How effective are GIS in practice? London: Taylor & Francis, 178 S.

CUMMERWIE, H.-G. (1997): Die einheitliche Raumbezugsbasis für kommunale Fachinformationssysteme. DST-Beiträge zur Stadtentwicklung und zum Umweltschutz, Reihe E, Heft 25: Stadtvermessung, Geoinformation, Liegenschaften, S. 83-94. Köln.

DEGGAU, M.; RADEMACHER, W.; STRALLA, H. (1997): GIS - ein neues Werkzeug in der amtlichen Statistik. Beitrag zur STAT EXPO. Frankfurt.

HERDEG, E. (1996): Perspektiven und Chancen bei der Vermarktung von amtlichen Geodaten. In: Zeitschrift für Vermessungswesen 8/1996, S. 387-387. Stuttgart.

HUXHOLD, W.E.; LEVINSOHN, A.G. (1995): Managing Geographic Information System Projects. New York. Oxford University Press.

KONECNY, G. (1995): Geographische Informationssysteme aus der Sicht der Photogrammetrie. In: BUZIEK, G.: GIS in Forschung und Praxis. S. 30-42, Stuttgart.

LIEBIG, W. (1997): Desktop-GIS mit ArcView. 348 S. Heidelberg.

MANDL, P. (1996): Fuzzy-System-Umgebungen als regelgesteuerte Simulationsmaschinen für Geographische Informationssysteme. In: MANDL, P. (Hrsg.): Modellierung und Simulation räumlicher Systeme mit Geographischen Informationssystemen, Proceedings-Reihe der Informatik '96, Band 9, S. 75-90. Klagenfurt.

MARTIN, D. (1996): Geographic Information Systems - socioeconomic applications. 2nd ed. Routledge, London.

OLBRICH, G.; QUICK, M.; SCHWEIKART, J. (1996): Computerkartographie. 2. Auflage. Berlin.

RASE, W.-D.; SINZ, M. (1993): Planungskartographie und Geodesign. Bundesforschungsanstalt für Landeskunde und Raumordnung (Hrsg.): Informationen zur Raumentwicklung, Heft 7. Bonn.

SCHILCHER, M.; KALTENBACH, H.; ROSCHLAUB, R. (1996): Geoinformationssysteme - Zwischenbilanz einer stürmischen Entwicklung. In: Zeitschrift für Vermessungswesen, Jg. 121, Heft 8.1996, S. 363-377. München.

Englische Zusammenfassungen - Summaries

I. The Context for Spatial Planning

I.1 The Status of Planning in State and Society (Ernst-Hasso Ritter)

Summary

Planning in state and society has a history of varying importance. The ups and downs of both political and administrative planning have also not left spatial planning unaffected. It is fair to say that at present planning is not on the agenda in the Federal Republic of Germany, while nonetheless remaining indispensable since people expect from politics conceptuality and reliability. Planning has been drawn into question not least because, firstly, the traditional understanding of planning still rests on a simple causal-mechanistic world view long superseded by modern natural science. Secondly, planning has been based on an idealised perception of the state's social-technological competence to act. And, lastly, what has mattered above all for spatial planning is that it has been tied into a relatively strict and inflexible straight-jacket of rules and regulations. If it is to attain the significance it requires and the importance it deserves, planning must be capable of adapting to the changing socio-economic environment in state and society and must find more realistic forms of organisation and procedures. Spatial planning in particular has to adopt a new philosophy of itself and new ways of solving problems. Consequently, it needs to perceive itself as a step-by-step process, to actively seek consensus, to convey strategic orientation, to concentrate on attainable targets and priorities, to develop flexible instruments and appropriate methods, and to be concerned with implementing its goals itself. Spatial planning of this kind, shouldered by many different agents in state and society, may be able to regain political ground in the future.

I.2 The Legal Framework (Martin Lendi)

Summary

This article aims at providing a better understanding of the legal framework governing land-use planning. The emphasis is on fundamentals, especially regarding differences and overlaps in legal and scientific definitions and the successful integration of planning-specific policies into law. The analysis focuses on land-use policies and applicable rules in Germany, Austria and Switzerland. However, the conclusions are also valid for all European countries.

The author shows that the current legal framework sets goals, instruments, agents and sanctions or other enforcement instruments, as well as procedures, whereby future developments are not constrained by the choice of specific predictive methods. Such an open structure implies that competent authorities are to some extent given a free hand for implementation purposes, which places important responsibilities and objectivity requirements upon them.

I.3 Theoretical Aspects of Spatial Planning (Klaus Wolf)

Summary

In this article theory is understood as a vehicle for investigating the constitutive elements of planning, and for grappling with the essence of planning, in the search for solutions to spatial problems. Planning theory is considered to fall within the sphere of theory construction in the social sciences. The theoretical basis of spatial planning should be underpinned by ethical values.

Within planning, space is a multifaceted concept with senses ranging from the economic to the virtual. Territorially orientated spatial planning is thus faced with a number of quite new challenges. Planning is no longer limited to its institutional base, but is required to endeavour to develop strategies for negotiation between the various players involved. Equally, it will become increasingly important for spatial planning to take account of time as both a technical/instrumental and a subjectively perceived resource. Planning will have to draw increasingly on both descriptive and explanatory theoretical approaches from a variety of economic disciplines, as well as on future-orientated, normative approaches, in order for it to be in a position to develop action-based planning concepts.

II. Analysis and Prognos

II.1 Models as Instruments of Spatial Planning (Ulrike Winkelmann)

Summary

For the purposes of this contribution, models are defined as simplified, formalised and quantified representations of a section of 'reality'. A spatial planning model consists of – partly spatially specified – variables and relationships which take account of a variety of spatial conditions. A spatial planning model also meets a number of operationality criteria, thus guaranteeing its formal and economic applicability to spatial planning.

The importance of models as spatial planning tools is attributable to two factors. Firstly, spatial planning models provide a means of processing temporal, spatial and sectoral data, which due to both its sheer volume and its complexity can only be handled with the help of quantitative models. Secondly, quantification allows the assumptions underlying the model to be criticised and altered by users.

Spatial planning models serve both to describe and to analyse a prevailing situation; as simulation models they allow alternative courses of development or probable future situations to be calculated; as optimisation models they make it possible for quantified planning goals to be optimised experimentally taking account of secondary conditions.

In order to aid understanding of the assumptions implicit in representing 'reality' in the form of a model, the article contains a survey of the most important theoretical approaches currently employed in spatial planning models. These theoretical approaches include deterministic, neo-classical approaches, approaches based on discrete-choice theory, which also contain stochastic elements, as well as dynamic approaches based on systems theory, in which space is perceived as a system which itself adopts new structures under specific conditions so that it is impossible to determine a single, unambiguous course of development within the model.

Just which elements of 'reality' at the various spatial levels are typically represented in models, and in turn which theoretical approaches are employed, is illustrated by means of spatial planning models for analysing and predicting regional economic development, for extrapolating population development in various spatial types, and using urban development models.

Among the possible problems arising from the use of spatial planning models included in the discussion are the availability of data for calibration and the question of the feasibility of transferring a model calibrated for one specific situation to other (future) situations. Use of quantitative models within spatial planning in the future will largely depend on the extent to which it is possible to render the underlying assumptions and applications of newly developed models transparent to users, and thus to guarantee the acceptance of models as a tool for spatial planning.

II.2 Quantitative Monitoring, Analysis and Presentation of Current States (Wilhelm Steingrube)

Summary

The possibilities and quality of a quantitative coverage of spatial conditions depend essentially on the underlying data. In this respect there still exists a considerable deficit in Germany, especially on the local level. Planners often have to assemble themselves the data they need from a variety of different sources.

A solution to this problem could only be in the form of central institutions at various levels, which undertake "spatial monitoring" of the kind which has been carried out for some decades now by the BfLR (Federal Institute for Regional Studies and Regional Planning) for the federal territory. There is a real danger that commercial providers will try to fill this information gap with their own data sets. This course should be avoided as it would not be capable of guaranteeing the reliability of the data.

Analysis and presentation techniques are kept relatively simple, partly in view of the current readership. Multivariate methods are only used in exceptional cases. The ongoing technicalisation of spatial planning is to be viewed positively and should be supported. Nevertheless, it has to be pointed out that the increasing convenience of labour-saving techniques harbours "new types of carelessness". The use of a computer does not do away with the need for mental effort; tests of plausibility will be even more necessary than ever. In order to avoid undue faith being placed in technology, it is vital in the near future not only to provide more formal training, but also generally to instil more critical awareness.

The importance of spatial inventories and the presentation of the ensuing results should not be underestimated. Even during the initial elaboration of the base analysis, planners are faced with decisions – even when employing apparently simple methods – on a wide range of ostensibly minor, technocratic designations which have consequences extending up to the phase of interpretation and possibly even to prognosis. It is, therefore, important that the planners who carry out this work fine-tune both their awareness for problems and their sense of responsibility.

II.3 Qualitative Methods (Jürgen Pohl)

Summary

This survey attempts to give an overall picture of qualitative methods in regional science. Above all the aim is to show for what ends these methods are useful. It is certainly not a handbook of alternative methods in regional science for practical purposes. However, some basic principles of qualitative working methods (e.g. looking for relations, anti-individualism) are explained.

Qualitative methods are not really new. Hermeneutics and phenomenology are traditional methods in the humanities par excellence and have been in use for a long time, even in regional science. But these methods have occupied a subordinate position compared to those derived from the (natural) sciences. However, during the last few years, the epistemology of these methods has gained a systematic foundation. On this basis methods within the so-called 'interpretative paradigm', like expert interviews, text interpretation, delphi exploration and so forth, have achieved broader acceptance. Another reason for the rise of qualitative methods is the decline of scientistic thinking associated with modernity. In a post-modern world there is more pluralism. The sharp boundaries disappear, for instance between qualitative and quantitative methods. But even more to the point, in the attempt to uncover structures and relations, qualitative methods have perhaps taken on a special relevance in a world of uncertainty.

In practice quantitative and qualitative methods have always existed side by side. In reality there has always been a mixture of methods. This pluralism is not only a form of pragmatism, but each direction finds its logical position in the progress of research.

II.4 Prognoses and Scenarios in Spatial Planning (Gerhard Stiens)

Summary

This introduction to the methods and techniques related to forecasting or exploration of the future in practical regional or urban planning situations or in connection with policy formulation focuses on those methods or techniques which are commonly employed in this context. It is necessary to make a distinction between two different paradigms, namely (1) 'descriptive futures research' and (2) the 'scenario paradigm'.

(1) Methods and techniques of the paradigm of 'descriptive futures research' are based on the (positivistic) notion of science only as a tool for describing and explaining reality as it is found, with only the ultimate aim being to predict. Typically descriptive forecasting is quantitative. There exists a reasonably reliable standard 'tool-kit' of methods that lend themselves to making forecasts in practical regional and urban planning situations. This includes trend extrapolations which are projections into the future of past evolution. More complex forecasting approaches must in any case also be bolstered by theories on regional and urban development or on its numerous components, no matter how elegant or mathematically consistent the models in question maybe. Central to the regional plan-

ning of an area are the forecasts concerning population, private households, housing and employment. However, it should be obvious that there are important interrelationships between these forecasts. Not only do these key topics provide the background to other topics, but they are closely interlinked in a circular scheme of causal relationships. These interlinkages have led to the development of integrated forecasting systems. The best forecast is not always the one which is actually fulfilled. When a forecast provides awareness of a future problem arising, everything should then be done to prevent its occurrence or to minimise its consequences.

(2) The main purpose of practising futures research within the 'scenario paradigm' does not lie in predicting. Instead, the scenario method specifically tries to conceive more than one possible future and to explore the paths leading to them. In practice, there is not solely one scenario method, but rather a variety of methods for constructing scenarios. However, the term 'scenario method' only applies to an approach which includes a number of specific steps which interrelate logically. Scenarios are created by employing a variety of techniques, e.g. several rather formal methods which are based on discussions among experts. The main objectives of the scenario method within a spatial planning context are: (a) to describe – in the form of 'scenarios' as pictures of the future – the possible developments of the spatial system under study by using sets of assumptions about the behaviour of the various actors; (b) to detect the priority issues for study; (c) to determine the main actors and regulators, as well as the strategies and instruments at their disposal. The application of the scenario approach in administrative institutions for regional planning should help to stimulate strategic planning activities and interdisciplinary communication within these planning institutions, help to improve internal flexibility when confronting environmental uncertainties, and render those concerned better prepared for whatever upheavals have to be dealt with in the future.

Looking to the future, it has to be said that in a world characterised by increasing uncertainties, and by the risk of upheaval – in the short and medium term, and not only in the long term, the construction of scenarios is more indispensable than ever, not least to allow adjustments to be made to present action.

III. The Planning Process and Decision-Making

III.1 Methods for Evaluation and Decision-Making (Christian Jacoby/Hans Kistenmacher)

Summary

In spatial planning the task of evaluating planning alternatives and the problems of decision-making are highly complex. Consequently it is necessary to employ well-founded evaluation and decision-making methods.

There are a number of simple, one-dimensional methods available for investigating the legal standards for the adoption of plans or projects or for short-listing generally suitable planning alternatives. In order to compare alternatives there is also a range of highly formalised quantitative methods available, such as cost-benefit analysis and utility analysis, as well as less formalised, qualitative verbal/argumentative methods. For environmental impact assessment (EIA) especially ecological risk analysis is used. Sensitivity analyses are carried out to supplement quantitative approaches in examining the validity of the methods chosen.

To provide the most effective support possible for the planning and decision-making process, the various methods should be combined and applied sequentially and interactively in order to provide a solid basis for successively reducing the complexity of the decision-making process right up to the point where the final decision is argued out.

III.2 Hearing and Considering Interests in the Planning Process (Franz Joseph Peine)

Summary

The determination of relevant interests in state and regional planning is a feature of the first phase of the process of weighing interests, with the consideration of such interests falling within the second and third phases of this process. To some extent there are statutory provisions governing the participation of interested parties. Both in state and in regional planning it is vital to ascertain all conceivable interests which may in any way be of relevance; the manner in which the various representatives of interests are to be involved is regulated in a variety of ways; municipal corporations participate in the drawing up of programmes/plans, broadly based participation in the achievement of results being mandatory in so far as the local authority is obliged to make adjustments. The participation of local citizens is not a statutory obligation, but is possible; where this does indeed happen, the use of mediators is conceivable. As far as the requirement to weigh conflicting interests is concerned, it should firstly be remembered that the weighing procedure distinguishes between objectives requiring a general or a more specific weighing of interests; flaws during the weighing procedure may lead to plans being declared null and void. The Regional Planning Act does not prohibit the use of mediators for the purpose of arriving at a consensual plan or programme; there are, however, limits. Flawed programmes and plans will have to stand up to the scrutiny of a court of law.

III.3 Planning Forms and Content (Ekkehard Hein)

Summary

The different planning forms are determined not only by their content and by the corresponding differences in scale, but also by whether they are legally binding and by the degree of intervention. Depending on the particular aims and coverage, either legally binding programmes and plans are adopted as a political/administrative requirement, or more informal forms of planning are employed.

The legally binding programmes and plans describe a "future order model" in a normative way (SCHMIDT-ASSMANN). Although the Spatial Planning Programme for the Federal Republic of Germany of 1975 did not go quite as far as this, Germany's territorial states have to a large extent set out guidelines and aims for regional development (in text and in map form) at the appropriate level of detail in their state development programmes and plans and, in more concrete shape, in regional development plans. In addition to the content and the general purpose, the formal participation of the parties affected is regarded as being of great importance because of the binding nature of these plans.

Since the middle of the 1980s informal instruments have increasingly been employed on all levels of planning; examples are the models contained in the orientational guidelines for regional planning policy, cross-border regional development concepts around the city-states of Hamburg and Bremen, or also the expert reports on sub-regions or regional development strategies of individual federal states. These informal models are either adopted as aims and principles for formal planning measures, or, if the people involved share the same interests, they can be integrated directly into strategies for action and applied to specific projects and measures.

The deliberate concentration of legally binding programmes and plans on a number of key objectives for regional development, to be applied as strictly as possible, opens up new opportunities for conceptually co-ordinated co-operation in those areas where informal instruments are employed, at least where the parties concerned share the same interests.

IV. Instruments for Plan Assurance and Implementation

IV.1 Planning and Implementation Instruments (Axel Priebs)

Summary

One of the major functions of spatial planning is to secure functions, locations and transport routes over the long term. To achieve this in practice, legislation on construction and planning lays down standards regarding the formal duties of adjustment and compliance. Spatial planning, however, simply provides a planning framework. Exactly when and how spatial planning objectives are implemented in practice is largely a matter for the local authorities and departmental decision-makers. As spatial planning has few formal means at its disposal for actively influencing implementation of its objectives, increasing emphasis is now being placed on informal spatial planning instruments as a way of actively affecting regional development. Those involved in regional planning, in particular, will increasingly be called upon in the future to provide consultancy services, to adopt an active role as mediators in policy areas of relevance to spatial planning issues, and to use negotiation-based planning to achieve consensus or identify all-round solutions.

IV.2 Spatial Planning Procedures (Ulrich Höhnberg)

Summary

The spatial planning procedure is an instrument which has evolved within administrative practice to meet the duty to assure co-ordination. As a preliminary enquiry, its purpose is to assess the likely impact on spatial development of individual planning schemes of supralocal importance – and hence their compatibility – prior to a decision being taken on consent. The spatial impact assessment encompasses the environmental impact emanating from a planning scheme which may be of significance for spatial planning, and it includes examination of the alternative sites or routes put forward by the developer.

The spatial planning procedure is conducted as a hearing procedure. All of the participant bodies (communes, regional planning agencies, sectoral authorities, associations) receive from the regional planning authority the documentation they require to be able to assess the spatial impact from the proposed scheme, with the request to lodge their comments within a specified period of time. As the spatial planning procedure is regarded as constituting one part of environmental impact assessment, planning law in most federal states provides for participation by the general public.

The spatial planning procedure concludes with an assessment of the proposed scheme from the point of view of regional (state) planning grounded in the established criteria set by requirements for spatial planning (aims, principles, other requirements). This assessment also includes appraisal of the outcome of the hearing and of any other facts which have been adduced. The verdict of the spatial planning procedure has to be taken into consideration during any subsequent planning schemes and is to be duly weighed during the process of deciding on whether to approve the scheme in question. Although the very nature of regional-planning assessment as equivalent to that of an expert report means that it does not have any direct impact in a legal sense, it does in fact carry a considerable amount of weight in the subsequent process of deciding on whether planning consent is to be granted, not least by dint of the objectivity attributable to the neutral stance displayed by the state planning authorities in the face of sectoral interests.

IV.3 Project and Regional Management (Dietrich Fürst)

Summary

"Management" refers to processes of problem-solving. Management concepts are supposed to activate poorly used resources like time, self-help potentials and synergetic effects. Project management relates management to tasks defined by time, space and issue regional management refers to steering regional development processes. Project management is currently receiving increasing attention in the public administration under the auspices of "accelerating procedures" and "new public management" since it is looked to to overcome hierarchical and sectoral impediments and utilise creative potentials by personal networks. Regional management is also based on networks, but geared towards collective self-organisation and interconnecting projects with regional development paths. The term is still imprecise and contains at least three different approaches: a) animation and coordination of actors; b) regional marketing and c) identification and processing new regional development paths. Dominant features of regional management are the division of labour between experts (preparation of decisions) and power brokers (political support and implementation of results), the concentration on core issues of high integrating power and a moderated process of deepening interaction. Regional management corresponds to the change in regional planning towards moderating regional actors with the aim of collectively shaping a common regional future. The diversity of project and regional management in practice is shown by examples. The article concludes by hinting at difficulties impeding regional management from working effectively like: that regional cooperation is embedded in a political environment which acts primarily in an input- and cost-oriented manner; that regional cooperation is latently under pressure for institutionalisation since political processes are dependent on legitimisation; that cooperation requires a minimum of resources in order to make management functions effective.

V. Control and Evaluation

V.1 On Planning Control Theory (Arthur Benz)

Summary

Planning control is essential to improve the quality of planning and to prevent inappropriate decisions or developments. It requires excellent information and information-processing as well as the power to undertake corrective measures within planning processes. The fundamental prerequisites for planning control are institutionalised rules assigning responsibilities, and a theory of planning which is based on realistic assumptions on what public planning can bring about.

Control has to be related to several aspects of planning: organisation and procedures, the content of plans, the implementation and the impact and outcome of planning. It should be conducted as an ongoing task during planning and implementation processes as well as at the end of these processes. Depending on the specific focus of control activities, a variety of problems concerning the provision of information and the implementation of decisions have to be dealt with. This makes planning control a complex task which requires the co-operation of various agencies. It includes critical reflection on planning and its results, the communication of decisions and findings and the management of conflicts, and the implementation of decisions in political processes. Specialised administrative units, parliaments, courts, experts and the general public contribute by performing a variety of diverse functions in planning control.

The way in which planning is controlled reflects the theory of planning applied. The more spatial planning develops towards co-operative planning, the less effective is supervision by a superordinate authority. Control has to induce learning processes within planning. Therefore there is a need for intensive communication between planners and controlling organisations, for more transparency of planning and implementation and improvement of control during every step of the planning process. A system of controlling which integrated the functions of planning and of control might contribute to achieving these demands.

V.2 Case Comparisons (Hartwig Spitzer)

Summary

The value of comparing examples of spatial planning lies not only in the need to exercise legal control, but also in the contribution such comparisons make to maintaining and even increasing efficiency in planning. Comparisons can reveal whether targets have been achieved and what practical improvements could be made to the various tasks of planning. As the number of cases available for comparison is always small, this is an area for case studies. Work on case studies can be intensified and placed on a firm scientific footing. Such work provides the basis for developing pilot studies and for the exemplary measures of planning implementation which arise from them. Both institutionally and in sectoral terms, spatial planning is integrated within the hierarchy of administrative authorities, and subject to any changes which may be forthcoming. This structure sets the parameters for internal comparisons within one type of planning scheme, and equally for external comparisons involving various types of planning schemes. The results of such comparisons make it possible to discuss issues such as the organisation of spatial planning and spatially relevant content. Efficiency embraces the general acceptance of a planning measure and thus also its ecological and economic compatibility. New technologies and media are altering forms of planning to a significant degree and present a challenge to undertake specific comparisons. They can be supported by up-to-date documentation on the current state of spatial planning and by making further vocational training available to planners.

VI. The Use of Computers in Planning

VI.1 Methods for Computer-Assisted Planning (Bernd Streich)

Summary

The paper deals with the subject of supporting planning processes by using computers. First there is a brief discussion on planning processes in general and on key terminology. We have to distinguish two kinds of planning processes: the planning process as it is established within the theory of planning, and the planning process as workflow management and a method of communication within planning institutions. The scope for using computers to support planning processes is described in three parts: traditional methods of information handling in the planning domain, older methods of information processing by using computers, and new computer-aided methods using, for example, techniques from artificial intelligence (AI). An example of an intelligent assistant system, which was developed to support planning processes within land-use planning, is given at the end of this article.

VI.2 Geo-Information Systems in Spatial Planning (Fabian Dosch)

Summary

Information processing using geographical data is booming. There is hardly any spatial planning project that does not make extensive use of GIS techniques. Could the "GIS-solution" really be a new technical paradigm that meets the demand for "situative" planning?

This essay outlines the development and techniques of geographical information systems as well as the methical requirements of spatial planning by means of GIS. The rapid development of information technology facilitates the broad application of GIS, and information processing with geographical data is starting to percolate into everyday life. However, there are deficits regarding the exchange of geographical data, standardisation, modelling and the simulation of spatial planning. The GIS community is concentrating on promoting applications specifically adapted to the demands of users. But how efficient are GIS in practice?

Some examples – from the European to the municipal planning level – show typical small-scale GIS applications used in spatial planning. A main subject of the paper is the presentation of GIS applications for consulting the administration, exemplified by reference to the national spatial planning process in Germany. The essay concludes with some perspectives for the use of GIS in spatial planning: meta-information systems for an expanding geodata market, exchange of knowledge via the world-wide web, the use of hypermedia, and the promotion of artificial intelligence techniques promise that GIS will no longer be used as "data dinosaurs with paint boxes", but will in future be capable of being employed as a powerful analytical instrument and a decision-making technology.

Abkürzungsverzeichnis

AdV	Arbeitsgemeinschaft der Vermessungsverwaltungen der Länder der Bundesrepublik	DBMS	Database Management System
AI	artificial intelligence	DLM	Digitales Landschaftsmodell
AK-GIS	Arbeitskreis Geo-Informationssysteme	DSGK	Digitale Stadtgrundkarte Hamburg
ALB	Automatisiertes Liegenschaftsbuch	DST	Deutscher Städtetag
ALK	Automatisierte Liegenschaftskarte	DVBl.	Deutsches Verwaltungsblatt (Zeitschrift)
ATKIS	Amtlich-Topographisch-Kartographisches Informationssystem	ftp	file-transfer-protokoll
		FM	Facility Management
BauR	Baurecht (Zeitschrift)	FStrG	Bundesfernstraßengesetz
BayVBl.	Bayerische Verwaltungsblätter (Zeitschrift)	GDSS	Group Decision Support Systems
BGR	Bundesanstalt für Geowissenschaften und Rohstoffe	GIAP	Graphisch interaktiver Arbeitsplatz
		GPS	Global Positioning System
BLAK	Bund-Länder-Arbeitskreis	HTML	Hypertext Markup Language
BMV	Bundesministerium für Verkehr	Hybrid	Raster-Vektor-Datenverarbeitung
BNatSchG	Bundesnaturschutzgesetz	IfAG	Institut für Angewandte Geodäsie
BROP	Bundesraumordnungsprogramm	KI	Künstliche Intelligenz
BVerwG	Bundesverwaltungsgericht	KIS	Kommunale Informationssysteme
BVerwGE	Amtliche Sammlung der Entscheidungen des BVerwG	KOMPAS	Kommunales Planungsinformations- und Analyse-System
CAD	Computer-Aided Design	KONKAR	Programmsystem zur Erstellung von Kontinuakarten
CHOROS	Programmsystem zur Erstellung von Choroplethenkarten	KVR	Kommunalverband Ruhrgebiet
COGO	Computed Geometry	LANIS	Landschafts-Informationssystem
CORINE	CoOrdination of Information on the Environment	LPlG NW	Landesplanungsgesetz von Nordrhein-Westfalen
CSCW	Computer Supported Collaborative Work	LRB	Laufende Raumbeobachtung

MAB	Man and Biosphere	SPOT	Systéme pour Observatoire Territoire
MERKIS	Maßstabsorientiertes einheitliches Raumbezugssystem für KIS	SQL	Structured Query Language
		StBA	Statistisches Bundesamt
MIV	Motorisierter Individualverkehr	STABIS	Statistisches Bodeninformationssystem
NCGIA	National Center for Geographic Information and Analysis	TIN	Triangulated Irregular Network
		TOPIS	Topographisches Informationssystem
NIBIS	Niedersächsisches Boden-Informationssystem	UIS	Umweltinformationssystem
NLfB	Niedersächsisches Landesamt für Bodenforschung	UMPLIS	Umweltplanungs- und Informationssystem
NUTS	Nomenclature des unités territoriales statistiques	URL	Universal Ressource Locator
NVwZ	Neue Zeitschrift für Verwaltungsrecht	UVP	Umweltverträglichkeitsprüfung
ÖPNV	Öffentlicher Personen-Nahverkehr	UVPG	Gesetz über die Umweltverträglichkeitsprüfung
PROKAR	Programmsystem zur Erstellung von Proportionalsymbolkarten	SGML	Standard General Markup Language
		VwGO	Verwaltungsgerichtsordnung
REK	Regionale Entwicklungskonzepte	VwVfG	Verwaltungsverfahrensgesetz
ROG	Raumordnungsgesetz		
ROK-SA	Kartographisches Raumordnungssystem Sachsen-Anhalt	WWW	World Wide Web
SIS	Strategisches Informationssystem Köln		

Sachregister

A

Abwägung 148
Abwägungsbeachtlichkeit 178
Abwägungsgebot 170
Abwägungsvorgang 171
Adressat 123, 136, 138, 179
Aggregation von Daten 156
Aggregationsmodalitäten 297
Aggregatstufe 86
Aktivitätsfolgenabschätzung 115, 117, 127, 128
Akzeptanz 13, 283
Algorithmus 290
ALK 327
Alternativenbewertung 296
Alternativenvorauswahl 150
Alternativszenario 131, 132, 134, 135, 137
Amtliche Statistik 69
Analyse, morphologische 130, 138, 140
Anhörungs- und Beteiligungsverfahren 171
Animation 240, 337
Anpassungspflicht 174
Anpassungspflicht der kommunalen Bauleitplanung 208
Ansätze, neoklassische 55
Ansätze, systemtheoretische 57
Anwenderausbildung 334
Anwendung von Maßnahmen 33
Arbeitsmarktprognose 122, 126
Aspekte, didaktische 136
Assistenzsystem, intelligentes 292, 300
ATKIS 328
Aufstellungsverfahren 171
Aussagebreite 282

B

Baulandpotentialmodell 163
Baulandpreismodell 326
Bauplanung 170
Bauplanungsrecht 26
Beanstandungsrecht 263
Bebauungsplanung 300
Behördenstruktur 277
Beirat 175
Benehmen 175
Berücksichtigungsgebot 179
Beteiligung der Betroffenen 293
Beteiligungsform 177
Betriebswissen 105
Betroffene 32
Beurteilung, landesplanerische 229
Bevölkerungsmodell, kausales 59
Bevölkerungsmodell, multiregionales 59
Bevölkerungsprognose 117, 125
Bevölkerungsschwerpunkt 80
Bewertung 147
Bewertung, intuitive 150
Bewertung, verbal-argumentative 161
Bewertungsaufgabe 165
Bewertungsgegenstand 297
Bewertungskriterium 297
Bewertungsmethode, eindimensionale 150
Bewertungsmethode, interaktive 163
Bewertungsmethode, kombinierte 163
Bewertungsmethode, multidimensionale 153
Bewertungsmethode, quantitative 149
Bewertungsmethode, sequentielle 163
Bewertungsmodell, nutzwertanalytisches 317
Bewertungsverfahren, formales 296
Bewertungsvorgang 171
Beziehung 98
Bodenpreiskarte 330
Brainstorming 129, 138, 139
Bund 25
Bürgerbeteiligung 176

C

Clusteranalyse 81
Computer Supported Collaborative Work 296

Sachregister

Computersystem 289
Controlling 19, 269, 270, 284
Cross-Impact-Analyse 129, 139
Cyber-City 336

D

Data Warehouse 329
Daten 261
Daten, heterogene 291
Daten, homogene 291
Datenbestände, Umweltbereich 327
de lege ferenda 26
de lege lata 26
Dekomposition 130, 132
Delphi-Verfahren 107, 129, 138, 139
Denken in Alternativen 134
Diskurs 293
Dokumentation 286
Dynamik der Planung 31

E

Effektivierungsfunktion 177
Effizienz 274, 281
Eider-Treene-Sorge-Projekt 242, 247
Einflußfaktor 119, 123, 130
Eingriffskompetenz 263
Einheit des Lebensraumes 30
Einheit, materielle und formelle 30
Einstellungsdefizit 180
Einteilungskriterium 33
Einvernehmen 175
Emanzipationsfunktion 177
Endzustandsplanung 31
Entdeckungszusammenhang 129, 141
Entrechtlichung 28
Entscheidung 148, 296
Entscheidungsbaum 157
Entscheidungsproblem 165
Entscheidungsprozeß, gruppenbasierter 298
Entscheidungsunterstützungssystem 299
Entwicklungsagentur 243, 247, 249
Entwurf, post-rationalistischer 290
Erarbeitungsverfahren 171

Erfolgskontrolle 268, 300
Erkenntnisfunktion 114, 115, 129
Ermessensspielraum 31
Ermittlungs- und Feststellungsvorgang 171
Ermittlungsüberschuß 179
Erprobungsfall 276
Ersatzvornahme 263
Ethik 2, 40
EU/EG 26, 238
Euregio Egrensis 247
Europäische Raumplanung 16
EUROSTAT 70
Evaluierung 259
Ex-ante-Wirkungsanalyse 115, 117, 127
Exaktheitsbegriff 130
Experte 104
Experteninterview 104
Expertenschätzung 331
Expertensystem 291
Expertenwissen 13, 331
Explizierung von Regeln 297
Exploration 99, 113, 116, 121, 123, 126, 129, 139
ExWoSt-Projekt 242
ExWoSt-Städtenetz 248

F

Fachplanung 43, 170
Fachpromotor 241, 248
Faktorenanalyse 81
Fallstudie 275
FAR-Methode 129, 139
Fehleinstellung 180
Finanzausgleich, kommunaler 211
Finanzausstattung der Raumordnung 15, 210
Flächennutzung 311, 317, 328
Formalisierung 297
Formen des Scenario-Writing 134
Fortschreibung 286
Freizeit 45, 47
Funktionalität 309
fuzzy 337

G

Gegenstromprinzip 173, 180
Gegenstromverfahren 173
Gemeinde 25, 175
Gemeindeverbände 175
Gemeinschaftsaufgabe "Verbesserung der regionalen Wirtschaftsstruktur" 211
Generalisierung 326
Geo-Information Science 335
Geodatentransfer 333
Geographisches Informationssystem 296
Gesetz 33
Gewichtung 148, 297
GIS-Implementation 312, 313
Gliedstaaten 25
GPS 330
Großprojekt 244
Group Decision Support Systems 299
Grundrecht 35
Gruppenaktivitäten im Entwurfsprozeß 296
Gruppenarbeit 139, 296
Gültigkeit 99
Güter, knappe 28

H

Hermeneutik 41, 96
Human system modelling 140
Hyper-Technik 293

I

impact 260
Implementation 259
Indikator 261, 283
Information 262
Informationsgewinnung 13, 292
Informationsreduktion 120, 138
Informationssystem 270, 285
Informationstechnologie 306
Informationsverarbeitung 262
Informationsverdichtung 292
Infrastrukturen des Informationsaustausches 296
Institution 255
Institutionalisierung 243, 249, 250, 255
Instrument, Begriff 1
Instrument, marktwirtschaftliches 34
Instrumente der Raumordnung, informelle 13, 212
Instrumente der Raumordnung, konsensorientierte 212
Instrumente der Raumordnung, persuasive 212
Integrationsfunktion 177
Interaktionsmatrix 139
Interessenberücksichtigung 178
Interessenermittlung 173
Internationale Bauausstellung Emscher Park 242, 247
Internet 296, 331
Interpretation 96
Interview, offenes 102
Intra-Staat-Zusammenwirken 182
Intranet 296
Introspektion 101

K

Kalibration 62
Kartographische Produkte 317
Kartoszenario 138
Kasten, morphologischer 140
Kausalität 262
Kernproblem 241, 242
Knappheit 28
Knowledge Engineering 293
Ko-Subjekt 98
Kommunikation 265
Kommunikationsprozeß 18, 293
Kommunikationsvorgang 290
Kommunikationsvorgang, menschlicher 298
Komplexität 11, 297
Komplexitätsreduktion 140
Konfliktmittler 178, 182
Konsens 293
Konsensbildungsprozeß 17, 18, 299
Konsenserzielung 212
Konsensstrategie 213
Kontextwissen 105

355

Sachregister

Kontrastszenario 132, 135, 140
Kontrolldichte 262
Kontrolle 254, 274, 280
Kontrolle als Kommunikationsprozeß 265
Kontrolle als politischer Prozeß 265
Kontrolle als Reflexionsprozeß 264
Kontrolle auf Rechtmäßigkeit 267
Kontrolle, begleitende 260
Kontrolle durch Experten 268
Kontrolle durch Gerichte 267
Kontrolle durch Verwaltung 266
Kontrolle, externe 257
Kontrolle, interne 257
Kontrolle, nachträgliche 260
Kontrolle, Organisation 264
Kontrolle, parlamentarische 266
Kontrollfunktion 177
Kontrollmacht 263
Kontrollmaßstäbe 262
Konzentrationsdiagramm 80
Kooperation, strategische 213
Koordination 269, 282
Koordinationsproblem 29
Koordinationssystem 299
Koordinierungsaufgabe 118
Kosten-Nutzen-Analyse 151, 297
Kosten-Wirksamkeits-Analyse 152
Kreativitätstechnik 116, 130
Künstliche Intelligenz 291

L

Landesplanung 170, 172, 175
Laufende Raumbeobachtung 315
Lean Administration 290
Lean Management 290
Leben-Raum-Umwelt 29
Lebensraum 29
Lebensstil 45
Legalitätsprinzip 35
Legitimation 243, 250
Legitimationsfunktion 177
Legitimationsproblem 249
Leitbild 41
Leitbild Berlin-Brandenburg 198

Leitbild, raumordnerisches 315
Leitbild, technisches 306
logical framework 239, 242

M

Macht- und Fachpromotor 247
Machtpromotor 241, 248
Management 237
Management, strategisches 246
Managementaufgabe 13, 19, 20
Managementmethode, neue 291
Mediation 246, 247, 299
Mediator 178
Menschenwürde 27
Metatheorie 39
Methode, Begriff 1
Methode, qualitative 149
Methode, quantitative 291
Methodenentwicklung 334
Methodenfreiheit 2, 30
Methodenmix 1, 109
Methodensynkretismus 1
Methodik, morphologische 140
Mikrozensus 72
Mitwirkung 32
Modell 48, 51
Modell, analytisches 53
Modell, demographisches 59
Modell, deskriptives 53
Modell, dynamisches 54
Modell, räumliches 52
Modell, systemtheoretisches 63
Modelle der Selbstorganisation 62
Modelle des regionalen Wachstums 58
Modellprojekte der Raumordnung 217
Modellrechnung 117, 128, 137, 138
Modellvorhaben 277
Moderation 214, 242, 249, 299

N

Nächst-Nachbar-Analyse 80
Netzwerk 48, 240, 247, 248, 249, 250
Netzwerk, regionales 212
Netzwerkbildung 244
Netzwerkstrategien 251

New public management 250, 251
Norm, externe 262
Norm, interne 262
Normativität 27
Normkontrolle 183
NUTS 70
Nutzwertanalyse 153, 297, 317
Nutzwertanalyse der II. Generation 156
Nutzwertanalyse, Standardversion 153
Nutzwertanalyse, vereinfachte 158

O

Öffentliche Aufgabe 23
Öffentlichkeit 266
Öffentlichkeitsarbeit 283
Operationalisierung 261
Optimierungsgebot 179
Optimierungsmodell 54
Ordnungsplanung 244
Organisation 270
Orientierungsrahmen, raumordnungspolitischer 16, 197
Outcome 260

P

Paarvergleich 159
Paradigm des Computereinsatzes 291
Paradigma, deskriptives 115, 117, 125
Paradigma, evolutionäres 140
Paradigma, interpretatives 95
Parlament 267
Partizipation 173
Periodisierung 119
Perzeption, räumliche 315
Phänomenologie 100
Pilotstudie 276
Plan 18, 33, 259
Plan, behördenverbindlicher 34
Plan, grundeigentümerverbindlicher 34
Plan, unverbindlicher 34
Planaufstellungsbeschluß 171
Plancontrolling 269, 270
Planer- und Planungsqualität 36
Planerfortbildung 287
Planfestsetzung 32

Plangewährleistung 32
Planung 40, 170, 269
Planung als Prozeß 243
Planung, Funktion und Struktur 24
Planung, gefahrenabwehrende 25
Planung, informelle 34
Planung, kooperative 13, 18, 259
Planung, koordinierende 175
Planung, politische 7, 25
Planung, situative 306
Planung, sozialistische 9
Planung, strategische 238
Planungs-GIS 312
Planungsablauf 291
Planungsakteur 290
Planungsalternative 147
Planungsart 280, 283, 285
Planungsbeirat 175
Planungsermessen 31
Planungsethik 292
Planungsform 186
Planungsgebot 209
Planungsgrundsatz 33
Planungshandeln, Legitimation 296
Planungsinhalt 186, 279, 282
Planungskontrolle 254
Planungskreislauf mit GIS 310
Planungsmethodik 290
Planungsorganisation 258, 289
Planungspartizipation 32
Planungsprozeß 148, 170, 258, 289
Planungstheorie 40, 289
Planungsverständnis, mechanistisches 11
Planungsverständnis, neues 12, 17
Planungsvollzug 259, 279
Planverwirklichung 300
Plausibilität 123, 135, 137
Postfordismus 47
Postmoderne 44
Präferenzen 297
Präferenzmatrix 157
Präferenzstruktur 293
Präszenario 131, 135
Problemlösungskapazität 28
Prognose 113

Prognose, demographische 125
Prognose der privaten Haushalte 125
Prognose der Siedlungsflächen-
 entwicklung 126
Prognose i.e.S. 115, 116, 117
Prognose, Status-quo 120, 121
Prognosekomponente 118
Prognosemodell
 117, 118, 119, 120, 124, 126
Prognosesystem 124
Prognosezeitraum 119, 120, 131
Projektmanagement 237, 238, 245
Projektplanung 284
Promotorengruppe 249
Prozeß, analytisch-hierarchischer 158
Prozeßkontrolle 258
Pseudoszenario 136

Q

Quantifizierung 52
Querschnittsplanung 29

R

Random Utility Function 56
Rationalisierungsfunktion 177
Rationalität 290
Rationalität der Planung 10
Raumbedeutsamkeit 283
Räumliche Planung, Begriff 4
Räumliche Planung, Entwicklung 14
Raumordnung 26, 170
Raumordnungskataster 73
Raumordnungsklausel 207
Raumordnungsplan 173
Raumordnungsplan, regionaler 192
Raumordnungsprognose
 114, 120, 121, 123, 124
Raumordnungsprogramm 173
Raumordnungsverfahren 32, 222
Raumplanung 34, 170
Raumplanung als staatliche Kernaufgabe
 20
Raumplanung, partizipative 137
Raumplanungsmodell 52
Raumplanungsrecht 170

Raumplanungsrecht, nominales 30
Raumplanungsrecht, nominales und
 funktionales 26
Raumrelevant 29
Raumverträglichkeit 32
Raumverträglichkeitsprüfung 128, 224
Raumwirksam 29
Realität, hergestellte 97
Recht, Funktion und Struktur 24
Recht, kooperatives 181
Rechtsanwendung, materiell koordinierte
 29
Rechtsgleichheit 35
Rechtsordnung 30
Rechtssatz, finaler 31
Rechtssatz, konditionaler 27
Rechtsschutz 32, 35, 36
Rechtsschutzfunktion 177
Rechtssicherheit 27, 31
Redundanz 136
Reflexion 265
Regierungsplanung 8
Regional- bzw. Strukturkonferenz 215
Regionaldiplomatie 212
Regionale Entwicklungskonzepte
 211, 216, 238, 247
Regionale Gemeinschaftsaufgabe 244
Regionalentwicklung, nachhaltige 48
Regionalisierung 252
Regionalkonferenz 247
Regionalmanagement 237
Regionalmarketing 241
Regionalplan 192
Regionalplaner 251
Regionalplanung
 19, 170, 172, 176, 243, 244, 250,
 330
Regionalplanung, Beratungsfunktion 214
Regionalplanung, Moderationstätigkeit
 214
Regressions- und Korrelationsanalyse 81
Relation 98
Relevanzbaum-Verfahren 130, 140
Restriktionsanalyse 163
Richtwert 121, 123

Risikoanalyse, ökologische 160
Rückkoppelung
    119, 121, 127, 136, 139, 258

S

Sachplanung 29
Sanktion 263
Scenario-Writing 130, 134, 137, 138
Schätzverfahren, multiples 122
Sektoralisierung 244
Selbstorganisation 57
Selbststeuerungsstruktur 246
Sensitivitätsanalyse 164, 297
Shift-Analyse 79
Simulation 116, 124, 126, 127, 141
Simulation, qualitative 132, 140
Simulation, statische 54
Simulation, visuelle 336
Simulationsmodell 53, 140
Simulationsverfahren 115, 116, 126, 127
Spezialisierungskoeffizient 79
Städtenetz 215
Stadtentwicklungsmodelle 61
Stadtplanungs- oder Städtebaurecht 26
Standard 332
Standortquotient 79
Standorttheorie 47
Statistisches Bundesamt 69
Steuerung 238, 256, 270
Steuerung im Staat 6, 19
Steuerung und Lenkung 33
Steuerung und Lenkung von Vorgängen
    33
Steuerungsanforderung, neue 12, 18
Steuerungstheorie 256
Steuerungstheorie, akteurszentrierte
    257, 263
Strategie-Szenario 135
Struktur 98
Strukturdreieck 79
System 256
Systemtheorie 256, 263
Szenario
    113, 115, 116, 130, 131, 132, 136, 137,
    138, 140

Szenario, normatives 135
Szenario, Status-quo 135
Szenario-Methodik 130
Szenario-Paradigma 114, 116, 129, 141
Szenariokartographie, raumplanerische
    138
Szenariomethode
    114, 116, 129, 130, 136, 140

T

Teams, echte 239
Teams, unechte 239
Teilgebietsprognose 125
Teilraumgutachten 248
Telekommunikation 331
Telematik 43
Territorialitätsprinzip 43
Theorie 39
Theorie der Bifurkation 57
Theorie diskreter Entscheidungen 56
Theoriebegriff 39
Trägerschaft 281
Transaktionskosten 250, 251
Trendextrapolation 115, 116, 117, 121
Trendszenario 132, 134, 135, 138, 326

U

Umweltdaten 327
Umweltinformationssystem 328
Umweltverträglichkeit 32
Umweltverträglichkeitsprüfung 128, 230
Untersagung raumordnungswidriger
    Maßnahmen 209
Untersagung raumordnungswidriger
    Planungen 209
Urban models 61

V

Validität 99
Verantwortung 255, 256
Verfahren, argumentierendes 114, 130
Verfahren, qualitativ-argumentative 297
Verfahren, quantifizierende 297
Verfahren, quantitatives 331

Verfahrenskoordination 30
Verfassungsbeschwerde, kommunale 184
Verflechtungsmatrix 160
Vergleich, horizontaler 278
Vergleich, vertikaler 278
Vergleichsgegenstand 279
Vergleichsmuster 280
Verhaltensgleichung 118
Verhaltensparameter 119, 120
Verhandlung 265
Verhandlungsplanung 215, 219
Verhandlungssystem, informales 250
Verkehrsnetz 327
Verkehrsnetzplanung 315
Verkopplung verschiedener Methoden 137
Vermittlungs- und Verhandlungsverfahren 177
Vernetzungsbedarf 250
Verrechtlichung 14, 15, 28
Verstehbarkeit 136
Vertrag 34
Verträglichkeit, ökologische 284
Verträglichkeit, ökonomische 284
Vertrauen 18, 27
Verwaltung, virtuelle 330
Verwaltungshandeln, informelles 181
Verwaltungsorganisation 290
Verzichtsbereitschaft 28
Visualisierungsverfahren 317
Vorgehen, schrittweises 133, 136

W

Weisungsrecht 263
Weltbild, mechanistisch/deterministisches 10
Werte 27, 41
Wesensfrage 100
Willensbildungsprozeß, demokratischer 293
Willkürverbot 35
Wirkungsanalyse 127
Wirkungsanalyse, ökologische 160
Wirkungsketten-Analyse 131, 134
Wirkungsprognose 127

Wirkungsprognose, ökologische 128
Wirtschaftlichkeit 284
Wissen, explizites 297
Wissen, implizites 297
Wissensakquisition 293
Wissensbasierte Systeme 307, 336
Wissensbasiertes System 291
Wohnungsmarktprognose 125
Workflow-Managementsystem 299
Workgroup Computing 296
World Wide Web 291, 331

Z

Zeit 43
Zeit- und Politikgebundenheit 29
Zeitreihenanalyse 121
Zentrale Orte 176
Ziel 18, 259
Ziel- und Problemstrukturierung 293
Ziele der Raumordnung 206, 171
Zielerreichungsgrad 275
Zielfindung, analytisch-algorithmische 293
Zielhierarchie 293
Zielprojektion 120, 121, 123, 127
Zielvorstellung 293
Zukunftsexploration, heuristische 138
Zukunftswerkstatt 137
Zuständigkeit 281
Zustandsbeobachtung 292